イタリアオペラガイド

Invito al mondo dell'opera italiana

はじめに

舞台の幕が開く。今、そこにいるのは誰？　何が起きているの？　あのふたりはどんな関係なの？「登場人物の関係と舞台の進行がわかる〈あらすじ〉の入ったオペラ・ガイドを作りたい」というのが、最初にこの本の執筆のお話をいただい折のご要望でした。そのとき私はそれを「普通よりもちょっと詳しい〈あらすじ〉を書けばよいのだな」と軽く考えていたのですが、いざ書き始めてみると、それはとんでもない勘違いだと判りました。それは、大筋が掴めればよいという範疇を大きく超えた、もっと細かなもので、書きながら「これはもう〈あらすじ〉とは呼ばないのではないか」と思うこともありました。しかしまた今回の執筆を通して、ストーリーの細部について「これはそういう意味だったのか」と自分の勘違いに初めて気がついた箇所も多々ありました。

考えてみれば、いわゆる「対訳本」は、リブレット（台本）に則《のっと》ってそれを丁寧に日本語に訳したものです。いっぽう「字幕」は、舞台上のもっとも大事な役が歌っている歌詞を舞台の進行に合わせて表示します（複数の歌手が歌う重唱部分を列挙したら、読んでいる側は何が何だか判らなくなりますし、舞台の進行に追いついていけません）。そこで今回は、それぞれのオペラのヴォーカル・スコア（歌手が使う、歌と伴奏ピアノになっている楽譜）を見ながら、物語の進行に沿って舞台上の人物の動きを中心に書き進める方法を採りました。実際の劇場での公演では、指揮者の考えでカットになるシーンもありますし、演出家によっても人物の解釈や時代設定が変わります。今回の〈あらすじ〉の時代設定や場所は、ヴォーカル・スコアのト書きを基にして書いています。

〈聴きどころ〉としてまとめた部分は、主要な登場人物の役柄と、その役の解釈、そしてそれに適合する声の種類について触れています。これらは私が１９８２年から7年間のイタリア生活の中で、当時70代、80代になっていらしたミラノで師事した声楽、コレペティトールの先生方から教わった、その頃すでに「スクオーラ・アンティーカ scuola antica」（伝統的な歌唱法を指す）と呼ばれていたイタリア・オペラのベルカントの技術と価値感をベースにしてまとめました。

幸せなことに雑誌「音楽の友」や「グランドオペラ」（音楽之友社）の取材で、イタリア人を中心に数多くの一流の歌手や指揮者にインタヴューをさせていただきました。インタヴューの中で、あるいはその直後の雑談で、イタリアで学んできたことでも私の中で漠然としていたことを「これはこういう解釈で合っていますか？」「これは実はこういう意味ですか？」と確認させていただいたこともこの本の中には含まれています。もちろんそこには、私自身の価値観も加わっています。

現在のイタリア・オペラでは、長年の声の価値観が崩れ、誰が何を歌ってもよいという方向に大きく流れています。それは時代の流れです。そこにしばしば疑念を持つことはありますが、私たちが知っている「伝統的」な価値観とて、録音技術の発達したほんの半世紀前からのものに過ぎません。ですが、その演奏は、それ以前の時代から引き継がれた価値観や技術の上に成り立っていたものなのです。

「伝統」は「伝承」によって生まれます。新たなものを創り出すのと同じぐらい、伝えていくという作業は欠かせないものです。本家本元のイタリアで受け継がれてきたスタイルや価値観を知った上で、新しい解釈、表現が生まれていくことが、この日本にイタリア・オペラが本当に根付くことに繋がると私は思っています。

舞台にＰＡ（マイクで集音して、スピーカーで音量を加える）など存在しなかった時代に、歌手として、指揮者として、コレペティトール（イタリアではマエストロ・コッラボラトーレと呼ばれる、歌手に一からその役を教えていくピアニスト、副指揮者）として、オペラの世界で活躍された先生方の「この役はこういう重さの、こういう色合いの声が歌うもの」とおっしゃっておられた枠組みを思い出すと確かにそうした声で歌えば歌いやすく、喉に必要以上の負担が掛かりません。その上、役に説得力が出て、そのキャラクターがより立ち上がることも確かなのです。

この〈聴きどころ〉は、オペラを観て、聴いて、愉しむ方ばかりではなく、声楽を学ぶ学生や若い歌手の方たちが、アリアを勉強するときに、あるいはその役を勉強するときに読んでもらって「これは違うのではないか」「自分はこの役柄の性格をこう捉える」と考えてもらうきっかけになれば、と思って書きました。「たたき台」として使っていただければこんなに嬉しいことはありません。実際のオペラの舞台では、もちろん指揮者や演出家の考えでこれらの設定は変わります。ですが、その前の準備段階で、歌手の中にその役柄が、ひとりの人物として息づくことは、とても大切なことなのです。アリアが歌われるときのその役を囲む状況を知ること、その役の心情を自分なりに立ち上げて理解しておくことは、オペラ（あるいはアリア）を歌うときには欠かせないのです。

ここまで読んでくださった方は「そんなことは当たり前じゃないか」と思われることでしょう。しかし学生や若い歌手が、高い音や難しいパッセージを歌えるかどうかに気を取られて、本来は一番大事な心情表現をなおざりにしてしまうことは往々にしてあるのです。

役の解釈については、どれが正解と決めることはできません。しかし、ひとつ言えることは「作曲家が楽譜に書き込んだ約束事は、守られなければならない」という大原則です。なぜなら、そこから逸脱すると、その作曲家の持つスタイル感が崩れて、作品の魅力が半減してしまうからです。

この本を上梓することで、極東の島国からやって来た右も左もわからないような私に、惜しげなく、たくさんのことを教えてくださった、今はもう天国にいらっしゃるイタリア人の先生方に、30年以上の年月を経て、やっとひとつ恩返しができるかな、と考えています。

オペラをご覧になる方々、そして日本の若いオペラ歌手を目指す方々に、少しでもイタリアの先生方が教えてくださったことが伝わることを祈りつつ。

２０１７年2月

河野典子

イタリア・オペラ・ガイド

●作曲家生誕順

●作品五十音順

巻末

凡例

- あらすじ内の「場」の分け方は、登場人物の入れ替わり、場面転換によるものです。ヴォーカル・スコア上の「場」の分け方とは必ずしも一致していません。
- ヴォーカル・スコア上で「シェーナ」「フィナーレ」などと一括りになっている部分に含まれる、重要な独唱、重唱なども「アリア」や「重唱」として採り上げています。重唱については便宜上、該当する重唱部分に参加しているソリストの人数で掲載しています。また、アリアや重唱に他の役や合唱が加わっている場合でも、ストーリー展開上重要性が低いと判断した場合は、それらの記載を省略しています。
- 外国語のカナ表記については、基本的には原語の発音に準拠していますが、日本でカタカナ表記として定着しているもの（例：ミラノ、シチリアなど）は、それに準じています。
- 差別用語とされるジプシー、ボヘミアン等については、ヴォーカル・スコア上に直訳してそれとなる単語が使用されているものに関してはそのまま掲載しました。
- クリティカル・エディション（批判校訂版）が新たに出版されているものであっても、実際の公演、録音などで旧版が多く使用されている作品については、あらすじ等を旧版に基づいて書いているものがあります。また、できる限り旧版とクリティカル・エディションとの差異については触れるようにしましたが、全ての作品を網羅できてはいません。
- オペラのタイトルについては、日本語のタイトルが一般的に通用しているものは日本語で表記しています。また初演がフランス語の作品の中でもイタリア語版での上演、録音が主である作品には、タイトルをイタリア語で表記したものがあります。
- 上演時間は各幕とも大体の目安となる時間です。序曲のある第１幕については、序曲と本編の合計が第１幕の概算の上演時間になるように書いています。

略語について

S ：ソプラノ
Ms：メゾ（メッツォ）・ソプラノ
C ：コントラルト
T ：テノール（テノーレ）
Br：バリトン（バリートノ）
Bs：バス（バッソ）

《アルジェのイタリア女》ジョアキーノ・ロッシーニ

L'ITALIANA IN ALGERI *Gioachino Rossini*

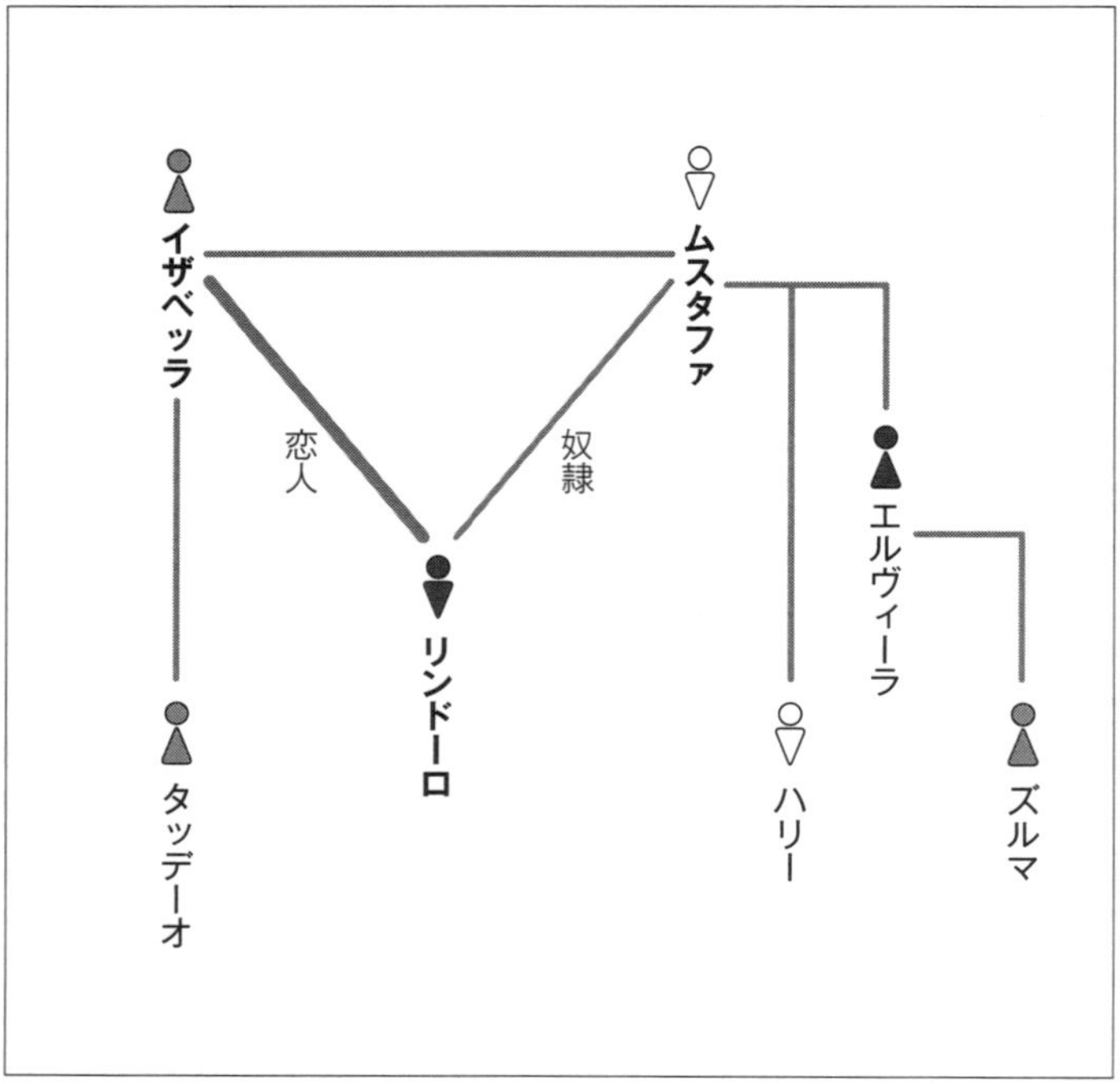

主な登場人物

ムスタファ（Bs）
アルジェのベイ（地方総督）

イザベッラ（C）
才気煥発で美貌のイタリア女性

リンドーロ（T）
ムスタファお気に入りの奴隷　イタリアの青年　イザベッラの恋人

タッデーオ（Br）
イザベッラの友人

エルヴィーラ（S）
ムスタファに飽きられている彼の妻

ズルマ（Ms）
エルヴィーラの信頼厚い奴隷

ハリー（Bs）
アルジェ海賊の首領

2幕の喜劇的オペラ（ドランマ・ジョコーゾ）Dramma giocoso in due atti
原作　不詳（諸説あり）
台本　アンジェロ・アネッリ（1808年にL.モスカがオペラ化した同名作品の台本を借用、改作）
初演　1813年5月22日　ヴェネツィア、サン・ベネデット劇場
演奏時間　1時間25分／序曲8分、第1幕62分、第2幕75分

【第1幕】

（第1場）アルジェにあるムスタファの館
夫婦の居室である小広間

これから始まる、才気煥発《かんぱつ》で美しいイタリア女イザベッラの活躍を予感させる、軽快な序曲で幕が開く。

ムスタファの妻エルヴィーラが、夫から邪険にされていることを嘆いている。奴隷のズルマが彼女を慰めている。そこにムスタファがやって来る。彼は妻を煩《うるさ》がり、下がらせる。宦官《かんがん》たちは「女たちの運命は、ムスタファの気まぐれによって決まる」と口々に言う。

ムスタファは、海賊の首領ハリーに「もう妻には飽きた。彼女をイタリア人の奴隷リンドーロと結婚させて、イタリアへ送り出したい」と言う。そして「一筋縄《ひとすじなわ》では思い通りにならないようなイタリア娘を探して来い」と命じる。「6日以内に見つけられなければ、お前は串刺しの刑だ」と言われたハリーは、イタリア娘を探しに飛び出して行く。

（第2場）館の別室

海賊に捕まってから3か月。奴隷にされているリンドーロが、恋人のイザベッラのことを想っている「**思い焦がれる女性がいるのに**[1]」。

そこにムスタファが現れて「お前に美しい嫁を娶《めと》らせる」と言う。ムスタファの話を聞くと、どうも黒髪の美人らしい。リンドーロはその話に食指を動かし始める「二重唱 **もし僕を結婚する気にさせるなら**[2]」。

（第3場）海岸

イタリア、リヴォルノからの船が嵐で難破した。海賊たちが、その船から奪った金目のものを運び出している。浜辺を美貌《びぼう》のイタリア女性イザベッラと、彼女の旅の道連れタッデーオが歩いて来る。イザベッラは恋人リンドーロの行方を探すために、ガリシアへ向かうこの船に乗り合わせていたのだ。

タッデーオがこの状況を悲観的に嘆くのに対し、彼女は「この危機だって私の魅力と機知で乗

1　思い焦がれる女性がいるのに Languir per una bella
2　もし僕を結婚する気にさせるなら Se inclinassi a prender moglie

り切ってみせるわ」と軽やかに語る「**ひどい運命よ**[3]」。

海賊たちに捕まってタッデーオが悲鳴を上げる。イザベッラはとっさに「この人は私の叔父ですわ」と言う。ふたりがイタリア人とわかったハリーは、彼女をムスタファの後宮（ハーレム）へと連れて行く。タッデーオは「ハーレム」と聞いてイザベッラのこれからを心配するが、彼女は「なるようにしかならないわよ」といたって冷静である。おろおろするばかりのタッデーオの様子にイザベッラはうんざりするが、とりあえず今はこの危機を脱するために叔父と姪《めい》になりきることにする「二重唱 **気まぐれな運命に**[4]」。

（第4場）豪華な広間

ムスタファがリンドーロを呼ぶ。そして「ヴェネツィアに向かう船が出るので、それに乗って母国に帰るがいい。ただし交換条件として、このエルヴィーラをお前の妻として連れて行け」と言う。この際イタリアに帰れることのほうが先決だ、とリンドーロはその申し出を承諾したふりで旅支度をするためにその場を辞する。

戻ってきたハリーから「お望み通りのイタリア女性が見つかりました」との報告を聞いたムスタファは小躍りして喜ぶ「**すでに尋常《じんじょう》ではない情熱が**[5]」。

現れたイザベッラのあまりの美しさにムスタファは感激する。イザベッラは、ぱっとしないムスタファの姿かたちにうんざりする。そこにエルヴィーラとズルマ、そしてリンドーロが、ムスタファへの別れの挨拶《あいさつ》に現れる。リンドーロとイザベッラは恋人との思わぬ再会に驚く「七重唱 **出発の前にお別れを言いに**[6]」。

イザベッラがムスタファに、エルヴィーラの素性を尋ねると「これはあなたを迎えるために離婚した妻だ」と言う。それを聞いたイザベッラは「そんな理不尽なことは許されないわ」と言って、エルヴィーラが旅立つことを阻止し、かつ、リンドーロのことを「私の奴隷にしてちょうだい」と言い放つ。彼女に言われるがままのムスタファの

3　ひどい運命よ Cruda sorte!
4　気まぐれな運命に Ai capricci della sorte
5　すでに尋常ではない情熱が Già d'insolito ardore
6　出発の前にお別れを言いに Pria di dividerci da voi

様子に皆が「まるでライオンがロバになったみたいだ」と驚く。

全員の頭の中が時々刻々変化する状況について行かれず、混乱を窮《きわ》める「七重唱 [7]**頭の中に鐘があるみたい**」。

【第2幕】

（第1場）第1幕と同じ小広間

エルヴィーラとズルマ、そしてハリーが、イザベッラの大胆さに舌を巻いている。ムスタファがやって来てズルマに「30分後にふたりだけでコーヒーを飲みたい」とイザベッラに伝えるよう命じる。

（第2場）イザベッラに与えられた豪華で見晴らしの良い部屋

イザベッラがひとりで、苦労して再会できたリンドーロが他の女性と結婚すると知り、我が身の不幸を嘆いている。

リンドーロがやって来るが、イザベッラは彼を冷たくあしらう。彼は慌てて事情を説明し「エルヴィーラと結婚する気など元からまったくなかった」と釈明する。

その言葉に納得したイザベッラは「作戦を立てて、ここから逃げ出す算段をしましょう」と言う。「森で待っていてね」と言い残してイザベッラは部屋を出て行く。残ったリンドーロはイザベッラとの恋の喜びを歌う「[8]**ああ、心は幸せで**」。

（第3場）ムスタファの部屋

ムスタファのところにタッデーオが、槍《やり》を持った男にずっと追い回されると泣きついて来る。ムスタファは「わしがお前をカイマカンという高い位に任じたからこそ、奴はお前の後を付いて歩いているのだ」と言う。どうも総督の補佐役を意味するらしいカイマカンがよくわからぬまま、タッデーオは巨大なターバンを頭に乗せられ、トルコ風のマントを着せられて宦官《かんがん》たちに祝福される「[9]**頭の上が大変重いのですが**」。

7 頭の中に鐘があるみたい Nella testa ho un campanello
8 ああ、心は幸せで Oh, come il cor di giubilo
9 頭の上が大変重いのですが Ho un gran peso sulla testa

（第4場）イザベッラの部屋

イザベッラが鏡の前でトルコ風のドレスを身に纏《まと》っている。彼女はエルヴィーラたちに「いいですか、おとなしくしていてはダメなの。イタリアでは妻が夫を教育するものなのよ」と、自分のやり方を見ているようにと語る。

イザベッラは男たちに美しさを見せつけるように着飾る「**愛する方のために**[10]」。ムスタファ、タッデーオ、リンドーロは、それぞれ自分が彼女に愛されていると思っている。奴隷たちを引き連れてイザベッラが部屋から出て行く。

ムスタファはタッデーオに「自分がくしゃみをしたらわしと彼女をふたりきりにしろ」と言い含める。リンドーロが「イザベッラが戻って来ます」とムスタファに知らせる。

現われたイザベッラにムスタファは「お前の叔父をカイマカンに任命したぞ。彼はこれでタッデーオ・カイマカンだ」と言う「五重唱 **わしが紹介しよう**[11]」。

リンドーロがわざとムスタファに「イザベッラはあなたに気がありますよ」と囁《ささや》き、彼の恋心を焚《た》きつける。イザベッラとムスタファの恋路を邪魔したいタッデーオは、ムスタファが何度くしゃみをしても聞こえないふりでその場に居座る。イザベッラはそこにエルヴィーラを招き入れて、ムスタファに「こんなにかわいい奥様なのですからもっと優しくして差し上げなければ」と言う。ムスタファは、そこでやっと自分が担《かつ》がれたことに気づいて毒づく「**地獄に落ちろ**[12]」。

（第5場）小広間

ハリーがイザベッラの逞《たくま》しさを賞賛している「**イタリア女はのびのびとして、なかなかずる賢い**[13]」。

彼が部屋から出て行くと、入れ替わりにリンドーロとタッデーオが入って来る。しかしタッデーオは、目の前にいるのがイザベッラの恋人であるとは露知らず、イタリア人の奴隷たちとともにここから逃げ出す計画への協力をリンドーロに約束する。

10 愛する方のために Per lui che adoro
11 わしが紹介しよう Ti presento di mia mano
12 地獄に落ちろ Andate alla malora
13 イタリア女はのびのびとして、なかなかずる賢い Le femmine d'Italia son disinvolte e scaltre

ムスタファがやって来て、リンドーロに「イザベッラの真意を図りかねる」とボヤく。リンドーロは「女性から離れられない男性のことをイタリアでパッパターチと呼びますが、イザベッラはあなたにそうなってほしいと願っているのです」と嘘八百《うそはっぴゃく》を吹き込む。タッデーオも「私をカイマカンに任じてくださったように、あなたさまもパッパターチにおなりなさいませ」と口裏を合わせる。

「パッパターチとは何をするのだ」という質問にふたりは「美女たちに囲まれて、食べて、飲んで、眠るのです」と言うので、ムスタファはそれを実行することにする。

(第6場) 広間

イタリア人の奴隷たちもイザベッラの作戦に協力することになった。イザベッラは皆を鼓舞《こぶ》し、緊張気味のリンドーロを「ここでイタリア男の心意気を見せなくてどうするの」と叱咤《しった》する「**故国**[14]**のことを思うのです**」。

タッデーオとムスタファがやって来る。パッパターチの儀式が始まる。イタリア人奴隷たちが即席の「パッパターチの歌」を歌ってムスタファを祝福する。リンドーロが、ムスタファの頭からターバンを外して、代わりにわけのわからぬパッパターチのカツラとガウンを着せる。

イザベッラが現れて、パッパターチの誓いの早口言葉をムスタファに繰り返し復唱させる「見ても見ない、聞いても聞かない。食べることを愉しみ、何もしない、何も言わない。その約束を破ったときはその髭《ひげ》を剃《そ》り落す」。

晴れてパッパターチに任ぜられたムスタファの前に御馳走《ごちそう》が並ぶ。イザベッラは「さあ、それではパッパターチとしての資質を試してみましょう」と言って、ムスタファの目の前でリンドーロと愛を語り始める。

いきり立つムスタファだが、タッデーオに「パッパターチは怒ってはいけません」と諫《いさ》められ、我慢して黙々と食べ続ける。

海岸に船が近づいて来るのが見える。イタリア人奴隷たちが「追い風だ、急ぎましょう」と声を

14　故国のことを思うのです Pensa alla patria

掛ける。イザベッラが「行きましょう、リンドーロ」と呼び掛けるので、タッデーオは自分もまた騙《だま》されていたことに気がついて、ムスタファに彼が担《かつ》がれていることを告げる。

しかし、パッパターチに徹するムスタファは、ただ黙々と食べ続ける。「ここに残っても串刺しの刑、一緒に船に乗れば恋人たちを目の前に過ごさねばならぬ」とタッデーオは迷うが、結局イタリアに戻ることを選択する。

エルヴィーラが来て「あのイタリア娘が去って行きます」とムスタファに告げる。彼はそこで初めて自分が騙されていたことに気がつく。臣下の者に彼らを追わせようとするが、全員酔っ払っていて、役に立たない。

ムスタファは「イタリア女はもうこりごりだ」と言って、エルヴィーラとやり直すことにして彼女に許しを乞う。

去って行くイタリア人たち、残されたムスタファたちの全員が「その気になりさえすれば、女は全ての男を虜《とりこ》に出来るということを、美しいイタリア女がアルジェにやって来て、嫉妬《しっと》深く、傲慢《ごうまん》な恋する男たちに教えたのだ」と合唱してオペラの幕は下りる。

《聴きどころ》

「イタリア女性賞賛のオペラ」とでも呼ぼうか。もとよりイタリアは「マンマ」の国。家の中心は母親である。女たちは働き者で、夫たちを立てながら（だいたい財布は夫が握っている）、それでいて実に巧みに男たちを操縦している。イタリア女性の強さを嫌味なく喜劇に仕立てたこの台本は、すでにルイージ・モスカによって（それも同名のオペラとして）作曲されていたが、現在まで生き残ったのはこちらのロッシーニの作品のみである。

イザベッラ――美しく逞《たくま》しいイタリアーナ

船出したまま3か月も戻らない恋人を探して船に乗った行動派のイザベッラは、ロッシーニの喜劇には欠かせない、才気煥発《かんぱつ》な女性。しかし小娘ではないのは、ト書きにシニョリーナではなくシニョーラと書いてあることでわかる（ちなみに、日本の女性がイタリア旅行中に、街でイタリア男に「シニョリーナ」と呼び掛けられたからといって喜んではいけない。イタリアでは一人前の女性に対し、シニョリーナと呼び掛けることは失礼に当たる。お子様扱いされていると思ったほうがいい）。彼女は自分の美貌と魅力を熟知している。かつ、それを120パーセント有意義に使う方法を知っているところが、いかにもイタリアーナ（イタリア女）である。イザベッラは精神的には逞《たくま》しく男勝りだが、見た目はいたってエレガント。それこそ、したたかなイタリア女の典型である。

彼女には大きなソロ・パートが3つ――カヴァティーナ「**ひどい運命よ**」[3]、アリア「**愛する方のために**」[10]、ロンド「**故国のことを思うのです**」[14]が与えられている。特に最後のロンドは、華やかなコロラトゥーラのある長大なものである。コントラルトと指定されているのは、当時の声楽界の慣習もあるが、いわば「大人の女性の声で」という指定だと考えてよい。ロッシーニとヴェルディでは、同じコントラルトであっても求められる声の比重は全く違う。軽やかなアジリタをこなす必要性からもロッシーニのそれは、ヴェルディよりもずっと軽やかな声である。

イザベッラを引き立てる男声陣

ムスタファは、バッソ・ブッフォ（喜劇的な役を得意とするバス）によって歌われる。この女好きのアルジェ（一応アルジェリアの首都アルジェが舞台となっている）のベイ（地方総督）は、イザベッラに翻弄《ほんろう》されるまでは、女は自分に従うのが当然と思って来た。典型的な男尊女卑《だんそんじょひ》タイプである。ところが彼は、イザベッラによって赤子の手を捻るより簡単に手玉に取られてしまう。そこはムスタファが、イタリア人のように、恋の駆け引きに慣れていないからと解釈することにしよう。そして彼はこのオペラの最後には改心して、妻を大切にする、少しばかり近代的な男へと成長するのである。

　イザベッラの旅の道連れタッデーオは、微妙な設定である。イザベッラとの関係性がよくわからないし、それは最後まではっきり説明されることもない。船で知り合ったばかりの間柄なのか、旧知の仲なのかもわからない。言い換えれば、説明を必要とするほどの関係ではない、イザベッラに気を持たされているだけの三枚目の道化役と言ってよい。この役は頭の上にそれは大きなターバンを乗せられて、**「頭の上が大変重いのですが」**[9]などという間抜けなアリアまで歌わされるわけで、こちらもバリートノ（バリトン）・ブッフォの役である。彼に演技力があり、ディクション（舞台発音法）も明晰《めいせき》でなければ、この喜劇は回らない。他の男たちには機転の利く者はおらず、狂言回し役は彼しかいないという設定なのである。当然ながら芸達者なバリトンに務めてもらいたい役である。

　さてリンドーロはと言えば、こちらはいざとなると今ひとつ歯切れが悪いというか度胸がないというか……。その使えなさ加減も実際のイタリア男の一面を見ているようで面白い。しかしそうした彼の存在が、この喜劇におけるイザベッラの気風《きっぷ》の良さを引き立ててくれるのである。こちらはテノーレ（テノール）・レッジェーロの役で、歌舞伎でいえば「つっころばしの二枚目」というところだろうか。彼が立派なヒーローの声ではかえってバランスが取れない。あくまで明るく、少々線の細いテノールに、伸びやかに歌ってもらいたい役である。

《セビリャの理髪師》 ジョアキーノ・ロッシーニ

IL BARBIERE DI SIVIGLIA *Gioachino Rossini*

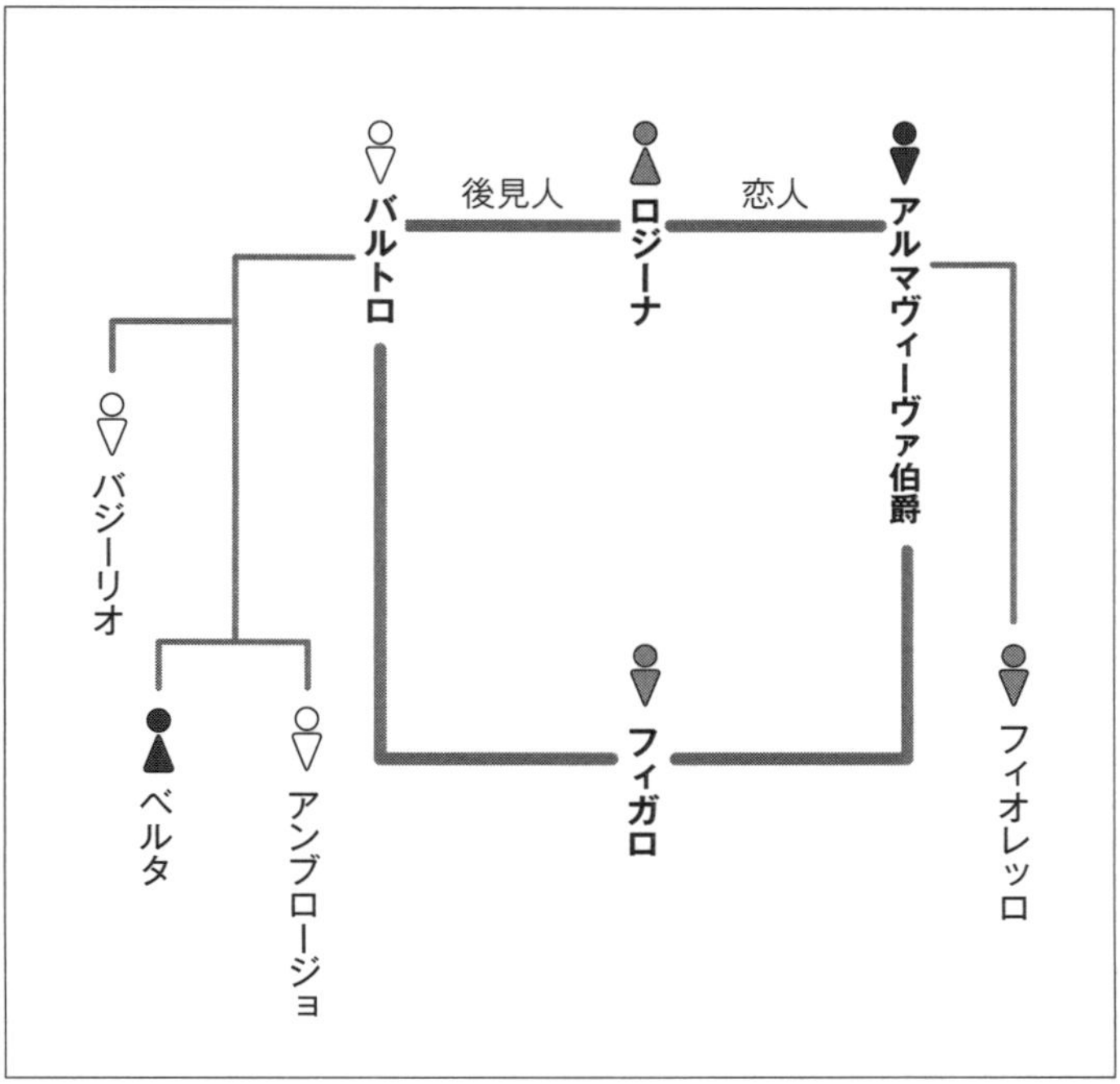

主な登場人物

フィガロ（Br）
　床屋　町の何でも屋

アルマヴィーヴァ伯爵（T）
　リンドーロと名乗るスペインの大貴族

ロジーナ（Ms）
　才気煥発《かんぱつ》な娘　両親から莫大な遺産を相続している

バルトロ（Bs）
　医者　ロジーナの後見人

バジーリオ（Bs）
　ロジーナの音楽教師

フィオレッロ（Br）
　伯爵の侍従

ベルタ（S）
　バルトロ家の召使

アンブロージョ（Bs）
　バルトロ家の召使い

2幕の喜劇的オペラ（メロドンラマ・ブッフォ）Melodramma buffo in due atti

原作　ボーマルシェ（ピエール=オーギュスタン・カロン）の戯曲「セビリャの理髪師、あるいは無駄な用心」

台本　チェーザレ・ステルビーニ

初演　1816年2月20日　ローマ、アルジェンティーナ劇場

演奏時間　2時間35分／序曲7分、第1幕88分、第2幕60分

【第1幕】

このオペラにも、またボーマルシェの原作にも明確な時代設定はない。しかしボーマルシェがこの戯曲をコメディ・フランセーズで初演したのは1775年。出演者の衣裳についてボーマルシェはト書きで「俳優の衣裳は古イスパニャの風俗によるべきこと」（岩波文庫『セヴィラの理髪師』進藤誠一訳より抜粋）としている。

アルマヴィーヴァ伯爵は、マドリードのプラド（目抜き通り）でロジーナに一目惚《ひとめぼ》れして、遠路はるばるセビリャまで彼女のことを追って来た。そして何とかして彼女に会えないものかと、日々バルトロ家の周りをウロウロしているのである。その伯爵と、彼にマドリードで世話になっていた床屋のフィガロが、偶然ここセビリャで再会するところから、この物語は動き出す。

（第1場）セビリャ・バルトロ邸の前にある広場

これから始まる楽しく賑やかな喜劇にふさわしい序曲で幕が上がる（この序曲はしばしばコンサートで単独で演奏される）。

そろそろ夜が明ける。カンテラを手にしたアルマヴィーヴァ伯爵の侍従フィオレッロが、楽団員を率いてバルトロ家のロジーナの部屋のバルコニーの下までやって来た「**そっと、静かに**[1]」。そこに学生のようなマントに身を包んだアルマヴィーヴァ伯爵がやって来る。そして楽団の伴奏で明け方の恋の歌（オーバード）を歌い始める「**空が白み始めた**[2]」。だが歌い終わっても彼女の部屋の窓は閉じたまま。今回も何の反応もないことにがっかりした伯爵は、フィオレッロに命じて楽団員に報酬を支払って帰らせようとする。思ったよりも多額の報酬を貰った楽団員たちが口々に伯爵にお礼を言うので、まだ朝方だというのにその場は騒がしくなる「合唱 **ありがとうございます、旦那**[3]」。伯爵は必死に彼らを追い払う。フィオレッロは、伯爵から離れたところで彼を待つことにする。そこに鼻歌を歌いながら誰かが近づいて来るので、伯爵は物陰に隠れる。

やって来たのはマドリードで伯爵に仕えたこと

1　そっと、静かに Piano, pianissimo
2　空が白み始めた Ecco, ridente il cielo
3　ありがとうございます、旦那 Mille grazie, mio Signore

のある床屋のフィガロだった。彼は「さあ道を開けろ、おいらは町の何でも屋さ。カミソリ、櫛《くし》、ランセット（小さな両刃の医療用のナイフ）やハサミを持って、髭剃《ひげそ》りでも、怪我《けが》の手当てでも、手紙を届けるのでも、何でもしますよ。おかげであちこちからフィガロ、フィガロと声が掛かって、おいらは大忙しだ」と語りながらやって来る「**町[4]の何でも屋のお通りだ**」。

伯爵の姿を認めたフィガロは、伯爵がセビリャにいることを驚き、ふたりは互いの再会を喜び合う。伯爵は「医者のバルトロの娘、ロジーナにプラドで一目惚れして、彼女を追ってはるばるこの地まで来たのだ」と話す。フィガロが「私はあの家の床屋でもあり、植木屋でも、薬屋でもあり、なんでも請け負う便利屋のような存在なのです」と言うので、伯爵はこれ幸いと喜ぶ。そしてフィガロから、バルトロはロジーナの父親ではなく、単なる後見人に過ぎないと聞いてホッとする。

その時、ロジーナの部屋の窓の鎧戸《よろいど》が開き、バルコニーにロジーナが姿を現す。そしてロジーナは手紙をわざと外に落とす。ロジーナはあとから現れた後見人のバルトロに「あら大変。《無益な用心》のアリアを書いた紙を落としてしまったわ。拾って来てくださいな」と言う。バルトロが手紙を拾いに出るために家の中に入った一瞬の隙《すき》に、伯爵はその手紙を拾ってすぐにまた隠れる。バルトロが外に出てきて周囲を見回し「どこにもそんなものは落ちていないぞ」とブツブツと文句を言う。ロジーナはバルコニーから「風で飛ばされてしまったのかしら」ととぼける。バルトロは家の中に戻って行く。

フィガロと伯爵が手紙を読むと、そこには「もうすぐ後見人が出掛けます。彼が留守の間にあなた様がどういうお方で、お名前は何とおっしゃるのか、何らかの方法でお教えください。私は部屋のバルコニーに出ることさえひとりでは許されなくなりました。かわいそうなロジーナより」と書いてある。

バルトロが戸締りを万全にして、家の者に「絶対にロジーナを外に出すな」と言い渡して出掛け

4　町の何でも屋のお通りだ Largo al factotum della città

て行く。彼が遠ざかったのを見て、伯爵はロジーナの窓の下で、フィガロのギターを伴奏にして「私の名前はリンドーロ。あなたをお慕いする貧乏な学生です」と歌う「[5]**もし私の名前をお知りになりたいのなら**」。そのメロディにロジーナが部屋の中から返歌で応じようとした時、誰かが窓の鎧戸《よろいど》を閉めてしまう。伯爵は「何としても彼女に直接会って愛を伝えたい」と語る。フィガロは「金貨をいただければ、この何でも屋の私が、何とでもして差し上げましょう」と言う。そして金貨を貰ったフィガロは、伯爵に作戦を伝授する「二重唱　[6]**あの金貨の威力が**」。フィガロはバルトロ邸に入っていき、伯爵は去って行く。伯爵に2時間も待たされた挙句、置いてきぼりを喰わされたフィオレッロが、愚痴を言いながら伯爵を追い掛けて行く「[7]**ご立派な旦那様だわい**」。

（第2場）バルトロ邸の内部

ロジーナは両親を亡くして天涯孤独《てんがいこどく》になり、彼女が受け継いだ遺産目当ての後見人、バルトロのもとで生活している。パッとしない風体《ふうてい》の初老のバルトロは、若くて美しいロジーナと結婚しようと画策している。

リンドーロに恋をしているロジーナは「さっきの歌声は私の心に響いたわ。リンドーロと結ばれるためなら、私は何でもするわ。私は素直で、しとやかで、可愛らしいけれど、もしも誰かが私の弱点を突いて来るようなことがあれば、私は蛇になって、いっぱい罠《わな》を仕掛けるわよ。負けるもんですか」と決心を語る「[8]**今の歌声は**」。

フィガロがやって来て、ロジーナにリンドーロ（＝伯爵）のことを話そうとする。そこにバルトロが帰って来るので、フィガロはひとまず隠れる。

バルトロは、フィガロが病気を治すと言って召使いのアンブロージョには眠り薬を、家政婦のベルタにはくしゃみが出る薬を飲ませたと言って「あの男は信用できん」と怒っている。

音楽教師のドン・バジーリオがロジーナの歌のレッスンにやって来る。バルトロはバジーリオに「明日、わしとロジーナが結婚する手筈《てはず》を整えて

5　もし私の名前をお知りになりたいのなら Se il mio nome saper voi bramate
6　あの金貨の威力が All'idea di quell metallo
7　ご立派な旦那様だわい Evviva il mio Padrone!
8　今の歌声は Una voce poco fa

くれ」と依頼する。それをフィガロが立ち聞きしている。

バジーリオが「そういえばアルマヴィーヴァ伯爵がロジーナを追ってこのセビリャに来ているそうですよ」と言い「伯爵に悪い噂《うわさ》を立てて、彼を追い払いましょう」と提案する。「陰口なんぞで追い払えるのか」と問うバルトロに、バジーリオは「陰口はそよ風のように始まります。それがだんだん大きくなって行き、人々の頭の中に入り込み、次に口から出るときにはもっと膨らんで大きくなって、あちこちに飛び交って、地震のように、嵐のようになり、そしてまるで大砲のようにドッカーンと爆発するのです。噂された人間はそうして破滅するのです」と話して聞かせる「**陰口はそよ風のように**[9]」。結婚証書を作成するために、バルトロはバジーリオを書斎に招き入れる。

その話をすべて聞いていたフィガロは、ロジーナにまずはリンドーロが彼女に夢中であることを伝え「あなたも彼が好きならば、短くてもいいので手紙を書いてくれ」と言う。すると彼女は「もう書いてあるわ」と胸元から手紙を出す。その手際の良さに「彼女のほうが何枚も上手だ」とフィガロは舌を巻き、その手紙を持って伯爵のところへと向かうために去って行く「二重唱 **私なのね、嘘《うそ》じゃないわね**[10]」。

ロジーナの部屋にバルトロが入って来て「今朝フィガロが来ただろう。何を話したのだ」と聞き糺《ただ》し、便箋《びんせん》が一枚減っていること、彼女の指先やペン先がインクで汚れていることなどをネチネチと問う。ロジーナはしつこいバルトロにうんざりしながら、適当な言い訳で彼をあしらう。バルトロは、ロジーナが何か企んでいると感じて「言うことをきかなければ窓も開かないようにして部屋に閉じ込めるぞ」と彼女を威嚇《いかく》する「**わしのような偉い医者に**[11]」。しかしロジーナには、そんな脅しなど、どこ吹く風である。

玄関の外から伯爵の声がする。家政婦のベルタがドアを開けると、そこには酩酊《めいてい》風情《ふぜい》の伯爵が、騎兵の制服姿で立っている「**家の者は、誰かおらんか**[12]」。

9 陰口はそよ風のように La calunnia è un venticello
10 私なのね、嘘じゃないわね Dunque son, tu non m'inganni
11 わしのような偉い医者に A un dottor della mia sorte
12 家の者は、誰かおらんか Ehi di casa、buona gente

騎兵姿の伯爵は軍からの宿泊許可証をチラつかせて今夜の宿を求める。バルトロは「我が家は兵隊の宿舎になることを免除されている」と言い、その証明書を机の中をひっくり返して探し始める。その隙《すき》に、伯爵はロジーナに「私が落とす手紙の上に、ハンカチを偶然のように落として」と小声で語り掛け、彼女が落としたハンカチを拾って渡すふりで手紙ごとロジーナに渡す。ロジーナはお礼を言いながらそれを受け取り、その手紙をすぐに手近にあった他の紙とすり替える。ロジーナが手紙を受け取ったのを目ざとく見つけたバルトロが彼女に「今拾った手紙を見せなさい」と迫る。だがロジーナが渡した紙は洗濯物のリストに過ぎなかった「三重唱[13] **ああ、彼女がここに来てくれたら**」。そこにバジーリオとベルタも加わってその場は混乱する「五重唱[14] **いいぞ、間抜けめ**」。そこにフィガロも洗面器を手に現れて騒ぎに加わる「六重唱[15] **何が起きたのです、皆さん**」。

この家の大騒ぎを聞きつけた警備隊がやって来る。バルトロから話を聞いた隊長が、酔っ払った騎兵に向かって「お前を逮捕する」と言うと、騎兵は身分証明書を隊長にだけそっと見せて、自分が伯爵であることを示す。隊長は直立不動になる「六重唱[16] **このとんでもない兵隊が**」。

不可思議な事の成り行きに全員がストップモーションになり、それぞれが「何が起きたんだろう」と口にする「六重唱[17] **凍りついて、動かない**」。兵隊たちも加わってその場は収拾の付かない大混乱に陥《おちい》る「六重唱[18] **恐ろしくうるさい鍛冶屋《かじや》に頭を突っ込んだようだ**」。

【第2幕】

バルトロ邸

「昨日の士官は偽物だった。きっと伯爵の手先の者に違いない」とバルトロがぼやいている。

そこに今度は音楽教師に扮《ふん》した伯爵が「私はドン・バジーリオの弟子で、ドン・アロンソと申します。先生のお加減が悪いので、代わりにお嬢様の歌のレッスンに参りました」と言って現れる「二重唱[19] **皆に平和と喜びを**」。疑り深い目で彼を眺め

13 ああ、彼女がここに来てくれたら Ah venisse il caro oggetto
14 いいぞ、間抜けめ Bravo, bravo il mammalucco
15 何が起きたのです、皆さん Che cosa accadde, signori miei
16 このとんでもない兵隊が Questa bestia di soldato
17 凍りついて、動かない Fredda ed immobile
18 恐ろしくうるさい鍛冶屋に頭を突っ込んだようだ Mi par d'esser con la testa

るバルトロを信用させるために「実は同じ宿に宿泊しているアルマヴィーヴァ伯爵からこんな手紙を手に入れたのです。この手紙を利用して、伯爵の本性を彼女にわからせてはどうでしょう」と持ち掛ける。伯爵は一瞬「このことでロジーナがリンドーロを誤解しなければいいが」と心配になるものの、まずはバルトロに信用されることが先決だと考えて、ロジーナからの手紙をバルトロに渡す。

　レッスンのために部屋に入って来たロジーナは、一瞬でアロンソが、いとしいリンドーロ（伯爵の偽名）であると見抜くが、バルトロの手前、素知らぬふりで歌のレッスンを始める。

　ロジーナの歌声を聴きながら居眠りをしてしまったバルトロの前で、ふたりは愛を語らう「二重唱[20]**恋に火がついた心には**」。

　バルトロが目を覚ますので、ふたりはパッと離れる。バルトロが「その歌は退屈だ。わしが若かった時にはこんな歌が流行っていたのだ」と言い、登場人物の恋人の名前をロジーナと替えて歌う「[21]**あなたが私のそばにいれば**」。

　そこにフィガロが現れて、バルトロに「今日しかあなたの髭《ひげ》を剃《そ》る暇がないんです」と言いながら、無理やりバルトロを座らせて髭を剃り始める。フィガロは何とかバルトロの気を若いふたりから逸《そ》らそうとする。フィガロは泡だらけになったバルトロから「タオルを取って来い」と言われて家の鍵《かぎ》の束を受け取れそうになる。しかしその寸前にバルトロが「自分で行く」と言う。フィガロはその晩に伯爵とヴェランダから忍び込むための鍵を手に入れようとしているのだ。アロンソとロジーナをふたりきりにするほうが危険だと思い直したバルトロが、フィガロに鍵の束を渡してタオルを取りに行かせる。ロジーナから「一番新しい鍵がそれよ」と聞いて、フィガロは家の奥へと消えて、鍵をひとつ失敬した上で、素知らぬ顔で戻って来る。

　そこにドン・バジーリオがやって来るので彼らは大慌て。「病気ではないのか」と問うバルトロに、バジーリオは「何のことですか」と問い返す。伯

19　皆に平和と喜びを Pace gioia sia con voi
20　恋に火がついた心には Contro un cor che accende amore
21　あなたが私のそばにいれば Quando mi sei vicina

爵が隙《すき》を見てバジーリオに金貨を渡して、彼に「顔色が悪い。帰って休んだほうがいい」と勧め、フィガロやロジーナもそれに唱和する「五重唱[22] **ごきげんよう、先生**」。状況は呑み込めないままだが、金貨をもらったバジーリオは、ひとまず退散することにする。

バジーリオを追い払うことに成功して、フィガロがバルトロの髭剃《ひげそ》りの続きを始めようとする。伯爵はロジーナに、彼女からの手紙をバルトロに渡さざるを得なかったことを説明しようとするが、そのとき彼の口から出た「変装」という言葉にバルトロが鋭く反応する。しかしバルトロは、結局彼ら三人に煙に巻かれて、ひとりボヤく。

ベルタは、バルトロの年甲斐もない言動と恋の馬鹿騒ぎを風刺する「[23]**年寄りが花嫁をもらおうと**」。

場面は変わり、外は大荒れの天気である。バルトロとバジーリオが室内で相談している。バジーリオが「あのアロンソとかいう男は伯爵本人だったに違いない」と語る。それを聞いたバルトロは、これは一刻も早くロジーナと結婚してしまわなければと焦り、バジーリオに「公証人を今すぐ呼んで来い」と言う。バジーリオは「公証人は今夜フィガロの姪の結婚式なのに。しかもこんな嵐の中を」とブツブツ言いながら出て行く。フィガロは夜中にロジーナを連れ出し、自分の家で伯爵と結婚させようと考えているのだ。

バルトロがロジーナを呼び「リンドーロはとんでもない奴で、お前からの手紙を伯爵に渡して彼にお前を売り渡そうとしている」と吹き込む。自分の書いた手紙がバルトロの手元にあるのを見たロジーナはその言葉を信じてしまい「今夜リンドーロとフィガロが自分を連れ出しに来る手筈《てはず》になっている」と喋《しゃべ》ってしまう。それを聞いたバルトロは慌てて警備隊を呼びに出て行く。外は大嵐の様相を呈している「[24]**嵐の音楽**」。

やっと嵐が収まった真夜中。フィガロと伯爵がバルトロ邸の2階のバルコニーに梯子《はしご》を掛けて、ロジーナの部屋の前に辿《たど》り着く。ロジーナは彼らを見ると「この裏切り者、私を伯爵に売り渡そ

22　ごきげんよう、先生 Buona sera, mio signore
23　年寄りが花嫁をもらおうと Il vecchietto cerca moglie
24　嵐の音楽 Temporale

うとするなんて許せないわ」と責める。伯爵は、彼女が貧乏学生のリンドーロを本当に愛していたのだと確信する。そしてマントを脱ぎ捨て、伯爵の姿で彼女の前に跪《ひざまず》き「私こそがアルマヴィーヴァ伯爵。どうか私と結婚してください」とプロポーズし、彼女はそれを受ける「三重唱[25] **ああ、なんと意外ななりゆき**」。

互いを見つめ合い、喜びに浸るふたりをフィガロが「早く逃げましょう」と急き立てる。フィガロがランタンを手にしたふたりの人影が近づいて来ることに気がつく。三人は梯子を伝って逃げようとするが、その時、梯子が外されていることがわかる。彼らは逃げ場を失って慌てる。

ランタンを持って現れたふたりは、バジーリオがバルトロに頼まれたとおりに公証人を連れて来たのだった。フィガロはすぐに機転を利かせる。彼らは部屋の中を通って何食わぬ顔でバルトロ邸の玄関から出て行く。そしてフィガロは公証人に「ちょうどよかった。姪《めい》の結婚証書を持って来たか」と尋ねる。バジーリオはロジーナが他の男と結婚しようとしていると知って、慌ててバルトロに知らせに行こうとする。それを引き止めた伯爵は、自分の指輪を外して彼に与えた上で「それでもバルトロを呼びに行くのなら、これをお見舞いするぞ」とピストルをちらつかせる。ここは逆らわない方が身のためだと判断したバジーリオは、フィガロとともに証人としてサインする。

そこにバルトロが警備隊を引き連れて戻って来て「あいつらが泥棒だ」と指差す。

伯爵は身分を全員の前で明かし、ロジーナとの結婚が成立したことを宣言する「[26] **もう諦《あきら》めろ～この上なく嬉しく、幸せな**」。

悔しがるバルトロだが、持参金を払う必要もなく、彼女が持っていた遺産がすべて自分のものになると聞いて、ロジーナとの結婚を諦める。

全員が伯爵とロジーナを祝福し、めでたく幕が下りる「六重唱と合唱[27] **この幸せな結びつきを**」。

25　ああ、なんと意外ななりゆき Ah! qual colpo inaspettato
26　もう諦めろ～この上なく嬉しく、幸せな Cessa di più registere ～ Ah il più lieto, il più felice
27　この幸せな結びつきを Di sì felice innesto

《聴きどころ》

フィガロの商売は、床屋＝町の何でも屋。元来器用な彼は、恋の橋渡しであろうと、多少の汚れ仕事であろうと、何でもござれである。ましてやボーマルシェの原作では、フィガロは作家もやっていたらしい。伯爵の恋を成就《じょうじゅ》させるためのストーリー作りなどお手のもの、というわけだ。

ヒロインは、その彼が舌を巻くほど才気煥発《かんぱつ》なロジーナである。このロジーナは、この話の続編であるモーツァルトの《フィガロの結婚》で、しとやかな伯爵夫人となり、一見したところお転婆ぶりはすっかり鳴りをひそめる。しかし彼女は浮気癖が顔を出したアルマヴィーヴァ伯爵を、フィガロやその婚約者のスザンナたちと協力してギャフンと言わせ、夫にしっかり謝罪させるのである。その物語には、医師のバルトロも音楽教師のバジーリオも登場する。バルトロに至っては、実はフィガロの父親だったというオチまでつく。だが、それはまだずっと先のお話である。

ロッシーニのオペラは、そのメロディや器楽的に緻密《ちみつ》に組み上げられた見事なアンサンブルで、たとえイタリア語がわからなくても、それなりに楽しめる。だが、ロッシーニはイタリア語の特徴を最大限に利用して作曲しており、イタリア語のアクセントやリズム、うねりが、フレーズを形作っていることを忘れてはならない。翻訳上演されると、そのイタリア語の性質を生かして作曲された音楽の面白さが半減してしまう。とりわけたくさんの言葉遊びをそこここに織り込んでいるロッシーニの喜劇作品においての日本語上演はお薦めしかねる。ぜひイタリア語で楽しんでいただきたい。

なお、第1幕のフィナーレのように、同じフレーズを繰り返しながらだんだんに音量を上げていき、最後には爆発的に大きくさせる技法を「ロッシーニ・クレッシェンド（クレッシェンド・ロッシニアーノ crescendo rossiniano）」と呼び、また第2幕のベルタのアリア「**年寄りが花嫁をもらおうと**」[23]のように、場面転換などで挟み込まれる脇役に与えられたアリアのことを食事中のお口直しのシャーベットの意味で「シャーベット・アリア（アリア・ディ・ソルベットaria di sorbetto）」と呼ぶことがあることを付け加えておく。

フィガロ――セビリャの理髪師＝タイトルロール

伯爵の恋を成就《じょうじゅ》させるために知恵を巡らせるフィガロ。ふんだんにアリアがあるかと思いきや、彼には登場のカヴァティーナ「**町の何でも屋のお通りだ**[4]（私は町の何でも屋）」があるだけで、あとはすべてレチタティーヴォかアンサンブル。フィガロは、バルトロとふたりで「狂言回し」の役割を担《にな》っているのである。

この役を演じる歌手は機転が利くことを窺《うかが》わせるのはもちろんだが、他人に好かれる人柄であることを聴衆に印象づけることも大切である。なんだか怪しいな、と言いつつ、バルトロはフィガロが家に出入りすることを禁じていないし、もちろん伯爵も彼を信頼して、彼の立てた作戦通りに動く。彼を恨んだり、足を引っ張ろうとしている人物はこのオペラには登場しない。「何でも屋」であちこちからお声が掛かるのは、彼が他人を安心させる人柄の持ち主だからで、フィガロ役を作り上げる上でも大切な要素はこれだ。フィガロは、頭もいいし、言い換えれば小賢《こざか》しい。だがそれを他人から警戒されないおおらかさが、この役を演じる上での必須なのである。辛気臭《しんきくさ》い、妙に真面目なフィガロは勘弁してほしいものだ。

そうなるとこの役は（設定はスペイン人だが、歌う段には）、俄然《がぜん》、頭のてっぺんから足のつま先までイタリアンのバリトンに演じてもらいたい。それはイタリア語が明瞭でなければならないというのもあるが、例えば北ヨーロッパ出身の四角四面のフィガロが出て来ると、どうも作品が弾《はじけ》けないのである。

このオペラは、冒頭のカヴァティーナはもちろんのこと、常に音楽も芝居も彼の才覚で引っ張って行ってもらわねばならない。この役には軽快さと明るさが必要不可欠なのだ。

アルマヴィーヴァ ―― 初演時は「ヒーロー」役だった

フィガロにアリア（カヴァティーナ）がひとつしか与えられていないのに対し、ロッシーニは伯爵にはオーバード[2]「**夜が白み始めた**」、カンツォーネ[5]「**もし私の名前をお知りになりたいのなら**」、そして第2幕の幕切れ寸前の大アリア[26]「**もう諦《あきら》めろ～この上なく嬉しく、幸せな**」を与えている。それは初演の同役を演じたスペインのテノール、マヌエル・ガルシアにロッシーニが絶大な信頼を置いていたことによる。特に、後半がその翌年に《ラ・チェネレントラ》のフィナーレでチェネレントラ（アンジェリーナ）のロンドに転用されることになる第2幕の大アリアは、ヴォーカル・スコアにして17ページもあり（ちなみにロジーナの「今の歌声は」は7ページ）、技術的にもアジリタがこれでもかと盛り込まれている。そのためか全曲盤の録音においてすらカットされることが多々あった(このアリアがあることで、ロジーナの存在が霞《かす》むことを嫌ってカットされたこともあるようだが……)。近年では、録音・上演ともこのアリアを歌うパターンが増えている。

この役に求められるのは単にいかに高い音が出せるかではない。ロッシーニのアジリタをいかに完璧に歌いこなし、同時にカンタービレを甘い声で滑らかに歌うことも出来るテクニックが求められる。何といってもこの役はアジリタだらけなのである。これは初演者のガルシアの技術がどれほど素晴らしかったか、ということの証明でもある。これだけコロコロと転がさねばならないけれど、同時に伯爵はこのオペラで唯一「歌う」ことを許されている人物である。とはいえ、レチタティーヴォや重唱も多いので、言葉も立ってくれなければ困るし、酔っ払いの士官に扮《ふん》したり、次は怪しい音楽教師に扮《ふん》したりと、芸達者でもあってほしい。要求されるものがやたらと多い役なのだ。これまでは演じる実力の方が優先されて、最後の大アリアの省略もやむなし、となっていたのであろうが、これからの時代はそうはいかない。この役のテノールに望まれるハードルは高くなるばかりである。

バルトロ――フィガロとともに物語を進めるブッフォ役

このオペラにはドン・バルトロとドン・バジーリオという、ふたりのバスが登場する。アリア「**陰口の歌**[9]」で知られる方のバジーリオは、バッソ・カンタンテの役。ほとんどアジリタのないこの役は、普段はロッシーニを歌わないような、それこそヴェルディの《ドン・カルロ》でフィリッポ二世を歌うような立派なバスが演じることもあって、それはそれで楽しい。

ところが、バルトロの方はそうはいかない。楽譜上はバスとなっているが、現代でいうところのバス＝バリトン（あるいはバッソ・ブッフォ＝喜劇を得意とするバス）の役である。第1幕のアリア「**わしのような偉い医者に**[11]」など、典型的なブッフォの腕の見せどころである。フィガロの掌《てのひら》の上で転がされる役であるこのバルトロ役の歌手が、フィガロの仕掛けに上手に乗ってくれる打てば響くような芸達者な歌手でないと、このオペラの歯車は回らない。フィガロひとりの力では、このオペラは牽引《けんいん》できない。フィガロとバルトロのふたりが、機関車の両輪となって力を合わせてストーリーを前に進めてこそ、ほかの登場人物たちがその上で賑《にぎ》やかに客を楽しませることが出来るのだ。

ロジーナ――才気煥発《かんぱつ》を「演じる」

ロジーナはお転婆で、頭も良くて機転も利く娘。それがなぜソプラノではなくメゾに振られているのか。それはロッシーニの時代はまだカストラートが主役を歌う伝統の名残があり、女声でもカストラートの音域に近いコントラルト（やメゾ・ソプラノ）に主役を当てるのが順当だったことが理由としてまず挙げられる。ソプラノが主役を取るようになるには、まだしばらくの時が必要なのである。しばしば《セビリャの理髪師》のロジーナ役をメゾとソプラノのダブルキャストにして、その両方を聴き比べられる、などという上演がなされることもあるが、メゾ版はよりロッシーニ時代の原典に近いもの、ソプラノ版はヒロインが現代の衣裳をまとった姿とも言える。当然ソプラノ版にちりばめられるコロラトゥーラの数々は、後世の時代の改変ということになる。基本的に「**今の歌声は**」[8]だけは、ソプラノ用はオリジナルよりも2度高いものが、ヴォーカル・スコアにも補遺《ほい》として掲載されているが、その他に移調される箇所はない。

　話を戻すと、コントラルト（やメゾ）が主役でよい理由は他にもある。レチタティーヴォや重唱での「会話部分」にあたる音域がしっかり聴衆に届き、明晰《めいせき》なディクション（舞台発音法）で「喋《しゃべ》れる」歌手がヒロインであることが、特に喜劇にとっては必要不可欠な要素だからである。この役もフィガロ同様、アリアらしいアリアは「今の歌声は」ひとつだけで、あとはレチタティーヴォとアンサンブル。ロジーナも「歌う」より「演じる」ことにずっと比重の掛かっている役なのである。ソプラノがわざわざこの役を手掛けるのならば、中音域が相当クリアなディクションで発音出来て、かつそれが聴衆にきちんと届くことが絶対条件となる。

《ラ・チェネレントラ あるいは善良さの勝利》ジョアキーノ・ロッシーニ

LA CENERENTOLA ossia La bontà in trionfo *Gioachino Rossini*

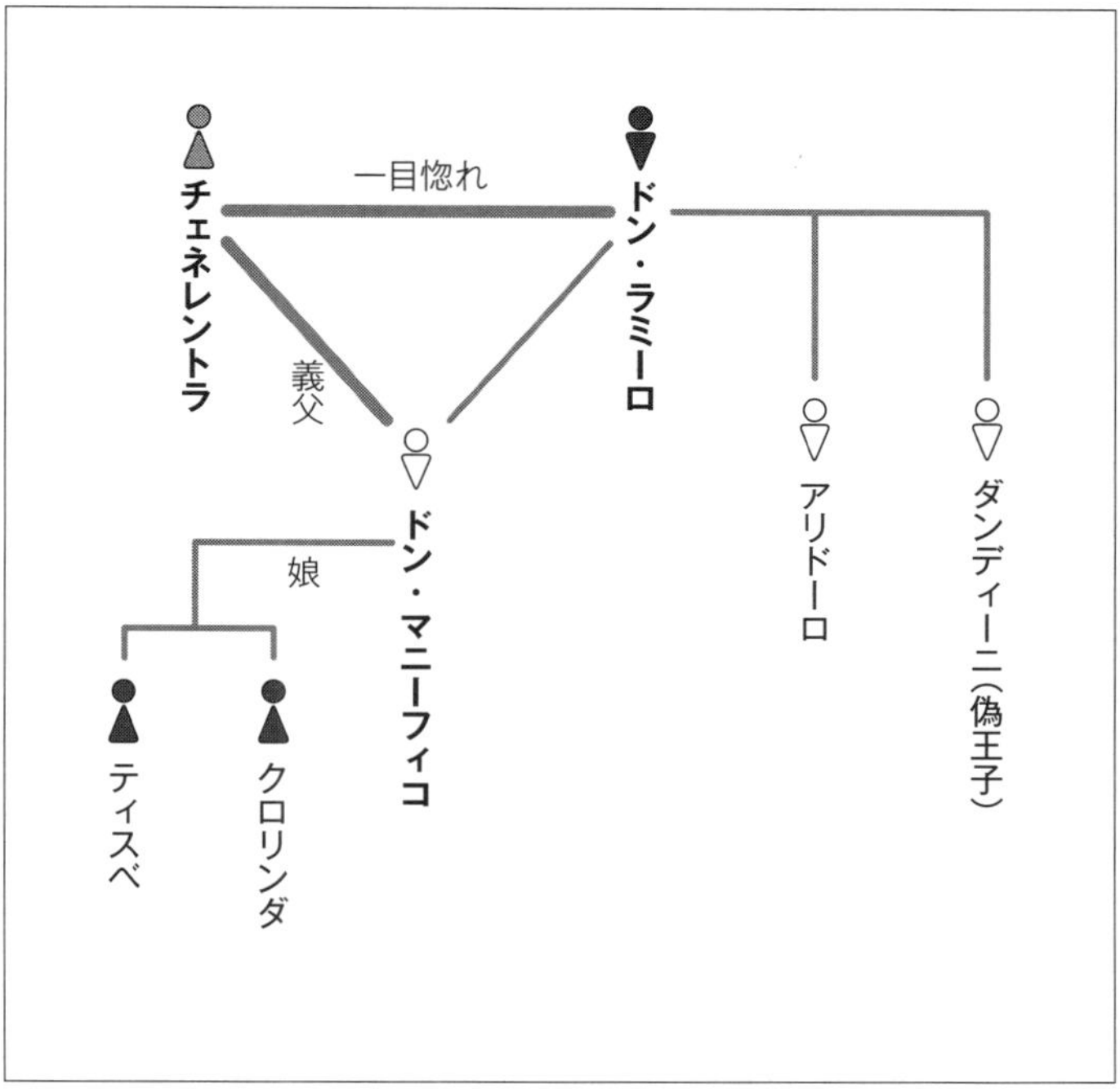

主な登場人物

チェネレントラ（Ms／C）
本名はアンジェリーナ
ドン・マニーフィコの義理の娘

ドン・ラミーロ（T）
サレルノの王子

アリドーロ（Bs）
哲学者　王子の家庭教師

ダンディーニ（Bs）
王子の従僕（偽王子）

ドン・マニーフィコ（Bs）
モンテ・フィアスコーネ男爵

クロリンダ（S）
ドン・マニーフィコの長女

ティスベ（S／Ms）
ドン・マニーフィコの次女

2幕の喜劇的オペラ（ドランマ・ジョコーゾ）Dramma giocoso in due atti
原作　シャルル・ペロー「サンドリヨン」
台本　ヤーコポ・フェッレッティ
初演　1817年1月25日　ローマ、ヴァッレ劇場
演奏時間　2時間40分／序曲8分、第1幕92分、第2幕60分

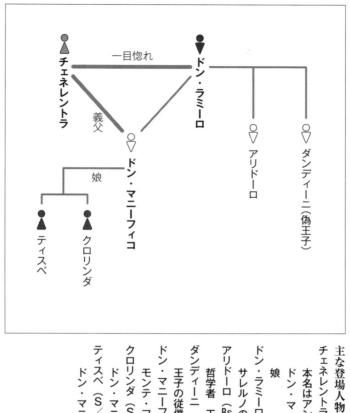

【第1幕】

（第1場）ドン・マニーフィコの館の広間

はじめは重厚な響きで、そしてだんだんに軽快さを増し、このオペラで有名なコンチェルタートのメロディなどが次々に出現する序曲が終わると幕が上がる。

ここは古ぼけたドン・マニーフィコの館。没落男爵のドン・マニーフィコにとって、家を持ちこたえさせる方法は、ふたりの娘、クロリンダとティスベを財産家に嫁がせることだけである。マニーフィコには（既に亡くなっている後妻の連れ子である）義理の娘アンジェリーナもいるが、マニーフィコとその娘たちは彼女のことを「チェネレントラ（灰にまみれた娘）」と呼び、まるで家政婦のように扱っている。かつ、マニーフィコは管理すべきアンジェリーナの財産をすでに使い尽くしているのである。

クロリンダとティスベは、おしゃれに余念がない。

粗末な身なりのチェネレントラ（アンジェリーナ）が物悲しげな歌を歌いながら掃除をしている「**昔あるところにひとりの王様がいました**[1]」。姉たちは「陰気な歌はやめて」と文句を言う。

扉を叩く音がする。そこに居たのは見すぼらしい物乞《ものご》いだった。姉たちは彼をさっさと追い払おうとするが、チェネレントラは彼を招き入れて、そっとパンとコーヒーを与える「四重唱　**ほんの少しのお恵みを**[2]」。実はその物乞いは、王子の教育係で哲学者のアリドーロの変装である。

そこに城からの使いがやって来て「花嫁選びのために、ラミーロ王子がこれからここにおいでになります」と告げる「合唱　**ドン・マニーフィコのお嬢様方**[3]」。

クロリンダとティスベは着替えや化粧に大騒ぎ。チェネレントラにあれこれと用を言いつける「四重唱　**チェネレントラここに来て**[4]」。

騒がしさに目が覚めたドン・マニーフィコが不機嫌な様子で現れて「せっかくいい夢を見ていたのに」と文句を言う「**立派なロバの夢を見ていた**[5]」。

しかし、娘たちから、王子が花嫁を探しに来ると

1　昔あるところにひとりの王様がいました Una volta c'era un re
2　ほんの少しのお恵みを Un tantin di carità
3　ドン・マニーフィコのお嬢様方 O figlie amabili di Don Magnifico
4　チェネレントラここに来て Cenerentola vien qua
5　立派なロバの夢を見ていた Mi sognai fra il fosco e il chiaro un bellissimo somaro

聞いた彼は、娘たちに「なんとしても王子に見初められるのだ」と檄《げき》を飛ばす。

そこに本来の姿に戻ったアリドーロに導かれて、従者の洋服を着たラミーロ王子が現れる。彼はアリドーロの助言に従い、身分を隠して娘たちの本性を見定めに来たのだった。

姉たちの部屋から戻って来たチェネレントラは、そこに見知らぬ男性がいることに驚く。彼らは互いに一目惚《ひとめぼ》れする「二重唱[6] **なんという優しげな**」。

ラミーロを従者と思い込んだマニーフィコが「王子の到着はまだか」と尋ねる。ラミーロは丁寧な物腰で「あと数分で」と答える。それを聞いたマニーフィコは娘たちの準備を急き立てるために、彼女たちの部屋へと消えて行く。

お付きの者たちを従えて、偽の王子ダンディーニが豪奢《ごうしゃ》な身なりで登場する「[7]**春に飛び交うミツバチのように**」。実際は彼は王子の従者である。彼はラミーロの指示を確認しながら、王子の振りを仰々しく演じる。

偽王子が、マニーフィコとその娘たちを城の舞踏会に招待する。チェネレントラはマニーフィコに「一時間でいいから私も舞踏会に連れて行ってください」と懇願するが、マニーフィコは冷たく拒絶する「二重唱[8] **お願いです、ひとことだけ**」。

アリドーロが書類を見ながら進み出て「この家には三人の娘がいると記載されているが」と言うが、マニーフィコは「三人目の娘は亡くなりました」と答え、かつ「余計なことを言うな」とチェネレントラを威嚇《いかく》する。チェネレントラを除く全員が城へと出掛けて行く。

アリドーロが再度現れて、チェネレントラに優しく「きっとすべてが変わるから」と語り掛ける「[9]**深い神秘に包まれた天が**（クリティカル版）／**この世界は大きな劇場**（旧版）」。そしてアリドーロはチェネレントラに「けっして身分を明かしてはならない」と言い聞かせた上で、用意した馬車で彼女を伴って城へと向かう。

6　なんという優しげな Un soave non so che
7　春に飛び交うミツバチのように Come un'ape ne' giorni d'aprile
8　お願いです、ひとことだけ Signor, una parola
9　深い神秘に包まれた天が Là del ciel nell'arcano profondo（クリティカル版）／この世界は大きな劇場 Vasto teatro è il mondo（旧版）

〈第2場〉ラミーロ王子の城

30種類ものワインを試飲してもけろりとしているマニーフィコは、酒蔵の責任者に任命されて意気揚々。さっそく「今後15年間、甘口ワインに水を一滴も混ぜてはならぬ」というお触れを皆に書き取らせ、町じゅうに貼り出すように命じる「**私、ドン・マニーフィコは**[10]」。

偽王子のダンディーニは、マニーフィコのふたりの娘たちに話しかけ、その反応を試す。その上で彼は王子に「どちらも性格がよくないですよ」と耳打ちする。

アリドーロが、高貴な姫の到着を知らせる。それはヴェールをつけた美しいドレス姿のチェネレントラである「六重唱 **私は気まぐれを軽蔑《けいべつ》します**[11]」。

ラミーロには、彼女の声からそれがチェネレントラであるとわかり、マニーフィコや姉たちは「うちのチェネレントラと背格好がよく似ている」と囁《ささや》き合う「七重唱 **話したい、考えたいわ**[12]」。

【第2幕】

〈第1場〉ラミーロ王子の城の一室

娘たちのどちらかを何としてでも王子に嫁がせたいマニーフィコは、誰とも知れぬ有力な花嫁候補の登場に気が気ではない。そして、娘たちに向かって「たとえ王子の花嫁になってもこの父のことを見捨てるではないぞ」と言うことも忘れない「**娘のどちらかを**[13]」。

〈第2場〉城の中

従者姿のラミーロ王子のところに、ダンディーニがチェネレントラを追い掛けてやって来る。ダンディーニのプロポーズにチェネレントラは「私がお慕いしているのは、あなた様の従者です」と答える。それを聞いたラミーロは喜ぶ。彼女はラミーロに自分が両腕にはめていた腕輪の片方を渡して「どうか本当の私を探し出して、まずは私が誰かを知ってください。そして、それでもよろしければ、私を花嫁にしてください」と言い置いて去る。ラミーロは、王子の立場に戻って、彼女の

10 私、ドン・マニーフィコは Noi Don Magnifico
11 私は気まぐれを軽蔑します Sprezzo quei don
12 話したい、考えたいわ Parlar, pensar vorrei
13 娘のどちらかを Sia qualunque delle figlie

ことを必ず探し出してみせると語る「[14]**ああ、彼女を探し出してみせるとも**」。

（第3場）城の中の別の場所

ダンディーニが王子役を解かれて「なかなか面白い思いをした」と独白しているところにマニーフィコが揉《も》み手をしながら近づいて来て「王子様、せっつくようで恐縮ですが、娘のどちらを花嫁になさるおつもりでしょうか」と尋ねる。

ダンディーニは「あなたに重大な秘密を明かしましょう」と言い、自分が王子ではなく、ただの従者であることを明かす「二重唱[15] **重大な秘密を**」。マニーフィコは自分の夢がもろくも崩れ去ったことを知り、城から追い立てられて憤慨《ふんがい》しながら立ち去る。

その様子を離れて見ていたアリドーロは、事の推移に満足しながら「あとは彼女の家の前で、王子の馬車をひっくり返してみせればいいのだな」と言いながら去って行く。

（第4場）ドン・マニーフィコの館

チェネレントラが、いつもの粗末な身なりで、あの悲しげな歌を口ずさみながら働いている。マニーフィコと姉たちが城から帰って来て、チェネレントラがいつも通りに働いているのを見て「やはりあれは他人の空似だったのだわ」と言い合う。

外はひどい嵐である。チェネレントラは、早く愛する人が迎えに来てくれることを願う。

そこにダンディーニが、今度は本来の従者の格好で「王子様の馬車が嵐の中でひっくり返ってしまって」と入って来る。そのあとからラミーロ王子も現れ「替えの馬車が来るまでここで待たせてもらいたい」と言う。マニーフィコはここで初めて、誰が本当の王子であったのかを知る。

チェネレントラが現れ、ラミーロは彼女の腕に片割れの腕輪を見つけ、再会を喜ぶ。マニーフィコや姉たちは、事の成り行きがすぐには理解出来ず混乱する「六重唱[16] **あなたなのですね〜これはもつれた糸の結び目**」。

「なんてことなの」と憤慨するクロリンダとティ

14　ああ、彼女を探し出してみせるとも Si, ritrovarla io guiro
15　重大な秘密を Un segreto d'importanza
16　あなたなのですね〜これはもつれた糸の結び目 Siete voi？〜 Questo è un nodo avviluppato

スベ、マニーフィコのチェレントラに対する失礼な物言いにラミーロ王子が立腹する。チェネレントラはラミーロに父たちを許してくれるように願い出る「五重唱 [17]**なんて女なの〜もし私を愛してくださっているのならば**」。

感激したラミーロは、チェネレントラを妻に迎えると宣言する。納得出来ないマニーフィコと姉たちだが、ラミーロの剣幕に恐れをなす「六重唱 [18]**あの怒りのつぶやきが**」。

チェネレントラとラミーロ、ダンディーニと従者たちは城へと向かう。

失意のマニーフィコと姉たちの前にアリドーロが現れて「あなた方は物乞いの姿の私を手酷《ひど》く追い払ったが、チェネレントラは優しくもてなしてくれた。このままでは彼女の財産を使い込んだ父上は、この館も含めすべてを没収されるでしょう。その道を取るか、あるいはチェネレントラに赦しを乞うかをお決めなさい」と語る「[19]**私が施しを願った時に**」。

クロリンダは「彼女に慈悲を乞うわ」と語る「[20]**不幸な私**」。ティスベも「運命には逆らわないわ」と答える。

アリドーロは「これで私の弟子である王子が幸せになることが出来る」と満足げに語る。

（第5場）祝宴が用意された城の広間

人々が口々に祝いの言葉を述べる中、ラミーロ王子とチェネレントラがふたり揃って姿を現す「合唱 [21]**変わる事のない幸せが**」。

おずおずと赦しを乞うために進み出たマニーフィコと姉たちのことをチェネレントラは温かく抱擁する。そして王子に「彼らを赦すことで、私の復讐は果たされるのです」と語る。

チェネレントラが今の幸せを歌って、大団円の中、幕は下りる「[22]**苦しみと涙の中で生まれ**」。

17　なんて女なの〜もし私を愛してくださっているのならば Donna sciocca! 〜 Ah! Signor se è ver che in petto

18　あの怒りのつぶやきが Quello brontola, e barbotta

19　私が施しを願った時に Io vi cercai la carità

20　不幸な私 Sventurata!

21　変わる事のない幸せが Della fortuna istabile

《聴きどころ》

ペローの童話シンデレラ（サンドリヨン）を基にしたオペラだが、ここには魔法使いやカボチャの馬車は登場しない。ガラスの靴は腕輪になる。オペラは「善良である者には、いつか幸せが訪れる」という勧善懲悪《かんぜんちょうあく》的な物語にまとめられている。

クリティカル・エディションのリコルディ版ヴォーカル・スコアで、現代ロッシーニ研究の第一人者であり、指揮者としても知られる校訂者のアルベルト・ゼッダが、それぞれの役柄に適した声の種類について触れているので、その一部を引用させていただく。

「チェネレントラの声種について。特にこの主役については2オクターヴにわたる音域と、高音から低音に至るまで、統一感のある音色によるアジリタが出来る声が求められる…（中略）…出来得るのであれば、現代においては豊かな低音に恵まれたコントラルト、あるいはメゾ・ソプラノによって歌われることが望ましい。ティスベには喜劇のこなせるメゾ・ソプラノ、クロリンダには軽すぎず性格表現のできるソプラノ、ラミーロには、カウンターテナーやテノーレ・ディ・グラーツィアではなく、高音（アクート）のあるテノール、ダンディーニには、現代におけるバリトンのような、カンタービレが歌えるバス＝バリトン、マニーフィコにはバッソ・ブッフォが、アリドーロにはバッソ・ノービレかバッソ・カンタンテが望ましい…（後略）」。（拙訳）

そう、あくまでこれは「理想」である。実際のところ、チェネレントラを歌う歌手が、これだけの広い音域の、それもアジリタだらけのこの役を、均一な音色で低音が聴こえなくなるわけでも、高音で絶叫するでもなく歌いこなせるとすれば、その人が普段いかなる声種を名乗っていてもそんなことは構ったことではない。その上で、いわゆるメゾ、あるいはコントラルトの深い音色の持ち主であれば、なおのこと素晴らしいのである。

ロッシーニがオペラを書いた時代と現代の発声法は、声種の基準も含めて変化している。またロッシーニの作品が要求する技術は、ベッリーニやドニゼッティのそれよりメカニカルである。当然ながら、ディクションも明晰《めいせき》でなければならない。その「ベルカントの技術」全体が廃れかけている現代において、作曲家による声種指定の記載は、絶対に守るべき「規則」ではなく、もっと緩やかな「参考」であると考えたほうがよいだろう。

舞台芸術は時代とともに変化していく。これは良きにつけ悪しきにつけ、芸術の持つ宿命である。これが発展なのか、衰退なのか。それは後世を生きる人々の判断に委《ゆだ》ねるよりあるまい。（ちなみに早晩訂正されることと思うが、現在出回っているリコルディのクリティカル・エディションのヴォーカル・スコアの目次の役柄一覧において、アリドーロが「テノール」となっているのは、明らかなミスプリントである。テノールと定義されている歌手にこの音域はさすがに出せない。正しくは「バス」である。）

この作品において、ロッシーニが声を器楽的にかつ効果的に重ねて使う才能が顕著に現れているのは第2幕の六重唱における「[16]**これはもつれた糸の結び目**」における歌詞の"Questo è un nodo avviluppato, questo è g**r**uppo **r**int**r**ecciato"の「r」の使い方である。登場人物のそれぞれが輪唱のように順番に歌い始めるが、そのどれもがすぐにこの歌詞の後半にある「è gruppo rintrecciato」で同じタイミングに集約されていく。ここではイタリア語の特徴的な性格である「r」の発音が巻き舌で行われることによって、単に平板にすーっと流れていきそうな美しいメロディに、変拍子のようなアクセントを与えて印象深い重唱に仕上げることに成功している。歌手がわざわざその言葉を強調しなくても、譜面通りに歌うだけで、そこに独特なリズム感が生み出されて行くのである。

チェネレントラ――安定感のある歌唱が求められる、お伽話《とぎばなし》の主人公

前述のゼッダの言葉のとおり、この低いファから高音のシ♭までという広い音域を均一な音域で網羅《もうら》し、かつアジリタを楽々こなせる歌手であれば、声の色までどうこうと贅沢《ぜいたく》は言えない。逆説的に言えば、この役を歌い切れるということは、自ずとロッシーニ作品と、この役に適した声質の持ち主であるということになる。

ライヴ録音を含めれば、ベルガンサ、ヴァレンティーニ＝テッラーニ、バルツァ、バルトリ、ラーモア、ガランチャと錚々《そうそう》たるロッシーニを得意としたメゾたちの録音が並ぶ。この作品は、ロッシーニのオペラの中でもっともメゾが華やかな役で、オペラの最後も彼女が全員を従えて歌うアリア（ロンド）で締める。特に近年は視覚的にもシンデレラに似合う、ロッシーニのスペシャリストのメゾが次々に登場している。

クロリンダとティスベ――不可欠な「普通の人」

アリアも与えられていない（ティスベには第2幕にアリアがあるのだが、往々にしてカットされる）脇役扱いのチェネレントラの義理のお姉さんふたり。原作同様、意地の悪い姉さんたちである。脇役だが、彼女たちは物語にとって欠くべからざる存在だ。彼女たちの自己中心的な俗物キャラクターが、このオペラを単なるお伽噺ではない、脈打つ生きた物語にしている。極論を言えば、ラミーロとチェネレントラは美声で、姿も美しく、きれいに歌えるテノールとメゾで賄《まかな》えるが、クロリンダとティスベには演技力と、ディクションの明晰な実力派のソプラノとメゾが絶対に必要なのである。合わせ鏡のようなこの姉妹は、反面教師としてチェネレントラの善良さを強調する。この姉妹は背伸びをして王子に見初められようと、あれこれ手練手管《てれんてくだ》を繰り出すがことごとく空振りに終わる。美人でもない、特に特徴の

ない娘たちは、父親と肩寄せ合って生きる普通の人たち。彼女たちを心底性悪《しょうわる》な女性として描く必要はあるまい。彼女たちは、お伽噺《とぎばなし》が甘くなりすぎることを防ぐ役目の、どこにでもいる普通の人間たちなのだから。

ラミーロ――レッジェーロ以外のテノールに、果たして歌えるのだろうか

この役は高音こそハイC（高いド）止まりだが、これをテノーレ・ディ・グラーツィア（優雅な柔らかな声）のレッジェーロ以外で、となると、歌い切るのは一気に大変な難技になる。特に第2幕の「**ああ、彼女を探しだしてみせるとも**」[14]の大アリアは、アジリタ満載である。これを息が流れた上でコロコロと綺麗《きれい》に転がして、かつそれを中身の詰まったしっかりしたリリコのテノールが歌うのは、人並み外れたテクニックがなければ出来ない。あくまでも理想は理想であって、実際はレッジェーロが歌うことがほとんどである。

このオペラは（これに限らず、オペラのほとんどがそうなのだが）歌詞が聞こえて当然という音域を中心にして書かれている。そこでテノールが正しい音程で転がすことばかりに腐心するわけにはいかない。特にこの作品の歌詞は心情の表現というよりも、会話として成立させねばならぬ部分が多い以上、言葉が立つことは、文字通り絶対条件なのだ。

バス三人組――ブッフォふたりと魔法使いの化身

マエストロ・ゼッダも書いているように、ドン・マニーフィコに比べ、ずっと年齢が若い従者のダンディーニは、音域もキャラクターもバリトンに近いバス=バリトン。王子のふりをする彼には貴族風の鷹揚《おうよう》なしゃべりと、テノールを思わせる二枚目のカンタービレが存在する。これを立派に歌い過ぎては、本物の王子になってしまうし、かといってコミカルに傾きすぎるのもおかしい。それに機関銃のような早口言葉の（彼本人の庶民キャラクターが表出する）ブッフォの部分もある。ダンディーニは、このオペラで心理の独白がもっとも多い役なのである。演じ甲斐は一番ある。しかし、いかんせん従者の役なので、主役として注目を浴びることはないし、渋い魅力は、設定年齢もずっと年上のバッソ・ブッフォが務めるマニーフィコに持って行かれてしまうという、少々損な役回りである。

　そのドン・マニーフィコには、終始一貫したブッフォの役として喋《しゃべ》りで面白さを醸《かも》し出す名人芸が必要。ヴェテランの味わいが欲しい役である。アリアはもちろんのこと、前述のクロリンダとティスベとの絡みもまた聴かせどころである。

　この物語の喋り（ストーリーを先に進める）の部分を託されている三人目のバス、アリドーロは、上記のふたりとは趣が異なる。コミカルさは全く無縁の真面目な落ち着いた低声が求められる哲学者然としたキャラクターで、原作の魔法使いの役目であるストーリーの「重し」であり、音楽的にも別格と言ってよい。（ちなみにクリティカル・エディションの彼のアリア「[9]**深い神秘に包まれた天が**」がロッシーニ自身の書いたもので、旧版の「[9]**この世界は大きな劇場**」は他人の作品が差し込まれていた）。

　このオペラを「喜劇」に仕立て上げ、底支えをする二本柱は、ダンディーニとマニーフィコのふたりのブッフォということになる。

《湖上の美人》

ジョアキーノ・ロッシーニ

LA DONNA DEL LAGO *Gioachino Rossini*

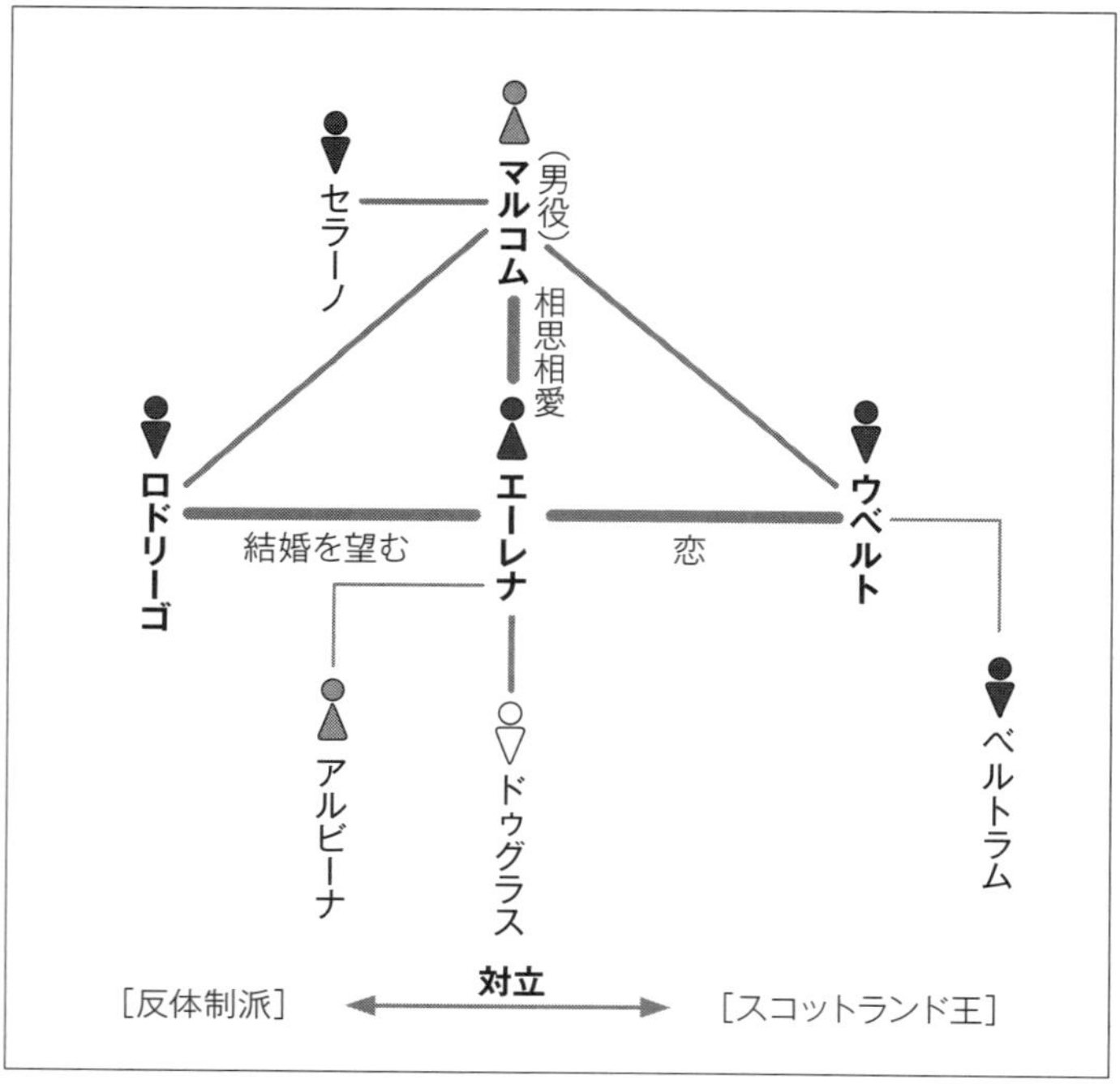

主な登場人物

ウベルト・ディ・スノウドン（T）
実はスコットランド王のジャコモ五世

エーレナ（S）
美しい娘　反体制派のドゥグラスの娘

マルコム・グレーム（C）
エーレナと愛し合う反体制派の騎士

ドゥグラス（ダグラス）・ダングス（Bs）
エーレナの父親　謀反の疑いで王から追放された騎士

ロドリーゴ・ディ・ドゥー（T）
反体制派を統率する戦士

アルビーナ（Ms）
エーレナの友人

セラーノ（T）
マルコムの同僚

ベルトラム（T）
王の従者

2幕のオペラ（メロドランマ）Melodramma in due atti
原作　ウォルター・スコット「湖上の美人」
台本　アンドレーア・レオーネ・トットラ
初演　1819年10月24日　ナポリ、サン・カルロ劇場
演奏時間　2時間30分／第1幕90分、第2幕60分

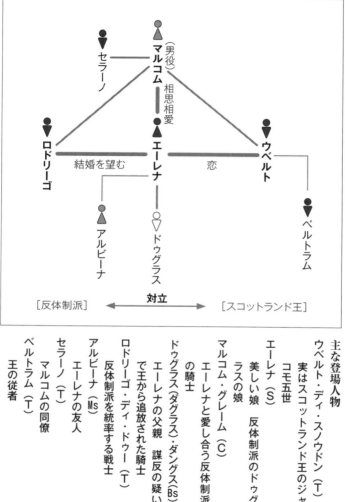

【第1幕】

(第1場) スコットランド中部　カトリン湖畔

オーケストラによる短いイントロダクションに続き、村人たちの歌が聴こえて来る。夜明けが近づく。羊飼いたちは仕事へ、狩人たちは獲物を捜しにそれぞれ散っていく。

カトリン湖に浮かぶ小島に住むエーレナが、小舟を操って岸へと向かっている。舟を漕《こ》ぎながらエーレナは愛する騎士マルコムの安否を心配し、彼に想いを馳《は》せながら歌う「**おお、朝焼けよ**」[1]。

遠くから狩りの角笛が聞こえて来る。彼女の小舟が岸に着く。そこに湖にいると噂《うわさ》に聞く美女を一目見たいと捜していたウベルト(実はスコットランド王のジャコモ五世)が現れ、エーレナの美しさに感嘆する。ウベルトが、身分を隠したまま「狩りの最中に獲物を追うことに夢中になっていたら仲間からはぐれてしまった」と言うので、エーレナは「とりあえず湖に浮かぶ小島にある私の家でお休みになってはどうですか」と提案し、ふたりは小舟に乗って小島へと向かう「二重唱**この小さな木の舟にお乗りになって**」[2]。

彼らの乗った小舟が岸から離れた後、起伏に富んだ丘や森の中から王を見失った従者たちが現われ、彼を探して、また四方八方へと消えていく。

(第2場) 湖に浮かぶ小島にあるエーレナの家

彼女の質素な家に案内されたウベルトは、そこに王家に仕えた騎士の武具を見つけて驚き、自分が反体制派の家に来てしまったことに気がつく。ウベルトがエーレナに父の名を問う。彼女は父は身に覚えのない謀反《むほん》の疑いを掛けられ、宮廷から追放されたドゥグラス(ダグラス)であると答える。彼は思わず「王も彼を追放したことを悔いている」と口走ってしまい、慌てて「そういう噂《うわさ》です」と取り繕《つくろ》う。

そこに彼女の友人たちがやって来て、反体制派の勇者であるロドリーゴがエーレナに夢中だと話す。それを聞いたウベルトは驚く。しかしエーレナは「私の心には他の人がいるのです」と語る。ウベルトはまだ見ぬ彼女の愛する男への嫉妬《しっと》心に

1　おお、朝焼けよ Oh mattutini albori
2　この小さな木の舟にお乗りになって Scendi nel piccol legno

駆られ、エーレナは離れているマルコムへの想いに浸る「二重唱 **あなたはすでに人妻なのですか**[3]」。

友人のひとりが、ウベルトの歓迎の印に小さな盃《さかずき》にビールを注ぎ、エーレナに手渡す。エーレナがその盃をウベルトの前に差し出し、彼がそれを呑み干す。

ウベルトが「そろそろ狩りの仲間の所に戻りたい」と言うので、エーレナは友人のひとりアルビーナに舟を出して彼を送るように頼む。ウベルトは美しいエーレナに心惹かれながら立ち去る。

(第3場)エーレナの家の外

ウベルトたちが去った反対側から、戦いから数か月ぶりに戻ったマルコムが姿を現す。マルコムがエーレナへの熱い恋心を歌う「**幸せな壁よ**[4]」。

マルコムの同僚のセラーノから「エーレナの父ドゥグラスが、彼女を反体制派の勇者ロドリーゴに嫁がせることにしたようだ」と告げられたマルコムはショックを受ける。そこにドゥグラスとエーレナがやって来るので、マルコムは物陰に姿を隠す。

ドゥグラスは娘に向かって「抑圧されるスコットランドを救おうとする勇者ロドリーゴの妻になるのは名誉なことだ」と言うが、エーレナは「戦闘が繰り返される中で結婚の話など」と拒絶する。父は、自分の言うことに従わない娘に立腹する「**黙りなさい、私がそう望むのだ**[5]」。その時ロドリーゴの到着を告げるラッパの音が鳴り響き、ドゥグラスは勇者を迎えにその場を去る。

ひとり残り我が身の不幸を嘆くエーレナの前にマルコムが現れ、ふたりは互いの気持ちを確かめ合う「二重唱 **あなたなしでは生きられない**[6]」。かといってエーレナは父の命令に無碍《むげ》に背くこともまた出来ないのだった。

(第4場)山々に囲まれた広い平野

反体制派の戦士たちを引き連れたロドリーゴが現れ、祖国への愛とエーレナへの想いを語る「**彼女はどこに**[7]」。やって来たドゥグラスが、ロドリーゴの到着を喜び「ともに王ジャコモを倒そう」と

3 あなたはすでに人妻なのですか Sei già sposa?
4 幸せな壁よ Mura felici
5 黙りなさい、私がそう望むのだ Taci, lo voglio
6 あなたなしでは生きられない Vivere io non potrò, mio ben, senza di te
7 彼女はどこに Ma dov'è colei
8 愛する魂はなんと甘く Quanto a quest'alma amante fia dolce

力強く語る。

そこにエーレナがアルビーナたちとともにやって来る。ロドリーゴはエーレナとの再会を喜ぶが、エーレナは悲しげな表情を浮かべる。娘のその様子に父は不快感を露わにする「三重唱 **愛する魂はなんと甘く**[8]」。

そこにマルコムが部下たちを連れて現れ、ロドリーゴの下で祖国のために命懸けで戦うことを誓う「**私の剣を、選りすぐりの者たちを**[9]」。それを喜んだロドリーゴが「友と妻を得た」と言うのを聞いてマルコムは驚く。動揺するマルコムとエーレナの様子を見たロドリーゴは、ふたりの仲を疑い、父は苛立《いらだ》ちを隠せない。アルビーナと友人たちもこの緊迫した状況を憂いる「五重唱 **残酷な疑いが**[10]」。

そこに吟唱詩人たちを伴って現れたセラーノから「敵が丘の向こうにまで迫っている」との知らせがもたらされる。ロドリーゴに促された吟唱詩人たちは戦士たちを勇気づける歌を歌い、全員が高らかに声を合わせる「合唱 **前兆の光がすでに**[11]」。そして女たちを残した全員が、勇ましく敵に向かって進撃して行く「六重唱と合唱 **さあ、友よ、戦士たちよ**[12]」。

【第2幕】

（第1場）深い森の中の洞窟《どうくつ》の前

エーレナのことを忘れられないウベルトが羊飼いの姿で現れ、彼女の美しさを讃える「**おお、甘美な炎よ**[13]」。

洞窟からセラーノとともに姿を現したエーレナは、セラーノに、アルビーナを連れて行方不明の父ドゥグラスを捜しに行くように頼む。

ひとり残ったエーレナにウベルトが声を掛ける。ウベルトは彼女への愛を告白するが、自分には愛するマルコムがいるから、とエーレナはその申し出を断る。彼女の純粋な愛に感動したウベルトは、彼女への恋を諦める決心をし、金の指輪を差し出し「これは以前スコットランド王を助けた際に賜った指輪です。あなたとあなたの父上やあなたの愛する人に危機が迫った時には、この指輪

9　私の剣を、選りすぐりの者たちを La mia spade, e la più fida schiera eletta
10　残酷な疑いが Crudele sospetto
11　前兆の光がすでに Già un raggio forier
12　さあ、友よ、戦士たちよ Su, amici! guerrieri!
13　おお、甘美な炎よ Oh fiamma soave

を王にお見せなさい。必ず恩赦を受けられるでしょう」と言って、王家の印の入った自分の指輪を彼女に渡す「二重唱 **どうか理性を取り戻してください**[14]」。そこに現れたロドリーゴは見知らぬ男とエーレナが親しげに話しているのを見て嫉妬の炎を燃やす。ロドリーゴがウベルトに素姓を尋ねる。ウベルトが「王家に繋《つな》がる者だ」と答えるので、ロドリーゴは大声で部下たちを呼ぶ。彼らがウベルトに向かって一斉に剣を抜く。ウベルトがロドリーゴに一対一の決闘を申し込み、ふたりはその場から去る。その後をエーレナと反体制派の戦士たちが追う「三重唱 **言え、お前は誰だ**[15]」。

(第2場) 洞窟《どうくつ》

エーレナを捜しに、アルビーナに続きマルコムとその部下たちがやって来る。

ドゥグラスを捜しに行っていたセラーノも戻って来て「ドゥグラス殿は王に会いに行くとおっしゃって、王宮に向かわれました」と報告する。マルコムがエーレナの行方《ゆくえ》を心配しているところに、ロドリーゴが決闘で敗れて亡くなり、戦いでも反体制派が窮地に陥っているという知らせがもたらされ、マルコムは絶望的になる「**ああ、今や死だけが**[16]」。

(第3場) スターリング城

ジャコモ王(=ウベルト)とドゥグラスが話をしている。ドゥグラスは、自分の命と引き換えにこの戦いを終わらせ、反体制派の者たちを処刑しないように王に懇願するが、王はドゥグラスを捕らえさせて投獄する。

臣下のベルトラムがやって来て、ジャコモに王家の印の入った指輪を持った娘の来訪を告げる。ジャコモは自分が王であることを彼女に告げないまま、ここに連れて来るように命じる。

ベルトラムに連れられてエーレナが王宮の一室に案内されて来る。エーレナが、自分の生まれた城の中を見回している。そこにジャコモの歌う、彼女が以前歌っていた歌が聴こえて来る「**夜明け**[17]

14 どうか理性を取り戻してください Alla ragion deh rieda
15 言え、お前は誰だ Parla, chi sei?
16 ああ、今や死だけが Ah si pera orai la morte
17 夜明けの光よ Aurora! Ah sorgerai

の光よ」。エーレナはその声がウベルトのものであることに気づく。そこに現れたウベルトにエーレナは「どうか王様に会わせてください」と頼む。

（第４場）城の大広間

宮廷の者たちが玉座を囲み、エーレナとともに広間に入ってきたジャコモ（＝ウベルト）に向かって、慇懃《いんぎん》に挨拶《あいさつ》する。エーレナはそこで初めて、隣にいるのが王その人であることを知る。王はエーレナとの約束通りにドゥグラスに恩赦を言い渡す。

エーレナはロドリーゴへの恩赦も乞うが、王は「すでに亡くなっている男に恩赦の施しようがない」と答え、捕らえられていたマルコムを連れて来させる。

王はマルコムを赦し、宮廷に取り立てた上で、エーレナとの結婚を許す。

エーレナは王の温情に感謝し、幸せを歌う。皆が平和の訪れを祝福する中、幕が降りる[18]「**愛に満ち溢れたこの時に**」。

《聴きどころ》

ロッシーニの円熟期のオペラ・セーリアのひとつであるこの《湖上の美人》（直訳すれば「湖の女」）は、ウォルター・スコットの〈The lady of the lake〉をトットラが訳して台本にした。湖上の美人と謳《うた》われる娘エーレナと、彼女と愛し合うマルコム、彼女を妻にと望む反体制派の指導者ロドリーゴ、そしてスコットランド王ジャコモ五世という男性三人（うちマルコムはメゾ・ソプラノあるいはコントラルトによるズボン役）の恋の物語をスコットランドの内戦と絡めた物語である。相当歌唱力のあるロッシーニ・テノールがふたり（ウベルトとロドリーゴ）必要であること、終幕に大ロンドのあるソプラノ・リリコのエーレナ役、大きなカヴァティーナとアリアのあるマルコム役、と実力派の歌手を揃える難し

18　愛に満ち溢れたこの時に Tanti affetti in tal momento

さからか、さほど公演される機会は多くない。しかし近年また注目を浴び始めている作品と言えよう。この作品には複数の優れた録音や映像が存在するが、歌手全体のバランスが最もいいのは、当時「世界初録音」を謳《うた》って売り出された、ピアニストのポッリーニが指揮をして、リッチャレッリ、ヴァレンティーニ=テッラーニ、ゴンザレスらが歌っている録音だろう。

ウベルト（=ジャコモ五世）——文字通り二枚目のテノール

この役は、ドニゼッティのオペラになっているマリーア・ストゥアルダ（メアリー・ステュアート）の父であるジャコモ五世の若き日がモデルにはなっているが、あくまでも創作された物語である。第1幕において、彼はエーレナとの二重唱「**あなたはすでに人妻なのですか**」[3]で、まずはその存在を強く印象づけて去って行く。ところが第2幕になると、このオペラのヒーローは、マルコムでもなく、ロドリーゴでもなく、ウベルト（=ジャコモ王）であることがはっきりする。第2幕の幕開け早々のカヴァティーナ「**おお、甘美な炎よ**」[13]は、技術的には難しいが、彼には他の登場人物たちのような深い心理描写は求められていない。彼は大変よくできた人物で、権力をかざして他人の恋路を邪魔することもせず、剣の腕も立つ。そして最後には「実は王様でした」と現れる。女性目線で見れば、彼はひたすらカッコイイのだ。このオペラの中では彼の王としての政治力は一切問われておらず、ロッシーニのオペラでも《ラ・チェネレントラ》のラミーロ王子とこのウベルト は、お伽噺《とぎばなし》の「白馬に乗った王子様」キャラクターなのである。

録音や映像でこの役は、ブレーク、フローレス、ミロノフといったベルカント・オペラを得意とするテノールたちが歌っている。後年《イル・トロヴァトーレ》のマンリーコなどで、好き放題にアクート（高音）を伸ばし、力強く、大見得を切ってリリコ・スピントの役柄（果てはオテッロまで）歌っていたボニゾッリが、1970年録音のライヴ盤で見事な歌唱を聴かせていて、彼が1960年代にはロッシーニのスペシャリストであったことを窺《うかが》い知ることが出来る。

ロドリーゴ——登場場面は少ないが、勇敢な戦士の役

スコットの原作では残忍な性格の持ち主とされているが、このオペラでは戦闘での高い能力の持ち主であるだけでなく、反体制派を統率する人望のある人物として登場する。ロドリーゴ・ディ・ドゥーの「ドゥー」はゲール語の「色黒」という意味を持つ（原作ではRoderick Dhu）。

その登場は、合唱を伴った立派なカヴァティーナ・カバレッタ形式のアリア「**彼女はどこに**」[7]で、主役級の登場の仕方である。彼はエーレナの父が是非娘を嫁がせたいと考えるほどの男なのだが、オペラの中では、この先エーレナへの片思いは実らないばかりか、やたら剣の腕の立つウベルト（＝ジャコモ王）に決闘であっさり負けて命を落とし、実に簡単に物語からの強制的退場を余儀なくされるという気の毒な存在である。

このアリアと、その先に来る大掛かりな第1幕のフィナーレでもロドリーゴの存在は重要で、当然脇役専門のテノールには手に余る役である。録音でもメリット、クンデといった主役級のベルカント・テノール（クンデはいつの間にやらテノーレ・ドランマーティコになってしまったが）が務めている。

マルコム——存在はあくまでもエーレナの恋人として

ロッシーニのオペラでタンクレーディ、アルサーチェ（《セミラーミデ》）と並ぶメゾ・ソプラノかコントラルトの務める男（ズボン）役。どれも凛々《りり》しい若き騎士の役である。この3役の中では、このマルコムがもっとも政治色が薄い役で、あくまでエーレナと愛し合う青年騎士として登場する。第1幕で長い戦いから戻って来た登場のカヴァティーナ「**幸せな壁よ**」[4]、第2幕での行方不明になったエーレナを想うアリア「**ああ、今や死だけが**」[16]のどちらも恋人を想う内容である。戦士としてもそれなりの能力もあり、女性にも優しいこの役は、いわゆるロッシーニ・メゾと呼ばれる軽めの声ではなく、アジリタも出来るコントラルトによって歌われるのが理想的。セラフィン盤でこの役を歌っているイレーネ・コンパネーズ（カラスとの《ラ・ジョコンダ》のチェーカ役でも優れた録音を残しながら、35歳で声が出なくなるという悲劇に見舞われたフランス生まれのコントラルト）は、惚《ほ》れ惚《ぼ》れするような深い響きを聴かせている。もちろんポッリーニ盤のヴァレンティーニ＝テッラーニ、ゼッダ盤のピッツォラート、２０１５年録画のメトロポリタン歌劇場でのマリオッティ指揮の映像におけるバルチェッローナといったイタリア勢もどれも勝るとも劣らぬいい声揃《そろ》い。エジンバラ音楽祭のライヴ録音であるベニーニ指揮による盤における新鋭のバードンもなかなかの美声を聴かせている。

エーレナ ―― リリコ・レッジェーロ～軽めのメゾまでが手がけている役

タイトルロールでもあるエーレナは、本来はソプラノ・リリコ向きの役だが、ソープラ・アクート（超高音）がなく、かつテッシトゥーラ（中心となる音域）が中音部にあるため、録音、映像だけでも軽めのメゾ・ソプラノ（ガナッシ、フォン・シュターデ、ディドナート）、ソプラノ・リリコ（カルテーリ、カバリエ、リッチャレッリ、ジャンナッタージオ）、リリコ・レッジェーロ（アンダーソン）と幅広い声域の歌手たちが手がけている。あとは聴く側の好みの選択に委《ゆだ》ねられるところだろう。

エーレナはどこか影がある役で、細やかな心理表現が求められる役。若い娘ながら、落ち着いた性格なので、この役は金属的な響きを持つ声には向かない。全ての枷《かせ》から解き放たれて喜びに浸るロンド「**愛に満ち溢れたこの時に**」[18]は、同じロッシーニの《ラ・チェネレントラ》のロンド同様の大曲。音域としてはそれこそチェネレントラ（＝アンジェリーナ）役を歌うようなロッシーニ・メゾが歌っても何の不思議もない。例外はムーティ盤のアンダーソンで、元から中音部にも強さのあるソプラノ・リリコ・レッジェーロであった彼女だからこそ、この役を自分のものに出来たのであろう。他のリリコ・レッジェーロでは、中音部を必要以上に鳴らすことでバランスを崩す危険があり、その種の声がこの役をわざわざ手掛ける必要もない。

《セミラーミデ》ジョアキーノ・ロッシーニ

SEMIRAMIDE Gioachino Rossini

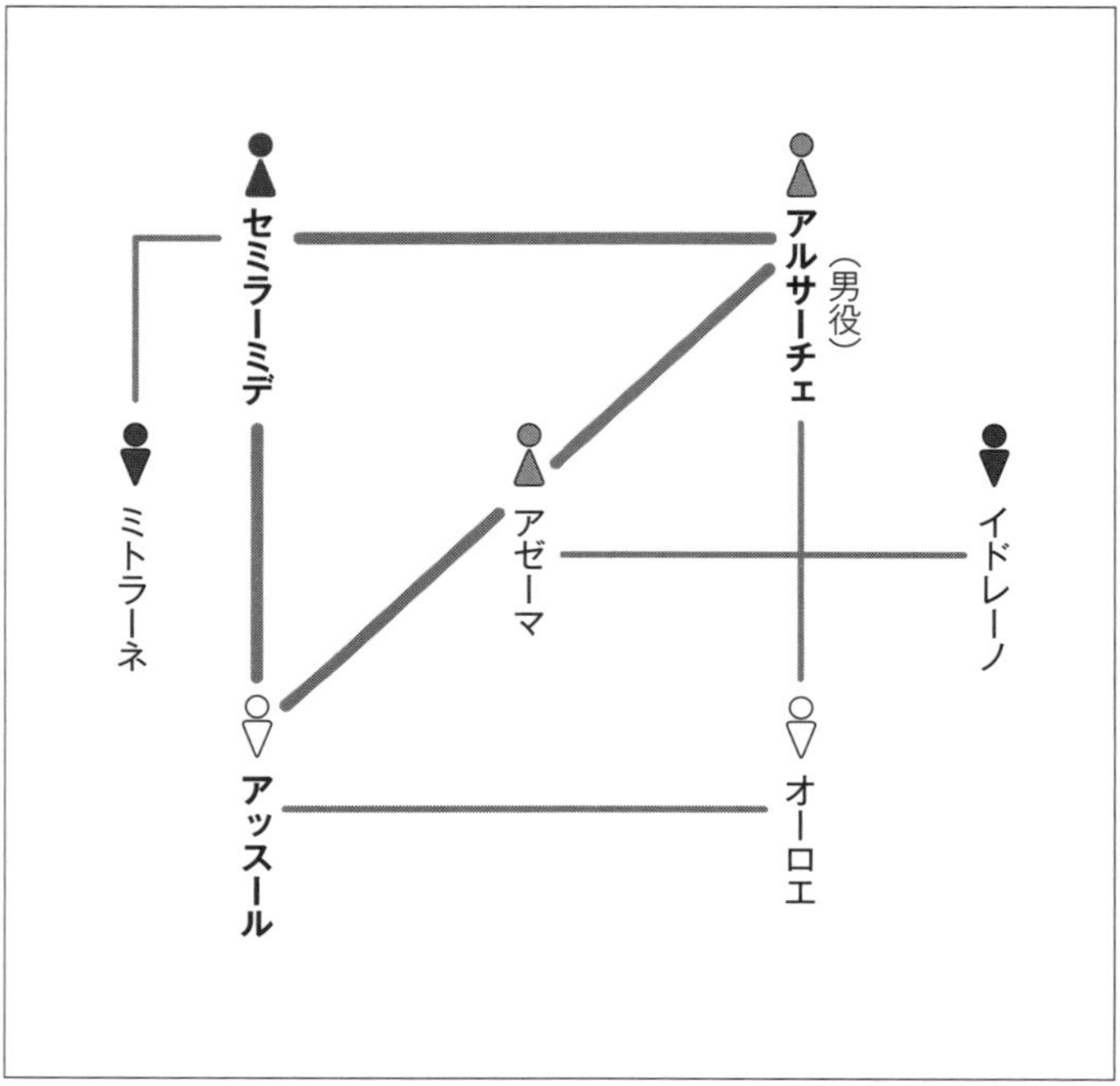

主な登場人物

セミラーミデ（S）
　夫を暗殺したバビロニアの女王

アルサーチェ（C／Ms）
　軍の司令官／ニーノ王とセミラーミデの息子ニーニャ

アッスール（Bs）
　ニーノ王暗殺の共犯者であるベロ（バール）神末裔の王子

オーロエ（Bs）
　マギ（拝火教）の高僧

アゼーマ（Ms）
　ベロ（バール）神末裔の王女

イドレーノ（T）
　アゼーマに恋するインド王

ミトラーネ（T）
　衛兵隊長

ニーノ王の亡霊（Bs）
　セミラーミデに殺害された前王

2幕の悲劇的オペラ（メロドランマ・トラージコ）Melodramma tragico in due atti
原作　ヴォルテールの戯曲「セミラミス」
台本　ガエターノ・ロッシ
初演　1823年2月3日　ヴェネツィア、フェニーチェ座
演奏時間　3時間55分／序曲12分、第1幕123分、第2幕100分

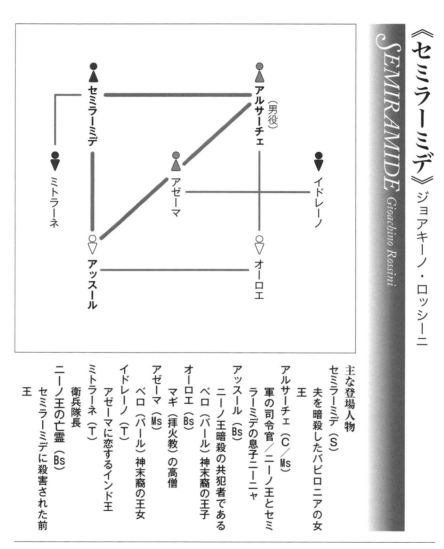

【第1幕】

アルサーチェの凛々《りり》しさと力強さを思わせる長大な序曲に続いて幕が上がる。

舞台は紀元前1200年頃。この15年前、アッシーリアの女王セミラーミデは、夫のニーノ王をアッスールと結託して毒殺し、自らが女王の座に就いた。ニーノ王はその死の間際に、王子ニーニャを王宮から逃し、王子はアッシーリアの僧侶《そうりょ》によって、身分を隠して育てられた。

ニーニャはアルサーチェと名乗り、軍の司令官を務めているが、高僧オーロエ以外には、アルサーチェ自身も含め、彼の素性を知る者はない。

（第1場）ベロ（バール）神を祀る神殿

僧侶たち、バビロニアや他民族の者たちが神殿に集まっている。オーロエに、正義と復讐《ふくしゅう》の時が来たとの神託が下る「[1]**神の御意志が**」。オーロエに続いて人々が神を讃える。

貢物《みつぎもの》を捧げ持った従者たちを引き連れて、インド王イドレーノが現れ、自分こそが次の王位継承者であると名乗りを上げる「[2]**ガンジス川から、偉大な神よ、まずあなたにご挨拶《あいさつ》申し上げる**」。

アッスールもまた、「我こそが次の玉座に就くべきだ」と語る「[3]**希望を持て、喜べ**」。

だがオーロエはアッスールに「私はお前の本性を知っている」と囁《ささや》く。アッスールは、自分が前王の暗殺に関わっていたことをオーロエに知られているのではないかと不安に駆られる「三重唱 [4]**あの言葉と彼の存在が**」。

民衆の歓声の中、女王セミラーミデが姿を現す。アッスールが「女王陛下、私たちの中からニーノ王の後継者を指名してください」と言う。

セミラーミデが、アルサーチェの姿がまだそこにないことに戸惑いながらも「ニーノ王の後継者は」と言い掛けると、突然強い稲妻が光り、神殿の聖なる火が消える。人々は恐ろしさに神殿から退出する「四重唱 [5]**多くの王や民衆が**」。

セミラーミデがオーロエに「神はまだバビロニアに怒っておられるのか」と尋ねる。オーロエは「恐ろしい罪がまだ暴かれず、罰せられていない

1 神の御意志が Sì, gran Nume, t'intesi
2 ガンジス川から、偉大な神よ、まずあなたにご挨拶申し上げる Là dal Gange a te primiero reco omaggi
3 希望を持て、喜べ Sì, sperate, esultate
4 あの言葉と彼の存在が A que' detti, a quell'aspetto
5 多くの王や民衆が Di tanti regi, e popoli!

ことに神がお怒りなのです」と答える。「後継者はいつ決まるのか」と尋ねるアッスールにオーロエは「今日にもメンフィスから届くであろう聖なるお告げ次第だ」と答える。

セミラーミデは後継者候補たちを王宮へと招き入れる。その場に残ったオーロエは「女王は悲しい末路を辿《たど》るだろう」と予言する。

（第2場）明かりの消えた神殿の中

人気のない神殿に、アルサーチェと、封印された箱を持った奴隷ふたりが入って来る。アルサーチェは「父が亡くなる時に行けと言い残したバビロニアのベロの神殿にやっと着いた」と語る。そして、ベロ神の末裔《まつえい》の王女、アゼーマを救った日のことを思い出しながら、彼女への愛を語る「**あの日をいつも思い出すのだ**」[6]。

そこにオーロエがやって来る。彼は跪《ひざまず》こうとするアルサーチェを押しとどめ、抱擁《ほうよう》する。そしてアルサーチェが持参したニーノ王の書簡、王冠、剣を受け取る。そこにアッスールがやってくるので、オーロエはそれらの前王の遺品を持って急いでその場を立ち去る。

アッスールはアルサーチェに「なぜ私の命令なしに戦場を離れたのだ」と高飛車《たかびしゃ》に問う。「それは女王の命令と、私の心が理由だ」と彼は答える。アッスールは「アゼーマは、ニーニャの婚約者であり、高貴なアッシーリアの者だけが彼女に求婚出来るのだ。スキタイ人のお前にその権利はない。私こそが彼女を娶《めと》るのだ」と言う。アルサーチェは「彼女の命を救ったのは自分であり、私こそが彼女を愛しているのだ」と言い返し、ふたりは対立する「二重唱　**女神のように美しい人**[7]」。

（第3場）王宮のアトリウム

アゼーマが、アルサーチェとここバビロニアで再会できることを喜んでいる。そこにイドレーノが現れて彼女への愛を告白する。彼女は「自分の結婚相手はアルサーチェです。私がアッスールを愛することはあり得ません」と言う。その言葉にアッスールだけをライヴァル視しているイドレー

6　あの日をいつも思い出すのだ Ah! quel giorno ognor rammento
7　女神のように美しい人 Bella imago degli Dei
8　ああ、試練など何処にあると Ah, dov'è il cimento?
9　喜ばしい美しい光が（麗しい光が） Bel raggio lusinghier

ノは安堵《あんど》する「[8]**ああ、試練など何処にあると**」。アゼーマは「もしアルサーチェがいなければ、あなたを愛したことでしょう」と言って立ち去る。

（第4場）王宮の空中庭園

女王セミラーミデが侍女たちに囲まれ、アルサーチェとの再会を待ちわびている「[9]**喜ばしい美しい光が（麗しい光が）**」。

衛兵隊長のミトラーネが、オーロエから預かった神託を手渡す。そこには「アルサーチェの帰還と新たな婚姻により、あなたの苦しみは消え、平和が訪れる」と書いてある。セミラーミデはその神託が、自分とアルサーチェが結ばれることを示《し》唆《さ》しているのだと思い込んで喜ぶ。

そこにアルサーチェが現れて、女王への忠誠を誓う。セミラーミデは、それを彼からの愛の告白と思い込み「自分に忠実であれば何なりとお前の望みを叶えよう」と言う。

アルサーチェはそれを、自分とアゼーマとの結婚が認められるのだと思い込んで喜ぶ「二重唱 [10]**常に私に忠誠を誓えば**」。

（第5場）王宮のアトリウム

オーロエとアッスールが対峙《たいじ》する。アッスールは「アルサーチェを許さない」と言いながら去って行くが、残ったオーロエは「神に赦されないのはお前だ」と独白する。

（第6場）王宮の大広間

ベロの神を民衆が讃え、次の王が決まる日を祝う「合唱 [11]**今こそ威厳のある顔を上げよ**」。オーロエが加わり、神に祈りを捧げる「[12]**そして神々よ、穏やかなる天から**」。

セミラーミデが姿を現し、後継者を決めたと言い、この選択に従うよう皆に言い渡す「[13]**皆、偉大な神々に誓いなさい**」。全員が女王に従うことを誓う「六重唱 [14]**女王様、神にかけて誓います**」。

そこでセミラーミデは「その高貴なる勇者はバビロニア王となり、私の夫ともなる。それはアルサーチェである」と宣言する「[15]**このお前たちにも**

10 常に私に忠誠を誓えば Serbami ognor sì fido
11 今こそ威厳のある顔を上げよ Ergi omai la fronte altera
12 そして神々よ、穏やかなる天から E dal ciel placate, o Numi
13 皆、偉大な神々に誓いなさい Giuri ognun a sommi Dei
14 女王様、神にかけて誓います Giuro ai Numi, a te, Regina
15 このお前たちにも尊敬される勇者が E questo Eroe a voi caro

尊敬される勇者が」。

その言葉にアルサーチェとアゼーマは驚き、アッスールはセミラーミデの裏切りを激しく罵《ののし》る。イドレーノだけは、アルサーチェが女王と結婚するのであれば、アゼーマが自分のものになると喜び、女王に彼女との結婚の許しを請い、許可される。アゼーマは思いもよらぬ事の成り行きに言葉を失う。

アルサーチェは「私が願った褒賞《ほうしょう》は玉座ではありません」と女王に言うが、彼女はまだ彼が遠慮しているのだと勘違いしている。

セミラーミデが「アルサーチェこそがニーノ王とその息子の代わりである」と言った途端、突然地響きがして、稲妻が走る。そして石棺《せっかん》が開いてニーノ王の亡霊が立ち上がる。恐怖に全員が凍てつく「六重唱[16] **あの墓から悲しげなうめき声が**」。

亡霊は「アルサーチェは王位に就くであろう。私に息子のように仕えよ。しかしその前に罪人たちが私の前に生贄《いけにえ》として捧げられねばならない」と語る「[17]**アルサーチェが国を治めよ、だが罪人どもよ**」。アルサーチェが亡霊にその罪人の名を尋ねても亡霊は答えないが、アルサーチェは復讐《ふくしゅう》を成し遂げることを王の亡霊に誓う「[18]**おっしゃる通りに、必ず**」。

セミラーミデは亡夫の霊に涙ながらに詫《わ》びる「[19]**亡き夫の亡霊よ**」。それに対し、王の亡霊は「私の遺灰を敬うがいい。神々が望まれる時、お前の名が呼ばれるだろう」と語り、墓の中に消える。

目の前で起きた事象に人々が恐れ慄《おのの》く「五重唱と合唱[20] **永遠の秩序がひっくり返った**」。

【第2幕】

（第1場）宮殿のアトリウム

衛兵隊長のミトラーネがセミラーミデに、彼女を逆恨《さかうら》みしているアッスールへの注意を促す。

そこに当のアッスールが現れて、セミラーミデと口論が始まる。前王の暗殺の共謀者であるふたりは、互いに罪をなすりつけ合う。セミラーミデは「あのとき私の息子は、死んでしまった。彼が生きていれば、全てを彼に譲っただろう」と語る。

16　あの墓から悲しげなうめき声が Qual mesto gemito da quella tomba
17　アルサーチェが国を治めよ、だが罪人どもよ Arsace, regnerai, ma vi son colpe
18　おっしゃる通りに、必ず T'obbedirò. Securo là scenderò
19　亡き夫の亡霊よ Ombra del mio consorte
20　永遠の秩序がひっくり返った Ah! Sconvolta nell'ordine eterno
21　もし、まだ生きていたいのならば Se la via ancora t'è cara

「息子がいなくなったからこそ、お前は権力を握れたのではないか」と言うアッスールに、セミラーミデは「命が惜しいなら、ここから去るがいい」と言う「[21]**もし、まだ生きていたいのならば**」。

それに対してアッスールは「前王を殺した首謀者が誰だったのか考えろ」と言い返す「[22]**女王よ、せめて考えろ**」。そしてアッスールは「神の加護など、お前にあるものか。ニーノ王の亡霊がお前をこれからも苦しめ続けるだろう」と言う。セミラーミデ自身も「私がこの苦しみから解放されることはないだろう」と独白する「二重唱[23]**あの死の夜を思い出せ**」。

アルサーチェが王位に就くことを祝うファンファーレの音にセミラーミデは「神々に愛されるアルサーチェが、亡霊の復讐も防いでくれるに違いない」と強気になる。アッスールは「むざむざ殺されてなるものか」と抵抗する決意を語る「二重唱[24]**私の心は以前の強さを取り戻した**」。

（第2場）神殿の内部

オーロエと神官たちが祈っている。オーロエはアルサーチェに「重大な時が近づいている」と語る。そしてアルサーチェが、実はニーノ王の息子ニーニャ王子で、母はセミラーミデであることを告げる。アルサーチェは、父が最期に書き残した書簡から、母とアッスールの裏切りによって父が毒殺されたことを知る「二重唱[25]**さあ、今こそ果たされましょう**」。

アルサーチェは過酷な運命を神に嘆き、父の形見の剣を手に復讐を誓う「[26]**この過酷な苦しみの中で**」。

（第3場）セミラーミデの居室

アゼーマがミトラーネとともに、愛するアルサーチェを奪っていったセミラーミデを捜している。アゼーマはミトラーネに我が身の不幸を嘆き溜息《ためいき》をつく。それを聞きつけたイドレーノが現われて、彼女にアルサーチェではなく、自分を愛して欲しいと語り掛ける「[27]**この上なく甘い希望が**」。

22　女王よ、せめて考えろ Pensa almen, Regina
23　あの死の夜を思い出せ Quella ricordati notte di morte
24　私の心は以前の強さを取り戻した La forza primiera ripiglia il mio core
25　さあ、今こそ果たされましょう Ebben, compiasi omai
26　この過酷な苦しみの中で In sì barbara sciagura
27　この上なく甘い希望が La speranza più soave

（第4場）同じくセミラーミデの居室

セミラーミデが、自分から逃れようとするアルサーチェを責める。アルサーチェはセミラーミデに「私を遠ざけて、自身の命を守るように」と言うが、自分が彼女の息子であることはなかなか言い出せない。

「ニーノ王の遺言の書簡を見せろ」と迫るセミラーミデに、アルサーチェはそれを手渡す。それを読んだセミラーミデは、アルサーチェが自分の息子であることを知る。彼女は息子に「私を殺して復讐《ふくしゅう》なさい」と言う「[28]**さあ、お前が刺すがいい**」。

「母親を自分の手では殺せない」とアルサーチェは苦しむ「[29]**天から憎まれるべきはあなたですが**」。母と息子は、再会の喜びと、母が息子の復讐の相手である事実との間で揺れ動く「二重唱[30] **あなたは私の心を引き裂く**」。

アルサーチェは母に別れを告げて、まずアッスールに復讐すべくニーノ王の墓所へと下りていく。セミラーミデは漠然とした不安に苛《さいな》まれつつ息子の無事の帰還を祈る「二重唱[31] **涙を拭いて落ち着いてください**」。

（第5場）ニーノ王の墓所に近い王宮の一室

その日の夕刻。アッスールがセミラーミデを抹殺する決意を固めている。そこに彼の臣下の者達が、謀反《むほん》が失敗し、アッスールの玉座への道が閉ざされたと報告する。「合唱[32] **運命は我々を見限りました**」。

アッスールは「自分ひとりでも復讐してやる。秘密の通路を通ってニーノ王の墓所に行き、アルサーチェを殺す」と語る。そのとき彼にだけニーノ王の亡霊が見える。アッスールは恐怖に慄《おのの》き、正気を失う「[33]**止まれ、お願いだ、赦してくれ**」。周囲の者達は狂乱に陥《おちい》った彼を驚いて見つめる。

ふと正気に戻ったアッスールは「単なる夢だ。亡霊を見た気がしただけだ」と取り繕《つくろ》う。そして気を取り直して「私は神にも亡霊にも運命にも負けぬ」と臣下の者達を鼓舞する「[34]**神々の怒りにも、恐ろしい亡霊にも**」。

28　さあ、お前が刺すがいい Ebben, a te ferisci
29　天から憎まれるべきはあなたですが In odio al ciel tu sei
30　あなたは私の心を引き裂く Ah tu mi strappi l'anima
31　涙を拭いて落ち着いてください Tu serena intanto il ciglio
32　運命は我々を見限りました Ah! la sorte ci tradì
33　止まれ、お願いだ、赦してくれ Deh, ti ferma, ti placa, perdona

（第6場）ニーノ王の墓所

僧侶《そうりょ》たちが「裏切り者が墓所に入り込もうとしている。きっとその血が流されることになるだろう」と語り合っている「合唱 [35]**大胆で不信心な裏切り者が**」。

アルサーチェがオーロエと薄暗い墓所に下りて来る。「恐ろしい予感がする」と言うアルサーチェに、オーロエは「何も考えず勇気を持って剣を振り下ろしなさい」と諭す。

暗い墓所にアルサーチェを狙うアッスールも現れる。そしてセミラーミデもまた、武器を手にして墓所に現れ、ニーノ王の墓に向って懺悔《ざんげ》し、息子の無事を祈る「[36]**私の祈りをお聞き届けください**」。

薄暗い中で恐怖に苛まれながら、セミラーミデ、アルサーチェ、アッスールのそれぞれが相手を捜す「三重唱 [37]**いつもの私の大胆な勇気はどこへ**」。

そこにオーロエの「ニーニャ、剣を振り降ろせ」という声がする。三人が暗い中で交錯する。

「父上、今こそ復讐の時です」とアルサーチェが剣を振り下ろす。倒れたのはセミラーミデであった。

オーロエが、祭司たちと衛兵を呼ぶ。そして「復讐は果たされた。アルサーチェこそがニーニャ王子。お前たちの王である」と宣言する「[38]**僧侶たち、衛兵たちよ**」。

アッスールは、そのとき初めてアルサーチェがニーニャであることを知り、アルサーチェはアッスールがまだ生きていることを知る。逮捕されたアッスールは、アルサーチェに向かい「お前を祝福してやろう。お前が殺したのは、お前の母親だ」と勝ち誇ったように告げる「二重唱 [39]**彼がニーニャだと**」。

自分が手に掛けたのが母だと知ったアルサーチェは驚き、後悔の念に苛《さいな》まれ、我が身を呪《のろ》う。彼は父の剣で自らの命を断とうとするが、オーロエをはじめ周囲の者達がそれを押しとどめる「[40]**私が母を、なんと恐ろしいこと**」。

民衆が新しい王の誕生を喜び、讃《たた》えて幕となる「合唱 [41]**アルサーチェ、行きましょう、凱旋《がいせん》し**

34 神々の怒りにも、恐ろしい亡霊にも Que' Numi furenti, quell'ombre frementi
35 大胆で不信心な裏切り者が Un traditor con empio ardir
36 私の祈りをお聞き届けください Al mio pregar t'arrendi
37 いつもの私の大胆な勇気はどこへ L'usato ardir il mio valor dov'è?
38 僧侶たち、衛兵たちよ Magi. Guardie.
39 彼がニーニャだと Egli Ninia!

て王宮へ」。

（あらすじは、２０１５年刊のリコルディ版クリティカル・エディションのヴォーカル・スコアに準拠。また、オーロエをオローエと表記している本も多いが、譜面上のリズムはオーロエである。）

《聴きどころ》

ロッシーニが、パリに本拠地を移す前にイタリアで書いた最後のオペラがこの《セミラーミデ》。クリティカル・エディションのヴォーカル・スコアの序文にも書かれているようにベッリーニ、ドニゼッティらの台頭、そしてヴェルディの登場で、ほとんど上演されなくなったロッシーニのオペラ・セーリアの作品の中で、この《セミラーミデ》は、19世紀のあいだ世界各地で上演され続けた。20世紀に入ってからは、１９４０年にフィレンツェ五月音楽祭で復活上演がなされ、62年にはミラノ・スカラ座が上演。その後90年にニューヨーク、メトロポリタン歌劇場が、各種のカットや恣意《しい》的な変更を正したフィリップ・ゴセットとアルベルト・ゼッダによるクリティカル・エディションに基づいた上演を行った。

アルサーチェ ―― メゾの男役の代表

ロッシーニが１８１３年に作曲した《タンクレーディ》のタイトルロールとともに、現在上演されるイタリア・オペラの中のメゾ・ソプラノの男役を代表するのが、このアルサーチェである。この役を歌う歌手の出来不出来が、公演の成否を握ると言っても過言ではない。20世紀におけるこのオペラの復活に大きな役割を果たしたのが、アメリカのメゾ、マリリン・ホーンである。65年のボストンでのライヴ録音、翌年のロンドンでのスタジオ録音における瑞々《みずみず》しい歌唱は数多くの録音の中でも傑出している。

40　私が母を、なんと恐ろしいこと Mia madre, ed io. Che orror
41　アルサーチェ、行きましょう、凱旋して王宮へ Vieni Arsace, al trionfo, alla Reggia

彼女は喉が柔軟な上に、低いソからメゾのソープラ・アクート（超高音）のシまで、均一な音色で自由自在に駆け上がり、下りてくる信じられないほど完璧なロッシーニ歌唱のテクニックを持っている。これは単に声に恵まれているだけではできない。低音から中音へ、あるいは中音から高音に移るときに、歌手の身体の中で声の出し方は変わる。その差異を聴いている側に感じさせないのが、テクニックのある歌手である。それはこれらの録音で、彼女の相手役を務めているジョーン・サザーランドにも同じことが言える。ただ、英語圏出身の歌手は、英語の発音が明晰《めいせき》にできるポジション（上顎《うあご》の口蓋《こうがい》の、左右の奥歯の間をしっかりと横に広げ、口角が上がり、きれいに並んだ上の歯が良く見えるような状態）で歌うので、イタリア人が歌うよりも発音が奥まった位置からスタートして、母音を飲み込み気味に発音しているように聴こえることが多い。残念ながら、彼女たちもその例外ではない。とはいえ、マザーランゲージによる発音位置の違いは、どの言語にもある。イタリア人が歌うドイツ語の歌を聴けば、なんだか浅くてメリハリのない、流れた発音に聴こえるし、ドイツ人が歌うイタリア語は、声が前に飛ばず、真上に響きが上がって行く。日本人が歌うイタリア語は、声が体から離れず、アクセントが付きづらく、平板な発音になりがちである。これは言語の「個性」であって、ある程度までは仕方がないことなのだ（だからといってアクセントのない一本調子のカタカナ発音の歌を当然のことのように歌うのは、作曲家に対する冒涜《ぼうとく》だと思うのだが……）。

アルサーチェの第1幕のカヴァティーナ「[6]**あの日をいつも思い出すのだ**」や、第2幕のアリア「[26]**この過酷な苦しみの中で**」のカバレッタは、まるでソプラノ・レッジェーロのようなアジリタ（転がす音型）と細かな装飾音に彩られている。これをメゾ（あるいはもっと重いコントラルト）が回すのにはテクニックが要る。

ロッシーニのアジリタは器楽的で、かつ難しい。なぜならフレーズの中で下降すれば上行して終わり、逆もまたそうなっている。他のベルカント・オペラの作曲家のように、アジリタで下降し終わったらブレス、上行したらアクート（高音）を張って、そこでいったん切ることができる、というパターンとは違って、言ってみればエンドレスでアジリタが続く。それを重めの声の歌手が、横隔膜《おうかくまく》で支えて、肺から送り出す息の量とスピードをコントロールしながら続けるには、相当な技術が必要なのだ。ましてアルサーチェは男役で、かつ凛々《りり》しい武将だから、体をくねらせたり、揺らしながら歌ってもらいたくもない。また、ソプラノに近い、ロジーナを歌うようなメゾが手がける役でもない。この役に適したメゾ（コントラルト）歌手は、そうそう簡単には見つからない。

セミラーミデ――超絶技巧《ちょうぜつぎこう》を聴かせる声

この役を創唱したロッシーニの妻コルブランがこの頃すでに声の盛りを過ぎていた。それをカヴァーするためにこの役には、派手な装飾技巧に走ることが許されている。

近年はロッシーニを好んで歌う歌手がどんどん輩出されて、ロッシーニ作品が上演される回数も増えている。イタリア人よりも諸外国の歌手の台頭がめざましく、アジリタをすいすい難なくこなすソプラノとテノールがどんどん出て来ている。ロシア、東欧系のソプラノは、ドランマーティコ、スピント、リリコにとどまらずリリコ・レッジェーロ系にまで進出し、その強靭《きょうじん》、かつ、しなやかな声で、難なくアジリタもこなしながら、世界の歌劇場を席巻している。例えばユリア・レージネヴァのような中身のギュッと詰まった声の持ち主が、軽々とカヴァティーナ「**喜ばしい美しい光が**[9]**（麗しい光が）**」を歌うのを聴くと、「声と役柄」におけるイタリア・オペラにおける伝統的な規則性が大きく転換する時代にあることを感じる。そして、強さを兼ね備えた声に歌われることによって、ロッシーニやベルカント・オペラのドラマ性は増し、役の心理表現がよりリアルになされる時代が到来しつつある。過去のベルカントのプリマたち――サザーランド、カバリエ、若き日のスコットやフレーニたちのような「儚《はかな》さのある美しい声」が「リアリティある存在感のある声」にすっかり塗り替えられてしまう日が、もうすぐそこまで迫っている。だが、それが時代の変化というもの、良くも悪くもこれは抗《あらが》いがたいものである。ロッシーニ作品における表現が今後どのように変化して行くのか、とても興味深いところだ。

イドレーノ――自慢の喉を披露

アゼーマに求婚し、次の玉座の権利も主張するイドレーノは、キャラクターとしては掴《つか》みどころがなく、ストーリーの本質にもほとんど関わって来ない。彼は立場も発言も中途半端である。ヴォルテールの戯曲「セミラミス」のメルキオール・チェザロッティによるイタリア語翻訳版を読むと、原作にこのキャラクターは存在していない。このオペラの主要な登場人物は、ソプラノひとり（アゼーマは、このオペラでは脇役に過ぎず、アリアもない）、メゾ・ソプラノひとりと、ふたりのバスで構成されていて、テノールの役が欠けていたため、台本作家と作曲家の合議の上でこの役が付け加えられたと考えられる。このテノールは――いわば場面転換の間に――自慢の喉を聴かせるのが役目のようで、第1幕の「[8]**ああ、試練など何処にあると**」、第2幕の「[27]**この上なく甘い希望が**」のどちらのアリアも華やかなカバレッタを伴う大アリアである。その上その最高音はレ。これはもう聴衆が惚《ほ》れ惚《ぼ》れするような、レッジェーロのスター・テノールに歌ってもらうのが一番である。近年の録音におけるフランク・ロパード、ファン・ディエゴ・フローレスなどは、まさにそのパターン。しかし、これらのアリアがあまりに大きく、かつ技術的にも難しいため、イドレーノの出番が冒頭での「[2]**ガンジス川から、偉大な神よ**」と名乗りをあげるシーン以外のソロがすべてカットされ、あとはアンサンブルだけになるケースもある。

アッスールとオーロエ――対照的な二人のバス

このオペラにはバスがふたり登場する。ふたりが同じような声では仕方がない。そのため高僧であるオーロエにはバスらしい深い声のバッソ・プロフォンドが充てられ、プリモ・バッソであるアッスールには、バス＝バリトンの声が振られることが多い。野心満々で、狂乱のシーンまであるアッスールは、気性も激しく、キャラクターとしてはバスというよりはバリトンである（ロッシーニの時代のバスという定義には現在のバリトンまでが含まれていたので、この2役は一緒の声種になっているのである）。

クリティカル・エディションのヴォーカルスコアの序章に書かれているように、アンサンブル部分で、楽譜上はプリモ・バッソであるアッスールが最低音を受け持っている。しかし、キャラクターとしては、アッスールがオーロエよりも落ち着いた声ということはあり得ない。

アンサンブルで、最低音が聴こえないというのは、その上に乗って歌っている他の歌手たちにとって大変不安である。ゆえにアンサンブル部分において、アッスールとオーロエにパートを入れ替えて歌わせることもある。このオペラで、バスふたりが一対一で対決する場はただ一か所、第1幕のフィナーレ前の短いレチタティーヴォにおける応酬なのだが、実際の舞台や録音でカットされることが多いのは残念だ。

アッスールには第2幕で、セミラーミデとの口論の15分にもわたる二重唱[21]「**もし、まだ生きていたいのならば**」と、後年のヴェルディがここからマクベスの狂乱の着想を得たのではないかと思わせるような恐怖に苛《さいな》まれた男の、緊迫感溢《あふ》れる「狂乱の場」のアリアが待ち受けている。二重唱では（父親や僧侶の役が多いバスが普段あまり手掛けることのない）野心丸出しの憎々しい、卑怯《ひきょう》なアッスールのキャラクターを表出させねばならないし、狂乱の場面での彼にしか見えない亡霊と対峙《たいじ》するアリア[33]「**止まれ、お願いだ、赦してくれ**」は、この役の最大の聴かせどころである。アッスールは、改心することなく幕切れまで悪人として存在する。アッスールを演じるバス歌手には、同じバスでも聖人然としたオーロエとは全く違うキャラクター作りが、求められているのだ。

《ランスへの旅》ジョアキーノ・ロッシーニ

IL VIAGGIO A REIMS *Gioachino Rossini*

コルテーゼ夫人（S）
温泉宿「金の百合亭」の女主人、チロル出身

マッダレーナ（Ms）
ノルマンディー出身の宿の仲居頭

アントーニオ（Bs）
宿の支配人

ゼフェリーノ（T）
連絡係

ジェルソミーノ（T）
宿の給仕

ドン・プルデンツィオ（Bs）
温泉宿の医者

フォルヴィル伯爵夫人（S）
フランスのおしゃれが生き甲斐の若い未亡人

モデスティーナ（Ms）
フォルヴィル伯爵夫人の小間使い

ドン・ルイジーノ（T）
フランス人、フォルヴィル伯爵夫人の従兄弟

ドン・アルヴァーロ（Bs）
スペインの海軍の海軍将軍であり、大公メリベーア公爵夫人に恋している

メリベーア公爵夫人（C）
結婚当日にイタリア人の将軍の未亡人となったポーランド人

リーベンスコフ伯爵（T）
ロシアの将軍、メリベーア公爵夫人に恋している

トロンボノク男爵（Bs）
音楽狂のドイツの少佐

ドン・プロフォンド（Bs）
コリンナの友人で骨董収集家

コリンナ（S）
ローマの著名な即興詩人

デリア（S）
ギリシャ出身の孤児、コリンナが連れて旅をしている

シドニー卿（Bs）
イギリスの大佐、コリンナを密かに愛している

騎士ベルフィオーレ（T）
フランスの若くエレガントな士官、女好き。フォルヴィル伯爵夫人に惹かれているが、コリンナにも秋波を送る

1幕の喜劇的オペラ（ドランマ・ジョコーゾ*）
*ロッシーニ自身は「カンタータ」と記している
台本　ルイージ・バロッキ
原作　台本作家による創作
初演　1825年6月19日　パリ、イタリア劇場
演奏時間　2時間20分／序曲3分、137分

【全1幕】

1825年5月、フランス

（第1場）プロンビエール・金の百合亭

これから始まる賑《にぎ》やかでおかしく、楽しい騒動を予感させる序曲に続いて幕が開くと、そこはフランス有数の温泉保養地プロンビエールにある宿「金の百合亭」。宿の中はシャルル十世のランスでの戴冠《たいかん》式に向かおうとする各国の貴族たちの世話で大わらわである。

口うるさい仲居頭のマッダレーナが宿の従業員たちにあれこれ細かく指示をしている。その偉そうな口ぶりに従業員たちは、まるで女主人気取りだ、と不満を漏らす「**さっさとなさい。さあ、頑張って**[1]」。

そこに医者のドン・プルデンツォがやって来て滞在している客たちが快方に向かっているのは自分が名医だからだと自慢げに語る「**私が名医だから**[2]」。

宿の女主人コルテーゼが現れ「好天に恵まれたこの日、私も出来ることならば客たちと一緒にランスに行きたいものだわ」と上機嫌に語る「**美しい光に包まれて**[3]」。そして従業員たちに「お客様が気分よく出発出来るように、抜かりなく仕事の手はずを整えるように」と指示を出し、かつ、それぞれの客の好む話題を彼らに教えて客を退屈させぬように命じる「**骨董《こっとう》収集家には羊用紙、騎士には美人**[4]」。

（第2場）

そこに常軌を逸するほどファッション好きのフォルヴィル伯爵夫人が、小間使いのモデスティーナを探しに来て「祝典に向かうのに最新流行のドレスが届いていないなんて」と嘆く「**最新流行の服なしで祝典に向かうなんて**[5]」。

そこに彼女の従兄弟のドン・ルイジーノが「あなたの荷物を乗せた馬車が転覆《てんぷく》して、荷物がダメになった」と伝えるので、彼女はショックのあまり気を失って倒れ、そこに居合わせた人々は騒ぎになる。

そこに医者のプルデンツォが現れ「これは大変。

1 さっさとなさい。さあ、頑張って Presto, su, coraggio!
2 私が名医だから Benché, grazie al mio talento
3 美しい光に包まれて Di vaghi raggi adorno
4 骨董収集家には羊用紙、騎士には美人 Coll'antiquario, di carta pecore, di belle femmine, col cavalier
5 最新流行の服なしで祝典に向かうなんて Trovarsi a una gran festa

生命に関わる病状だ。ご臨終です」と言う。

ところがすぐにフォルヴィル伯爵夫人が目を覚ます。そして「私の不幸はあなた方にはご理解いただけませんわ。出発したいけれど、最新モードの洋服がなければそれも出来ません」と悲劇のヒロインさながらに嘆く「[6]**私だって出発したいですわ**」。

そこにモデスティーナが、唯一無事だった最新の帽子の箱を捧げ持ってやって来る。その中身を見た伯爵夫人は、それまでとは打って変わって大喜びする「[7]**神様、感謝いたします**」。周囲の者たちは彼女の豹変《ひょうへん》ぶりに呆《あき》れ、トロンボノク男爵を残した全員が、その場を去って行く。

（第3場）

皆の会計係をしているドイツ人のトロンボノク男爵が、宿の支配人に馬車に荷物を積んでおくように頼み、フォルヴィルのファッションへの異様なまでのこだわりを笑い話にする「[8]**頭のおかしい連中を入れておく檻《おり》を地球と呼ぶ**」。

そこに骨董《こっとう》収集家のドン・プロフォンドが「いい骨董品が手に入った」と言いながら戻って来る。そして自分の旅費の分担金をトロンボノクに支払う「[9]**私の分をお支払いします**」。

スペイン大公のドン・アルヴァーロがポーランド出身のメリベーア公爵夫人を伴って現れ、彼女を他の人たちに紹介する「[10]**この美しく優雅な貴婦人は**」。メリベーアも「皆さんとご一緒に旅をするのは光栄ですわ」と挨拶《あいさつ》する「[11]**このような高貴な方々と**」。

他の男たちに愛想を振りまく公爵夫人を見たロシアのリーベンスコフ伯爵が嫉妬《しっと》の炎を燃やす。ドン・アルヴァーロと、彼女を挟んでの恋のさや当てが始まる「[12]**なんと不実な女だ**」。

トロンボノクが「まもなく出発だ」と告げる。コルテーゼ夫人は、迎えの馬車の到着が遅いのを訝《いぶか》る。リーベンスコフのいきり立った様子に人々がそれぞれの思いを独白する「六重唱 [13]**私はいかなる危険も恐れない**」。

そこにローマの女流即興詩人コリンナの美しい

6 私だって出発したいですわ Partir, o ciel! desio
7 神様、感謝いたします Grazie vi rendo, o dèi!
8 頭のおかしい連中を入れておく檻を地球と呼ぶ Sì, dì matti una gran gabbia il mondo
9 私の分をお支払いします La mia quota a voi consegno
10 この美しく優雅な貴婦人は Questa vaga e amabil dama
11 このような高貴な方々と Con sì dotta e nobil gente

詠唱《えいしょう》が聴こえて来る。シャルル十世の戴冠《たいかん》式に寄せる平和と栄光を詠じる歌に、人々は心洗われ聴き惚《ほ》れる「[14]**愛しいハープよ、私の信頼する友**」。そして彼らは、穏やかな気持ちを取り戻す「六重唱[15] **あの詩に心穏やかになり**」。

（第４場）

　コルテーゼ夫人が使いの者がまだ戻らないと呟《つぶや》いているところに、コリンナに恋するイギリスの軍人、シドニー卿が現れる。不器用な武人であるシドニーは「なぜコリンナのことを知ってしまったのだろう」と恋心に悩む自分の気持ちを独白する「[16]**なぜ彼女と出会ってしまったのだろう**」。

　花を摘《つ》んだ村娘たちが集まって来る。彼女たちからシドニーは花束を買い求め、コリンナに贈ろうとする。彼女と出会った時のことを思い出し、愛の告白がうまくいってくれることを願いながら、花束を彼女の部屋の前に置く「[17]**あの女神に初めて会った時**」。

　シドニーを見つけたドン・プロフォンドが、自分の探す骨董品がどの辺りで見つかりそうか相談するが、シドニーは彼を相手にすることなく去っていく。

　そこにコリンナが彼女と共に旅をするデリアを伴って現れる。ドン・プロフォンドはローマから届いた手紙を彼女に渡し「いつ出発できるのか様子を見てくる」と言って去る。

　コリンナは手紙を読んで、ギリシャが、ローマの支援で独立出来そうだと語り、ギリシャの孤児であるデリアは喜ぶ。コリンナはいつものように彼女に捧げられた花束を見つけ、その花の贈り主に想いを馳《は》せる。デリアはその場から下がる。

（第５場）

　そこにフランス人で、女たらしの騎士ベルフィオーレがやって来てコリンナを口説き始める。彼は歯の浮くような甘い言葉を重ねるが、コリンナはまともに取り合わず、彼の軽薄さを軽蔑《けいべつ》する。ベルフィオーレは「彼女は口では嫌だと言っているが、明日には自分のものになるだろう」と独白

12　なんと不実な女だ Donna ingrata
13　私はいかなる危険も恐れない Non pavento alcun periglio
14　愛しいハープよ、私の信頼する友 Arpa gentil, che fida compagna
15　あの詩に心穏やかになり A tali accenti, inseno riede la dolce calma
16　なぜ彼女と出会ってしまったのだろう Ah! perché la conobbi?
17　あの女神に初めて会った時 Dell'alma diva al primo aspetto

する「二重唱　**あなたの神々しいお姿に**[18]」。

　ふたりが去って行った後、物陰から様子を見ていたドン・プロフォンドが「ベルフィオーレの振る舞いをフォルヴィルが知ったら大変だ」と独白する。


（第6場）


　ドン・プロフォンドが、まずは自分の、そしてランスに向かうメンバー全員の荷物のリストを作りながら「旅のクライマックスはもうすぐだ」と語る「**私**[19]**、ドン・プロフォンドは、類を見ないメダルや**」。

　フォルヴィル伯爵夫人が、騎士ベルフィオーレを探しにやって来る。ドン・プロフォンドは嘘《うそ》もつけず「ただいま詩のレッスンを受けておられます」と答える。フォルヴィルは、ベルフィオーレがまた他の女性を口説いているのだと察して怒る。

　皆が出発の準備を整えて三々五々集まって来る。そこにトロンボノクが蒼白《そうはく》になって飛び込んで来る。彼はなかなか事実を言い出せずにまずは全員を集める。そこに連絡係のゼフェリーノがやって来て「あちこち探しましたが、馬も馬車もすべて出払っていて、皆さんにはランス行きを諦めていただくよりありません」と報告する。


（第7場）


　全員がその事実を聞いて愕然《がくぜん》とする。そこにコルテーゼ夫人が、パリにいる夫からの手紙を持って来る。ドン・プロフォンドがその手紙を全員に読んで聞かせる。それはシャルル十世の戴冠《たいかん》を祝う祝典が、国王がランスからパリに戻り次第、パリでも執り行われるというニュースだった。

　フォルヴィル伯爵夫人が「パリは私の街。皆さんをご招待しますわ」と言い、それを聞いた全員が大喜びする「十四重唱　**ああ**[20]**、なんという思いがけないことが**」。

　彼らは翌朝の乗り合い馬車で、パリに向かうことにする。そして今夜、ランスへ行くための費用で、豪勢な晩餐《ばんさん》会を開くことにする。

18　あなたの神々しいお姿に Nel suo divin sembiante
19　私、ドン・プロフォンドは、類を見ないメダルや Io! Don Profondo. Medaglie incomparabili
20　ああ、なんという思いがけないことが Ah! a tal colpo inaspettato
21　気高い魂に、おお神よ D'alma celeste, oh dio!
22　快活であることは最高の良き行い L'allegria è un sommo bene
23　今こそ王が民衆を束ね Or che regna fra le genti

コルテーゼ夫人は支配人のアントーニオに庭での晩餐の準備を申し付ける。

(第8場)

トロンボノクが、メリベーアとリーベンスコフに「仲直りをしてはどうか」と勧める。リーベンスコフは、自分が嫉妬《しっと》から誤解をしたことを彼女に謝り、メリベーアは彼への怒りを一度は露《あら》わにするものの、彼を赦し、ふたりは仲直りする「二重唱 **気高い魂に、おお神よ**[21]」。

晩餐の準備状況を聞きに来た仲居頭にアントーニオは「準備万端だ」と胸を張る。

(第9場)

晩餐会が始まり、全員が楽しげに語り合う「合唱 **快活であることは最高の良き行い**[22]」。

トロンボノクが進み出て、乾杯の音頭を取り、ドイツ国歌のメロディに合わせシャルル王を賛美する「**今こそ王が民衆を束ね**[23]」。

次はメリベーアが、ポロネーズで戦士たちを賛美する「**勇敢な戦士たちよ**[24]」。

続いてリーベンスコフが、昔ロシア皇帝の帰還を祝った際のメロディに乗せてシャルル王を讃《たた》える「**名誉、栄光そして最大の敬意を**[25]」。

ドン・アルヴァーロは、スペインのメロディに乗せて歌う「**崇高な指導者に敬意を**[26]」。

シドニー卿が「自分は音楽に明るくないのでこれしか知りません」と言ってイギリス国歌に乗せて歌う「**金の樹木の大切な芽を**[27]」。

続いてフォルヴィルとベルフィオーレが歌う「二重唱 **新しいエンリーコの母君が**[28]」。

ドン・プロフォンドとコルテーゼ夫人が、夫人の出身地チロルのリズムで新王のこれからを祝福する「二重唱 **より活気ある、より豊かな**[29]」

最後にコリンナの番になる。彼女に詠じてもらいたい即興詩のテーマを全員がひとつずつ書いてそれを帽子の中に入れる。くじ引きによって選ばれたテーマは「フランス王、シャルル十世」であった。コリンナが王を讃える即興詩を見事に詠《えい》じる「**黄金の百合が落とす、快い影に**[30]」。

24 勇敢な戦士たちよ Ai prodi guerrieri
25 名誉、栄光そして最大の敬意を Onore, Gloria ed alto omaggio
26 崇高な指導者に敬意を Omaggio all augusto duce
27 金の樹木の大切な芽を Dell'aurea pianta il germe amato
28 新しいエンリーコの母君が Madre del nuovo Enrico
29 より活気ある、より豊かな Più vivace,e più fecondo

そして全員が新国王を讃えて歌い、幕となる「全員の合唱　**栄光あれ、尊敬する神聖なる王よ～フランスと、勇敢な国王に栄光あれ**[31]」。

《聴きどころ》

シャルル十世がランスの大聖堂で戴冠《たいかん》式を執り行った前日を舞台としたこの作品は、当時、王立のパリ・イタリア座の芸術監督をしていたロッシーニが、戴冠祝賀行事の一環として「カンタータ」として作曲したものである（ロッシーニ自身が「カンタータ」と記している）。パリのイタリア座メンバーによる祝典カンタータであるこの作品は、いわばイタリア座の歌手総出演のガラ・コンサートである。あくまで祝典行事用と考えたロッシーニは、楽譜の刊行を許さず、この《ランスへの旅》のために作曲された音楽の多くは、その後フランス語台本（スクリーブ、ポワルソン）よるオペラ《オリー伯爵》に転用された。

そのため《ランス》は、長い間忘れ去られたオペラ（カンタータ）であったが、散逸した資料を集めるなどして研究が進み、初演から159年後の1984年にイタリア、ペーザロのロッシーニ・オペラ・フェスティヴァルで復活上演がなされた。その時の録音は今もこの作品の決定盤として存在し続けている（アッバード指揮・ヨーロッパ室内管弦楽団）。21世紀になってから、毎年夏にペーザロで行われているアッカデミア・ロッシニアーナ（ロッシーニ・アカデミー）の修了公演として毎年若手歌手たちによって上演され続けることで、作品の知名度がより高まり、近年ではロッシーニのオペラの中でも頻繁《ひんぱん》に上演される人気作品のひとつとなりつつある。

30　黄金の百合が落とす、快い影に All'ombre amena del Giglio d'or, aura serena

31　栄光あれ、尊敬する神聖なる王よ～フランスと、勇敢な国王に栄光あれ Viva il diletto augusto regnator ～ Viva la Francia e il prode regnator

中盤にある華やかな十四声による大コンチェルタート「[20]**ああ、なんという思いがけないことが**」は、途中アカペラ部分もあり、声の魅力を知り尽くしたロッシーニならではの傑作と呼べる部分である。

この作品にはその他、フォルヴィルのきらめくソプラノ・レッジェーロの技術を駆使する大アリア「[6]**私だって出発したいですわ**」、リーベンスコフが高音の美声を聴かせる「[12]**なんと不実な女だ**」、ドン・プロフォンドのブッフォの実力が発揮される「[19]**私、ドン・プロフォンドは**」、シドニー卿がバッソ・カンタンテの朗々とした喉を聴かせる「[16]**なぜ彼女に出会ってしまったのだろう**」、メリベーアのメゾの美声が際立つリーベンスコフとの二重唱「[21]**気高い魂に、おお神よ**」など、初演時の歌手たちの実力の高さの窺《うかが》える優れたアリアや重唱が随所にある。

しかし、この作品におけるプリマ・ドンナは、即興詩人コリンナである。この役は出来れば落ち着いたリリコ、あるいは限りなくリリコ寄りのリリコ・レッジェーロのソプラノに歌ってほしい。なぜなら彼女の詠ずるふたつのアリア「[14]**愛しいハープよ、私の信頼する友**」と「[30]**黄金の百合が落とす、快いの影に**」には、崇高さと大人の女性の落ち着きが求められるからだ。彼女が、ひとつ間違えるとドタバタ劇になり下がりかねないこの作品に風格を与えている。コリンナは、他の出演者たちとは一線を画す、この作品にとってのミューズであらねばならない。

《ギヨーム（グリエルモ）・テル》ジョアキーノ・ロッシーニ

GUILLAUME TELL(F) Gioachino Rossini
GUGLIELMO TELL(I)

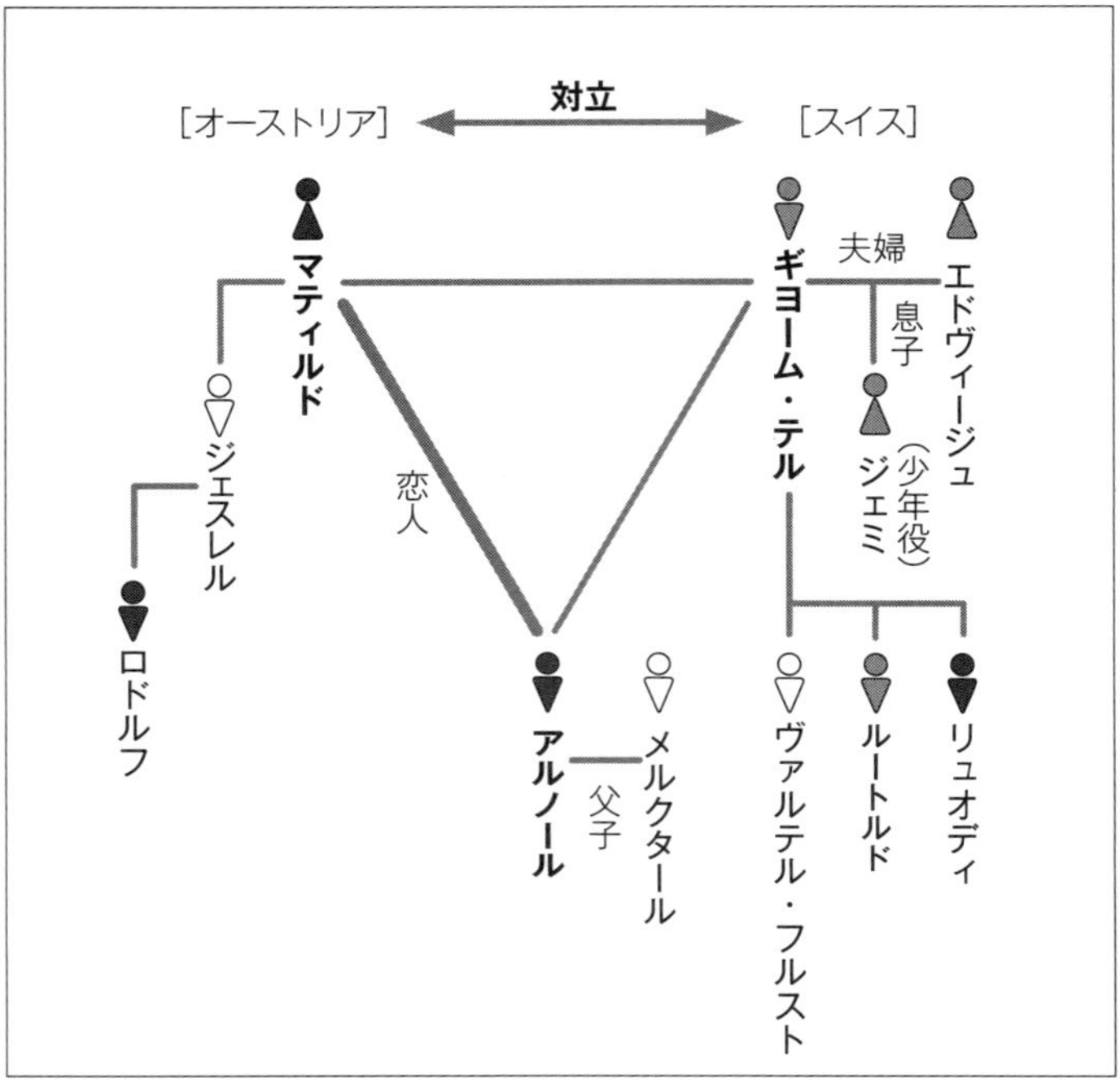

主な登場人物

ギヨーム（グリエルモ）・テル（Br）
　スイス愛国主義者
ジェミ（ジェンミ）（Ms）
　テルの息子
エドヴィージュ（エドヴェージェ）（C）
　テルの妻
アルノール（アルノルド）・メルクタール（T）
　マティルデの恋人
メルクタール（メルクタール）（Bs）
　アルノールの父、スイス民衆の指導者
マティルド（マティルデ）（S）
　ハプスブルク家の王女
ジェスレル（ジェッスレル／ゲスレル）（Bs）
　圧政を敷くオーストリアの代官
ロドルフ（ロドルフォ）（T）
　ジェスレルの臣下、射手司令官
ヴァルテル・フルスト（グアルティエーロ・ファルスト）（Bs）
　スイス愛国主義者
ルートルド（レウトルド）（Br）
　牧人
リュオディ（漁師）（T）
　漁師

＊（　）内はイタリア語版での役名

４幕のオペラ（メロドランマ・トラジーコ）Opèra en quatre actes（Melodramma tragico in quattro atti)

原作　フリードリヒ・フォン・シラーの戯曲「ヴィルヘルム・テル」

台本　エティエンヌ・ド・ジョイとイポリート・ルイ・フロラン・ビス（仏語）
　　　ルイージ・バロッキ／カリスト・バッシ／パオロ・カッテラン
　　　(イタリア語：楽譜の版により訳詞者が異なる)

初演　1829年8月3日　パリ、王立音楽アカデミー劇場

演奏時間　3時間45分／序曲6分、第1幕60分、第2幕60分、第3幕64分、第4幕35分

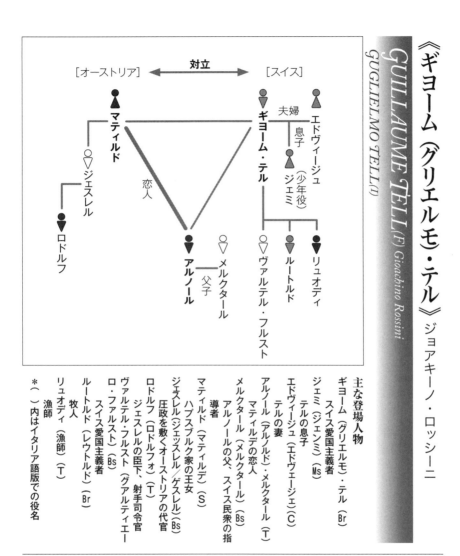

【第1幕】

スイス、ビュルグレン村

「ウィリアム・テル序曲」として知られ、しばしば独立して演奏される序曲に続いて幕が開く。

舞台は13世紀のスイス。オーストリアの弾圧的な政治にスイス人たちの不満は高まっている。ここはウーリ州の山間部にあるビュルグレン村。村人たちが3組の若者たちの結婚を祝う飾り付けをしている。

川を行く舟の中からはご機嫌な漁師リュオディの唄が聴こえて来る「**早く僕の小舟においで**[1]」。その歌声を聴きながら、ギヨーム・テルは祖国スイスのこれからに思いを馳《は》せ、妻エドヴィージュと息子ジェミは、リュオディの危なっかしい操船の様子を心配する。

父である長老メルクタールを支えながら、青年アルノールがやって来る。テルの妻のエドヴィージュに促されて、3組の花婿と花嫁が長老メルクタールの前に跪《ひざまず》いて祝福を受け、村人たちは彼らの幸せを神に祈る「合唱 **牧人たちよ、あなた方の声がひとつになって**[2]」。

メルクタールは、息子にも幸せな結婚をしてほしいと願っているが、アルノールは、スイスを支配しているオーストリアの皇女マティルドと愛し合っている。彼は身分違いの恋と、祖国独立の願いとの間で板挟みになって悩んでいる。

テルが、アルノールが悩んでいることを見抜いて彼に声を掛け「祖国のために戦うべき時だ」と語り掛ける。その言葉に説得されたアルノールは「祖国のために圧制者と戦う」と口にしてしまう「二重唱 **どこへ行く～ 神様、マティルドがどれほど大切な人か**[3]」。村人たちの結婚式の祝宴は続く。

そこに牧人のルートルドが助けを求めて飛び込んでくる。娘を無理やり奪って行こうとしたオーストリア兵を殺害して、追われているのだと言う。

舟で向こう岸に渡れば、助かるとわかっているが、荒れ模様の天候に漁師たちには舟を出す勇気がない。テルは、妻や子が止めるのも聞かずルー

1　早く僕の小舟においで Accours dans ma nacelle / Il piccolo legno ascendi

2　牧人たちよ、あなた方の声がひとつになって Pasteurs, que vos accents s'unissent / Pastori, intorno ergete il canto

3　どこへ行く～ 神様、マティルドがどれほど大切な人か Où vas-tu? / Arresta! ～ Ô Ciel! tu sais si Mathilde m'est chêre / Ciel! tu sai se Matilde m'è cara

4　慈悲深き神よ Dieu de bonté / Nume pietoso

トルドを乗せて小舟を漕《こ》ぎ出す。人々は彼らの無事を神に祈る。小舟は無事に対岸に渡り切り、人々は神に感謝する「合唱　**慈悲深き神よ**[4]」。

そこにオーストリアの代官ジェスレルの部下ロドルフが姿を現し「誰が犯罪者に手を貸したのだ」と村人たちを詰問する。彼らが黙する中、長老メルクタールが「ここには仲間を裏切る者は誰もおらん」と言い切り、人々もロドルフに抵抗の意を示す「五重唱　**彼のようにせねばならぬ**[5]」。メルクタールは、謀反《むほん》人としてオーストリア兵に手荒に連れ去られる。

【第2幕】

リュートリの丘

オーストリアの代官ジェスレルの狩りの一団がいる。遠くから働くスイス人たちの夕暮れの歌が聞こえて来るので、彼らも館に戻ることにする。その場にマティルドがひとり残り、自分の後をついて来たはずのアルノールの姿を探す「**暗い森**[6]」。姿を現したアルノールが、身分の違いにためらいを見せつつも彼女への愛を告白し、マティルドはそれを受け入れる「二重唱　**ここにいらして。あなたは私の魂から**[7]」。

人のやってくる気配に、マティルドはアルノールと明日礼拝堂で再会することを約束してその場を去る。やって来たのはテルと、テルの仲間のヴァルテルだった。オーストリア皇女との恋愛を諌《いさ》めるテルにアルノールは「自分はオーストリアの属国でしかないスイスを見限って、この国を去るつもりだ」と語る。しかしヴァルテルから冷酷非情な代官ジェスレルによって父メルクタールが惨殺《ざんさつ》されたと聞かされて、アルノールは後悔の念にかられる。そしてジェスレルへの復讐《ふくしゅう》を誓う「二重唱　**彼らが奪い取った父の日々を**[8]」。そこにウンターヴァルテン、シュヴィーツ、ウーリの各州から集まって来たスイス人の愛国主義者たちが続々と姿を現わす。テルは彼らの中央に立って決起を促し、男たちはそれに応える「**我々の山々の頂から**[9]」。

5　彼のようにせねばならぬ Comme lui nous aurions dû faire/Ciò ch'ei fece l'oserebbe
6　暗い森 Sombre forêt / Selva opaca
7　ここにいらして。あなたは私の魂から Restez! Oui, vous l'arrachez / Arresta, Tutto apprendi o sventurato
8　彼らが奪い取った父の日々を Ses jours qu'ils ont osé proscrire / Troncar suoi dì quell'empio ardiva

【第3幕】

(第1場) アルトドルフ、人里離れた場所

マティルドとアルノールが、寂れた礼拝堂にいる。父を殺したジェスレルへの復讐を決意したアルノールの言葉に、マティルドは彼との別れを覚悟する「私たちの愛にはもう望みはない」[10]。

戦いの騒がしい音がだんだんと激しさを増すのが聞こえて来る。マティルドは、その場からアルノールを逃す。

(第2場) アルトドルフの中心部にある広場

オーストリアのスイス支配記念日を祝う行事の準備が進められている。広場の中央には杭が打たれ、スイス人たちはそこに飾られたオーストリア軍の勝利を示す、武器を象《かたど》る勲章の前で膝を折って敬意を示すように命じられている。

ジェスレルが、祝いの踊りをスイスの娘たちに強要する。スイス人たちは屈辱《くつじょく》感を心の中に秘めつつ踊ってみせる。

ジェスレルへの服従の意を示さぬテルとジェミが、ジェスレルの前に引き立てられる。ジェスレルがふたりの逮捕を言い渡すが、兵士たちはテルの凛《りん》とした態度に怖気《おじけ》付いて手が出せない。

テルはジェミの耳元で「ここから走れ。そして狼煙《のろし》を上げて、戦いの時が来たことを仲間たちに知らせるのだ」と囁《ささや》く。それを見咎《とが》めたジェスレルがジェミを捕える。そしてテルに向かって「息子を助けたければ、名手の誉れ高いお前の弓で、この子の頭に乗せたリンゴを射抜いてみよ」と命じる。

恐れに震える父をジェミが力づける。息子を縛《しば》れ、という命令にもジェミは「僕を縛る必要などありません」と毅然《きぜん》と言い放つ。父は息子を抱きしめ「じっと動かないで、片膝をついて祈るのだ。ふたりでお母さんの元に帰ろう。そのことだけを考えるんだ」と語りかける「じっと動かないで」[11]。

テルが射た矢は、見事にジェミの頭上のリンゴを射抜く。スイス人たちが喝采《かっさい》を送る。ジェミが父に駆け寄り、父を立ち上がらせる。そのときジェスレルが、テルの上着の中にもう一本の矢が

9 我々の山々の頂から L'avalanche roulant du haut de nos montagnes / La valanga che volve dalla cima dei monti

10 私たちの愛にはもう望みはない Pour notre amour plus d'esprérance / Ah! se provo di speme è l'amore

11 じっと動かないで Sois immobile, et vers la terre / Resta immobile, e ver la terra

あることを目ざとく見つける。それを問われたテルは「この矢は、もしも射損じて息子に何かあった時には、お前に向けるためのものだった」と答える。それを聞いたジェスレルは、父子を逮捕しようとする。

そこにマティルドが現れて「ジェミは王の名において、私が預かります」と言って、ジェミを助ける。ジェスレルは「テルを舟でキュスナハトに護送せよ」と命じる。嵐の中での操船をためらう部下に、ジェスレルは「優れた漕《こ》ぎ手がそこにいるではないか」とテルを指差す「**なんということを**[12]～五重唱 **彼に用意されているのは自身の死です**」。

鎖に繋《つな》がれながらもテルは大きな声で「スイスの人々よ、反ジェスレルに立ち上がれ」と叫び、ジェミも人々に「ジェスレルを追い出すために戦おう」と訴え掛ける。オーストリアの兵士たちによるジェスレルを讃《たた》える声と、スイス人たちの怒りに燃える声が広場に交錯する「五重唱と合唱 **ジェスレルを追い出すのだ**[13]」。

【第4幕】

（第1場）ビュルグレン村近くの老メルクタールの家の前

アルノールが、住む人の居なくなった父の家の前に佇《たたず》む。そしてテルが捕らえられた今、自分が独立の戦いの先頭に立つ覚悟でこの家に別れを告げる「**先祖代々の棲家よ**[14]」。

蜂起《ほうき》したスイスの人々がやって来る。アルノールは、テルと亡き父がいざという時のために岩陰に隠しておいた武器のありかを彼らに告げ、人々を鼓舞《こぶ》する「**友よ、復讐《ふくしゅう》に手を貸してくれ／さあ、いくぞ、急いで虐殺《ぎゃくさつ》から**[15]」。

（第2場）テルの家を遠くに望むルツェルン湖畔

テルの妻エドヴィージュが、テルと息子を助けに行こうとして周囲の女性たちに止められている。すると遠くからジェミの声がする。駆け寄って来たジェミから、自分を救ってくれたのがマティルドだと聞いて、エドヴィージュは彼女に感

12 なんということを～彼に用意されているのは自身の死です Qu'ai-je appris? / Fia ver? ~ C'est sa mort qu'il prepare / È il suo destin segnato

13 ジェスレルを追い出すのだ Anathème à Gesler! / Anatema a Gesler!

14 先祖代々の棲家よ Asile héléditaire / O muto asil del pianto

15 友よ、復讐に手を貸してくれ / さあ、いくぞ、急いで虐殺から Amis, amis, secondez ma vengeance / Corriam! Voliam! s'affretti lo scempio

謝する「三重唱 **愛するご子息をお返しします／恐ろしい者たちに奪われた大切なご子息を**」[16]。エドヴィージュは夫の無事を神に祈る「**弱き者をお支えくださる神よ**」[17]。

そこに以前、テルに命を救われた牧人のルートルドが駆け込んでくる。そして「テルを護送する舟が嵐の中、この岸辺に向かっている。嵐の中でも舟を操ることのできるテルが、舵を取っているのを見た」と語る。

舟が無事に岸に着く。岸に素早くひとり飛び降りたテルは、乗って来た舟を湖の中央へと押し戻す。

山の上では狼煙《のろし》が上がっている。それは燃やすものがないジェミが、家に火を放って上げた狼煙だった。ジェミは家に火を放つ前に忘れずにテルの弓矢を持ち出してきており、それを父に渡す。

ジェスレルと兵士たちが岸辺に現れる。兵士たちがテルを捕らえるために近づいて来る。そのときテルが一本の矢を番《つが》えて一発でジェスレルを仕留める。ジェスレルはもんどり打って湖の中に落ちる。

狼煙を見たアルノールと蜂起したスイスの人々が駆けつける。彼らは自分たちが助けようとしたテルがすでに自由の身であることに驚き、その上、テルがジェスレルを倒したと聞いて彼を讃える。一同はスイスがオーストリアから解放されたことを喜び、マティルドもアルノールとともにここに残ることを約束する。

アルノールは天国の父に「スイスが解放されたこの日になぜあなたがここにいらっしゃらないのですか」と語りかける。

嵐も静まり、湖と山々の美しい風景が光り輝く。テルをはじめ人々が、美しい自然と、彼らに自由を与えてくれた神に感謝を捧げる「**この地のすべてが良い方向に変わる**」[18]。

16 愛するご子息をお返しします／恐ろしい者たちに奪われた大切なご子息を Je rends à votre amour / Sottratto a orribil nembo
17 弱き者をお支えくださる神よ Toi qui du faible es l'espérance / Tu che l'appoggio del debol sei
18 この地のすべてが良い方向に変わる Tout change et grandit en ces lieux / Tutto cangia, il ciel s'abbella

《聴きどころ》

《ウィリアム・テル》と言えば、学校の運動会でよく使われていた序曲が最も知られている。物語は息子の頭の上のリンゴをテルが射抜くエピソードで有名だが、このタイトルは英語読み。原作のドイツ語読みに立ち返れば《ヴィルヘルム・テル》、ロッシーニがパリ・オペラ座のために書いたオペラ初演版はフランス語だから《ギヨーム・テル》、そしてやはりロッシーニの作品ゆえイタリアで盛んに翻訳上演されて来た歴史を考えると《グリエルモ・テル》となる。タイトルの読み方はともかく、上演に際してもいろいろと不確定要素が多い。というのも、（ロッシーニ本人による削除や追加も含めて）複数の楽譜が存在し、また4時間近い（イタリア・オペラとしては）長大な作品であるため、様々な形でカットが行われて来たことも決定版と呼べるものが未だにないことの理由として考えられる。

いわゆるノーカット完全録音はというと、イタリア語版ではムーティ指揮スカラ座上演盤、フランス語版はガルデッリ指揮ロイヤル・フィル盤が代表格である。しかし実際の公演では、複数の版の楽譜がミックスされて上演されることも多い。役名の呼び方もフランス語とイタリア語が混在することも多々ある。

マティルド――いわゆる〝ロッシーニ歌い〟にとっては難役

マティルド役には、ロッシーニのオペラと聞けばすぐに連想される華やかなアジリタのフレーズは、第3幕のアリア後半のカバレッタ以外にはほとんど見られない。この役ではいわゆるロッシーニ歌いと呼ばれるソプラノが得意とする「転がるテクニック」よりも、感情表現の「セリフ回し」のほうがずっと重要視されるのである。

特に第1幕のロマンツァ「**暗い森**」[6]は、ロッシーニのソプラノが歌う曲としては、特殊な部類に属する。音の動きも極端に少なく、何より、とてつもなくフレーズが長い。ベルカントのテクニックのない歌手には、到底息を支えてこのフレーズを歌い切ることは出来ない。

この役には、ドニゼッティやヴェルディのヒロインを歌うようなソプラノ・リリコが適している。リッカルド・シャイーの指揮でフレーニが歌っているイタリア語版の録音を聴いてみると、まるでフレーニが「この歌はこうやって歌うのですよ」と言っているようなベルカント唱法の見本のような歌唱を聴かせている（なお、これはロッシーニをほとんど手がけなかったフレーニの唯一のロッシーニ作品の全曲盤であり、ここでアルノルドを歌っているパヴァロッティも実際の舞台ではこの役を演じていない）。ここからもわかるように、マティルドは、ロッシーニのオペラで必須条件である器楽的なアジリタを回す技術が問われない唯一のソプラノの役、と言ってもいい。

このオペラを作曲した後にもロッシーニは数多くの歌曲を書き残していくが、それらにもテクニックを誇るような華やかなアジリタはほとんど使われない。ロッシーニ最後のこのオペラは、彼の作風の転換点でもあったのだ。ガルデッリ指揮のフランス語盤のカバリエも、これでもかと滑らかなベルカント唱法に徹して歌っている。この録音での相手役ニコライ・ゲッダの劇的表現に寄った歌唱とのバランスに違和感がないわけではないが、それでもカバリエの長く滑らかなフレージングは、彼女にしかできない唯一無二のものであり、一聴に値する。

アルノール——最高音は本来ファルセットーネだった

アルノールの聴かせどころは、まず第2幕の一連の重唱である。マティルドとの長い愛の二重唱と、それに続く、テルとヴァルテルから父の死を知らされる男声三重唱は、まるでヴェルディのそれのよう。

当然のことながら、会話で成り立つ重唱部分は言葉が聞こえることが第一条件なので、テノールは中音域にも神経を行き届かせねばならない。だが同時にここには高い♯音も楽譜に書き込まれている。ロッシーニ自身は、それを現在のような実音で歌うのではなく、ファルセットーネ（ファルセットと実音のミックスによる高音）で美しく歌われることを望んでいたと言われるが、現在の上演や録音のほとんどは〝実音（下からの発声と同じ方法による歌唱）〟で歌われている。この時点ですでにこの役を手掛けられるテノールは限られて来る。

この役のもうひとつの聴かせどころは、第4幕冒頭のアリア「**先祖代々の棲家よ**」[14]である。こちらも楽譜上にしっかりハイC（高いド）が書き込まれている。ただし、ここは甘い恋の歌ではない。スイス独立のために立ち上がる彼の決意の歌で、それまでの、恋愛に未練たらしいことを言っていた甘ったれた青年が、ひとりの大人の男に成長する大事な場面である。録音で聴けるパヴァロッティは、アリアを美しく歌うこと専心している感がなきにしもあらずだが、ムーティ盤のクリス・メリット、そしてガルデッリ盤でのニコライ・ゲッダは、役の掴み方も的確でフレーズの処理も若々しく、かつ凛々《りり》しく、それぞれ理想的なアルノルド／アルノールとなっている。

テル——フランス人バリトンが演じれば…

父を信じて立膝をついてリンゴを頭に乗せた息子に向かって、テルが語りかける第3幕の祈り（プリエール／プレギエーラ）「**じっと動かないで**」[11]は、このオペラ全篇の白眉《はくび》。息子を優しく諭した上で、テルは自身の動揺を抑え、矢を番《つが》える。ここには息子への愛情に溢れた父の苦しい心情が見事に紡《つむ》がれている。その他のテルの登場場面には、祖国の独立のために人々を牽引《けんいん》していく勇敢な愛国者としての〝公の〟顔しか書き込まれていない。この落差によって、聴く者はこの場面の彼の切ない心情に、より心を締めつけられる。台本作家とロッシーニによる、ドラマのピーク作りの巧さが光る部分だ。

ガルデッリ指揮のフランス語盤では、この役を務めたフランス人のガブリエル・バキエの出来栄えが素晴らしい。もとより声、品格とも優れた歌手なのだが、やはり母国語で役を表現出来ることが、オペラ歌手にとって絶対的な強みであることを改めて実感する。非フランス語圏の歌手にありがちな「フランス語らしく聞こえるように発音しよう」などという雑念が入り込みようもないのだから、不自然さが全くない。特に「歌う」フランス語は、同じラテン系の歌手にとってもなかなか難儀《なんぎ》なものだ。「喋《しゃべ》る」フランス語と「歌う」フランス語ではRや鼻濁音《びだくおん》の処理が違う。そのさじ加減はネイティヴでなければなかなか判らないのだ。オペラと言葉が切っても切れないものである以上、優れた歌手がマザーランゲージで演じるとき、その役柄は要らぬ制約から解き放たれて、人物像が見事に立ち上がって来るのである。

《アンナ・ボレーナ》ガエターノ・ドニゼッティ

ANNA BOLENA *Gaetano Donizetti*

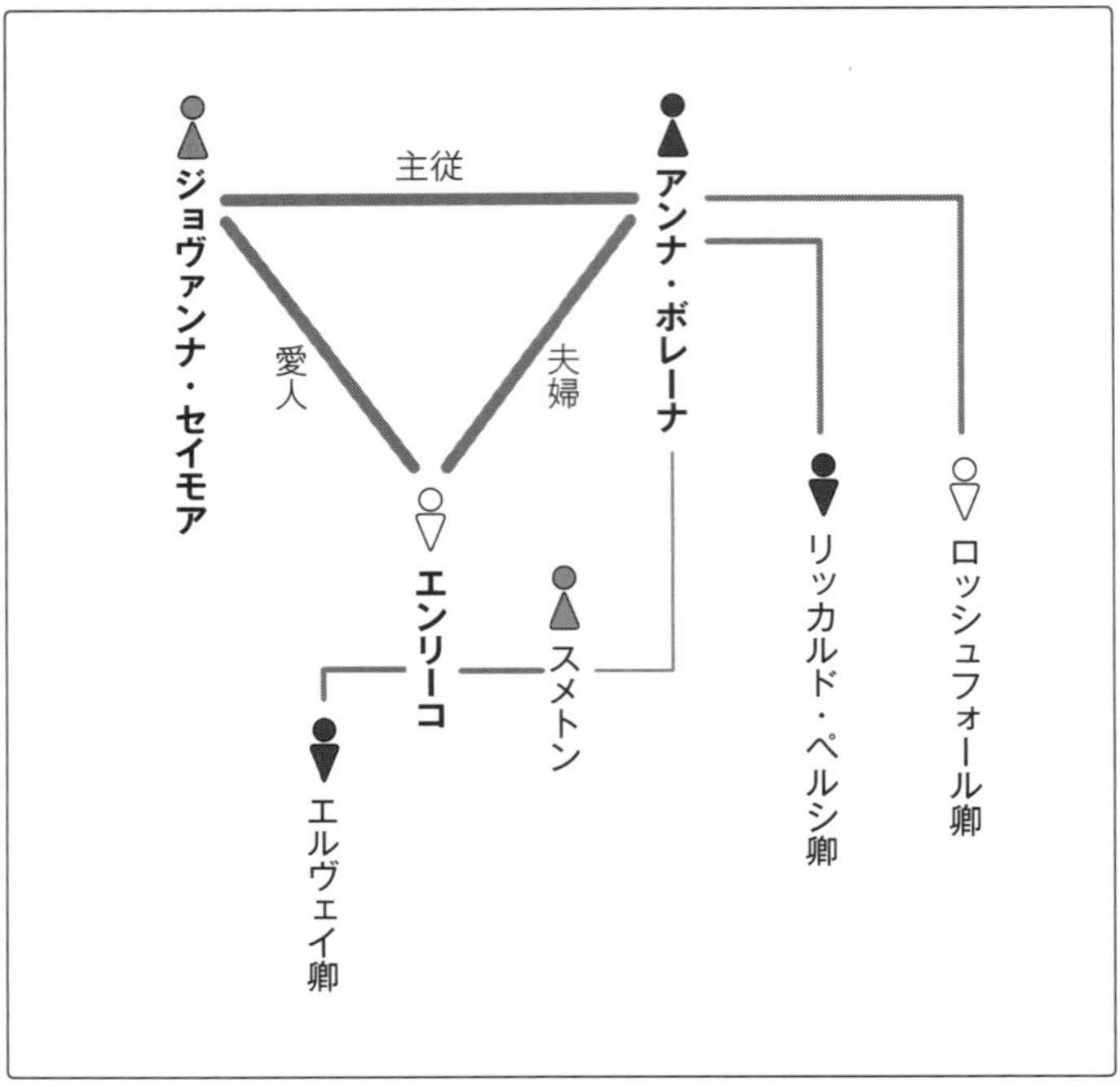

主な登場人物

アンナ・ボレーナ（S）
　（アン・ブーリン）王妃

エンリーコ（Bs）
　（ヘンリー8世）イギリス王
　アンナを廃しジョヴァンナとの結婚を画策

ジョヴァンナ・セイモア（Ms）
　（ジェーン・シーモア）アンナの女官　アンナとエンリーコとの板ばさみになるがになるが、エンリーコと結婚

リッカルド・ペルシ卿（T）
　（リチャード・パーシー）アンナの昔の婚約者

ロッシュフォール卿（Bs）
　アンナの兄（ジョージ・ブーリン）

スメトン（Ms）
　アンナに憧れる小姓　楽師

エルヴェイ（ヘルヴェイ）卿（T）
　エンリーコ王の臣下

2幕の悲劇的オペラ（トラジェディア・リリカ）Tragedia lirica in due atti
原作　イッポーリト・ピンデモンテ『エンリーコ八世、あるいはアンナ・ボレーナ』
　　　アレッサンドロ・ペーポリ『アンナ・ボレーナ』
台本　フェリーチェ・ロマーニ
初演　1830年12月26日　ミラノ、カルカーノ劇場
演奏時間　2時間55分／序曲8分、第1幕77分、第2幕90分

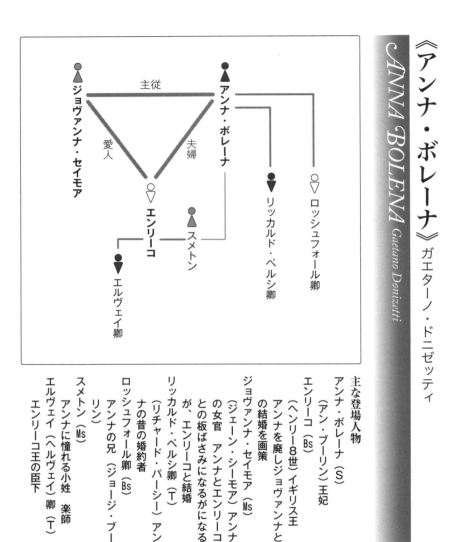

【第1幕】

（第1場）ウィンザー城

（物語の内容とは異なる軽やかな序曲は、録音や公演によってはカットされる場合もある。）

舞台は1536年のイギリス。エンリーコ王の愛情はすでに、二番目の妻であるアンナ・ボレーナから、アンナの信頼厚い女官であるジョヴァンナ・セイモアに移っている。エンリーコは自ら王室を去って行くとは思えない性格の強いアンナに、何らかの罪を着せて処刑し、ジョヴァンナと結婚する方法を探っている。

城の者たちは王妃に同情し、当のジョヴァンナもその状況に心を痛めている「**あの方がしきりに私を**[1]」。

王妃アンナが現れる。アンナは侍女たちの沈んだ様子に、小姓のスメトンに歌を歌わせる「**無理な微笑みを浮かべないで**[2]」。ところが、アンナ本人がその歌を聴いているのが辛くなり、歌をやめさせる「**この純真な若者は、私の心を揺さぶった**[3]」。

王妃は「王の気持ちが他の女性に向けられているようなの」とジョヴァンナに苦しみを打ち明ける。そしてアンナは昔の我が身と今の自分の置かれている状況を省みて、王妃の座など儚《はかな》い夢に過ぎぬと語る「**悲しい心の中を自分で見ることができたなら**[4]」。ジョヴァンナは王妃を苦しめているその張本人が自分だとはとても言い出せない。

（第2場）明かりの消えた城の中

ジョヴァンナは、自分と王の不倫関係に王妃が気づいているのではないかと不安にかられている。そこに王が現れる。彼女は不安と辛さを訴え、ふたりの関係を解消したいと言うが、王は逆に「お前にすべてを与えたいのだ」と言う。そして、アンナが愛したのは、王妃の座だったのだと語る「二重唱　**私の光がすべてお前に輝くだろう**[5]」。

王がアンナに罪を着せて彼女を極刑に処すと語るので、ジョヴァンナは「せめて残酷《ざんこく》な仕打ちだけはやめてください」と懇願する「二重唱　**ああ、どんな方法かはわかりませんが**[6]」。

1　あの方がしきりに私を Ella di me, sollecita
2　無理な微笑みを浮かべないで Deh! non voler costringere a finta gioja il viso
3　この純真な若者は、私の心を揺さぶった Come, innocente giovane, come m'hai scosso il core!
4　悲しい心の中を自分で見ることができたなら Non v'ha sguardo cui sia dato penetrar
5　私の光がすべてお前に輝くだろう Tutta in voi la luce mia si spanderà
6　ああ、どんな方法かはわかりませんが Ah! qual sia cercar non oso

（第3場）ウィンザー城の庭

アンナの兄であるロッシュフォール卿は、アンナの昔の婚約者だったペルシ卿と出会って驚く。王は、アンナを王室から追放する理由作りのために、ペルシを呼んだのである。ペルシは、アンナを失った日からこれまでを語る「**彼女を失った日から**」[7]。

王と狩りに行く従者たちが準備している。ペルシはロッシュフォールに、アンナが王に虐《しいた》げられていることに心を痛めており、今も彼女を愛していると語る「**昔のような幸せな日々が**」[8]。

そこに王を見送りに来たアンナが現れる。王がペルシとアンナを再会させる「三重唱　**王妃様、私を心配してくださっていたのですか**」[9]。

王は、彼らの様子からふたりが自分の仕掛けた罠《わな》に嵌《はま》ることを確信し、家来のエルヴェイにこの計画を遂行するように言いつけて、狩りへと出掛けて行く「五重唱　**私は私の手の上に彼の涙を感じたわ**」[10]。

（第4場）王妃の居室

王妃に憧れる小姓スメトンが、以前持ち出した王妃の小さな肖像画を王妃の部屋に戻しに来た。人の来る気配に彼は物陰に隠れる「**ああ僕の苦しみに優しく応えてくれたら**」[11]。

アンナが、兄とともに部屋に戻って来る。兄はペルシと直接話すようにアンナに勧める。

ペルシがやって来る。彼はアンナに変わらぬ愛を告白するが、彼女は、自分が王妃を望んだ結果がこれで「王妃の座は猜疑《さいぎ》心と恐怖で成り立っています。ふたりに不幸が訪れないためにもあなたの愛は受け入れられません」と彼の求愛を拒絶する「二重唱　**王が君を憎んでいても、私は君をまだ愛している**」[12]。

そしてアンナは「あなたとは二度と会いません」とペルシに言う。その答えに、ペルシは自殺をしようと剣を抜く。その瞬間、王妃の危機と勘違いしたスメトンが、彼女を守ろうとして剣を抜いて飛び出す。思わぬ事態にアンナは気を失って倒れる。そこに王が、家来たちを連れて現れる。

7　彼女を失った日から Da quel dì che, lei perduta
8　昔のような幸せな日々が Ah! così nel dì ridenti
9　王妃様、私を心配してくださっていたのですか Voi, Regina! E fia pur vero
10　私は私の手の上に彼の涙を感じたわ Io sentii sulla mia mano la sua lagrima
11　ああ僕の苦しみに優しく応えてくれたら Ah! parea che per incanto rispondessi
12　王が君を憎んでいても、私は君をまだ愛している S'ei t'abbore, io t'amo ancora

「ペルシと王妃の密会の現場を捕まえた」と言う王の言葉に、スメトンは「それは違います」と王妃を庇《かば》おうとする。しかしその時、彼がまだ身につけていた王妃の肖像画を王に見咎《とが》められてしまう。スメトンも「お前も王妃と不倫関係にあったのか」と王に責められる「六重唱[13] **誰も口を開かぬのか**」。

　意識を取り戻したアンナは、王に身の潔白を必死に訴えるが、彼女を追放する好機を掴《つか》んだ王は、当然のことながら聞く耳を持たない。そして、アンナとペルシ、スメトンは不義の罪で捕らえられ、牢に入れられる。アンナは、自分が王の謀略《ぼうりゃく》に嵌ったことを悟り、ジョヴァンナや侍女たちも加わり、アンナの不幸な運命を嘆く「六重唱[14] **その突き刺さるような視線の中に**」。

【第2幕】

（第1場）ロンドン

アンナが幽閉されている部屋

アンナの味方が誰もいなくなってしまったことを侍女たちが悲しんでいる。

　そこに、やつれた姿のアンナが現れる。続いてエルヴェイが来て、アンナに「判事たちが侍女たちを証人として召喚《しょうかん》している」と告げる。アンナに行くように促された侍女たちは部屋を出て行く。

　ひとり残ったアンナが、わが身の不幸を嘆いている「[15]**神様、私をご覧ください**」。そこにジョヴァンナが来て「王妃様がペルシとの不倫をお認めになって王室から去れば、お命だけは助かります」とアンナに話す。そして、とうとう耐え切れずに自分が王の愛人であることを告白する「二重唱[16] **ああ、王妃様**」。

　アンナは一度は激昂《げきこう》するものの「悪いのはお前を誘惑した王であり、お前ではない」とジョヴァンナを赦す。ジョヴァンナは、それまで以上に自責の念にかられる「二重唱[17] **行くがいい、かわいそうな女よ、ボレーナは赦します**」。

13　誰も口を開かぬのか Tace ognuno
14　その突き刺さるような視線の中に In quegli sguardi impresso
15　神様、私をご覧ください Dio, che mi vedi in core
16　ああ、王妃様れ Oh mia regina!
17　行くがいい、かわいそうな女よ、ボレーナは赦します Va, infelice e teco reca il perdono di Bolena

（第2場）判事たちの集まる広間の前

宮廷の者たちは、スメトンが王妃を救うためと信じて虚偽《きょぎ》の証言をしてしまうのではないか、と危惧《きぐ》している。そこにエルヴェイが現れてスメトンが案の定偽証したことが知らされる。人々は「これで王の望み通りに、王妃は処刑されるに違いない」と口にする。

法廷から王が出て来る。王はエルヴェイに「スメトンには最期の時まで、彼がアンナを救ったと思わせておけ」と言う。

そこに召喚《しょうかん》されてやって来たアンナが、去っていこうとする王を呼び止める。そして続いて現れたペルシは「アンナは不義の罪など犯していない。私と結婚していたアンナを奪って行ったのはお前だ。王よ、お前こそが不義を犯したのだ」と告発する。アンナも「王妃になりたいばかりにペルシの愛を捨てたのは私です」と語る「三重唱[18]**ふたりとも死ぬのだ、不実な者たちよ**」。

王は一瞬動揺するもののすぐに開き直り、アンナとの間の娘（のちのエリザベス一世）の廃嫡《はいちゃく》も口にする「[19]**彼女はエンリーコより前にペルシの妻だったと**」。

ジョヴァンナが現れて、王への愛とアンナへの罪の意識の板挟みになっている苦しみを王に訴えかけ、いっそひとりで遠い土地に行きたいと語る「[20]**この御《ぎょ》し難《がた》い炎に**」。しかし王は「お前は私と結婚するのだ」と言い放つ。

エルヴェイが王に、アンナとの離婚が認められたこと、そして彼女が死罪と決まったことを伝える。ジョヴァンナと人々は、王の恩赦を期待するが「正義こそが王の美徳だ」と、王は彼らの声を退ける。ジョヴァンナは王に慈悲の心を持ってくれるように願い出る「[21]**天も地も皆があなたのことを見ているのです**」。しかし王はそれを聞き入れることなくその場から去って行く。

（第3場）ロンドン塔の牢の中

処刑を前にしてペルシとロッシュフォールが、互いに「死ぬ覚悟は出来ている」と語り合う。ペルシは、ロッシュフォールに「君は生きてくれ」

18 ふたりとも死ぬのだ、不実な者たちよ Ambo morrete. o perfidi
19 彼女はエンリーコより前にペルシの妻だったと Sposa a Percy pria che ad Enrico ell'era
20 この御し難い炎に Per questa fiamma indomita
21 天も地も皆があなたのことを見ているのです Ah! pensate che rivolti terra
22 君は生きてくれ、頼む Vivi tu, te ne scongiuro

と言う「**君は生きてくれ、頼む**[22]」。

ロッシュフォールは「自分も君と共に死ぬだけだ」と語り、ふたりは覚悟を決めて死に立ち向かう「二重唱 **君の固い覚悟に僕は安心した**[23]」。ふたりは処刑場へと引き出されて行く。

〈第4場〉

侍女たちがアンナの過酷な運命を嘆き悲しんでいる。

アンナは、処刑の時を前にして現実と狂気の間を行き来し始めている「**なぜ泣いているのです**[24]」。

そして生まれ育った城やペルシとの昔の穏やかで楽しかった日々の思い出に浸る「**私の生まれたあの城に**[25]」。

刑場に引き出されようとするペルシとロッシュフォールが、アンナに話し掛ける。アンナは自分のために共に処刑される彼らに詫《わ》びる。彼女を救おうとして、逆に窮地に追い込んでしまったペルシがアンナに詫びるが、アンナは彼に「歌を歌ってちょうだい」と言い、また狂気の世界に入って行く「**天よ、私の長い苦しみも**[26]」。

遠くから聞こえるエンリーコとジョヴァンナの結婚を祝う人々の声が聞こえて来る。その声が彼女に正気を取り戻させる。

アンナは「私は彼らを呪《のろ》うことなく、墓に下りて行く。全てを終わらせるのに足りないのは私の血だけ」と語り、気を失う「**邪悪な夫婦のことを私は最期に呪ったりしない**[27]」。

共に処刑されるスメトン、ペルシ、ロッシュフォールが「彼女はすでに生贄《いけにえ》となった」と語り、物語は終わる。

《聴きどころ》

後世ドニゼッティの「女王三部作」と呼ばれるようになる作品群はどれも主役は女性たちである。他

23　君の固い覚悟に僕は安心した Nel veder la tua costanza il mio cor si rasserena
24　なぜ泣いているのです Piangete voi?
25　私の生まれたあの城に Al dolce guidami castel natio
26　天よ、私の長い苦しみも Cielo, a' miei lunghi spasimi
27　邪悪な夫婦のことを私は最期に呪ったりしない Coppia iniqua l'estrema vendetta non impreco

のふたつの作品《マリーア・ストゥアルダ》《ロベルト・デヴェリュー》がエリザベス一世を巡るのに対し、この《アンナ・ボレーナ》は、その母であるアンナ（アン・ブーリン）の最後の日々を描いている。主役のアンナは気が強く、激しい性格であるとあって、ドラマティックな表現の求められるソプラノの難役のひとつとされる。だが、アンナの次に王妃となるジョヴァンナも重要な役である。アンナの「硬」をジョヴァンナが「柔」で受け止めながら、最後には「柔」が王妃の座に就き、「硬」はその座を追われ処刑される。そのふたりの女性の対比がうまく描き出せるかどうかが、この作品の公演における成功の鍵《かぎ》となる。

断頭台《だんとうだい》の露と消えるアンナだが、その血は受け継がれていく。《マリーア・ストゥアルダ》《ロベルト・デヴェリュー》では、「硬」の血を引いた娘、エリザベッタ（エリザベス一世）が、男たちの、あるいはイギリスの命運を握り、絶対君主として君臨する姿が描かれる。

アンナ――自分の意思で運命を切り開いた女性

史実では、アンナはすでに他の女性と結婚していたエンリーコ（ヘンリー八世）の愛人の座に飽き足らず、王妃の座を望んだ、とされる。彼女は上昇志向の強い女性で、オペラの中でも彼女は「私は王妃の座に目がくらんで、ペルシを裏切って王を取った」と自ら述べている。弁も立つ彼女のことがうるさくなった王は、彼女を処刑するために罠《わな》に掛ける。アンナは精一杯の抵抗を試みるが、最後には王の権力に敗れ去る。

だが彼女は最期の時まで――それが本心とは裏腹であっても――「私はあの人たちを恨んだり、復讐《ふくしゅう》の言葉など吐かぬ」と言い切る強さを見せる。人々に憐《あわ》れまれて死ぬことなど御免だ、と王妃として毅然《きぜん》とした最期を迎えるのである。

聴かせどころは、もちろん終幕の「狂乱の場」である「**なぜ泣いているのです**」[24]から幕切れまでである。この最後のカバレッタ「**邪悪な夫婦よ**」[27]を狂気で歌うのか、あるいは正気で歌うのか。最後の最後で彼女のキャラクターが決まる。運命に翻弄《ほんろう》されて、狂気の中で死ぬのか、あるいは最後まで自分の意思で、人生を生き切るのか。セリフの内容としては、どちらの解釈も成立する。極限における彼女の姿は、上演される時代の女性像を色濃く映し出す。

気を失って倒れて、そのまま死んでしまう伝統的な演出から、自ら断頭台に向かい、首を差し出すネトレプコ演じるマクヴィカー演出のMETの公演（2011年）まで、幕切れは時代によってその様相を大きく変える。

1957年のカラスによる蘇演《そえん》以来、この役はベルカントの名手と呼ばれるソプラノたちによって歌われてきたが、このロールのドラマティックなキャラクター表現は、美しく歌うこととの共存はなかなか難しく、これまでどのソプラノもカラスを凌駕《りょうが》するには至らなかったと言わざるを得ない。しかし、（ベルカントとは、微妙に違う歌唱法ながら）ネトレプコが創り上げたアンナは、このオペラに新たな息吹を与えたのではなかろうか。

ジョヴァンナ――揺れ動く受け身の女性

史実では、ヘンリー八世の3人目の妻ジェーン・シーモアはこの先、男児を産んですぐに亡くなってしまう。オペラの中でもジョヴァンナは、エンリーコ王の寵愛《ちょうあい》と、自分を信頼してくれているアンナを裏切っていることに揺れ動く。このオペラで彼女に与えられている役割は、アンナ役と同等とも言えるほどに大きいけれど、その人格表現には、他の女性たちの中に埋もれてしまいそうなほど「普通であることが求められる」のである。

彼女にはアンナや王との大きな重唱が合計3つ与えられているが、そのどれもが複雑な心理描写を要し、特に第2幕で自分が王の愛人だとアンナに自白する重唱「**ああ王妃様**」[16]は、相当ドラマティックな作りをしている。だが彼女は、自分こそがアンナのライヴァルであると名乗りを上げるわけではない。アイーダとアムネリスになってはならないのだ。

この役はメゾ・ソプラノと指定されているが、音域はほとんどソプラノである。アンナ役よりも控えめな性格を表しやすい声を求めている、と思えばよいだろう。だが、ジョヴァンナは、アンナの激しい性格から繰り出される矢のような言葉を受け続け、王の勝手な行動に振り回されながら、精神的に崩れてしまうことなく、次の王妃の座に就《つ》く。ジョヴァンナはアンナに潰《つぶ》されるわけにはいかないのだ。この役は、声でも演技でも相応の実力を持ち合わせた歌手でなければ務まらない、もうひとりの「主役」なのである。

エンリーコ――一瞬の逡巡《しゅんじゅん》

ヘンリー八世の存在が歴史上いかに重要であろうとも、このオペラの中では次々に妻の女官に手を出しては、無理な理由をこじつけて、妻を離縁しては再婚を繰り返していった身勝手な王でしかない。ほとんどレチタティーヴォと重唱で構成されるこの役を歌うバスは、王としての威厳を保つことが絶対条件である。好色さが表に出過ぎると、次々と妻を離婚（結婚を無効に）しては首を刎《は》ねていく男の残忍さが消えて、単なるわがまま男になり下がってしまうからだ。

王がこのオペラの中で本当に動揺を見せるのはただ一か所、アンナが以前ペルシの妻であったと聞いたその一瞬のみである。他の男の妻であった女と結婚することが宗教上の教義に反するがゆえに（前妻キャサリンを娶《めと》る時、ヘンリーは実兄のアーサーと婚姻関係にあった彼女を教皇の特赦を得て妻にした。

その後彼女との結婚を無効にしてアンナと再婚を企てた時点で、ヘンリー八世はカトリック教会に強く非難され、英国はカトリック教会から分離、英国国教会を成立させた）、彼は一瞬だが自分が斬首《ざんしゅ》刑に処すことを目論《もくろ》むアンナと、自身が同じ立場であることにたじろぐ。だが、自分が強大な権力者であることを思い出した彼は、次の瞬間、神を恐れることをやめる。権力者が自分を神と同等の存在だと思った瞬間、絶対権力者の残忍さはとどまるところを知らなくなる。

その、アンナが過去にペルシと結婚していたと聞かされて動揺する第2幕での三重唱[18]「**ふたりとも死ぬのだ**」で、彼には突如、動揺を表現するためのロッシーニにそっくりなアジリタが振られている。これは、まだこの頃のドニゼッティが、ロッシーニの影響を強く受けていて、独自のスタイルが未完成だったからと考えるのが妥当だろう。しかしその音型を使うことでドニゼッティが王の動揺を表現したかったのはよくわかる。女王三部作の残りの二作になる頃には、このようなスタイルの混同は消失し、徹頭《てっとう》徹尾《てつび》ドニゼッティらしい音楽になっていく。

ペルシ——実は声楽的に難度が高い

ペルシは、以前王妃の座に目がくらんだアンナに捨てられたにも拘《かか》わらず、今や王に邪険にされ始めたアンナに「自分の気持ちは変わっていない」と語りかける心優しき男性である。話の本筋からすれば、さほど重要度はないはずのペルシには、第1幕登場してすぐのカバレッタ付きのカヴァティーナ[8]「**昔のような幸せな日々が**」、第2幕のアリア[22]「**君は生きてくれ**」と聴かせどころが多い。小手先の策略を巡らす王に対し、彼は誠実で自分の愛と騎士道を貫く男として描かれている。この役はキャラクター表現の点からもレッジェーロよりはリリコ寄りのテノールに歌ってほしい。とはいえテッシトゥーラ（中心となる音域）は高めで、高音もアジリタもこなさねばならない。何せ現代のテノールは、ソープラ・アクート（高いドよりも上の音域）も実音で出さねばならないのだから大変だ。

この演目を公演しようとしたら、まずはこの役を歌い通せるテノールを探すところから始めざるを得ないだろう。この役に求められる諸条件から鑑《かんが》みるに「この役が当たり役」というテノールは、そう簡単には出現しそうもない。まずは歌い通すことの出来る、リリコの音色を持ったテノールが居てくれることを願うばかりだ。

《愛の妙薬》ガエターノ・ドニゼッティ

L'ELISIR D'AMORE Gaetano Donizetti

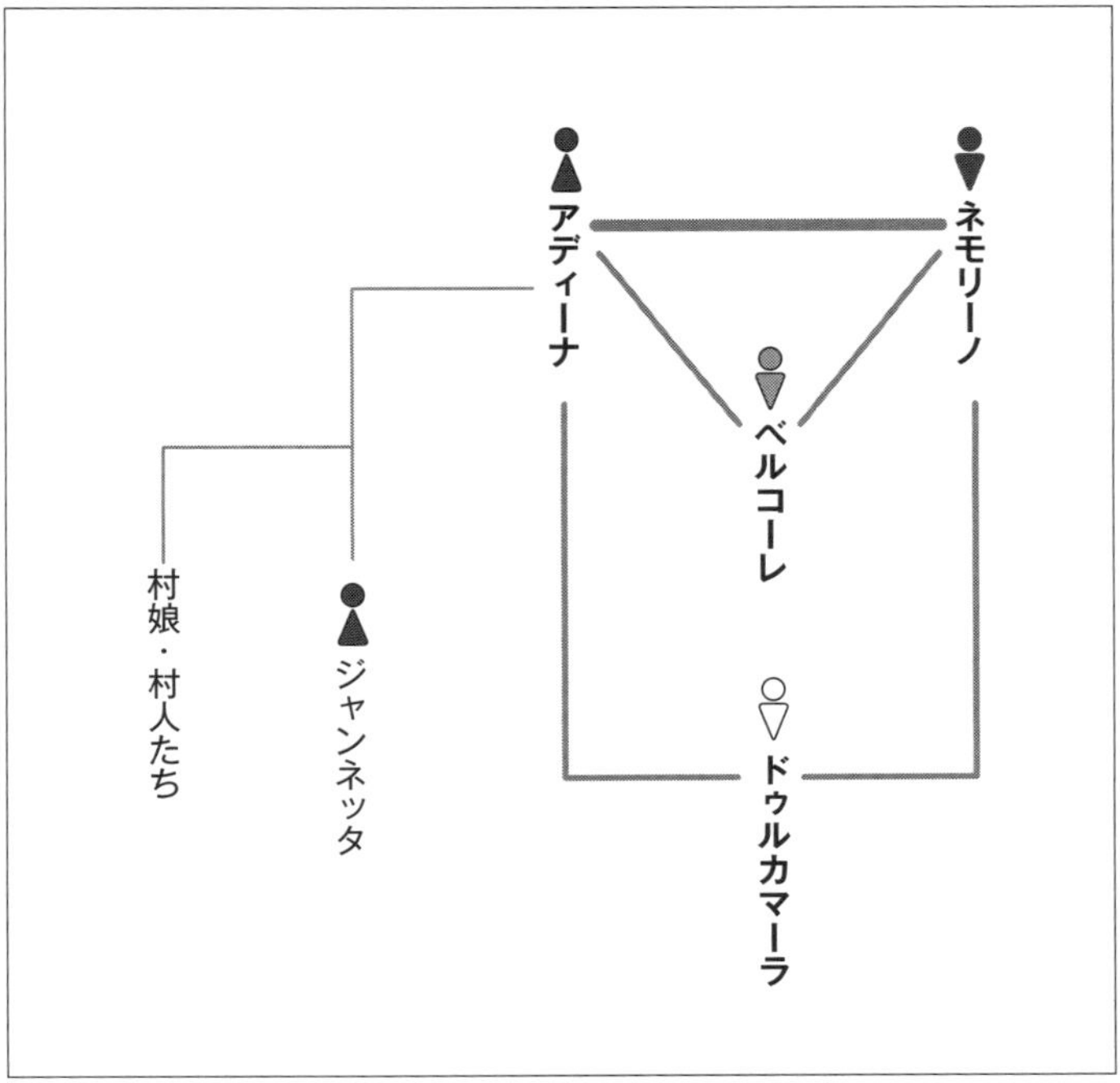

主な登場人物

アディーナ（S）
裕福で気まぐれな若く美しい農場主

ネモリーノ（T）
アディーナに恋をしている純朴な若い農夫

ベルコーレ（Br）
村に駐屯する部隊の軍曹

ドゥルカマーラ（Bs）
怪しい旅の薬売り

ジャンネッタ（S）
村娘

2幕のオペラ（メロドラマ・ジョコーゾ）Melodramma giocoso in due atti
原作　ウジェーヌ・スクリーブ「惚れ薬」
台本　フェリーチェ・ロマーニ
初演　1832年5月12日　ミラノ、カノッビアーナ劇場
演奏時間　2時間10分／第1幕70分、第2幕60分

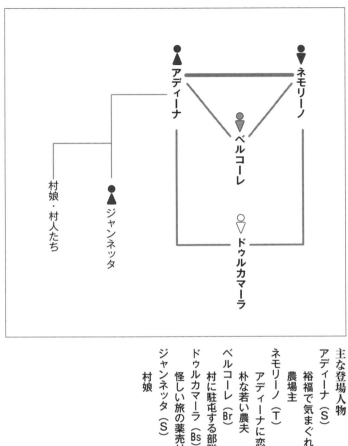

【第1幕】

スペイン、バスク地方の村

のどかな田園風景が広がる、とある農園。麦の刈り入れに追われる農民たちがひと休みしている。そこから少し離れた大きな木の下で、若いながらも農園経営をしている美しいアディーナが、本を読みながら声を立てて笑っている。彼女に恋焦がれる村人ネモリーノは、その様子を遠くから見つめて見惚れている「**なんて美しいんだろう、なんて可愛いんだろう**」[1]。彼女のあまりに楽しそうな様子に村娘たちが興味を示す。アディーナは、イゾルデがトリスタンに一瞬にして恋に落ちたという惚《ほ》れ薬（愛の妙薬）の話を皆に読んで聞かせる「**冷淡なイゾッタに**」[2]。

そこに駐屯部隊を引き連れたベルコーレがやって来て、すかさずアディーナに花を差し出して口説き始める。「**気取ったパリスが、一番の美人にリンゴを差し出したように**」[3]。

アディーナは彼の求愛をさらりとかわすが、それを見ているネモリーノは気が気ではない。

部隊をそこでひと休みさせる許可をアディーナからもらったベルコーレは「これで僕もここの家族の一員だ」といたって楽観的に考える。アディーナは農民たちを「さあ、夕暮れまでに今日の分の刈り取りを終えてちょうだい」と送り出し、彼らは麦刈り作業に戻る。

ネモリーノは勇気を振り絞っておずおずとアディーナに話し掛けるが、内気で朴訥《ぼくとつ》なネモリーノは気の利いたことひとつ言えず「私のことなんて忘れなさい、拘束されるなんてまっぴらよ」とアディーナに軽くあしらわれる。

「初恋を忘れろなんて絶対無理だ」とネモリーノは思い詰める〔二重唱「**ひと言だけ、おお、アディーナ**」[4]〕。

そこにラッパの音とともに派手な身なりで、どうにも得体《えたい》の知れない旅の薬売りドゥルカマーラが飾り立てた馬車で現れる。村人たちは彼の巧みな口上《こうじょう》に乗せられて、万病に効くという怪しい薬を次々に買い求める「**さあさあ、お立ち会い、村の皆さん**」[5]。

1　なんて美しいんだろう、なんて可愛いんだろう Quanto è bella, quanto è cara
2　冷淡なイゾッタに Della crudele Isotta
3　気取ったパリスが、一番の美人にリンゴを差し出したように Come Paride vezzoso porse il pomo alla più bella
4　ひと言だけ、おお、アディーナ Una parola, o Adina

ネモリーノはドゥルカマーラに「もしや愛の妙薬もお持ちですか」と尋ねる。ドゥルカマーラは一瞬、何のことかと思う。しかし商売上手な彼は顔色ひとつ変えずに「もちろん、ありますとも。これを飲めば明日には、村じゅうの娘たちが君に夢中になりますよ」と、もったいぶった説明をつけながら、小瓶に入ったただの赤ワインを「愛の妙薬」と称して彼に売りつける「二重唱 **[6]僕が言いたいのは、愛を呼び覚ます素晴らしい薬のこと**」。

大喜びするネモリーノにドゥルカマーラは「効き目は丸一日後に現れます。そしてこのことは誰にも喋《しゃべ》ってはいけませんよ」と口止めする。そして「どうせ俺は明日には、次の町だ」と独白する「二重唱 **[7]ああ、ほんとうにありがとうございます**」。

魔法の薬を手に入れたと大喜びするネモリーノは、栓《せん》を開け、言われた通りに少しずつ飲もうとするが、あまりに美味しいのでついグビグビと飲み干して酔っぱらってしまう「**[8]愛しい妙薬、お前は僕のもの**」。

そこにやって来たアディーナはご機嫌なネモリーノを見てびっくり。明日にはアディーナが自分を好きになると信じて疑わないネモリーノは、いつになく強気な態度に出る。アディーナの心に「ネモリーノにヤキモチを焼かせてやりたい」という気持ちが湧く「二重唱 **[9]ラ・ラ・ラ〜あの頭のおかしい人は誰かしら**」。

そこに鼻歌を歌いながらベルコーレが登場。アディーナはさきほどとは違いネモリーノに見せつけるためにまんざらでもない様子でベルコーレの相手をする。アディーナはベルコーレに「6日後には結婚してもいいわ」と言うが、明日になれば薬の効き目が出ると信じているネモリーノはそれを聞いても平気な顔。その様子にアディーナはだんだん腹が立ってくる「三重唱 **[10]トラン、トラン、トラン**」。

そこにジャンネッタに導かれた兵隊たちが、ベルコーレを探してやって来て、明朝には別の駐屯地に向かえとの命令が下ったと知らせる「三重唱 **[11]軍曹さん、部下の人たちがあなたを探してい**

5 さあさあ、お立ち会い、村の皆さん Udite, udite, o rustici
6 僕が言いたいのは、愛を呼び覚ます素晴らしい薬のこと Voglio dire, lo stupendo Elisir che desta amore
7 ああ、ほんとうにありがとうございます Obbligato, obbligato, ah! sì
8 愛しい妙薬、お前は僕のもの Caro elisir! sei mio!
9 ラ・ラ・ラ〜あの頭のおかしい人は誰かしら La La La 〜 Chi è mai quel matto?

ます」。

「ならば今日のうちに結婚しよう」と言うベルコーレにアディーナが「イエス」と答えるので、ネモリーノは慌てふためく。そして、せめて明日まで結婚は待ってくれと懇願する[12]「**アディーナ、お願いだ、信じておくれ**」。

しかし、ネモリーノをギャフンと言わせたいアディーナは、それを無視して、邪魔立てをするネモリーノに腹を立てるベルコーレをなだめながら「さあ結婚式よ」と村人たちに声を掛ける。ネモリーノは生きた心地がせず、ドゥルカマーラを必死に捜し回る。

【第2幕】

（第1場）アディーナの家

アディーナの家では披露宴の真っ最中。招かれたドゥルカマーラは、アディーナを誘って新作のカンツォネッタを披露する[13]「**わしは金持ち、お前は美人**」。

アディーナは「公証人が来たというのに、見せつけてやりたいネモリーノが来ないわ」と周りを見回す。ベルコーレとアディーナは結婚証書にサインをするために、村人たちを引き連れて出て行く。

（第2場）

ドゥルカマーラがひとりその場に残り、宴会の残り物を食べ続けている。

そこにネモリーノがやってきて「明日では間に合わない。今日のうちに効くように、もう一本魔法の薬を売ってください」と懇願する。ドゥルカマーラは「ならば15分以内にお金を持っておいで。そうしたら売ってやる」と答える。

アディーナに「結婚証書にサインするのは今夜まで待って」と言われたベルコーレが「女とはわけのわからない生き物だ」とブツブツ言いながら戻って来る。

そこで意気消沈したネモリーノを見つける。訳を訊《き》けば「お金がなくて望みが叶わないのだ」と言う。それを聞いたベルコーレは、恋敵を追い

10 トラン、トラン Tran, tran
11 軍曹さん、部下の人たちがあなたを探しています Signor Sergente, di voi richiede
12 アディーナ、お願いだ、信じておくれ Adina credimi, te ne scongiuro
13 わしは金持ち、お前は美人 Io son ricco, e tu sei bella
14 戦場が危険なのは知っている Ai perigli della guerra

払う絶好のチャンスとばかり「軍隊に入るなら、この場で20スクーディが手に入るぞ」と言葉巧みに彼を軍隊へと誘う。

ネモリーノはネモリーノで「そのお金で薬が買える」とその話に飛びつき、もらった準備金を握りしめてドゥルカマーラの元に走って行く「二重唱 [14]**戦場が危険なのは知っている**」。

中庭では、村娘たちが集まっている。ジャンネッタが彼女たちに「ネモリーノの金持ちの伯父さんが亡くなって、彼に多額の遺産が転がり込むらしい」と教えている「ジャンネッタと合唱 [15]**そんなことが有り得るの**」。

そこに軍隊に入るお金で買ったもう一本の愛の妙薬（ワイン）を飲み干して再び酔っぱらったネモリーノが、やって来る。娘たちは裕福になったネモリーノの周りを囲んでちやほやする。ネモリーノはそれを「薬の効き目が早くも現れた」と思い込んで大喜びする。そこにアディーナがやって来る。彼女はネモリーノが娘たちに囲まれている様子に驚きを隠せず、通りかかったドゥルカマーラもまた、目の前の光景が信じられない「四重唱 [16]**素晴らしい妙薬を**」。

アディーナがドゥルカマーラと話をする。そしてネモリーノが軍隊に入ってまで自分を振り向かそうと必死だったことを知る。彼女にも薬を売りつけようとするドゥルカマーラにアディーナは「私は薬の助けなど借りなくても、自分の魅力で彼を私だけのものにしてみせるわ」と語る。才気煥発《かんぱつ》な彼女にドゥルカマーラは舌を巻く「二重唱 [17]**なんという愛でしょう**」。

一方ネモリーノは、村娘たちに囲まれてちやほやされていた自分を見たときにアディーナの頰《ほお》をつたった涙を思い出して、彼女が自分を憎からず思っていたと知り喜びに浸る「[18]**ひとしずくの涙**（人知れぬ涙）」。

そこにアディーナがやって来て彼にお金を渡し「入隊を条件にもらったお金をこれで返して、村に残ってちょうだい」と言い、彼への想いを告白する「二重唱 [19]**受け取って、これであなたは自由の身よ**」。

15　そんなことが有り得るの Saria possibile?
16　素晴らしい妙薬を Dell'elisir mirabile
17　なんという愛でしょう Quanto amore!
18　ひとしずくの涙（人知れぬ涙）Una furtiva lagrima
19　受け取って、これであなたは自由の身よ Prendi, per me sei libero

現われたベルコーレはその状況を見て驚く。アディーナが「私はネモリーノと結婚するわ」と宣言すると、ベルコーレは強気に「俺に言い寄る女性など他にもいくらでもいるさ」と強がりを言いながら去って行く。

抜け目のないドゥルカマーラは「ネモリーノの想いが通じたのはこの愛の妙薬のおかげだ」とワインの小瓶を「万能薬」と称して売りまくった上で、村人たちに見送られて、村にやって来た時同様、賑々《にぎにぎ》しく去って行く「[20]**この薬はどんな欠点も、生来の悪い癖も治してくれます**」。

《聴きどころ》

ミラノのカノッビアーナ劇場が、他の作曲家に委嘱していた新しいオペラが期日に間に合わず、劇場に泣きつかれたドニゼッティが、ロマーニからリブレットが上がって来るそばから書き上げた、というのがこのオペラ。初演の稽古をしながら作品の手直しをしていったという逸話も残っている。

台本作家のロマーニも、急な要請に新たな題材を探す時間がなく、スコアに「これはスクリーブの書いた『媚薬』を模倣したものであり、〝お遊び〟であることをここに記す」と断り書きをしている。つまり前年にオーベールが発表したオペラの台本を完璧に「わかってパクっている」と公言することで、盗作だと訴えられることを回避したのだ。こうして急ごしらえで出来あがった作品が、ドニゼッティの代表作のひとつとなるのだから、世の中わからないものだ。

アディーナ —— 裕福なインテリ娘だが実は純真

農場主の（といっても地主ではなく、土地を借りて農場を営んでいる）アディーナに関しては、裕福

20　この薬はどんな欠点も、生来の悪い癖も治してくれます Ei corregge ogni difetto, ogni vizio di natura

という以外、彼女の出自や家族に関する記述はこのオペラの中にはない。彼女はネモリーノが不器用に恋心を伝えても「私は縛られるのはごめんだわ」とはぐらかす。だが、アディーナは彼のことを最初から憎からず思っている。頼りないし、お金もないし、けれど人柄だけは良いネモリーノが、彼女の心の中には（恋焦がれる相手ではないにしろ）存在している。彼女がネモリーノの存在の大きさをだんだん自覚するようになっていくのが、この物語である。

第1幕で[4]「**ひと言だけ、おお、アディーナ**」とネモリーノに告白されるときも、彼女は本心から煩《うるさ》がっているわけではない。優柔不断《ゆうじゅうふだん》な彼の性格にイライラしていることは確かだが、内心悪い気はしていないという風情が、ところどころに見えること（語尾が強くなりすぎず、どこかに甘さが残る歌唱と演技）がこの先の物語との整合性を作る上で大切である。だからといって、第2幕の[19]「**受け取って、これであなたは自由の身よ**」で彼に媚《こ》びるように歌う必要もない。彼女は彼女として何も変わっていないことは、その前のドゥルカマーラとの丁々発止《ちょうちょうはっし》のやりとりを聞けばわかる。ここでのアディーナはネモリーノに対する自分の気持ちに正直になっただけのこと。だから「受け取って」を甘ったるく歌い過ぎると、逆にキャラクターのバランスがおかしくなってしまう。

アディーナは、リリコ・レッジェーロからリリコまでが歌える役。テッシトゥーラ（中心となる音域）は高めだが、かといってさしたる高音もない。この役は歌唱技術を誇る役ではなく、少々高慢ちきなこの女性の内面をどう説得力をもって演じられるかという「女優としての資質が問われる役」でもある。それからもうひとつ。できることならこの役は、相手役のネモリーノと共に、やはりイタリア人の歌手で聴きたい。アディーナのちょっとお高くとまった、でも純真なキャラクターは、若いイタリア女そのものだからだ。

ネモリーノ――いかに切なさを訴えかけられるかがすべて

ネモリーノは、このオペラで終始一貫、アディーナが振り向いてくれることだけに腐心《ふしん》する。その努力たるや涙ぐましいが、どこかピントがずれている。この素朴で不器用な男を聴衆に不憫《ふびん》に思わせること、そこがこの役で一番大切なのだ。この作品が単なる「オペラ・ブッファ」ではなく、ちょっぴり切ない「メロドランマ」となっているのは、まさに彼のキャラクターによる。このオペラの中で最も有名な[18]「**ひとしずくの涙**」は、台本作家ロマーニの反対を押し切って、ドニゼッティが挿入したと言われるが、この曲こそ、この作品の成功を決定づけた画竜点睛《がりょうてんせい》のロマンツァだ。

しかし、この歌の内容をよく聞くと「きっと彼女も僕のことを好きなのに違いない」と言っているが、彼はそれが「愛の妙薬のお陰だ」とまだ信じているのである。そのあとの実に美しい二重唱[19]「**受け取って**」で彼女に愛の告白をされてさえもその最後に「(ドゥルカマーラ)先生は、僕のことをだましていなかったんだ」という台詞《せりふ》を吐くのだから、彼が相当に単純で、おめでたい性格であるのは確かである。ネモリーノ役のテノールが、その純朴さを上手に表現して聴衆の気持ちを切なくさせることが出来ればそのオペラ公演は成功したも同然。聴衆の耳目が彼の一挙手一投足《いっきょしゅいっとうそく》に集まるようになれば、それはもう大成功である。

ネモリーノを得意とした歌手たちといえば、ティート・スキーパ、ベニアミーノ・ジーリに始まって、チェーザレ・ヴァレッティ、ニコラ・モンティ、フェッルッチョ・タリアヴィーニ、ルチアーノ・パヴァロッティ……これはもうイタリアのテノーレ・レッジェーロの歴史そのものである。

ベルコーレ――うぬぼれ屋

結果的には、恋の当て馬にされる軍曹のベルコーレ。女好きで、気に入った女の子に片っ端からすぐに結婚しようと言う惚《ほ》れやすいタイプ。この時はこの時で彼はアディーナに本気で一目惚《ひとめぼ》れしている。恋敵のネモリーノのことを実はアディーナが憎からず思っていることも彼は敏感に感じている。だからこそネモリーノが目障《めざわ》りで仕方がない。彼の出番はネモリーノと好対照をなすためか、いつも軍人らしさが強調されて、心理描写はほとんどなされない。だからベルコーレは、かわいそうだと聴衆に同情されることもほとんどないのだ。

結婚話を一方的に破談にされた時も彼はうろたえもせず、やせ我慢でなかなかスマートに身を引いてみせる。しかし、そのあと村から去っていくドゥルカマーラを見送りながら、彼は「忌々《いまいま》しいいかさま師め、お前の馬車なんぞひっくり返るがいい」と口にする。このひと言こそが彼の本心だろう。

ドゥルカマーラ――ブッフォ中のブッフォ

怪しい薬売りのドゥルカマーラ。偽の薬を言葉巧みに村人たちに売り歩く。素朴な村人たちや、ネモリーノのような単純な人間を騙《だま》すのはお手のものだが、頭の回転の早いアディーナには本質をすぐに見破られる。これは歯が立たない、と踏んだらさっさと撤退の準備である。

彼は小者《こもの》だからよく喋《しゃべ》る。口先三寸で商売する彼の口上は、「立て板に水」でなければ成立しない。ベルコーレは、美声のバリトンが立派に歌うだけで、ある程度成立してしまうが、こちらはそうはいかない。狂言回しのセリフが立たないのは、致命的である。口八丁手八丁のキャラクターのこの役は、ヴェテランのバッソ・ブッフォ（この役は音域的にはバス＝バリトンで、低めのバリトンが演じることも可能）が演じると面白さが倍増する。ジュゼッペ・タッデイやロベルト・フロンターリといった立派な声の歌手たちよりも、やはりブッフォを専門とするエンツォ・ダーラやアレッサンドロ・コルベッリ、ブルーノ・プラティコといった歌役者が演じた録音や映像の方が、オペラ全体としてもずっと奥行きのある仕上がりになっている。

ブッフォを侮るなかれ。性格俳優としての資質を求められる、こうした役をこなせるオペラ歌手が存在してこそ、オペラの楽しみは何十倍にも何百倍にもなるのである。

《ルクレツィア・ボルジア》ガエターノ・ドニゼッティ

LUCREZIA BORGIA Gaetano Donizetti

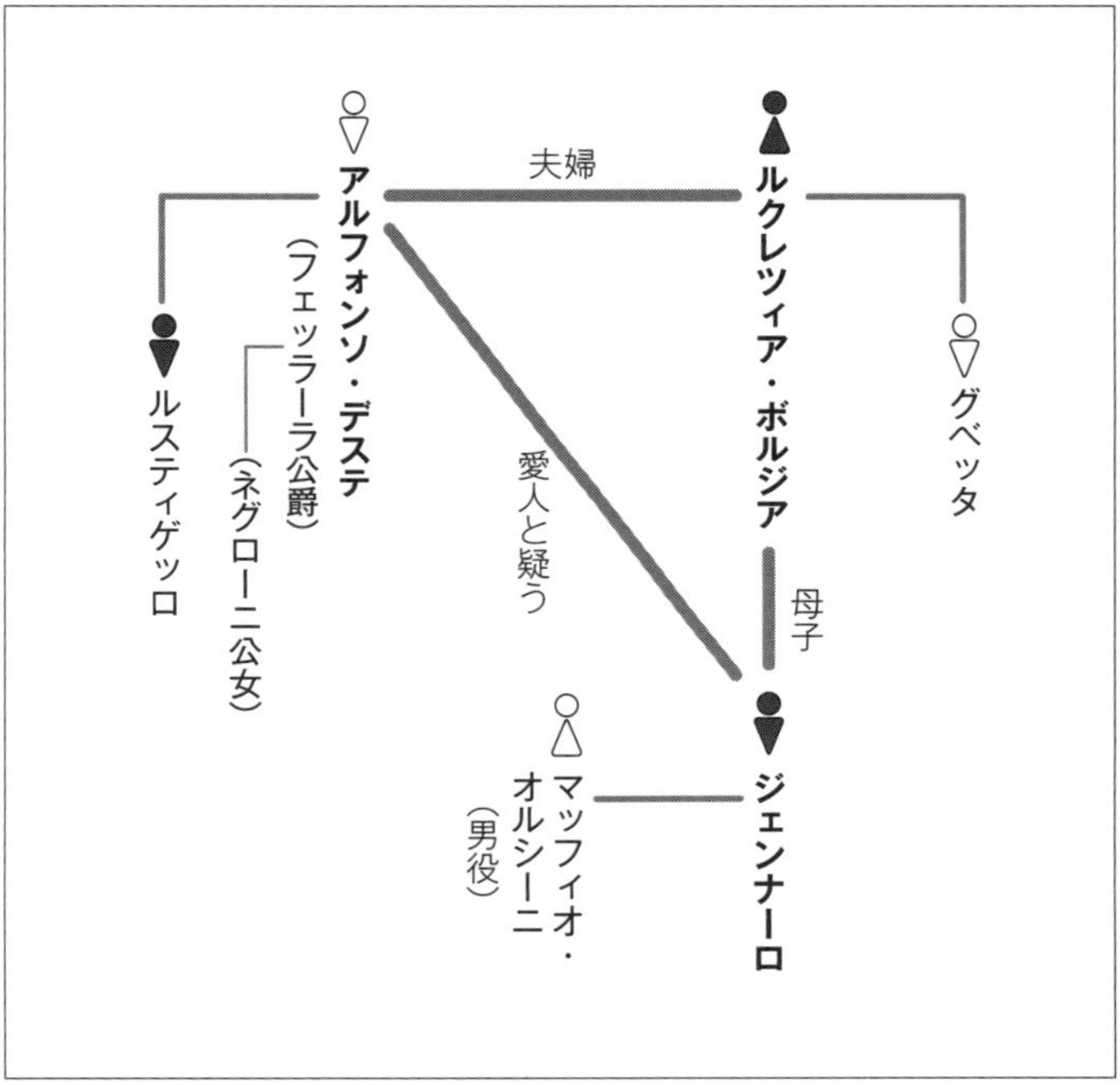

主な登場人物

ルクレツィア・ボルジア（S）
教皇の娘　現在はフェッラーラ公爵の妻

ジェンナーロ（T）
ヴェネツィアから外交使節団としてフェッラーラに赴く若者

アルフォンソ・デステ（Bs）
フェッラーラ公爵

マッフィオ・オルシーニ（C）
ジェンナーロの親友

グベッタ（Bs）
ルクレツィアの密偵であるスペイン人

ルスティゲッロ（T）
フェッラーラ公の忠臣

アストルフォ（Bs）
ルクレツィアの使いの者

プロローグと2幕のオペラ（メロドランマ）Melodoramma in un prologo e due atti
原作　ヴィクトール・ユゴーの戯曲「リュクレース・ボルジア」
台本　フェリーチェ・ロマーニ
初演　1833年12月26日　ミラノ、スカラ座
演奏時間　2時間5分／プロローグ40分、第1幕35分、第2幕50分

【プロローグ】

16世紀初頭のヴェネツィア

夜のグリマーニ邸のテラス

翌日から外交使節団の傭兵《ようへい》として、グリマーニ公とともにフェッラーラに赴くジェンナーロやマッフィオ・オルシーニらが、パーティで賑《にぎ》やかに騒いでいる。

若者たちは、悪評高いルクレツィア・ボルジアが、現在はフェッラーラ公国の君主夫人に収まっていることを話題にしている。

オルシーニが、リミニの戦いでジェンナーロが自分を救い、ふたりは生死をともにしようと友情を誓い合ったこと、そしてそのとき誰とも知れぬ黒い影が「ルクレツィアに死を」と言って消えたことを話す「**あの忘れがたいリミニの戦いで**[1]」。

兄弟をボルジア家に殺されたオルシーニはじめ、若者たちが口々にボルジア家とルクレツィアを誹謗《ひぼう》する。ジェンナーロは、ボルジアに関する彼らの話には「興味がない」と言って加わらず、テラスの一画で居眠りを始める。

ジェンナーロを残して、皆が部屋の中に入っていく。そこに一艘《いっそう》のゴンドラが着く。仮面をつけたひとりの貴族の夫人（ルクレツィア）が降り立ち、眠るジェンナーロを見つけて、愛しげに見つめながら「彼にこれからもずっとこうして安らかな眠りが訪れますように」と願う「**なんと美しいのでしょう**[2]」。

その様子をルクレツィアの夫であるフェッラーラ公アルフォンソと、彼の忠臣ルスティゲッロが物陰から見ていることに彼女は気付いていない。アルフォンソは、この青年が妻の愛人ではないかと疑っているのである。

ジェンナーロが目を覚まし、美しいルクレツィアの姿に一目で惹《ひ》かれる「二重唱　**優雅で美しいお方**[3]」。

彼はルクレツィアに、自分が名もないナポリの漁師を父と信じて育ったこと、ある日、本当の母親だという高貴な女性から、手紙とともに、馬や武具などが送られて来て「苛酷《かこく》な運命に私はお前を手放した。これからも母が誰なのかをけっして

1　あの忘れがたいリミニの戦いで Nella fatal di Rimini e memorabil guerra
2　なんと美しいのでしょう Come è bello
3　優雅で美しいお方 Leggiadra, amabil siete
4　名もない漁師の Di pescatore ignobile

探らないように」と書いてあったことや、まだ見ぬ母への思慕の情を語る「**名もない漁師の**[4]」。

目の前にいるルクレツィアこそが、その母なのだが、ジェンナーロはそれをまだ知る由もない。自分からの手紙をいまだに肌身離さず持っている息子の様子に、ルクレツィアは涙する。

そのとき若者たちがテラスに戻って来て、ルクレツィアは立ち去るタイミングを逃してしまう。若者たちは、そこにいるのが悪名高いボルジア家のルクレツィアだと気がつき、口々に彼女への恨み言を言い、彼女が付けていた仮面を剥《は》ぎ取る「六重唱　**我が名はマッフィオ・オルシーニ**[5]」。

【第1幕】

（第1場）フェッラーラ

ジェンナーロが滞在する館の前

ジェンナーロを妻の不倫相手と思い込んでいるアルフォンソは、彼を亡き者にしようと「ヴェネツィア大公の意向など構わぬ」と言って、ルスティゲッロにジェンナーロ暗殺を命ずる「**来れ、**[6]**復讐《ふくしゅう》の時よ**」。

ジェンナーロが滞在する館から、酒に酔った若者たちが騒ぎながら出て来る。しかしジェンナーロだけは、なぜか憂鬱《ゆううつ》そうな様子をしている。

「みんなで今夜のネグローニ公女主催のパーティに行くぞ」と陽気に言うオルシーニの言葉にも、彼は興味を示さない。友人たちはジェンナーロのことを「ひょっとしてルクレツィアに恋でもしているのか」とからかう。そう言われてむきになったジェンナーロは、自分もボルジア家は許せないと言って広場の階段を駆け上がり、外壁に掲げられたBORGIAの文字からBを尖《とが》った剣先で削ぎ落とす。

ORGIAとなるとそれは「乱痴気《らんちき》騒ぎ」を意味する言葉となり、ボルジア家の名誉を傷つけたことになる。若者たちはそれを見て笑いながら去って行き、ジェンナーロは館の中に戻る。

ルスティゲッロと、ルクレツィアの使いのアストルフォが広場で鉢《はち》合《あ》わせをする。ルスティゲッロは、ジェンナーロを暗殺するために彼の動きを

5　我が名はマッフィオ・オルシーニ Maffio Orsini, signora, son io
6　来れ、復讐の時よ Vieni, la vendetta

探っている。アストルフォはルクレツィアの命令でジェンナーロを呼びに来たのだが、ルスティゲッロはアストルフォに「何も言わずにここを去れ」と言う「二重唱 [7]**ここで何をしている**」。

（第2場）フェッラーラ城の広間

ルスティゲッロが「ジェンナーロを捕らえて来ました」とアルフォンソに報告する。アルフォンソは彼に、ジェンナーロを毒入りワインで暗殺するよう指示する。そこにルクレツィアがやって来る気配がするので、ルスティゲッロはその場から下がる。

ルクレツィアが息せき切って現れ「ボルジアの名が侮辱されました。復讐《ふくしゅう》を、犯人に死を」と夫に訴える。公爵は「その犯人ならばすでに捕らえてある」と答える。連れて来られた犯人がジェンナーロであることに驚いた彼女は、実の息子を助けようとするが、ジェンナーロ自身が「犯人は自分だ」と言うのでそれも果たせない「二重唱 [8]**フェッラーラであなたの妻が侮辱されました**」。

ルクレツィアは夫に「ふたりだけで話をしたい」と言い、ジェンナーロは一旦《いったん》部屋から連れ出される。ルクレツィアは夫に、ジェンナーロのことを助けて欲しいと頼む「二重唱 [9]**我々ふたりだけだ**」。

公爵は、妻が愛人の命乞いをしていると思い込んでいるためそれを拒否し「せめて剣で殺すか、毒殺かをお前に選ばせてやろう」と冷たく言い放つ。仕方なくルクレツィアは「ならば毒殺で」と答える「二重唱 [10]**あなたはご自分の心配をなさい**」。

再度、ジェンナーロが招き入れられる。公爵はジェンナーロを赦すふりで、彼に毒入りのワイングラスを手渡す。なにも疑うことなく彼はそれを飲み干す。公爵はルクレツィアに「彼に今生《こんじょう》の別れを告げるがいい」と言って立ち去る「二重唱 [11]**公爵夫人のとりなしで**」。

誰もいなくなったのを確認したルクレツィアは、ジェンナーロに「あなたが今飲んだのは毒入りのワインです。この毒消しの薬を一口お飲みな

7　ここで何をしている Qui che fai?
8　フェッラーラであなたの妻が侮辱されました Avvi in Ferrara chi della vostra sposa
9　我々ふたりだけだ Soli noi siamo
10　あなたはご自分の心配をなさい Oh! a te bada, a te stesso
11　公爵夫人のとりなしで Della Duchessa ai prieghi

さい。そして一刻も早くフェッラーラから出発なさい」と彼を諭す。ジェンナーロは一瞬、悪名高きボルジア家のルクレツィアの真意が計《はか》りかねるが、最後には彼女を信じて毒消しの薬を飲む。そしてルクレツィアは、秘密の扉からジェンナーロを逃がす「二重唱 **なんということ、お前が飲んだのは、毒なのです**[12]」。

【第2幕】

(第1場) その日の夜、ジェンナーロが滞在している館の小さな中庭

ジェンナーロの部屋に明かりが灯っている。ルスティゲッロと殺し屋たちが、ふたたびジェンナーロを暗殺する機会を狙っている「**窓から光が溢れて**[13]」。誰かが近づいてくる気配に彼らは身を隠す。

やってきたのはオルシーニで、フェッラーラ公の娘であるネグローニ公女のパーティに、ジェンナーロを誘いにやって来たのだった。

姿を現したジェンナーロは、自分が命を狙われた話を友にして「すぐにこの地から出発しよう」と言う。しかしオルシーニはそれを笑い飛ばし「それは君が悪女ルクレツィアに騙《だま》されたに過ぎない」と語る「二重唱 **僕の命が狙われたのだ**[14]」。

オルシーニが「このパーティに出てから、明日の朝方一緒に出発しよう。君は生きるも死ぬのも僕と一緒だと言ったじゃないか。僕を置いてこの地を去ると言うのか」と言うので、仕方なくジェンナーロはオルシーニとともにパーティに向かうことにする「二重唱 **僕らはいつも一緒だ**[15]」。

その様子を見たルスティゲッロは、ジェンナーロを追おうとする殺し屋たちを制し「獲物があちらから罠《わな》にかかった」とほくそ笑む。

(第2場) ネグローニ公女邸の広間 賑《にぎ》やかなパーティの場

パーティで若者たちが、ワインの美味しさを讃えながら賑やかに楽しんでいる。息子がすでにフェッラーラから去ったと信じているルクレツィアは、ボルジア家の名誉を傷つけた若者たちへの

12 なんということ、お前が飲んだのは、毒なのです Infelice! il veleno bevesti
13 窓から光が溢れて Rischiarata è la finestra
14 僕の命が狙われたのだ Minacciata è la mia vita
15 僕らはいつも一緒だ Ah mio Gennaro! Caro Orsinno! sempre insieme

復讐《ふくしゅう》のために、密偵グベッタに命じてわざとオルシーニを挑発させて喧嘩《けんか》を始めさせる。その騒ぎを嫌って、パーティにいた女性たちが皆その場を去る。

　喧嘩はすぐに収まり、ネグローニ公女が若者たちにワインを注いで回る。注がれたワインを飲まずに捨てたグベッタの様子に、ジェンナーロは不信感を抱きそれをオルシーニに告げる。しかしオルシーニはそれを杞憂《きゆう》だと聞き流し、自作の乾杯の歌を陽気に歌う「**幸せになる秘訣は**」[16]。

　遠くから、鳴り響く教会の鐘の音と悲しげな祈りの声が聞こえて来る。すると突然灯りが消える。若者たちはそこで初めて異変を感じる。彼らは広間から出て行こうとするが、どの扉にも鍵《かぎ》がかかっていて出られない。「ここはどこだ」とパニックに陥った彼らの前に、奥の扉から兵士たちを伴ったルクレツィアが現れ「お前たちが居るのは、ルクレツィア・ボルジアの前である。ボルジアの名を汚したお前たち5人を許すことは出来ない。お前たちが飲んだ毒はすぐに効いて来る」と言う「**ルクレツィア・ボルジアの前である**」[17]。

　そこに「5人ではない、6人だ」と言ってジェンナーロが現れて毒の入ったワインを呷《あお》るので、ルクレツィアは驚愕《きょうがく》する。ルクレツィアは、ジェンナーロ以外の者たちを兵士たちに命じて広間から連れ出させる。

　ふたりきりになって、彼女はジェンナーロに「なぜここにいるの」と問いかける。

　ジェンナーロは、以前ルクレツィアにもらった毒消しの薬をまだ持っていたが、それはひとり分しかなく、「友人たちを助けられないのであれば、自分も彼らと一緒に死ぬ」と言って、自分たちを陥《おとしい》れたルクレツィアを殺そうと剣を抜く「二重唱[18] **お前がなぜここに**」。

　そのときルクレツィアが「お前にもボルジア家の血が流れているのよ」と叫ぶ。「私のためではなく、どうか毒消しの薬を飲んでおくれ」と懇願する。

　そしてルクレツィアはついに「母はお前の目の前に居ます」と、自分が彼の母親であることを告

16　幸せになる秘訣は Il segreto per esser felici
17　ルクレツィア・ボルジアの前である Presso Lucrezia Borgia
18　お前がなぜここに Tu pur qui?
19　聞いてちょうだい M'odi,m'odi

白する。ジェンナーロは驚く。その間にもジェンナーロの体に毒が回って来る。ルクレツィアは助けを呼ぶが誰にも聞こえない。※ジェンナーロは母の腕の中で息を引き取る[19]「**聞いてちょうだい**」。
　ルクレツィアが慟哭《どうこく》しているところに、家臣たちを連れた公爵が現れて、ジェンナーロの居場所をルクレツィアに尋ねる。ルクレツィアは「ここにいます。彼は私の息子です。私の希望であり、安らぎでした。私には天罰が下るでしょう」と言いながら常軌を逸した様子になる[20]「**彼は私の息子でした**」。人々が「彼女が死んでしまう」と囁《ささや》き合う中、ルクレツィアは意識を失って倒れる。

（1840年の改訂版では※から結末までが次のようになる。）
　ルクレツィアがジェンナーロに「何か言っておくれ」と言う。ジェンナーロは「離れていてもお母さんを想っていました。神様のお慈悲で、最後にこうして母の胸に抱かれることが出来ました。お母さん、さようなら」と語る[21]「**お母さん、離れていても**」。そしてジェンナーロは息を引き取り、母は「ああ、私の息子が死んでしまった」と嘆いて、彼の上に倒れる。

《聴きどころ》

　枢機卿ロドリーゴ・ボルジア（のちの教皇アレクサンデル六世）の庶子《しょし》に生まれ、父や兄（チェーザレ・ボルジア）に政治的にその人生を利用されたルクレツィア・ボルジアについては、単に父や兄に翻弄《ほんろう》された女性として描かれるときと、近親相姦《そうかん》を繰り返すなど、自由奔放《ほんぽう》に生きたとされる場合があり、極端にその人物像が分かれる。このオペラでは、オルシーニたちから親兄弟の仇呼ばわりされる「ボルジア家」を体現する存在でありつつも、手放した息子を想うひとりの母親として描かれている。

20　彼は私の息子でした Era desso il figlio mio
21　お母さん、離れていても Madre, se ognor lontano

なお、史実の彼女は、父親の命令で三度の結婚をし、二度目の結婚でナポリ王の後継者との間に男児を出産している。三度目の夫がフェッラーラ公であり、実際はこの夫婦は仲睦まじかったと言われる。七人目の子供を死産したときに彼女は37歳で命を落としている。

ジェンナーロ――一途な青年の役だが

ジェンナーロは、このオペラに登場する時点ではヴェネツィアで傭兵《ようへい》として雇われた勇敢な戦士となっている。このオペラは、彼を巡って進んで行くものの、1833年の初演版ではジェンナーロには大きなアリアもなく、幕切れであっけなく死んでしまう。このヴァージョンは、ルクレツィアを創唱したプリマドンナのメリク゠ラランドの要望に従い、最後はルクレツィアの派手なロンド「**彼は私の息子でした**」[21]で終わる。この初版であれば、ジェンナーロ役は若手のテノールでも十分にこなせる。なぜなら彼には難しい心理表現もほとんどなく、若さで突っ走るだけの役だからだ。

ところが1840年にドニゼッティは、物語の整合性からもこのルクレツィアの終幕のロンドを取り去り、ジェンナーロの「**お母さん、離れていても**」[22]という彼が母を慕うアリオーゾ（レチタティーヴォとアリアの中間のような形式）を入れて、幕切れとした。このアリオーゾが難しい。彼はこれまで会うことの叶わなかった母親への長年の思慕をここに凝縮させるのだが、この場の彼は、すでに毒が回って虫の息である。細い息のままで、憂《うれ》いのある静かで長いフレーズを美しく歌わねばならない。これがこの役のテノールにとっての最大の難所となる。このヴァージョンのジェンナーロは、ベルカントの歌唱テクニックのない歌手には手が出せない。

ルクレツィア――猛女か、母性愛にあふれる女性か

前述のようにこのオペラにはふたつの結末が存在する。初演版は、ルクレツィアが息子を亡くして狂乱する。しかし1840年版では、最後に公爵たちは登場せず、腕の中で息を引き取った息子の亡骸《なきがら》に縋《すが》って彼女が泣くところで終わる。(実際はこのふたつのヴァージョンをミックスし、ジェンナーロのアリオーゾとルクレツィアのアリアの両方をやる場合も多い。)このオペラをどう終わらせるかは指揮者(あるいは演出家)が、ルクレツィアという女性をどう捉えているかによる。最後のドラマティックなアリアがなければ、この役を歌うソプラノは、プロローグのロマンツァにしろ、息子の命を救おうと必死な様子にしろ、落ち着きのあるリリコが適している。しかし最後の慟哭《どうこく》のアリアは「狂乱の場」である。これを歌いこなすためには、ベルカントのテクニックに加えてドラマティックな心理表現力が不可欠となる。

この「狂乱の場」は、たとえばベルカントの名人であったカバリエやサザーランドが歌うと、ルクレツィアは過酷な運命に押し潰されて文字通り狂乱していくが、フレミングが歌うサンフランシスコ・オペラの映像になると、彼女は自らの運命を呪《のろ》い、最後に自らの首を掻《か》き切って息子の後を追う結末になっている。これは同じ音楽でも歌手と演出次第で、オペラの結末と主人公の人物設定の印象が変わる顕著な例で、合唱の「彼女が死んでしまう」という歌詞の意味が、衰弱《すいじゃく》して死ぬのか、自ら命を絶つのか、まったく違ってしまうのである。

《ランメルモールのルチーア》ガエターノ・ドニゼッティ

LUCIA DI LAMMERMOOR *Gaetano Donizetti*

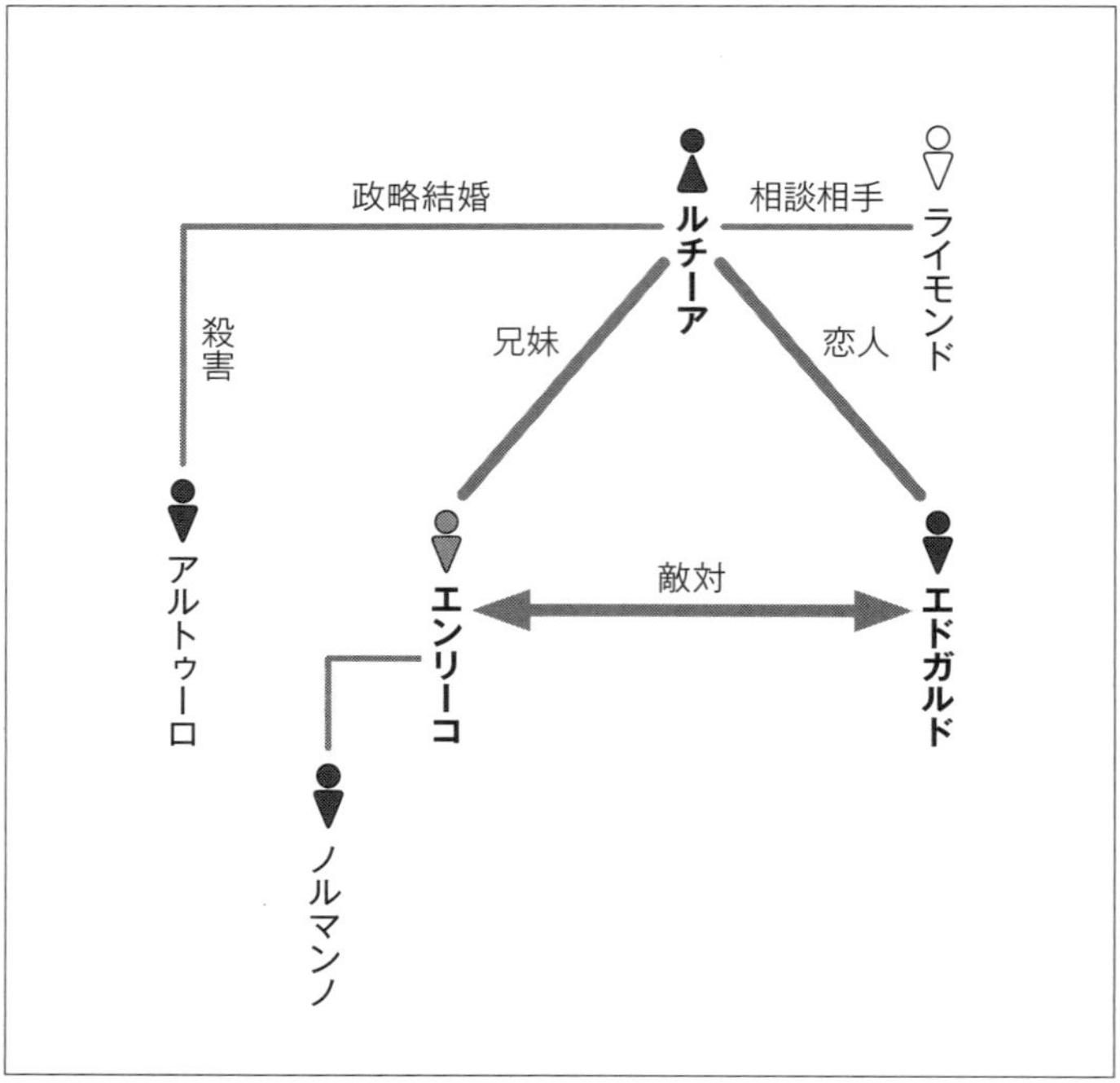

主な登場人物

ルチーア（S）
　エンリーコ・アストン卿の妹

エドガルド（T）
　レーヴェンスウッド卿　ルチーアの恋人

エンリーコ（Br）
　アストン卿　ルチーアの兄

アルトゥーロ（T）
　バックロー卿　兄が定めたルチーアの政略結婚の相手

ライモンド（Bs）
　ルチーアの家庭教師であり相談相手である修道士

アリーサ（Ms）
　ルチーアの侍女

ノルマンノ（T）
　元レーヴェンスウッド家の衛兵隊長　現在はアストン家に仕える

2部の悲劇的オペラ（ドランマ・トラージコ）Dramma tragico in due parti

原作　ウォルター・スコット「ラマムーアの花嫁」

台本　サルヴァトーレ・カンマラーノ

初演　1835年9月26日　ナポリ、サン・カルロ劇場

演奏時間　2時間10分 / 序曲3分〈第1部〉37分、〈第2部〉第1幕40分、第2幕50分
（第1部を第1幕、第2部を第2幕、第3幕として全3幕とする場合もある。）

【第1部】

旅立ち

（第1場）スコットランド
レーヴェンスウッド城の庭

16世紀末のスコットランド。レーヴェンスウッドの城は、いまやウェルフェラグの崩れかけた塔を除いて、屋敷部分は全て政敵アストン家に乗っ取られている。

狩りのラッパの音を模した管楽器による前奏に導かれて幕が開くと、そこは城の庭。アストン家の家臣ノルマンノが、狩りの装束の城内の者たちに、アストン家のルチーアと、レーヴェンスウッド家の生き残りであるエドガルドが密かに愛し合っている証拠を捜しに行かせる「[1]**駆け回るのだ、近くの浜を**」。

そこにアストン家の当主エンリーコが、修道士のライモンドを伴ってやって来る。そのアストン家も現在では没落の危機に瀕している。エンリーコは、もはや妹のルチーアとバックロー卿アルトゥーロとの政略結婚だけが家の財政を救う唯一の方法だと考えている。そしてルチーアがこの結婚話にまったく乗り気ではない現状を何とかしたいと考えているのである。

ルチーアの家庭教師でもある修道士ライモンドは、ルチーアがエドガルドに恋をしていることを知っており、彼女のためにエンリーコに「ルチーアは母上を亡くしたばかりで、まだ結婚を考えるのは無理なのでは」と進言する。しかし横からノルマンノが皮肉っぽく「暴れ牛に襲われそうになったときに助けてもらった時から、彼女は宿敵レーヴェンスウッド家の生き残りであるエドガルドと恋をしている」とエンリーコに告げ口をする「三重唱 [2]**心が乱れておいでなのですか**」。それを聞いたエンリーコは苛立《いらだ》ちを露《あら》わにする「[3]**残酷《ざんこく》で、不吉な苛立ちが**」。

そこに先ほどの者たちが戻って来て、城の近くでエドガルドの姿を見掛けたことを報告する。ライモンドが取りなそうとするが、エンリーコは「妹を庇《かば》う言葉など聞きたくない」と彼を黙らせる。妹の裏切りに怒りを爆発させたエンリーコは「ル

1 駆け回るのだ、近くの浜を Percorrete le spiagge vicine
2 心が乱れておいでなのですか Tu sei turbato?
3 残酷で、不吉な苛立ちが Cruda, funesta smania
4 妹のための慈悲の心など無駄なこと La pietade in suo favore

チーアとエドガルドの恋など、血で消してやる」といきり立つ「[4]**妹のための慈悲の心など無駄なこと**」。

（第2場）庭の壊れかけた泉の前

　ルチーアが侍女のアリーサと、エドガルドが来るのを待っている。怯《おび》えているようなルチーアの様子をアリーサは不思議がる。ルチーアは泉を指差して「昔レーヴェンスウッド一族のある男が、嫉妬《しっと》に狂って愛する女性をこの泉に落としたの。彼女は溺《おぼ》れ死んで、いまもこの泉の底で眠っているのよ。ある夜更けに私の前にその女性の亡霊が現れ、何かを話したそうに手招きしたの。そしてその亡霊が消えたあと、透明なはずの泉の水は血の色に染まっていたの」と語る「[5]**あたりは沈黙に閉ざされ**」。アリーサはその話を聞いて「エドガルドとの不吉な恋をどうか諦めてください」とルチーアに懇願するが、彼女は「この恋を忘れることなど、私には出来ないわ」と、彼への燃えるような恋心を吐露《とろ》する「[6]**情熱に身も心も奪われるとき**」。

　そこにエドガルドが現れる。ルチーアをこんなに遅い時間に呼び出した非礼を詫《わ》びて「実はスコットランドを救うためにフランスに行くことになった」と話す。彼は「別れる前に君のお兄さんに会って、ふたりのことを許してもらいたい」と言うが、兄のエンリーコが政敵であるエドガルドのことを忌《い》み嫌っていると知っているルチーアは、それを押しとどめる「二重唱　[7]**ルチーア、こんな時間にすまない**」。エドガルドは「君の一族は、僕から父や一族の全てを奪い取ってもまだ不足なのか」と怒りと復讐《ふくしゅう》心を露《あら》わにする。ルチーアは「私のために復讐は諦《あきら》めて」と必死に彼をなだめる「二重唱　[8]**父の墓の上で**」。そして彼らはふたりだけで結婚の誓いを立てて、互いに自分の指にはめていた指輪を交換する「二重唱　[9]**ここで花嫁として永遠の誓いを〜私の熱いため息がそよ風に乗って**」。

5　あたりは沈黙に閉ざされ Regnava nel silenzio
6　情熱に身も心も奪われるとき Quando rapito in estasi
7　ルチーア、こんな時間にすまない Lucia, perdona se ad ora inusitata
8　父の墓の上で Sulla tomba che rinserra
9　ここで花嫁として永遠の誓いを〜私の熱いため息がそよ風に乗って Qui di sposa eterna fede 〜 Verranno a te sull'aure

【第2部】婚姻契約

〈第1幕〉

（第1場）アストン卿エンリーコの執務室

エンリーコが、ルチーアの意思を無視してアルトゥーロとの結婚式の準備を進めている。エンリーコはこの結婚に妹が同意するかどうか不安を抱いている。ノルマンノが「エドガルドからの偽の手紙も用意してある」と言って、それをエンリーコに手渡す。ノルマンノは花婿のアルトゥーロを迎えるために出て行く。

そこにルチーアが現れる。ルチーアはこの結婚を拒絶しようとする。しかしエンリーコは「この家を救うことが出来るのはこの結婚だけなのだ」と妹に迫る「二重唱[10] **こちらにおいで、ルチーア～不吉で恐ろしい蒼白《あおじろ》さは**」。

エンリーコが、妹にエドガルドの偽の手紙を見せて、エドガルドが他の女性を愛して彼女を裏切ったと信じ込ませる。絶望したルチーアはアルトゥーロとの結婚を承諾する「二重唱[11] **この手紙を読めば十分だろう～苦しみ、涙に暮れて**」。愛する人に裏切られたと思い込まされて自らの死を願うルチーアの耳に、花婿の到着を知らせる歓声が聞こえる。エンリーコは「お前が結婚して家を救わねば、政情が我々に不利である今、私は処刑されかねない。お前には兄を救う義務がある」と妹を脅す。ルチーアにはなす術《すべ》もない「二重唱[12] **お前に私を裏切ることが出来るなら～私の涙をご覧になる神様**」。エンリーコが部屋から出て行く。

入れ替わるようにルチーアの信頼するライモンドが入ってくる。そして彼は、ルチーアがフランスにいるエドガルドに書き送った手紙はどれもエンリーコの画策によって彼の元には届かなかったと彼女に伝える。ライモンドが何とか一通だけエドガルドに届けたが「彼からは何の返事もない」と言う。ライモンドはルチーアに「ふたりだけで誓い合った結婚の契《ちぎ》りは無効なのだ。これ以上この家に不幸を呼び込まないために、諦めて兄上の勧める縁談を受け入れなさい。亡くなったお母様をこれ以上悲しませてはなりません」と語る「[13] **あ**

10 こちらにおいで、ルチーア～不吉で恐ろしい蒼白さは Appressati, Lucia ～ Il pallor funesto, orrendo
11 この手紙を読めば十分だろう～苦しみ、涙に暮れて Questo foglio appien ti dice ～ Soffriva nel pianto
12 お前に私を裏切ることが出来るなら～私の涙をご覧になる神様 Se tradirmi tu potrai ～ Tu che vedi il pianto mio
13 ああ、諦めなさい～一族のために犠牲に Ah! cedi, cedi ～ Al ben de'tuoi vittima

あ、諦めなさい〜一族のために犠牲に」。ルチーアは、この結婚を受けるしかないのだと覚悟を決める。

（第2場）結婚式の祝宴の広間

バックロー卿アルトゥーロを歓迎する宴が開かれている。アルトゥーロがエンリーコに謝辞を述べ「エンリーコの力になる」と語る「[14]**もう少しで暗闇《くらやみ》に**」。アルトゥーロに「ルチーアはどこに」と尋ねられたエンリーコは「すぐに参ります。もしも妹が悲しげに見えても、それは亡くなった母親を思ってのことですので」と取り繕《つくろ》う。

アルトゥーロが「エドガルドがルチーアを愛しているとの噂《うわさ》を耳にした」と話し始めたとき、ルチーアが姿を現す。彼女は「私は生贄《いけにえ》になるのだわ」と呟《つぶや》きながら、婚姻の契約書にサインをする「三重唱 [15]**彼女が悲しげでも**」。

そこに突如エドガルドが現れる。エンリーコはせっかく上手く行きそうだった政略結婚の策略が崩れ去ったと怒る。エドガルドは愛するルチーアの裏切りを責め、ルチーアは兄から見せられたあの手紙が偽物であったことを知る「六重唱 [16]**誰に止められるのか**」。エンリーコとエドガルドが一触即発の状況になったところにライモンドが割って入り「剣によって相手を傷つけたものは、剣によって滅びる。落ち着いて、和解を」とふたりを諌《いさ》める「[17]**私に宿る神を畏れなさい**」。

ルチーアが他の男との婚姻契約書にサインをしたと知ったエドガルドは、自分がはめていたルチーアから贈られた指輪を彼女に返し、自分が彼女に贈った指輪も彼女の不実を責めながら取り返す「[18]**あの時よ、呪《のろ》われろ**」。そして彼は人々に追い立てられるようにして去って行く「六重唱と合唱 [19]**出て行け、去れ、私の怒りは**」。

〈第2幕〉

（第1場）廃墟《はいきょ》となりつつあるウェルフェラグの塔の一階

その日の夜遅く。外は嵐である。ひとり悲しみに沈むエドガルドの前に、エンリーコが現れる。

14 もう少しで暗闇に Per poco fra le tenebre
15 彼女が悲しげでも Se in lei sverchia è la mestizia
16 誰に止められるのか Chi mi frena in tal momento
17 私に宿る神を畏れなさい Rispettate in me di Dio
18 あの時よ、呪われろ Maledetto sia l'istante
19 出て行け、去れ、私の怒りは Esci, fuggi, il furor che m'accende

そしてエンリーコは「ルチーアが婚礼の床についた」と彼に勝ち誇ったように語った上で「お前に婚礼の席を汚された」とエドガルドに決闘を申し込む「二重唱[20] **ここには父の亡霊がまだ息づき**」。彼らは明日の夜明けにレーヴェンスウッド家の墓地で決闘することを約束する「二重唱[21] **太陽よ、早く昇るがいい**」。

(第2場)城の中の広間

城の広間ではまだ結婚の祝宴が続き、人々はこれでアストン家もその所領であるランメルモールも安泰だと喜んでいる「合唱[22] **この上ない喜びの**」。

そこにライモンドが蒼白《あおじろ》い顔で現れて「恐ろしい出来事が起きた」と語る。ライモンドは「新郎新婦の寝室から叫び声がしたので中に入ると、そこには殺されたアルトゥーロが床に横たわり、血だらけの剣を手にしたルチーアが、私の旦那様はどこ、と言いながら不吉な微笑みを見せていた」と語る「[23]**ルチーアの部屋から**」。人々は驚き、恐怖に慄《おのの》く。

そこに常軌を逸した様子で真っ青な顔色のルチーアが純白のネグリジェ姿のまま、まるで亡霊のように現れる。ルチーアは彼女にだけ見えるエドガルドに向かって「エドガルド、私はあなたの元に戻って来ました。ふたりでバラの花の撒《ま》かれた祭壇《さいだん》の下に隠れましょう。私たちの結婚を天も祝福しているわ。司祭様がいらしたわ。私に右手を差し出してくださいな。とうとう私はあなたのもの、あなたは私のものよ」と話し続ける「[24]**あの方の優しい声が**」(狂乱の場)。戻って来たエンリーコは、ただならぬ様子の妹を見て愕然《がくぜん》とし、ライモンドは「彼女をお救いください」と神に祈る「三重唱[25] **でも私は変わらず愛していました**」。

そしてルチーアは、今度は悲しげに「私をそんな恐ろしい眼差《まなざ》しで見ないでください。あれは兄の謀略《ぼうりゃく》です。私はずっとあなたを愛しています。どうか、あなたの側で死なせてください。そして私の亡骸《なきがら》に涙を注いでください、私は天からあなたを愛し続けるでしょう」と、またもその場にはい

20　ここには父の亡霊がまだ息づき Qui del padre ancor respira
21　太陽よ、早く昇るがいい Oh, sole più ratto a sorger
22　この上ない喜びの D'immenso giubilo
23　ルチーアの部屋から Dalle stanze ove Lucia
24　あの方の優しい声が Il dolce suono mi colpi di sua voce!
25　でも私は変わらず愛していました Ma ognor t'amai

ないエドガルドに語り始める「[26]**苦い涙を注いでください**」。自分をエドガルドだと思い込んで縋《すが》りつくルチーアに、エンリーコは自分が妹を死に追いやったのだと深く後悔する。ルチーアは気を失って倒れる。

※エンリーコはアリーサに、ルチーアを彼女の部屋に連れて行くように命じ、ライモンドに「妹の最期に立ち会ってやってくれ」と頼む。ライモンドは、ルチーアとエドガルドの恋をエンリーコに告げ口したノルマンノを「お前がこの悲劇の原因を作ったのだ」と責める。（※この部分はほとんどの場合カットされる）

（第3場）エドガルドの先祖、レーヴェンスウッド家の墓地

エドガルドは決闘の時を前に、祖先の墓に愛する女性に裏切られたことを嘆き、もう自分は生きていても仕方がないと語る「[27]**わが祖先の墓よ～間もなく私もここに眠る**」。

城から出てきた人々が口々にルチーアの不幸を悲しんでいる「合唱 [28]**何とかわいそうな女性だろう**」。エドガルドが尋ねると、彼らは「あなたの名前を呼びながら、ルチーアは息を引き取ろうとしています」と答える。エドガルドがルチーアの名を呼びながら城に向かおうとした時、彼女の死を告げる鐘の音が鳴り響く。それでも歩を進めようとするエドガルドの前にライモンドが立ち「どこへ行くつもりだ。彼女はもうこの世にはいない」と告げる。

エドガルドは絶望し、神のもとへとひとりで旅立ったルチーアへの想いを語る「[29]**神のもとに翼を広げて旅立ったお前よ**」。そして周囲の者が止める間もなく、エドガルドは自分の剣を心臓に突き立て、彼女の後を追う。

26 苦い涙を注いでください Spargi d'amoro pianto
27 わが祖先の墓よ～間もなく私もここに眠る Tombe dei avi miei ～ Fra poco a me ricovero
28 何とかわいそうな女性だろう Oh, meschina!
29 神のもとに翼を広げて旅立ったお前よ Tu che a Dio spiegasti l'ali

《聴きどころ》

ドニゼッティの傑作《ランメルモールのルチーア》は、ルチーア、エドガルド、エンリーコ、ライモンドの主役4人にベルカントの名手が揃わなければ形にならない。時代の流れとともに、ルチーアの表現が、だんだんとドラマティックになって来ているように思われる。しかしとは言っても、同じドニゼッティでも女王三部作とは違いルチーアには「儚《はかな》さ」が絶対条件である。一方、男声三人の声種にもベルカントを完璧にこなせる人材が払底《ふってい》して来ている昨今、この作品をいかに説得力のあるものに作り上げて行けるのか……。なかなか前途多難である。

ルチーア——ベルカント・ヒロインの代名詞

第1部のカヴァティーナ「**あたりは沈黙に閉ざされ**[5]」は、彼女のこれからを暗示する不吉さを漂わせる部分。が、それに続くカバレッタ「**情熱に身も心も**[6]」にその不安を引き摺ってはならない。ここでエドガルドへの熱い恋心を語るルチーアには一点の曇りもない。ここの切り替えはとても重要で、そこから彼女の躁鬱《そううつ》性、精神的な危うさがすでに滲《にじ》み出る。ここがあまりに健康的すぎる娘の歌では、第2幕でのあれほどの「狂乱」に彼女がいたるのかが説明がつかない。かと言ってこのカバレッタから辛気臭《しんきくさ》いのも考えものだ。運命に逆らうまでの力がないのがルチーアで、彼女は狂ってしまうことに逃げ込むより他に方法がなかったのだけれど、この時点では、ルチーアはエドガルドとの恋に華やいでいてほしいのだ。その恋に心弾ませる彼女がこれから運命の波に呑み込まれて行くことで、この物語は悲劇として成立するのである。

第2部、第2幕の長大な「狂乱の場」で知られる、ベルカント歌唱技術の集大成であるこのルチーア役は、今もレッジェーロ、リリコ・レッジェーロのソプラノの憧れの役でもある。カラス、サザーランド、スコット、デヴィーアといったその時代を代表するプリマドンナたちが、数々の名演と優れた録音を残してきた。近年ではMETでデセイが、儚《はかな》い、いわば伝統的なルチーアを演じた。しかし同じ演出でも、それがネトレプコによって歌われると、ルチーアに簡単には運命に翻弄《ほんろう》されない強さが生まれる。ルチーア像も時代とともに変貌しつつある(あるいは、せざるを得ない)ようである。幅広いレパートリーを歌うことでは、ネトレプコはカラスに匹敵するかもしれない。しかしカラスがルチーアを歌えば、そこに神経のか細い、危うい女性が立ち現れるのに対し、ネトレプコが歌うときには、彼女自身の強い性格がどうしても拭《ぬぐ》い去れずに前面に出てしまうように感じられる。そこがカラスとネトレプコの決定的な差異であろう。もちろんカラスの録音では、指揮者のセラフィンが彼女が歌った諸役のキャラクター作りに大きく貢献していたことは間違いない。現代における(シンフォニーの延長線上でオペラにも手を出すという類ではない)本当にオペラを知り尽くした指揮者の払底《ふってい》も、オペラから本質的な面白さを削いでいる大きな要因と言えよう。

30年にわたって350回以上ルチーア役を歌って来たというマリエッラ・デヴィーアが、06年にルチーア役を封印すると発表した頃、彼女にインタヴューする機会があった。封印の理由について彼女の答えは「もうさんざん歌ったから」と、にべもないものだった。その後、彼女は同じドニゼッティでも女王三部作やノルマなど、よりリリコ色の強い役柄へと活動の中心を移して行った。たしかに同じ役に飽き飽きしていた面もあるのだろうが、同じベルカント、同じドニゼッティの強いリリコの役柄に手を出しながら、同時にルチーア役を歌うリスクを、ベルカントのスペシャリストの彼女だからこそ理解して避けたというのは、非常に重要なポイントではないだろうか。

ルチーア役は、昨日今日デビューした若いソプラノが歌えば、単なる技術を披露するための運動会になってしまいかねず、心理を深く表現するところまでにはなかなか至らない。こういう役こそ味のあるヴェテラン歌手に歌ってほしいのだが、デヴィーア以降、その望みは叶えられそうにない。

エンリーコ――あくまでも冷徹に

エンリーコを悪人と捉える解釈もあるが、果たしてそうだろうか。これは娘や妹を政略結婚させて家を存続させようとすることなど当たり前だった時代の物語だ。第1部冒頭のカヴァティーナ「**残酷で不吉な苛立《いらだ》ちが**」[3]とそれに続くカバレッタでは、彼は騎士然とした姿勢を保っている。たとえ妹の恋する相手が因縁の政敵レーヴェンスウッド卿であると知って怒っているにせよ、ここではまだ必要以上にアクセントを強調して、生々しい怒りを表現する必要などない。

エンリーコの聴かせどころでもある第2部第1幕のルチーアとの二重唱「**こちらにおいで、ルチーア**」[10]の中で、緊張感を持って演じる必要があるのはレチタティーヴォの部分である。最初の彼の表現のピークは「この手紙を読め」とエドガルドからの偽の手紙を渡す一瞬。しかしその先でもう一度「エドガルドに他の女性がいるのだ」と騙《だま》された（と彼が思い込ませた）妹をなだめるあたりでは、彼は極めて穏やかな語調である。彼が語気を強めるのは「結婚するのならば死んだ方がいい」と言う妹にしびれを切らしての二重唱「**お前が私を裏切ることが出来るなら**」[12]から。ここから彼は妹を威圧し、アルトゥーロとの結婚を承諾させるために脅し、畳み掛けていく。こうしたメリハリが効かせられないと、エンリーコはただ怒鳴り散らすばかりの薄っぺらな兄になってしまう。

そしてもうひとつのエンリーコの聴かせどころは、第2部第2幕冒頭、嵐の中にエドガルドに決闘を申し込むために廃墟《はいきょ》に現れる場面。ここは男ふたりの、家どうしの名誉をかけた闘いである。かつエンリーコの方がこの時点では、妹をアルトゥーロに嫁がせることに成功して勝ち誇っているのである。この部分で嫉妬《しっと》を覗《のぞ》かせるエドガルドと同じ土俵に立って、エンリーコが敵意を丸出しにして品格を失うようなことがあってはならない。ここでのエンリーコは、敵を徹底的に叩きのめす最大の好機と思っているのである。彼がエドガルドと同じレヴェルで一緒に感情的な争いを始める場面ではないのだ。

エドガルド――情熱的、感情的な青年

エドガルドに与えられている出番は、どれも彼の激しやすい（良く言えば情熱的な、あるいはすぐに自己憐憫《れんびん》の情が顔を出す）自分の感情にばかり正直な青年像が立ち現れる。第1部における登場の場面でも二重唱「**父の墓の上で**」[8]から先は、彼の若い情熱が突っ走る。そのエネルギーにルチーアは巻き込まれ、引き摺り込まれて行く。幼さの残るルチーアが一途にエドガルドのことを想い、兄への反抗の原点となり拠《よ》りどころにするのは、エドガルドの情熱的な言葉なのだ。エドガルドの役は徹頭《てっとう》徹尾《てつび》エモーショナルでいい。この役には（ベルカント唱法の息の流れの上で歌われる範疇《はんちゅう》であれば）多少泣きが入ることも許される。エドガルドは、甘さが命のロマンティックな役なのだ。

第2部の第2幕で、決闘の場である彼の祖先の墓所で歌われる「**わが祖先の墓よ**」[27]は、自己憐憫の塊のような歌でいいのだ。これでもかと、甘く切なく歌ってほしい。ただし、例外的に〝泣き〟が許されるのはここまでである。その後にある「**神のもとに翼を広げて旅立ったお前よ**」[29]には楽譜上でとんでもなく厳しい縛《しば》りがかかる。怒りにまかせ、真実を見極めようともせず彼女から指輪を奪い取った自分の行動が、愛する人を死に追いやった。その後悔の念にかられた彼の辞世の歌には、その前のアリアにはひとつもない音量の指示、それも*p*（ピアノ）が、歌のパートにしっかり、それも何度も書き込まれているのである。歌い終わりに唯一クレッシェンドが付いているだけで、その直後彼は自らの胸に短剣を突き刺し、当然のことながら*p*どころか*pp*（ピアニッシモ）で息も絶え絶えにルチーアの名を呼びな

がら死ぬ。彼が絶望し、運命に打ちのめされるこのシーンを弱音で歌い切るには、息のコントロールの点でも大変な技術が要る。数ある録音でもそれを守っているのは（ポルタメントが少々過剰なのが気にはなるが）タリアヴィーニと、パヴァロッティである。

このふたりは本来リリコ・レッジェーロなので、柔軟な対応が出来るのもわかるのだが、さらに圧巻なのは67年ＮＨＫイタリア歌劇団のベルゴンツィである。今から遡《さかのぼ》ること半世紀、37歳のベルゴンツィが見事なブレス・コントロールでこのアリアを弱音で歌い切っている。この公演の映像は、放送録画で音質も良くないし、当時の流行で、とんでもないところで長々とアクートを延ばさせる野暮ったく古臭い部分も確かにある。しかし、ベルゴンツィをはじめ、スコット、ザナージらの歌唱はどれも文字通りベルカントの規範と言っていい。今ならもっと達者な演技をする歌手はいっぱいいるだろう。だが、彼らの歌うときの姿勢の良さと息のスピードの速さ、一瞬として狂わない歌唱ポジションは、今は失われてしまったイタリア本来のベルカントの見本である。これを日本に居て、生で観ることが出来たなんて夢のようで、当時の聴衆が羨《うらや》ましくてならない。

《マリーア・ストゥアルダ》 ガエターノ・ドニゼッティ

MARIA STUARDA Gaetano Donizetti

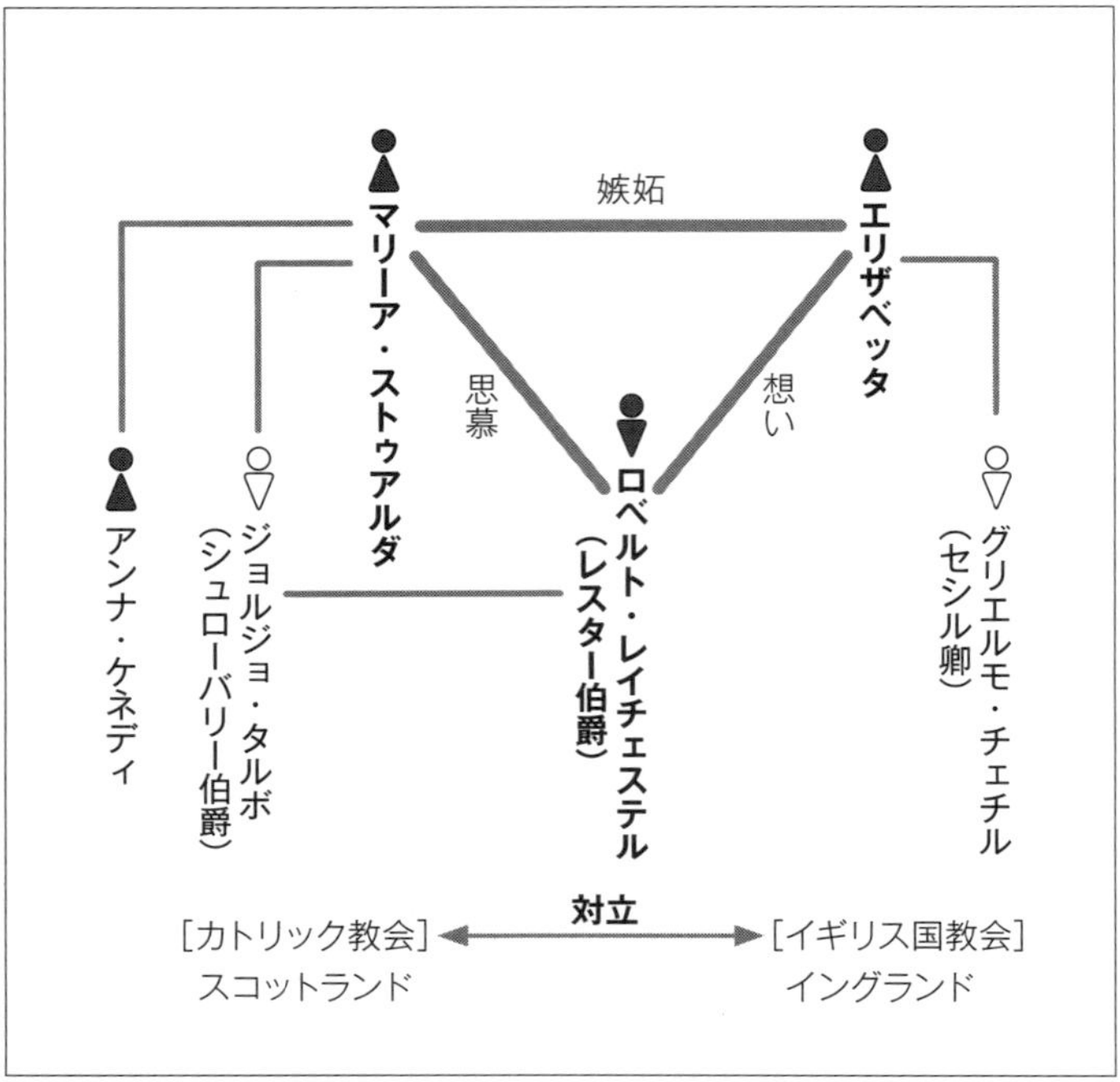

主な登場人物

マリーア・ストゥアルダ（S）
　イギリスに亡命し幽閉されているスコットランド女王（メアリー・ステュアート）

エリザベッタ（S）
　イギリス女王（エリザベス一世）

ロベルト・レイチェステル（T）
　ふたりの女王に愛されるレスター伯爵

ジョルジョ・タルボ（Bs）
　シュローバリー伯爵

グリエルモ・チェチル（Bs）
　セシル卿　女王の側近

アンナ・ケネディ（S）
　マリアの侍女

2幕の悲劇的オペラ（トラジェディア・リリカ）Tragedia lirica in due atti
原作　フリードリヒ・シラー「マリア・ステュアート」
台本　ジュゼッペ・バルダーリ
初演　1835年12月30日　ミラノ、スカラ座
演奏時間　2時間15分／第1幕70分、第2幕65分

【第1幕】

（第1場）1587年、イギリス
ウエストミンスターの宮殿

短いプレリュードに導かれて幕が開くと、そこはウエストミンスター宮殿の広間。イギリス女王のエリザベッタは、フランス皇太子との政略結婚を視野に入れつつも、ロベルト・レイチェステル伯への想いを断ち切れずにいることを独白する「[1]**ええ、フランス王は望んでいるのです～ああ、私が祭壇《さいだん》へと導かれる時**」。

カトリック派のタルボ卿は女王に「長年イギリス国内に幽閉《ゆうへい》されている元スコットランド女王マリーア・ストゥアルダに慈悲を」と願い出る。女王の側近で、イギリス国教派のチェチル卿はそれに反対する。

マリーア・ストゥアルダは二番目の夫であったダーンリー卿暗殺の疑いを掛けられ、スコットランドから血縁であるエリザベッタを頼って亡命してきた。しかしイギリスとしてもスコットランドとの関係維持を図る必要もあり、イギリスはマリーアを19年間幽閉し続けている。さすがにそろそろ彼女の処刑を行わねばならない時が来ているが、女王は、彼女の処分を決めかねている。だが同時に「もし愛するロベルトを私から奪うようなことがあれば、そのときはあの女を許さない」とも考えている。

「[2]**天からの一筋の光りが射しこめば**」。

そこに当のレスター伯爵ロベルトがやってくる。女王は彼に、フランス王に結婚の承諾を伝える使者の役目を命じる。それを聞いても顔色ひとつ変えないロベルトの様子に、女王は不機嫌になり部屋から出て行く。

ロベルトとタルボがふたりになる。タルボは、マリーア・ストゥアルダからロベルトに宛てた、エリザベッタ女王との面会を求める手紙を手渡す「二重唱　[3]**これはストゥアルダ様から君への彼女の肖像と手紙だ**」。

カトリック教徒のタルボとロベルトは何とかしてマリーアを助けようと相談する「二重唱　[4]**あの方が私を本当に愛しているのなら**」。

1　ええ、フランス王は望んでいるのです～ああ、私が祭壇へと導かれる時 Sì, vuol di Francia il Rege ～ Ah! quando all'ala scorgemi
2　天からの一筋の光りが射しこめば Ah dal Ciel disenda un raggio
3　これはストゥアルダ様から君への彼女の肖像と手紙だ Questa immago, questo foglio la Stuarda a te l'invia
4　あの方が私を本当に愛しているのなら Se fida tanto colei m'amo

そこにエリザベッタ女王が現れる。ロベルトは、自身のマリーアへの思慕の情をひた隠しにしようとするが、女王は彼の本心を見抜く。女王は嫉妬《しっと》に駆られつつも、彼の勧めに従って、狩りの帰りにマリーアが幽閉《ゆうへい》されている城に立ち寄り、彼女と面談することを承諾する「二重唱 [5]**お前は動揺しているようだが**」。

（第2場）フォルテリンガ城の庭

マリーア・ストゥアルダが、育ったフランスを懐かしみ、思いを馳《は》せている「[6]**雲よ、軽やかな風に乗って**」。

女王の狩りの一団が近づいて来る音にマリーアは不安を隠せない「[7]**この悲しい隠遁《いんとん》の平和に**」。まずロベルトがやって来て、マリーアへの愛を語る。そして女王が間もなくやって来ると告げる「二重唱 [8]**ああ、この喜びは本当かしら**」。

彼はマリーアに、女王に恭順の意を示して、自由の身になる道を探るように勧める。最初はプライドが許さないマリーアだが、最後には彼の言葉に従うことにする「二重唱 [9]**全てから見放された苦しみの中で**」。

女王が到着する「六重唱 [10]**ここはどこです**」。

マリーアは、初めは礼儀正しく女王に恭順の意を表し、自由の身にして欲しいと嘆願する「[11]**全てを失い、貴女のお足下に我が身を投げ出し**」。だがマリーアの気高い美しさと、ロベルトの愛が彼女に向けられていることに嫉妬心を燃やす女王は、彼女の願いを高飛車《たかびしゃ》な態度で拒絶する「三重唱 [12]**行って問うがいい、邪悪な者よ**」。

女王の自分への蔑《さげす》んだ扱いがだんだんに許せなくなって来たマリーアは、エリザベッタと口論になり、ついには女王を「私生児である、汚れた女の娘が名誉を語るのか」と罵《ののし》ってしまう「[13]**ボレーナの不実の娘**」。

怒り心頭《しんとう》に発したエリザベッタは、衛兵たちにマリーアを自分の前から連れ去るように命じる。ロベルトとタルボは最悪の成り行きに溜息《ためいき》を漏らす「六重唱 [14]**行け、そして極刑に処せられる覚悟をするがいい**」。

5 お前は動揺しているようだが Sei tu confuso
6 雲よ、軽やかな風に乗って Oh nube! che lieve per l'aria t'aggiri
7 この悲しい隠遁の平和に Nella pace del mesto riposo
8 ああ、この喜びは本当かしら Ah! non m'inganna la gioia
9 全てから見放された苦しみの中で Da tutti abbandonata in preda a rio dolore
10 ここはどこです Qual loco è questa

【第2幕】

（第1場）ウエストミンスターの宮殿

血縁であるマリーアの処刑の書面に署名することを女王はまだ逡巡《しゅんじゅん》している「[15]**あの女の命は、私を不幸にする**」。

そこに女王の腹心チェチルがやって来て「カトリック教徒がマリーアを担いで女王の治世を脅かす危険がある」と女王に進言するので、女王は判決文にサインする「二重唱 [16]**あの女の発言には**」。

ロベルトが、マリーアの助命を嘆願しに来るが、嫉妬心に燃える女王は「私はすでに署名した。お前は愛するマリーアの処刑に立ち会うがいい」と言い放つ「三重唱 [17]**お願いです、せめて死刑だけは**」。

（第2場）フォルテリンガ城のマリーアの居室

マリーアが女王への恨みを口にし、そしてロベルトの身も案じている。

そこにチェチルとタルボが、マリーアの死刑執行を告げる書面を持って現れる。告解《こっかい》のための聖職者は必要かをチェチルが尋ねるのに対し「私はお前たちと宗教が違います」とカトリック信者の彼女は決然とした態度で答える。チェチルはマリーアの態度に憤慨《ふんがい》して去る「二重唱 [18]**あの冷酷な女は、どこまで私を侮辱すれば**」。

マリーアは、タルボだけを呼び止め、ロベルトの消息を聞く。そしてロベルトが処刑立会人に指名されたことを聞く「二重唱 [19]**ああ、私の信頼するタルボよ**」。

彼女はエリザベッタを頼って英国に逃げてきた判断を後悔し、我が身の不幸を嘆く「[20]**私の罪の亡霊が現れ**」。

マリーアはタルボに「本当のことを全て話しておきたい。そして自分のために天に祈ってくれるように」と頼む「[21]**バラ色の光が輝いていた頃**」。

タルボから「あなたはパビントン事件（カトリック教徒によるエリザベス一世暗殺計画）に加担したのですか」と問われるが、彼女は「神にかけて、それはない」と否定する「二重唱 [22]**もうひとつ罪があるのでは**」。

11 全てを失い、貴女のお足下に我が身を投げ出し Morta al mondo, e morta al trono. Al tuo piè son io protrata

12 行って問うがいい、邪悪な者よ Va, lo chiedi o sciagurata

13 ボレーナの不実の娘 Figlia impura di Bolena

14 行け、そして極刑に処せられる覚悟をするがいい Va, preparati furente a soffrir

15 あの女の命は、私を不幸にする Quella vita a me funesta

（第3場）フォルテリンガ城の広間

処刑の時が近づいた。広間にマリーアが姿を現す。マリーアはこれまで自分の世話をしてくれた女官たちに優しく声をかけて別れを告げ、侍女のアンナに「最期を迎える時に、この涙に濡れた布で私に目隠しをしておくれ」と頼む。そして跪《ひざまず》き、神への最後の祈りを捧げる「[23]**ああ、神よ、慎ましい祈りの声をお聞きください**」。

大砲の音が、処刑の時が来たことを告げる。チェチルが「女王がそなたの最期の望みを聞くと仰せである」と語りかける。マリーアは、アンナが処刑の場に立ち会うことの許可を願い出ると共に「私の女王への赦しの言葉を伝えるように」と語る「[24]**死にゆく心が**」。

ロベルトがやって来て、マリーアの残酷《ざんこく》な運命を嘆く。マリーアは彼に向かって「自分の最期をきちんと見届けるように。そして英国に神の罰が落とされることのないように願う」と語る「[25]**ああ、もしもあなたが、いつかこの束縛《そくばく》から**」。そして凛《りん》とした足取りで刑場へと歩みを進める。

（1997年リコルディ社刊クリティカル・エディションのヴォーカル・スコアによる。）

《聴きどころ》

《マリーア・ストゥアルダ》は、1834年にナポリで初演されるはずが、上演直前に検閲《けんえつ》にかかって中止となり、紆余曲折《うよきょくせつ》の末、翌年ミラノ・スカラ座で初演された。しかし、ドニゼッティがナポリの時点でこの作品の上演自体を諦めた感があり、一部を自身の《ファヴォリータ》に転用した。かつ彼の死後、他の作曲家が時代の流行に合わせて加筆・変更などを繰り返したため、このオペラのオリジナルの姿が長年わからなくなっていた。1980年にドニゼッティの自筆楽譜がストックホルムで発見され、89年にフル・スコアが、97年にヴォーカル・スコアが、批判校訂版（クリティカル・エディション）と

16 あの女の発言には Degli accenti proferiti
17 お願いです、せめて死刑だけは Deh! per pietà sospendi lestremo colpo almeno
18 あの冷酷な女は、どこまで私を侮辱すれば La perfida insultarmi anche volea!
19 ああ、私の信頼するタルボよ Oh mio buon Talbo!
20 私の罪の亡霊が現れ Delle mie colpe lo squallido fantasma
21 バラ色の光が輝いていた頃 Quando di luce rosea il giorno a me splendea

して発刊された。

このオペラの主題は、あくまでエリザベッタとマリーア・ストゥアルダの確執。ふたりの女王役のソプラノによる、いわゆるダブル主演オペラである。背景には、イギリス国教会とカトリックの対立や、各国のパワーゲームがある。しかしこのオペラにおいて、エリザベッタに長年躊躇《ちゅうちょ》してきたマリーアの死刑を決意させる最大の要因は、ロベルト・レイチェステルという若い伯爵の存在である。

マリーア・ストゥアルダ —— エレガントな女王

フランス宮廷で育ち、16歳でフランス王アンリ二世の息子フランソワに嫁ぎ、翌年には(フランソワ2世が早世するまでの2年間ながら)フランス王妃でもあったマリーアは、美しく、また装いも垢《あか》抜けた女性であり、このオペラの中でも凛として美しく、かつ、しなやかな女性として描かれている。

このオペラの最大の聴かせどころである第1幕のフィナーレで、マリーアの存在自体を持て余す女王エリザベッタと、女王の蔑《さげす》みに我慢できず怒りを爆発させる気位の高いマリーアの女王ふたりのバトルは、迫力十分に表現されねばならない。しかも、マリーアの本来の強い性格は、この場面で初めて表面化するのである。ここまではあくまで囚《とら》われの身を嘆くか弱い女性として、フランス的なエレガントな面が強調される。

第1幕フィナーレで一度牙《きば》をむいた彼女は、この時点から終幕まではスコットランドの元女王として、エリザベッタに一歩も引かぬ人物に変貌《へんぼう》する。そしてここをターニング・ポイントにして、オペラの中核を担《にな》う役もエリザベッタから、表題役であるマリーア・ストゥアルダが取って代わる。

マリーアを演じるソプラノには、エレガントさと、男性の気を引く危うさを秘めた魅力がほしい。その点が、イギリス女王エリザベッタには最も欠けている点であり、そしてそのことがエリザベッタの神

22　もうひとつ罪があるのでは Un'altra colpa a piangere ancor ti resta
23　ああ、神よ、慎ましい祈りの声をお聞きください Deh! Tu di un umile preghiera il suono odi
24　死にゆく心が Di un cor che muore
25　ああ、もしもあなたが、いつかこの束縛から Ah! se un giorno da queste ritorte

経を一層逆《さか》なでしたからである。

エリザベッタ――イギリスの権威の象徴

エリザベス一世は、生涯独身を通し、英国の女王としての人生だけを全うしたと言われているが、それはあくまで政治的な中立を保つために、どの国、どの派閥とも「婚姻関係」を結ばなかったということで、彼女に恋愛関係がなかったという意味ではない。史実上エリザベッタは、このオペラで描かれた1587年2月には53歳になっていたことになる。9歳年下だったマリーア・ストゥアルダは、エリザベッタよりも容貌《ようぼう》にも恵まれ、ときには女性としての武器も利用して生きてきた。強い専制君主として存在したエリザベッタは、同じ女王であっても対照的な人生を歩んできた。ソプラノふたりのキャラクターの違いは、声質の違い云々よりも、エリザベッタが、普段ならば男性に振り分けられるような権力者の悲哀を表現し（言い方を変えれば女性であることをひた隠しにする）男性的なキャラクターを前面に押し出すことで表現される。

このオペラの中で、マリーアにはひとりの女性として存在する場面があるが、エリザベッタが自身をイギリス女王という立場から解き放つことは一瞬としてない。ゆえに女のヒステリックな叫びは、エリザベッタには御法度《ごはっと》。どこかで自分を客観的に見つめ、自制する。悲しいほどの強さを、エリザベッタは失うことがないのである。

ロベルト、タルボ、チェチル――脇を固める男たち

ドニゼッティの女王三部作において、男声陣が脇役に甘んじるオペラはこの作品のみである。彼らは結局、女王ふたりの周囲を右往左往しているだけに過ぎない。

ロベルトは、ふたりの女王に愛されているが、彼自身が心を寄せているマリーアを救うために、エリザベッタを懐柔《かいじゅう》するような力もない。「色男、金と力はなかりけり」だ。第1幕の三重唱に含まれる[5]「**若い頃のあの方は**」など、マリーアの命乞いをすべき場面で、女王相手にマリーアの魅力を並べ立て、女王の神経を逆なでばかりする美しいカンタービレが与えられている。そこでロベルトという男が、政治的な謀《はかりごと》にはまったく向かない人物であることが浮き彫りにされる。

彼が頼りにならないとなれば、残るタルボがカトリック派、チェチルはイギリス国教派を代表する男たちなのである。だが、このオペラでは、ふたりが正面からぶつかる場面は描かれない。この作品は、あくまで女王ふたりにスポットが当たるように出来ており、タルボも自分の命を賭《か》けてマリーアを救うというほどの覚悟はない男として描かれ、チェチルも女王の助言者という臣下の立場を（少なくともこのオペラでは）踏み出さない。言い換えれば、マリーア・ストゥアルダという女性は、彼女を救うだけの政治力と才覚の持ち主である男性に、恵まれなかったということになる。

《ロベルト・デヴェリュー》ガエターノ・ドニゼッティ

ROBERTO DEVEREUX *Gaetano Donizetti*

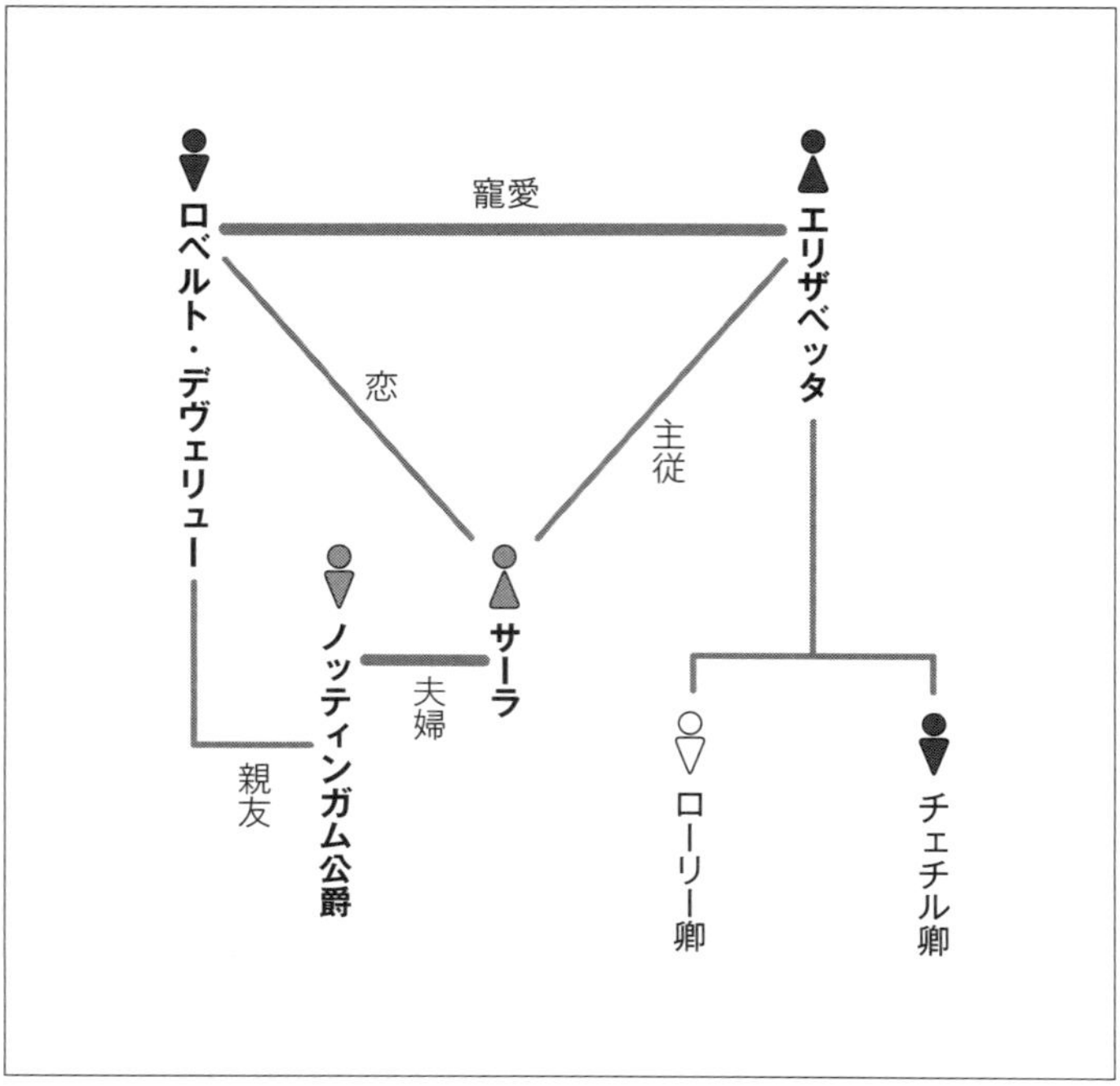

主な登場人物

エリザベッタ（S）
イギリス女王

サーラ（Ms）
ノッティンガム公爵夫人

ロベルト・デヴェリュー（T）
以前サーラと恋仲であったエセックス伯　女王に寵愛されている

ノッティンガム公爵（Br）
サーラの夫　ロベルトの親友

チェチル卿（T）
宮廷の実力者

ローリー卿（Bs）
女王の忠臣

3幕の悲劇的なオペラ（トラジェディア・リリカ）Tragedia lirica in tre atti
原作　ジャック＝フランソワ・アンスロ「イギリスのエリザベス」
台本　サルヴァドーレ・カンマラーノ
初演　1837年10月28日　ナポリ、サン・カルロ劇場
演奏時間　2時間15分／序曲8分、第1幕52分、第2幕30分、第3幕45分

【第1幕】

（第1場）ウェストミンスター宮殿の広間

英国国歌（God save the Queen）を模したメロディに始まるスケールの大きな序曲に続いて幕が開く。そこは16世紀ロンドンのウエストミンスター宮殿の広間。その片隅で、女王エリザベッタからの信頼厚いノッティンガム公爵夫人サーラが、ふさぎ込んで涙に暮れている。心配する女官たちに「読んでいる物語に感動しているだけよ」と彼女は嘘《うそ》をつく「**悲嘆に暮れる者には涙は甘く**[1]」。

そこに70歳を目前にしたエリザベッタ女王が入ってくる。女王は、サーラの夫であるノッティンガム公爵の説得によって、謀反《むほん》の疑いで国外追放されていたエセックス伯、ロベルト・デヴェリューと面会することに決めたとサーラに語る。女王は寵愛《ちょうあい》していたロベルトの判決を引き延ばしていたのだった。

女王はサーラに向かって「自分はロベルトを愛しているが、彼の心には他の女性がいるようなのだ」と語り「その女を許さない」と嫉妬心《しっと》を露《あら》わにする「**彼の愛は私を幸せにした**[2]」。

その言葉にサーラは蒼《あお》ざめる。なぜならロベルトとサーラは、以前恋仲であったからである。彼が国外追放になっている間に父親を亡くしたサーラは、女王の命令で、ロベルトの親友でもあるノッティンガム公爵の元に嫁いだ。しかしサーラは、今でもロベルトのことを愛しているのである。

女王の忠臣チェチル卿が議会の特使としてやって来て、女王に「ロベルトに対する一日も早い評決を」と進言する。

ロベルトが宮廷に到着する。彼は女王に服従を誓うが、女王の「私のことをまだ愛しているか」との問いには、明言を避ける。

女王は、自らがロベルトに与えた彼の指にはまる指輪を指し示し「その指輪さえあれば、お前の命はいかなる場合にも助かる、と言いましたね」と、自分との仲が彼の立場を大きく左右することを思い出させようとする。しかし彼はそれに反応を示さない。

1　悲嘆に暮れる者には涙は甘く All'afflitto è dolce il pianto
2　彼の愛は私を幸せにした L'amor suo mi fe' beata

女王はなんとかして彼が今愛している女性の名前を聞き出そうとするが、ロベルトは必死にそれを隠す「二重唱 **女王の御前に**[3]」。自分がロベルトに注ぐ愛情を拒絶されたと感じた女王は、憤慨《ふんがい》しつつ去る。

ひとり残ったロベルトの前にノッティンガム公爵が現れて、親友であるロベルトに「妻がここ最近、思い悩んだ様子なのだ。涙を流しながら空色のスカーフに金糸《きんし》で刺繍《ししゅう》している」と心配そうに語る「**多分あの繊細な心には**[4]」。

そして友に「君の謀反《むほん》の疑いをなんとしても晴らしてみせるから」と言って、元気づける。公爵の妻であるサーラを愛するロベルトは、それを複雑な面持ちで聞く。

チェチル卿が「女王が評議会を招集された」と、公爵を呼びに来る。公爵はロベルトの命を助けるべく、会議の場へと向かう「**ここでは皆が君を反逆者と呼ぶ**[5]」。

（第2場）ノッティンガム公爵邸、サーラの居室

サーラの元にロベルトが訪ねてくる。ロベルトは、彼女が自分を裏切って公爵と結婚したことをなじる。

サーラは「父を亡くしてひとりぼっちになった時に、女王の命令でこの結婚が決まったのです。私には断ることなど許されませんでした」と弁明する。

そしてロベルトの指にはまる王家の印が刻まれた指輪を指して、サーラは「それはあなたと女王陛下との愛の誓いの指輪でしょう」と言う。ロベルトはその指輪を外して「君への愛の証だ」とサーラに渡す。

サーラは、ロベルトに「ここに居るのは危険です。お願いですから逃げてください」と苦しい胸の内を語る。ロベルトは、明日の晩にはロンドンから去ることを約束する。サーラは想いを込めて刺繍をしたスカーフを彼に贈る「二重唱 **あなたがお戻りになってから**[6]」。

3　女王の御前に Donna reale, a' piedi tuoi
4　多分あの繊細な心には Forse in quel cor sensibile
5　ここでは皆が君を反逆者と呼ぶ Qui ribelle ognun ti chiama
6　あなたがお戻りになってから Dacchè tornasti

【第2幕】
ウエストミンスター宮殿

女王にチェチル卿が、評議会でロベルトに死刑の判決が下ったことを報告する。あとは女王の署名を待つのみである。そこに女王の寵臣《ちょうしん》であるローリー卿が、朝になって館に戻ってきたロベルトを逮捕したと報告に来る。そしてロベルトの持ち物にあった空色のスカーフを女王に見せる。女王は彼が朝帰りしたことと、そのスカーフから、恋のライバルの存在を確信する。

そこにまだ何も知らぬノッティンガム公爵がやって来て、再度ロベルトの助命を願い出る。しかし、女王の手元にあるスカーフが妻の刺繍していたスカーフであることに気がつき、彼は親友と妻に裏切られていたことを悟る。公爵は怒りに震えながらも、ここは一旦《いったん》、妻を護るために口をつぐむ「二重唱 **あの男を罰することを私の心は決めています**」[7]。

連行されてきたロベルトに、女王は「これからも自分の秘密の愛人でいれば、命は助けよう」と言うが、彼はそれに首を縦に振らない。女王は嫉《しっ》妬《と》に狂い、「ロベルトを昼すぎには処刑せよ」と言って処刑承諾書にサインをする。

公爵は友と妻に裏切られたことに怒り、ロベルトを自分の手で殺したいと願う「三重唱 **不実な魂よ、恩知らずめ**」[8]。

ロベルトは、ロンドン塔の牢獄《ろうごく》へ連行されていく。

【第3幕】
(第1場) サーラの居室

サーラの元にロベルトから手紙が届く。そこには「あの指輪を女王に届けて欲しい。そうすれば僕の命は助かる」と書いてある。サーラが指輪を手に女王の元に急ごうとした時、夫が現れて彼女から手紙を取り上げ、彼女の不貞をなじる「二重唱 **お前は知るまい、復讐《ふくしゅう》の神は**」[9]。

復讐心に駆られた公爵は、彼女を邸宅内に閉じ込め、家から一歩も出さぬようにと家来たちに命令する。

7 あの男を罰することを私の心は決めています In questo core è sculta la sua condanna
8 不実な魂よ、恩知らずめ Alma infida, ingrato core
9 お前は知るまい、復讐の神は Non sai che un nume vindice

（第2場）ロンドン塔の牢獄の中

ロベルトは最期の時を前にして「サーラは潔白だ。いっそ自分が愛した人を奪ったノッティンガム公爵、君の手にかかって死にたい」と言いながら、サーラへの変わらぬ愛を語る「**天使のような崇高な魂は**[10]」。

衛兵の近づく足音に、彼は指輪が女王の手元に届いて恩赦になったことを期待するが、さにあらず、衛兵たちは彼を処刑場へと連行する。

（第3場）宮殿の中

処刑の署名をした女王だったが、彼女はまだロベルトの命を助けるための恩赦の印となる指輪が自分の手元に届くことを待ち望んでいる。ロベルトがたとえ他の女性を愛していても、彼が生きてさえいてくればよいと女王は願う「**生きるがいい、私を裏切った者よ。お前の愛する女のそばで**[11]」。

そこに指輪を持ったサーラが駆け込んできて「ロベルトが愛していたのは、この私です」と女王に告白する。女王が恩赦命令を発して彼の処刑を中止させようとした瞬間、斬首刑《ざんしゅ》が執行されたことを知らせる大砲の音が鳴り響く。

女王は「なぜ指輪を届けるのにこんなに時間がかかったのだ。お前が彼を死に追いやったのだ」とサーラを責める。そこに現れた公爵が「名誉を傷つけられた自分がロベルトの死を望んだのだ」と言う。女王は怒りに震えて、公爵夫妻に「流された血は、お前たち二人の血で贖《あがな》われるべきだ」と死刑を言い渡す。

その上で女王は半狂乱になって「この王冠も血に染まり、処刑されたロベルトが、切り落とされた自分の首を手に宮殿の中を徘回《はいかい》している」と語る。自分の死が近いことを悟った女王は「私は女王の座から退き、甥のジャコモに王位を譲る」と宣言する「**流された血は天にまで昇り**[12]」。

10 天使のような崇高な魂は Come uno spirto angelico
11 生きるがいい、私を裏切った者よ。お前の愛する女のそばで Vivi ingrato! a lei d'accanto
12 流された血は天にまで昇り Quel sangue versato al cielo s'innanza

《聴きどころ》

ドニゼッティ「女王三部作」の最後となる《ロベルト・デヴェリュー》。主要な登場人物の心理は、見事な緻密《ちみつ》さでそれぞれの重唱の中に書き込まれ、物語は一瞬として緊迫感を失うことなく進む。この作品には、装飾のためだけの無駄で退屈なフレーズなど、どこにも存在しない。

キーパーソンは表題役ではなく、(史実のエリザベス一世とは異なる、台本作家のカンマラーノとドニゼッティが作り出した)エリザベッタという女王である。いわゆる「三部作」の前二作では、女性ふたりにスポットが当てられてきたのに対し、このオペラは、エリザベッタというひとりの女性の「君主」としての顔と「女」の顔の二面性を描き出すために他の役が存在する作品と言えよう。このオペラにおいて、この先ヴェルディに受け継がれていく骨太なドラマ構成が、すでにひとつの完成形を見せている。

エリザベッタ——全ては彼女に集約されていく

エリザベッタ役には超絶技巧《ちょうぜつぎこう》が求められるが、それは彼女の尋常《じんじょう》ならざる激しい気性と、女性君主として君臨する彼女の苦悩を表現するために使われている。女王の晩年の苦悩を演じきるこの役は、女優としても高い資質が求められる。つまり、歌詞がセリフとなって立ち上がってこなければ、この役は成立しない。その上、特に彼女の歌唱部分には、難しいアジリタ、長いフレージング、それらを上から下まで均一な音色で歌い切る、超一流のベルカントのテクニックが要求されている。かつ緊迫続きの重唱で、ほかの主役級の登場人物たちと次々と対峙《たいじ》し続ける体力も必要とされる。ただ技術を見せて、美しい声で歌うことに心血を注ぐようなソプラノでは、役に拒絶されて大やけどを負うのが関の山である。

特にヴォーカル・スコアでたった7ページしかない「**生きるがいい、私を裏切った者よ**」[11]におけるエリザベッタ役の歌手に求められるドラマティックな声と表現力は凄《すさ》まじい。まるで何十分も続くシーンのように聴衆を圧倒する。逆にそこで聴衆を圧倒できなければ、このオペラは失敗に終わったと言わざるを得ない。

それまでは徹頭徹尾《てっとうてつび》女王らしく振舞っていた彼女が、公衆の面前で、愛する男を斬首刑《ざんしゅけい》に処してしまった後悔に苦しみ、ひとりの女として、生爪《なまずめ》が剥《は》がれたような痛みにのたうち回るのである。その場に居合わせた者は皆言葉を失って立ち尽くすのみである。

しかし彼女は、ドニゼッティの他の多くの悲劇のヒロインのように狂ってしまわない。狂いそうに取り乱すが、かろうじて正気に踏みとどまる。ここに絶対君主として修羅場を幾つもくぐり抜けてきた女の底力が現れる。徹頭徹尾、権力者であり続けねばならないという、女性としては特異なこの役を自分のものにできる歌手は、そうそういない。だからこそなかなか舞台に掛からないのである。

サーラ —— 普通の女性

サーラは、女王よりも設定年齢が40歳は若い。ベルカント・オペラにおけるメゾ・ソプラノには、ヴェルディ以降でメゾと指定される役のような、音色の深さは要求されていない。ソプラノとメゾの違いは、その歌手の良さが一番出る音域が、高音にあるか、中音域にあるかの差と考えてもよいだろう。

近年この役を歌っているソニア・ガナッシも、エリーナ・ガランチャも、ソプラノの役を歌っても何の不思議もない広い音域の持ち主で、その音色もほとんどソプラノである。

サーラのパートには、エリザベッタほどの超絶技巧《ちょうぜつぎこう》は要求されていない。彼女はこのオペラにおける「悲劇のヒロイン」であり、女王のような特異な立場でもなく、性格的にもいたって普通の女性なのだ。

第3幕冒頭における夫との二重唱「**お前は知るまい、復讐《ふくしゅう》の神は**」では、サーラには、スピントのソプラノばりにドラマティックな表現が要求されている。通常ならばこれほどの大きな重唱は、主役のソプラノのみに与えられるものだ。サーラを歌うメゾには超絶技巧は求められないが、相応の存在感は必要である。権力という面から見れば、サーラは取るに足らない豆粒のような存在だが、恋敵としての彼女は、女王と対等な立場にあるからだ。

ロベルト――揉《も》め事の元凶は、優柔不断なこの男

タイトルロールの割には、さして深い心理描写もなされない、気の毒なロベルト・デヴェリュー。だがこのオペラで描かれる全ての不幸を生んだ原因はこの男にある。彼がもう少し思慮深い言動の出来る男であれば、本人を含む三人の人間が、無駄に処刑されることもなかったことだろう。

ロベルトのアリアは、第3幕のロンドン塔の牢獄《ろうごく》での「[10]**彼女は天使の魂のように清らかだ**」のみだが、これがまためっぽう難しい。第2幕までに女王やサーラを相手に相当ドラマティックな重唱をこなしてきたテノールの声は重くなりかけ、かつ疲れも蓄積している。第3幕前半に、サーラと公爵のデュエットによる大きなシーンが挟まるので、これは休めて良さそうだと思うが、さにあらず。ただ休んでいたらアリアを歌いに舞台に出るまでにテノールの喉は一度冷めてしまう。彼は、このカンタービレの、ベルカント・オペラそのもののようなアリアを、完璧にコントロールされた声で滑らかに歌わねばならないのである。どのライヴ録音の全曲盤のCDでも、テノールはこのアリアを歌い切るのに必死になっている。例えばこのアリアがオペラの冒頭にあって、出番を経るにつれドラマティックになっていくのならばまだ楽なのだろうが、この作品は全くの逆パターンを辿《たど》る。テノール歌手にとって、終幕に存在する滑らかなラインをもつメロディックなアリアは、だいたいにおいて試練のアリアとなるのである。

ノッティンガム公爵——実直で品格のある男

ノッティンガム公爵は実直で、妻を愛し、友を大切にしてきた。公爵が歌う第1幕のカヴァティーナ「**多分あの繊細な心には**」[4]で、この役を歌うバリトンは、彼が穏やかな人間であることを印象付けねばならない。1964年のマリオ・ロッシ指揮のライヴ録音におけるピエロ・カップッチッリの歌唱は、十分にこの落ち着きのある男の性格を描き出すことに成功している。これは彼が「ベルカント歌い」としても傑出《けっしゅつ》していたことを証明している。カップッチッリの驚異的な息の長さはもちろん、滑らかなフレージングで小細工をひとつも入れず、このアリアを歌い切っている。

このアリアでノッティンガム公爵の誠実さを印象付けてこそ、彼が第3幕で妻の不実をなじり、彼女を家に閉じ込めるという暴挙に出ても、残忍な男と思われ過ぎずに済むのである。この男を表現するのに、粗暴さは必要ない。この役がヴェリズモ・オペラの登場人物のようになっては、この時代のオペラのスタイル感からも、この物語の構造からも逸脱《いつだつ》してしまう。

《連隊の娘》ガエターノ・ドニゼッティ

LA FILLE DU RÉGIMENT (F) Gaetano Donizetti
LA FIGLIA DI REGGIMENTO (I)

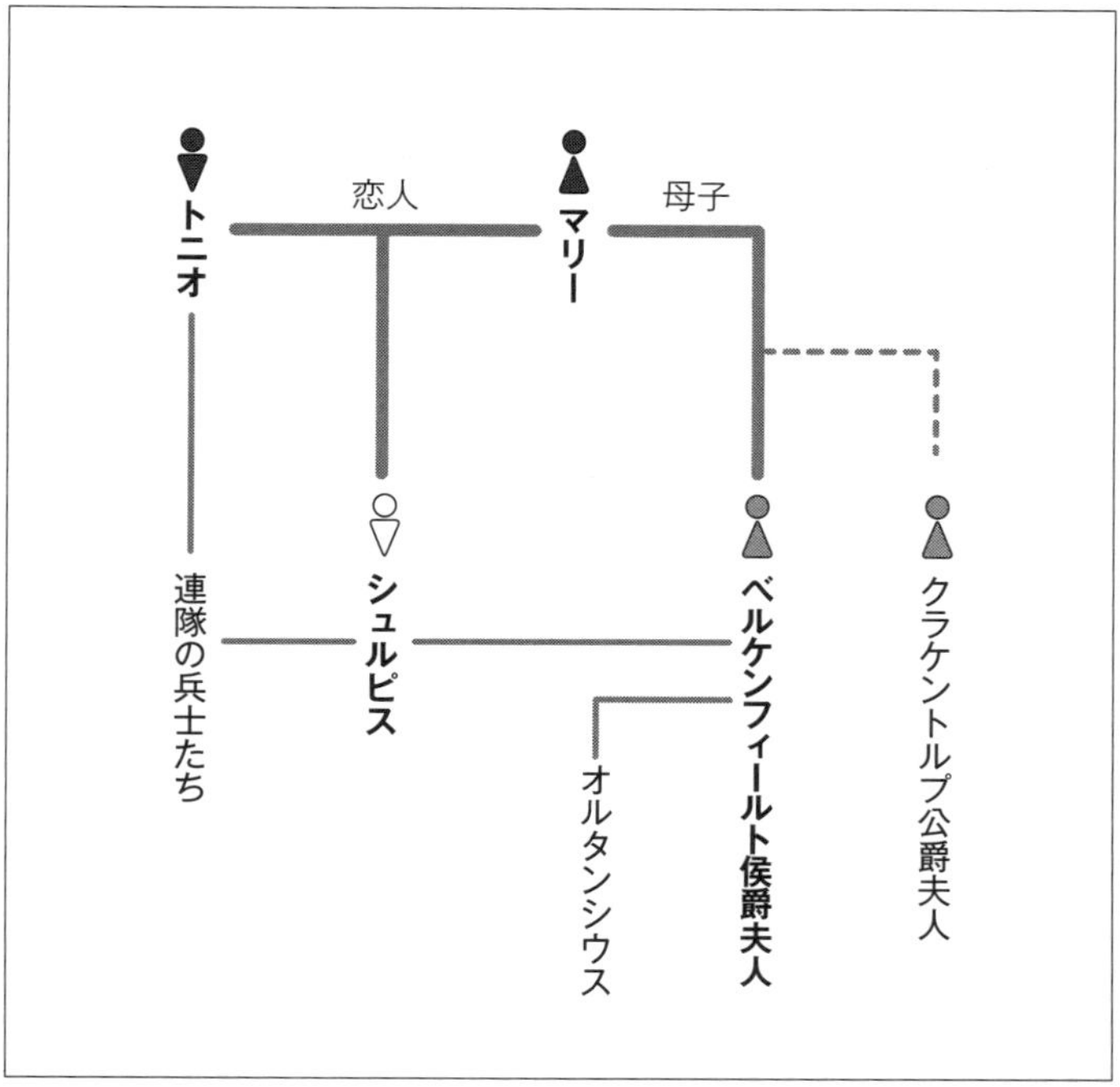

主な登場人物
マリー（マリーア）（S）
　連隊の酒保　シュルピスに拾われ連隊で育った娘
トニオ（T）
　彼女に恋するチロル地方の若者
シュルピス（スルピーツィオ）（Bs）
　連隊の軍曹
ベルケンフィールト侯爵夫人（Ms／S）
　マリーの叔母（本当は実母）
オルタンシウス（オルテンシオ）
　侯爵夫人の執事
クラケントルプ公爵夫人
　（仏・セリフのみ、伊・Ms）
※（　）内の役名はイタリア語版

2幕のオペラ（オペラ・コミック／メロドランマ・ジョコーゾ）
Opéra-comique en deux actes (Melodramma giocoso in due atti)
原作・台本　ジュール＝アンリ・ヴェルノワ・デュ・サン＝ジョルジュ、ジャン・フランソワ・アルフレ・バヤール（仏語台本）カリスト・バッシ（伊語翻訳台本）
初演　1840年2月11日　パリ、オペラ・コミック座
上演時間　1時間55分／序曲7分、第1幕58分、第2幕50分

【第1幕】

スイス、チロル地方の村

アルペンホルンがスイス山中に響き渡り、勇ましい小太鼓の連打に続いて「第21連隊の歌」のメロディが聞こえる序曲が終わって幕が開くと、そこはスイス、チロル地方の、とある村。

大砲の音が遠くの山から聞こえている。スイスの女性たちが、マリア像の前に跪《ひざまず》いて祈りを捧げている。戦いで足留めを食らってしまったベルケンフィールト侯爵夫人は「フランス人は山賊同様だと聞いていますわ」と我が身が陥《おちい》った危険な状況を嘆いている「**我が一族の女性にとって**[1※]」。

（※このクープレ（語るように歌う部分の意）は仏語版のみに存在する）

スイス人の農夫が「敵は去っていったぞ」と知らせるので、皆は一様にホッとする。

そこにフランスの軍曹シュルピスが姿を現すので、人々は慌ててその場を去っていく。

第21連隊の酒保《しゅほ》をしているマリーがやって来る。彼女は昔シュルピスに拾われ、連隊で育てられて来た。連隊の兵士たちは彼女のことを自分たちの娘のように可愛がっている。

彼女は自分の生い立ちと、シュルピスや兵隊たちに可愛がられて育って来たから、太鼓の音が大好きなのだと語る「**戦いの最中に私は生まれた**[2]**／私が生まれたのは**」。

シュルピスに「近頃、誰かとこっそり会っているみたいだな」と言われたマリーは「好きな人が出来たの。チロルの人で、私の命の恩人なのよ」と話し始める。それに対してシュルピスは「お前は連隊の兵士としか結婚してはならないよ」と言う。

そこに兵士たち数人がやってきて「こいつが我々の周りを嗅《か》ぎ回っていた」とトニオを突き出す。マリーは「この人が私の命の恩人よ」と叫ぶ。トニオは、マリーに会いに来たのだった。マリーはいきり立つ兵士たちに「この人は、私が崖《がけ》から落ちそうになった時に、自分の命も顧みず助けてくれたの」と説明する。それを聞いた兵士たちは、トニオを歓待することにする。彼らはマリーに「連

1　我が一族の女性にとって Pour une femme de mon nom
2　戦いの最中に私は生まれた Au bruit de la guerre j'ai a reçu le jour／私が生まれたのは Apparvi alla luce
3　誰もが知っている、誰もが口にする Chacun le sait chacun le dit／みんなが言う、誰もが知っている Lo dice ognun, ciascun lo sa

隊の歌」を歌ってくれと頼む。マリーは、勇ましい第21連隊を讃《たた》える歌を披露する「[3]**誰もが知っている、誰もが口にする／みんなが言う、誰もが知っている**」。

点呼の時間になる。シュルピスは兵隊たちと、トニオを連れて去っていく。ひとりその場に残ったマリーが、ろくに話もできずにトニオが去っていったことを残念がっていると、トニオがひとりで舞い戻ってくる。トニオは、マリーのためにこの連隊に入る決心を語り、ふたりは互いの気持ちを確かめ合い「二重唱 [4]**僕の腕の中で君が／浮気性な娘が**」、ふたりは一度その場から去る。

シュルピスが戻ってくる。再び現れた侯爵夫人は彼に「私の城、ベルケンフィールト城まで護衛して下さらないかしら」と持ち掛ける。侯爵夫人は、シュルピスが彼女がかつて愛したロベール大尉のことを知っていたことに驚く。そして「(実は自分のことなのだが) 彼とは亡くなった妹が結婚していて、子供がいたのです。しかし、その子は行方不明になって死んでしまいました」と語る。

それに対してシュルピスは「その子は生きてここにいますよ」と言って、マリーを呼んで紹介する。

侯爵夫人は「姪《めい》である彼女をすぐに城に連れて帰りたい」と言うが、マリーは「連隊のみんなに別れを告げてからでなければ、出発できない」と言い張る。

そこに連隊の兵士たちがトニオとともに戻ってくる。彼らはトニオが連隊に入ったことを告げ、トニオは「これでマリーと一緒にいることが出来る」と喜びを語る「[5]**ああ、友よ、なんとめでたい日だろう**」。そして伍長や兵士たちに、自分たちの恋を応援してほしいと頼む。

シュルピスが、マリーが連隊を離れることを話すので一同は驚く。マリーが連隊の皆とトニオに別れの挨拶《あいさつ》をする「[6]**私は行かなければならないの**」。兵士たちはマリーとの別れを惜しみ、トニオは「必ず君を迎えにいく」と約束する。

4 僕の腕の中で君が Depuis l'istant ou ／浮気性な娘が Civetta un tempo
5 ああ、友よ、なんとめでたい日だろう Ah! mes amis, quell jour de fête! ／ Amici miei, che allegro giorno!
6 私は行かなければならないの Il faut partir ／ Convien partir!

【第2幕】

ベルケンフィールト侯爵夫人の城

第1幕から数か月が過ぎている。3か月ほど前に怪我《けが》をしたシュルピスが、この城に厄介《やっかい》になっている。

侯爵夫人と、バイエルンの名家であるクラケントルプ公爵夫人が、マリーと公爵夫人の甥《おい》の結婚について話している。マリーはこの結婚を侯爵夫人の説得で渋々承諾したものの、実はまだトニオのことをが忘れられないでいる。侯爵夫人はシュルピスに「あの子はあなたを信頼しています。今夜の婚約の署名の時に上品に振る舞うようにあの子に言い聞かせてください」と頼む。

侯爵夫人が、マリーに歌の稽古《けいこ》を付け始める。古臭い歌の稽古にうんざりしたマリーは、シュルピスとともに第21連隊の歌を歌い始める。彼女を淑女に仕立て上げるまでには、まだ前途多難の様子である「三重唱 **森の中に夜明けが訪れ**[7]」。

侯爵夫人は今夜の婚約式の首尾を心配しながらも客を迎える準備のために自室に戻る。残ったマリーは「私は高い身分や豊かさになんて、何の魅力を感じていないのに」と連隊のことを懐かしく思い出す「**高い身分や豊かさなど**[8]」。

すると遠くから、懐かしい連隊のマーチが近づいて来るのが聞こえる。マリーも彼らの歌に唱和する。連隊の面々が現れて、マリーやシュルピスは彼らとの再会を喜ぶ。そして最後に士官に出世したトニオが現れる。マリーの発案で、兵士たちにはワインが振る舞われることになり、兵士たちは執事のオルタンシウスとともに部屋を出て行く。

残ったマリーとトニオ、そしてシュルピスが再会を喜びあう「三重唱 **三人が揃った**[9]」。

そこに侯爵夫人が戻ってきて、若い士官がマリーのそばにいることに驚き、彼に「すぐに出て行きなさい」と命じる。

トニオは、マリーへの想いを切々と訴える「**僕はマリーのそばに**[10]※」。（※フランス語版のみに存在する）

しかし侯爵夫人は彼を追い出し、一方でシュルピスを呼び止める。侯爵夫人はシュルピスに、マ

7　森の中に夜明けが訪れ Le jour naissait dans le bocage ／ Sorgeva il dì del bosco in seno
8　高い身分や豊かさなど Par le rang et par l'opulence ／ Le ricchezze ed il grado fastoso
9　三人が揃った Tous les trois réunis ／ Stretti insiem tutti tre
10　僕はマリーのそばに Pour me rapprocher de Marie

リーが自分の実の娘であること、彼女に全財産を継がせるためにも公爵夫人の甥との結婚話を成就させたいのだと打ち明ける。

公爵夫人とその甥、そして貴族の夫人たち、公証人が到着する。婚約式が始まるがマリーがなかなか姿を見せない。公爵夫人と甥は、マリーの無礼な態度を非難する。

やっとマリーが姿を現す。シュルピスから話を聞いたマリーは「お母様」と侯爵夫人に抱きつく。そこに庭から兵士たちが、マリーを救い出そうとなだれ込んでくる。マリーが連隊の酒保《しゅほ》で働いていたことを知った公爵夫人や招かれていた貴族たちが眉をひそめる。マリーは「そうです。彼らが私のことを育ててくれました」と晴れやかに言う。それでも母の願いに沿うために婚約の署名をしなければ、とマリーはペンを取る。

そのときベルケンフィールト侯爵夫人が、それを止める。「この子を私の犠牲にすることはできません。彼女が本当に愛する人と結婚させます」と言ってこの結婚話を破談にする。クラケントルプ公爵夫人たちは憤慨《ふんがい》して出て行く。シュルピスと連隊の兵士たち全員が「フランス万歳」と連隊の歌を声を合わせて歌い、マリーとトニオを祝福する。

《聴きどころ》

1840年2月にパリで初演されたフランス語版《連隊の娘》はセリフが挟まっている。第2幕で登場するクラケントルプ公爵夫人は、フランス語版では芝居の台詞《せりふ》だけで、歌う箇所はない。初演から8か月後には、早くもイタリア語翻訳版がミラノ・スカラ座で上演されるが、セリフはすべてレチタティーヴォになり、かつ、第1幕のベルケンフィールト侯爵夫人のクープレ（語るように歌う部分）、第2幕の後半にあるトニオのロマンスはカットされた。長い期間、イタリアではイタリア語版の上演が主流であったが、現在ではフランス語での上演も増えている。

なお、リコルディ版のヴォーカル・スコアでは、侯爵夫人の声種はソプラノと指定されているが、実際はメゾ・ソプラノによって歌われることがほとんどである。

マリー――本来は軽めのソプラノ・リリコの持ち役

このオペラで最も有名なのは、9回ものハイC（高音のド）のあるテノールのアリアである。となれば当然ながらトニオを歌うテノールはレッジェーロ系の軽い声なので、マリーがベルベットのように厚みのあるソプラノでは、バランスが取れない。そのためマリーは、リリコ・レッジェーロ、あるいはレッジェーロのソプラノによって歌われる。しかし、そうした声のソプラノの聴かせどころである高音の装飾は、少なくとも第1幕では多用されない。なぜなら、マリーはかわいい娘ではあるけれど、連隊の軍曹に拾われ、男達の手で育てられた。当然ながら男の子のように粗雑で、自分も出来ることなら戦場に出たいと思うような逞《たくま》しい部分も持ち合わせている。この役一番の聴かせどころである第1幕の「**私は行かなければならないの**」[6]のロマンス（ロマンツア）は、リリコ向きの音域で書かれている。レッジェーロ系のソプラノには、さぞフラストレーションが溜《た》まることだろう。発散できるアクート（高音）がひとつもないのだから。

そのかわり、マリーが（ぎこちないとしても）優雅なドレスを着て出て来る第2幕は、アリアのヴァリエーションもソープラ・アクート（超高音）に差し替えて歌うことも許される。（もっとも長々とオーケストラが待ってくれるような、例えばルチーアに見られるような技巧を十分に披露する箇所はこのオペラには存在しないが……）。マリーは終始一貫、ボーイッシュな魅力に溢れているキャラクターである。彼女はチャーミングではあるが、優雅ではない。これを儚《はかな》い運命のお姫様のようにしっとりと歌われては、彼女の魅力は消え失せてしまうのである。

トニオ――歌うのが大変なのは、実は第2幕

前述の、トニオによる9回ものハイCの連続のアリア「**ああ、友よ、なんとめでたい日だろう**」[5]は、難しそうに思えるが、実はその音域を持っているテノールにとっては、さほどではないようだ。そう言われてみればたしかに聴衆の要求に答えて、テノールたちはこのアリアを意外と気安くアンコールしてくれる。以前、アントニーノ・シラグーザにインタヴューした際、彼が「9回もハイCを出すから大変だ」と言うので「あなたの声域と声質であれば、あの1オクターヴの跳躍ばかりのハイCはそんなに難しくないのでは」と水を向けたところ、彼はニヤっと笑って「そうだ」と答えてくれた。「本当に難しいのは実は第2幕。音域が低くなり、情感の細かな、リリックな表現が必要になる。そちらの方がよほど気をつけて歌わないと喉に負担がかかる」と教えてくれた。当然のことながら、高音を出しやすいテノールやソプラノにとっては、中音域が課題となるし、中音域の充実した歌手には今度は高音が不安材料になる。何もかもを持ち合わせている歌手などいない。シラグーザは「できることならば第1幕と第2幕でテノールを取り替えてもらいたい」と言って笑っていたが、あれはまんざら単なる冗談ではなかったのかもしれない。もちろん高音が売りのレッジェーロのテノールにとっては、高い音での失敗は致命傷となる。だが、同じ演目が何度も続く海外の歌劇場の公演で、比重の軽い声の歌手が、中音域のカンタービレで色合いを求めすぎて歌うことの方が、よほど深刻な故障を招く危険と背中合わせだということをシラグーザは教えてくれていたのだ。

ベルケンフィールト侯爵夫人——厳格そうだが……

深い音色のメゾが歌うことが多い侯爵夫人。が、このキャラクターは、若い時にフランスの軍人と恋に落ちて産んだ娘と思わぬ形で再会を果たした母が、娘の将来を思ってドイツの名門公爵家に嫁がせようとする。しかし、すんでのところで「本当に好きな人と結婚なさい」と翻意《ほんい》する役柄。

彼女は第2幕の歌の稽古《けいこ》の場面で、シュルピスとマリーの歌う連隊の歌に、最後はついつい一緒になって歌ってしまうところなど、実は若い頃はなかなかのお転婆娘だったことが想像できるキャラクターである。

フランス語版にだけある第1幕のクープレで、彼女はフランス兵士を毛嫌いするようなことを口にするが、彼女が心から愛した相手はフランスの大尉であったのだ。彼女は口にしている言葉と、本心が必ずしも一致しない。この役を演じるときには、そうした「隙《すき》」をあちこちに作っておかないと、最後に娘の政略結婚をやめさせる場面で彼女の人格が突然変異したようになって繋《つな》がりがなく見えてしまう。立派な声のメゾが歌うときほど、その辺りの演技にいぶし銀のうまさと、遊びが欲しいところである。

2006年のボローニャ歌劇場来日公演でこの役を演じたエレナ・オブラスツォワの、威厳がありつつ、お茶目なキャラクター作りが何とも絶妙だったことを思い出す。

シュルピス——隠れた主役

オブラスツォワと同じの公演でシュルピスを歌ったブルーノ・プラティコにインタヴューしたとき、この役を得意としている彼が言っていたのは「ひとつひとつの音程に捉《とら》われるのではなく、同じポジションで、滑らかに言葉も音も喋《しゃべ》り続ける技術がこの役には絶対に必要だ」ということだった。つまり「ベルカントの歌唱技術がない歌手には、歯が立たないのは当然」と彼は言っていたのである。

フランス語版のジュベール社のヴォーカル・スコアでは、シュルピスは、バス・シャンタート（バッソ・カンタンテ）と指定されているし、リコルディ版でも指定はバスとなっている。しかしご存知のようにプラティコは、バリトンである。実際この役はほとんどバリトンによって歌われる。つまりこの役に指定されている「バス」は、いかにもバスらしい声でなくとも、老齢に近づきつつある軍曹シュルピスの人生の機微《きび》のわかる男の存在感が欲しいということだと考えればよい。同じドニゼッティの《ドン・パスクアーレ》のタイトルロール、《愛の妙薬》の怪しい薬売りドゥルカマーラなどに共通して求められている「色合い」と言えばよいだろうか。これらの三役は若い坊やには務まらない。なぜなら彼らの歌と演技にそれ相応の説得力がなければ、これら3つのオペラは、芝居自体が台無しになって成立しなくなってしまうからである。

《ラ・ファヴォリット（ファヴォリータ）》ガエターノ・ドニゼッティ

LA FAVORITE(F) *Gaetano Donizetti*
LA FAVORITA(I)

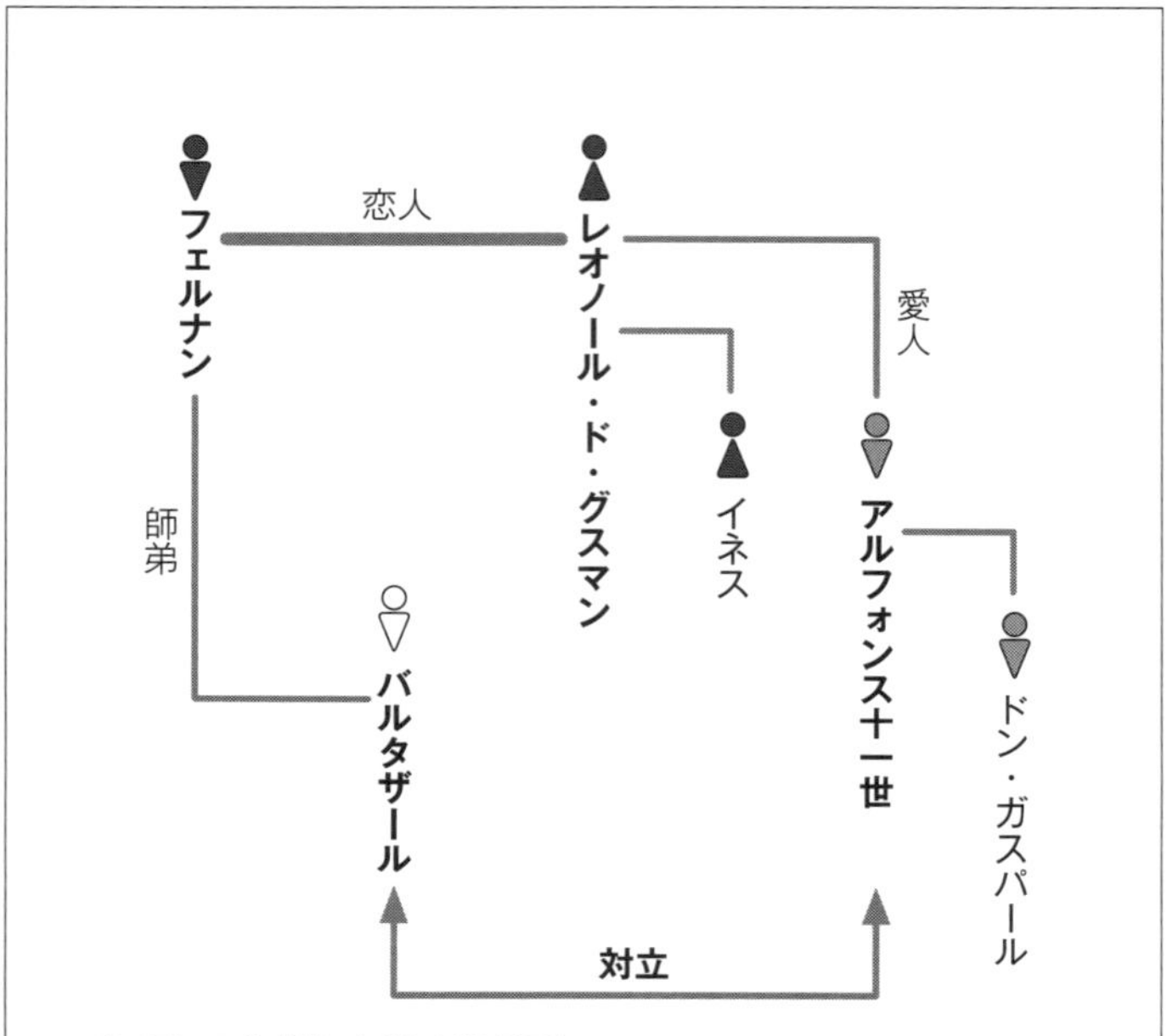

（フランス語版における関係図）

主な登場人物

レオノール・ド・グスマン（S／Ms）
アルフォンソ王の愛人（レオノーラ・ディ・グスマン）
フェルナン（T）
レオノールを愛する修道士見習い（フェルナンド）
アルフォンス十一世（Br）
カスティーリャ王（アルフォンソ）
バルタザール（Bs）
サンティアゴ・デ・コンポステーラ修道院長（バルダッサッレ）
ドン・ガスパール（Br）
王の重臣（ドン・ガスパーレ）
イネス（S）
レオノールの侍女（イネス）
＊（　）内はイタリア語版の役名

4幕のオペラ Opéra en quatre actes／Opera in quattro atti
原作　ドニゼッティ作曲のオペラ《ニジダの天使》など自作の他作品からの転用と補作
台本　フランス語：アルフォンス・ロワイエ、ギュスターヴ・ヴァエーズ
イタリア語翻訳：フランチェスコ・ヤンネッティ、カリスト・バッシ（旧版）／ファウスト・ブルサール（クリティカル版）
初演　1840年12月2日　パリ、オペラ座
演奏時間　2時間15分／序曲6分、第1幕24分、第2幕30分※、第3幕35分、第4幕40分　（※第2幕にバレエが入る場合は＋20分）

（以下のあらすじはフランス語原典版に基づくクリティカル・エディションによる。）

【第1幕】

（第1場）1340年のカスティーリャ王国サンティアゴ・デ・コンポステーラ（サン・ジャック・ドゥ・コンポステッル）大修道院の回廊

荘厳さを湛《たた》えた序曲で幕が開くと、そこは夜明けの修道院の回廊。修道士たちが祈りを捧げながら礼拝堂に向かって歩いて行く。その列の最後尾を歩んでいた修道院長のバルタザールは、物思いに耽《ふけ》る、見習いの修道士フェルナンに声を掛け、悩みを話すようにと促す。

フェルナンは、教会の祭壇《さいだん》の前で見かけた美しい貴族の女性に恋をしてしまったのだと語る「**天使のような、見知らぬ女性が**[1]」。

それを聞いたバルタザールは、目をかけているフェルナンに神に帰依《きえ》するようにと諭《さと》すが、フェルナンは聞く耳を持たない。バルタザールは彼に修道院から出て行くことを命じる「二重唱 **教皇の冠の前では**[2]」。

（第2場）気候に恵まれたレオン島の海岸

イネスと娘たちが美しい風景を讃えている「合唱 **輝く陽光と心地よいそよ風が**[3]」。

小舟が近づいてくるのが見える。イネスが「愛が招くこの岸辺に、彼を連れてきておくれ」と歌う「**優しいそよ風よ、彼の想いに応えて**[4]」。目隠しをされたまま岸に降り立ったフェルナンは、イネスや娘たちにかの美女の素性を尋ねるが、何も教えてもらえない。

そこにレオノールが現れる。ふたりは再会を喜び合う。素性を問うフェルナンにレオノールは自分が王の愛人であることをとても口にできない「二重唱 **愛しいお方**[5]」。

レオノールは彼の将来を考えて、軍隊の隊長に任命する書類を渡し、別れを告げようとする。しかしフェルナンは「あなたと離れることなどできない」と答える「二重唱 **ああ、あなたを忘れる**[6]

1 天使のような、見知らぬ女性が Un ange, une famme inconnue / Una vergine, un angel di Dio
2 教皇の冠の前では Sais-tu que devant la tiare / Non sai tu che d'un giusto al cospetto
3 輝く陽光と心地よいそよ風が Rayons dorés, tiède zephyre /Bei raggi lucenti
4 優しいそよ風よ、彼の想いに応えて Doux zephyr, sois-lui fidele / Dolce zeffiro il seconda
5 愛しいお方 Mon idole / Ah! mio bene
6 ああ、あなたを忘れるなんて Ah! Que moi je t'oublie! / Fia vero? lasciarti!

なんて」。

そこにイネスが国王アルフォンスの来訪を告げる。レオノールが去ったあと、フェルナンは「武功を挙げて高い身分を得られたら、きっと彼女の愛も勝ち取ることが出来るだろう」と勇ましく誓う「[7]**そうだ、あなたの声が私に思い起こさせた**」。

【第2幕】
セビリャのアルカサール宮殿の回廊

第1幕からしばらく月日が経過している。アルフォンス王はフェルナン率いる部隊がムスリム（イスラム教徒）との戦闘で勝利して手に入れた美しい宮殿を見回し、満足げである。重臣ドン・ガスパールが「間もなく教皇の勅使《ちょくし》が来る」と告げる。

王は、教会が強い権力を持つことを危惧《きぐ》し、自分とレオノールの関係を批判する教皇の態度に不満を表し「何が起きようと自分の気持ちは変わらない」とレオノールへ熱い思いを語る「[8]**レオノールよ、おいで**」。

レオノールがやって来る。彼女は王に対し「私は王妃として迎えられると思ってあなたの元に来たのに、あなたは私を騙《だま》して愛人にしたのです。人々が私を蔑《さげす》む声が聞こえます」と王の不実を責める「二重唱 [9]**私が父の城をあとにした時**」。

王はレオノールを慰めようとするが、彼女は自分を宮廷から解放してほしいと訴えかける。王はレオノールを、レオノールはフェルナンをそれぞれに想う「二重唱 [10]**この宮殿の中には**」。

（フランス語、イタリア語とも、ここにバレエシーンが存在する。実際の上演時には省略されることが多い。）

王がレオノールの手を取り、祝宴へと進もうとした時、ガスパールが王にイネスから奪い取った、他の男からレオノールに宛てた恋文を渡す。王はレオノールを問い詰める。彼女は他に愛する男性がいることは認めるものの、その名前を明かそうとはしない。

そこにバルタザールが、教皇の勅書《ちょくしょ》を持って現れる。そして「王が王妃と離婚し、愛人と再婚するようなことがあれば、教会は王を破門する」と

7　そうだ、あなたの声が私に思い起こさせた Oui, ta voix m'inspire / Sì, che un tuo solo accento
8　レオノールよ、おいで Léonor, viens / Vien, Leonora
9　私が父の城をあとにした時 Quando j'ai quitté le château de mon père / Quando le soglie paterne varcai
10　この宮殿の中には Dans ce palais / In questo suolo
11　何の騒ぎだ Quel est ce bruit? / Qual tumulto!

宣言する「二重唱 **何の騒ぎだ**[11]」。

王の反抗的な態度にバルタザールは「神の怒りを恐れるがいい」と言う「**神の怒りを恐れよ**[12]」。

そしてバルタザールはレオノールを指差し、「この女は呪《のろ》われている。神の命令に従えないのであれば、お前たちふたりは永久に教会から追放されるであろう」と強い口調で語る。人々はその言葉に凍《い》てつく「五重唱と合唱 **恐ろしさに震えるわ**[13]」。

【第3幕】

〈第1場〉アルカサール宮殿の広間

武功を挙げて王に宮殿に招かれたフェルナンが現れる。そこに王とガスパールが、レオノールの処遇を話しながらやってくる。王はガスパールに、レオノールとイネスを呼びに行かせる。フェルナンの姿を認めた王は彼に「褒美《ほうび》に何が欲しいか」と尋ねる。フェルナンは「自分が恋い焦がれている貴族の女性との結婚を認めて欲しい」と願い出る。

そこにレオノールが現れる。フェルナンの想い人がレオノールであることを知った王は、驚きながらも、同時に彼とレオノールが結婚すれば、教皇から自分が破門されることもなくなると考え、本心を隠してふたりを祝福した上で「1時間後に結婚式を挙げるように」と言って去る「**それほどの愛に**[14]」。

ひとり残ったレオノールは、フェルナンと結婚出来ることを喜ぶが、次の瞬間「私の呪《のろ》われるべき立場を彼が知ったときに、私を待っているのは死の黒いヴェールであろう」と語る「**おお、愛しいフェルナン**[15]」。

彼女はイネスに、自分が王の愛人である事実をフェルナンに伝えてくれるように頼む。しかし、そのイネスは王の命令を受けたガスパールに捕らえられてしまい、伝言はフェルナンには届かない。

〈第2場〉結婚式直前の宮殿の広間

王は、フェルナンの武功に報いるために侯爵の位を与える。ガスパールと宮廷の者たちは「王の

12　神の怒りを恐れよ Redoutez la fureur d'un Dieu / Ah! paventa il furor d'un Dio
13　恐ろしさに震えるわ Je frémis de terreur / Ah! io tremo di terror
14　それほどの愛に Pour tant d'amor / A tanto amor
15　おお、愛しいフェルナン O mon Fernand! /O mio Fernando!

愛人と結婚してまで爵位を得ようとした男」と彼のことを冷笑する「**なんと下劣な**[16]」。

フェルナンが、宮廷人たちの蔑《さげす》んだ扱いに怒って剣を抜こうとしたとき、フェルナンとレオノールの結婚を知ったバルタザールが現れて、彼女が王の愛人であることをフェルナンに告げる「**どこへ行くのだ**[17]」。

思わぬ事実にフェルナンは大きなショックを受け、レオノールは自分の伝言が彼に届いていなかったことを知る。フェルナンは「爵位など要らぬ」と言って剣を王の足元に投げつけ、バルタザールと共に去っていく「五重唱と合唱　**彼の高貴で誇り高き魂は**[18]」。

【第4幕】

石の十字架があるサンティアゴ・デ・コンポステーラ修道院の中庭

バルタザールと修道士たちが夕べの祈りを捧げている「**空には満天の星が輝き**[19]」。

バルタザールは、修道士としての誓願《せいがん》を立てようとするフェルナンを勇気づけ、先に礼拝堂へと向かう。

ひとり残ったフェルナンは「今もレオノールのことを忘れることができない」と語る「**清らかな天使よ**[20]」。そしてフェルナンは、礼拝堂に入っていく。

礼拝堂の外に、見習い修道士の姿をしたやつれ果てたレオノールが現れ、中から聞こえるフェルナンの祈りと自分を責める言葉を聞いている。それを聞き終えたレオノールは立ち去ろうとするが、力尽きて石の十字架の前に倒れ込んでしまう。

礼拝堂から出てきたフェルナンが、倒れている見習い修道士を見つけて助けようとするが、それがレオノールと知って驚き「すぐにここから立ち去れ」と言う。

レオノールは必死になってフェルナンの赦しを乞い「**フェルナン、神の慈悲のように**[21]」、死ぬ前に彼に一目会いたかったのだと語る。

そんなレオノールの様子に心打たれたフェルナ

16　なんと下劣な Quel marché de bassesse! / Oh viltade! obbrobrio insano!
17　どこへ行くのだ Où courez vous? / Dove correte?
18　彼の高貴で誇り高き魂は O ciel! son âme la noble fierté / Oh ciel! di quell'ama il puro candor
19　空には満天の星が輝き Les cieux s'emplissent d'étincelles / Splendon più belle in ciel le stelle
20　清らかな天使よ Ange si pur / Spirto gentil
21　フェルナン、神の慈悲のように Fernand, imite la clémence / Pietoso al par del Nume

ンは「一緒に逃げよう」と口走る「二重唱 **さあ一緒に行こう**[22]」。

しかし、彼女にはもうそんな力は残っておらず、レオノールはフェルナンの腕の中で息を引き取る。

（イタリア語旧版は、ここでフェルナンドが「彼女は息を引き取った」と叫んで終止形を取り、オペラが終わる。）

フェルナンの助けを求める声にバルタザールと修道士たちが礼拝堂から出て来る。バルタザールは彼女がもうこの世にいないことをフェルナンに告げ、そして修道士たちに「この亡くなった見習い修道士のために祈りを捧げよう」と語りかける。

フェルナンは「明日、皆は僕のために祈ることになるだろう」と言い、慟哭《どうこく》する。

（フランス語の歌詞は、1999年リコルディ刊のクリティカル版ヴォーカル・スコアによる。イタリア語の歌詞は1960年版のフランチェスコ・ヤンネッティ翻訳によるリコルディ旧版のもの。）

《聴きどころ》

長らくイタリア語版で上演されることの多かった《ラ・ファヴォリータ》だが、ドニゼッティがフランス語のリブレットに作曲して、フランスで大当たりを取った《ラ・ファヴォリット》が本来の形である。

ところがフランス語版の台本はイタリアで上演される段になって、たとえ見習いであれ修道士が恋愛沙汰で修道院を飛び出していく設定がイタリアの検閲《けんえつ》に引っかかり、改変を余儀《よぎ》なくされた。そのためにヤンネッティ翻訳によるイタリア語版は、実に奇妙な設定になっている。フランス語版での修道院長バルタザールと見習い修道士フェルナンの関係が、イタリア語版ではなんと修道院長バルダッサーレ（バルタザールのイタリア語版の役名）が、フェルナンドと（レオノーラの存在のために王に離婚されそう

22　さあ一緒に行こう Viens! Viens! / Vieni, ah! vien

な）王妃の血の繋《つな》がった父親ということになってしまった。元よりドニゼッティが他の作品として完成していたオペラを無理やり引っ張ってきて当てはめたこのオペラには、あちこち設定に無理があるのだが、イタリア語版とフランス語版では物語の持つ色合いがあまりに異なる。近年ではイタリアの歌劇場でもこの作品を原典のフランス語版に戻し、タイトルも《ラ・ファヴォリット》として上演するところが増えてきた。

フェルナン――リリコ・レッジェーロの役、ではない

ベルカント・オペラにおけるテノールの役が、高音を出すことも苦にならず、滑らかに歌えるレッジェーロ系テノールに向いているのはよくわかる。ＮＨＫイタリア歌劇団のＤＶＤに残されたアルフレード・クラウスは、若い騎士としての品格があり、歌も姿も申し分ない。魅力的な素晴らしいフェルナンドだった。ＣＤで聴けるパヴァロッティの明るく輝かしいハイＣ（高いド）も素晴しい。だがこの役は、本来はテノーレ・リリコの役である。

１９６０年代頃までは、ベルカント・オペラも歌えるリリコのテノールは、何の苦もなくハイCを出していた。このオペラの名盤と謳《うた》われる録音でフェルナンドを歌っているジャンニ・ポッジもジャンニ・ライモンディも正真正銘のリリコである。

80年代にパヴァロッティが《アイーダ》のラダメスまで歌うようになった頃、当時80歳前後だったミラノの歌の先生方は「リリコ・レッジェーロがヴェルディを歌うなんて、世も末だ」とこぼしていた。パヴァロッティという稀有《けう》な美声の持ち主がその声で何を歌おうと、あるいはドミンゴがバリトンの役を手掛けようと、それを聴衆が歓迎するのであれば、集客第一の劇場側がキャスティングするのは自由だ。しかしそこに思わぬ落とし穴がある。パヴァロッティやドミンゴは本来のレパートリーで十分に高

い水準を示してきた歌手だからこそ、そうした冒険が許されるということが、いつの間にやら、ろくにキャリアもない歌手でも何をやっても許されるということにすり替わってしまうことだ。

昔からよく言われてきたことだが、イタリア・オペラは「役」が「声（歌手）」を選ぶ。その役に合った声の歌手が歌ってこそ、オペラのドラマ性がより生きてくる。フェルナン役を（クラウスのような飛び抜けた存在ではない）レッジェーロ系のテノールが歌うと、最初から最後まで世間知らずの坊やが恋に恋して、現実に押しつぶされ、最後に彼女が命懸けで会いに来たら、また節操なく「一緒に逃げよう」と戯言《ざれごと》を言うだけで終わってしまう。この役は、若いテノールでも歌うことができる役だが、さればなおのこと、リリコでなければ説得力が出ない。このオペラは、王、レオノール、フェルナンの三人の張り詰めた三角関係が、バルタザールという教会（＝戒律を守る社会の枠組み）の圧力で思わぬ形に歪《ゆが》み、崩れていく様を描いている。三角形の一角をなすフェルナンは、第1幕ではただの世間知らずだが、その彼は幕が進むにつれて立派な騎士となり、大人の男に成長していかなければならない。第1幕は軽く美しい響きでいい。ポッジやライモンディもここは意識して相当滑らかに、一途《いちず》な若者ぶりを強調するように歌っている。だが第2幕に至ってもお父さんに修道院に連れ帰られる幼稚園児では困るのだ。終幕の「**清らかな天使よ**」[20]は立派な青年騎士の歌だ。ここでは、第1幕で彼に残っていた幼さはすっかり消え、一人前の男が失恋に苦しむ姿が歌から垣間見えてほしい。そうでなければ命懸けで追いかけてくるレオノールが、あまりに不憫《ふびん》だ。

アルフォンス――神の怒りを畏《おそ》れる小心な王

第2幕でこのバリトンに与えられている名アリア「**レオノールよ、おいで**」[8]は、他の作品からの転用ではなく《ラ・ファヴォリット》のために新たに作曲されたものである（カバレッタは他作品からの転用)。このアリアは美しく、そして切ない。同じ女性への恋心を歌っているが、フェルナンのアリアとは異なる「おとなの風格」を持って歌ってほしい。典型的なベルカント・オペラの形式によって書かれたこのアリアは、長いフレーズを一息で歌いながら、その中で心理を繊細《せんさい》に表現することが求められている。単に美しく歌えるというだけの若いバリトンが安易に手を出すのは危険な役である。

第3幕で彼がフェルナンとレオノーラに結婚を勧めるアリア「**それほどの愛に**」[14]もまた、このオペラのために新たに作曲された部分で、ここでは彼の姑息《こそく》な嫌らしさも表現して欲しい。書かれているセリフをそのまま表現しても無意味だ。彼の真の目的は自分を裏切ったレオノールに復讐《ふくしゅう》することではない。彼は何としても教皇からの破門を避けたいのだ。そのためなら女など喜んでくれてやる、なのである。

バルタザール——教皇の権威を体現する存在が「バルダッサーレ」になると

ヴェルディの《ドン・カルロ》に登場する大審問官の前身とでも言おうか、修道院長バルタザールは教皇の権威をカスティーリャ王国において代理する権限を持っている。この高潔な修道院長が、イタリア語版の設定のように、実は王妃とフェルナンドの実の父であったらどうなるのか。彼のキャラクター表現は変わらざるを得ない。いくら結婚が許されていたサンティアゴ騎士修道会であっても彼が血を分けた息子に修道院長（＝権力）の座を譲りたいと考えていたのだとしたら、自分の娘である王妃が王に邪険にされている原因を作った愛妾《あいしょう》レオノーラを父として呪《のろ》ったのだとしたら、そこには彼のエゴが見え隠れすることになる。その設定であるならば、バルダッサーレの存在は一気に生臭くなり、彼と他の登場人物たちとの「聖職者vs世俗」という構図は崩れ、彼はわが子可愛さに権力を乱用する俗物に成り下がる。だが、なぜかイタリア語版による録音のどのバルダッサーレにもその気配はない。検閲《けんえつ》で変更を余儀なくされた人物設定の変更は、イタリア語版の上演時には、さらりと無視され、高潔な人物のまま存在するようだ。

レオノール――純愛を選択する女性

史実のアルフォンス王との間に10人もの子を成したというレオノール・ド・グスマンからは離れよう。このオペラにおけるレオノールは、王の求婚を受けて王宮に来てみれば、そこに待っていたのは妾《めかけ》の座だったという悲劇のヒロインである。ヴォーカル・スコアでこの役は「ソプラノ」と指定されているが、この役に書かれている音域は、本来のソプラノの音域よりもかなり低い。これは創唱者シュトルツが中音域を得意としていた歌手であったためである。彼女の声域が、現代のメゾ・ソプラノと共通しているので、今では基本的にはレオノールはメゾの役とされている。

よくコンクールなどでメゾが競って歌うのが「**おお、愛しいフェルナン（ド）**」[15]である。確かに大きなアリアで見栄えもいい。ヴェルディ作曲のメゾのためのアリアと違って、メゾにとっては相当な高音に当たるシ♭も出てこない（ここでの最高音はラである。たかが半音の差と言うなかれ。歌手にとっては「されど半音」なのだ）。コンクールのみならず、コンサートにおいても、このアリアを「立派な声で大きく歌おう」とするメゾ・ソプラノがあまりに多いことにうんざりする。これほど内省的で切ないアリアを、どうしてエネルギーを外に発散するように歌えるのだろうか。特にカバレッタ部分は彼女の「絶望」である。それをまるで《ドン・カルロ》のエボリ公女の「酷《むご》い運命よ」におけるそれと同じように、エネルギッシュに歌うのは全く歌詞とそぐわない。このレオノールは、駆け引きや計算とは無縁の、男社会の中で翻弄《ほんろう》されて押しつぶされていく女性なのだ。彼女に運命に刃向かう力はないのである。

《ドン・パスクアーレ》ガエターノ・ドニゼッティ

DON PASQUALE *Gaetano Donizetti*

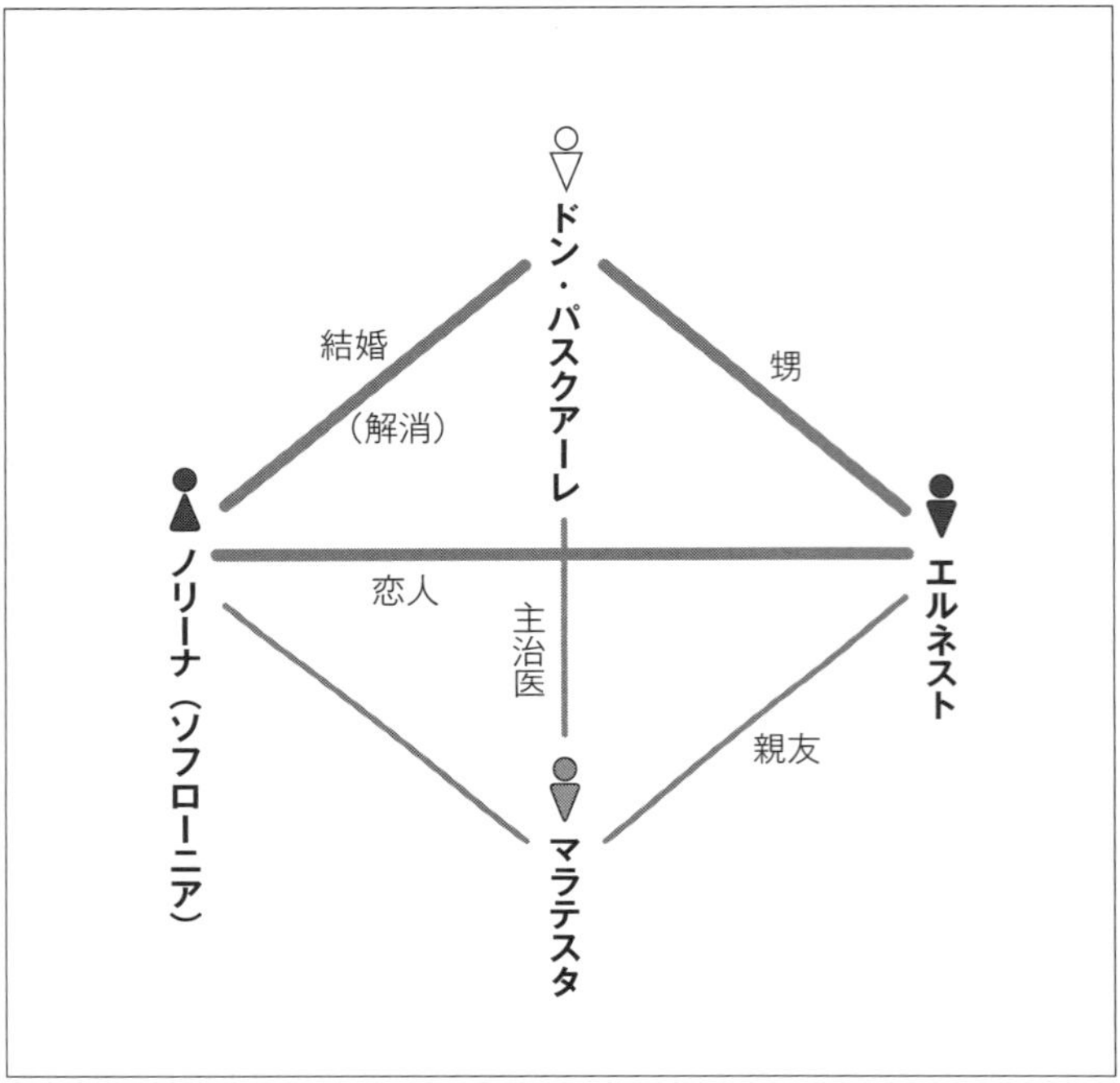

主な登場人物

ドン・パスクアーレ（Bs）
金持ちの老人

ノリーナ（S）
若い未亡人　エルネストの恋人

エルネスト（T）
ドン・パスクアーレの甥

マラテスタ（Br）
エルネストの親友　ドン・パスクアーレの主治医

偽の公証人（Bs）
マラテスタのいとこ

3幕の喜劇（ドランマ・ブッフォ）Dramma buffo in tre atti

原作　アンジェロ・アネッリ（S.パヴェージ作曲《マルカントニオ殿》のための台本）

台本　ジョヴァンニ・ルッフィーニ、ガエターノ.ドニゼッティ*

初演　1843年1月3日　パリ、テアトロ・イタリアーノ

演奏時間　2時間／序曲7分、第1幕38分、第2幕35分、第3幕40分

*ヴォーカル・スコアでは台本作家の名前がミケーレ・アックルシとなっている。これはパリにおけるドニゼッティのエージェントだった人物の名前を借りたもの。ドニゼッティの度重なる書き換え要求に台本を書いたルッフィーニが、自分の名前が掲載されることを拒否したため、初版のリブレットは「台本作家不詳」として出版された。

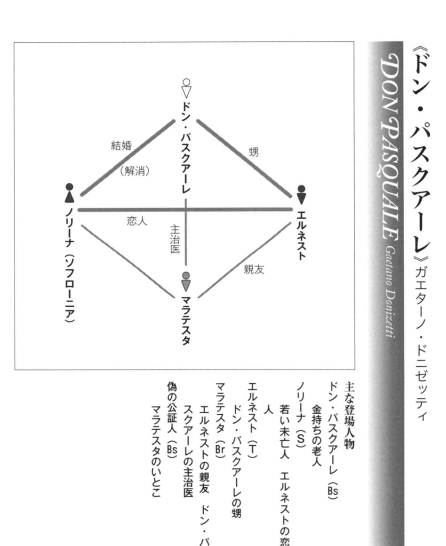

【第1幕】

（第1場）ローマ、ドン・パスクアーレ邸の一室

これから始まる喜劇にあるノリーナの有名なカヴァティーナのメロディを中心とした序曲が終わり幕が上がると、そこは独り身を通してきた裕福なドン・パスクアーレの居室。彼の年齢は70歳。財産を甥《おい》のエルネストに相続させるつもりだったが、エルネストは伯父の勧める縁談には見向きもせず若い未亡人のノリーナに夢中である。

パスクアーレは言うことを聞かない甥を懲《こ》らしめるために「それならば自分が妻を娶《めと》って、直系の跡継ぎを作る。そして財産は全てその子に継がせる」と言い、主治医で友人でもあるマラテスタに花嫁探しを依頼する。

マラテスタが「ぴったりな娘がいる」と語る「**天使のように美しい娘が**[1]」。それは修道院にいる自分の妹ソフローニアのことだと言うので、パスクアーレはその話に飛びつく「**ああ、これまでに感じたことのない情熱の炎が**[2]」。

実はマラテスタは、甥のエルネストの親友でもあり、エルネストとノリーナを結婚させるためにパスクアーレを罠《わな》にはめようとしているのである。

パスクアーレは、エルネストを呼び「わしは結婚する。お前にやる財産など一文もない。さっさとこの家から出て行け」と宣言する「**わしが結婚する**[3]」。

エルネストは思わぬなりゆきに驚き、一文無しではノリーナを諦めなければならないと嘆く「**甘く、清らかな夢よ**[4]」。

そしてエルネストは「結婚話がまともな話なのか、一度信頼できる人に相談してみたほうがいい。マラテスタ先生に相談してみては」とパスクアーレに勧めるが、結婚話の片棒を担いでいるのが、そのマラテスタと聞いて、エルネストはますますショックを受ける。

（第2場）ノリーナの家

ノリーナが、仰仰《ぎょうぎょう》しい騎士の愛の物語を読んでいる。彼女はその本を放り出して「私は男の人の

1　天使のように美しい娘が Bella siccome un angelo
2　ああ、これまでに感じたことのない情熱の炎が Ah! un foco insolito mi sento adosso
3　わしが結婚する Io prendo moglie
4　甘く、清らかな夢よ Sogno soave e casto

心をとろけさせる眼差《まなざ》しや、微笑みや、嘘《うそ》の涙の使い方を知っているわ。私は知恵が回り、怒りを笑いに変える才能もあるのよ」と冗談が好きで、語る「**騎士はその眼差しに心を射抜かれ**[5]」。

彼女のところにエルネストからの手紙が届く。そこには「財産も貰えず、家から追い出された。絶望した僕はひとりで遠くに行くことにした」と書いてある。

そこへマラテスタがやって来るので「話が違うわ」とノリーナは彼を責める。マラテスタは慌てず騒がず「作戦を変更して、変装させた君を僕の妹のソフローニアだと偽って、パスクアーレの花嫁として送り込むことにした。あとは君の腕次第。あの老人を振り回して結婚を後悔させ、エルネストと君の結婚を承諾させるのだ」と計画を説明する。

彼女は「わかったわ、あとは私に任せてちょうだい」と胸を張る「二重唱 **私は用意万端よ**[6]」。

【第2幕】

パスクアーレ邸

伯父の縁談が、実はマラテスタが自分のために立てた作戦であるとはまだ知らぬエルネストは、親友にも裏切られ、恋も財産も諦めねばならぬ我が身の不幸を嘆く「**見知らぬ遠いところで**[7]」。

パスクアーレが、花嫁候補がやって来るのをウキウキと待っている。そこにマラテスタが、純真で内気な妹ソフローニア（扮装《ふんそう》したノリーナ）を連れて現れる。清楚で、慎しみ深いソフローニアの様子にパスクアーレは舞い上がり「すぐに結婚する」と言う「**仕草も、声も、身のこなしも**[8]」。

公証人（実はマラテスタのいとこ）が呼ばれ、結婚式が行われる。そこにエルネストが、伯父に最後の別れを告げにやって来て、伯父の花嫁がノリーナであることに驚く「**旅立つ前に**[9]」。

すかさずマラテスタが彼に「これは芝居だ」と耳打ちして、エルネストはすぐに状況を飲み込む。彼も芝居に一枚加わり、マラテスタとともに婚姻の証人としてサインをする。

5　騎士はその眼差しに心を射抜かれ Quel guardo il cavaliere in mezzo al cor trafisse
6　私は用意万端よ Pronta io son
7　見知らぬ遠いところで Cercherò lontana terra
8　仕草も、声も、身のこなしも Mosse, voce, portamento
9　旅立つ前に Pria di partir

パスクアーレが、公証人に「妻に財産の全てを譲る」と書き取らせた途端、ソフローニアは清楚な娘から豹変《ひょうへん》し、あれやこれやと注文を付け始める。

思わぬ事のなりゆきにパスクアーレは唖然《あぜん》とするばかり「[10]**夢か、現実か、何が起きたんだ**」。

その様子にあとの三人は「してやったり」と大喜びする「四重唱 [11]**石のように固まってしまった**」。

【第3幕】

（第1場）第2幕と同日のパスクアーレ邸

部屋中のどこもかしこも新妻の洋服や帽子、アクセサリー、靴などが散乱している。請求書の山を前にパスクアーレは頭を抱えている。そこに結婚初夜だというのに、ひとりで劇場に出掛けるために着飾ったソフローニアが現れる。パスクアーレはそれを諌《いさ》めるが、逆に「爺さんはさっさとお休みになったらいかが」と言われてしまう「二重唱 [12]**お嬢さん、そんなに急いでどちらへお出掛けで**」。

「尻軽女《しりがるおんな》め」と罵《ののし》られたソフローニアは、思わずパスクアーレに平手打ちを喰らわしてしまい、パスクアーレは呆然《ぼうぜん》とする。「[13]**ドン・パスクアーレ、お前は終わりだ**」。

彼女は一瞬パスクアーレのことが気の毒になるものの、この芝居を続けるよりないと思い直して出掛けて行く。パスクアーレは「二度と帰って来るな」と叫ぶ「二重唱 [14]**さあ、いとしい花婿さん、私を困らせないでちょうだい**」。

出掛ける時にソフローニアが、わざと落としていった手紙をパスクアーレが拾って読む。それは見知らぬ男から彼女に宛てた恋文で「今夜9時から10時の間に庭でお待ちしております。庭の北側の生い茂った森が、私たちの姿を隠してくれることでしょう。到着したら歌って知らせます。あなたを愛する者より」と書かれている。

驚いたパスクアーレは、召使いにマラテスタを呼びに行かせる。召使いたちは「あの奥さんは贅《ぜい》沢《たく》三昧《ざんまい》でこの家は大騒ぎだ。最後にはあの甥《おい》っ子が財産をもらえることになるだろう」と言い合っ

10 夢か、現実か、何が起きたんだ Sogno? veglio? cos'è stato?
11 石のように固まってしまった È rimasto là impietrato
12 お嬢さん、そんなに急いでどちらへお出掛けで Signorina, in tanta fretta dove va
13 ドン・パスクアーレ、お前は終わりだ È finito Don Pasquale
14 さあ、いとしい花婿さん、私を困らせないでちょうだい Via, caro sposino, non farmi il tiranno

ている「合唱 **果てしない堂々巡りだ**[15]」。

庭でエルネストとマラテスタがこれからの手順を確認している。パスクアーレがやって来る気配に、エルネストは姿を隠す。

意気消沈したパスクアーレが、マラテスタに「一日で半年分の財産を買い物で使い果たされた上に、平手打ちまで喰わされた。その上ソフローニアは、自分を裏切っている」と、彼女がさっき落としていった手紙を見せて「こんなことならノリーナとエルネストを結婚させておけばよかった」と愚痴《ぐち》る。

マラテスタは笑いをこらえながら「ならば、私たちふたりでそっと近寄って、妹と浮気相手の密会現場を押さえましょう。それで妹をこの家から追い出せます」と提案し、パスクアーレはその提案に同意する「二重唱 **そっと、そっと、即刻**[16]」。

（第2場）パスクアーレ邸の庭

庭ではエルネストが、ノリーナを想ってセレナーデを歌っている「**春の盛りの夜はなんて素敵なんだろう**[17]」。

そこにノリーナが現れ、ふたりは互いへの愛を語り合う「ノクターン **もう一度愛していると言っておくれ**[18]」。

パスクアーレとマラテスタが近づいてくる気配にエルネストは慌てて隠れる。ソフローニアを見つけたパスクアーレが「よくもわしを裏切りおって。この家から出て行け」と言うが、彼女は「ひとりで風に当たっていただけよ」と涼しい顔。マラテスタが、ソフローニアへの説得に乗り出す振りで「この家には明日、エルネストの花嫁としてノリーナがやって来る。これからは彼女とも一緒に生活することになるんだぞ」と語る。その言葉から計画の成就《じょうじゅ》が近いと知ったソフローニアは「他の女と一緒に暮らすのなんてまっぴら御免よ。私は出て行くわ」と答える。

マラテスタは、パスクアーレに「確実に彼女を追い出すために、今すぐエルネストとノリーナを結婚させたほうがいい」と助言する。

パスクアーレは、エルネストを呼び「ノリーナ

15　果てしない堂々巡りだ Che interminabile, andarivieni!
16　そっと、そっと、即刻 Cheti, cheti, immantinente
17　春の盛りの夜はなんて素敵なんだろう Come'è gentil la notte a mezzo April!
18　もう一度愛していると言っておくれ Torna mi a dir che m'ami
19　このお話の教訓は La morale in tutto questo

をすぐに呼んで来い。お前たちの結婚を許す」と言い、エルネストに年金を与えることも約束してしまう。

　これで若者たちの仕掛けた作戦は見事に成就。マラテスタが「ノリーナはあなたの目の前にいます。実はあなたの婚姻の書類は全て偽物でした」と種明かしをする。

パスクアーレは全てを悟り、寛大な心で彼らを赦し、若いふたりの結婚を祝福する。

　最後はノリーナが口火を切っての「この物語の教訓は、いい歳をして結婚しようとすると、ろくなことにはならないということ」の全員の合唱による大団円で幕となる[19]「**このお話の教訓は**」。

《聴きどころ》

《ドン・パスクアーレ》は、オペラ・ブッファとしてはドニゼッティ最後の作品である。この作品を書いた時ドニゼッティは45歳。そして5年後に彼は世を去る。

　若さというものは、残酷なことを平気でさせる。この物語で振り回される70歳のドン・パスクアーレの心の痛みが理解出来るのは、自分がその年代になった時でしかないのだろう。若者たちが、自分たちがパスクアーレにした仕打ちを「あまりに残酷なことをした」と思い出すのは、いつのことだろうか。

ドン・パスクアーレ ―― ひたすら喋《しゃべ》る老人

　70歳まで独身を通して来たのには何か理由があるのだろうが、パスクアーレは甥《おい》に財産を継がせて、彼を自分の思うようにコントロールしようとする。甥と一族の将来の担保《たんぽ》として、良家の娘と結婚させようというのは今でもよくある話だ。
さて、甘ったれた甥《おい》を懲《こ》らしめるために、自分が結婚して「財産はお前になどやらん」と言い始めたところまでは冷静だったのに、いざ花嫁候補を目の前にしたら、我を忘れて夢中になってしまったところからが、パスクアーレの悲劇の始まりであり、この喜劇の始まりである。この物語は、結婚式当日の真夜中までにすべて終わってしまう。

芸達者でなければ演じられないこの役は、楽譜にはバスと指定されているが、レナート・ブルゾンのような名バリトンによっても演じられている（ちなみにレオ・ヌッチは、マラテスタしかやっていない）。この役は「歌ったらおしまい」である。「喋《しゃべ》って、喋って、喋りたおす」のだ。「喋り」の中から醸《かも》し出させる彼の喜怒哀楽が、聴衆を笑わせ、切なくさせることが出来なければ、その舞台は失敗である。いい声で歌おうとか、大きな声で立派に聴かせようなどという邪心がこの役の歌手に芽生えた瞬間、このオペラは生気《せいき》を失う。この役に求められるのは「役者」であること。それ以外は何もない。

マラテスタ――すべてを仕掛けるのは彼

ドン・パスクアーレの信頼する主治医であるマラテスタ。が、この医者は、年齢はエルネストとの方が近く、彼の親友でもある。いくら親友のためとはいえ、今回の企ては、年長者パスクアーレに対して敬意が欠けている。マラテスタという男、お調子者とも呼べるのであろうが、いずれにしても彼が人格者であるとはちょっと考えにくい。ペテン師が善人として描かれている珍しいパターンだろう。彼が歌う第1幕、幕開けすぐのパスクアーレとの二重唱の中にあるカンタービレの部分「**天使のように美しい娘が**」[1]は、独立したコンサートピースとしても取り上げられるベルカントの名曲である。彼はこの先、狂言回しとして要所要所に重唱で登場する。マラテスタもパスクアーレ同様、言葉が立たなければ話にならない。第3幕でのパスクアーレとの二重唱「そっと、そっと、即刻」[16]、というよりふたりの「しゃべくり漫才」は、全編のハイライトでもあり、ドニゼッティが書いた最後の低声二重唱の傑作《けっさく》だ。

ノリーナ —— したたかな若き未亡人

自分の手に入れたいものは手に入れる。METの2010／11シーズンでアンナ・ネトレプコが演じたノリーナには「エルネストと結婚して良い暮らしをゲットするまでは絶対に負けない」という女の執念が剥《む》き出しで、そのあまりの露骨な上昇志向に圧倒されてしまったが、ともあれ、本質的に女は強い生き物なのである。自分が未亡人だというだけで結婚に反対する頭の堅いパスクアーレをギャフンと言わせてやりたいというノリーナの勝気と、その女優ぶりはあっぱれである。有名な第1幕第2場のカヴァティーナで「恋愛小説の中に出てくる騎士を跪《ひざまず》かせた女性より、私の方がよほど男性を篭絡《ろうらく》する腕は上よ」と語る彼女は、現代に置き換えたとしても相当な自信家の女性である。

一般にはこの役はリリコ・レッジェーロのソプラノによって演じられることが多いのだが、この役の音域は中音域が多く、かつ、それがレチタティーヴォや重唱で占められているため、さすがにソプラノ・レッジェーロには厳しいものがある。前述のカヴァティーナもそうだが、リリコの音域、つまり普通の話し声の音域を中心に音符が書かれているのは、ドニゼッティが美しく技術を競うように歌うことよりも、セリフのひと言ひと言を聴衆によくわかるように明晰《めいせき》に喋って「演じてほしい」と思っていたことの証左であろう。

エルネスト —— ひたすら美しく歌うことが使命

このオペラのストーリーを進めるのは、パスクアーレとマラテスタという男声の低声ふたりなので、このテノールにはその点で大きな役割は与えられていない。時代を先取りするようなキャラクターのノリーナとは対照的に、エルネストは恋に身を焦がす伝統的なベルカント・オペラのテノール役として描かれている。（楽譜上で独立してアリアとなっているのは第2幕だけだが）このオペラの主要登場人物の中で、彼だけに各幕で聴かせどころとなるカンタービレが与えられている。このオペラでは、このエルネストだけに何よりも美しく滑らかに「歌う」ことが求められているのである。彼のカンタービレは、緊迫感のある会話で進むこのオペラの中で、聴衆をホッとさせ、ホロリともさせる一服の清涼剤なのだ。だからこの役には、ひたすら流れるように美しく歌ってほしい。彼の仕事はその歌でこの作品に「ベルカント・オペラらしさ」を醸《かも》し出すことにあるのだ。

《イル・ピラータ》ヴィンチェンツォ・ベッリーニ

IL PIRATA Vincenzo Bellini

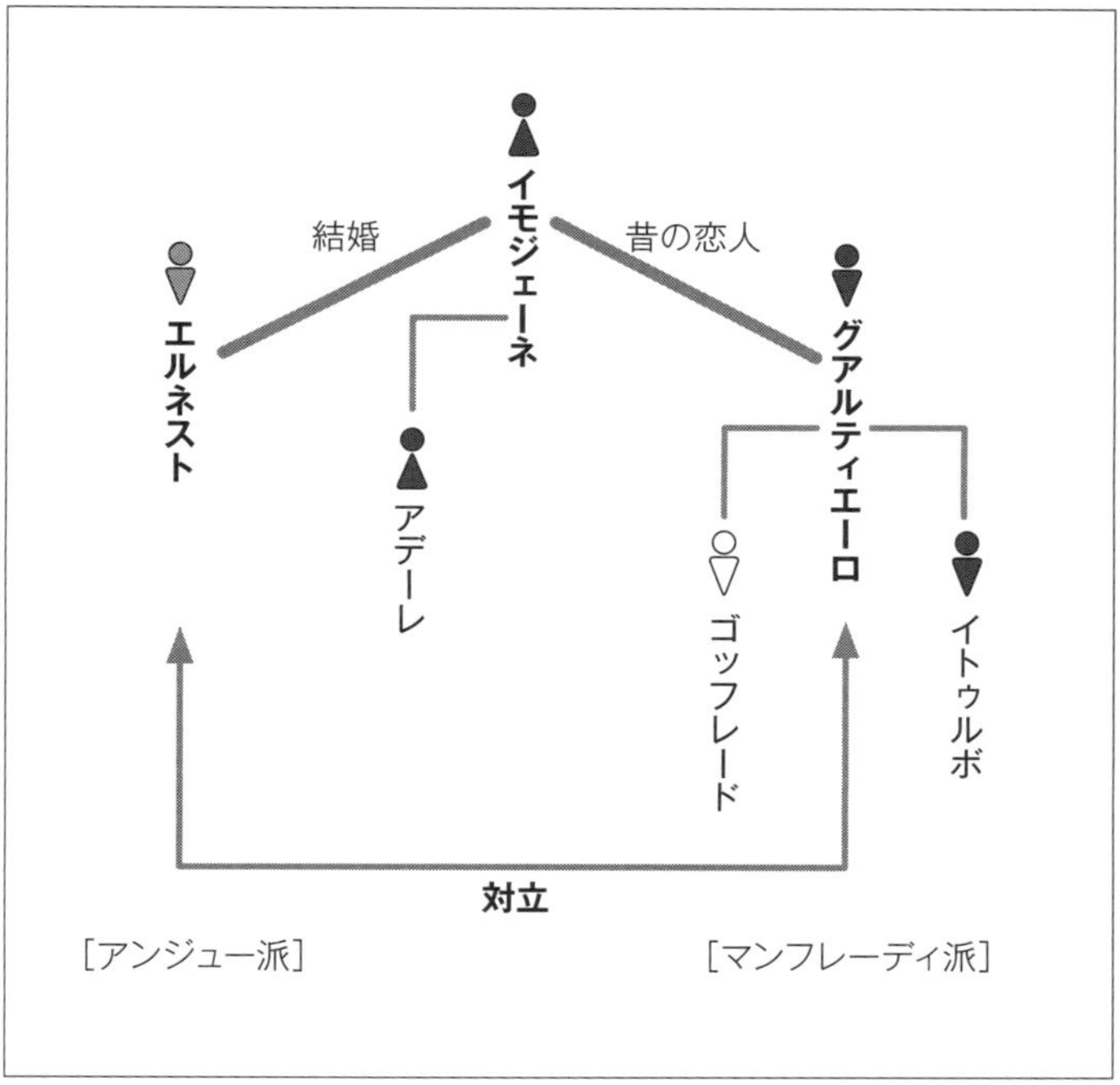

主な登場人物

イモジェーネ（S）　エルネストの妻　グアルティエーロの昔の恋人

グアルティエーロ（T）　元モンタルト　現在は海賊の首領（マンフレーディ派）

エルネスト（Br）　カルドーラ公爵（アンジュー派）

ゴッフレード（Bs）　元グアルティエーロの家庭教師　今は隠者

イトゥルボ（T）　グアルティエーロの部下

アデーレ（S）　イモジェーネの侍女

2幕のオペラ（メロドランマ）Melodramma in due atti

原作　チャールズ・ロバート・マチューリン「バートラム」

台本　フェリーチェ・ロマーニ

初演　1827年10月27日　ミラノ、スカラ座

演奏時間　2時間20分／序曲7分、第1幕63分、第2幕70分

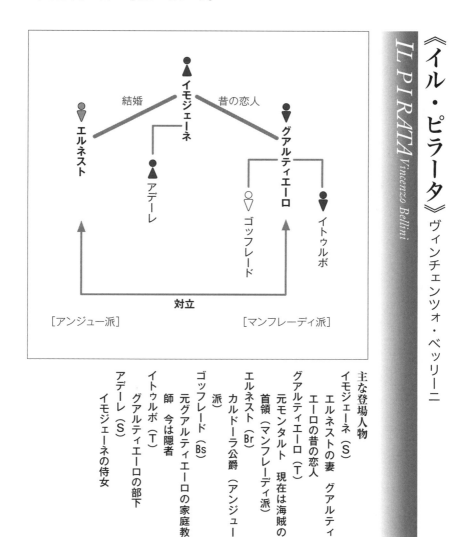

【第1幕】

（第1場）12世紀、シチリア島
カルドーラ近郊の海岸

海賊の、というより元伯爵であったグアルティエーロの気高さを表現するような序曲が終わると幕が上がる。ひどい嵐の中で一艘《いっそう》の船が波に揉《も》まれて難破しそうになっている。漁師たちが浜に集まってそれを見ている。隠者は「この嵐では船に乗った人々を助けるのはとても無理だ」と言い合う漁師たちを勇気づけ、彼らとともに神に祈りを捧げる。幸いにも船は岸に無事に近づいて来る。漁師たちは「カルドーラ公爵の奥方に知らせて、救いの手を差し伸べてもらおう」と口々に言い合いながら公爵の館に走る。

難破した船は、海賊船だった。乗っていた人々が浜辺に姿を現し始める。その中に海賊の首領グアルティエーロとその部下のイトゥルボがいる。グアルティエーロは、マンフレーディ王派の伯爵だったが、現政権のカルロ・ダンジュー（アンジュー家）派と敵対して敗れて亡命を余儀《よぎ》なくされ、今は海賊の首領に身を落としている。今回、カルドーラ公爵（エルネスト）率いる海賊討伐《とうばつ》軍との戦闘の中で、嵐に揉《も》まれて難破したのである。

隠者が、グアルティエーロに話し掛ける。隠者は、その昔グアルティエーロの家庭教師であったゴッフレードで、ふたりは再会を喜びあう。そしてグアルティエーロは、以前恋人だったイモジェーネのことを今でも想い続けていると彼に語り「[1]**荒れ狂う嵐の中でも**」、「イモジェーネの愛がなければ死んだ方がましだ」と言う。

そこに漁師たちが公爵夫人を連れて戻って来る。彼女こそがイモジェーネその人であることを知っているゴッフレードは、グアルティエーロをひとまず彼の住まいである古びた僧院に隠す「[2]**君への叶わぬ涙が**」。

公爵夫人は、遭難した船乗りたちに優しく声を掛ける。彼らから、夫による討伐軍によって海賊は壊滅し、首領が戦死したと聞いて彼女は動揺する。そして「夢の中で、グアルティエーロが瀕死《ひんし》の重傷を負っていたし、私の夫も彼を殺したと

1　荒れ狂う嵐の中でも Nel furor delle tempeste
2　君への叶わぬ涙が Per te di vane lagrime
3　彼が傷つき、血を流している夢を見たの Lo sognai ferito, esangue

言っていた。けれど私には、彼の吐息が感じられるの」と語る「[3]**彼が傷つき、血を流している夢を見たの**」。

僧院から外を覗《のぞ》いたグアルティエーロが、彼女を見て驚きの声をあげる。

イモジェーネは一瞬、彼の方を見るものの、面影もなく変わり果てた昔の恋人の姿に、彼がグアルティエーロであることに気がつかない。

イトゥルボは慌てて、グアルティエーロのことを「全てをなくして茫然自失《ぼうぜんじしつ》の正気を失った男なのです」と取り繕う。

イモジェーネはその話を信じて彼に同情する。そしてグアルティエーロを失って自分の打ちひしがれた心を独白する「[4]**私もまた、正気を失った不幸な女**」。

（第2場）城の庭園に面した回廊

身分を隠したまま、海賊たちが酒を呑んで騒いでいる。公爵夫人の姿を認めたイトゥルボが彼らをその場から追い立て、彼らは去って行く。

イモジェーネが、侍女のアデーレとともにやって来る。彼女は浜辺で見掛けた男のことが気になり、彼を呼びに行かせたのだった。

マントに身を包んだグアルティエーロが現れる。「何かお役に立てることはありませんか」と問う彼女のことをグアルティエーロは「全てを失った自分を構ってくれるな」と拒絶する。

去ろうとするイモジェーネをグアルティエーロが呼び止める。イモジェーネはその話し声から彼がグアルティエーロであることに気がつく。

イモジェーネはグアルティエーロに、父を人質に取られ、政敵エルネストと結婚せざるを得なかったこれまでの経緯を語る「二重唱 [5]**不運なお方、どうか逃げて**」。

彼女の不実を赦せないグアルティエーロは、侍女がその場に連れて来たイモジェーネの息子に一度は短剣を向けるが、彼女の懇願に子供から手を離し、去って行く「二重唱 [6]**涙に濡れた引き裂かれたこの心を**」。

4　私もまた、正気を失った不幸な女 Sventurata, anch'io deliro
5　不運なお方、どうか逃げて Tu sciagurato! Ah fuggi
6　涙に濡れた引き裂かれたこの心を Bagnato dalle lagrime, d'un cor per te strappato

（第3場）城の外

海賊討伐《とうばつ》から凱旋《がいせん》したカルドーラ公爵のエルネストと騎士たちが戻ってくる。エルネストは騎士たちの働きを讃え、騎士たちは彼の言葉に感激する「**そうだ、我々は勝ったのだ**[7]」。

そこにイモジェーネが侍女や女官たちを連れて現れる。イモジェーネの浮かぬ様子をエルネストは訝《いぶか》しがる。エルネストが、彼女が助けた者たちの首領と隠者を謁見《えっけん》して、彼らが何者かを確かめようと言う。それを聞いて彼女は動揺する。

隠者（ゴッフレード）に付き添われてグアルティエーロ、イトゥルボがやって来る。イトゥルボは、グアルティエーロよりも前に進み出て、エルネストの尋問《じんもん》に進んで応じる。そしてイモジェーネの口添えもあって、明朝ここから出立する許可をエルネストから取り付けることに成功する。海賊たちが「慈悲深い奥方様に感謝を」とイモジェーネの前に跪《ひざまず》く。

そのときグアルティエーロが、イモジェーネに「明朝出発前に、もう一度ふたりで話がしたい」と囁《ささや》く。エルネストは、グアルティエーロの存在に漠然とした不安を抱く「四重唱　**もう一度話がしたい**[8]」。

グアルティエーロの向こう見ずな行動にゴッフレードやイトゥルボは気を揉む。イモジェーネのはっきりしない態度にとうとうグアルティエーロが「復讐《ふくしゅう》してやる」と叫び、イモジェーネは気を失う。

すぐに正気を取り戻したイモジェーネだったが、彼女はすでに理性を失いかけており、グアルティエーロに向かって「一緒に逃げましょう」と叫んでしまう。周囲の人々は、エルネストとグアルティエーロをそれぞれなだめようと必死になる「六重唱　**ああ、一緒に逃げましょう**[9]」。

【第2幕】

（第1場）イモジェーネの部屋に隣接した広間

イモジェーネのことを心配して女官たちが集まっている。アデーレが彼女たちをさりげなく部屋から追い立て、イモジェーネがグアルティエー

7　そうだ、我々は勝ったのだ Sì, vincemmo
8　もう一度話がしたい Parlarti ancora per poco
9　ああ、一緒に逃げましょう Ah partiamo

ロに会いに行く手はずを整える。

ところがそこに、思いがけずエルネストが現れる。妻とふたりきりになったエルネストは「今もグアルティエーロを愛しているのか」と聞き質《ただ》す。彼女は耐え切れず「あなたと結婚して子供まで設けたけれど、私の心はずっと彼のものです」と口走ってしまう。エルネストは「グアルティエーロを捜し出して、殺してやる」と息巻いて出て行く「二重唱 **お前は私の心の傷を押し広げたのだ**[10]」。

(第2場) 中庭の回廊

イトゥルボが、なんとかしてグアルティエーロを明朝出発の船に乗せようと説得している。しかし、グアルティエーロは「エルネストに復讐《ふくしゅう》するのだ」と頑《がん》として聞き入れない。イトゥルボは仕方なく、その場から一旦《いったん》去る。

そこにイモジェーネが駆け込んでくる。彼女は、夫にグアルティエーロの素性が知れてしまったことを告げ、一刻も早くここから立ち去るように懇願する。

グアルティエーロが彼女に「一緒に逃げよう」と言う。しかし彼女はそれを拒絶する「二重唱 **一緒においで、海の向こうへ**[11]」。

ふたりを見つけたエルネストが、彼らへの復讐心に燃える「三重唱 **恐ろしい運命に屈して**[12]」。

エルネストが、グアルティエーロに決闘を申し込み、グアルティエーロがそれを受ける。イモジェーネは「私だけを殺してくれれば済むことだ」とエルネストに訴えるが、その願いは聞き入れられない。イモジェーネは気を失って倒れ、ふたりの男たちは決闘するために立ち去る「三重唱 **出発して、時は飛ぶように過ぎていきます**[13]」。

(第3場) 城のアトリウム

グアルティエーロとの決闘で命を落としたエルネストのことを人々が悲しんでいる。騎士たちが海賊グアルティエーロへの復讐を誓っているところにグアルティエーロ本人が姿を現す。

彼は剣を捨て「申し開きをするつもりもない。

10 お前は私の心の傷を押し広げたのだ Tu m'apristi in cor ferita
11 一緒においで、海の向こうへ Vieni, cerchiamo pe'mari
12 恐ろしい運命に屈して Cedo al destin orribile
13 出発して、時は飛ぶように過ぎていきます Parti alfine, il tempo vola

死を受け入れるだけだ。私が処刑されることが、私が不幸にしてしまった女の復讐となるのだから」と語り、辞世の言葉を口にする「[14]**私が不幸にしてしまった女に**」。彼は騎士たちに囲まれて別室へと連れ去られる。

そこに錯乱《さくらん》したイモジェーネが、息子の手を引いてふらふらと現れる。

「ここはどこかしら。エルネストが死にそうだわ、息子よ、お父様に顔を見せてあげて。そして私を許してくれるように、お願いしてちょうだい」と口にする「[15]**その無邪気な微笑みで**」。そこに遠くから銅鑼《どら》の音と、グアルティエーロに死刑を宣告する声が聞こえる。

イモジェーネは息子の手を離し、グアルティエーロが死刑になって血まみれになる姿を想像して、恐ろしさに震える。そして自らの死を願いながら、その場を走り去って行く「[16]**太陽よ、黒い布でその姿を隠してください**」。

《聴きどころ》

ベッリーニの作品の中でこの《イル・ピラータ》は、さほど高い評価を受けている作品ではない。知られているのはフィナーレで錯乱したイモジェーネの歌う長大な「[15]**その無邪気な微笑みで**」。このオペラを復活させたのはマリア・カラスで、彼女のあとにも多くのベルカント・オペラを得意とするソプラノが挑戦している。しかしカラスのカリスマ性、劇的表現力を凌駕《りょうが》するイモジェーネの出現には未だ至っていない。

イモジェーネ――アジリタの回る、重めの声によるベッリーニのヒロイン

前述のようにこのオペラがなかなか上演されない原因は、このイモジェーネ役を歌えるソプラノを探

14　私が不幸にしてしまった女に Tu vedrai la sventurata
15　その無邪気な微笑みで Col sorriso l'innocente
16　太陽よ、黒い布でその姿を隠してください Oh! sole, ti vela di tenebre fonda

すのが難しいことにある。ベッリーニがこのオペラを作曲したのはまだ25歳のときのことで、登場人物のなかで特にこのイモジェーネには、ロッシーニの影響による器楽的アジリタと、ベッリーニ独特の長いフレーズが共存している。第1幕のカヴァティーナ[3]「**彼が傷つき、血を流している夢を見たの**」の展開部分は、まるでロッシーニである。一方オペラ幕切れの（たぶんこのオペラで唯一有名な）十数分にも及ぶ狂乱の場[15]「**その無邪気な微笑みで**」には、ロッシーニの影響はほとんど見られず、ベッリーニ本来の長いフレーズが生きている。この「狂乱の場」には、ベルカントのスタイルの中で極限まで広げたドラマティックな表現が求められる。

この役はカラスが得意とし、１９５８年にパレルモのテアトロ・マッシモとミラノ・スカラ座でこのオペラを蘇演《そえん》（相手役はフランコ・コレッリ）。59年のニューヨークのカーネギーホールでのコンサート形式での全曲上演の録音も残っている（この時の相手役はピエール・ミランダ＝フェッラーロ）。そしてこの役は、67年にモンセラート・カバリエがフィレンツェでイタリア・デビューを飾った役でもある。その後は、一時期カラスの再来と騒がれた、暗い音色で歌うルチア・アリベルティ（１９９４年）と、カルメン・ジャンナッタージオ（２０１０年）が全曲録音をしているが、そのどちらもカラスの劇的な表現力やカバリエのベルカント唱法の高い完成度を凌駕《りょうが》するまでには、残念ながら至っていない。（なお、この役名を「イモージェネ」と表記しているものが多いが、譜面上のリズムで「イモジェーネ」と発音されているのでそちらに統一した。）

グアルティエーロ――**本来はレッジェーロの音域まで出るテノールの役**

ソプラノ・ドランマーティコ・ダジリタと称されたカラスの相手役は、録音ではミランダ＝フェッラーロ、カバリエ盤では、明るい音色ではあるが、ぎっしりと中身の詰まった声を持っていた名歌手ラボーという、リリコ・スピントのレパートリーを活動の中心に据えていたテノールによって歌われている。そのため当然のことながら楽譜にあるソープラ・アクート（超高音）のレは無視されている。

初演でこの役は伝説のテノール、ジョヴァンニ＝バッティスタ・ルビーニによって歌われたが、この時は現在の楽譜よりも一音高く、最高音はミであった。つまり作曲された時にこの役は、ベルカント・オペラを得意とする、柔らかな声のテノール用に書かれていたわけだが、イモジェーネを務めるソプラノの声の変遷に合わせるようにして、強い声のテノールによって歌われるようになっていった。重めの声のテノールが歌うと第1幕のカヴァティーナ「[1]**荒れ狂う嵐の中でも**」で、は実に凛々《りり》しく、逞《たくま》しい元伯爵の海賊の首領像が出来上がる。しかしその分、今度はテッシトゥーラ（中心となる音域）がとても高い第2幕のアリア「[14]**私が不幸にしてしまった女に会うだろう**」のカンタービレは、歌い切るのが大変だ。

それが近年（少なくともテノールに関しては）アリベルティ盤でのスチュアート・ネイル、ジャンナッタージオ盤のホセ・ブロスといった高音域も苦ではない、スピント役もベルカント・オペラも歌うテノールが、再び現れ始めているのである。ふたりとも楽譜通りに歌うのみならず、アクート（高音）も長々と伸ばして聴かせている。

エルネスト――バスティアニーニもカップッチッリも歌った役

カラス盤のようにソプラノとテノールがそこまで立派な声であれば、当然ながらエルネスト役もヴェルディを得意とするようなバリトンが手掛けてバランスを取っていた。バスティアニーニは、スカラ座でこの役をカラスと歌い、カバリエ盤ではカップッチッリが歌っている。このカップッチッリの歌唱は彼が、ベルカント・オペラのスペシャリストでもあったことを証明する卓越《たくえつ》した出来で、その息の長さと歌唱の滑らかさには圧倒される。テノールのミランダ＝フェッラーロやラボーもソプラノとの（まるでロッシーニのような）アジリタの重唱も何なくこなして見せている。少なくともこの時代の歌手は、ベルカントの確固たるテクニックを持った上で、ヴェルディ、プッチーニ、ヴェリズモのオペラも歌いこなしていたということだ。

言い換えれば、ベルカントからヴェルディ、ヴェリズモへと派生していくことは可能だが、その逆行は出来ない。イタリア・オペラの歌手にとってのテクニックとは、ベルカント・オペラが滑らかに歌い切れる技術を言うのである。泣きでごまかす歌しか歌えない歌手に、ベルカント・オペラは歌えない。ベルカントの技術がなければ、息の上に乗って、スムーズに声が劇場の隅々まで走る、カップッチッリのような歌は、到底歌えるわけがない。

《カプレーティ家とモンテッキ家》

I CAPULETI E I MONTECCHI

ヴィンチェンツォ・ベッリーニ

Vincenzo Bellini

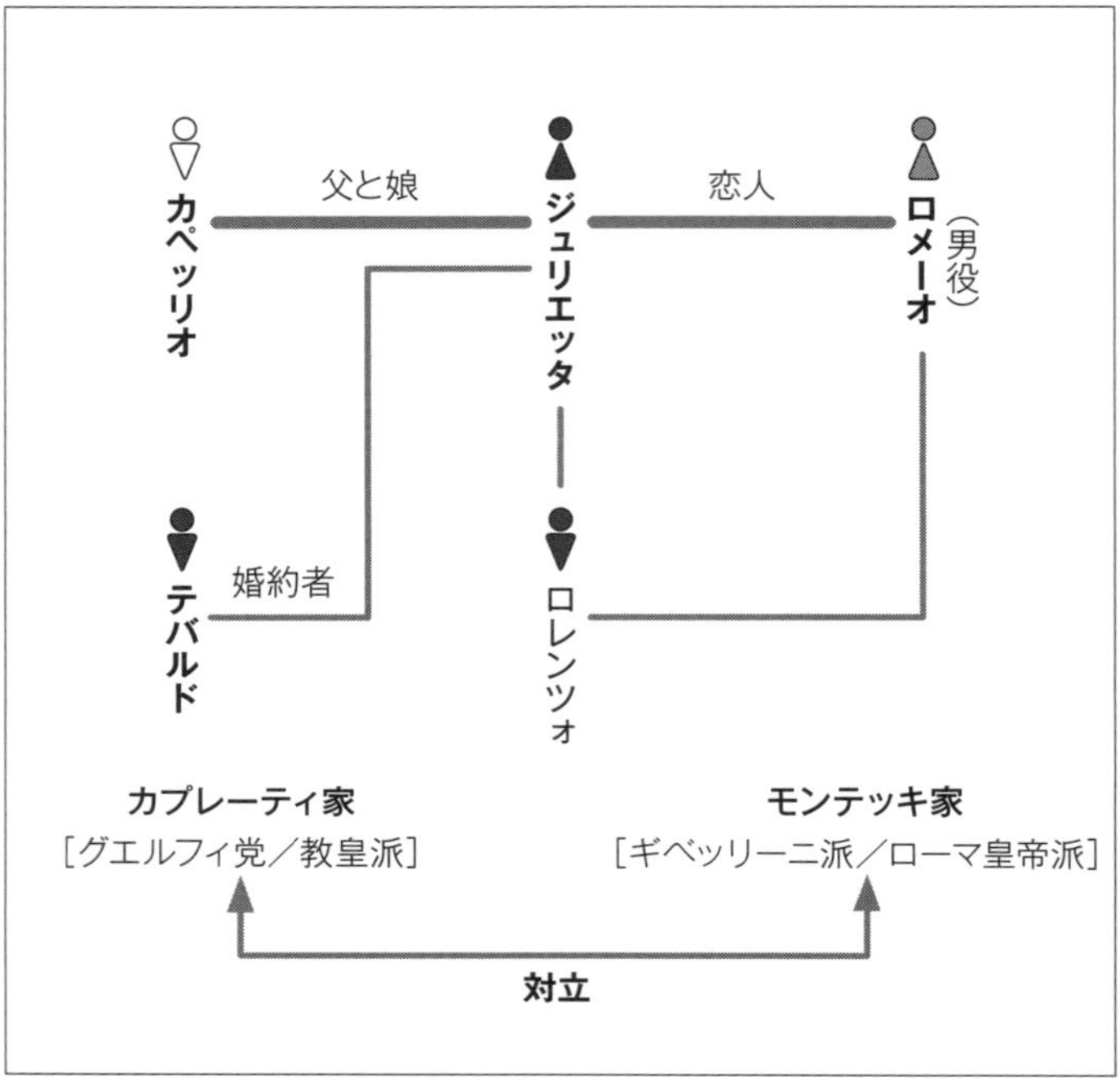

主な登場人物

ジュリエッタ（S）
カプレーティ家の娘　ロメーオの恋人

ロメーオ（Ms）
モンテッキ家の若き当主　ジュリエッタの恋人

カペッリオ（Bs）
カプレーティ家の当主　ジュリエッタの父

テバルド（T）
カペッリオが定めたジュリエッタの婚約者

ロレンツォ（T／Bs）
カプレーティ家の医師　ジュリエッタの味方

2幕の悲劇的オペラ（トラジェディア・リリカ）Tragedia lirica in due atti

原作　ルイージ・シェーヴォラの戯曲「ジュリエッタとロメーオ」ほか
複数のイタリアの民話

台本　フェリーチェ・ロマーニ

初演　1830年3月11日　ヴェネツィア、フェニーチェ座

演奏時間　2時間5分／序曲5分、第1幕55分、第2幕65分

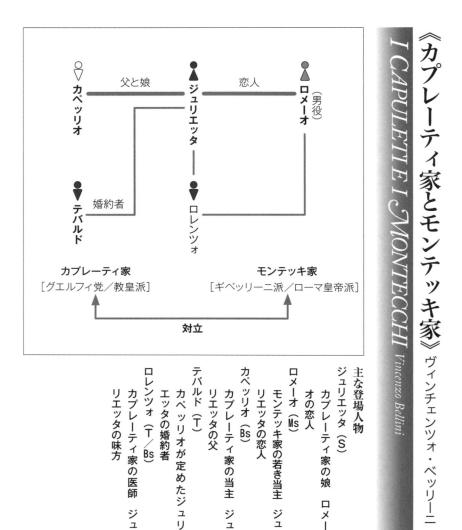

【第1幕】

13世紀のイタリア、ヴェローナ

(第1場) カプレーティ家の館にある回廊

若く凛々《りり》しいロメーオの姿を彷彿《ほうふつ》とさせるような序曲が終わると、そこはジュリエッタの家であるカプレーティ家の館。カプレーティ家の家臣たちが集まっている。グエルフィ党(教皇派)に属するカプレーティ家は、ギベッリーニ党(ローマ皇帝派)であるモンテッキ家と長年激しく対立している。その上、当主カペッリオは、モンテッキ家のロメーオに、ジュリエッタの兄である息子を殺され、ロメーオへの復讐《ふくしゅう》心を募らせている。

ギベッリーニ党の司令官となったロメーオの命令で、和平を申し込むための使者が派遣されて来るという。カペッリオによってジュリエッタの婚約者と定められているテバルドは「必ず復讐を果たして、ジュリエッタの夫となりましょう」と語る「**この剣はそのためにある**[1]」。

ジュリエッタが、ロメーオと愛し合っていることを知っているジュリエッタの良き理解者でもある医師のロレンツォが、娘を自分の思い通りにしようとするカペッリオの姿勢を批判するが、彼は耳を貸さない。テバルドは、ジュリエッタへの熱い想いを語る「**彼女を愛している、ああ**[2]」。

カペッリオはテバルドに「お前が息子の復讐を果たしてくれれば娘も喜ぶだろう」と語り、それを聞いたロレンツォは、ジュリエッタのために嘆く。

モンテッキ家からの使者としてロメーオ自身が現れる。ロメーオは幼い頃からヴェローナを離れていたので顔を知られていないのである。ロメーオが「和平の印にロメーオとジュリエッタとの結婚を」と提案するが、カペッリオはそれを言下に拒絶する。

ロメーオは「ロメーオがご子息を手に掛けたのは戦闘の中でのことで、運命だったのだ」とカペッリオに訴え掛ける「**たとえロメーオがご子息を殺したとしても**[3]」。

しかしカペッリオは「娘には婚約者がいる」と言って話をそこで打ち切るので、ロメーオは「何

1　この剣はそのためにある È serbato a questo acciaro
2　彼女を愛している、ああ L'amo, ah!
3　たとえロメーオがご子息を殺したとしても Se Romeo t'uccise un figlio

と頑《かたくな》なのだろう」と怒りを露わにする「[4]**恐ろしい復讐《ふくしゅう》の剣を**」。

（第2場）ジュリエッタの部屋

テバルドとの結婚式を前にして悲しむジュリエッタが、ロメーオに想いを馳《は》せている「[5]**ああ、幾たびか**」。そこにロレンツォが来て、秘密の扉からロメーオを招き入れる。ふたりは再会を喜び、ロメーオは「ともに逃げよう」とジュリエッタを誘う「二重唱　[6]**そう、僕たちには逃げることだけが残された**」。しかしジュリエッタは「一族の名誉と、私と父との絆《きずな》を奪わないで」と言って躊躇《ちゅうちょ》する「二重唱　[7]**ああ、これ以上何を求めるのですか**」。

遠くから婚礼の音楽が聴こえて来る。決闘を考えるロメーオをジュリエッタは必死に押しとどめる。彼女の哀願にロメーオはその場は剣を一旦《いったん》納め、去って行く「二重唱　[8]**おいで、ああ、おいで**」。

（第3場）館の広間

ジュリエッタとテバルドの結婚式が行われようとしている。そこに変装したロメーオが紛《まぎ》れ込んでいる。ギベッリーニ党が攻めてきたとの知らせに、人々は結婚式の準備を中断して武器を手に出て行く。

ひとりになったジュリエッタがロメーオの無事を祈っている。すると彼女の前にロメーオが現れて、ジュリエッタを再度「一緒に逃げよう」と誘う。そこにカペッリオとテバルドが現れ、娘と一緒にいるさきほどの使者の姿を見つけて驚く。使者は「自分こそがモンテッキ家のロメーオだ」と名乗る。そこへ現れたロレンツォは目の前の状況に当惑する。テバルドとカペッリオは、敵の当主が館の中に入り込んでいたことに怒りを露《あら》わにする「五重唱　[9]**天の救いとお力を**」。

そこにモンテッキ家の家臣たちが、ロメーオの助太刀《すけだち》に現れる。引き離されたジュリエッタとロメーオは「たとえ生きて会えずとも、天国で一緒になろう」と約束し合う。

4　恐ろしい復讐の剣を La tremenda ultrice spade
5　ああ、幾たびか Oh! quante volte
6　そう、僕たちには逃げることだけが残された Sì, fuggire a noi non resta
7　ああ、これ以上何を求めるのですか Ah! da me che più richiedi
8　おいで、ああ、おいで Vieni, ah! vieni
9　天の救いとお力を Soccorso, sostegno

【第2幕】

（第1場）館の一室

戦いからまだ誰も戻って来ない静かな部屋。ジュリエッタが不安な時を過ごしている。そこにロレンツォが現れて、ロメーオが無事であると伝える。

ロレンツォはジュリエッタに、テバルドとの結婚が不可避であると伝えた上で、仮死状態になる薬を差し出し「皆にあなたが死んだと思わせておいて、ロメーオと逃げればよい」と提案する。墓所で、ロメーオが手に掛けた兄の隣に（仮死状態で）眠らねばならない恐怖をジュリエッタは語るが、最後には決心してその薬を飲み干す「**私は死を恐れません**[10]」。

ロレンツォとジュリエッタが部屋から出たとき、カペッリオに出会う。そこでも娘に向かってテバルドとの結婚を強要するカッペリオに、居合わせた人々は「このままではジュリエッタが悲しみのあまり死んでしまう」と同情する。ジュリエッタは父に「死の淵にいる私をどうか抱きしめてください」と語りかけるが、カペッリオは冷たく「部屋に戻れ」と命じるのみで、娘への愛情を示すことをしない「**ああ、旅立つことができません**[11]」。しかし、娘を見送ったカペッリオは、何とも言いがたい不安を感じ、ロレンツォを見張るよう家臣に言いつける。

（第2場）館の近く

ロメーオがロレンツォを待っているが、ロレンツォは（カペッリオの配下の者たちに見張られて）来ることが出来ない。

そこにテバルドが通りかかる。ふたりは剣を抜いて決闘を始める「二重唱　**愚か者**[12]」。

そこに遠くから悲しげな歌が聞こえて来る。それはジュリエッタの死を悲しむ人々の弔いの歌であった。ロメーオとテバルドは愛するジュリエッタの死を悲しみ、後悔の念に打ちひしがれる「二重唱　**彼女は死んでしまった**[13]」。

10　私は死を恐れません Morte io non temo
11　ああ、旅立つことができません Ah! non poss'io partire
12　愚か者 Stolto!
13　彼女は死んでしまった Ella è morta

（第3場）カプレーティ家の墓所

モンテッキ家の家臣たちに付き添われたロメーオが、ジュリエッタが埋葬されたばかりのカプレーティ家の墓所に着く。家臣たちに墓の蓋《ふた》を開けさせたロメーオは、「ひとりにしてくれ」と言って彼らを墓所から下がらせる。

ロメーオはジュリエッタの亡骸《なきがら》に話し掛ける「**ああ、君の清らかな魂が**[14]」。

そして彼は毒を仰いで彼女のあとを追う。ロメーオはロレンツォと話す機会が持てなかったため、彼女が仮死状態であることを知らないのだ。

そこでジュリエッタが仮死状態から目覚める。目の前にいるロメーオの姿に喜ぶが、次の瞬間、彼が毒を飲んだことを知る「二重唱 **ああ、残酷《ざんこく》な。なんということを**[15]」。

ロメーオがジュリエッタの腕のなかで息を引き取る。ジュリエッタは、彼が持っていた短剣で自分の胸を刺して、彼の上に折り重なるようにして息絶える。

そこにモンテッキ家の家臣たちと、カペッリオ率いるカプレーティ家の家臣たちが墓所になだれ込んでくる。ロレンツォも現れ、目の前の惨事を見て呆然《ぼうぜん》とする。

カペッリオが、娘とロメーオの亡骸を見て「殺人だ」と叫ぶ。しかし、そこにいる両家の人々は、カペッリオを指差して「ふたりを死に追いやったのは、冷酷なあなた自身だ」と彼に非難の言葉を浴びせる。

《聴きどころ》

《ロミオとジュリエット》（イタリア語ではロメーオとジュリエッタ）といえば、シェイクスピアの作品が連想されるが、ロマーニの書いたリブレットは、イタリアで長く語り継がれて来た民話を題材としており、シェイクスピアの物語とは話の構造にかなりの隔たりがある。このオペラには、ふたりの出会

14 ああ、君の清らかな魂が Deh! tu, bell'anima
15 ああ、残酷な。なんということを Ah! Crudel! che mai facesti!

いのシーンも、バルコニーの場面も存在しない。幕開きからふたりはすでに恋仲である。

なお2003年にリコルディ社から発刊されたクリティカル・エディションには、ロレンツォ役に関して、バスとテノールふたつの声種用の譜面が併記されている。これは初演時に劇場側の契約の都合で、バスとテノールが交代でこの役を務めたことによる。また1830／31にミラノ・スカラ座で公演されたときには、ジュリエッタ役がメゾ・ソプラノだったため、低く書き換えられたフレーズも前述の差し替え部分とともに補遺《ほい》として掲載されている。加えて第1幕のジュリエッタのアリア「**ああ、幾たびか**」[5]においては、長年カットされていた4小節を復活させるなど、クリティカル・エディションは出来る限り自筆原稿の内容に戻している。

ジュリエッタ――柔らかく、長いフレージングが命

ベルカント・オペラは、どの作曲家の作品も基本的にひとつひとつのフレーズが長く、滑らかに滑り出るように歌わねばならない。ジュリエッタ登場のアリア「**ああ、幾たびか**」[5]は、その典型とも言える例。一見シンプルな譜面とは裏腹に、ひとつ間違えると声が重くなり、音程も下がりがちになる曲者《くせもの》のアリアである。超絶技巧《ちょうぜつぎこう》を披露するようなアジリタもなければ、音域としてもソープラ・アクート（超高音）と呼ばれるミ♭やファなどの高音も存在しないこの役は、テクニックを誇るソプラノ・レッジェーロよりも、温かみのあるリリコのソプラノに適している。かといって、落ち着き払った大人の音色では、今度は清楚で恋に殉ずる若い娘というイメージから離れてしまう。結果的にその中間であるリリコ・レッジェーロによって歌われることが多くなるのも宜《むべ》なるかなである。

しかし、ジュリエッタという娘は、線が細いようでいて、実は自分の意思を曲げないし、恋と家との板挟みになって、悩んで消耗していくが、ベルカント・オペラによくある狂乱には至らない。彼女は終

始一貫して「正気」なのである。だからこの役は、折れそうなひ弱なキャラクターと捉えて歌ってほしくない。彼女はこの時代の女性でありながらもカプレーティ家に残された唯一の直系として、家を守ることが自分に課せられた使命であると考えている。そうでなければ、ジュリエッタは最初の場面でロメーオとともに逐電《ちくでん》してこの物語は終わりだ。彼女は幼く、浅はかな考えの女の子ではない。この役を歌うソプラノは、そのあたりをきっちり理解した上で役作りに取り組む必要がある。

テバルド――恋敵ながら凛々《りり》しい男

シェイクスピアの戯曲では、ロミオの手にかかってあっさり殺されてしまうだけの脇役、タイボルトが、ここではジュリエッタの婚約者テバルドとして登場する。第1幕では、凛々しいアリア「**この剣はそのためにある**」[1]が与えられているし、第2幕でもロメーオと、家どうしの名誉をかけて剣を交えるカプレーティ家側を代表するキャラクターとして、なかなか重要な役回りである。

メゾによって歌われるロメーオに、恋敵として絡むこのテバルトには、ぜひ姿も良く、スタイリッシュに歌えるテノールに演じてもらいたい。ジュリエッタがテバルドとの結婚を嫌うのは、彼に欠点があるからではなく、純粋にロメーオを愛しているがゆえに他の男が目に入らないだけなのだ。テバルドはジュリエッタの婚約者として、またカプレーティ家の後継者として、ジュリエッタの父カペッリオの目に適《かな》った男である。野卑《やひ》であったり、優柔不断《ゆうじゅうふだん》なだらしない男などに見えてもらっては困る。

カペッリオ――謹厳実直な家長

カペッリオは、名誉や家名を重んじる謹厳実直《きんげんじっちょく》な家長である。その彼に育てられた娘だからこそ、ジュリエッタは名誉を重んじ、家名を汚すようなことをしてはいけない、と強く思うのだ。彼の謹厳実直を絵に描いたような発言の数々は、憎々しく演じられるべきものではない。彼は、不器用ではあるが彼なりに子供たちを愛しているのである。ロメーオに殺された息子の仇を取ろうとするのも、娘のために良かれと信じてテバルドとの結婚を進めようとするのも、彼の父としての深い愛情なのだ。この父は、愛情を上手に表に出す術《すべ》を知らず、その結果、大切な娘までをも失うことになる。このオペラにおいては、彼がシェイクスピアの戯曲の結末のように和平に向けて心を開いていくのか否かはわからないまま終わる。

ロメーオ――ベルカントの男役

最近ではバルツァ、カサロヴァ、ディドナート、ガランチャといったパンツ姿の似合う、すらりとしたメゾによって歌われるロメーオ役。この役は男役とはいえ、求められる音域は、ソプラノの音域よりもほんの少し低いだけである。では、男らしさはどこで出すのか、と言えば、まず高音を金切り声で叫ばないこと。立派な中低音を響かせることよりも、均一な声で上から下まで歌いこなすことの方が重要である。

ベルカント・オペラのシンプルな音型は、その歌手の歌唱テクニックを丸裸にする。音域によって音色が変わってしまい、フレーズが細切《こまぎ》れになるようでは困るし、ジュリエッタとの二重唱で、どんなに感情が激しても女性的な怒りのエネルギーの発散になってはならない。日本ならではのズボン役の良い見本は、宝塚歌劇の男役であろう。演じているのが女性だとわかっていても、舞台上では男に見えてしまう、あの所作の「間の取り方」などは、日本のメゾ・ソプラノがこの役やロッシーニ作品の戦士役をやるときに、大いに参考になることだろう。ただし、ベルカントの男役の理想が「男の声色を作ること」だとは、ゆめゆめ誤解しないでいただきたい。なお１９６８年にアッバードが、テノールのジャコモ（ハイメ）・アラガルがロメーオを歌った（テバルドは若き日のパヴァロッティ）名演の録音を遺していることを付しておく。

《夢遊病の女》ヴィンチェンツォ・ベッリーニ

LA SONNAMBULA Vincenzo Bellini

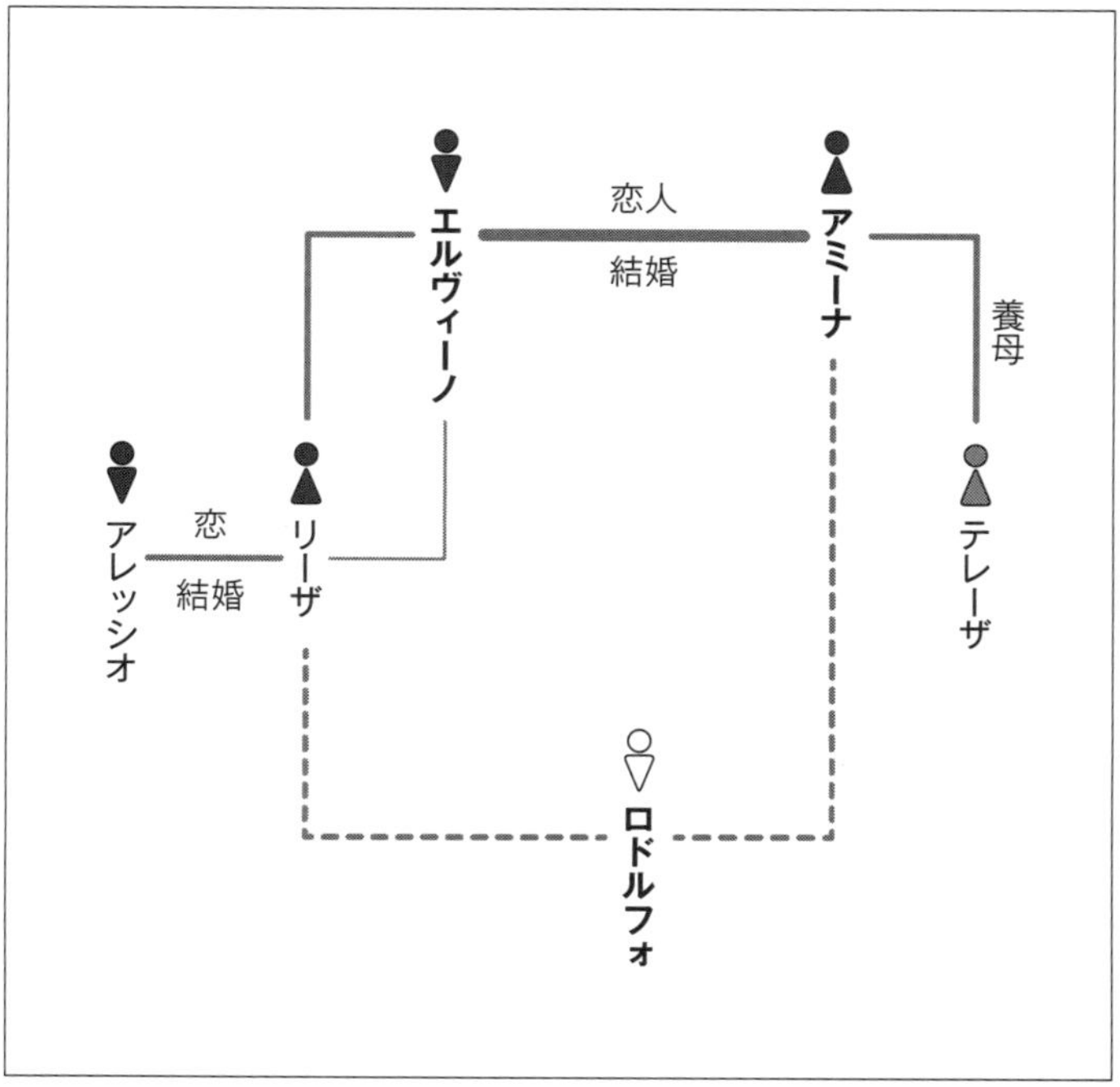

主な登場人物

アミーナ（S）　エルヴィーノの婚約者　テレーザの養女

エルヴィーノ（T）　裕福な地主の青年

ロドルフォ（Bs）　久しぶりに戻ってきた領主の伯爵

リーザ（S）　宿屋の女将

テレーザ（Ms）　水車小屋の女主人

アレッシオ（T）　リーザに恋する農夫

2幕のオペラ（メロドランマ）Melodramma in due atti

原作　ウジェーヌ・スクリーブ、ジャン＝ピエール・オーメ「夢遊病の女、あるいは新しい貴族の到着」

台本　フェリーチェ・ロマーニ

初演　1831年3月6日　ミラノ、カルカーノ劇場

演奏時間　2時間5分／第1幕80分、第2幕45分

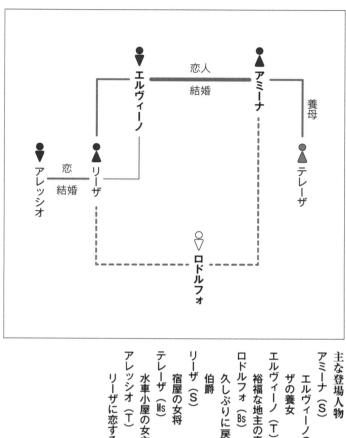

【第1幕】

スイスのとある村の広場

楽しげな音楽が聴こえて来る。村の広場では、地主のエルヴィーノと水車小屋の娘アミーナの結婚が決まったことを村人たちが祝っている。以前、エルヴィーノと付き合っていた宿屋の女主人リーザは、心中穏やかではない「[1]**みんなが楽しそうに、お祭り騒ぎで**」。

リーザに恋するアレッシオが慰めるが、彼女の心には響かない。そこにアミーナが姿を現し、孤児だった自分をやさしく育ててくれた養母テレーザに感謝の意を表して、今の幸せを歌う「[2]**愛《いと》おしい皆さん、優しいお友達~私には最高の日です**」。

公証人が到着し、その後にエルヴィーノが現れる。彼は母の墓前に結婚することを報告して来たと言い、母の形見の指輪をアミーナに与え「明朝教会で式を挙げよう」と言う「二重唱　[3]**受け取っておくれ、君に渡すこの指輪は**」。テレーザと村人たちがふたりの婚約を祝福する。

そこに馬のひづめの音がして身なりの良い旅人が現れて懐かしそうに辺りを見回す「[4]**この心地よい場所には来たことがある**」。そして旅人はアミーナの美しさを褒《ほ》める「[5]**君は知るまい、美しい瞳が**」。その旅人はリーザの勧めで、彼女の宿に一泊することになる。

夕暮れが迫り、人々は家路につく。広場に残ったのは恋人たち。エルヴィーノは、アミーナが旅人に対して優しすぎるとヤキモチを焼いて拗《す》ねるが、アミーナに優しくたしなめられて、仲直りする「二重唱　[6]**僕はそよ風にも焼き餅を焼く**」。

場面は変わって宿屋の一室。旅人が実はここの領主で、長年この地を離れていた伯爵のロドルフォであることに気がついたリーザがやって来て、早速彼に媚《こ》びを売る。

そこに誰かがやって来る気配がするので、リーザは慌てて隠れるが、そのときにうっかりスカーフを落とす。

現れたのは真っ白なネグリジェ姿のアミーナ。彼女は夢遊病で、エルヴィーノといるつもりなのか独り言を言いながら、伯爵の部屋の中を歩き

1　みんなが楽しそうに、お祭り騒ぎで Tutto è gioia, tutto è festa
2　愛おしい皆さん、優しいお友達～私には最高の日です Care compagne, e voi teneri amici ～ Come per me sereno
3　受け取っておくれ、君に渡すこの指輪は Prendi, l'anel ti dono
4　この心地よい場所には来たことがある Vi ravviso, o luoghi ameni
5　君は知るまい、美しい瞳が Tu non sai con quei begli occhi

回ったあげく眠ってしまう。

リーザは、アミーナの不貞の現場を押さえたとばかりにエルヴィーノに知らせに走り、伯爵はアミーナを置いてそっと部屋を出る「二重唱[7] **なんということだ、亡霊か**」。

村人たちやアミーナの母テレーザが、伯爵に挨《あい》拶《さつ》にやって来る。そこでしどけない姿のアミーナを見つけて驚く。テレーザは、リーザが落としたスカーフを娘のものと勘違いしてポケットにしまう。

エルヴィーノが、リーザに連れられてやって来る。そこでアミーナが目を覚ますが、なぜ自分がここにいるのかがわからない。彼女が不実だと思い込んだエルヴィーノは「この結婚は白紙だ」と言い放つ「五重唱[8] **想いも、言葉もすべて嘘《うそ》だったというの**」。アミーナは、テレーザの腕の中で泣き崩れる。

【第2幕】

（第1場）森の中

村人たちが、伯爵がアミーナのことを救ってくれぬものかと語り合っている「合唱[9] **この深く木々の生い茂った森が**」。

アミーナは、なんとかエルヴィーノの誤解を解こうとするが、彼は聞く耳を持たない「[10]**すべてはだめになった**」。

エルヴィーノがアミーナから指輪を取り上げ、アミーナは嘆き悲しむ。エルヴィーノもまた、彼女に想いが残っている苦しい気持ちを語る「[11]**ああ、なぜ君を嫌いになれないのだろう**」。

（第2場）村の中

エルヴィーノは、アミーナに裏切られた腹いせに、リーザと結婚することに決めた。これ幸いとエルヴィーノと結婚しようとするリーザをアレッシオが必死に止めている。村人たちがリーザを祝福する言葉を言い、リーザが礼を言う「[12]**みなさんのお祝いの言葉は嬉しいわ**」。

6 僕はそよ風にも焼き餅を焼く Son geloso del zeffiro errante
7 なんということだ、亡霊か Che veggio? Saria forse il notturno fantasma?
8 想いも、言葉もすべて嘘だったというの D'un pensiero e d'un accento rea non sono
9 この深く木々の生い茂った森が Qui la selva è più folta e ombrosa
10 すべてはだめになった Tutto è sciolto
11 ああ、なぜ君を嫌いになれないのだろう Ah, perchè non posso odiarti

現れたエルヴィーノがリーザを連れて、結婚式のために教会へ向かおうとする。そこに伯爵が現れて、すべてはエルヴィーノの誤解で、アミーナが夢遊病であることを説明する「三重唱[13] **エルヴィーノ、待つのだ**」。しかしエルヴィーノにはその話がにわかには信じられない。

そのとき、テレーザが姿を見せて「悲しみに暮れてやっと眠った娘のために、静かにしてやってください」と村人たちに語り掛ける。

エルヴィーノがリーザと結婚しようとしていることを知ったテレーザは、伯爵の部屋で拾ったスカーフを手にして「これはあなたのものでしょう」とリーザに言う。リーザは顔を赤らめる。

リーザにも騙《だま》されていたのかとエルヴィーノは失望を隠せない「五重唱[14] **リーザも嘘《うそ》をついていたのか**」。

そこに夢遊病のアミーナが、屋根伝いを危なっかしい足取りで歩きながら、胸元から以前エルヴィーノから贈られた萎《しお》れた花束を出して我が身の不幸を嘆き悲しむ「[15]**ああこんな風に萎れてしまうなんて**」。人々は固唾《かたず》を呑んで、彼女を見つめる。

彼女の姿に、事の真実を理解したエルヴィーノは、指輪をアミーナの指にもう一度はめる。正気を取り戻したアミーナは、皆に祝福されて、エルヴィーノと式を挙げる「[16]**ああ、これ以上ない喜び**」。

《聴きどころ》

ベッリーニのフレーズの長さと、美しさは、数あるベルカント・オペラの中でも特別である。それゆえに彼のオペラは、歌う側にこの上なく完璧な歌唱のテクニックを要求する。ほぼ同時代でもドニゼッティならば。もしかしたら若干違うメソードでも歌い切れるかもしれない。しかしベッリーニは無理である、とてもアリアひとつまともに歌い切れない。ベッリーニの作品は幸せいっぱいの場面でも、あ

12　みなさんのお祝いの言葉は嬉しいわ De' lieti auguri a voi son grata
13　エルヴィーノ、待つのだ Elvin, t'arresta
14　リーザも嘘をついていたのか Lisa mendace anch'essa!
15　ああこんな風に萎れてしまうなんて Ah, non credea mirarti
16　ああ、これ以上ない喜び Ah, non giunge uman pensiero

るいは相手に裏切られたと嫉妬《しっと》に狂うときも、誤解された悲しみに苦しむ場面においても、それらの感情をあくまで息の上に乗せて、美しく歌いながら表現されねばならない。楽譜通りに歌えばいいと言うのは簡単だが、実際に息をコントロールしてベッリーニのスタイルを崩さずに歌うというのは殊《こと》の外《ほか》難しいのである。

リーザ――上昇志向の塊

旅籠《はたご》の女将リーザは、地主のエルヴィーノとの結婚を夢見ていた。そのエルヴィーノが、元孤児のアミーナを生涯の伴侶に選んだことが面白くない。このオペラの最初のアリアは、リーザの複雑な心情の吐露《とろ》「[1]**みんな楽しそうで、お祭り騒ぎで**」から始まる。ただし、その悔しさや嫉妬心を表現するために言葉を立てようとしてフレーズを切り刻むことは、先にも述べたようにベッリーニでは御法度《ごはっと》である。この作曲家の作品を歌う難しさは、どの登場人物の歌唱も、音楽が滔々《とうとう》と流れる川のように、弛《ゆる》むことなく流れ続けることが鉄則であることにある。

物語上では、アミーナがヒロインであり、リーザはその脇ということになるのだが、脇役だからといってこの役に二線級の歌手が充てられるようなことがあると、その途端にこのオペラは台無しになる。すべての登場人物が、完成されたベルカント歌手でなければならない、それがベッリーニ・オペラの掟《おきて》である。このオペラの中で、リーザは策士のような動きをするが、実際はさほど賢くはない。リーザはどこか憎めない、素朴さのあるキャラクターであってほしい。単に寂しそうにうらぶれられても困る。彼女はアミーナとエルヴィーノが結婚した翌日からも、またしっかり立ち直って商売に励むような逞《たくま》しさを持ち合わせた女性なのだから。

ロドルフォ――あくまで紳士の伯爵

ベルカント・オペラにおけるバスの代表的なアリアのひとつが、ロドルフォが舞台に登場してすぐに歌われる「**この心地よい場所には来たことがある**」[4]である。このアリアや《ノルマ》のオロヴェーゾがきちんと歌える歌手であれば、ヴェルディのバスの役にある大きなアリアもこなすことが出来る。ベッリーニのアリアは、バス歌手のベルカント技術の実力が、すべて露呈してしまう作りをしている。

年長者の設定が多いバスの主要な役の中では珍しく、ロドルフォは壮年である。アミーナに慇懃《いんぎん》に挨《あい》拶《さつ》をして見せる時の演技には、セリフ回しにも伯爵としての品の良さが必須となる。リーザからの誘惑とて、まんざらではないが、ギラギラしすぎることなく、それをやりすごせる男であってほしい。ネグリジェ姿で部屋にやって来て眠り込んでしまったアミーナをそのまま寝かせて、そっと部屋を出て行くなど、小憎いくらいスマートではないか。そこがこのオペラに出てくる唯一のエスタブリッシュメントの面目躍如《めんぼくやくじょ》の場面である。

エルヴィーノ――田舎のお金持ちのお坊っちゃま

裕福な地主の家に生まれ育ったお坊っちゃまエルヴィーノは、どうもリーザとも関係を持っていたようだし、適当につまみ食いをしていた節がある。都会の薫《かお》りを身につけ、垢《あか》抜けた立ち居振る舞いのロドルフォにアミーナが丁寧に挨拶《あいさつ》を返すだけで、嫉妬《しっと》してご機嫌斜めになるところなどコンプレックス丸出しである。かつ、どうもあまり物事を深く考えるタイプではないようだ。よく言えば、純朴で、自分の心に常に正直なのである。イタリア男の素朴な面が現れている役、とも言えようか。

アミーナに婚約指輪を渡す有名な二重唱「**受け取っておくれ**」[3]や、ロドルフォの登場で拗《す》ねたエルヴィーノにアミーナが優しく接して機嫌がだんだん直って行く二重唱「**僕はそよ風にも焼き餅を焼く**」[6]

などは、レッジェーロのテノールにいたってシンプルに、フレーズの美しい流れを第一に歌ってもらいたい。この役はひたすら素朴であることで、ベッリーニのフレーズの美しさをより強調出来るのだ。この役をドニゼッティや、ましてやヴェルディのようにディクションを立てて歌われると、このオペラの骨格自体が崩れる。あくまで美しく、長いフレーズをどこまでもひと繋《つな》がりに歌い収めるのが、この役のテノールの務めである。

アミーナ――おっとりとしたプリマドンナ

アミーナは、ソープラ・アクート（高いド以上の超高音域）を決めねばならないし、アジリタ（転がる部分）も多い。が、だからと言って軽いだけのソプラノ・レッジェーロでも務まらない。リリコ寄りの表現力が、どうしても必要なのである。この役にはキュートなだけでなく、どこか落ち着きのあるリリックな音色が不可欠で、ソープラ・アクートを持っているのならば、いっそリリコに歌ってもらいたいぐらいの役である。穏やかで、控えめで、誠実な人柄が声から滲《し》み出てほしい役で、お子ちゃま声のキンキンしたソプラノに歌われるのは勘弁してもらいたい。

登場のレチタティーヴォ「**愛おしい皆さん、優しいお友達**」[2]でアミーナは自身の出自から、人柄までを一気に表現しなければならない。それもフレーズの流れを止めずに、である。これがとても難しい。オペラの立ち上がりで、喉が温まっていない状態だからといって、単にきれいな声で歌うだけでは済まされない部分だ。最初のレチタティーヴォから、立ったイタリア語で、歌う側もきちんと意味を理解して表現する必要がある（そんなことは当たり前と思われるだろうが、日本では往々にしてそれも怪しい学生や、下手をすると若い歌手までが存在するのだから恐ろしい）。かつ、それが美しいフレージング上で表現できることが大切なのだ。ここで声を出すことに気を取られていては、聴衆に彼女のキャラクターが届かない。イタリアオペラにおいて、特にイタリアの歌手は、幕が進んでいくほど声が鳴り、物語のクライマックスで一番いい声が出るように、第一幕は（言い方は悪いが）捨ててスタートするケースがままある。しかし、この役や、たとえば《アドリアーナ・ルクヴルール》や《エルナーニ》のタイトルロールのように、出て来た初《しょ》っ端《ぱな》から一番の聴かせどころが来る作品の場合は、ヴォカリーズを楽屋で終わらせ、ある程度声を温めてから舞台に乗らねばならない。特にこの役の場合は、カヴァティーナからアジリタ満載のカバレッタまでのフルコースで、ここでアミーナの実力が試されるのである。

　アミーナのもうひとつの大きなアリア「[15]**ああ、こんな風に萎《しお》れてしまうなんて**」は、オペラの終盤に置かれている。ここは夢遊病で歌われる。そうなのだ、ここは「狂乱」ではなく、「夢遊病」なのである。狂ってはいけないが、正気でもない。悲しみに暮れる彼女の歌うこの短調のアリアは、ベッリーニのリリカルなメロディの美しさが特に際立つ。そして続くカバレッタ「[16]**ああ、これ以上ない喜び**」は、エルヴィーノが彼女の指に婚約指輪を返し、それを祝う村人たちの歓声を聞いた瞬間に、彼女が正気に戻って歌われる。ここはアリア部分の危うさとの対比をはっきりさせて、華やかに歌われる箇所で、劇場の全ての耳目が彼女にだけ集まるプリマドンナ最高の見せ場である。コンサートなどでは、最後のソープラ・アクートのミ[b]を長く伸ばすが、オペラの舞台ではこの後に合唱が続くためそれは行われない。アミーナは、あくまで「ベルカントの技術に立脚《りっきゃく》した（という注釈付きの）表現力」で勝負する役なのである。

《ノルマ》ヴィンチェンツォ・ベッリーニ

NORMA *Vincenzo Bellini*

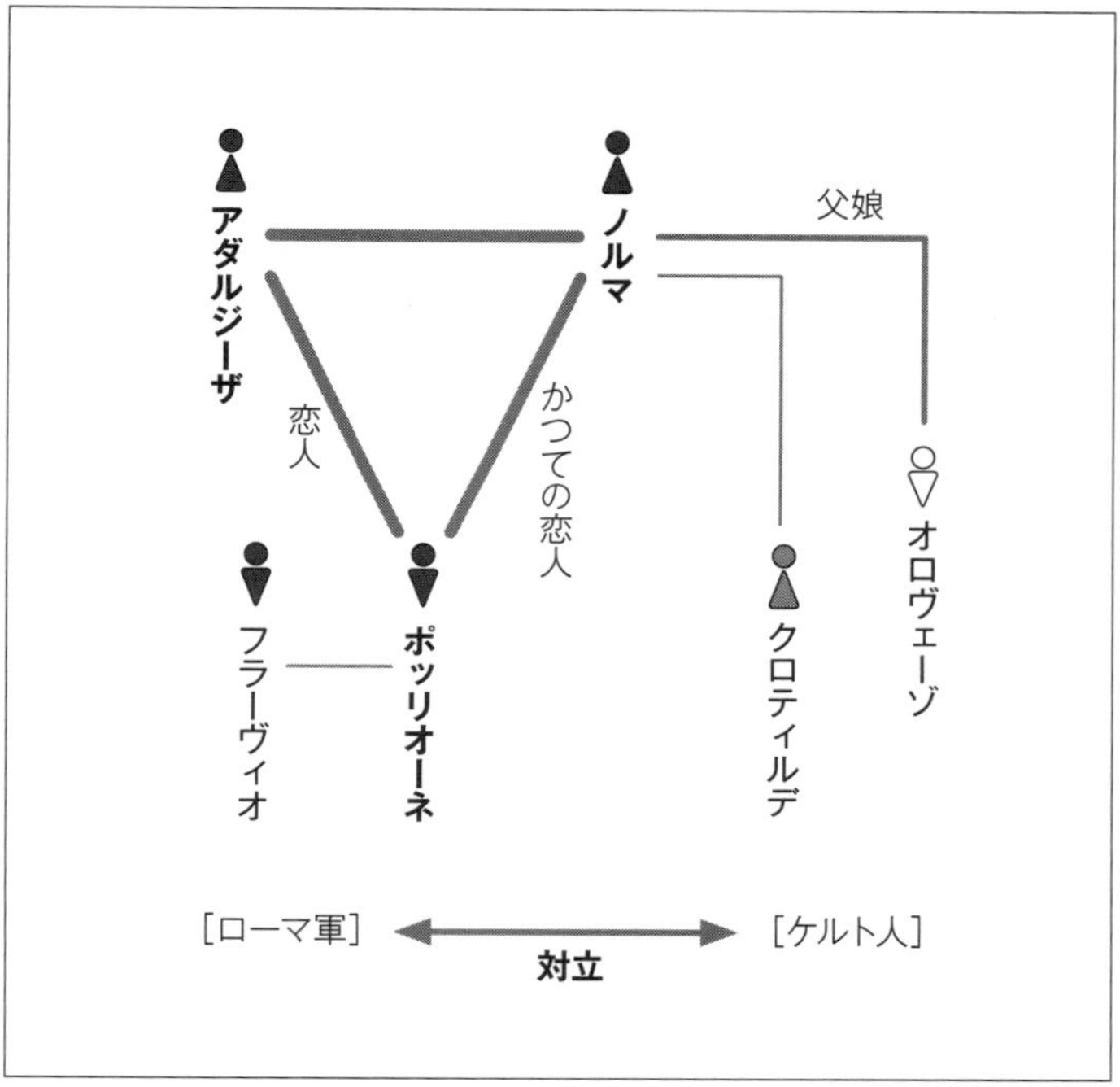

主な登場人物

ノルマ（S）
ドルイドの祭司を司る巫女長
オロヴェーゾの娘

アダルジーザ（S）
イルミンスル神殿に仕える若い巫女

ポッリオーネ（T）
ローマ人　ガリア地方の総督

オロヴェーゾ（Bs）
古代ケルトの知識層（ドルイド）の長

クロティルデ（Ms）
ノルマの腹心の侍女

フラーヴィオ（T）
ポッリオーネの友人

2幕の悲劇的オペラ（トラジェディア・リリカ）Tragedia lirica in due atti
原作　アレクサンドル・スメの劇作品「ノルマ」
台本　フェリーチェ・ロマーニ
初演　1831年12月26日　ミラノ、スカラ座
演奏時間　2時間20分／序曲6分、第1幕74分、第2幕60分

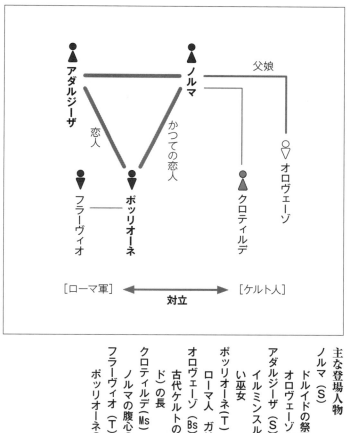

【第1幕】

（第1場）古代ローマに征服されたガリア地方
ドルイドたちの聖なる森

ドルイドの巫女《みこ》長であるノルマを象徴する荘厳さに始まる、彼女の激しくも悲しい一生を描くような序曲に導かれて幕が開く。

ガリア地方のケルト人たちは、ドルイドと呼ばれる知識層に導かれ、オークの古木とそれに寄生するヤドリギを樹木信仰の対象として崇《あが》めている。

ドルイドの長、オロヴェーゾとドルイドの人々は、オロヴェーゾの娘で巫女長のノルマが、神のお告げとして「ローマ人征伐に立ち上がれ」と口にすることを待ち望みつつ、森の奥へと去って行く「**あの丘へ登るのだ、ドルイドよ**[1]」。

ローマ人のガリア地方総督であるポッリオーネが、友人フラーヴィオとともに姿を現す。ポッリオーネは、密かにノルマと愛し合ってふたりの子供を設けたが、彼の心はすでに若い巫女のアダルジーザに移っている。

ポッリオーネは、ノルマに復讐《ふくしゅう》される恐ろしい夢を見たと話す「**ヴィーナスの祭壇《さいだん》に私とともに**[2]」。

そこにノルマを祭壇へと迎えるドルイドたちの声が聞こえて来る。ポッリオーネは「愛の力でこの森を打ち壊して、アダルジーザを連れ去るのだ」と決意を語り、ひとまずその場を去る「**私は、より大きな力で護られている**[3]」。

祭壇となるオークの古木の下に集まるドルイドや巫女たちのもとに、ノルマが鎌を手に現れ「ローマは我々が手を下さずともいずれ滅びる。今は戦いの時ではない」と語る。そして神木のヤドリギを刈り取って、月に向かってかざしながら「あなたの銀色の光で、人々の心を静めてください」と神に祈りを捧げる「**清らかな女神よ**[4]」。

「ローマを征伐すべき時には私の口から神の言葉が語られるだろう」と言いながらも、彼女の心は愛するポッリオーネへの想いとの間で揺れ動く「**ああ、愛の日々が私の元に戻ってくれば**[5]」。

儀式が終わり、人々が去って行く。アダルジー

1　あの丘へ登るのだ、ドルイドよ Ite sul colle, o Druidi
2　ヴィーナスの祭壇に私とともに Meco all'altar di Venere
3　私は、より大きな力で護られている Me protegge, me difende un poter maggior
4　清らかな女神よ Casta Diva
5　ああ、愛の日々が私の元に戻ってくれば Ah! bello a me ritorna

ザがひとりその場に残る。彼女は、敵であるローマ人に恋をしてしまったことに苦しんでおり、神に祈る「[6]**どうかお護り下さい、神様**」。

そこにポッリオーネが現れる。アダルジーザを「一緒にローマに逃げよう」と誘うが、アダルジーザはそれをためらう。ポッリオーネは「それならば私を神の生贄《いけにえ》にするがいい」と語る「二重唱 [7]**行くがいい、酷《むご》い人よ、冷酷な神に捧げるがいい**」。迷う彼女は、明日ここでもう一度ポッリオーネと会う約束をする。

（第2場）ノルマの住居

ノルマは、自身がローマに召喚《しょうかん》されたことを彼女に言わないポッリオーネの態度に不信感を抱いている。そこにアダルジーザが、ノルマに辛い恋の相談にやってくる。ノルマはその話を優しく聞きながら、一方で自分とポッリオーネの思い出に浸る「二重唱 [8]**アダルジーザ。勇気を出さなければ**」。

ノルマが、アダルジーザに相手の名を尋ねた時、ポッリオーネがその場に現れて、ふたりの女性は同じ男を愛していることを知る。ポッリオーネはノルマに赦しを乞うが、ノルマは彼の不実を責める。アダルジーザは思わぬ事実に驚き、自分が命を断って、ノルマと子供達に彼を返すと言う「三重唱 [9]**ああ、恐れることはありません**」。

そのとき、ノルマを祭壇へと呼び戻す聖なる銅鑼《どら》の音が聞こえる。とりあえずポッリオーネは急いでその場から立ち去る。

【第2幕】

（第1場）ノルマの居室

幼い子供達がふたりとも眠っている。ノルマは子供たちの行く末をはかなみ、短刀を手にして彼らと心中しようとするが、どうしても実行に移すことができない「[10]**かわいい子供たちよ**」。

ノルマは、侍女クロティルデにアダルジーザを呼びに行かせる。やってきたアダルジーザは、ノルマの蒼白《そうはく》な顔に驚く。

ノルマは「子供たちを道連れに死のうとした

6　どうかお護り下さい、神様 Deh! proteggimi, o Dio!
7　行くがいい、酷い人よ、冷酷な神に捧げるがいい Va, crudele, al Dio spietato offri
8　アダルジーザ、勇気を出さなければ Adalsisa! Alma, costanza
9　ああ、恐れることはありません Oh non tremare
10　かわいい子供たちよ Teneri figli

が、子供たちを殺すことがどうしても出来ない」と語り、彼女に「ポッリオーネと一緒にローマに行くがいい。だがその時に、この子たちを連れて行き、お前の手で育てて欲しい」と頼む「二重唱 [11]**ああ、お前と一緒に連れて行っておくれ**」。

　アダルジーザはそれを断り「不実なあの男に崇高なあなたの気持ちを話して、もう一度あなたのところに戻るように説得して来ます」と語る「二重唱 [12]**御覧なさい、ノルマ**」。そしてふたりは互いの堅い友情を確かめ合う「二重唱 [13]**私たちは最期の時まで**」。

（第2場）ドルイドの森の近く、荒涼とした場所

　ガリア兵たちが、ローマ人征伐《せいばつ》への出発の命令を今や遅しと待っている。オロヴェーゾが現れ、「ノルマからまだ神のお告げがない。今しばらくの我慢だ」と兵士たちに語る「[14]**ああ、ローマ人に支配され**」。

（第3場）イルミンスルの神殿

　ノルマが「ポッリオーネは、アダルジーザに説得されて、きっと自分のところに戻って来るであろう」と独白する。しかし、クロティルデが来て、ポッリオーネがアダルジーザのことをまだ諦《あきら》めていないことをノルマに報告する。怒りに燃えたノルマは祭壇《さいだん》に駆け上がり、銅鑼《どら》を3回叩き、人々に戦いの時が来たことを告げる。

　ポッリオーネが、アダルジーザをローマに連れて行こうと修道院に忍び込んだところを捕らえられて神殿へ引き立てられて来る。

「復讐《ふくしゅう》だ」と叫ぶ者たちにノルマは「この男には、私が直接共犯者である巫女《みこ》の名前を吐かせる」と言って人払いをする。そして彼にもう一度「アダルジーザを諦めなさい。そうでなければアダルジーザも、あなたの子供たちも殺されることになるでしょう」と言うが、ポッリオーネは「自分を殺してくれ。だがアダルジーザや子供たちの命は助けてやってくれ」と懇願する「二重唱 [15]**お前はとうとう私の手中に落ちました**」。

11　ああ、お前と一緒に連れて行っておくれ Deh! con te li prendi
12　御覧なさい、ノルマ Mira, o Norma
13　私たちは最期の時まで Sì, fino all'ore estreme
14　ああ、ローマ人に支配され Ah! del Tebro al giogo indegno
15　お前はとうとう私の手中に落ちました In mia man alfin tu sei

ノルマが、オロヴェーゾや人々を呼び戻す。そして「裏切り者がわかりました。その者は神の生《いけ》贄《にえ》とならねばなりません。そしてそれはノルマ、私自身です」と言い、ポッリオーネに向かって「あなたは私と共に死ぬのです」と宣言する「**あなた方の怒りに新たな犠牲者を教えましょう**[16]」。

彼女の毅然《きぜん》とした態度に心打たれたポッリオーネは自らの行いを後悔し、彼女と共に処刑されることを望む「二重唱 **あなたがどんな心を裏切ったのか**[17]」。

ノルマは最後の願いとして、父オロヴェーゾに子供たちの行く末を頼む。最初は拒絶していた父も、最後には娘の哀願を受け入れる。そしてノルマは父に別れを告げ、ポッリオーネと共に火刑台へと歩みを進める「三重唱 **あの子たちを犠牲にしないでください**[18]」。

《聴きどころ》

ベッリーニの憂《うれ》いを含んだ美しいメロディは、耳に心地よい。しかし歌う側にとっては実にハードルの高い作品である。ノルマをはじめ主な出演者たちに、深く息を吸って、それをコントロールしながら（一定の量の息を吐きつづけ）そこに声を乗せて行くという、いわゆる「ベルカント唱法」の完璧な技術がなければ、このオペラは成立しない。カラスが１９４８年にフィレンツェで蘇演《そえん》するまで長く上演されなかったことも、その後もカバリエら数人のソプラノだけがこの役をレパートリーに出来ていることも、その証左である。

ノルマ――カラスを凌駕《りょうが》する歌手が出現する可能性はあるのか

この作品のみならず、ベッリーニのオペラはともかくひとつひとつのフレーズが長い。もちろん、長

16　あなた方の怒りに新たな犠牲者を教えましょう All'ira vostra nuova vittima io svelo
17　あなたがどんな心を裏切ったのか Qual cor tradisti
18　あの子たちを犠牲にしないでください Deh! non volerli vittime

いフレーズの途中で歌手は息継ぎをする。だが「息を吸ったときに音楽の流れが途切れてはならない」というのがこの作曲家の作品を歌うときの鉄則で、まるで息継ぎをしていないように聴衆に思わせる技術が、ベルカント唱法の重要なテクニックのひとつでもある。

カヴァティーナ「**清らかな女神よ**[4]」のことを「ベルカント・オペラのソプラノのアリアでもっとも難しい」とソプラノ歌手たちは声を揃《そろ》える。一本の息のライン上から外れることなく歌うのは、高い音域の方が楽なのである。しかし、このカヴァティーナのテッシトゥーラ（中心となる音域）は、リリコの音域、つまりソプラノとしては低めである。現在ベルカント・オペラを得意とする歌手のほとんどはリリコ・レッジェーロ、あるいはレッジェーロで、彼女たちにとって中音域は得意な音域ではない。いきおいレッジェーロの歌手たちは、意識して人工的に中音域の声を鳴らす必要に迫られる。だからといって、広げて押して出すような小細工をした途端に息のスピードは半減して、声は身体から離れてくれず、伸びやかに息と声を遠くへ送り続けるというベルカントの基本中の基本をキープするのが難しくなる。この時点で、ノルマという役を手がけることができる歌手の候補はぐっと減る。

また一方で、完璧なベルカントの技術を持っているフレーニのような柔らかい声質の歌手は、この性格も激しく攻撃的な言葉を吐く、自分の声とは似合わないノルマを演じるような無謀《むぼう》なことはしなかった。カバリエは、その完璧なベルカントの技術の枠をはみ出すことなく、声を優先して歌い切った。ルチーアを得意としたリリコ・レッジェーロのマリエッラ・デヴィーアがこの役に手を出したのは60歳を超えてからだ。彼女をしてもまだ「ノルマ歌い」としての評価を受けるには至っていないが、現在では彼女が唯一、その名を手にする可能性を持った歌手であるだろう。

イタリアの歌劇場での《ラ・トラヴィアータ》には「マリア・カラスの亡霊がいる」と言われ、ヴィオレッタを歌うソプラノはカラスと比較されることをずっと余儀《よぎ》なくされて来た。しかし、このノルマ役に至っては、亡霊どころか、いまだ彼女の支配から逃れられた者は誰ひとりいないのが現状である。

アダルジーザ――ソプラノかメゾ・ソプラノか

《ノルマ》というオペラを語るとき、アダルジーザを歌うのがソプラノか、メゾかの議論は避けて通れない。ヴォーカル・スコアに作曲家はソプラノを指定しているのに、実際はメゾによって歌われることがほとんどだからである。ノルマとアダルジーザには、物語のなかでも重要な場面の二重唱がいくつもある。ドニゼッティの女王三部作のように、女声ふたりが恋敵として対立するケースはあるけれど、ノルマとアダルジーザほど女声ふたりがハモる二重唱が多い作品は他に見当たらない。

役柄から言えば、ノルマのほうが年上であり、子供もあり、巫女《みこ》の長でもあり、激しい気性の持ち主なので、本来はメゾで歌われても不思議はない。しかしノルマがタイトルロールである以上、ノルマには華やかさが必要である。華やかさという点では、残念ながらメゾはソプラノに一歩譲らざるを得ない。

どうしてもこの2役をソプラノで歌わせたい指揮者がいたとする。ノルマはアジリタの出来るリリコ、あるいはリリコ・スピントのソプラノが歌う。その声とコントラストが出せるソプラノとなると、残るはレッジェーロ系となる。ところが、このアダルジーザ役のテッシトゥーラは、ノルマと同じく低めで、レッジェーロ系のソプラノにはこの役は事実上無理である。そのため結果的に、中音域攻めをされても問題がなく、かつ、高音まで苦もなく出せる声域の広さに恵まれたメゾの歌手によって歌われるケースがほとんどとなるのである。

オロヴェーゾ――ベルカント・バスのお手本

威厳を持って登場して来るドルイドの長オロヴェーゾ。オペラの幕開きの「**あの丘へ登るのだ**[1]」における彼の歌唱が、公演全体の品格を決めると言ってもよい。この役は、ベルカント・オペラだけではなく、これから先、ヴェルディの作品に登場する（例えば《運命の力》のグアルディアーノ神父や《ドン・カルロ》の大審問官といった）滑らかなフレージングで、かつ品性のあるスタイリッシュなバスが演じる宗教家役の歌唱の原型である。

第2幕「**ああ、ローマ人に支配され**[14]」の歌い始めには、「残忍さを持ってcon ferocia」と楽譜に添えられている。だからと言って、この付点で構成されるメロディを切れ切れに歌えば、この作曲家のスタイルからは逸脱《いつだつ》してしまう。ここは、彼の憤懣《ふんまん》やるかたない思いを、付点を（楽譜通りに）鋭く出す範囲内で表現すべきであって、ディクション（舞台発音法）を無駄に誇張することは避けねばならない。これはベルカント・オペラのスタイルが理解できていない歌手には出来ない。ましてや息を支え切れないとすれば論外である。それら技術がないのならば、そうした技術があることを前提として書かれているヴェルディのバスの諸役もまた、まともに歌えないということになるのである。

ポッリオーネ——ベルカント・オペラの中の異邦人

ベルカント技術を問われる登場人物たちの中で、ポッリオーネ役だけは例外である。初演した歌手の声域の都合で、ベルカント・オペラの主役級テノールにしてはアクート（最高音）もほとんどない。それゆえに普段はあまりベルカント・オペラを手がけないようなリリコ・スピントからドランマーティコの重めのテノール歌手が、この役を歌うケースがある。デル・モナコ、コレッリ、ヴィッカーズ、ドミンゴなどが、輝かしい声で男らしいローマの戦士として登場している。

ポッリオーネは自分の思いだけで突っ走る、人間として厚みがあるとはお世辞にも言えない役だが、第1幕のカヴァティーナ「**ヴィーナスの祭壇に私とともに**[2]」と、それに続くカバレッタ「**私は、より大**[3]

きな力で護られている」は、リリコ・スピントの美声が映《は》える曲だ。たとえアダルジーザやノルマとの重唱におけるポッリオーネのアジリタの技術が少々拙《つたな》かったとしても、この物語の登場人物で彼だけが唯一の異邦人（ローマ人）であることで、その違和感は許されるわけだし、第一、この役に声のある人を得なければ、このオペラが物語として説得力を欠くことになるのだから、ポッリオーネだけは、例外的に優先順位が逆転する——発声の技術よりも、声の強さや色が優先されることもやむなしなのだ。

《清教徒》ヴィンチェンツォ・ベッリーニ

I PURITANI Vincenzo Bellini

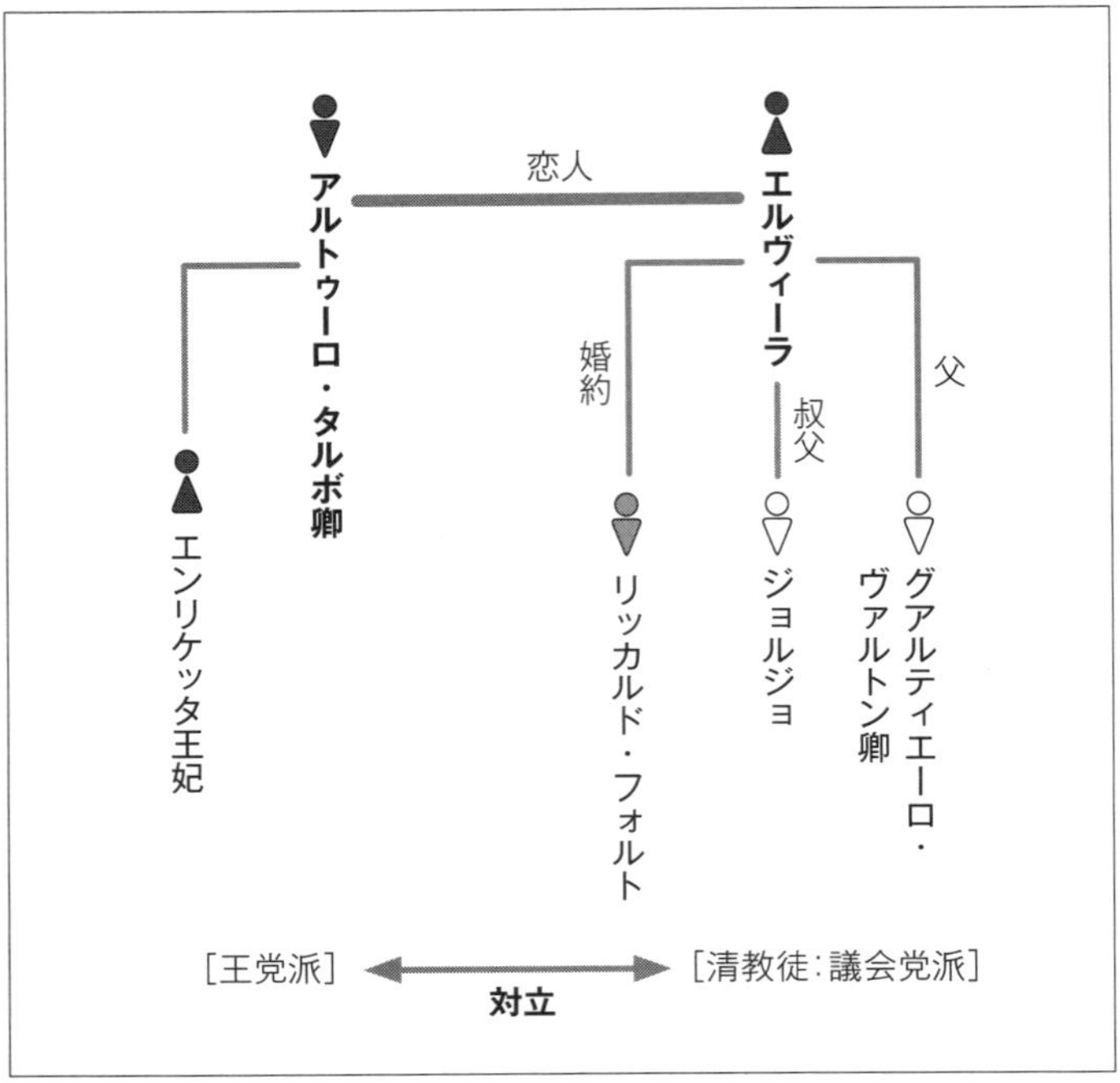

主な登場人物

エルヴィーラ（S）
ヴァルトン卿の娘（清教徒）

アルトゥーロ・タルボ卿（T）
騎士（王党派）
エルヴィーラの恋人

リッカルド・フォルト（Br）
大佐（清教徒・議会党派）
父が決めたエルヴィーラの婚約者

グアルティエーロ・ヴァルトン卿（Bs）
エルヴィーラの父（清教徒・議会党派） 城塞の総帥

ジョルジョ（Bs）
エルヴィーラの叔父
退役大佐（清教徒）

エンリケッタ王妃（S）
議会党派に処刑された国王チャールズ一世の未亡人（王党派）

3部のオペラ（メロドランマ・セーリオ）Melodramma serio in tre parti

原作　フランソワ・アンスロとグサヴィエ・ボニファス（通称：サンティーヌ）による戯曲「議会党派（円頂派）と王党派（騎士達）」

台本　カルロ・ペーポリ

初演　1835年1月25日　パリ、イタリア劇場

演奏時間　2時間30分／第1部75分、第2部45分、第3部30分

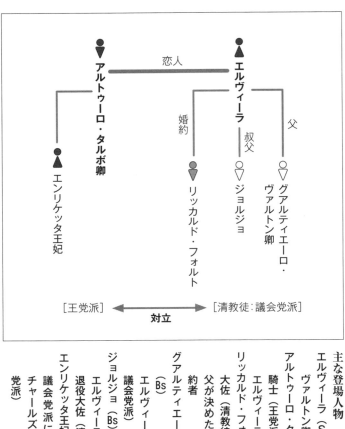

【第1部】

プリマス近郊の要塞

（第1場）要塞の中庭

舞台は1649年のイギリス。清教徒革命によって国王のチャールズ一世は処刑され、清教徒たちは勢いづいている。清教徒（議会党派）の兵士たちが、王党派を撲滅《ぼくめつ》しようと気焔《きえん》をあげている。朝の祈りの時間を告げる鐘が鳴り、兵士たちは祈りを捧げる。

ここは清教徒であるヴァルトン卿の城。城内は、今日はこの家の娘、エルヴィーラの結婚式で華やいでいる。

憂鬱《ゆううつ》そうなリッカルドはヴァルトン卿に士官のひとりが訳を尋ねる。リッカルドは「ヴァルトン卿は、私が戦地に赴く時に、娘のエルヴィーラと私を婚約させた。しかし昨夜戻ってみると、エルヴィーラはタルボ卿アルトゥーロを愛していて、父であるヴァルトン卿でも娘の心を変えることは出来ないと婚約破棄を言い渡された」と、失意の心中を吐露《とろ》する「**ああ、永遠に君を失った**[1]」。

（第2場）エルヴィーラの部屋

エルヴィーラが、彼女が父同様に慕う叔父のジョルジョに「私は結婚などしたくありません」と訴え掛けている。ジョルジョは「結婚相手が、お前の愛するアルトゥーロでもか」と尋ねる。ジョルジョは兄であるヴァルトン卿に、エルヴィーラとアルトゥーロとの結婚を許すよう説得した様子を話して聞かせる「二重唱　**ご存知でしょう、私の心には炎が燃え**[2]」。

城門あたりから、王党派の騎士アルトゥーロの到着を知らせる声が聞こえる。エルヴィーラは花婿の到着に喜び、叔父は彼女のこれからの幸せを祈る「二重唱　**愛しい方のお名前が**[3]」。

（第3場）武器の飾られた広間

アルトゥーロが、婚礼の白いヴェールや結婚の贈り物を持った家臣や小姓を伴って現れ、エルヴィーラに優しく語り掛ける。エルヴィーラとアルトゥーロは幸せに浸り、ヴァルトン卿とジョルジョがふたりを祝福する「四重唱　**愛しい人よ**[4]」。

1　ああ、永遠に君を失った Ah, per sempre io ti perdei
2　ご存知でしょう、私の心には炎が燃え Sai com'arde in petto mio
3　愛しい方のお名前が A quel nome, al mio contento
4　愛しい人よ A te, o cara

そこに高貴なひとりの女性が入って来る。ヴァルトン卿は「私には王党派の密偵と疑われているこの女性を英国議会まで護送する役目があって、お前たちの結婚式に出ることが出来ない。聖堂までの通行証はここにある」と言って、通行証をアルトゥーロに手渡す。ヴァルトン卿は再度若いふたりを祝福し、娘に婚礼衣裳に着替えて来るように促し、彼はその場から去る。ジョルジョとエルヴィーラも侍女たちとともに自室に向かう。

王党派であるアルトゥーロは、それを聞いて複雑な表情をする。それに気がついたその高貴な女性が、アルトゥーロを呼び止める。そして彼女はアルトゥーロに、自分が処刑されたチャールズ（カルロ）一世の未亡人、エンリケッタであることを明かす。王党派のアルトゥーロは、何とかして彼女をここから助け出すことを誓う「二重唱 **私はエンリーコの娘、カルロの妻**[5]」。

そこに婚礼衣裳を身につけ、手にアルトゥーロから贈られたウェディング・ヴェールを手にしたエルヴィーラが現れて幸せを歌う「**私は愛らしい乙女**[6]」。

そして無邪気な彼女は、ヴェールをどう被《かぶ》ったら美しいのかを教えてもらいたくて、エンリケッタの頭にヴェールを被せ「あなたが花嫁みたい」と言って、はしゃぐ。

エンリケッタとアルトゥーロ、そしてリッカルドが、それぞれの複雑な心境を独白する。

父に呼ばれたエルヴィーラは、エンリケッタに「あとで私にヴェールを付けてくださいね」と言い置いて女官たちとその場を去る。

アルトゥーロは、ヴェールを被ったままのエンリケッタの手を取り、通行証を手に城塞《じょうさい》から立ち去ろうとする。

そこに、そのヴェールの女性がエルヴィーラと思い込んでいるリッカルドが立ちはだかり、アルトゥーロに決闘を申し込む「三重唱 **死をかけた決闘だ**[7]」。

思わぬ成り行きにヴェールを取り、止めに入ったエンリケッタを見たリッカルドは驚く。そして彼らを逃すことで、エルヴィーラを自分のものに

5　私はエンリーコの娘、カルロの妻 Figlia di Enrico, a Carlo sposa
6　私は愛らしい乙女 Son vergin vezzosa
7　死をかけた決闘だ Qui ti sfido a mortal guerra
8　君の前から去るのが運命ならば Se il destino a te m'invola

出来ると考えたリッカルドは、彼らが城塞から去るのを黙って見過ごすことにする。

アルトゥーロが、エルヴィーラを永遠に愛すると語り、リッカルド、エンリケッタもそれぞれの思いを独白する「三重唱 **君の前から去るのが運命ならば**[8※]」。（※リコルディのクリティカル・エディションで加えられた部分）

エルヴィーラがアルトゥーロを探しながらやって来る。遠くに馬に乗って走り去るアルトゥーロとヴェールを被ったエンリケッタが見える。ヴァルトン卿は「裏切り者だ」と叫んで兵士たちに彼らを追わせる。

エルヴィーラは「あの方はエルヴィーラを妻にと約束したのに。ならばこの私はいったい誰なの」と呟《つぶや》き、ショックのあまり、徐々に正気を失い始める「**アルトゥーロ夫人は白いヴェールで〜ああ、聖堂に行きましょう、愛しいアルトゥーロ**[9]」。

父や叔父、そこに居合わせる人々は彼女に同情する。リッカルドは素知らぬふりでエルヴィーラを悲しませたアルトゥーロへの復讐《ふくしゅう》を誓い、人々も裏切り者を呪《のろ》う。

【第2部】

城塞の一室

人々が、エルヴィーラのことを心配して、ジョルジョに様子を尋ねている。

ジョルジョは、正気と狂気の間を行き来しながら、さまよい歩くエルヴィーラの様子を語って聞かせる「**解いた髪に花を飾り**[10]」。

リッカルドが、逃亡中のアルトゥーロに議会が死罪を宣告したと告げる。

そこにエルヴィーラの声がする。尋常《じんじょう》ならざる様子のエルヴィーラが現れ、独り言を言っているかと思えば、意味のよくわからないことを口走ったりする「**ここであの方の優しい声が**[11]（狂乱の場）」。ジョルジョとリッカルドが、このままでは彼女が死んでしまうと嘆く。エルヴィーラが居室へと去る。残ったジョルジョがリッカルドの腕を掴んで「恋敵を憎む気持ちはわかる。だがエルヴィーラのためには、アルトゥーロを救うしかな

9　アルトゥーロ夫人は白いヴェールで〜ああ、聖堂に行きましょう、愛しいアルトゥーロ La dama d'Arturo è in bianco velato 〜 Oh vieni al tempio, fedele Arturo
10　解いた髪に花を飾り Cinta di fiori e col bel crin disciolto
11　ここであの方の優しい声が Qui la voce sua soave

いのだ」と言い、アルトゥーロとエンリケッタが逃げるのをリッカルドが黙認したことを暗に責める「二重唱 **君は恋敵を救わねばならない**[12]」。

ジョルジョの熱心な語りかけに心打たれたリッカルドは、アルトゥーロを救い出すことを約束する。「しかし、もしも彼が王党派のひとりとして、この清教徒の城塞を攻めて来たときはどうするのか」とジョルジョに尋ねる。「そのときは彼を打ち負かすまでだ」とジョルジョは答え、ふたりは勇ましく祖国の名誉のために戦うことを誓い合う「二重唱 **ラッパを吹け**[13]」。

【第3部】

エルヴィーラの住まいに近い、森の中にある庭に面した回廊

追手からようやく逃れてきたアルトゥーロがいる。そこに遠くからエルヴィーラの歌声が聴こえて来る。それは彼がエルヴィーラに教えた歌だった「**泉のほとりで悲しげにひとり**[14]」。

アルトゥーロは周囲を見回すが、エルヴィーラの姿はない。アルトゥーロはエルヴィーラを想う「**祖国を追われた者は死に物狂いで谷を走る**[15]」。

そこに追手がアルトゥーロを探してやって来るので、彼は身を潜める。彼らが行き過ぎた後、アルトゥーロは、出来ることならばエルヴィーラに事実を話したいと思うもののその勇気もなく、また歌い続ける。するとその歌声に引き寄せられるようにエルヴィーラが姿を現し、アルトゥーロの名を呼ぶ。

アルトゥーロは彼女の前に跪《ひざまず》いて赦しを乞い、エルヴィーラは喜び、一瞬正気を取り戻す「二重唱 **君の足元に、エルヴィーラよ赦しておくれ**[16]」。

「あなたがいなくなってからの3か月は、まるで3世紀のように長かった」と言うエルヴィーラに、アルトゥーロは「あの逃避行は王妃の命を救うためだったのだ」と彼女に事実を説明する。彼女は納得し、ふたりは互いの気持ちを確かめ合う「二重唱 **いつも君を想って〜この腕の中においで**[17]」。

戦いの小太鼓の音が響く。すると彼女はまた正

12 君は恋敵を救わねばならない Il rival salvar tu dêi
13 ラッパを吹け Suoni la tromba
14 泉のほとりで悲しげにひとり A una fonte afflitto e solo
15 祖国を追われた者は死に物狂いで谷を走る Corre a valle, corre a morte
16 君の足元に、エルヴィーラよ赦しておくれ A' piedi tuoi, Elvira Ah! mi perdona!
17 いつも君を想って〜この腕の中においで Nel mirarti un solo istante 〜 Vieni, fra le mie braccia

気を失い、うわ言を喋《しゃべ》り始める。追手たちが近づいて来る。アルトゥーロがエルヴィーラを連れて逃げようとすると、彼がまた自分から逃げようとしていると思い込んだエルヴィーラが、大声で助けを呼ぶ。人々が駆けつける。

リッカルドがアルトゥーロに「お前には死刑が言い渡されている」と告げる。その「死刑」という言葉が、エルヴィーラに正気を取り戻させる「四重唱 [18]**恐ろしく忌まわしい声が～かわいそうに、僕に裏切られたと思っていたのか**」。

「早く処刑を、裏切り者の頭上に刃《やいば》を」と口々に叫ぶ清教徒たちをアルトゥーロは「彼女が死にそうに震えているのがわからないのか」と軽蔑《けいべつ》を込めて制し、エルヴィーラも「彼が死んだら私も後を追います」と語る「四重唱 [19]**彼女は震えて、死にそうなのだ**」。

そこに伝令の到着を知らせる角笛が聞こえる。伝令から渡された手紙をジョルジョとリッカルドが読み上げる。そこにはスチュアート家が滅亡し、清教徒の指導者クロムウェルによってイギリスが自由になり、王党派にも恩赦が与えられたと書かれていた。

エルヴィーラとアルトゥーロは抱き合って喜び「二重唱 [20*]**天使のような方よ、私は感じます**」、人々がそれを祝福する。

《聴きどころ》

《清教徒》は、33歳の若さで夭折《ようせつ》したベッリーニ最後のオペラである。この作品の初演は1835年の1月、同年9月23日に彼はこの世を去った。

このオペラで最もよく知られているのは、第2部のエルヴィーラの30分にもなろうという狂乱の場「[11]**ここであの方の優しい声が**」。また第3部フィナーレの四重唱「[19]**彼女は震えて**」に含まれるアルトゥー

18　恐ろしく忌まわしい声が～かわいそうに、僕に裏切られたと思っていたのか Qual mai funerea voce funesta ～ Credeasi, misera! da me tradita

19　彼女は震えて、死にそうなのだ Ella è tremante. Ella è spirante

20　天使のような方よ、私は感じます Sento, o mio bell'angelo

ロのパートには、ヴァリアンテ（ヴァリエーション）ではなく高いファが、かつ引っかけるだけではなく一拍半伸ばせと楽譜に書かれている。実際、テノールがここをどう処理するのかも話題になる。

もちろん彼らだけではなく、アルトゥーロの恋敵リッカルドにも、第1部で実に美しいアリア「[1]**ああ永遠に君を失った**」が、エルヴィーラの叔父ジョルジョにも第2部でベッリーニらしい流麗なロマンツァ「[10]**解いた髪に花を飾り**」が与えられている。この作品には、ベッリーニらしい息の長いフレーズのメロディが満載で、音楽的にも完成度の高い作品である。

アルトゥーロ――ベッリーニの最難役のひとつ

アルトゥーロ役には、第3部の大詰めにアクロバティックな高いファが待っているのだが（たとえファを回避しても最低でもレ♭は出さねばならない）、それに関しては、作曲された当時のようにテノールの高音がファルセットーネ（裏声とのミックス）で歌われていたのとは事情が違う現代においては、言ってみれば出せるテノールは出せばよいと言う程度のこと。この役が歌い切れるかどうかと、その超高音が出せるかどうかは分けて考えるべきだろう。本当の意味でのこの役の大変さは、出番のたびにある美しいカンタービレがどれも（最高音が出るか否かという意味ばかりではなく）テッシトゥーラ（中心となる音域）が高いことにある。また（実際の音は1オクターヴ低いとはいえ）ソプラノのエルヴィーラとの重唱で、三度違いの上のメロディを歌うのが、ソプラノではなくテノールであるというパターンもこの役の難度を高めている。

ベッリーニ時代のほとんどのオペラは、初演予定の歌手に合わせて「当て書き」で作曲されるので、後世の歌手には、その初演歌手の喉を恨んでいただくしかないのだが、とにかくアルトゥーロは、いかなるテノールであっても相当なプレッシャーのかかる役である。さらに第1部で歌われる（クリティカル・エディションで戻された）三重唱「**君の前から去るのが運命ならば**」[8]は、通常ならば歌えるテノールがいないということでカットされることも多い難所である。冒頭のテノールのカンタービレ部分の抒情的《じょじょうてき》なメロディの美しさは、ベッリーニならではのものだが、いかんせんテッシトゥーラが高く、難しい。現代ではフローレスがこれを見事に歌っていて、ロッシーニだけではなく、ベッリーニも自家《じか》薬籠中《やくろうちゅう》のものとしているのを証明して見せた。

エルヴィーラ——広い音域

重唱で珍しく内声（最高音部ではないパート）を担当することになる、このオペラにおけるヒロイン、エルヴィーラ。この役とて（譜面上は書かれていないが、慣習的に）高いミ♭を避けて通れない。しかし、ソプラノ・レッジェーロが歌うにしては全体的にテッシトゥーラが低い。均一な音色で上から下まで歌うことが大前提のベルカント・オペラである以上、エルヴィーラはアジリタもできるリリコ・レッジェーロ、それも出来るだけリリコ寄りのソプラノが演じるのが理想だろう。もしもリリコで歌えるソプラノがいれば、それはもう万歳三唱である。

第2部の「**ここであの方の優しい声が**」[11]を歌い、演じきるのは相当大変ではある。だがこの場面でエルヴィーラは、舞台袖で"O rendetemi la speme, o lasciate, lasciatemi morir"（ああ、あの方をお返しくださるか、さもなければ私に死をお与えください）を歌い始める。それがどれだけソプラノを助けてくれることか。そのあとに続く"Qui la voce tua soave"（ここであなたの優しい声が）がこの場面の歌い始まりだとしたら、中音のソからの歌い出しで、力んで太く入る危険がぐっと増す。ベッリーニという作曲家は本当に声を熟知していたのである。

エルヴィーラは、第2部でのみ狂乱するのではない。第1部の最後、アルトゥーロが自分ではなく他の女性を連れて去って行ったことを知った瞬間から彼女は精神のバランスを崩す。だがそこは嘆き悲しんでいるという域は越しているものの、まだ完全におかしくなってはいない。

第2部の「狂乱の場」では、波はあるものの、ここには正気に戻る瞬間は存在しない。ところが第3部になって、今度は彼女は正気と狂気の間を行き来し始める。そして望みもし、また最大の恐怖でもあった「死」という言葉で、彼女は突如として完全に正気を取り戻す。だんだん壊れていって、全く別の世界に生きていた彼女が、アルトゥーロとの再会をきっかけに徐々に正常な精神状態に戻り、最後は正常に戻る。つまりいったん狂ってしまった後にもう一度正気に戻ってくるという、狂乱の場を抱える役としては極めて珍しいパターンである。その彼女の精神の行き来をどこまで表わせるのか、がエルヴィーラ役ソプラノの表現力の見せどころとなる。

ジョルジョ――ベルカント技術の試金石

第2部にあるジョルジョのロマンツァ「**解いた髪に花を飾り**」[10]は、譜面を見れば単純で、また実際ただ歌うだけなら、初心者に毛が生えたような学生のバスでも歌える。ところがこのロマンツァは、究極のベルカント唱法の最高のテスト問題のような面がある。この跳躍の続く曲をカンタービレで、音程によって喉のポジションを変えることなく、一本の息の上で滑らかに処理し続けることが出来る、というのが、ベルカントにおける究極、かつ、基本中の基本の「テクニック」なのだ。

「音によって声のポジションを変えずに歌う」、それは、音程のコントロールを、喉ではなく、息を支える横隔膜《おうかくまく》とそれを調整する腹筋・背筋で行えるということを意味する。つまりこのシンプルなロマンツァは、そのバス歌手のベルカント歌手としての力量が一瞬にして露見してしまう恐ろしい曲なのである。この一曲が、すーっとなめらかに息の上（スル・フィアートsul fiato）で歌えれば、そのバス歌手は、他のベルカント・オペラの諸役も何も恐れる必要はない。洋の東西を問わず、芸事の力量が最もわかるのは、誰にでも出来そうで実は出来ない、単純な動きで構成される作品を手掛けた時なのである。そして、もしも基本のテクニックが本来あるべき姿とずれていれば、その極致には一生辿《たど》り着くことは出来ない。芸事とは奥が深く、そしてまた容赦のないものである。

《ナブコドノゾル》（《ナブッコ》）

NABUCODONOSOR (NABUCCO) *Giuseppe Verdi*

ジュゼッペ・ヴェルディ

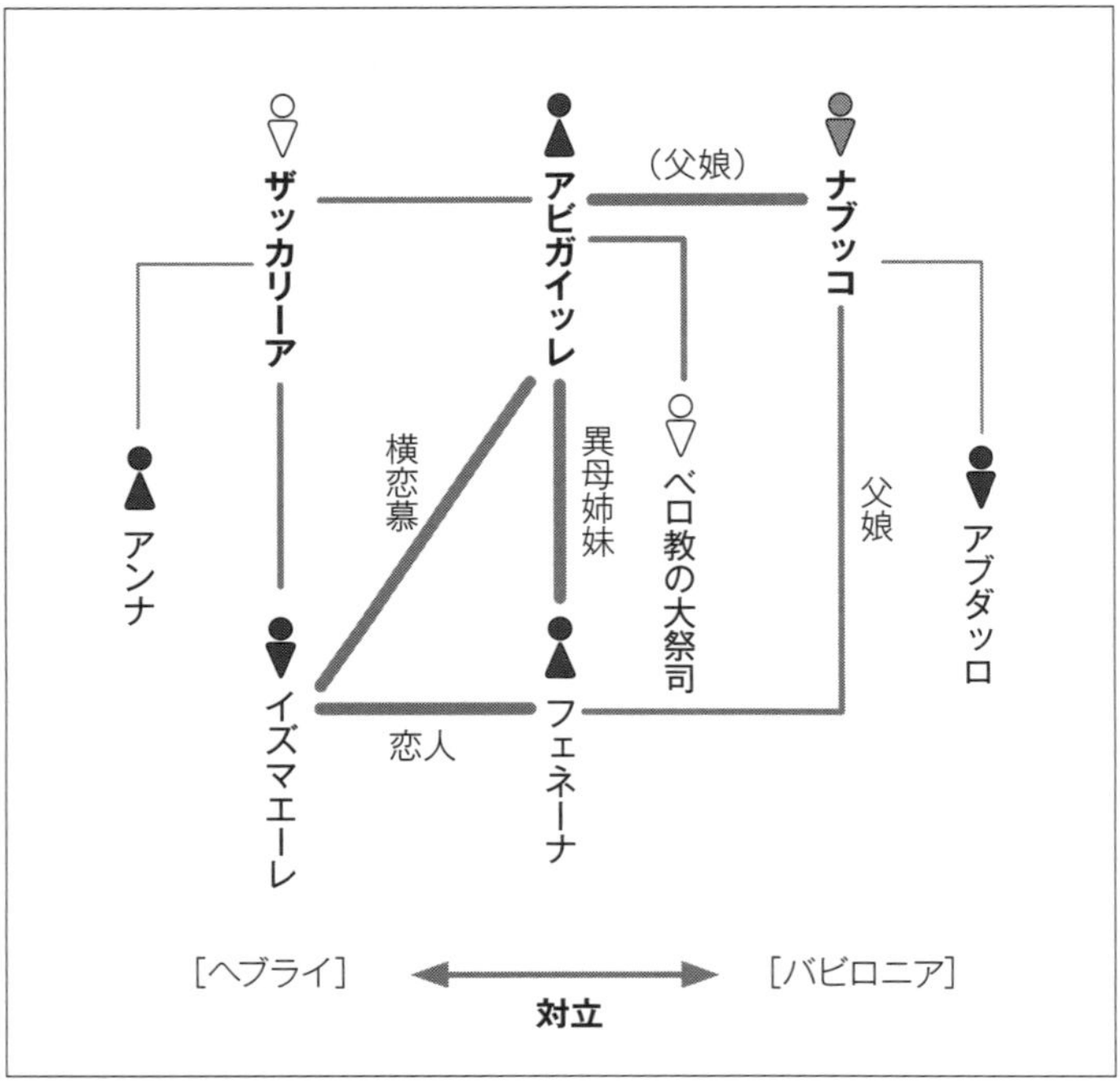

主な登場人物

ナブッコ（ナブコドノゾル）（Br）
バビロニアの王

アビガイッレ（S）
奴隷　ナブッコと奴隷との間の長女と信じられている

フェネーナ（S）
ナブッコの正妻との間に生まれた娘

イズマエーレ（T）
エルサレム王セデチア（セデキア）の甥　フェネーナを慕う

ザッカリーア（Bs）
ヘブライの祭司長

ベロ教の大祭司（Bs）
バビロニアで信仰される偶像崇拝宗教の大祭司

アブダッロ（T）
バビロニア王に古くから仕える将校

アンナ（S）ザッカリーアの妹

4部のオペラ（ドランマ・リリコ）Dramma lirico in quattro parte
原作　オーギュスト・アニセ＝ブルジョワとフランシス・コルニュの戯曲「ナビュコドノゾル」
台本　テミストークレ・ソレーラ
初演 1842年3月9日　ミラノ、スカラ座
演奏時間　2時間10分／序曲8分、第1部32分、第2部30分、第3部30分、第4部30分

【第1部】〈エルサレム〉

ソロモン神殿の中

有名な合唱曲「行け、我が想いよ」をはじめ、このオペラの合唱部分から採ったメロディを多用した序曲に続いて幕が上がると、そこは紀元前517年のエルサレム。ヘブライの宗教であるユダヤ教を司る一族のレヴィたちやヘブライの民衆たちが、バビロニア王ナブコドノゾル（ナブッコ）の侵略がすぐそばまで迫っていると恐れている。ヘブライの祭司長ザッカリーアは、「我々の元には、ナブッコの娘（フェネーナ）が人質として居るのだから大丈夫だ。神がかつてモーゼをお救いくださったように、我々のこともお護りくださる」と民衆を落ち着かせるように語る「[1]**あのエジプトの海辺において**」。

エルサレム王の甥《おい》であるイズマエーレが「とうとう敵が攻め入って来た」と知らせる。ザッカリーアが人々を鼓舞《こぶ》し、ヘブライ人たちは戦いに向かう「[2]**太陽に追われる夜のように**」。

フェネーナとイズマエーレがふたりきりになる。イズマエーレは、以前バビロニアで彼が捕虜になった折に王女のフェネーナに命を救ってもらって以来、彼女を愛していた。

彼が愛を語ろうとした時、フェネーナの異母姉アビガイッレが入って来て、ふたりのことをあざ笑う。女戦士であるアビガイッレもまた、イズマエーレを愛しているのである。彼女はイズマエーレに「私を愛すると言えば、お前も、お前の民も助けてやろう」と言うが、彼はそれを拒絶する「三重唱 [3]**私はお前を愛していたのだ**」。

ヘブライ人たちが神殿へと敗走してくる。その後からバビロニアの王ナブッコが猛々《たけだけ》しく神殿に現れて、勝ち名乗りを揚げる。

ザッカリーアが「神殿を破壊するなら、娘の命はない」と人質のフェネーナを殺そうとするが、イズマエーレがその短剣を取り上げて、彼女の命を救う。

怒ったナブッコは神殿の破壊を命じ、アビガイッレは失恋による憎しみを語り、ザッカリーアやレヴィたちは、イズマエーレの裏切り行為を呪《のろ》

1 あのエジプトの海辺において D'Egitto là sui lidi
2 太陽に追われる夜のように Come notte a sol fuggente
3 私はお前を愛していたのだ Io t'amava!

う「フィナーレ **不敬な者達よ私の怒りに震えるがいい〜もう怒りを抑えられぬ**[4]」。

【第2部】〈背信者〉

〈第1場〉バビロニア王宮

アビガイッレが、自らの出生を証明する書類を手にしながら入ってくる。そこには、彼女はナブッコとは血の繋《つな》がりはなく、王位はフェネーナに譲られると書かれている。彼女はその内容に激怒し、王位を自分のものにすると語る。そして自分がかつてイズマエーレに恋い焦がれた日々のことを懐かしむ「**運命の書を見つけた〜私にもかつては**[5]」。

そこにバビロニアのベロ教大祭司が現れて「フェネーナが、ヘブライ人の捕虜たちを解放している」と告げる。そしてアビガイッレに「ナブッコが戦場で死んだとの噂《うわさ》を流してあるから、今のうちにあなたが王位に就くがいい」と彼女をそそのかす。彼女は玉座に座る決意を語る「**私は光り輝く玉座に**[6]」。

〈第2場〉王宮の広間

ザッカリーアが、ともに捕虜となっているレヴィたちとともに、神に祈りを捧げている「**あなたは預言者の唇を**[7]」。

その夜遅く、イズマエーレはレヴィたちを集めて話をしようとするが、彼らは「自分たちが捕虜になったのはお前のせいだ」とイズマエーレを非難する「合唱 **呪《のろ》われたものよ、お前に同胞はいない**[8]」。イズマエーレはただ嘆くばかりである。

そこにザッカリーアの妹アンナが、フェネーナを伴って現れ「イズマエーレがフェネーナを改宗させ、彼女を救ったのです」とレヴィたちに語る。

そのとき外が騒がしくなり、ナブッコの部下アブダッロがフェネーナに「王が亡くなったという噂《うわさ》が広がり、アビガイッレがその跡を継ごうとあなたから王冠を奪い取るためにやって来ます。すぐにお逃げください」と伝える。

そこに、ベロ教の大祭司とともにアビガイッレが現れ、フェネーナから王冠を奪う。アビガイッレが王冠を頭上に戴せて玉座に就こうとした時、

4　不敬な者達よ私の怒りに震えるがいい〜もう怒りを抑えられぬ Tremin gl'insani del mio furore 〜 Mio furor, non più costretto

5　運命の書を見つけた〜私にもかつては Ben io t'invenni, o fatal scritto! 〜 Anch'io dischiuso un giorno

6　私は光り輝く玉座に Salgo già del trono aurato

7　あなたは預言者の唇を Tu sul labbro de'veggenti

ナブッコが現われて王冠を取り戻す「八重唱と合唱 **運命の怒りの時が近づく**[9]」。

そしてナブッコはその王冠を被《かぶ》り、不遜《ふそん》にも「我こそは王であるのみならず、全能の神である」と宣言する。その瞬間、ナブッコは神の怒りに触れて雷に打たれ、錯乱し、失神して倒れる「**誰がわしから玉座を奪うのだ**[10]」。

アビガイッレは、ナブッコの手から転げ落ちた王冠を拾って被り、自分こそがバビロニアの王であると宣言する。

【第3部】〈予言〉

〈第1場〉空中庭園

人々が女王アビガイッレを讃えている。彼女を担ぎ上げたベロ教の大祭司が、フェネーナを含むヘブライ信仰の者たちの処刑を提言する。

そこに衰えた姿のナブッコが現れる。彼は玉座に座ろうとして、そこにアビガイッレの姿を見つけて驚く。アビガイッレがナブッコに、ヘブライ人たちの処刑のための署名を求める。弱っているナブッコは、言われるがままにそこに王印を押してアビガイッレに渡す。

しかし、その処刑名簿の中にフェネーナが含まれていると知ってナブッコは驚く。ナブッコはアビガイッレに向かって、「お前はただの奴隷だ」と叫ぶ。アビガイッレは自分が奴隷であることを示す証文を彼の目の前で破り捨てる。

ナブッコが、娘フェネーナの助命を懇願するが、アビガイッレはそれをにべもなく拒絶し、奴隷と蔑《さげす》まれた自分が玉座に就いたことへの快哉《かいさい》を叫ぶ「二重唱 **女よ、お前は誰だ**[11]」。

〈第2場〉ユーフラテス川のほとり

奴隷として働かされているヘブライ人たちが、故郷のそよ風を思い出し、神にこの苦痛を耐える力を与えてくれるようにと願う「合唱 **行け、わが想いよ、黄金の翼に乗って**[12]」。

ザッカリーアが彼らを勇気づけて「必ずヘブライの人々は救われる」と預言する「**暗闇《くらやみ》に閉ざされた未来が**[13]」。人々は彼の力強い言葉に希望を見

8 呪われたものよ、お前に同胞はいない Il maledetto, non ha fratelli
9 運命の怒りの時が近づく S'appressan gl'istanti d'un ira fatale
10 誰がわしから玉座を奪うのだ Chi mi toglie il region scettro?
11 女よ、お前は誰だ Donna, chi sei?
12 行け、わが想いよ、黄金の翼に乗って Va, pensiero, sull'ali dorate
13 暗闇に閉ざされた未来が Del futuro buio discerno

出す。

【第4部】〈偶像破壊〉

（第1場）バビロニアの王宮の一室

軟禁されているナブッコが、部屋で目を覚ます。外からフェネーナの処刑を知らせる声が聞こえて来る。ナブッコは娘の命を助けに行こうとするが、部屋のすべての扉には鍵《かぎ》が掛かっており彼は自分が囚《とら》われの身であることを自覚する。そして彼は自らの不敬な態度を神に詫《わ》び、これまでの偶像信仰を捨て、ヘブライの神（ユダヤ教）を信じると祈りを捧げる「**ユダの神よ**[14]」。そのとたん、彼に正気が戻る。武器を取った彼は、護衛兵たちを率いて娘の救出に向かう。

（第2場）空中庭園

ザッカリーアやフェネーナたちが、処刑の場に引かれて来る。ザッカリーアはフェネーナに「あなたの祖国は天にあるのです」と語り、フェネーナも「天は開かれました」と語る「**ああ、天は開かれたのです**[15]」。

そのときナブッコが、彼を讃《たた》える声とともに姿を現して「偶像を壊せ」と叫ぶ。すると偶像はたちまち崩壊する。ヘブライの人々が「奇跡が起きた」と叫ぶ。ナブッコは自らが王位に返り咲くことを宣言し「イスラエルの民よ、祖国に帰るがいい」と言って、彼らを解放する「**ああ、イスラルに帰るがいい**[16]」。

ヘブライの人々が全能の神を讃え、感謝の祈りを捧げる。

そこに、毒を呷《あお》ったアビガイッレが兵士たちに支えられながら入って来る。彼女はフェネーナ、イズマエーレ、ナブッコ、そしてイスラエルの神に赦《ゆる》しを乞い、息絶える「**死にゆく私に**[17]」。

ザッカリーアが、改宗したナブッコ王を讃えて幕となる。

14 ユダの神よ Dio di Giuda!
15 ああ、天は開かれたのです Oh dischiuso è il firmamento!
16 ああ、イスラルに帰るがいい Ah torna, Israello
17 死にゆく私に Su me, morente

《聴きどころ》

このオペラで最も有名なのは、第3幕の合唱「**行け、わが想いよ、黄金の翼に乗って**」[12]である。この曲の歌詞がイタリア独立運動の旗印になったと言われるが、愛国心溢れるイタリア人たちは、今でもこの歌を聴くと血が騒ぐようだ。このオペラが、リッカルド・ムーティ指揮でミラノ・スカラ座1986／87シーズンの幕開けを飾った初日、ムーティは頑《がん》としてこの合唱曲のアンコールを拒否した。しかし、何回目かの公演から、聴衆の鳴りやまぬ拍手に、さすがのムーティがとうとう根負けしてアンコールに応じた。アンコールの前奏が鳴り始めた時のスカラ座の聴衆の興奮は物凄かった。かつ、当時の合唱団員は、その多くが国際コンクールの優勝経験のある歌手たちによる粒ぞろいのメンバーで、そこで彼らにもスイッチが入った。ムーティの棒にぴったりと寄り添いながら、元より超一流の実力をもつ合唱団が、それまでとはまた違った次元の、素晴らしい、これぞヴェルディという声と、繊細な表現を聴かせてくれた。《ナブコドノゾル》序曲には、この作品の3つの印象的なメロディが引用されているが、そのうちのふたつが合唱曲である。第2幕、レヴィたちがイズマエーレの裏切りを責める場面「[8]**呪《のろ》われたものよ、お前に同胞はいない**」と、この「行け、わが想いよ」である。この作品における合唱の重要度が示されていると言えよう。

アビガイッレ――ソプラノ・ドランマーティコの独壇場《どくだんじょう》

ヴェルディのオペラには、アビガイッレとよく似た女戦士役に《アッティラ》に登場するオダベッラがいる。両役に求められる声質はほぼ同質である。強い声、ドラマティックな表現力、そして愛する人への想いを心に秘めながらも簡単には他人に弱みを見せない強さ。同じヴェルディで自ら剣を手にして戦う《ジョヴァンナ・ダルコ（ジャンヌ・ダルク）》のタイトルロールに求められる声は、彼女たちよりもずっとリリコ寄りであるし、マクベス夫人のようにエキセントリックな声も、アビガイッレやオダベッラには求められていない。

これらの2役は、実際のところ、（特に大劇場での上演となれば）ロシアやスラヴ系の、強靭《きょうじん》な声の持ち主に頼らざるを得ない。しかし、カラスのライヴ録音や、（実際の舞台では成立するかどうかは微妙ではあるが）ムーティが録音で起用したスコットの歌唱を聴くと、彼女らのアビガイッレには「弱さ」がある。彼女たちの歌からヴェルディは本来、アビガイッレに強さと表裏一体で持つ脆《もろ》さも求めていたのだとわかる。カラスやスコットが歌うと、オペラの最後で、死を前にしたアビガイッレが登場して後悔する場面も、突飛《とっぴ》ではなく、納得が行くのである。

アビガイッレの登場の第一声「神殿は占拠された」は（どう考えてもメゾの音域である）中央のシ♭から入って、そこから一気にアクート（最高音）のシにまで駆け上がる。それに続くイズマエーレ、フェネーナとの三重唱[3]「**私はお前を愛していたのだ**」の間も、たしかに最高音のドはアビガイッレで、彼女のパートは譜面の最上段に書かれている。しかし、メロディラインとしてはフェネーナの方が彼女のそれより高く、アビガイッレはアンサンブルで（一番高いメロディーではない）内声を受け持っている。

アビガイッレとその父であるとされてきたナブッコとの重唱には、父娘の情愛など存在するはずもない。まるで男同士の政敵のせめぎ合いのような内容である。主役のバリトンと中音域で丁々発止《ちょうちょうはっし》で渡り合うアビガイッレを歌うソプラノの喉への負担は、ただごとではない。アクート（高音）さえ出るならば、メゾ・ソプラノが歌っても何の不思議もない役である。

ナブコドノゾル（ナブッコ）――アリアは一曲だけ

タイトルロールのナブコドノゾル（ナブッコ）役は、「ヴェルディ・バリトン」と呼ばれる、柔らかさと深さが共存し、カンタービレも息の上に乗せて歌えて、かつ言葉を明確に伝えることができるバリトンのために書かれている。ナブッコには喜怒哀楽の繊細な表現がこのオペラの登場人物中、誰よりも求められるにも関わらず、楽譜上には独立したアリアは、第4部に一曲[16]**「ああ、イスラエルに帰るがいい」**があるだけだ。タイトルロールであるのにアリアが少ない役は、だいたいにおいて物語を進める役割を果たすことになっている。

　ナブッコはこのオペラの登場人物たちの中で、唯一と言ってよい性格表現が求められる役である。他の人物たちは、権力争いと自分の恋で手一杯で、どちらかといえば人物像が平板である。ナブッコの登場場面は、（アリアが一曲しかないのだから、当然）多くが重唱やアンサンブルの中にある。となると、アンサンブル（あるいはコンチェルタート）の中から、いかにナブッコの声が突き抜けて来るかは欠くべからざる要素。ナブッコは、置かれる状況が次々とドラマティックに変化する。一気呵成《いっきかせい》に攻め込む王の威厳、フェネーナの父としての弱み、衰弱しきったひとりの老人としての姿、そして王として復活する強さといったものを、次々と表現して行くのである。

祭司長ザッカリーアとベロ教の大祭司——バスふたりに振られた宗教家

　ヘブライの祭司長であるバスのザッカリーアには、第1部にカヴァティーナ[1]**「あのエジプトの海辺において」**、第2部に〈ザッカリーアの祈り〉と呼ばれる大アリア[7]**「あなたは預言者の唇を」**、第3部には有名な合唱曲の直後にある預言のシーンもある。さらに最終幕においては、改宗したナブッコを讃《たた》える彼の言葉で、オペラが締めくくられる。その意味でザッカリーアは《ナブコドノゾル》のもう一人の主役と言ってもいい。この役を歌うバスには、バッソ・カンタンテからプロフォンドの落ち着きがある声による、説得力のある歌唱が求められる。

このオペラでは、ベロ教の大祭司もバスに振られている。《アイーダ》におけるランフィス、《ドン・カルロ》の大審問官も同様だが、宗派を代表する重鎮の役には、バスが振られることが多い。こうした役を歌うバスには、抜群の安定感と、深い音色が絶対不可欠である。音域が出るというだけで若い未熟なバスを安易に配役するのは禁物だ。なぜならこれらの役に品格がなければ、オペラ全体の格調をぶち壊しかねないからである。

フェネーナとイズマエーレ――心優しきメゾとテノール

ナブッコ（ナブコドノゾル）の実の娘であるフェネーナと、エルサレム王セデチア（セデキヤ）の甥《おい》のイズマエーレは、互いに惹《ひ》かれ合う恋人たちとして登場し、この権力争いが主題のオペラの中に甘さを持ち込む役目を果たしている。

フェネーナはメゾ・ソプラノと指定されている。アビガイッレがソプラノ・ドランマーティコによって歌われる場合は、女声ふたりが好戦的になり過ぎることを避けるべく、メゾでも抒情的な表現に長けた歌手によって歌われるのが好ましい。フェネーナはナブッコの娘としての強さは芯《しん》に秘め、優しさが表出することの方が重要なキャラクターだからだ。

イズマエーレも政治的な判断よりも恋愛感情が優先するような役で、アビガイッレも心を寄せるほどの魅力的な美男子の役でもある。この役は、リリコの温かみのあるテノールによって、甘い歌い口で歌われるのがよかろう。逆に言えば、彼が凛々《りり》しすぎると第2部第2場でレヴィたちに「裏切り者」と非難されて、言葉を失うだけで彼が引き下がることに説明がつかなくなる。イズマエーレは、スピントによって歌われる必要性はどこにもない役なのだ。

《エルナーニ》ジュゼッペ・ヴェルディ

ERNANI Giuseppe Verdi

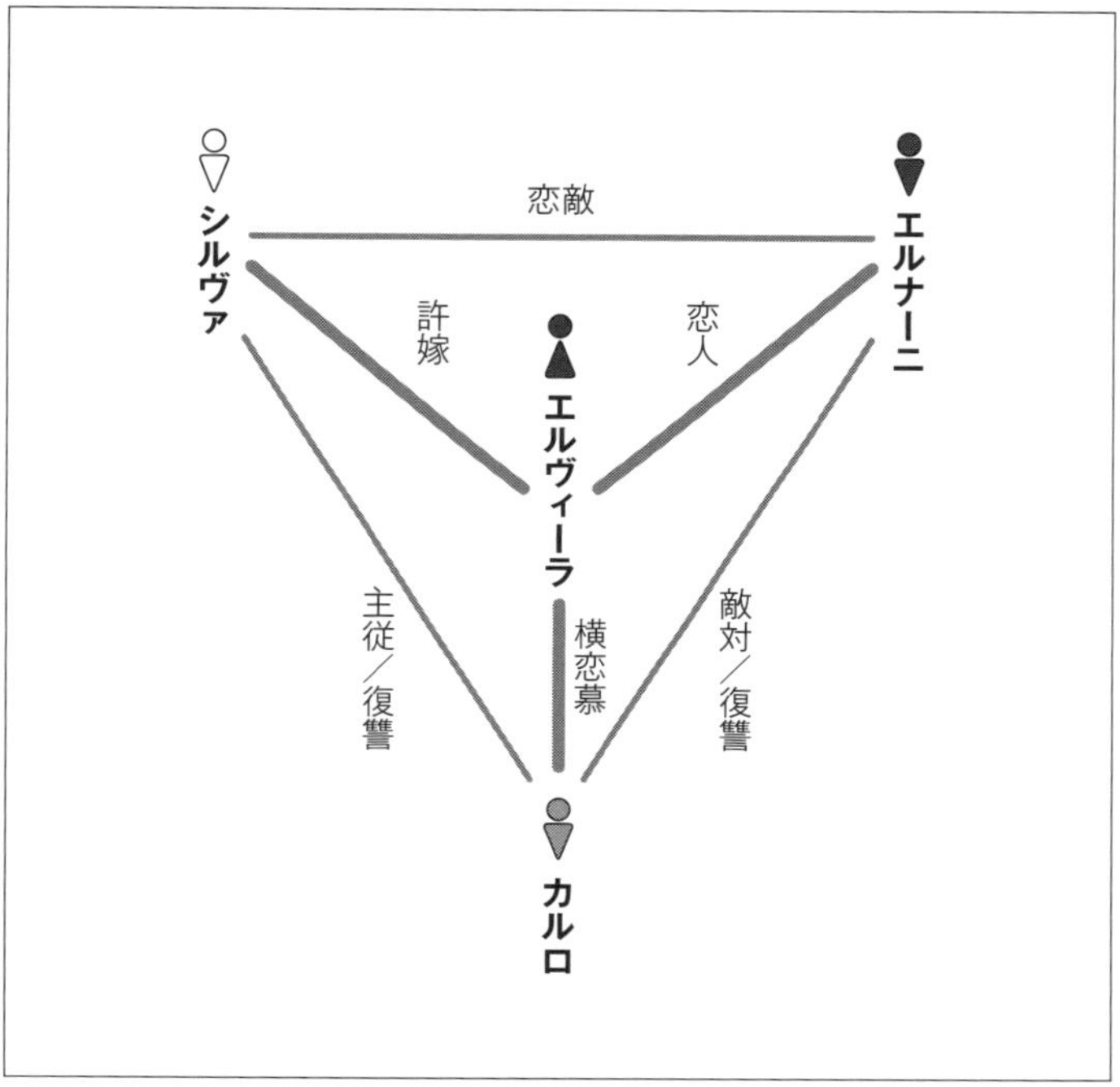

主な登場人物

エルナーニ（T）
山賊の頭目　実はアラゴンの伯爵ドン・ジョヴァンニ

カルロ（Br）
スペイン王

シルヴァ（Bs）
スペインの老大公

エルヴィーラ（S）
デ・シルヴァの姪で許婚《いいなずけ》

ジョヴァンナ（S）
エルヴィーラの乳母

全4部*のオペラ（ドランマ・リリコ）Dramma lirico in quattro atti
（*ヴォーカルスコアでは、扉では「幕 Atto」、楽譜ページでは「部 Parte」が用いられている。）

原作　ヴィクトル・ユゴー「エルナーニ」

台本　フランチェスコ・マリア・ピアーヴェ

初演　1844年3月9日　ヴェネツィア、フェニーチェ座

演奏時間　2時間10分／序曲3分、第1部47分、第2部35分、第3部25分、第4部20分

【第1部】〈山賊〉

〈第1場〉1519年、スペイン

穏やかながら、どこか憂《うれ》いを秘めたメロディで始まる序曲で幕が上がると、そこはシルヴァの城を遠くに望むアラゴンの山中。山賊たちが酒盛りをして騒いでいる。頭目のエルナーニの浮かない表情を仲間たちが心配する。エルナーニは「愛するエルヴィーラが明日、彼女の伯父にあたる老大公のシルヴァと結婚式を挙げるのだ」と語る。仲間たちに励まされたエルナーニは「シルヴァの城に行って彼女を奪って来る」と決意を語る「**しおれた花を生き返らせる露のように**[1]」。

〈第2場〉シルヴァの城の豪奢《ごうしゃ》なエルヴィーラの部屋

夜更け。エルヴィーラが、エルナーニにここから自分を連れて逃げて欲しいと願っている「**エルナーニ、私を連れて逃げて**[2]」。

侍女たちが宝石を散りばめた結婚祝いの品々を運んで来て口々に彼女を祝福する。侍女たちの気持ちには感謝しながらもエルヴィーラは、エルナーニのことばかりを考えている「**エルナーニのことだけを**[3]」。

そこに身分を隠した国王カルロが、お忍びでやって来る。カルロもまたエルヴィーラを愛しており、何度拒絶されてもなお、彼女が諦《あきら》められず口説きに現れたのだった「二重唱 **お前を見たあの日から**[4]」。無理やり彼女を宮廷に連れ去ろうとするカルロだが、エルヴィーラは守り刀を国王に向けて拒絶する。そこに秘密の扉からエルナーニが姿を現す。国王とエルナーニが一触即発の状況になるのをエルヴィーラが必死に止めに入る「三重唱 **お前は、エルナーニだな**[5]」。

そこにシルヴァが帰宅する。彼は真夜中のエルヴィーラの部屋に、男がふたりもいることに驚き、家臣たちを呼んで「この者たちを許さぬ」と息巻く「**なんということだ、お前は信じていたのだ**[6]」。

そのときカルロ王がマントを脱いで身分を明かし「私はお前に皇帝選挙の票集めの相談に来たのだ」とその場を取り繕《つくろ》い、エルナーニのことも

1 しおれた花を生き返らせる露のように Come rugiada al cespite d'un appassito fiore
2 エルナーニ、私を連れて逃げて Ernani, Ernani involami
3 エルナーニのことだけを Tutto sprezzo che d'Ernani
4 お前を見たあの日から Da quel dì che t'ho veduta
5 お前は、エルナーニだな Tu se' Ernani
6 なんということだ、お前は信じていたのだ Infelice! e tuo credevi

「自分の供の者」だとうそぶく。そうなれば、シルヴァは王に非礼を詫《わ》び、彼らを自由にするよりほかにない。父を先代の国王に殺されたエルナーニは、このもうひとりの恋敵こそが父の仇であると知る。国王とその臣下たち、そしてエルナーニがその場を立ち去る。

【第2部】〈客人〉

シルヴァの城内の豪華な広間

城はシルヴァとエルヴィーラの結婚式で華やいでいる。

そこにひとりの巡礼者が一夜の宿を求めて現れる。シルヴァは「巡礼者をもてなすのは、高貴な家の義務だ」と彼を受け入れる。婚礼衣裳に身を包んだエルヴィーラが姿を現す。果たしてその巡礼者はエルナーニで「この首を祝いに差し出そう」と言う「三重唱 **人間の欲望たる黄金を**[7]」。

シルヴァは「私は、一度客人として迎えた者をお尋ね者だからといって国王に差し出すような卑《ひ》怯《きょう》な真似はしない」と語り、城の防御を固めるよう家臣たちに指示するために広間を出る。

エルヴィーラの不実を責めるエルナーニに、エルヴィーラは「国王軍が山賊を壊滅させたと聞いて、貴方も亡くなったと思っていた」と語り、かつ「私は今夜、自害するつもりでした」と言い、彼の赦しを乞《こ》う。ふたりは互いの気持ちを確かめ合う「二重唱 **あなたの胸で今死ねたら**[8]」。

そこにエルナーニを追って来た、軍隊を引き連れた王が、城の前で開門を命じているとの知らせが入る。戻って来たシルヴァはエルナーニに「お前は国王に渡さぬ。私の手で成敗する」と言い、秘密の扉の中に彼を隠す「三重唱 **もっと恐ろしい復讐《ふくしゅう》を**[9]」。

入ってきた国王は、シルヴァの謀反《むほん》を疑い「逃げ込んだはずのエルナーニを引き渡せ」と迫るがシルヴァは「客人を売り渡すような真似は出来ぬ」とそれを拒否する。

国王は、部下に城内をくまなく捜させる。そしてシルヴァに「エルナーニの首を差し出せぬならば、お前の首を差し出せ」とまで脅しを掛ける

7 人間の欲望たる黄金を Oro, quant'oro
8 あなたの胸で今死ねたら Ah morir potessi adesso!
9 もっと恐ろしい復讐を No, vendetta più tremenda

が、シルヴァは頑《がん》として屈しない。国王はその態度にいら立つ「[10]**見ておれ、不敵な老ぼれめ**」。

国王は、エルナーニの代わりにエルヴィーラを人質として宮廷へ連れ去ると言う。シルヴァは、彼女を愛しているのだと訴えるが、国王は「ならばエルナーニを差し出せ」と言う。「客人を裏切ることは出来ない。彼女を連れて行くがいい」とシルヴァは苦渋の決断をする「五重唱　[11]**私と一緒に来るのだ**」。エルヴィーラを連れて国王が立ち去る。それを見送ったシルヴァは、王への復讐《ふくしゅう》を誓う。

シルヴァは、エルナーニを隠し扉の中から出し、彼に決闘を申し込む。そこでエルナーニはシルヴァに「王は我々の恋敵であり、私の父の仇でもある。自分も王への復讐に加えてくれ」と頼む。その証しとして「あなたがこの角笛を吹いたら、エルナーニは即刻死ぬ」と誓いを立て、角笛をシルヴァに渡す「二重唱　[12]**私を助けてくれたのだから、あなたが私を殺すがいい**」。ふたりは騎士達を率いて、エルヴィーラ奪還に向かう「二重唱と合唱　[13]**騎士達よ、馬に乗れ**」。

（※ここにエルナーニのアリア「[14]神よ、願いを聞きたまえ」が挿入される場合がある。）

【第3部】〈慈悲〉

ドイツ、アーヘン
カルロ大帝（シャルルマーニュ）の墓所

神聖ローマ帝国の皇帝選出の日。カルロの耳に彼の命を狙う反逆者達がこの墓所に集まるとの情報が入る。カルロは反逆者達をひとりで待ち受けながら、自らの人生を回想しつつ「自分は皇帝となって後世に名を残すのだ」と皇帝の座への意欲を語る。「[15]**おお、我が青春の日々よ**」。そして祖父の霊廟《れいびょう》の中に入って行く。

そこにシルヴァやエルナーニをはじめとした、神聖ローマ帝国に侵略されて没落したカスティーリャの貴族や、その家臣達が集まって来る。

そこで誰がカルロに直接手を下すか、くじを引く。結果その役目は、エルナーニの手に委《ゆだ》ねられることになる。

10　見ておれ、不敵な老ぼれめ Lo vedremo, veglio audace
11　私と一緒にくるのだ Vieni meco
12　私を助けてくれたのだから、あなたが私を殺すがいい Tu m'hai salvato, uccidimi
13　騎士達よ、馬に乗れ In arcione, cavalieri
14　神よ、願いを聞きたまえ Odi il voto o grande Iddio

シルヴァはエルナーニに「国王に手を下す役目を自分に譲れ」と囁《ささや》くが、エルナーニはそれを拒否し、シルヴァは怒りを露《あら》わにする。全員がカルロへの復讐を誓い合う「合唱 **カスティーリアの獅子よ、目を覚ませ**[16]」。

そこに3発の大砲の音が響き渡る。それはカルロが神聖ローマ帝国の皇帝に選出されカルロ五世となったという知らせだった。姿を現したカルロは、集まってきた家臣たちに「謀反《むほん》人の貴族は打ち首に、平民は投獄せよ」と命じる。

エルナーニは進み出て「ならば私も打ち首にせよ。私の本名はアラゴンのドン・ジョヴァンニ。身分は伯爵である」と名乗る。「ならば望み通りに、皆打ち首にしてやる」というカルロに、現れたエルヴィーラが「皇帝になられたのですから、なにとぞ恩赦を」と願い出る。

カルロは、謀反人たちを罰せず、かつ、エルヴィーラとエルナーニの結婚も許すと宣言する。彼の寛大な態度に、人々は新しい皇帝、カルロ五世を讃える「七重唱と合唱 **偉大なるカルロ大帝よ、あなたの名にかけて**[17]」。

【第4部】〈仮面〉
スペイン、サラゴーサ
エルナーニの邸宅

人々が集まり、エルナーニとエルヴィーラの結婚を祝福している。そこに黒いマントを着て怒りに燃えた目をした男が現れ、人々は彼を不吉だと忌《い》み嫌う。それはシルヴァであった。

エルナーニとエルヴィーラが幸せを語らっている「二重唱 **音は鳴り止み、すべての松明《たいまつ》は消され**[18]」。

するとそこに角笛の音が聞こえて来る。エルナーニは、それがシルヴァの吹く自分の死を望む角笛の音であると気づいて蒼《あお》ざめる。

エルナーニはエルヴィーラに「古傷が痛むので薬を取ってきてほしい」と頼み、彼女を遠ざける。

そこにシルヴァが現れる。エルナーニはシルヴァに「せめて最後に、愛の祝杯を口にさせてくれ」と頼むが、シルヴァは「約束を守ってもらお

15　おお、我が青春の日々よ Oh de' verd'anni miei
16　カスティーリアの獅子よ、目を覚ませ Si ridesti il Leon di Castiglia
17　偉大なるカルロ大帝よ、あなたの名にかけて O sommo Carlo
18　音は鳴り止み、すべての松明は消され Cessarono i suoni, disparì ogni face

う。毒薬と剣のどちらを選ぶか」と迫る「二重唱[19]**たったひとりで、さまよい、貧しい日々を過ごして来た**」。

剣を選んで自害しようとした瞬間、エルヴィーラが走り込んで来る。彼女はシルヴァにエルナーニの助命を懇願するが、老人は聞く耳を持たず、エルナーニに死を迫る「三重唱[20]**待ってください、酷《むご》いお方**」。

エルナーニは剣で自分の胸を刺す。そして「すぐに後を追います」と言うエルヴィーラに「君は生きてくれ」と言い、彼女の名を呼びながら息絶える。

《聴きどころ》

このオペラはひとりの女性を巡る三人の男が主人公である。いかにもヴェルディらしい「誇り」「約束」という（少なくとも当時の）男たちの「守るべきもの」が一貫したテーマとして描かれ、そこに若い姪《めい》に年甲斐もなく本気で恋をした老人の「嫉妬《しっと》」が絡まる。この作品全体を支配するのは、若きエルナーニや国王カルロの「情熱」ではなく、旧体制を体現するような老大公シルヴァの「執念」である。

ユゴーは、このオペラの原作で、24時間以内に同じ場所で一つの筋書きであることに縛られる、古典主義の「三単一の法則」から、自由な「ロマン主義」へと踏み出し、大きな論争を巻き起こした。同じく「ロマン主義」の作曲家であるヴェルディも、時系列や場所の整合性を取ることよりも、ドラマティックなストーリー展開を優先した。そのために以後の彼のオペラは、しばしばストーリーがわかりづらいとの誹《そし》りを受けることにもなるのだが……。

エルナーニ――アリアがひとつだけのタイトロール

19　たったひとりで、さまよい、貧しい日々を過ごして来た Solinga, errante, misero
20　待ってください、酷いお方 Ferma, crudele

エルナーニを歌うテノールには、まず幕開きで、勇ましいカバレッタを伴ったカヴァティーナ「**しおれた花を生き返らせる露のように**」が与えられている。これは後年の《イル・トロヴァトーレ》の第3幕のマンリーコの聴かせどころ「あの火炙《ひあぶ》りの恐ろしい炎は」に似た設定だが、いかんせんこちらは第1幕の冒頭である。テノール歌手としては、喉が温まって落ち着く前に一番の聴かせどころが来てしまうため、公演が始まる前に通常よりも入念に喉を温めておくことが必要となる。また、エルナーニはタイトルロールであるのに、アリアはこれひとつしか与えられていない。だからこそ、このアリアはどうしても見事に歌い切らねばならない。（メト公演でのパヴァロッティのように、第2部の最後でアリア「神よ、願いを聞きたまえ」を挿入して、聴かせどころをもうひとつ作ることもあるが、これはめったに行われない）。

アリアがひとつだからといって、エルナーニ役が楽なわけではない。彼はほとんど出ずっぱりの役である。重唱に次ぐ重唱。それも男同士が恋の鍔競《つばぜ》り合いをするドラマティックなものばかり。この役には、細やかなキャラクターの心理描写がさして求められていない分、勇敢さと一本気が取り柄の燃え盛るエネルギーの塊《かたまり》のような役づくりが必要となる。この役は、そのまっすぐな性格を表現できるスピント系の声を持ち、かつ、体力的にもタフなテノールでなければ務まらない。

エルヴィーラ ―― こちらも歌い切るのに馬力が必要な役

エルヴィーラ役は、元来ソプラノ・リリコのもの。しかし合唱を伴った重唱で、たびたび分厚い合唱とオーケストラに負けずにアクート（高音）を張る場面がある。彼女がそこで飲み込まれてしまっては、その重唱におけるメロディラインが消えてしまう。かといって彼らを抑え込むことのできるような、力強いリリコ・スピントが求められているわけでもない。それではエルヴィーラのキャラクターが逞《たくま》しくなり過ぎる。求められているのは確固たるベルカントの技術を持って、客席に向かって声が走るリリコなのである。

1982／83シーズンのミラノ・スカラ座におけるこのオペラの公演の録音と映像が残っている。若きムーティが指揮しているこの映像で、柔らかな声のフレーニが、ドミンゴ、ブルゾン、ギャウロフと共演している。この公演を実際にスカラ座で観たが、身体から声がきれいに離れて遠くまで飛ぶフレーニの声は、全員の声とオーケストラの音の上を軽々と飛び越えて天井桟敷《てんじょうさじき》にまで届いていた。これは、リリコ・レッジェーロのレパートリーからスタートし、最終的にはヴェリズモ・オペラまで歌えるまでに、年齢とともにその声を育て上げたフレーニが、ヴェルディの幾つかの作品を歌い始めた頃である。彼女の声の比重はそのキャリアの最後までリリコ・レッジェーロのそれで、このときも役に対する声の比重としては物足りなさがなかったと言えば嘘《うそ》になる。しかし、彼女は力むことなく、声色を作り込むこともなく、自分の声でこの役を歌い切った。無駄な力を入れない教科書通りのベルカント唱法を身につけていたからこそ、彼女の声は劇場の隅々まで通ったのである。彼女やスコット、デヴィーア以降、声が育つにつれて上手にレパートリーを増やしていくという高度なテクニックを持ち合わせたソプラノは、残念ながら絶滅してしまったと言わざるを得ないのが現状なのかもしれない。

カルロ――皇帝になって開花する君主

カルロは神聖ローマ帝国皇帝に選出されるまでは、エルヴィーラをしつこく追い回すわがままなお坊ちゃんでしかない。第1部のエルヴィーラとの重唱「**お前を見たあの日から**」[4]でも、彼は情熱的でこそあれ、分別ある男として描かれてはいない。原作の設定では、カルロもエルナーニも19歳だというのだから、さもありなん。彼の人格に変化が起こるのは第3部で、皇帝に選出されたとき。カヴァティーナ

「**おお、我が青春の日々よ**」[15]の前半は、ヴェルディがカンタービレ（歌うように）とわざわざ指定しており、フィオリトゥーラ（装飾音）には「非常に軽く」と指定がある。これはもう滑らかに歌うよりない。

つまりここで彼は皇帝として生きることを静かに決意して、脱皮する。カヴァティーナ後半にある「皇帝として名を刻む存在になる」という決意の言葉から、初めて言葉にアクセントをつけることが許されるが、そこが彼の「これからは皇帝としての自覚を持って生きる」という宣言なのである。だからそこからは、それまでの血気に逸《はや》るような、嫉妬《しっと》や情熱が言わせる言葉とは質を変えた表現が求められる。ここでカルロを歌うバリトンは、本来カルロが持っていた君主としての資質が開花する瞬間をまざまざと見せつけなければならない。彼が後世にまで名を残す名君となることを、聴衆に予見させなければならないのだ。彼は、ここで威厳と品格を見せねばならない。何故なら彼はここで皆から皇帝としての尊敬を集めて、このオペラでの出番を終えるからである。

シルヴァ——孤独と執念

バスには老齢の役が多い。特にヴェルディは、この後にも《シモン・ボッカネグラ》のフィエスコや《ドン・カルロ》のフィリッポなどで、老いと諦念《ていねん》のようなものを多く描いた。しかしこのシルヴァ役は、若者たちに負けじと恋に狂い、嫉妬に絡め取られて自制心を失って突っ走るという珍しい役になっており、それゆえに難役であるとも言えよう。

第1部で歌われるシルヴァ唯一のアリア「**なんということだ、お前は信じていたのだ**」[6]は、主要な人物が全部出揃《そろ》ったところで、この物語にエンジンがかかる部分。しかしここではむしろ淡々と歌われるのがいい。それによって実直に生きてきた老人の寂しさと、裏切られたことへの失望が逆に浮かび上がって来るからだ。

ここから先のシルヴァには、嫉妬《しっと》に狂う彼の「頑さ《かたくな》」が強調されていくことが求められる。（彼自身の自覚よりもずっと強い）嫉妬心が中核にある、名誉を傷つけられたことによって生まれた復讐《ふくしゅう》の念が、この物語を動かす原動力となるのだ。アリアでは自分を「年甲斐もなく」と自嘲《じちょう》気味に語るこの男は、物語が進むほどに客観性を失って行く。だからテノールやバリトンとの重唱においても、シルヴァは彼らと同じように、あるいはそれ以上に激昂《げきこう》して、エキセントリックになっても良い。これはヴェルディのバスの役にしてはとてもユニークなキャラクター設定である。ゆめゆめ枯れても、分別臭《ふんべつくさ》くはならないのである。つまり彼の自分の年齢を省みる意識は、嫉妬を内包した復讐心によってとっくに吹っ飛んでいるのだ。

原作では、自害したエルナーニとエルヴィーラの亡骸《なきがら》の前で、我に返ったシルヴァが自分の行動を恥じて自害するのだが、オペラではエルナーニがエルヴィーラの腕の中で生き絶え、それを横で見守るところで終わる。その公演の演出意図やシルヴァを歌うバス歌手の解釈によって、立ち尽くすシルヴァの姿は変わるだろう。ハッと我に返って後悔するのか、あるいは恋敵を討ち果たしたと満足するのか。ここに彼のセリフはひと言もなく、その立ち尽くす演技で、この物語の色合いががらりと変わるのだから面白い。ここはシルヴァ役の演技力の「お手並み拝見」の場面である。

《ふたりのフォスカリ》ジュゼッペ・ヴェルディ

I DUE FOSCARI Giuseppe Verdi

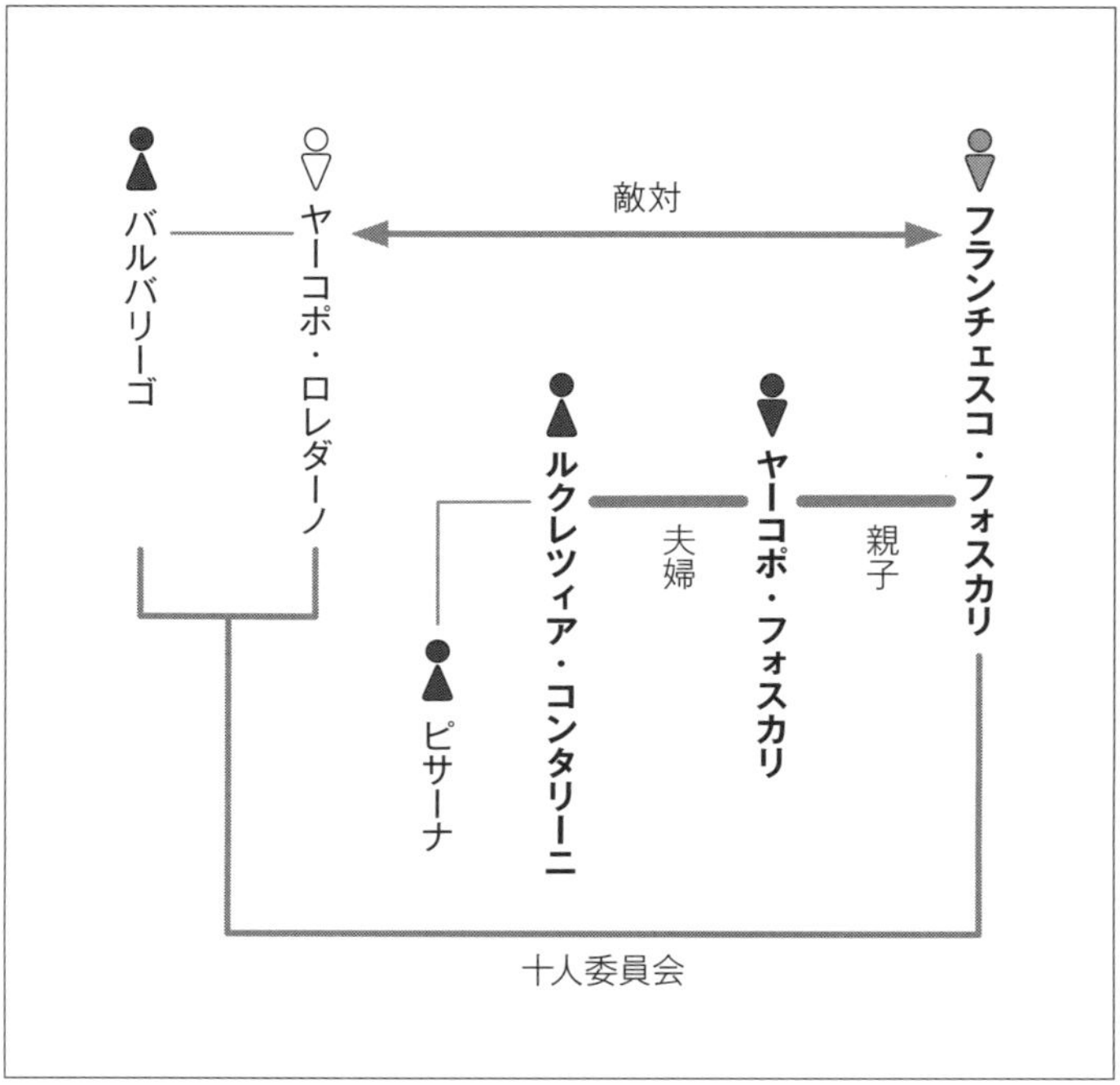

主な登場人物

フランチェスコ・フォスカリ（Br）
80歳のヴェネツィア総督

ヤーコポ・フォスカリ（T）
総督の息子

ルクレツィア・コンタリーニ（S）
ヴェネツィアの名家から嫁いできたヤーコポの妻

ヤーコポ・ロレダーノ（Bs）
フォスカリの政敵　十人委員会のメンバー

バルバリーゴ（T）
元老院議員

ピサーナ（S）
ルクレツイアの信頼厚い友人

３幕の悲劇的オペラ（トラジェディア・リリカ）Trageria lirica in tre atti
原作　ジョージ・ゴードン・バイロンの戯曲「ふたりのフォスカリ」
台本　フランチェスコ・マリア・ピアーヴェ
初演　1844年11月3日　ローマ、アルジェンティーナ劇場
演奏時間　1時間45分／序曲２分、第1幕38分、第2幕35分、第3幕30分

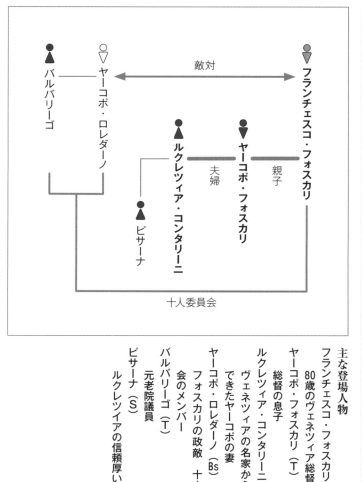

【第1幕】

1457年、ヴェネツィア

（第1場）総督宮殿の一室

物静かだが憂《うれ》いを秘めた、ルクレツィアのカヴァティーナなどをコラージュした序曲が終わると幕が開く。そこはヴェネツィアの総督宮殿（パラッツォ・ドゥカーレ）の中である。

月の輝く夜。ヴェネツィアの最高決定機関である十人委員会の委員と元老院議員たちが、ヴェネツィアを讃えながら「合唱　**静寂と神秘よ**[1]」、十人委員会（ヴェネツィア共和国の国政における最高決定機関）の会議室へと入って行く。

暗殺に加担した疑いで流刑《るけい》されていたフォスカリ総督の息子ヤーコポ・フォスカリが、再度国家反逆罪の取り調べを受けるためにヴェネツィアに召喚《しょうかん》された。

十人委員会の取り調べを待つ控えの間で、ヤーコポは、疑いが晴れて自由に故国ヴェネツィアの風に吹かれることが出来る日の来ることを願う「**はるか遠い流刑地から**[2]」。そして彼は「フォスカリ家を陥《おとし》れようとする政敵の謀略《ぼうりゃく》には、けっして屈しない」と決意を語る「**私は極悪な者だけを憎む**[3]」。

（第2場）フォスカリ家の広間

ヤーコポの妻ルクレツィアは、舅《しゅうと》である総督と十人委員会に夫の無実を訴えるために総督宮殿へ出向こうとする。それをフォスカリ家の者たちが「そんなことをなさっても何も変わりません。どうか神にお祈りください」と必死に止める。ルクレツィアは天に慈悲を祈る「**その全能の神の眼差《まなざ》しに**[4]」。

そこへ、彼女の親友であるピサーナが来て、ルクレツィアに「ヤーコポが再度流刑になることが、十人委員会で決定した」と伝える。彼女は不当な判決に「天の正義が、いつか必ず不実な者たちを罰するであろう」と怒りを露《あら》わにする「**おお、貴族たちよ、震えるがよい**[5]」。

1　静寂と神秘よ Silenzio…Mistero…
2　はるか遠い流刑地から Dal più remoto esilo
3　私は極悪な者だけを憎む Odio solo, ed odio atroce
4　その全能の神の眼差しに Tu al cui sguardo onnipossente
5　おお、貴族たちよ、震えるがよい O patrizi, tremate!

（第3場）ドゥカーレ宮殿の一室

暗殺に関与しているか否かをヤーコポは何も答えなかった。しかし、流刑の地からヤーコポが、無実の我が身を助けてくれと、ミラノのスフォルツァ家などに助命嘆願の手紙を書き他国にヴェネツィア侵略の口実を与えるような真似をした証拠の手紙があることが咎《とが》められ、彼は再度クレタ島に流刑されることとなった。議員たちは、十人委員会の判断は正当なものであると語り合う。

（第4場）総督の居室

総督フランチェスコ・フォスカリが「やっとひとりになれた。しかし、常に心の中までも十人委員会に見張られているようだ」と、権力者の孤独と、父として息子を流刑に処さねばならぬ苦悩を語る「**鼓動し続ける老いた心臓よ**[6]」。

ルクレツィアが現れて、夫を救ってくれと舅《しゅうと》に懇願するが、フォスカリは「法は曲げられぬ」と答えるしかない「二重唱 **あなたもご存知でしょう**[7]」。

総督自身、政敵たちが彼を総督の座から引きずり下ろすために息子を陥《おとし》れようとしていることは百も承知しているが、いかせん十人委員会が下した判決を覆すことは、ヴェネツィア共和国の法を体現する立場の総督には出来ようもない。

総督の薄情さをルクレツィアがなじる。それでも総督は父としての苦しい胸の内をじっと自分の中に閉じ込める。彼の頬《ほほ》を伝った一筋の涙を見たルクレツィアは、まだ夫を救える可能性が皆無ではないと感じる。

【第2幕】

（第1場）牢獄の中

獄中で判決を待つヤーコポに、やはり不当な罪で処刑されたカルマニョーラ伯爵（フランチェスコ・ダ・ブッソーネ）の亡霊が見える。ヤーコポは祈り、失望し、気を失う「**勇者よ、私を呪《のろ》わないでくれ**[8]」。

ルクレツィアがやって来て夫を抱き起こす。ヤーコポは悪夢から目覚め、妻との再会を喜ぶ。

6　鼓動し続ける老いた心臓よ O vecchio cor che batti
7　あなたもご存知でしょう Tu pur lo sai
8　勇者よ、私を呪わないでくれ Non maledirmi, o prode

彼は「子供たちや父も、処刑前に私に会いに来てくれるだろうか」と語る。ルクレツィアは夫が再度流刑と決まったことを告げる「二重唱 [9]**ああ、君なのか**」。

外からはゴンドラ漕《こ》ぎたちの明るい歌が聞こえてくる。夫婦は希望を捨ててはいけないと互いを励まし合う「二重唱 [10]**まだ優しい希望は**」。

そこに総督が、息子に別れを告げにやって来る。家族だけとなったこの場で総督ははじめて息子に父としての苦悩を吐露《とろ》する。息子は父がまだ自分を愛してくれていることに安堵《あんど》する「三重唱 [11]**あなたの父としての愛情に抱かれて**」。「またお目にかかれますか」という息子に、父は「もう一度だけ。だがそのときは総督としてだ」と答える。

クレタ島への護送船の出発を告げにきた政敵のロレダーノは、苦しむ家族の様子にほくそ笑む「四重唱 [12]**ああ、止まることのない時の流れが**」。

（第2場）十人委員会の会議場

十人委員会の面々と議員たちが、殺人と国家反逆罪に問われたヤーコポへの判決の言い渡しのために集まっている。

総督が席に着く。彼は「君たちに言われた通りにここに来た。十人委員会の決定こそがヴェネツィアの正義だ。ここでは父ではなく、総督として振舞う」と語る。

ヤーコポが引き立てられて来る。判決が書かれた書面を自分で読むように言われたヤーコポは、自分は流刑地で死ぬことになるであろうと言い、父に向かって「無実の息子に恩赦を出してください」と言うが、父は総督として「法は絶対である」と答える。そこにルクレツィアも子供達を連れて現れて、総督に恩赦を懇願するが、総督は心を鬼にしてそれを聞き入れない。「ならば、せめて妻子も一緒に流刑《るけい》にしてください」とルクレツィアは願い出るが、ロレダーノに「それは法で禁じられている」と突き放される。

ヤーコポは父に「どうかこの子供達の後ろ盾になってやってください」と頼み、護送船へと歩を進める「六重唱 [13]**この純真な涙が**」。

9 ああ、君なのか Ah, sei tu
10 まだ優しい希望は Ah! Speranza dolce ancora
11 あなたの父としての愛情に抱かれて Nel tuo paterno amplesso
12 ああ、止まることのない時の流れが Ah! sì, il tempo che mai non s'arresta
13 この純真な涙が Queste innocenti lagrime

【第3幕】

（第1場）謝肉祭のサン・マルコ広場

広場は、仮面で着飾った人々で溢《あふ》れている。仮面で顔をかくしたロレダーノと元老院議員のバルバリーゴが「フォスカリを総督の座から引きずり下ろして、自分たちの派閥の貴族、マリピエーロを次の総督にさせるのだ」と話している。人々は陽気に歌い、踊る「合唱（バルカローレ・舟歌）**風はなく、海は凪《な》いで**[14]」。

宮殿から小太鼓の音がして、罪人を流刑地へと運ぶガレー船の出発が知らされる。人々が広場から去って行く。引き立てられてきたヤーコポが、ルクレツィアに別れを告げて、「子供達と父を頼む」と言い残す「**かわいそうな老いた父を**[15]」。夫がガレー船に乗せられるのを見たルクレツィアは、悲しみのあまり気を失って倒れる。

（第2場）総督の居室

総督が「無実の息子を乗せた船は出発しただろうか」と息子に思いを馳《は》せている。そして「3人の息子の死を看取り、今日また最後の息子の無実の罪での流刑を見送らねばならない。この総督という限りない重荷を背負う立場に任じられたあの日に死んでいれば」と我が身を嘆いている。

バルバリーゴが一通の手紙をもって現れる。それは本当の殺人犯が、自らの死を前にして書いたもので、ヤーコポの無実を証明するものだった。

これで息子を救えると喜ぶ総督だったが、そこに現れたルクレツィアが「夫は船の上で絶望したまま息を引き取りました」と伝える。「今、フォスカリ家がすべきは、復讐《ふくしゅう》です」と彼女は総督に訴える「**あの方はもう生きてはおられません**[16]」。

十人委員会の面々が、総督への面会のためにやってくる。ロレダーノが「十人委員会と元老院は、あなたを総督から解任することを決定した」と伝える。それに対し総督は「私はこれまで二度辞任を願い出た。その度にあなた方が終身総督でいてほしい、と懇願したからこそ、私は今日まで総督でいたのではないか」と拒絶するが、委員たちは譲らない。

14　風はなく、海は凪いで Tace il vento, è queta onda
15　かわいそうな老いた父を All'infelice veglio
16　あの方はもう生きてはおられません Più non vive

「私の人生の最期のときに、お前達は私から名誉までも剥奪《はくだつ》するというのか。それならば無実の息子を私に返せ」とフォスカリは彼らに迫る「[17]**これが残酷《ざんこく》なる報酬というわけか**」。

ついに彼は辞任に合意し、総督の証《あかし》である指輪を渡し、ルクレツィアを伴って総督宮殿から去って行こうとする。

そこに早くも新総督就任を知らせる鐘の音がサン・マルコ広場の鐘楼《しょうろう》から響き、民衆の新しい総督の誕生を祝う声が聞こえる。

すべての生きる意欲を失ったフォスカリは「息子も、総督の座も、そして命さえも私にはない」と自らの残酷な運命を嘆き、その場に倒れて息を引き取る「[18]**あの不吉な鐘の音が**」。

《聴きどころ》

実在のフランチェスコ・フォスカリも第65代ヴェネツィア総督として、約35年間その職務を務めた。ヴェネツィア共和国で最も長期間に渡り総督を務めた人物である。またその息子ヤーコポが、殺人の疑いと国家転覆を図った罪で二度裁かれていることも事実ならば、息子が犯した犯罪を理由に総督を解任された翌日に息を引き取った。それらの史実と、フィクションを組み合わせて書かれたのが、このオペラの原作であるバイロンの戯曲「ふたりのフォスカリ」である。

ヤーコポ・フォスカリ――総督の息子に生まれたばかりに

総督を父に持ったばかりに政局に巻き込まれ、総督を引き摺《ず》り下ろす政争の生贄《いけにえ》として死んで行くヤーコポ・フォスカリ。この役が大変なのは、アクート（高音）ではない。キャラクター設定が、テノールでありながら逞《たくま》しい男性的な部分がほとんど皆無な点にある。歌唱としても、登場シーンの

17　これが残酷なる報酬というわけか Questa dunque è l'iniqua mercede

18　あの不吉な鐘の音が Quel bronzo ferale

すべてが、抑圧され、運命に逆らえずもがき苦しむばかりで、発散して歌えるところはどこにもない。

この役には、暗めの（たとえ音色が明るかったとしても、絶対に）比重のある声が必要である。スピント寄りのテノールが適している。こうした声は、多くの場合ヒーローを歌う。しかし、このオペラでは前述のごとくその役回りが違う。彼は心神が耗弱《こうじゃく》して行き、流刑地に送り返される船の上で、息を引き取るという神経のか細い役である。

第1幕のアリア「[2]**はるか遠い流刑地から**」に始まる「フォスカリ家の者としてのプライドをかけて、自分の無実を勝ち取ってみせる」というドラマティックなカバレッタ「[3]**私は極悪な者だけを憎む**」だけが、このオペラでヤーコポが勇ましさを発揮できる唯一の場面となる。そこから先、第2幕の「祈り」と題された「[8]**勇者よ、私を呪《のろ》わないでくれ**」は、いわば男声版の〈狂乱の場〉であり、彼は近づく死の足音に怯《おび》え、ここからその神経は弱り続ける。

妻の口から「死刑ではなく、流刑と決まった」と聞いても、彼には絶望しか生まれない。彼には何年かかろうと、何としてでも無実の罪からの名誉回復をしてみせるという気概《きがい》はどこにもない。この役を歌うテノール歌手が表現すべきは、ヤーコポの弱っていく神経である。凛々《りり》しい役の得意なテノールには、ひたすら追い詰められていく男を演じるのはさぞやストレスが溜まることだろう。そこを表現して演じる面白さがあるとも思うのだが……。

ルクレツィア――気丈《きじょう》な妻

ヴェネツィア総督を8名も輩出することになるヴェネツィアの名家であるコンタリーニ家から嫁いで来たルクレツィアは、夫よりもずっと精神的に強く気丈だ。登場のレチタティーヴォから「総督は、総督である前にあの方の父なのです。私は総督の義理の娘であり、正当な判断を、と彼に乞《こ》う権利があります」と言いながら舞台に登場してきて、侍女たちやフォスカリ家の人々は、正論を振りかざす彼女を止めるのに必死になる。それに続くカヴァティーナ[4]「**その全能の神の眼差《まなざ》しに**」でも「正義は我にあり」である。

　このカヴァティーナが、この役で唯一「抒情的《じょじょうてき》な」場面である。このカヴァティーナに限って言えば、良妻賢母のルクレツィアは、温かな声のリリコ、それもプーロ（純粋な）・リリコと呼ばれる厚みのあるビロードのような柔らかい声が向いているように見える。ところが、この男勝りの気性は、事実上リリコ・スピント（強さのある硬質な声）の持ち主でなければ、全編を通して歌い切れない。彼女はこのオペラの中で「私はかわいそうな女」などとは一度も口にしない。泣き崩れ、神経を病んで、それこそ狂乱してもおかしくないような状況にあるにもかかわらず、彼女は夫を助けるために奔走《ほんそう》し、第2幕の重唱[9]「**ああ、君なのか**」では夫を励まし、第3幕で流刑地に送られようとする夫からは「子供たちと老いた父を頼む」と頼られる。夫が息を引き取ったあと、彼女が舅《しゅうと》の前に進み出て「フォスカリ家の名誉にかけて復讐《ふくしゅう》を」と迫るアリア[16]「**あの方はもう生きてはおられません**」に至っては、女にしておくにはもったいない逞《たくま》しさで、キャラクターとしてはソプラノ・ドランマーティコのそれである。しかし彼女は女戦士ではない。あくまで貴族の、ふたりの子を持つ母である。

　ヤーコポが物語の進行に連れて弱って行くのに対し、彼女の歌唱はよりドラマティックになって行く。強い表現をしてもびくともしないような喉の持ち主でなければ、この役は歌えたものではない。

フランチェスコ・フォスカリ——正義の総督

　ヴェネツィア共和国の総督、フランチェスコ・フォスカリ。ヴェネツィア共和国では国を束ねる総督が、私利私欲に走るようなことがあれば、十人委員会の告発により、たとえ現役の総督在任中であろうとも処刑された。現在でもヴェネツィアのドゥカーレ宮殿の大広間を囲む総督の肖像画の中で、国の名誉に泥を塗った数人の総督の肖像は黒く塗り潰されたまま残されている。この国では、たとえ総督であろうとも十人委員会の決定を曲げて息子を助けることなど到底不可能だったのである。

この役を演じるハードルは、ヴェルディのバリトンの諸役の中でも特に高い。どんなに息子を助けたくても総督としての彼にはそれが出来ない。父としての苦しみを心の中に押し込めて、息子の流刑を決断せねばならない。総督として、父として、彼は葛藤《かっとう》し続ける。彼の登場のロマンツァ「**鼓動し続ける老いた心臓よ**」[6]は、高齢の父親が苦しむ息子を見つめる辛さを語るモノローグである。まずここでバリトンは、この優れた総督が、冷酷な父ではないことを観客に印象付ける。ここだけが彼が純粋に父親である部分であり、かつ、ここは「語り」であって「歌」ではない。カンタービレの美しいメロディを歌い上げてしまったら、この作品全体が台無しになる。ここでは息の流れを生かしたベルカント唱法の上に、ディクションで感情表現をする高度な技術が求められる。もちろん「老い」を表現することも含めて。その後の重唱はもちろんのこと、第3幕後半での大アリア「**これが残酷なる報酬というわけか**」[17]も、あくまで総督としての「公の立場」での発言である以上、歌手はエキセントリックに叫んではならない。彼は35年の長きにわたり総督の地位にあることを、ヴェネツィア共和国が望み、その要望に応え続けた人物なのである。

しかし、国のために多くのことを犠牲にして生きて来たこの男の人生は、次の総督の就任を告げる鐘の音と歓声によって、簡単に裏切られる。「**あの不吉な鐘の音は**」[18]から幕切れまでの数分だけが、このオペラで唯一フランチェスコ・フォスカリという老齢の男が無防備に、むき出しになる部分である。それでも嘆きのあまり、前後見境いない恨み言の発露になって老醜を曝《さら》し過ぎては、彼の人物像が壊れてしまう。しかし、当たり障《さわ》りのない「公人」としての通りいっぺんの表現では、この物語は尻切れとんぼに終わってしまう。泣かず、喚《わめ》かず、しかし絶望を表現するという高度な表現力がここで求められる。

現代におかる名バリトンと呼ばれる歌手の中でも、レナート・ブルゾン、レオ・ヌッチといったほんの数人の歌手だけがこれを「当たり役」に出来ていることからも、この役の難しさがわかる。フランチェスコ・フォスカリという男は、たとえ総督という冠が外れようとも、最期の時まで「人としての高貴さ」を失ってはならないのである。

《ジョヴァンナ・ダルコ》

GIOVANNA D'ARCO *Giuseppe Verdi*

ジュゼッペ・ヴェルディ

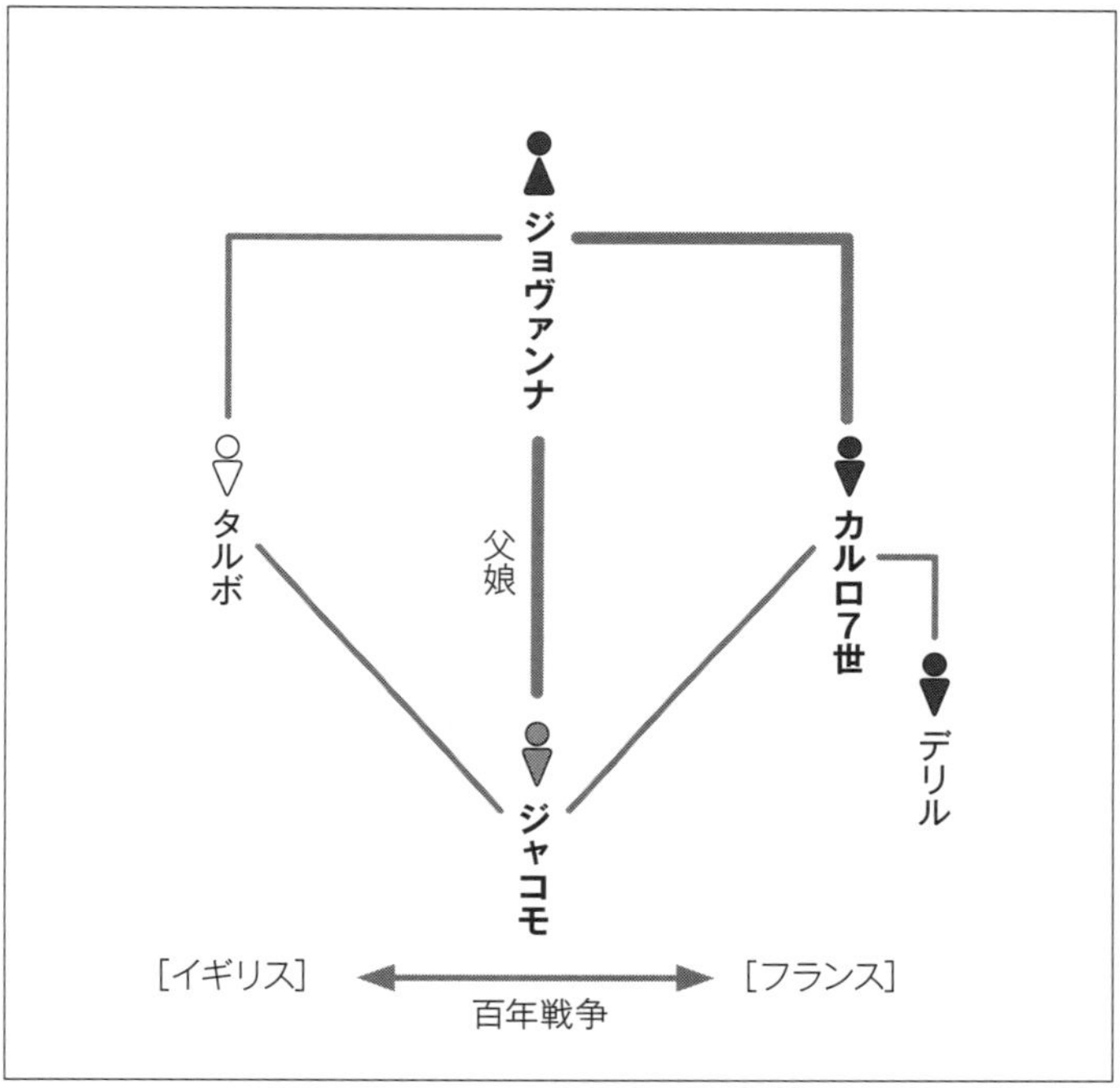

主な登場人物
ジョヴァンナ（S）
羊飼いの娘
（ジャンヌ・ダルク）
カルロ7世（T）
フランス王
ジャコモ（Br）
ドムレミの羊飼い
ジョヴァンナの父
デリル（T）
王の臣下
タルボ（Bs）
イギリス軍の将軍

4幕のオペラ＊（ドランマ・リリコ）Dramma lirico in quattro atti

＊クリティカル版では、プロローグを第1幕と表示し、それまでの「プロローグと3幕」という表示が「4幕」に変更された。

原作　フリードリヒ・フォン・シラー「オルレアンの少女」

台本　テミストークレ・ソレーラ

初演　1845年2月15日　ミラノ、スカラ座

演奏時間　2時間5分／序曲7分、第1幕38分、第2幕30分、第3幕25分、第4幕25分

【第1幕】

（第1場）フランス、ドムレミの大アトリウム

この物語はフランスとイギリスの百年戦争の後期に当たる1428〜31年のフランスを舞台に展開する。

数奇な運命に翻弄《ほんろう》されるジョヴァンナ・ダルコのこれからを表すような起伏に富んだ序曲に続いて幕が上がると、そこはフランス王太子カルロのいるドムレミの大アトリウムである。

フランスとイギリスの百年戦争は、イギリス軍に有利な戦況が続き、いまやオルレアンも陥落《かんらく》寸前である。フランス人たちが不安を抱いて集まっている。

若きフランス王太子カルロは、戴冠《たいかん》を前に退くことを決意し、オルレアンで戦うフランス軍に「これ以上無駄に血を流すことなく降伏せよ」と伝えさせる。そして天の裁きは自分だけに下るようにと神に願う「[1]**さきほど私は地にひれ伏して**」。

そしてカルロは「森に聖母マリア像があり、聖母から甲冑《かっちゅう》と剣を捧げるようにとのお告げの夢を見た」と語る「[2]**私が樫《かし》の木の下にいるようだった**」。

夢に出てきたのとそっくりな場所が、この近くにあると聞いたカルロは、行ってみると言う。人々は「あそこには悪魔が棲《す》んでいる恐ろしい森だ」とカルロに忠告するが、彼は譲らない「[3]**この頭上の王冠は、苦悩と致命的な重責だ**」。

（第2場）森の中

羊飼いのジャコモが、娘のジョヴァンナが悪魔に魂を売ってしまったのではないかと不安に苛《さいな》まれながらやって来る。悪魔が嵐の夜に集まるという樫の木の下でよく眠ってしまうらしい娘の様子を見張ることにする。ジャコモは天に「自分に真実を見極める力を与えて下さい」と祈る「[4]**寒さと恐れが私を襲う**」。

そこにジョヴァンナが現れる。彼女は「フランスを救うために戦場に行きたいのに、なぜ私はこんなに弱々しい姿なのでしょう」と嘆き、自分に武器が与えられることをマリア像に祈る「[5]**朝に夕**

1　さきほど私は地にひれ伏して Testé prostrato a terra
2　私が樫の木の下にいるようだった Sotto una quercia parvemi
3　この頭上の王冠は、苦悩と致命的な重責だ Pondo è letal, martiro il serto al capo mio
4　寒さと恐れが私を襲う Gelo! terror m'invade!
5　朝に夕に、あなたに祈りを捧げ Sempre all'alba ed alla sera

に、あなたに祈りを捧げ」。そして強い眠気に襲われたジョヴァンナは、マリア像の近くで眠ってしまう。

そこにカルロが現れる。夢とそっくりの森とマリア像が現実に存在したことに驚いた彼は、像の足元に剣と甲冑《かっちゅう》を置き、一心に祈りを捧げる。

ジョヴァンナにしか聞こえない悪魔の合唱が「恋をしろ、青春を謳歌《おうか》しろ」と語り掛ける。月明かりが差し込むと、今度は天使の合唱が「聖母マリアがあなたをお呼びですよ。フランスはお前によって自由になるのです。さあ剣と甲冑をお取りなさい、選ばれし乙女よ。しかし地上の愛に囚《とら》われた時、それはお前にとって災いとなるでしょう」と予言して消える。

目を覚ましたジョヴァンナは、カルロがマリア像の前に置いた甲冑を身に付け、剣を手にする。そしてその様子に驚くカルロに「私がフランスを救ってみせます」と語り掛ける「二重唱 **私があなたを栄光へと導く戦士です**[6]」。

隠れてその様子を見ていたジャコモが彼らの前に現れる。そこでジョヴァンナは父のこれからの無事を祈り、王は「天使が舞い降りた」と喜び、ジャコモは「娘は王を愛するがばかりに、悪魔に魂を売ったに違いない」と嘆く「三重唱 **王だ。ああ、マリア様お護りください**[7]」。

【第2幕】

（第1場）ランス郊外

オルレアンの戦いで、それまでの戦況とは一変してイギリス軍はフランス軍に大敗を喫した。

イギリス軍の将軍タルボとイギリス兵たちが、フランス軍のことを「悪魔の集団だ」と語っている。そこに、自分の娘ジョヴァンナがフランス軍を率いて一日でイギリス軍を破ることが出来たのは、悪魔の所業に違いないと思い込んでいるジャコモが現れる。

そしてジャコモはタルボに「自分はフランス人だが、あの魔女（ジョヴァンナ）をあなた方に渡そう」と言う。父は、悪魔に取り憑《つ》かれた娘を火刑台に送ることで、せめて彼女の魂だけは救いた

6　私があなたを栄光へと導く戦士です Ah, son guerriera che a gloria t'invita
7　王だ。ああ、マリア様お護りください Il re!　A te pietosa Vergine

いと願っているのである。

そしてジャコモは「娘が悪魔に魂を売り渡す原因となったカルロをあなた方と一緒に倒したいのだ」と熱く訴える「[8]**私はフランス人だが、故国と名誉が第一だ**」。

「魔女を火刑台に掛けよう」とイギリス兵たちが口々に叫ぶ。ジャコモはジョヴァンナとの思い出を胸に、娘を断罪する父の切なさを語る「[9]**苦難の道に導いたのは**」。

（第2場）ランスのフランス宮廷の庭

ジョヴァンナが宮廷の喧騒《けんそう》から逃れて、ひとり庭にやって来る。神の声に従ってフランスを救っただけの自分が、豪奢《ごうしゃ》な衣裳に身を包んで宮廷に残り、かつ、カルロのことをひとりの男性として慕っていることに彼女は戸惑っている「[10]**おお、宿命の森よ**」。

ジョヴァンナが、故郷に戻ることを決心した時カルロがやって来て彼女への愛を告白する。ジョヴァンナには、天使たちの「人間との恋愛は不幸を呼ぶ」という声がまたもや聞こえるが、カルロの熱い言葉に、結局彼女は自分もまた彼を慕っていると告白してしまう「二重唱 [11]**ならば、残酷な女よ**」。

そこに王の臣下たちがやって来て、宮廷やランスの人々が王の戴冠《たいかん》式が始まるのを待ち受けていることを告げる。カルロはジョヴァンナに「私に冠を授けるのはお前だ」と語る。

ジョヴァンナには、悪魔たちが自分を地獄に引き込もうとする声が聞こえてくる。そして「私は呪《のろ》われている」と言って、もがき苦しむ「二重唱 [12]**教会にともに向かおう**」。

【第3幕】

ランスの広場

王の戴冠式を祝う人々で広場は溢れている。彼らはイギリス軍の侵略からフランスを救ったジョヴァンナを讃《たた》える「合唱 [13]**天より遣わされたのは**」。旗手を務めるジャンヌに先導されて王が登場し、教会で戴冠式が執り行われる。

8 私はフランス人だが、故国と名誉が第一だ Franco son io, ma in core m'è prima patria onore
9 苦難の道に導いたのは So che per via di triboli
10 おお、宿命の森よ O fatidica foresta
11 ならば、残酷な女よ Dunque o cruda
12 教会にともに向かおう Vieni al tempio
13 天より遣わされたのは Dal cielo a noi chi viene

そこにジャコモが姿を現し、神に祈りを捧げて、魔女となった娘を糾弾《きゅうだん》する苦しみを語る「老人の希望はひとり娘だった[14]」。

教会の中から、神を讃えて祈りを捧げる声が聞こえてくる。旗手を務めるジョヴァンナは、その場から立ち去ろうとするが、カルロ王と民衆に引き留められる。王はジョヴァンナの前に跪《ひざまず》き「フランスを救った聖女として、あなたに聖堂を捧げる」と宣言する。

そこにジャコモが割って入り、娘を悪魔だと告発する「**天の命令で私は姿を見せたのです**[15]」。

ジャコモが王に向かって「娘はあなたへの愛のために信仰を捨て、悪魔と手を結んだのだ」と王を責める。王や人々は、その言葉に恐れ慄《おのの》く。

ジョヴァンナは、それに対して声高に反論するでもなく、自分の運命を受け入れようとする「三重唱と合唱 **そんなことはない、天使の姿が**[16]」。

王はジャコモに証拠を見せろと迫る。ジャコモは、ジョヴァンナに「お前は清らかな処女か」と尋ねる。地上の愛は災いを呼ぶという神のお告げに反して王に心を寄せてしまったジョヴァンナは、それに何も答えられない「三重唱と合唱 **神の声がこの心に**[17]」。

【第4幕】

イギリス軍の城塞

魔女として捕らえられイギリス軍に引き渡されたジョヴァンナが、鎖に繋《つな》がれている。彼女には、戦いで苦戦しているフランス王カルロの姿が見えている。ジョヴァンナが「私は王に心を寄せましたが、我が身は穢《けが》れていません」と言って神に祈る。その様子を見ていたジャコモは、自分が間違っていたことを知る「二重唱 **ほんの一瞬あの方を愛しましたが**[18]」。

ジョヴァンナは「もう一度私を戦場に行かせてください」と神に祈る。ジャコモが彼女を解放する。自由の身となったジョヴァンナは、剣を手に戦場へと飛び出して行く「二重唱 **父から祝福されれ**[19]」。

彼女が戦いに加わったことで、フランス軍はま

14 老人の希望はひとり娘だった Speme al vecchio era una figlia
15 天の命令で私は姿を見せたのです Comparire il Ciel m'ha stretto
16 そんなことはない、天使の姿が No! forme d'angelo
17 神の声がこの心に Contro l'anima percossa tuona, eterna voce
18 ほんの一瞬あの方を愛しましたが Amai, ma un solo istante
19 父から祝福され Or dal padre benedetta

たも奇跡的に勝利を収める。王のもとに、イギリス軍が壊滅したが、ジョヴァンナも戦死したとの報が伝えられる。王は、彼女に疑いを抱いたことを後悔する「**誰が最も忠実な友か**[20]」。

王とジャコモの前に瀕死《ひんし》のジョヴァンナが運ばれて来る。そこで奇跡が起きて、彼女が起き上がる。彼女は「私は魔女でない」と言い、自分の軍旗を求め「これを天に返すのが自分の務めだ」と言う。そして「マリア様が、私を迎えに来て下さった」と語り、王や父に看取られて、彼女は天へと昇って行く「三重唱と合唱 **天が開き、聖母さまが降りていらっしゃる**[21]」。

《聴きどころ》

近年、公演されることが増え始めたこのオペラの中でジョヴァンナ（ジャンヌ）は火刑台にかけられるのではなく、戦死して終わる。この作品は、天啓を受けた娘を悪魔と手を結んだと誤解して、娘の魂を救おうと一途に思い込む朴訥《ぼくとつ》な羊飼いの父と娘、そして彼女とカルロ王の淡い恋の物語として仕立てられている。

ジョヴァンナ――十代前半の娘

ジョヴァンナ・ダルコ（ジャンヌ・ダルク）は、十代前半の若い娘である。ゆえに、この役が強く金属的なスピントの声で歌われる必要は元よりない。彼女が歌う第1幕のカヴァティーナ「**朝に夕に、あなたに祈りを捧げ**[5]」にしろ、第2幕のロマンツァ「**おお、宿命の森よ**[10]」にしろ、むしろベルカント・オペラのように長いフレーズを、徹頭徹尾《てっとうてつび》柔らかに歌うことが要求されている。聴いている分には派手さもなく、スムーズに歌えそうに思えるが、息を支えてこれらを滑らかに歌うのは、技術のない歌手には

20 誰が最も忠実な友か Chi più fedele amico
21 天が開き、聖母さまが降りていらっしゃる S'apre il ciel. Discende Maria

難しい。このジョヴァンナという娘は、田舎育ちの純朴で敬虔《けいけん》なキリスト教徒で、カルロ王に淡い恋心を抱いたことだけで、自分は穢《けが》れてしまったと思い悩むほどの真面目で、まだまだ幼さの残る娘である。この役を歌うソプラノに求められるもっとも大きな要素は、意外にも自分の意思をもって生きる女性とは程遠い、清楚さと、幼さと紙一重の「一途《いちず》さ」なのだ。

あまり上演されることがなかったこのオペラ、個人的に愛聴してきたのは1951年録音のイタリアのソプラノ・リリコの代表格であるレナータ・テバルディのもの。もちろん彼女の歌唱のスケールは（可愛らしい娘役にしては）大き過ぎるかもしれないが、とはいえ彼女の柔らかなリリコの声がジョヴァンナを、ヴェルディが意図した清楚なキャラクターより強くなり過ぎることから救っている。

カルロ――線の細い王

百年戦争を終結させた王ではあるものの、彼の評価は文芸作品の中ではどれも低いようだ。このオペラでも彼は登場のシーンから「もうダメだ」と諦めモードであるし、戦いに勝利出来るのは、ジョヴァンナの助けのあるときだけという、いささか気の毒な設定である。このような設定のためか、王様といえば基本的に低声に振るヴェルディが、このオペラではリリカルなテノールにこの役を与えている。どちらかといえば、後年のドン・カルロを思わせるような線の細い、ナルシスティックなキャラクターと言えよう。

第4幕のロマンツァ「**誰が最も忠実な友か**[20]」もテノールの出番を増やすために取って付けたような内容で、カルロという役にはジョヴァンナの運命を（期せずして）狂わせてしまう役割以上のものは与えられていない。

テバルディとの盤で、この役を歌っているのはヴェルディの名手ベルゴンツィだが、彼はこの役をまるでベルカント・オペラのように滑らかに歌うことに徹している。彼がこのオペラでのカルロの役割を熟知していることはもちろんだが、カルロのアリア自体が、どちらも「滑らかに歌え」とヴェルディが言っているがごとき音型で書かれているのである。

ジャコモ——このオペラの本当の主役は彼

登場の「寒さと恐れが私を襲う」[4]のレチタティーヴォから、この役のバリトンにはすでに役者としてのドラマティックな表現が求められている。それに、このオペラの他の登場人物は、ジョヴァンナもカルロも若い。この作品の主要人物で、大人はこのジャコモひとり。ストーリー・テラーの役目は、当然彼が負うことになる。

教育のない、朴訥《ぼくとつ》な羊飼いである老ジャコモは「娘を悪魔から救う＝娘の魂を救う＝彼女を天国に送ること」と思い込んで行動を起こす。短絡《たんらく》な行動だが、彼は娘（の魂）を救おうと必死なのである。けっして冷酷な父なのではない。娘を愛するがゆえの行動なのである。ならば当然彼の歌は、どれも娘への愛に裏打ちされたものでなければなるまい。

この役を悪魔に魂を売った娘への怒りや嫌悪として歌われたら、このオペラのストーリーは成立しなくなる。ジャコモの複雑な心理を表現出来るバリトン歌手となれば、当然のことながらヴェテラン歌手である。余談ながら、演じ甲斐がある役であることは、２０１４年にカリニャーニの指揮による録音で、ドミンゴがこの役を歌っていることからもわかる。テノールであるドミンゴが、敢《あ》えて手がけるバリトンの役は《シモン・ボッカネグラ》のタイトルロールや《ふたりのフォスカリ》のフランチェスコ・フォスカリといった、人物の心理表現が難しく、演じ甲斐のあるものに限られるからだ。このケースでは彼は相当に暗めに歌って、若いふたり（ネトレプコとメーリ）との差を出そうとしていて、それなりに成功もしている。

しかし声の最盛期は過ぎていたとはいえ、２００８年のパルマでの映像に残るレナート・ブルゾンを聴いてしまうと、やはりこの役はバリトンの音色によって歌われるべきものだと思うのだ。どんなに暗く歌おうとドミンゴはテノールである。フォームを崩すことなく歌い切ることができるのは素晴らしいことなのだが、ヴェルディのオペラのバリトンの色合いとマッチするかと言われれば、そこには疑問が残る。どんなにキャラクターの表現が優れていようとも、作曲家が声の棲《す》み分けを考えて作曲している以上、その掟《おきて》を破ってまで声種の違いを跨《また》ぐことに必然性は感じられない。

《アッティラ》ジュゼッペ・ヴェルディ

ATTILA *Giuseppe Verdi*

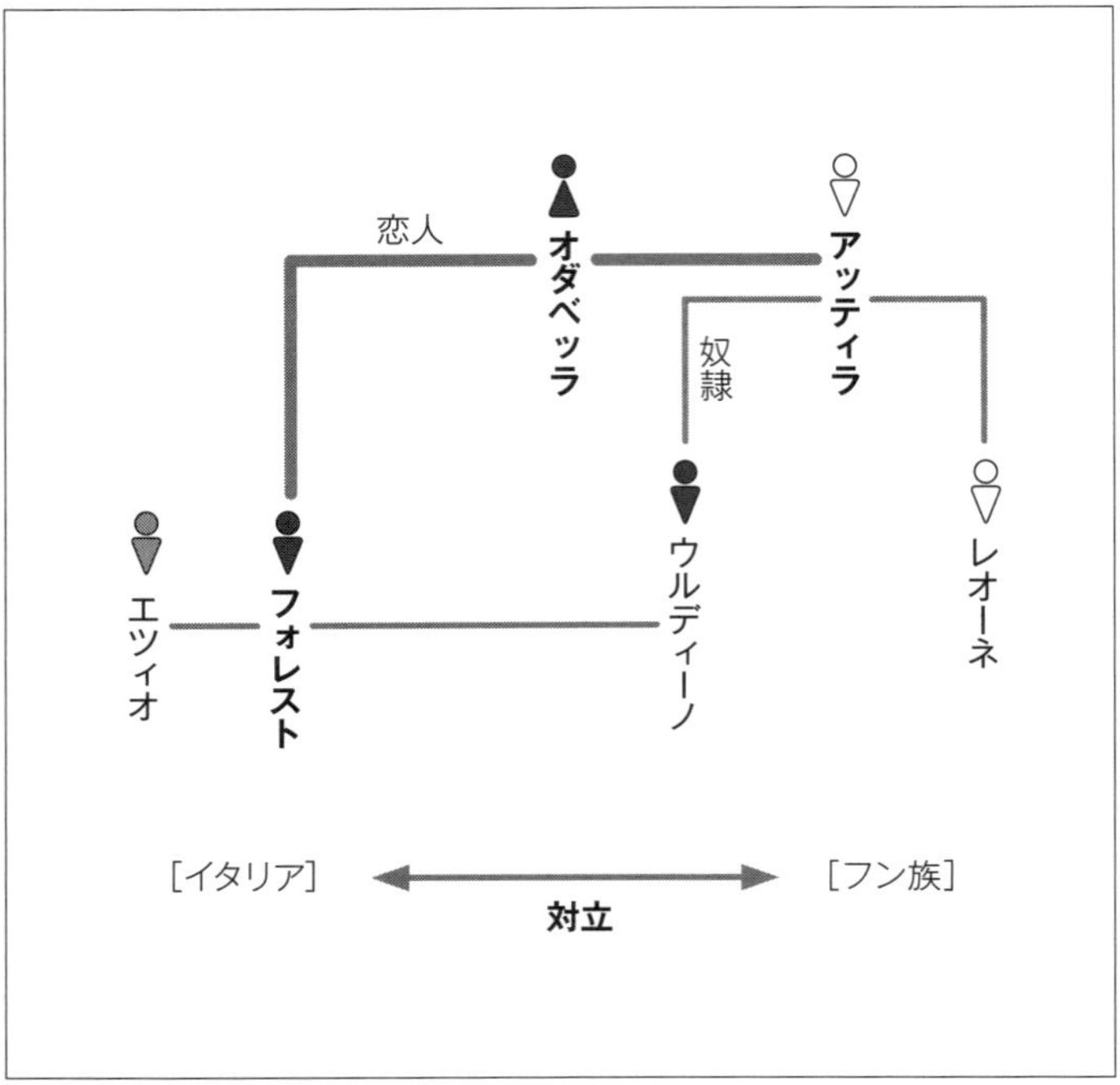

主な登場人物

アッティラ(Bs)　フン族の王
オダベッラ（S）　アクイレイアの領主の娘
フォレスト（T）　アクイレイアの騎士
エツィオ（Br）　ローマの司令官
レオーネ（Bs）　老齢のローマ人
ウルディーノ（T）　アッティラの奴隷　若いブルターニュ人

プロローグと3幕のオペラ（ドランマ・リリコ）Dramma lirico in un prologo e tre atti
原作　ツァハリーアス・ヴェルナーの戯曲「フン族の王アッティラ」
台本　テミストークレ・ソレーラ(フランチェスコ・マリア・ピアーヴェによる補完)
初演　1846年3月17日　ヴェネツィア、フェニーチェ座
演奏時間　1時間45分／序曲：3分、プロローグ32分、第1幕30分、第2幕25分、第3幕15分

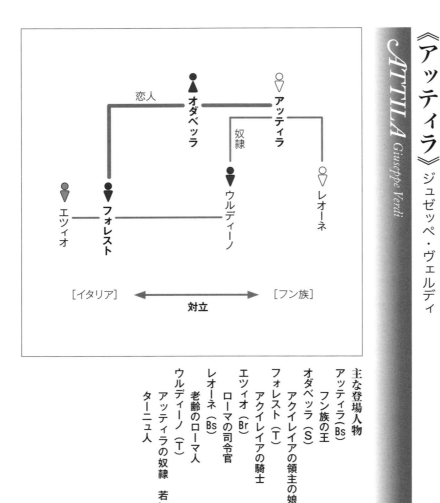

【プロローグ】

（第1場）5世紀半ばのイタリア

アドリア海に面したアクイレイアの広場

蛮族の王として名を馳《は》せたアッティラの最期を描くにふさわしい、骨太《ほねぶと》な序曲で幕が開く。

破壊を尽くしてアクイレイアを侵略した蛮族（フン族）たちが、彼らの王であるアッティラを「戦いの王」と褒《ほ》め称えている。

皆殺しを免れたアクイレイアの女戦士たちが、引き立てられて来る。その中のひとりオダベッラが故国への愛を力強く歌い「私の剣を返せ」。イタリアの女は甲冑《かっちゅう》に身を包み戦うのだ」とアッティラに向かって言う。その勇敢さに感じ入ったアッティラが、自分の剣を彼女に与える「**強き者たちが突進する時〜今、お前から授けられた剣は**」[1]。

ローマ侵攻を目前にしたアッティラは、ローマからの使者を迎え入れる。そこに現れたのはローマ有数の戦士エツィオで、彼は「他の地は、お前が支配すればいい。だがローマは自分に任せてくれないか」と交渉を持ち掛ける。しかしアッティラはそれを拒絶し、ふたりはそれぞれにその場を去る「二重唱　**東ローマの皇帝は年老いて**」[2]。

（第2場）アドリア海の干潟《ひがた》のリオ・アルト

（埋め立て地）

アクイレイアから逃れてきた人々が、命からがらに干潟の埋め立て地に辿り着き、神へ祈りを捧げている。

彼らをここまで率いて来たアクイレイアの騎士フォレストは「まずはここに留まり、国の再興を目指そう」と人々を鼓舞する。そしてアッティラに捕まってしまった恋人オダベッラのことを想い「いっそ死んでしまったと聞いた方がまだよかった」と呟き、悲観的になる。そんな彼を人々が逆に力づける。そして彼らはこの地に「不死鳥のように新たな故国を作ろう」と誓い合う「**彼女は野蛮人の掌中にある〜愛する祖国よ**」[3]。

1　強き者たちが突進する時〜今、お前から授けられた剣は Allor che i forti corrono 〜 Da te questo or m'è concesso

2　東ローマの皇帝は年老いて Tardo per gli anni e tremulo

3　彼女は野蛮人の掌中にある〜愛する祖国よ Ella in poter del barbaro 〜 Cara patria

【第1幕】

（第1場）アッティラの野営地の近く

オダベッラが我が身の不幸を嘆き、フン族に殺された父や、生き別れた恋人フォレストのことを想っている「**おお、流れていく雲よ**[4]」。

誰かが近づいてくる足音がする。それはフン族に扮装《ふんそう》したフォレストであった。フォレストは、オダベッラがアッティラの愛人になったと思い込んで彼女を責めるが、オダベッラは「この手でアッティラを刺し殺し、父の仇を打つのだ」と語る。そしてふたりはアッティラへの復讐《ふくしゅう》を誓う「二重唱　**そうだ、私だ**[5]」。

（第2場）アッティラのテント

眠っていたアッティラが悪夢に飛び起きて、奴隷のウルディーノにその夢の内容を語る。彼がローマに侵攻しようとすると、そこに白髪の老人が現れ、髪を掴まれた自分は、凍りついて動けなくなる。老人は微笑みを浮かべて「お前が鞭《むち》打つことが出来るのは人間だけ。神の地であるこの地からは立ち去れ」と語ったのだという「**私が野心をたぎらせて**[6]」。

少し落ち着いたアッティラは「ドルイドの神官や皆を呼んで来い。ローマに攻め入るぞ」と、ウルディーノを使いに走らせる「**国境越えて、亡霊よ、お前を待ち受けるぞ**[7]」。

部下たちを集めて檄《げき》を飛ばすアッティラに、遠くから祈りの声が近づいて来るのが聞こえる。白い装束の老人レオーネが、6人の長老、そして乙女たちや子どもたちを連れて近づいて来るのが見える。アッティラはそれが夢の中に出て来た白髪の老人であることに気がつく。そして夢の中と全く同じことを言われたアッティラは、レオーネに神を見て、思わず地にひれ伏す。

【第2幕】

（第1場）エツィオの野営地

エツィオが「フン族と和平を結び、ローマに帰還せよ」との西ローマ皇帝ヴァレンティアヌスからの命令書を手に、弱体化した落日近いローマ陣

4　おお、流れていく雲よ Oh! nel fuggente nuvolo
5　そうだ、私だ　Si, quello io son
6　私が野心をたぎらせて Mentre gonfiarsi l'anima
7　国境越えて、亡霊よ、お前を待ち受けるぞ Oltre quell limite, t'attendo o spettro!

営の不甲斐なさを嘆いている「**永遠の頂点から**[8]」。

そこにアッティラの奴隷たちが使者としてやって来て、アッティラが和平の宴にエツィオを招いていると伝える。その奴隷たちの中にはフォレストが紛れ込んでいる。

隙《すき》を見てフォレストは、エツィオに「アッティラを殺す。狼煙《のろし》が上がるのが見えたら、ローマ軍にアッティラ陣営を総攻撃させろ」と伝えて去る。それを聞いたエツィオは武者震いする「**私の運命の賽《さい》は投げられた**[9]」。

〈第2場〉アッティラの野営地

アッティラが、ローマとの和平の祝宴を用意している。エツィオがそこに現れる。アッティラは彼を歓迎するが、ドルイドの神官たちは、敵と席を同じくすることは危険であり、アッティラの運命に不吉な影が見えているとアッティラに助言をする。

祝宴でドルイドの巫女たちが踊る。その時突風が吹き、松明《たいまつ》のあかりが全て消えてあたりが真っ暗になる。その隙《すき》にフォレストはオダベッラに近づき「ウルディーノがアッティラの杯に毒を入れた」と知らせる。オダベッラはそれを聞いて「あの男が、部下の手で殺されるなど許せない。あの男は私がこの剣で殺すのです」と強い口調で独白する。

空が白み始め、宴が再開される。アッティラが杯を口にしようとしたその時、オダベッラが「そこには毒が入っている」と叫ぶ。その場が騒然とする中、フォレストが、毒を入れたのは自分だと名乗り出る。

アッティラが彼を手に掛けようとした時、オダベッラがその間に入り、アッティラに向かって「あなた様の命をお助けした私に、この者の処罰をお任せください」と頼み、フォレストの命を救う。

アッティラはその申し出を受けた上で「この女を明日、自分の妻にする」と宣言する。アッティラの部下たちが彼を賛美する中、フォレストは、オダベッラが自分たちを裏切ったと思い込んで彼女を罵倒《ばとう》し、エツィオは何としてもアッティラを

8 永遠の頂点から Dagl'immortali vertici
9 私の運命の賽は投げられた È gettata la mia sorte

倒すことを再度心に誓い、ウルディーノはアッティラを裏切ることにためらいの残る心情を吐露《とろ》する「五重唱 **おお、我が勇士たちよ**[10]」。

【第3幕】

アッティラの野営地の近く

ウルディーノから「花嫁の行列がアッティラのもとに向かい始めた」と聞いたフォレストは「それを森の向こうにいるローマ軍にすぐに知らせるように」と命じ、ウルディーノは去る。フォレストは、オダベッラの裏切りを嘆きつつも、彼女への断ち切れない心を歌う「**哀れな男が**[11]」。

エツィオが現れて「ローマ軍は、戦いが始まるのを今や遅しと待っている」と準備が整ったことを告げ、エツィオとフォレストは「蛮族を誰ひとり生かしておくものか」と誓い合う。

遠くから婚礼の合唱が聴こえて来る。フォレストが嫉妬《しっと》に心を乱すのを「今は大義を果たすのが先だ」とエツィオが諫《いさ》める。

そこに婚礼の行列から逃げ出して来たオダベッラが走りこんで来る。フォレストに「愛しているのはあなただけ」と語り掛けるが、フォレストはそれをにわかには信じられない。エツィオは「今はそんなことにかまけている場合ではない。襲撃のタイミングを逃してはならない」と言う「三重唱 **やめて、ああやめて、ああ行かせて**[12]」。

そこに花嫁を追って来たアッティラ本人が現れる。アッティラは彼ら3人に「かつて掛けてやった情けの礼がこれか」と怒りを露《あら》わにする。

それに対して3人は父を殺された恨み、祖国を奪われた恨み、ローマが世界に蔑《さげす》まれることになった恨みをそれぞれ口にする「四重唱 **逃げ出すでない、私に従うのだ**[13]」。

アッティラの野営地から、ローマ軍がアッティラ陣営を急襲《きゅうしゅう》している騒ぎが聞こえる。アッティラがそちらに気を取られた一瞬を突いて、オダベッラが彼を刺し殺す。そして彼女の本心がやっとわかったフォレストの胸に飛び込んだオダベッラが「父上、あなたの仇を取りました」と叫ぶ。

10 おお、我が勇士たちよ Oh miei prodi!
11 哀れな男が Che non avebbe il misero
12 やめて、ああやめて、ああ行かせて Cessa, deh cessa, ah lasciami
13 逃げ出すでない、私に従うのだ Non involarti, seguimi

《聴きどころ》

ローマ侵略を企てたフン族のアッティラは、北イタリアを次々と攻略して行った。現在のトリエステとヴェネツィアの中間に位置していたアクイレイア国は、アッティラの侵略によって徹底的に破壊された。生き残った市民たちは、アドリア海沿いの干潟に逃げてそこに少しずつ居住地を形成して行った。それがヴェネツィアという大都市の礎《いしずえ》であると言われている。つまりオペラ《アッティラ》とは、イタリアの「自分たちの歴史」を描いたオペラであり、言い換えれば「イタリア側から見たフン族の歴史劇」でもある。

オダベッラ——騎士の家系の娘

ヴェルディのオペラに出て来る女戦士といえば、このオダベッラと《ナブッコ》に登場するアビガイッレ、そして《ジョヴァンナ・ダルコ》のジャンヌ・ダルク。ジャンヌはリリコのための役だが、オダベッラとアビガイッレは、強靭《きょうじん》な声でアジリタ（音を転がすテクニック）もできるリリコ・スピント（またはドランマーティコ）・ダジリタに向けて書かれた役である。ただし、政治的な支配を望んだアビガイッレと違い、オダベッラは、アッティラとの戦いで殺された父の仇打ちを願う娘に過ぎない。

オダベッラに、ドラクロワの「民衆を導く自由の女神」のようなイメージを求める解釈は行き過ぎではなかろうか。もちろん「何が何でも自分の手で、父を殺したアッティラを討つ」という歌詞から、彼女の決心の固さは見える。しかし、第1幕でのロマンツァ「**おお、流れていく雲よ**」[4]で、自分の心に「好きなだけお泣きなさい」と語り掛け、空を流れる雲に亡き父や恋人フォレストへの想いを乗せるあたりに、彼女がいかに必死に自分を鼓舞《こぶ》して、自分の弱さをひた隠しにして先に進もうとしているかを、この役のソプラノには表現する必要があるのだ。

フォレストとエツィオ――歌手の実力を問われる役

フォレストは、故国を追われたアクイレイアの民衆のリーダー。エツィオは、弱体化したとはいえ、ローマを体現する戦士である。対アッティラの人物としてフォレストとエツィオには、オダベッラと最低でも同等に並び立っていてほしい。しかし、この作品の中で、どうもこのふたりは分が悪い。彼らにはそれ相応の出番があり、それぞれにアリアも振られているのだが、そこには、オダベッラと比べ、勇ましさや輝かしさが、いまひとつ欠けていることは否めない。そこは是非とも歌手の表現力でカヴァーしてもらいたい。なぜなら彼らがアッティラを倒そうとする理由は、三人三様であり、男ふたりがその肩に背負っているものはアクイレイアの民衆とローマである。彼らは単なるオダベッラを引き立てる脇役ではないのだ。三者がそれぞれアッティラと対峙してこそ、この物語には立体感が生まれて来る。エツィオは、かつてカップッチッリが得意とした役のひとつだが、持ち前の歯切れの良いディクションと伸びのいいアクートが、この役にアッティラと互角の存在感を与えていたことを思い出す。

アッティラ――あくまでイタリアから見た人物像

《アッティラ》は、イタリア・オペラでも数少ない、バスをタイトルロールに据えたオペラである。この男は、中央アジアの騎馬民族で、ヨーロッパ諸国を次々に侵略支配して行ったが、その侵略のやり方は残忍この上なく、皆殺しと破壊を尽くしたと言われている。その残忍で野蛮な侵略者アッティラに、ヴェルディはバスを充てた。この役は、ボーイトの《メフィストーフェレ》のタイトルロールとともに（普段は聖職者や王様の役などで、どうしても脇を固めることの多い）バスにとっての数少ない「主役」である。

実在の人物で、北イタリアの多くの都市を侵略したフン族の王アッティラを、イタリア人の台本作家とイタリア人の作曲家が、イタリアの聴衆のためにオペラにしたのだから、当然のことながら彼は「野蛮な侵略者」として描かれている。神聖なローマへの侵攻は、教皇レオ一世（検閲《けんえつ》によりオペラの中では謎の老人レオーネとして登場）の姿の神々しさにひれ伏したアッティラが、自らの意思で取りやめる展開となるのも致し方ないところである。（実際は、レオ一世のアッティラとの折衝《せっしょう》によりローマ侵攻は中止された。ローマ以外の帝国支配地の分割が交換条件であった）。実存したアッティラが持ち合わせていたとは思えぬキリスト教に対する畏敬の念が、彼の第1幕2場のアリア「**私が野心をたぎらせて**」[6]に色濃く反映されている。

この物語が、あくまで一方の当事者側からの視点で描かれたため、アッティラは「キリスト教に畏怖《いふ》の念を抱く、野蛮極まりないアジアの騎馬民族の王」以外にはなり得なかったのである。ゆえにこの役は、もちろんヴェルディのオペラの掟《おきて》ともいえる「泣きや叫びが入らない表現」の範囲内の中で、野蛮さと小心さが同居するような人物像を作り上げることが求められる。エレガントになり過ぎたり、逆に聴衆から同情を引く対象にならないことである。せっかくの数少ない主役を歌うバス歌手には気の毒といえば気の毒だが、この役は、そうした役である。

《マクベス》ジュゼッペ・ヴェルディ

MACBETH *Giuseppe Verdi*

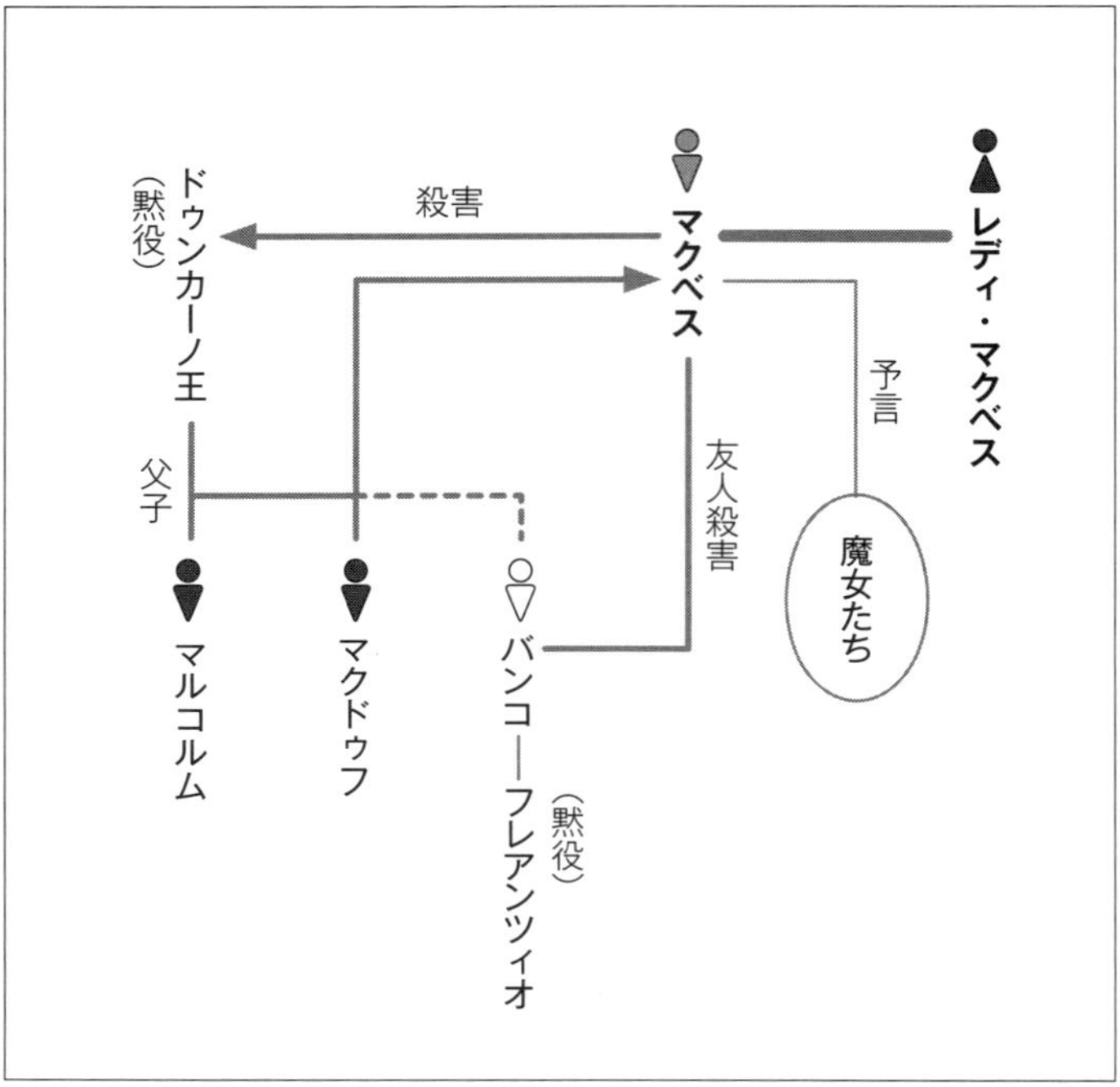

主な登場人物

マクベット／マクベス（Br）
ダンカン王に仕える将軍

レディ・マクベット／レディ・マクベス（S）
マクベス夫人

バンコ／バンクォー（Bs）
もうひとりの優れた将軍

マルコルム／マルカム（T）
ドゥンカーノ王の息子

マクドゥフ／マクダフ（T）
貴族　フィーフェ／ファイフの領主

ドゥンカーノ／ダンカン（黙役）スコットランド王

フレアンツィオ／フリーアンス（黙役）バンコの息子

＊楽譜の登場人物一覧、ならびに歌詞中にイタリア語と英語の発音が混在しているためその双方を掲載。

4幕のオペラ（メロドラマ）Melodramma in quattro atti
原作　ウィリアム・シェイクスピアの戯曲「マクベス」
台本　フランチェスコ・マリア・ピアーヴェ
初演　1847年3月14日　フィレンツェ、ペルゴラ劇場
　　　改訂版1865年4月21日　パリ、リリック劇場
演奏時間　2時間15分／序曲4分、第1幕41分、第2幕30分、第3幕25分、第4幕35分

【第1幕】

（第1場）スコットランドの森の中

魔女たちの合唱の不気味なメロディやマクベス夫人のアリアの前奏などを集めて構成された序曲に続いて幕が開くと、そこは森の中。髭《ひげ》を生やした魔女たちが、気味の悪い相談をしている。

魔女たちが「まもなくここにマクベスが現れる」と話していると、そこにスコットランド王に仕えるふたりの武将、マクベス（歌詞では、マクベス、マクベットの両方の呼び方がなされる）とバンコがノルウェー軍との戦いに勝利を収めて轡《くつわ》を並べて戻って来る。

魔女たちは、マクベスに「グラミスの領主よ。お前はカウドール（コーダ）の領主、そしてスコッツィア（スコットランド）王になる」、バンコには「お前は、王たちの父になる」と予言して姿を消す。

そこに伝令が現れ、マクベスがグラミスに加えカウドールの領主に任命されたとの知らせをもたらす。魔女たちの予言がすぐに実現したことで、マクベスは玉座への野心に心震わせるが、聡明なバンコは「地獄の悪魔の甘言《かんげん》になど、騙《だま》されるものか」と冷静に語る「二重唱 **ふたつの予言がすでに叶った**[1]」。彼らが立ち去った後、魔女たちが再び現れ「マクベスは、王位を得た後にまた我々の予言を聞きに来るだろう」と語って消える。

（第2場）マクベスの城

マクベス夫人（レディ・マクベット）が夫からの手紙を読んでいる。そこには魔女たちの予言の内容と「これを他言せぬように」と書いてある。夫人は夫の野心を讃《たた》えつつも、同時に非情になり切れない彼の気の弱さを危惧《きぐ》する「**戻っていらっしゃい、急いで**[2]」。

そこへ使者が「今夜この城にドゥンカーノ王がお泊まりになります」と告げる。彼女は、好機到来と狂喜し「悪霊たちよ、私たちに力を貸して」と呼びかける「**さあ、皆出てくるのです**[3]」。

マクベスが城に戻って来る。夫人は王の暗殺計画を持ちかけて「王に次の日の光を見せてはなら

1　ふたつの予言がすでに叶った Due vaticini compiuti or sono
2　戻っていらっしゃい、急いで Vieni t'affretta!
3　さあ、皆出てくるのです Or tutti sorgete

ないわ」と語り掛ける。

　王が到着する。妻は夫に「何事もなかった明るい表情で出迎えるのよ」と囁《ささや》く。

　深夜、マクベスは、目の前に浮かんで見える今にも掴《つか》めそうな短刀や血生ぐさい風景の幻影に怯《おび》えながらも暗殺を決行すべく、王の休む部屋へと向かう「**短刀が目の前に**[4]」。

　夫人が事の首尾に気を揉《も》みながら待っていると、血に染まった短剣を手にしたマクベスが戻って来る。彼は王暗殺の様子を語り、自分のしたことの恐ろしさに怯《おび》え震える。彼は心の中で「お前に二度と安らかな眠りが訪れることはない」と語る声を聞いたと言う。

　すかさず妻は「もうひとつの声も聞こえなかったかしら。マクベスは臆病《おくびょう》者だと」と言って、夫のうろたえる様子を情けなく思う「二重唱　**妻よ、つぶやき声が**[5]」。

　警護の者たちに罪をなすりつけるために置いて来るはずだった短剣をまだ夫が握っていることを夫人は咎《とが》めるが、マクベスは「恐ろしくて、あの部屋にはもう戻れない」と怖気《おじけ》づいて動けない。

　彼女は短剣を夫の手からもぎ取ると、それを置きに行く。戻ってきた夫人は、血糊《ちのり》のついた手に怯える夫に「私の手とて同じです。血の汚れなど洗えばきれいに落ちるわ。誰にも疑われてはなりません、さあ行きましょう」と夫を引きずるようにして、自分たちの寝室へと去る「二重唱　**行きましょう。疑われないように**[6]」。

　東の空が白み始める頃、フィーフェ（ファイフ）の領主マクドゥフ（マグダフ）とバンコが、王を起こしに現れる。バンコが「**昨晩は不吉で、異様な一夜だった**[7]」と語る。

　マクドゥフが変わり果てた王を見つけ、城は大騒ぎになる。何食わぬ顔で現れたマクベス夫妻を含めた城に居合わせた全員が、神に祈り、王の復讐《ふくしゅう》を誓う「六重唱と合唱　**その口を開け、地獄よ**[8]」。

【第2幕】

（第1場）マクベス城の一室

4　短刀が目の前に Mi si afgaccia un pugnal?!
5　妻よ、つぶやき声が Fatal mia donna! un murmure
6　行きましょう。疑われないように Vien! vien altrove, ogni sospetto
7　昨晩は不吉で、異様な一夜だった Oh qual orrenda notte!
8　その口を開け、地獄よ Schiudi, inferno

マクベスがふさぎ込んでいる。妻は「なぜ私を避けるのです。やってしまったものは、もうなかったことには出来ないわ」と夫に話し掛ける。

亡くなったドゥンカーノ王の息子マルコルムは身の危険を察してイングランドへと逃げ、マクベスがスコットランドの王位に就くことになった。しかし、彼は、今度は魔女たちがバンコに向かって「王たちの父となる」と予言したことに囚《とら》われて、不安に苛《さいな》まれる。マクベス夫妻は、バンコとその息子の暗殺を決意する。野心に満ちた夫人は「これで夫の王位を脅かすものは無くなるわ」と語る「**日の光は弱くなり**[9]」。

(第2場) 城外の広場

刺客たちが、バンコを殺害するために彼とその息子フレアンツィオを暗い夜道で待ち受けている「合唱 **誰が我々を集めたのだ**[10]」。

マクベスの城から離れたところに馬を繋《つな》いだバンコと息子が、夜道を城へと向かっている。バンコは「ドゥンカーノ王が暗殺されたのもこんな夜だった」と言いながら、表し難い漠然とした不安に襲われる「**まるで天が降ってくるような**[11]」。その不安は的中し、彼ら父子は刺客《しかく》たちに囲まれる。バンコは、息子を必死に逃がし、落命する。

(第3場) マクベス城の大広間

マクベスが王位に就いたことを祝う宴もたけなわ。夫人が乾杯の音頭を取る「**盃を満たして**[12] (乾杯の歌)」。

そこに刺客の一人が姿を現し、マクベスにそっと「バンコは仕留めたが、息子には逃げられた」と耳打ちする。

それを聞いたマクベスが、バンコの座るはずの席に目をやると、彼にだけ、そこにバンコの亡霊が見える。マクベスは取り乱し、あらぬことを口走る。夫人はそれを必死に取り繕《つくろ》う「二重唱 **あなた、どうして離れたところに**[13]」。

しかし招かれた人々は、怯える夫と、それを叱《しっ》咤《た》する妻のやりとりから、マクベス夫妻が王位を得るため悪事に手を染めたことを薄々感じ始め

9 日の光は弱くなり La luce langue
10 誰が我々を集めたのだ Chi v'impose unirvi a noi?
11 まるで天が降ってくるような Come dal ciel precipita
12 盃を満たして (乾杯の歌) Si colmi il calice
13 あなた、どうして離れたところに Che ti scosa, o Re mio sposo

る。

マクベスは「将来のことをまた魔女たちから聞き出さねば」と魔女たちの予言に縋《すが》りつこうとする「二重唱と合唱 **亡霊は私の血を求めている**[14]」。

【第3幕】

魔女たちの棲家《すみか》である洞窟

雷鳴轟《とどろ》く嵐の中、煮えたぎった大きな釜が中央に見える「魔女たちの合唱 **さかりのついた猫は三度鳴く**[15]」。その後魔女たちの騒ぎは続く。

マクベスが現れ、彼女たちに我が身の将来についての予言を尋ねる。魔女たちが地獄の霊を呼び出す。冥府《めいふ》の女神エカーテと、悪魔と聖霊の声が予言を語る。マクベスに「マクドゥフを信じないこと」、「お前は女が産んだ者に負けることはない」、そして「ビルナ（バーナム）の森が動いて来ない限り、お前の地位は脅かされない」と予言する。森が動くことなどはあり得ないと思ったマクベスは、安心する「**なにをしているのだ、魔女たちよ**[16]」。

しかし「バンコの息子に私の地位が脅かされるのか」としつこく訊《き》くマクベスに、魔女たちは口をつぐむ。そして次々にバンコによく似た王たちの亡霊たちが現れる。8人目はその手に鏡を持っている。その中に子孫たちの姿に微笑むバンコを見たマクベスは気を失って倒れる「**消え失せろ、王の亡霊よ**[17]」。

それを見た魔女たちは「聖霊たちよ、その翼で、王の蒼《あお》ざめた顔に風を送ってやれ」とマクベスをあざ笑いながら去って行く「合唱 **水の精と大気の精よ**[18]」。

マクベスが正気を取り戻した時には、魔女たちの姿は消えていた。そこに夫を探しに来た夫人が現れる。マクベスは魔女たちが「マクドゥフとバンコの息子さえ殺せば、王位は安泰だ」と予言したと語り、夫妻はまたも暗殺の実行を決意する「二重唱 **やっと見つけたわ。何をしているの**[19]」。

14 亡霊は私の血を求めている Sangue a me quell'ombra
15 さかりのついた猫は三度鳴く Tre volte miagola la gatta in fregola
16 なにをしているのだ、魔女たちよ Che fate voi, misteriose donne?
17 消え失せろ、王の亡霊よ Fuggi, o regal fantasma
18 水の精と大気の精よ Ondine e silfide
19 やっと見つけたわ。何をしているの Vi trovo alfin! Che fate?

【第4幕】

（第1場）スコットランドとイングランドの国境の荒野

スコットランドの難民たちが、政敵の暗殺を繰り返すマクベス王の恐怖政治によって弱体化して行く国の行く末を憂いている「合唱[20] **孤児たちよ、嘆き悲しむ者たちよ**」。

マクドゥフは、マルコルムを守るために彼と行動を共にしてイングランドに逃れていたが、その間にマクベスによって無残に殺害された妻子のことに想いを馳《は》せ、後悔の念にかられる「[21]**ああ、父の手はお前たちを守れなかった**」。

多くのイングランド兵を率いたマルコルムが、国境付近に現れる。マルコルムは兵たちに、目の前にあるビルナの森の木の枝で身を隠しつつ前進するように命令する。

マクドゥフや難民たちも加わり、マクベスを倒し、母国を救うことを誓う「二重唱と合唱[22] **ここはどこだ。あの森は**」。

（第2場）マクベス城の夜

医者と夫人の侍女が、夫人が明かりを手にして夜中に恐ろしいことを呟《つぶや》きながら徘徊《はいかい》すると話している。そこにふらふらと夫人が現れて、手をこすり合わせて、血だらけの手を洗う仕草《しぐさ》を繰り返しては、夫が目の前にいるかのように、ふたりがこれまで行ってきた悪事の数々について話し掛ける「[23]**いつまでも血の染みが消えないわ**（狂乱の場）」。医者と侍女はその内容の恐ろしさに震える。

（第3場）マクベスの居室

マクベスは、マルコルムたちの挙兵の知らせに怒りを露《あら》わにする。しかし同時に、自分の衰えをひしひしと感じ「お前の墓に捧げられるのは罵《のの》りの言葉だけだ」と自虐《じぎゃく》的になって独白する「[24]**慈悲、尊敬、名誉（愛）**」。

夫人の死の知らせがマクベスにもたらされる。そして「ビルナの森が動いている」との報告を受ける。マルコルム率いるイングランド兵たちは、

20　孤児たちよ、嘆き悲しむ者たちよ D'orfanelli e di piangenti
21　ああ、父の手はお前たちを守れなかった Ah, la paterna mano non vi fu scudo
22　ここはどこだ。あの森は Dove siam? Che bosco è quello
23　いつまでも血の染みが消えないわ（狂乱の場）Una macchia è qui tutt'ora
24　慈悲、尊敬、名誉（愛）Pietà, rispetto, onore(amore)

身を隠していた木々の枝を武器に持ち替え、城に攻め込む。

マクドゥフと一騎打ちになったマクベスは「俺は女の産んだ者には負けぬ」と言うが、マクドゥフは「私は母の子宮を自分で蹴《け》破ってこの世に出てきたのだ」と叫び、マクベスを※刺し殺す。

戦いは終わり、マクドゥフは、新王マルコルムに跪《ひざまず》き、マルコルムは王位を継承したことを宣言する。人々はマクベスを倒したマクドゥフを讃《たた》え、圧政からの解放を喜び、新王の就任を喜ぶ「二重唱と合唱　**勝利だ**[25]」。

（※マクベスが、マクドゥフに刺されて倒れる。そこにパリ版でカットされ、初演版マクベスに存在したマクベス辞世のアリア「地獄の声を信じた私が間違っていたのだ」[26]を挟み、彼が死を迎えたのち、「勝利だ」に繋《つな》ぐ形式を採用した録音には、1959年のMETにおけるラインスドルフ指揮でウォーレンがマクベスを演じている録音、76年アッバード指揮のカップッチッリ主演のスタジオ録音などがある。近年では、2015年に来日公演を行ったパッパーノ指揮の英国ロイヤル・オペラもこのヴァージョンを採用した。）

《聴きどころ》

ヴェルディのオペラは、たとえば《アイーダ》のように華やかな舞台の裏で実に陰影に富んだ心理描写がなされるという趣の作品も多いが、《マクベス》は、純粋に「心理劇」として、主人公ふたり――マクベスとマクベス夫人の心の動きだけを追い続けていくオペラである。このふたりのアリアはどれも他人に聞かせる形になっていない。彼ら自身の心の中の「囁《ささや》き」と「呻《うめ》き」で成り立っている。他の重唱の場面もすべて心理的に緊迫したシーンの連続である。それゆえにこのオペラで主役のふたりを演じる歌手には、他の作品の諸役とは比べ物にならないような精神的なエネルギーが必要とされる。

25　勝利だ Vittoria!
26　地獄の声を信じた私が間違っていたのだ Mal per me che m'affidai ne' presagi dell'inferno

マクベス――妻に操られているだけの男なのか

マクベスといえば、妻の野心に振り回される小心な男の代名詞になっているかもしれないが、彼はその前に、武勇で名を馳《は》せ、自身も人並みの野心を持つ男である。つまり普通の神経の持ち主なのだ。ただ、王となった現実に彼自身がついていけない、不幸にして彼は王の器ではなかった、ということなのだ。だからこの役に、気持ち良く歌う場面などない。この役を演じる者は、最初から最後まで野心と後悔がないまぜのセリフを語り、演ずるのみである。彼はストレスから解放されるために叫び声を上げることすら許されない。妻が亡くなって彼女の野心実現の「操り人形」の役目から解放された時に彼を待っていたのは「破滅」だったが、同時に彼は自分自身をここで取り戻し、ほっとするのである。アリア[24]「**慈悲、尊敬、愛（名誉）**」は、彼の辞世の句となる。（ちなみにこのアリアの歌詞の「愛（amore）」は、クリティカル・エディションでは元の「名誉（onore）」に戻されている）。このときのマクベスに泣きは禁物である。ここでの彼は諦《あきら》めの境地に至っており、死ぬことがわかっていて最後の剣を抜くのである。マクベスは、リゴレットやナブッコ、シモンと同様、バリトンがタイトルロールになっているが、それらとは明らかに求められる要素が異なるかなりユニークな存在で、心理表現が複雑、かつ、刻々と変わる一筋縄ではいかない厄介《やっかい》な役である。

マクベス夫人――強烈な上昇志向のキャラクター

ヴェルディが「マクベス夫人は悪声で歌ってほしい」と言ったことはあまりに有名だが、その言葉はこの作品にとどまらず、ヴェルディが女声（特にソプラノ）に何を求めていたかを考える上で大いに示唆的だ。ヴェルディが「[23]**いつまでも血の染みが消えないわ**」の「狂乱の場」を、それまでに盛んに書かれた歌手のコロラトゥーラ技術の披露の場から解放しようとしたのも一面だが、それよりもこのヴェルディの言葉は、オペラに、より深いドラマ性を求めた彼の信念の発露とも取れる。

マクベス夫人役のソプラノには、３つの大きなアリアが課されている。最初は夫からの手紙を読む野心丸出しのシーンで始まるドラマティックなアリア「**戻っていらっしゃい、急いで**」[2]。手紙の朗読で始まるのも印象的だが、ここですでに夫人の傲慢《ごうまん》なキャラクターがはっきりと示される。ちなみにクリティカル・エディションのヴォーカル・スコアでは、夫からの手紙の冒頭部分「勝利の日に私は彼女（魔女）たちに出会った」"Il dì della vittoria "io" le incontrai で io（私）がカットされている。しかし、朗唱《ろうしょう》するのにこのioは、セリフの波を作るキーワードで、これがないと朗唱のリズムの間が抜けかねず、クリティカル版を使った上演や録音でもこのioは残されている場合がほとんどである。

第２幕のアリア「**日の光は弱くなり**」[9]においては、すでに彼女はその手を犯罪の血で染めている。「ここまで来たら、私たちの地位を守るためには殺人を重ねるしかないのよ」と自分に言い聞かせ、鼓舞する心理が入り混じっている。ここを単に迷いのない強い野心だけで歌われては、終幕で弱って死んで行くキャラクターに繋《つな》がらない。

終幕のアリア「**いつまでも血の染みが消えないわ**」[23]に至っては、精神耗弱《こうじゃく》して夢遊病になった女の危うさを抒情的《じょじょうてき》に表現することが求められる。マクベス夫人の３つのアリアでの心理の推移は、この物語におけるこの夫婦の立ち位置を如実に表す。これらのアリアも、マクベスのそれと同じく「歌ってはいけない。ひたすら演じるのみ」だ。ソプラノには低すぎる彼女の出番におけるテッシトゥーラ（中心となる音域）は、言葉をはっきり発音させるために低く書かれているのである。ヴェルディがこの役に美しい声はいらないと言ったのは、この役は、美しく歌うことでは表現できないという意味だ。ヴェルディは、シェイクスピアの芝居でこの役を演じる女優と同じぐらい、言葉が立ち、生々しいセリフ回しが出来るような歌手を求めたのである。

マクドゥフとマルコルム――ふたりでひとり

初演で、たまたまマクドゥフ役のテノールが非力だったために、途中でヴェルディがマルコルムを重ねる形で補強したという珍しい例である。マクドゥフのアリア「ああ父の手は」[21]は、内容としては妻や子を殺された父の無念を語る美しいものだが、なるほど最高音がラまでしかない。その後、マルコルムがマクドゥフと唱和していくのだが、そのほとんどで、このふたりは双子のごとく一緒に歌う。つまり初演のマクドゥフの声では、合唱の兵士たちを束ねてメロディをリードしていくことが出来なかったということだ。だからといってマクドゥフがつまらない役というわけではない。

大スター・テノールだったフランコ・コレッリが、この役を手がけたいと言い出した話を当時のメトロポリタン歌劇場のスカイラー・チェイピンが書き残している。メトも脇役のマクドゥフに、コレッリの高額なギャラを支払える道理もなく、かつ彼はキャンセル魔で知られていた。チェイピンはコレッリの話を半信半疑で聞き、実質的には忘れていたようだ。しかしツアーのダラス公演で、タイトルロールにシェリル・ミルンズ、夫人役はグレース・バンブリー、そしてマクドゥフにコレッリという顔ぶれでの《マクベス》が本当に実現し、大成功を収めた。ギャラの折り合いはどう付いたのか。それは、どうしてもマクドゥフが歌いたかったコレッリが、自分で経費を支払う契約を結んだというのだから驚く。マクドゥフを歌ってみたいと言い出した時、コレッリはチェイピンにこう言ったのだという『(前略)マクダフはふつうコンプリマリオ(準主役)が歌う役だし、聴かせどころのアリアもひとつしかない。でも演技と歌のアンサンブルに関しては中身の濃い役だから、やってみたいんだ』(「我が友、素晴らしきオペラの芸術家たち」スカイラー・チェイピン著、藤井留美訳、フジテレビ出版刊)。

本来、ヴェルディはマクドゥフに、それだけの重要性を与えていたということである。しかし、想像するだけでもこの時のマルコルム役のテノールは気の毒だ。輝かしい声の大スターと競うように張り切ってユニゾンで歌おうものなら、聴衆から睨《にら》まれかねない状況だったに違いない。ちなみにこのキャストの本拠地ニューヨークでの公演は行われていない。理由はコレッリが費用を負担する公演の契約が、あくまでもツアーの分だけであったから、だそうだ。

バンコ――ここにも出現するヴェルディの父と子の物語

マクベス夫妻には子供がなかったのだから当然なのだが、タイトルロールにはヴェルディ作品には欠かせない「父性」を表出させようがなかった。だがヴェルディは、やはりこの作品にも父親の子への愛情を語らせる部分を作った。それが第2幕でバンコによって歌われる「**まるで天が降ってくるような**」[11]である。この歌詞は、バンコが言い知れぬ不安を、隣を歩む幼い息子に向かって口にする。ここで求められる心情は、律儀で立派な武将のそれではない。彼の頭の中に自分の子孫が王になるという魔女の予言など、一瞬としてよぎることもなかったはずだ。彼は父親として自分の命に代えても守りたい、目の中に入れても痛くないほど愛する息子を必死に護って、殺されて行くのである。ここに邪念はない。あってはならない。

ちなみに史実では、バンクォーの息子は、マルカム三世としてスコットランド王に即位、その息子もアレクサンダー一世となるなど、その血はスコットランド王家に脈々と流れ続けるのである。

《ルイーザ・ミッレル》

ジュゼッペ・ヴェルディ

LUISA MILLER *Giuseppe Verdi*

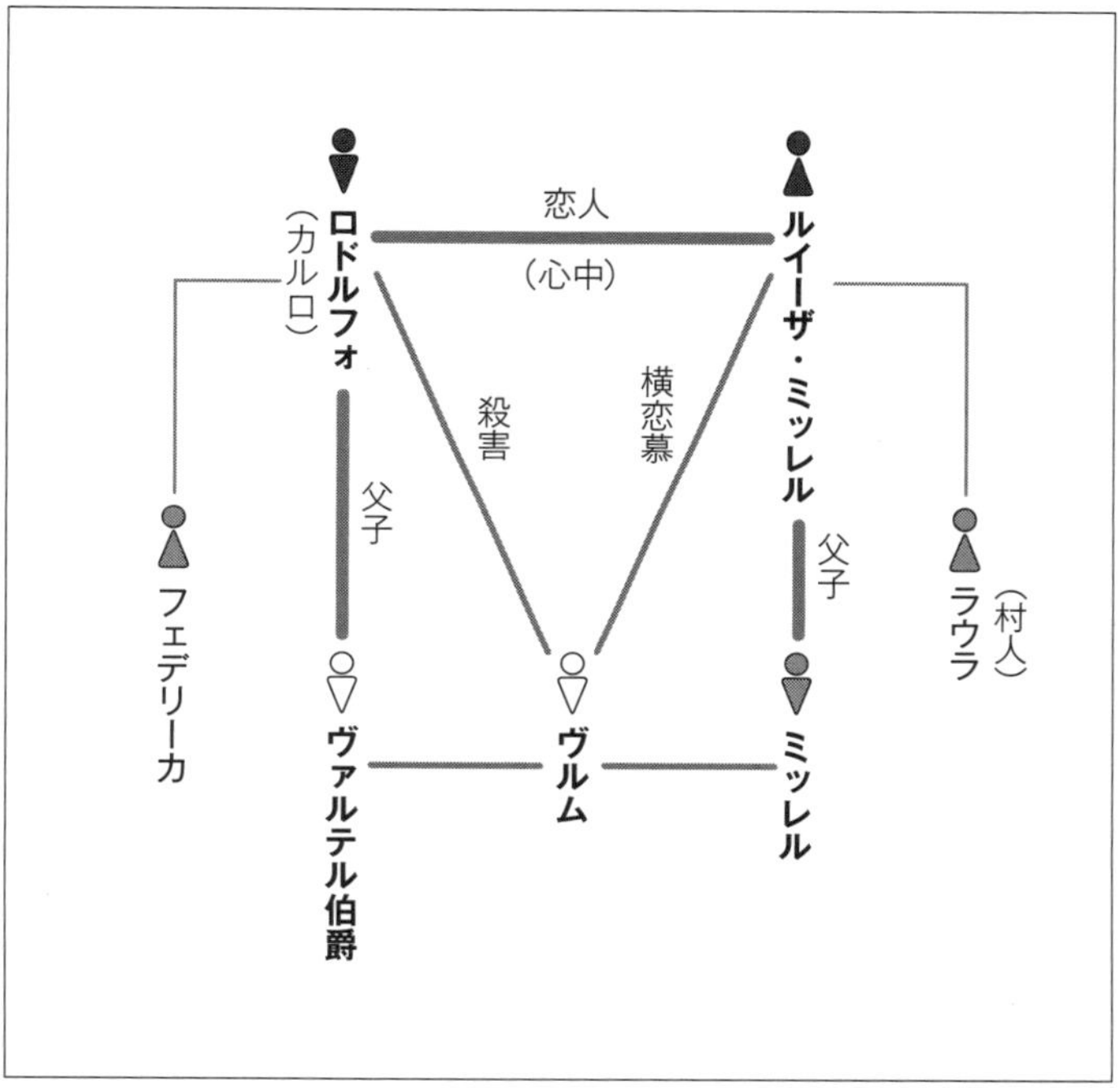

主な登場人物

ルイーザ・ミッレル（S）
　チロルの山村に住む娘
ミッレル（Br）
　老退役軍人　ルイーザの父
ロドルフォ（T）
　ヴァルテル伯爵の息子
　カルロと名乗っている
ヴァルテル伯爵（Bs）
　ミッレルたちの住む地域の
　支配者
ヴルム（Bs）
　伯爵の執事
フェデリーカ（C）
　オストハイム公爵未亡人
　ロドルフォのいとこ
ラウラ（Ms）
　村娘

3幕の悲劇的オペラ（メロドランマ・トラージコ）Melodramma tragico in tre atti
原作　フリードリヒ・フォン・シラーの戯曲「たくらみと恋」
台本　サルヴァトーレ・カンラマーノ
初演　1849年12月8日　ナポリ、サン・カルロ劇場
演奏時間　2時間20分／序曲6分、第1幕54分、第2幕40分、第3幕40分

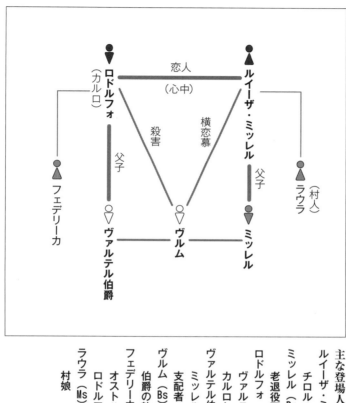

【第1幕】〈愛〉

（第1場）17世紀前半、チロルのとある村

　メロドラマ・トラージコ（悲劇的な物語）とヴェルディが銘打ったこれから起きる悲しい出来事を予感させる序曲によって、このオペラの幕は開く。

　春の朝。小作人の娘ラウラと村の人々が、ルイーザの誕生日を祝うために彼女の家の前に集まり、ルイーザを「一緒に教会に行きましょう」と誘う。家の中からルイーザとその父ミッレルが姿を現す。

　ミッレルは村人たちに礼を言う。ルイーザは人々に感謝しながらも、周囲を見回して「愛するカルロがまだ来ていないわ」と呟《つぶや》く。

　ミッレルは、娘が恋しているらしい、これまでこの辺りで見掛けたことのないカルロという青年の素性を訝《いぶか》しがる。しかしルイーザは「あんなに気高い魂のお方はありませんわ。一目で好きになりました」とカルロへの恋心を語る「[1]**彼を一目見ただけで心はときめき**」。

　そこに狩人姿のカルロ（実は最近この地を治めるようになったヴァルテル伯爵の息子ロドルフォ）が現れるのでルイーザは喜び、ふたりは愛を歌う「二重唱　[2]**愛していると言うだけでは、この愛を表せません**」。

　ミッレルは漠然と不吉な予感がして、娘のことを心配する。ルイーザとカルロ、そして友人たちは教会へと向かう。

　残ったミッレルの前に伯爵家の執事、ヴルムが現れる。彼はミッレルに「一年前に私がお前の娘との結婚を申し込んだ時、お前はその話を受けたではないか」と言って責める。ミッレルは「それは娘が同意すれば、と元から言ってあったはずだ。伴侶《はんりょ》を選ぶのは私ではない。娘の気持ちだ」と突っぱねる。ヴルムは「お前の娘の恋している相手は、カルロなどという名前ではない。あれはヴァルテル伯爵の息子だ」と言い残して去って行く。

　やはり自分の嫌な予感は的中したとミッレルは語る「[3]**伴侶を選ぶとは神聖なものだ～ああ、私の**

1　彼を一目見ただけで心はときめき Lo vidi, e'l primo palpito
2　愛していると言うだけでは、この愛を表せません T'amo d'amor che'esprimere
3　伴侶を選ぶとは神聖なものだ～ああ、私の疑いは正しかったか Sacra in scelta è d'un consorte ～ Ah! fu giusto il mio sospetto!

疑いは正しかったか」。

(第2場)ヴァルテルの城の中

ヴルムがヴァルテル伯爵に、彼の息子ロドルフォが、村の娘ルイーザと愛し合っていることを密告する。ヴァルテルは、息子の幸せのためにどれほどの思いで爵位を手に入れたことか、と自分に反抗的な息子への父としての思いを語る「**私の血も命も差し出そう**[4]」。

ロドルフォが入って来る。父はロドルフォに、彼の幼なじみで、公爵に嫁いだものの夫と死別した、いとこのフェデリーカとの結婚を命じる。伯爵は、宮廷でそれなりに影響力のある彼女との結婚により、息子に宮廷での出世への道を開こうとしているのである。

しかし、当のロドルフォは出世に何の興味もない。他に意中の女性がいることを父に話そうとしたとき、フェデリーカが現れる。フェデリーカは、昔からロドルフォに好意を抱いていたことを告白する「二重唱[5]**虚飾《きょしょく》に輝く広間から**」。

ロドルフォは「僕には他に好きな女性がいるのです、許してください」と詫《わ》びる。彼女は失恋に傷ついて、その場を去る「二重唱[6]**この唇から生まれる苦い言葉を許してください**」。

(第3場)ミッレルの家の中

ルイーザが、カルロが来るのを心待ちにしている。そこにミッレルが帰宅して、カルロは実は伯爵の息子のロドルフォで、彼の許嫁《いいなずけ》が伯爵邸に着いたところであると話す。

そこにロドルフォが現れて、身分と名前を偽っていたことを詫《わ》び「ルイーザへの気持ちは本物だ」と、彼女に結婚を申し込む。そして父の伯爵には自分しか知らない秘密があるので、きっと父もこの結婚を許さざるを得ないだろうと語る。

そこに伯爵がやって来る。ルイーザのことを息子を誘惑した売女《ばいた》のように呼ぶ。ロドルフォは父に強く反抗し、自分と娘の名誉を傷つけられたミッレルは剣を抜く。伯爵が臣下の射手たちを呼び、ラウラと農民たちも駆けつけて騒ぎになる

4　私の血も命も差し出そう Il mio sangue, la vita darei
5　虚飾に輝く広間から Dall'aule raggianti di vano splendore
6　この唇から生まれる苦い言葉を許してください Deh! la parola amara perdona al labbro mio

「四重唱 **父上、何のためにこの家に**[7]」。

ルイーザが、伯爵の前に跪《ひざまず》いて許しを乞う。ミッレルは「こんな男の前に跪く必要などない」と言う「**潔白は、虐《しいた》げられるものではない**[8]」。

ミッレル、ルイーザ、ロドルフォ、ヴァルテル伯爵の緊迫した状況が続く「四重唱 **この涙は怒りに燃える**[9]」。

伯爵が「この親子を捕えろ」と命じたとき、ロドルフォが父の耳元で「あなたの秘密を私の口から暴露してもよいのですか、ヴァルテル伯爵」と囁《ささや》く。ヴァルテルはその言葉に怯《ひる》む。そしてルイーザは解放して、ミッレルだけを城に連行して行く。

【第2幕】〈陰謀〉

（第1場）ミッレルの家

村人たちがルイーザのもとにやって来て「鎖に繋《つな》がれて連行されていくミッレルを見た」と心配げに話す。城に父親を助けに行こうとするルイーザをラウラたちが引き止め「きっと神様がお救いくださる」と語り掛ける。

そこにヴルムが現れる。ここから彼の謀略《ぼうりゃく》が始まる。ヴルムはルイーザに「投獄されている父親を助けたければ、私の言う通りの手紙を書け」と言って、こう書かせる。「ヴルム様、私はロドルフォを愛したことはありませんでした。私は野心のために彼を籠絡《ろうらく》しようとしたのです。私は本来の愛に立ち戻って、ロドルフォの怒りから逃れるためにあなたと駆《か》け落ちをしたいのです。ルイーザ」。ルイーザは父を救うためとはいえ、嘘《うそ》を書く苦しい胸の内を語り、神に救いを求める「**神よ、**[10]**私を罰してください**」。

ヴルムはルイーザに「誰に聞かれてもこの手紙は自分の意思で書いたと言え。そして一緒に城に来て、ある高貴な女性の前で俺と恋仲のふりをしろ。その約束を守れば父親を助けてやる」と彼女を脅迫する「二重唱 **父の首がかかっている。自分で書いたと言うのだ**[11]」。ルイーザは絶望的になりながらそれを承諾する「**卑劣《ひれつ》な男が私の心を粉々に引き裂《さ》く**[12]」。

7 父上、何のためにこの家に Tu, signor, fra queste soglie
8 潔白は、虐げられるものではない Fra' mortali ancora oppressa
9 この涙は怒りに燃える Foco d'ira è questo pianto
10 神よ、私を罰してください Tu puniscimi, o Signore
11 父の首がかかっている。自分で書いたと言うのだ Sul capo del padre, spontaneo lo scritto
12 卑劣な男が私の心を粉々に引き裂く A brani, o perfido, il cor m'hai squarciato!

（第2場）城にあるヴァルテル伯爵の居室

ヴァルテルは息子ロドルフォが「あなたがいとこであった先代の伯爵を暗殺したことを暴露する」と口にしたことにショックを受けている。

そこにヴルムが入って来て、万事企ての通りに進んでいると報告する。そして先代の伯爵を暗殺した話を蒸し返す。ヴルムは先代の伯爵に仕えていた男で、暗殺事件のヴァルテルの共犯者なのである「二重唱[13] **息子のためにいとこの莫大な遺産を**」。

そこにフェデリーカが入って来るので、ヴルムは部屋から下がる。伯爵に呼ばれたルイーザは、父を救うために「私はロドルフォを愛してなどいません」とフェデリーカの前で言う。

しかしフェデリーカは、ルイーザの様子を見て「本当のことをおっしゃい」と言い募る「二重唱[14] **かわいらしい姿だわ**」。しかし、ヴルムと伯爵から、父の命をちらつかされているルイーザは「自分が愛しているのはヴルムです」と言わざるを得ない。それを聞いてフェデリーカは喜び、ヴルムとヴァルテルは、謀略の底が割れなかったことに安堵《あんど》する「四重唱[15] **どうやったら動揺を隠せるのかしら**」。

（第3場）城の庭

ロドルフォのところにひとりの農夫が一通の手紙を持って来る。それは、さきほどルイーザがヴルムに書かされた手紙だった。ロドルフォは彼女が自分を裏切っていたと思い込み、彼女との思い出を語り、復讐《ふくしゅう》を誓う「[16] **穏やかな夜には**」。

ロドルフォがヴルムを呼ぶ。そして2挺の拳銃を取り出して彼に決闘を申し入れる。ロドルフォが空砲を一発打った音に伯爵と召使たちが駆けつける。その隙《すき》にヴルムは逃げ出す。伯爵は「愛する女に裏切られたのならば、その腹いせに他の女性と結婚してやればよい」と言って、フェデリーカとの結婚をロドルフォに承諾させる。

13　息子のためにいとこの莫大な遺産を L'altro retaggio non ho bramato
14　かわいらしい姿だわ Dolce aspetto!
15　どうやったら動揺を隠せるのかしら Come celar le smanie
16　穏やかな夜には Quando le sere al placido

【第3幕】〈毒薬〉

ミッレルの家

憔悴《しょうすい》し切ったルイーザの様子をラウラや村人たちが心配している。そこに解放されたミッレルが戻ってくる。父は娘に恋を犠牲にして自分を助けてくれたことに感謝するが、同時に彼女の穏やかすぎる様子に不安を抱く。

果たしてルイーザは死を望んでおり、ロドルフォへの「私たちの愛は謀略《ぼうりゃく》によって引き裂かれました。理由は訳あって申し上げられません。しかし、何者の手も届かない世界で今夜、夜中にお待ちしております」と書いた手紙を父に見せる。

死を決意している娘を父は必死に引き留めようとするが、娘の意思は固い「二重唱[17] **墓は花が散りばめられたベッドです**」。

父は娘に「この地を離れて放浪の旅に出よう」と必死に語り掛ける。それに同意したように見えた娘の様子にミッレルは自室に出発の準備をしに行く「二重唱[18] **さあ出発しよう、貧しく、あてもなくとも**」。

教会から聴こえてくるオルガンの音にルイーザが祈りを捧げる。そこにロドルフォが現れ、一緒に来た侍従に「私がここで待っていると父上に伝えろ」と命じ、城へ向かわせる。

ロドルフォはルイーザに彼女が書いた手紙を示して、彼女が書いたものかを尋ねる。ルイーザは頷《うなず》くより他にない。ロドルフォはカップの中に毒薬を入れ、自分がまずそれを飲む。そしてそのカップをルイーザに差し出し、彼女もそれを口にする。それを見ながらロドルフォは「ヴルムとフェデリーカは、それぞれ来るはずのない結婚相手を待つことになるだろう」と独白する。

彼女の不実を責めるロドルフォに本当のことを口にできないルイーザは苦しむ「二重唱[19] **それでも黙っていなければならないのね**」。

しかし、ロドルフォの「僕たちは毒薬を飲んだのだ」という告白に、ついにルイーザは「父を助けるために、私はヴルムに嘘《うそ》の手紙を書かされたのです」と本当のことを話す。

真実を知ったロドルフォは彼女を疑って毒薬を

17 墓は花が散りばめられたベッドです La tomba è letto sparo di fiori
18 さあ出発しよう、貧しく、あてもなくとも Andrem, reminghi e poveri
19 それでも黙っていなければならないのね E tacer deggio

呵《あお》らせてしまった後悔の念に苛《さいな》まれる「二重唱　**残酷な人たちが私の父を**[20]」。

ミッレルが自室から戻り、目の前で起きていることに驚愕《きょうがく》する。ルイーザは父に最期の別れを告げて、息を引き取る「三重唱　**お父様、最期のお別れを**[21]」。

そこに伯爵とヴルムが現れる。ロドルフォは最後の残る力を振り絞って、ヴルムを刺し殺し、伯爵に向かって「これが、あなたが受ける罰だ。見るがいい」と言って息絶える。

《聴きどころ》

《ルイーザ・ミッレル》は、ヴェルディが貴族や歴史上の人物以外を主役に据えた初めてのオペラである。シラーの原作から、台本のカンラマーノは、骨組みだけを取り出し、人物の設定を大幅に変え、場所もドイツの町からチロルの山中へ移した。ヴェルディは、ベッリーニが得意としたような、純真な村娘の悲恋の物語に、ベルカント・オペラを彷彿《ほうふつ》とさせるような音楽をつけた。

ルイーザ――純真なアルプスの娘

ヴェルディはこの作品で、チロル山間部の農村の素朴さを強調している。多用されているチロルの民謡やダンスを思わせる、若い娘の純真さを象徴するような弾むリズムは、ルイーザのいかなる場面にも付いて回る。楽しい場面ばかりではない。第2幕で父を救うために嘘《うそ》の手紙を書かされる身を裂《さ》かれるような場面でも、フェデリーカとの女性ふたりが対峙《たいじ》する（後年のアイーダとアムネリスを思わせる）部分でも、まるでこの役のライトモティーフのように、そのリズムが付いて回る。

この役のソプラノは、《シモン・ボッカネグラ》のアメーリア同様、いわゆるパッサッジョと呼ばれ

20　残酷な人たちが私の父を Avean mio padre i barbari
21　お父様、最期のお別れを Padre ricevi l'estremo addio

る声域の変わり目（中央のドから2オクターヴ目のミ〜ソ）あたりをずっと行ったり来たりさせられる。これは歌手にとっては厳しい。息を支え続け、我慢し続けることが要求される。作曲者は、それによって力づくで外にエネルギーを発散する歌唱を封じているのである。

この役に求められるキャラクターは、ベッリーニやドニゼッティのオペラに出て来るような、運命に翻弄《ほんろう》されて死んで行く儚《はかな》いヒロインに近い。若い娘の一途《いちず》さを（ドラマティックに傾きすぎるのをあえて我慢して）歌うことが求められているのである。録音に残るカーティア・リッチャレッリ、2005年サン・カルロ歌劇場来日公演でのバルバラ・フリットリらが、リリコの声による理想的なルイーザだろう。リリコ・レッジェーロのジューン・アンダーソン、レナータ・スコットによる歌唱も悪くない。

しかし、彼女たちが歌うことによってこのオペラは、よりベルカント・オペラに先祖帰りして聴こえて来るから面白い。

ミッレル——娘を溺愛《できあい》する実直な父

シラーの戯曲では「世事に長けた音楽師」として登場するミラーは、オペラでは退役軍人として登場する。彼は厳格なようでいて、娘には、本当に好きな男と結婚させてやりたいと願う、優しい父親である。この役に求められるキャラクターは実直で、娘思いの父親。第1幕のアリア「**伴侶**《3はんりょ》**を選ぶとは神聖なものだ**」は、ベルカント・オペラのカヴァティーナとカバレッタの組み合わせという伝統的な形式で書かれている。つまりカヴァティーナでは、声を息に乗せて滑らかに歌うことが、カバレッタ部分では軽やかな動きが要求され、この歌手のベルカントのテクニックを問うものとなっている。ヴェルディがこのオペラの中で、感情移入しているのは、ミッレルとヴァルテル伯爵という、対照的なふたりの父親のそれぞれの子を溺愛する親心なのである。

ヴァルテル――非道な男でも息子はかわいい

ヴァルテル伯爵は父親という部分において、ミッレルと対照をなす存在である。ミッレルが娘の意思をできるだけ尊重しようと努めるのに対し、ヴァルテルは、自分の引いた線路に載せるのが息子にとっての幸せと信じて疑わない、旧態依然とした父親として存在する。

彼の第1幕でのミッレルのそれに続くアリア[4]**「私の血も命も差し出そう」**は、息子を愛する父親の心情を吐露《とろ》している。不器用な男の、息子への愛情がこのアリアのテーマである。第3幕のヴルムとの二重唱[13]**「息子のためにいとこの莫大な財産を」**で、彼は息子のために悪事に手を染めたことを語る。ここでのヴァルテルは、ヴルムに弱みを握られて半ば脅迫され、追い詰められる様をその歌の中に滲《にじ》ませる必要がある。ミッレルもヴァルテルのどちらの父も、生き甲斐は、娘と息子の存在なのだ。ふたりとも文字通り子供のためならば自分の命など惜しくない。しかし、自分の愛情を理解しようとしない息子へのヴァルテルの厳しい対応が、このふた組の親子の運命を狂わせてしまう。このオペラの狂言回しは、このヴァルテルなのである。

ヴルム――単なる小悪党

もうひとりのバスの役、ヴルム。出番はそれなりに多く、ルイーザ、ヴァルテルらとの大きな二重唱もある。だがヴェルディは、彼に人間的な深みを与えておらず、彼に良心の呵責《かしゃく》や後悔の機会はない。キャラクターとしては、のちに出現する《オテッロ》のヤーゴに近い。この役は例えば若手のバス歌手が必死に歌う状態でも一応は成立する。なぜなら彼はこのオペラで唯一、自分のことしか頭にない登場人物として描かれているからだ。言い換えれば、彼に優しさや逡巡《しゅんじゅん》が出てはいけない。彼は自分の欲望に正直な男でさえあればいい。だが彼の望みは、たいして大きなものではない。小悪党の域を出ない男なのである。

フェデリーカ――都会の薫《かお》りを持つ唯一の登場人物

原作戯曲では、宰相ヴァルターは、大公の愛妾ミルフォード夫人を、息子の嫁として大公から引き取ることで恩を売り、かつ、それまで宮廷で自分の後ろ盾でもあった夫人を血縁に取り込むことで自分の地位をより確固としたものにしようと企む。しかし、このオペラにおいては、フェデリーカ公爵夫人の存在感と影響力は、ミルフォード夫人のそれよりもぐっと薄くなる。このオペラの中でフェデリーカには、第1幕、第2幕にそれぞれ大きな重唱が用意されており、ルイーザとの対決の場面などは声楽的にも聴かせどころである。しかし、いかんせん台本上には、彼女自身の内面の書き込みがほとんど見られない。彼女には物語に厚みを与える役回り以上のものは期待されていないのである。ならば是非とも、この役のコントラルト（実際はメゾになる場合がほとんど）には、美声と美しい容姿で、この素朴な登場人物たちが中心のオペラに、ただひとり華やかな宮廷の薫りを纏《まと》って登場してもらいたい。

ロドルフォ――直球勝負の青年役

この役はリリコ・レッジェーロではなく、リリコのテノールに歌ってもらいたい役である。なぜなら彼には、父親の敷く出世のレールを拒んで自分の道を行こうとする、実直で、骨太な部分があるからだ。有名な第2幕のアリア「**穏やかな夜には**」[16]は、ベルカント・オペラのスタイルを見事に継承したものなので、それをヴェリズモでも歌うように、泣きを入れて歌われては困る。

基本的にヴェルディは、ベルカント・オペラを歌えるテクニックを持っている歌手を念頭にその作品を書いている。それはヴェリズモ・オペラに求められるドラマティックな表現とは一線を画すものなのだ。技術の裏打ちがあってのスタイリッシュな心情表現。安っぽい泣きはヴェルディでは御法度《ごはっと》で、節度を保った中での表現がヴェルディ・オペラのスタイルを形成する根本なのである。

　ロドルフォは恋であれ、父への反抗であれ、熟慮するタイプではなく、一触即発《いっしょくそくはつ》で興奮するお坊っちゃまキャラの持ち主である。このアリアも主たる部分は自己憐憫《れんびん》。その後の行動にしても、彼は自分の思いで精一杯になってしまう。フェデリーカの愛情を拒絶するときも、ルイーザとヴルムの間を誤解するときも、彼には相手の立場に立つだけの余裕がない。彼は一本気で突っ走る若者に過ぎない。この役を歌うテノールに求められるのは「若さ」である。実際に（重唱でさんざんドラマティックなやりとりをしたあとで、あのアリアを滑らかに歌えるだけのテクニックがあれば、という条件付きだが）若いテノールでも挑戦出来る役だし、ヴェテランが歌うときにも、大人になりすぎない、若々しさを強調する表現が必要とされるのが、このロドルフォという役である。

《リゴレット》ジュゼッペ・ヴェルディ

RIGOLETTO Giuseppe Verdi

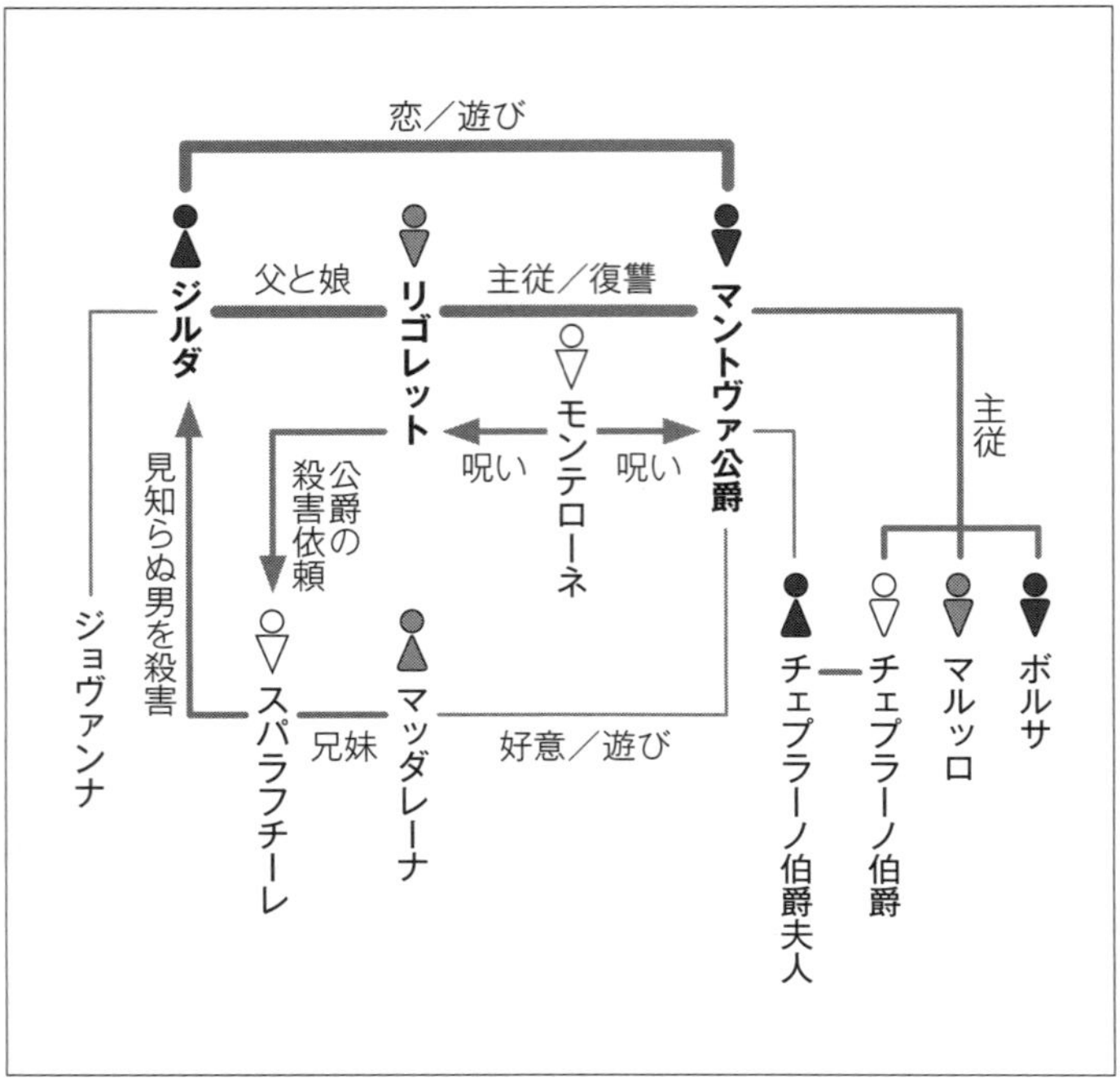

主な登場人物

マントヴァ公爵（T）
魅力的な容姿に恵まれ放蕩を尽くす君主

リゴレット（Br）
背中に大きなこぶのある公爵に仕える宮廷道化

ジルダ（S）
リゴレットの娘

スパラフチーレ（Bs）
刺客

マッダレーナ（Ms）
刺客稼業の片棒を担ぐスパラフチーレの妹

モンテローネ伯爵（Bs）
娘を公爵に陵辱されて怒りに燃える老貴族

マルッロ（Br）
公爵の取り巻きの騎士

ボルサ（T）
廷臣

チェプラーノ伯爵（Bs）
公爵の臣下

チェプラーノ伯爵夫人（Ms）
公爵の誘惑になびく

3幕のオペラ（メロドランマ）Melodramma di tre atti
原作　ヴィクトル・ユゴー「王は楽しむ」
台本　フランチェスコ・マリア・ピアーヴェ
初演　1851年3月11日　ヴェネツィア、フェニーチェ劇場
演奏時間　約1時間50分／序曲3分、第1幕47分、第2幕30分、第3幕30分

【第1幕】

（第1場）マントヴァ公爵邸の広間

リゴレットが、第1幕で宮廷からの帰り道で呟《つぶや》く「[5]**あの老人は俺を呪《のろ》った**」のテーマが繰り返し出て来る序曲は、リゴレットがこれからの人生を支配され続けることになる「呪われたという意識」を暗示している。

幕が開くと、そこは16世紀のイタリア。マントヴァ公爵の館の広間に貴族たちが集まって豪勢な宴会の真っ最中である。宮廷お抱えの道化であるリゴレットは、機知に富み、他人を皮肉り笑い者にすることに長けていて、それを生業としている。マントヴァ公爵のお気に入りでもあるが、その分嘲笑《ちょうしょう》された者たちから逆恨《さかうら》みされてもいることをリゴレット自身も自覚しており、自分が孤独な存在であることを甘受してもいる。

公爵は、廷臣ボルサに「ここ3か月ほど教会で見掛ける娘に興味がある」と話しながらも、次から次へと女たちを口説いてまわる「[1]**あれか、これか**」。そしてパーティに参加していたチェプラーノ伯爵夫人をその夫の眼の前で堂々と口説く「二重唱 [2]**出発なさるのですか、酷《むご》い人よ**」。妻が公爵に誘惑されそうな様子に憤慨《ふんがい》し、妻と公爵を追い掛けようとするチェプラーノ伯爵をリゴレットが制し、彼のことを茶化《ちゃか》す。

宴会は続く。そこにマルッロがやってきて仲間たちに「ニュースだ。あのリゴレットに愛人がいるぞ」と告げるので、皆は驚く。そして、普段からリゴレットの鋭い舌鋒《ぜっぽう》に苦々しい思いをしている彼らは「その愛人を誘拐してリゴレットに一泡《ひとあわ》吹かせてやろう」と言い合う。

チェプラーノ夫人を我がものにしようとしたのに、その夫に邪魔された公爵が広間に戻って来て「チェプラーノほど、小うるさい奴はいない」と文句を言う。リゴレットはそれに対して「牢屋《ろうや》に入れるか、いっそ首を撥《は》ねてはいかがです」と茶化す。それを聞いたチェプラーノは怒りを露《あら》わにし、普段からリゴレットの存在を不愉快に思っているマルッロ、ボルサとともに「あいつに復讐《ふくしゅう》してやろう」と言い合う「五重唱 [3]**ああ、チェプラー**

1　あれか、これか Questa o quella
2　出発なさるのですか、酷い人よ Partite? Crudele!
3　ああ、チェプラーノほど目障りなやつはいない Ah più di Ceprano importuno non v'è

ノほど目障《めざわ》りなやつはいない」。

宴もたけなわに差し掛かった頃、老伯爵モンテローネが公爵に抗議にやって来る。公爵に娘を陵《りょう》辱《じょく》された老伯爵が怒りをぶつける。その様子をリゴレットが揶揄《やゆ》する。それにモンテローネの怒りは倍増し「処刑されても亡霊となってお前たちに復讐《ふくしゅう》してやる」と叫ぶ「[4]**新たなる侮辱を**」。広間から引き摺《ず》り出されながら彼は、公爵、そして彼を嘲笑《ちょうしょう》したリゴレットに向かって「父親の悲しみをあざ笑う者は、呪《のろ》われるがいい」と呪いの言葉を吐く。公爵は笑い飛ばすが、リゴレットは蒼白《そうはく》になってその呪いの言葉に怖れを抱く。

（第2場）宮廷からの帰り道

リゴレットは、人気のない道をひとり家に向かっている。彼は先ほどのモンテローネの呪いの言葉が気になってならない。

家の近くの路地の暗がりで、殺し屋のスパラフチーレが現われ「もし殺したい相手がいるのなら、安いお金で引き受けますよ」とリゴレットに声を掛ける。リゴレットは、最初は「用はない」と彼を追い払おうとするが「貴族を殺すのはいくらだ。どうやって殺すのだ」と思わず尋ねてしまう。我に返り「ともかく今は、お前に用はない」と言うリゴレットに、スパラフチーレは「夜はいつもこの辺りにいますぜ」と言い「我が名はスパラフチーレ」と繰り返しながら去って行く「二重唱　[5]**あの老人は俺を呪った**」

リゴレットは「彼は剣で人を殺すが、舌鋒《ぜっぽう》で人を貶《おとし》める自分も同じようなものだ」と、涙することも許されず、常に笑いを求められる道化である自分のことを自嘲《じちょう》気味に語る「[6]**俺たちは同類だ**」。

家に辿《たど》り着いたリゴレットは「ここでは本来の自分になれる」とホッとする。しかしモンテローネの呪いの言葉が彼に重くのしかかる。

美しい愛娘ジルダが父の帰りを喜ぶ「二重唱　[7]**娘よ、お父様**」。ジルダは父に、母親の名前を尋ねるが、リゴレットは「失った幸せを哀れな私に思い出させないでくれ。お前だけが私の宝だ」と

4　新たなる侮辱を Novello insulto!
5　あの老人は俺を呪った Quel vecchio maledivami!
6　俺たちは同類だ Pari siamo
7　娘よ、お父様 Figlia! Mio padre!

語るのみ。父は自分が道化であることを娘に知られまいとして、自分の名前すら、明かそうとしない「二重唱 [8]**ああ、哀れな者に言わないでくれ**」。

「ここに引っ越して来てから、ずっと家の中にいるので、少しは外出してみたい」という娘に、父は語気を強めて「教会に行く以外は、絶対にならぬ」と命じる「二重唱 [9]**ここに来てもう3か月**」。

リゴレットは侍女のジョヴァンナに「自分のあとをつけて来た者を見たことはないか」と尋ねるが、彼女は否定する。リゴレットはジョヴァンナに娘を守ってくれるように頼む。ジルダも「私のことはきっと神様とお母様が見守ってくださいます」と語る「[10]**ああ、見張ってくれ、この清純な花を**」。しかし、このジルダこそが、公爵が教会で見初めた娘なのである。

学生姿の公爵が、ジルダの侍女ジョヴァンナの手引きでリゴレットの邸内に忍び込むが、リゴレットはそれに気がつかない。物陰から様子見ていた公爵は、彼女がリゴレットの娘であることを知る。

リゴレットはジョヴァンナに「ジルダをどこにも出さぬように」と厳命した上で、出掛けて行く。

父を見送ったジルダは、教会の帰りに自分のことをつけてきた素敵な男性がいたこと、そして自分が彼に惹《ひ》かれていることを父に話せなかったことを後悔する。

その憧れの男性が目の前に現れるので彼女は驚く。公爵は彼女に熱く愛を語る「[11]**愛は魂の太陽、生きるすべて**」。ジルダも彼への恋心を告白する。

そこにジョヴァンナが、誰かが近づいて来ると知らせる。公爵は「自分はグアルティエール・マルデという貧乏な学生です」と偽名を名乗り、去って行く「二重唱 [12]**愛しているともう一度言って**」。

ジルダは「グアルティール・マルデ。それが私の心に刻み込まれた、初めて愛した方のお名前」と彼への想いを歌い「[13]**慕わしい人の名は**」、夢見心地のまま自室へと戻って行く。

8　ああ、哀れな者に言わないでくれ Ah! Deh non parlare al misero
9　ここに来てもう３か月 Già da tre lune son qui venuta
10　ああ、見張ってくれ、この清純な花を Ah! Veglia, o donna, questo fiore
11　愛は魂の太陽、生きるすべて È il sol dell'anima, la vita è amore
12　愛しているともう一度言って Che m'ami deh, ripetimi
13　慕わしい人の名は Caro nome che il mio cor

（第3場）リゴレットの家の近く

リゴレットの家の周りには、ジルダをリゴレットの愛人だと思い込んでいる廷臣たちが、彼女を誘拐するために集まっている。そこへ「なにやら胸騒ぎがする」と言いながらリゴレットが戻って来る。「いっそのこと彼を始末しよう」と言う仲間たちを制してマルッロは、リゴレットに向かい「公爵のためにチェプラーノ伯爵夫人を誘拐するから、お前も手を貸せ」と言って彼を騙《だま》す。リゴレットが翻弄《ほんろう》されている間に、彼らはジルダを誘拐して笑いながら去って行く「三重唱と合唱 **静かに、そっと復讐《ふくしゅう》するぞ**[14]」。

皆が去って行きひとり残されたリゴレットは、そこで初めて自分が図らずも娘の誘拐に協力してしまったことに気づく。半狂乱になりながら娘の姿を探すリゴレットは、モンテローネが掛けた呪《のろ》いの言葉を思い出し、打ちのめされる。

【第2幕】

翌日の公爵の館

公爵は、ジルダが誘拐されたという知らせに彼女の身を案じている「**彼女の頬に涙が伝うのが見えるようだ**（頬に涙が）[15]」。

そこにもたらされたのは「ここにリゴレットの愛人を誘拐して来た」という廷臣たちからの知らせ。公爵は彼らからジルダを誘拐した時の様子を聞く「合唱 **皆で町外れの小道を行くと**[16]」。公爵は「彼女が自分のものになる」と小躍りして、居室にジルダを呼び寄せさせる「**私を力強く愛が呼ぶ**[17]」。

宮廷にリゴレットがやって来る。リゴレットは娘を誘拐した廷臣たちからなんとか娘の居所を聞き出そうとするが、彼らは言を左右にしてとぼける。公爵夫人の小姓が、公爵の居室に入ろうとするのをマルッロが押しとどめるのを見て、リゴレットは、ジルダが公爵の部屋にいることを悟る。「卑劣《ひれつ》な廷臣ども、お前たちが昨夜さらったのは、私の娘だ。返してくれ」とリゴレットは叫び、最後には彼らに「娘は私の全てなのです。どうか娘を返してください」と哀願する「**悪魔め、鬼め**[18]」。

14　静かに、そっと復讐するぞ Zitti, zitti, moviamo a vendetta
15　彼女の頬に涙が伝うのが見えるようだ（頬に涙が） Parmi veder le lagrime
16　皆で町外れの小道を行くと Scorrendo uniti remota via
17　私を力強く愛が呼ぶ Possente amor mi chiama
18　悪魔め、鬼め Cortigiani, vil razza dannata

しかし廷臣たちは彼を嘲笑《ちょうしょう》するばかりである。

そこにジルダが、あられもない姿で部屋から飛び出して来る。「私は辱《はずかし》めを受けました。お父様とふたりだけでお話しをさせて」というジルダに、リゴレットは人払いをして、娘からこれまでの経緯を聞く「二重唱　**日曜日ごとに教会で**[19]」。そしてリゴレットは「すべてが終わったら、この町を出て行こう」と娘に語る。

モンテローネが牢《ろう》へと引かれて行く。彼は「公爵への呪いも無駄だったか」と諦観《ていかん》の念を語る。それを耳にしたリゴレットは「ご老体、私があなたの願いを叶えましょう」と公爵への復讐《ふくしゅう》を誓う。ジルダは父の怒りをなんとか収めようとするが、リゴレットは聞き入れない「二重唱　**そうだ、復讐だ**[20]」。

【第3幕】

街はずれのミンチョ川近くの居酒屋

ジルダを連れたリゴレットがやって来て、娘に「まだあの男を忘れられないのか」と尋ねる。「どんなに裏切られてもあの方のことが好き。きっとあの方も今でも私を愛しているわ」と言う娘に、リゴレットは崩れかけた一軒家の中を隙間《すきま》から覗《のぞ》かせる。

そこはスパラフチーレの妹、マッダレーナが営む寂れた居酒屋。そこに公爵がいて「女心は、風に舞う羽根のように気まぐれなもの」と歌っている「**女心の歌**[21]」。

リゴレットは、熱心にマッダレーナを口説いている公爵の様子をジルダに見せて、娘の恋を諦《あきら》めさせようとする「四重唱　**美しき愛の娘よ**[22]」。涙するジルダにリゴレットは「男装してヴェローナに向かいなさい。私もあとから行くから」と語る。

ジルダを見送った後、リゴレットはスパラフチーレを呼び出し公爵を殺すことを依頼し「半分は前金で、残りは公爵の亡骸《なきがら》を確認してから支払う」と約束する。リゴレットは「公爵の亡骸は自分が川に投げ捨てる」と言って、夜半に戻ることを約束して去って行く。スパラフチーレに殺す

19　日曜日ごとに教会で Tutte le feste al tempio
20　そうだ、復讐だ Si, vendetta
21　女心の歌 La donna è mobile
22　美しき愛の娘よ Bella figlia dell'amore

相手の名前を聞かれたリゴレットは「奴の名は『罪』、わしの名は『罰』だ」と伝えて、その場を去る。

嵐が近づいている。何も知らぬ公爵は、酒に酔い、気分良く鼻歌を歌いながら居酒屋の二階で眠ってしまう。スパラフチーレが公爵を殺しに行こうとすると、色男の公爵を殺すのが惜しくなったマッダレーナがそれを止めて「あの人は生かしておいて、さっきの男が残金を払いに戻って来たら、彼を殺して残金を巻き上げればいいじゃないの」と言うが「俺は客を裏切るような真似はしない」とスパラフチーレが答える。その話を、男装してその場にひとり戻って来たジルダが聞いてしまう。マッダレーナは「ならば誰かが一夜の宿を求めてやって来たら、そいつを殺して、あの若い男だと言って引き渡せばいい」と兄に吹き込む。

嵐はますます激しくなる。ジルダが公爵の身替わりになる覚悟で居酒屋の戸を叩く。招き入れられた途端に彼女はスパラフチーレに刺される「三重唱 **あの若い男はアポロそっくりで**[23]」。

嵐も過ぎ去り、約束の時刻になった。リゴレットが戻って来る。スパラフチーレは袋に包んだ死体を「川に投げ捨てよう」と言うが、リゴレットはそれを押しとどめ「私がやる」と言ってスパラフチーレに残金を渡す。金を受け取ったスパラフチーレは妹とともに素早く姿を消す。

「復讐《ふくしゅう》がなされた」と快哉《かいさい》を叫ぶリゴレットの耳に、公爵のカンツォーネを歌う声が聞こえる。「ならば、この死体はいったい誰なのだ」とリゴレットが恐る恐る袋を開くと、そこに包まれていたのはジルダだった。驚き絶叫するリゴレット。虫の息のジルダは「お父様ごめんなさい。天国からお母様と共に、お父様のことを見守っています」と言い残し息絶える「二重唱 **お父様、騙《だま》してごめんなさい。悪いのは私なのです**[24]」。

リゴレットは、モンテローネの呪《のろ》いの言葉を思い出し「ああ、あの呪いだ。娘が死んだのは、あの呪いの結果なのだ」と言いながら、ジルダの亡骸《なきがら》を抱きしめる。

23　あの若い男はアポロそっくりで Somiglia un Apollo quel giovine
24　お父様、騙してごめんなさい。悪いのは私なのです V'ho ingannato, colpevole fui

《聴きどころ》

「ヴェルディのバリトン役の代名詞」と言ってもいいくらいこのオペラ《リゴレット》はひときわ名高いが、実はリゴレットがオペラの中で吐くセリフ（歌）は、ほぼ自身の心理描写である。そのため、物語の進行は、その他の出演者たちに委《ゆだ》ねられている。その中でも意外な人物がキーパーソンの役目を担《にな》っている。

モンテローネ――キーワードは「呪い」

ジャン＝ピエール・ポネル演出（シャイー指揮）の映像作品では、タイトルロールのヴィクセルが、意外にもこのモンテローネとリゴレットをひとり2役で兼ねていた。そこからも判るように、たった2回の登場場面しかないのに、モンテローネはキーロールである。オペラの中で、事あるごとにリゴレットの脳裏をよぎる「呪い」の言葉。そして幕切れでリゴレットが叫ぶ「ああ、あの呪いだ」。この「呪い」という言葉は、第1幕でモンテローネ老伯爵によって発せられる。ちなみにヴェルディはモンテローネ登場の場面に、相当に劇的なオーケストラの伴奏を書き込んでいる。モンテローネ登場の場面は、オペラの物語が動き出す、隠れた聴きどころなのである。

マントヴァ公爵――屈指の難役

美しいアリアがいくつもあり、軽めのテノールには歌いやすい役なのかと思いきや、実はかなりの難物のようである。一流テノールたちのインタヴューを集めた〈DIVO GREAT TENORS, BARITONES AND

BASSES DISCUSS THEIR ROLES〉Helena Matheopoulos著、HARPER&ROW刊（抜粋版「ブラヴォー・ディーヴァ」岡田好恵訳／アルファベータ刊）でも、クラウス、パヴァロッティ、アラガル、ドミンゴ、ベルゴンツィといったリリコ・レッジェーロからスピントまでのテノールたちが口を揃《そろ》えて「ヴェルディのテノール の役柄で、特に歌うのが難しい役のひとつ」にこのマントヴァ公爵を挙げている。「最初から最後まで全て難しい」と口を揃えるテノールたちの中で、ベルゴンツィは『最も難しいのは第2幕の冒頭〈彼女がさらわれた〉のレチタティーヴォから続く「**頬《ほほ》に涙が**」[15]である』と語っている。その理由をベルゴンツィはこう語る。「このアリアは、例外なくどのテノールにも難しいもので、完璧な声で、完璧に歌わねばなりません。アリア冒頭のソ♭は、パッサッジョ（声の変わり目）にあり、ヴェルディの指示通り*p*（ピアノ）で歌い始めなければなりません。（…中略…）最後のソ♭もまた*p*で歌わねばなりませんが、多くの場合テノールはここを大声で歌います。何故ならパッサッジョの音域を*p*で歌うことができるテノールは限られているからです」（拙訳）。ヴォーカル・スコア（リコルディ旧版）を見ると確かに〝Ella mi fu rapita〟とドラマティックにレチタティーヴォに突入したのち、4分の3拍子のアリアの前奏は*pp*（ピアニッシモ）と指定されており、アリアの最後のカデンツァにはご丁寧にdolcissimo（限りなくやわらかく）と書き込まれている。つまり「このアリアは、ベルカント・オペラを歌うように甘く、かつ一本のライン上に乗って歌え」とヴェルディが要求しているのがわかる。

　このアリアだけでない。幕開きすぐの「**あれか、これか**」[1]は、登場して早々に若い公爵の快楽主義者ぶりを軽やかに歌わねばならないし、第3幕では、有名な「**女心の歌**」[21]を歌った直後に、こちらも有名な四重唱「**美しき愛の娘よ**」[22]が続く。この重唱では、他の三人は、テノールが歌うメロディの周りを飛び回っている状態で、テノールにとってはアリアをもう1曲続けて歌っているようなものだ。かつ、これもまたもやパッサッジョ攻め。そして極め付けに、そのあとに舞台裏で歌う「女心の歌」のワンフレーズが待っている。舞台上でのアリアでは、最後のアクート（高音）のシ音は、シーンが次に続くため、長く延ばすことは出来ず、先に進むしかないのだが（多くの場合ここは拍手なしで進む）、この舞台裏でのアクートにヴェルディは「お好きなだけどうぞ」と言わんばかりに𝄐（フェルマータ）をつけているのである。ヴェルディがテノールに意地悪をしようとしたのかと疑いたくなるほど過酷な指示である。そして聴衆は全員「ここは決めてもらわなくちゃ」と固唾《かたず》をのんで待っている。けだしマントヴァ公爵は一流のテノールたちにも緊張を強いる難役中の難役となるのである。

ジルダ——レッジェーロの役ではない

レッジェーロ（軽い）のソプラノが、単独でアリアをコンサートで取り上げることも多く、また典型的な「娘役」ということで、ジルダはソプラノ・レッジェーロの代表的な役と思われているかもしれない。しかし実はこの役の出来る上限は、リリコ・レッジェーロというよりも、声の比重が比較的軽めのリリコまでではなかろうか。「[13]**慕わしい人の名は**」の最高音ミ♭は、あくまでヴァリアンテ（差し替え譜）であって、楽譜上でてくるのはド#まで。このアリアの後半の跳躍部分は、普通のリリコ・ソプラノにとっても技術上、特に難しいものではない。何故なら、これがヴェルディのオペラのヒロインだからである。

ヴェルディはリリコ・レッジェーロに向けては《仮面舞踏会》のオスカルと《ファルスタッフ》のナンネッタしか役を与えていない。かつ実はそれらの役も（他の役のソプラノとのバランスで軽めの声が選ばれることが多いというだけで）中音域で書かれていて、ヴェルディという作曲家は元よりレッジェーロのソプラノを使うことを端《はな》から考えていなかった節がある。

第2幕で公爵の部屋を飛び出して、父にこれまでの経緯を語る「[19]**日曜日ごとに教会で**」は、純粋なリリコのテッシトゥーラ（中心となる音域）で書かれているし、それに続くリゴレットとのドラマティックな二重唱「**そうだ、復讐《ふくしゅう》だ**」[20]に至っては、中音域でヴェルディ・バリトンと堂々と渡り合わねばならない。この音域が薄いソプラノでは、バリトンにかき消されてしまうだろう。ドニゼッティやベッリーニの作品で「狂乱の場」を得意とするのがレッジェーロのソプラノだが、ヴェルディ作品中、最も有名な「狂乱の場」のあるソプラノの役、マクベス夫人に関しても、ヴェルディは「悪声のソプラノを」と指定している。高音のド#さえ出れば、メゾ・ソプラノがやっても何の違和感もない役であり、レッジェーロのソプラノは、ここでもお呼びは掛からない。

リゴレット――歌いすぎは禁物

ヴェルディのオペラにおける、大きなテーマのひとつである父性愛。この《リゴレット》は、道化と父親との狭間《はざま》で揺れる男を襲う悲劇を描いたオペラである。特に第2幕は、幕開けの公爵の「**頬に涙が**」[15]とカバレッタが終われば、あとはリゴレットの独壇《どくだん》場。前述のように、この役は彼自身の心理描写で成り立っている。はじめは娘をさらった廷臣たちへの怒りを爆発させ、後半では彼らに「旦那方、お慈悲を」と哀願までしても何とか娘の所在を突き止めようとするアリア「**悪魔め、鬼め**」[18]から、娘との二重唱「**そうだ、復讐《ふくしゅ》だ**」[20]に至る、娘が貶《おとし》められたと知った父の怒りのドラマティックな表現は、ヴェルディ・バリトンの腕の見せどころである。ただしここでは、ヴェリズモ・オペラのような過剰な泣きはご法度である。ここではリゴレットの苦悩を「あくまでヴェルディのスタイルの枠の中」で、最大限に演じ切る力が求められる。それはすなわち「歌う」のではなく「喋《しゃべ》る」ことだ。それはひと言で言うなら「アクセントを強調してメリハリを出す」ということになろう。だが、そこから逸脱《いつだつ》して「泣き喚《わめ》く」ようになった瞬間、ヴェルディのオペラの持つ魔法は解けて、聴衆は白けてしまう。これは、ヴェルディのオペラのどの役にも共通した「縛《しば》り」である。そのことがわからない歌手は、元よりヴェルディを手掛けない方が無難だ。

ヴェルディの作品では、歌手に泣き喚くような過剰な表現が許されない以上、指揮者やオーケストラが緊迫感のある音楽で、彼を盛り立ててくれることもまた必須条件となる。

２０１３年のミラノ・スカラ座の日本公演《リゴレット》の最終舞台稽古（ゲネプロ・GP）でのこと。GPから参加した名バリトン、ヌッチは、第1幕で、まだオペラに不慣れな南アメリカ出身の若い指揮者の不自然なテンポに手を焼いていた。この作品を知り尽くしているはずのスカラ座のオーケストラも指揮者と歌手の間で戸惑って、音楽が散漫になっていた。第1幕が終わり、休憩に入る段になって、指揮者が楽屋に引き上げて行った直後、ヌッチがすたすたと舞台最前部まで歩み出て来た。何事かと舞台を見上げたオーケストラのメンバーに向けて彼は自分の耳を人差し指でトントンと叩き「俺の歌を聴け」という仕草をした。ただそれだけだった。第2幕以降、オーケストラもヴェテラン揃《そろ》いの合唱団も、全員がヌッチの音楽に寄り添った。その途端ヴェルディのオペラが、見事なまでに息を吹き返したのだ。たとえ指揮者の棒がどんなにずれようとも彼らはお構いなし。彼らは、彼らの血に染み込んだヴェルディのリズムを刻み、躍動した。それをひとりで牽引《けんいん》したのがヌッチだった。名歌手とは、こうして舞台を制することが出来て、作品を救うことができる歌手のことを呼ぶのだと実感させられた。

繰り返すが、ヴェルディにおける表現において「泣き」や単に美声を聴かせたいがための意味のない「伸ばし」や「緩み」は御法度《ごはっと》である。イタリアのオペラとは「歌」ありきの芸術である。しかし、時にはその歌がオペラを邪魔することがある。そこが芸の難しさであり、同時に芸を味わう醍醐味《だいごみ》なのだ。

《イル・トロヴァトーレ》ジュゼッペ・ヴェルディ

IL TROVATORE Giuseppe Verdi

主な登場人物

マンリーコ（T）　吟遊詩人　アズチェーナの息子

ルーナ伯爵（Br）　アラゴンの若い貴族

レオノーラ（S）　マンリーコに恋するアラゴン王妃の女官

アズチェーナ（Ms）　ジプシーの老婆

フェッランド（Bs）　ルーナ伯爵家の警護隊長

ルイス（T）　マンリーコの部下

イネス（S）　レオノーラの侍女

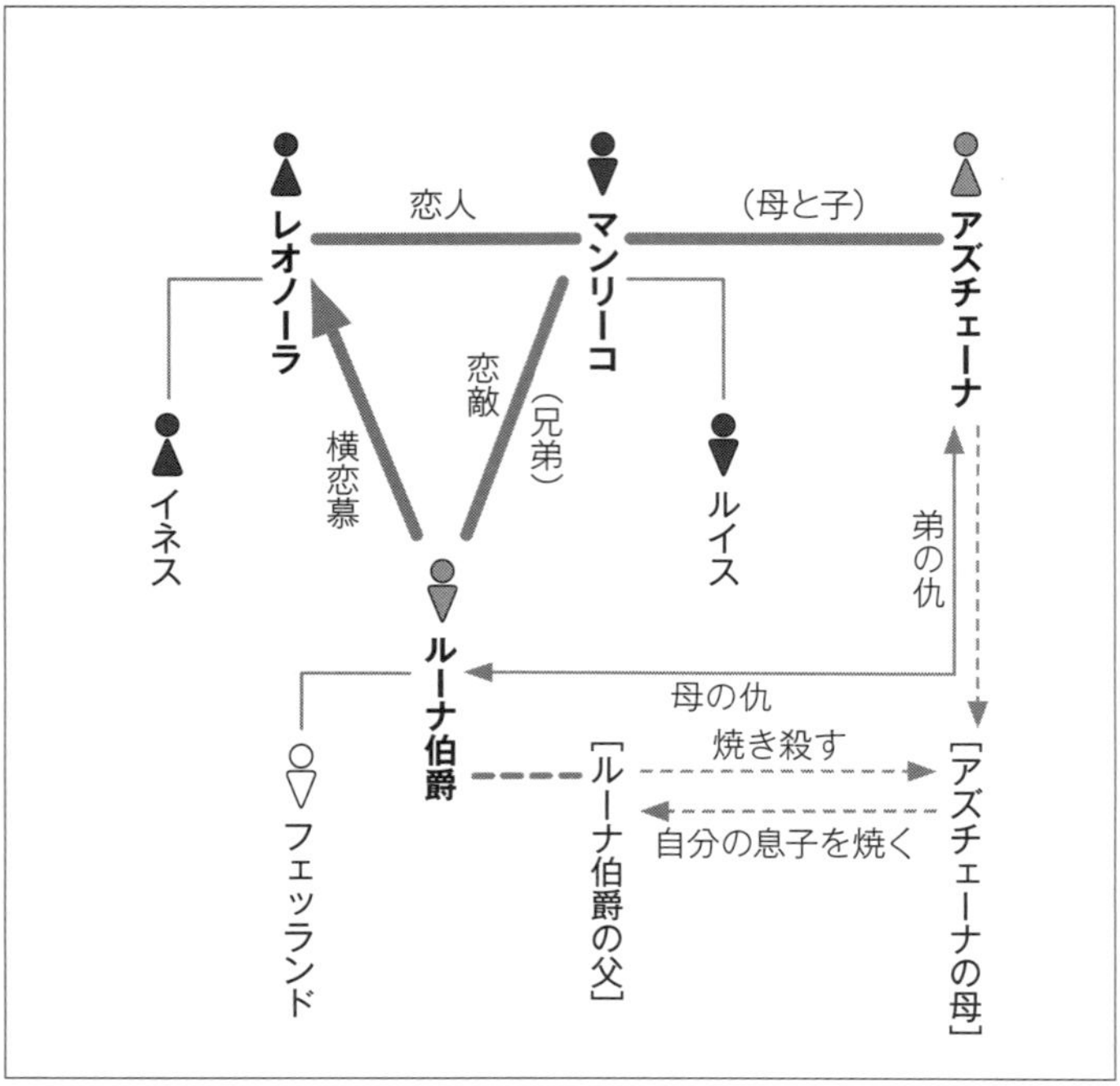

4部のオペラ（ドランマ）Dramma in quattro parti

原作　アントニオ・ガルシア・グティエレス「エル・トロヴァドール」

台本　サルヴァトーレ・カンマラーノ、レオーネ・エマヌエーレ・バルダーレ

初演　1853年1月19日　ローマ、アポッロ劇場

演奏時間　2時間5分／第1部25分、第2幕40分、第3部20分、第4部40分

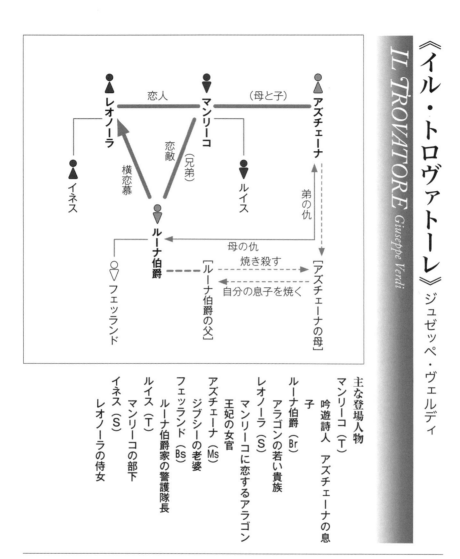

【第1部】

決闘

（第1場）アリアフェリア宮殿のアトリウム

15世紀初頭のスペイン、アラゴン王の居城であるアリアフェリア宮殿の夜。ここにはルーナ伯爵の居室もある。伯爵家の警護隊長であるフェッランドは部下たちと共に警護に当たっている。

フェッランドは部下たちに「先代の伯爵には現在の伯爵と、弟のガルシアのふたりの息子がいた。ある日ガルシアの揺りかごのそばに見知らぬジプシーの老婆がいた。すぐに追い払われたが、それからガルシアは病気がちになった。老婆の呪《のろ》いがその原因だと考えた先代の伯爵は、老婆を捜し出して火炙《ひあぶ》りの刑に処した。その同じ日、ガルシアの姿も消えた。老婆を火炙りにした跡に、幼い子供の骨が見つかった。老婆の娘が復讐《ふくしゅう》のためにガルシアを火の中に放り込んだのだ。老婆の娘は未だ見つからず、先代の伯爵は失意の中、それでも息子の無事を信じながら亡くなった」と昔話を語る「[1]**ふたりの息子の父として幸せだった伯爵が**」。

（第2場）月が雲に隠れた宮殿の庭

王妃付きの女官レオノーラと、その侍女のイネスが庭にいる。レオノーラは、馬術試合で出会った騎士に恋をしたが、その後の内戦で彼の行方はわからなくなっていた。その彼がつい先日、吟遊詩人の姿で再び彼女の前に現れたことを彼女はイネスに語って聞かせる。「[2]**穏やかな夜は、静まりかえり**」。

そしてレオノーラはその吟遊《ぎんゆう》詩人の来訪を待ち焦がれつつ居室に戻って行く。入れ替わるように庭に姿を現したルーナ伯爵が、レオノーラの部屋の明かりを見上げていると、そこに吟遊詩人が歌うセレナータが聞こえて来る「[3]**この世にただひとり**」。

その声にレオノーラは、居室から駆け下りて彼に駆け寄って抱きつくが、抱きついた相手はルーナ伯爵であった。それを見た吟遊詩人姿のマンリーコは、彼女の不実を責める。彼女は勘違いであったことをマンリーコに必死に訴える。ルーナ

1　ふたりの息子の父として幸せだった伯爵が Di due figli vivea padre beato
2　穏やかな夜は、静まりかえり Tacea la notte placida
3　この世にただひとり Deserto sulla terra

伯爵は突然出現した恋敵が、政敵ウルジェール側の者で、以前戦場で戦ったことのある相手と知り、決闘を申し込む。思いがけぬ事のなりゆきにレオノーラは気を失って倒れる「三重唱　[4]**不実な女め**」。

【第2部】

ジプシーの女

（第1場）夜明けのビスカヤの山中

かがり火が燃える中で、ジプシーの男たちが声を掛け合いながら、鍛冶《かじ》仕事に精を出している「合唱　[5]**見ろ、空が夜の暗さを脱ぎすてる**（アンヴィル・コーラス）」

アズチェーナと、伯爵との決闘で怪我《けが》を負ったマンリーコが、焚《た》き火のそばにいる。アズチェーナは、母親が火炙《ひあぶ》りになった時のことを思い出して、怒りに震える「[6]**炎が激しく燃え上がる**」。

興奮醒めやらぬアズチェーナは、昔自分の母親が火炙りの刑に処された時に、母が「仇をとっておくれ」と言い残したこと、伯爵の幼子のガルシアをさらってその火の中に放り込んだつもりが、間違えて自分の息子を放り込んでしまったと口にする「[7]**彼女は足枷《あしかせ》をはめられ連れて行かれた**」。

その話を聞いていたマンリーコが「息子を間違えて火の中に放り込んだのならば、私は誰なのだ」と聞き返すので、アズチェーナは慌てて取り繕《つくろ》う。マンリーコはマンリーコで、以前戦場でルーナ伯爵と剣を交えた時にとどめを刺そうとした瞬間、天の声が聞こえてそれを押しとどめた不思議な経験を母親に話す。

そこにルイスからの知らせが入る。マンリーコが決闘で命を落としたと思い込んだレオノーラが、修道院に入るというのである。マンリーコはそれを阻止するべく、母の制止を振り切りひとり馬に飛び乗って山を駆け下って行く「二重唱　[8]**僕はあなたの子ではないのか**」。

（第2場）修道院中庭の回廊

レオノーラが、修道院に入ろうとしていることを聞きつけた伯爵もフェッランドと数人の供の者を連れ、彼女を奪還しようと修道院の中庭で待ち

4　不実な女め Infida!
5　見ろ、空が夜の暗さを脱ぎすてる Vedi, le fosche notturne spoglie de' ciel（アンヴィル・コーラス）
6　炎が激しく燃え上がる Stride la vampa!
7　彼女は足枷をはめられ連れて行かれた Condotta ell'era in ceppi
8　僕はあなたの子ではないのか Non son tuo figlio?
9　輝くような彼女の微笑みは（君の微笑み）Il baren del suo sorriso

構えている。伯爵は彼女への恋心を歌う「[9]**輝くような彼女の微笑みは**（君の微笑み）」。

レオノーラが侍女たちに別れを告げ、修道女たちと祭壇《さいだん》に向かおうとした時、彼女の前にルーナ伯爵が現れ、続いてマンリーコが姿を現す。死んだと思っていたマンリーコの出現にレオノーラは喜ぶ「三重唱　[10]**なぜ泣いているの**」。

そこにマンリーコの部下たちも現れ、マンリーコがレオノーラを連れ去る。伯爵は怒りに震える「五重唱　[11]**ウルジェール、万歳**」。

【第3部】
ジプシーの息子

（第1場）ルーナ伯爵の野営地

伯爵家の兵士たちが、明日には敵側のカステッロールへ攻め込むのだと勇ましく声を合わせる「フェッランドと合唱　[12]**進軍ラッパよ、鳴り響け**」。

伯爵がレオノーラの奪還を心に決めているところに、部下が「怪しいジプシーの女を捕まえて来ました」と報告する。

会ってみれば、その女はビスカヤからやって来て、息子を探しているという。伯爵はこの女こそが自分の弟を殺したジプシー女で、かつ恋敵マンリーコの母親でもあると知り、彼女を火炙りにするために投獄する「三重唱　[13]**恋敵の腕の中に**」。

（第2場）ウルジェール派の本拠地
カステッロールの砦の中

外からは戦いが近いことを予感させる騒ぎが聞こえている。マンリーコはレオノーラに「明朝には敵が攻め込んで来るであろう」と話して「たとえ最期の時を迎えようと、あなたのことを想っている」と彼女への愛を語る「[14]**ああそうだ、愛しい人よ**」。

礼拝堂から聴こえて来るオルガンの音にふたりは結婚の誓いを立てる「二重唱　[15]**神々しい響きが**」。

そこへ部下のルイスが駆け込んで来て、アズチェーナが敵側に捕らえられ、火炙りにされると報告する。マンリーコは「母を助ける」と勇まし

10　なぜ泣いているの Perchè piangete
11　ウルジェール、万歳 Urgel viva!
12　進軍ラッパよ、鳴り響け Squilli, echeggi la tromba guerriera
13　恋敵の腕の中に In braccio al mio rival!
14　ああそうだ、愛しい人よ Ah sì, ben mio
15　神々しい響きが L'onda de' suoni mistici

く決意を語り、部下たちとともに伯爵の野営地へと向かう「[16]**あの火炙《ひあぶ》りの恐ろしい炎は**」。

【第4部】
処刑

（第1場）アリアフェリア宮殿の近く

アズチェーナの奪還に向かったマンリーコだったが、捕らえられて母とともに牢獄《ろうごく》の中にいる。

ルイスに案内されたレオノーラが、宮殿の近くに現れる。そしてマンリーコが捕らえられている塔を見上げながら、彼への想いを語る「[17]**恋はバラ色の翼に乗って**」。そして中から聞こえて来るマンリーコのレオノーラに別れを告げる声と、ミゼレーレの祈りの声に、彼女は何としてもマンリーコを助ける決意を語る「[18]**あなたはご覧になるでしょう、この強い愛を**」。

そこにルーナ伯爵が現れる。彼女はマンリーコの命と引き換えに、自分が伯爵のものになることを約束する。そしてレオノーラは隙《すき》を見て、指輪に仕込んだ毒を呷《あお》り「伯爵が抱くのは、私の亡骸《なきがら》だけ」と呟《つぶや》く「二重唱　[19]**ご覧ください、この苦い涙を**」。

（第2場）牢獄の中

牢では火炙りに怯《おび》えるアズチェーナをマンリーコが慰めている「[20]**おかあさん、眠らないの**」。アズチェーナは、ピスカヤの山を懐かしみながら眠りにつく「二重唱　[21]**私たちの山に帰ろう**」。

そこにレオノーラがやって来て、マンリーコの命が助かると彼に告げる「二重唱　[22]**ああ、慈悲深い神よ、私にくださるのか**」。彼女が伯爵と交わした約束を聞いて激怒するマンリーコと、彼を生かそうと必死に懇願するレオノーラ、故郷の山を思うアズチェーナの寝言が交錯する「三重唱　[23]**この恥知らずは愛を売ったのだ**」。

弱って行くレオノーラの様子に、マンリーコは彼女が命と引き換えに自分を助けてくれようとしたことを悟る。牢に現れたルーナ伯爵は、自分がレオノーラに騙《だま》されたことを知る。そしてレオノーラはマンリーコの腕の中で息を引き取る「三

16　あの火炙りの恐ろしい炎は Di quella pira l'orrendo foco
17　恋はバラ色の翼に乗って D'amor sull'ali rosee
18　あなたはご覧になるでしょう、この強い愛を Tu vedrai che amore in terra
19　ご覧ください、この苦い涙を Mira, di acerbe lagrime
20　おかあさん、眠らないの Madre, non dormi
21　私たちの山に帰ろう Ai nostri monti ritorneremo

重唱 **他の男のものとなって生きるよりも**[24]」。
伯爵はマンリーコを即刻斬首《ざんしゅ》刑に処するよう命ずる。牢から引き摺《ず》り出されながら、母に別れを告げるマンリーコの声に、アズチェーナが目を覚ます。伯爵から「たった今、お前の息子は処刑された」と知らされた時、彼女は、伯爵にマンリーコこそが彼の実弟ガルシアであったことを告げ「お母さん、復讐《ふくしゅう》を遂げました」と叫ぶ「三重唱 **処刑台へ連れて行け**[25]」。

《聴きどころ》

グティエレスの5幕23場の戯曲を、台本作家のカンマラーノとバルダーレは、オペラのリブレットにする際、強引に4部（楽譜には「幕」Attoではなく「部」Parteと書かれている）8場にまとめた（当然そこには作曲者であるヴェルディの強い意志が働いている）。そのため、この物語は時系列も場所も飛び飛びで、いまひとつストーリーがわかりにくい。しかし、その欠点を補って余りある音楽の素晴らしさに、このオペラは世界中の劇場で最も頻繁《ひんぱん》に取り上げられる演目のひとつとなっている。舞台となっているアリアフェリア（スペイン語でアリハフェリア）宮殿は実在し、世界遺産にも登録されている。

レオノーラ ―― 愛を貫く強い女性

幕開けのフェッランドのアリアからレオノーラの登場のアリア「**穏やかな夜は**[2]」に掛けては、原作のストーリーをオペラにするときに無理やり縮めたことで必要となった状況説明に費やされている。ゆえにこのアリアのテッシトゥーラ（中心となる音域）は、言葉が聞き取りやすい中音域で書かれている。

22　ああ、慈悲深い神よ、私にくださるのか Ah mi concedi, pietoso Nume
23　この恥知らずは愛を売ったのだ Ha quest' infame l'amor venduta
24　他の男のものとなって生きるよりも Prima che d'altri vivere
25　処刑台へ連れて行け Sia tratto al ceppo!

当然のことながら、ここではフレーズを美しい声で優雅に歌うことよりも、発音が明晰《めいせき》であることが優先される。後半のカバレッタになってやっと、マンリーコのために命を捨てるのも惜しくないという彼女の心情が吐露《とろ》されて物語が動き出す。このオペラの特徴は、物語の主導権を握っているのがテノールでもバリトンでもなく、ソプラノであるということだ。そして物語を進める動力となるこのうら若き女性は、自分の意思で動く強い人格として描かれている。

レオノーラに与えられているもうひとつのアリア[17]「**恋はばら色の翼に乗って**」は、愛する人を想う心情が溢《あふ》れる美しいものだ。ところが、このアリアは、愛する人が捕えられている塔の下で、姿を隠すようにして歌われる。そのためにヴェルディは、当然のことながら*pp*（ピアニッシモ）を指定している。それは合唱のミゼレーレが入る中間部分も続く。一箇所だけ*f*（フォルテ）が許されているのは、塔の中から「僕を忘れないでおくれ、レオノーラ」と彼女を想うマンリーコの声を聞いた一瞬に彼女が発する「あなたを忘れるですって」だけ。それに続くカバレッタ[18]「**あなたはご覧になるでしょう、この強い愛を**」の最初にもヴェルディは、ご丁寧にもSotto voce ed agitato（小声で、そして取り乱して）と指定している（繰返しの部分も同様）。

彼女がこの歌で声を張って歌うことが出来るのは、先ほどの一瞬の叫びと、カバレッタの最後の部分「あなたと共に墓に下りて行きましょう」だけである。男勝りともいえるレオノーラの意思の強さを表す象徴的なフレーズだけがフォルテで歌うことを許されているのだ。

アズチェーナ――オペラ全体の扇の要

さて、この物語でレオノーラに次ぐ重要度を持つのが、メゾのアズチェーナである。20年以上前の事件の当事者であり、マンリーコの本当の出自《でじ》の秘密を知るのは、この世で彼女唯ひとりなのだ。この役の聴かせどころは当然のことながら、それらの事実が彼女の言葉の端々から漏れる第2部――副題に「ジプシーの女」とある――である。彼女にとって、マンリーコは愛情の対象であり、同時に実母と実の息子を失うことになった元凶となった憎むべき対象でもある。その複雑な思いを抱えて長い年月マンリーコの成長を見つめてきた彼女は、この物語における扇の要である。彼女を中心として眺めてみれば、わかりづらいと言われるこのオペラの筋が、すべて繋《つな》がっていることがわかる。

アズチェーナに限らず、ヴェルディのオペラのメゾ・ソプラノ役には、広い音域が要求される。この役もその典型であり、最低音は低いラ、最高音は（メゾにとっては、ソープラ・アクートに匹敵する）シ♭である。２オクターヴ以上の音域を均一な声で出せるメゾは、そうそう存在しない。イタリアではエベ・スティニャーニ、フェドーラ・バルビエーリ、ジュリエッタ・シミオナート、フィオレンツァ・コッソットからのち、この役を得意とするメゾが出ていない。文句なしのメゾの音色の持ち主だったルチア・ヴァレンティーニ＝テッラーニも録音に残しているヴェルディは《ナブコドノゾル》のフェネーナと、フランス語版《ドン・カルロス》のエボリ、《ファルスタッフ》のクイックリー夫人のみである。メゾにとって重要なこの役は、いきおい外国勢に占められることになった。アメリカのシャーリー・ヴァレット、グレース・バンブリー、現在ではイタリア系アメリカ人のマリアンネ・コルネッティといったメゾの役も歌えるような広い音域を持ったソプラノや、東欧、ロシア系の強い声の持ち主によって歌われることが主流となった。イタリア伝統の柔らかい声で、声の成熟に合わせて慎重に役を選んでいるダニエラ・バルチェッローナは、ヴェルディでは《ドン・カルロ》のエボリ、《アイーダ》のアムネリスまでしか歌っていない。彼女が今後この役を手掛けるかどうかは注目の的で、もし彼女が歌わなければ、イタリアの柔らかな声のメゾによるアズチェーナの伝統は、本当に途切れてしまうかもしれない。

マンリーコとルーナ伯爵――アクートに注目が集まる両役

第3部でマンリーコが語る――戦場でルーナ伯爵と剣を交え、彼にとどめを刺そうとした時に、心の中で誰かが「この男を殺してはならぬ」と言うのが聞こえた、と。伯爵も同様に、レオノーラを巡っての決闘で、マンリーコを倒した時にとどめを刺していない。それは血を分けた兄弟ならではの本能の為《な》せる業《ごう》だったのだろう。実の兄弟なのだから、彼らは声も姿も似ているのが当然である。そうでなければいくら暗がりとはいえ、第1部でレオノーラも愛する吟遊《ぎんゆう》詩人と間違えて伯爵に抱きついたりはしなかっただろう。とはいえ実際にこの2役のテノールとバリトンが似ているということはあまりない。しかし筆者の体験では唯一、06年ボローニャ歌劇場の来日公演で、テノールのロベルト・アラーニャと、当時若く輝かしい声だったバリトンのアルベルト・ガザーレがこの兄弟役で舞台上に並んだ時、なるほどレオノーラが間違うのも宜《むべ》なるかなと思ったものだ。アラーニャと、（高音が得意で、バリトンで行くかテノールになるかで迷ったこともあったという）とガザーレは、体型も声もよく似ていたのである。これならば、このオペラのストーリーにも信憑《しんぴょう》性が出ようというものだ。兄弟がひとりの女性を愛してしまう物語という側面が強調されたのである。

アリアは、ルーナ伯爵にはレオノーラへの想いを穏やかに歌うものが、マンリーコには母を救うべく勇ましく闘うような曲調が与えられている。性格的には、どちらも熱しやすい激しさを有しているのに、伯爵として生きている兄と、ジプシーの息子として放浪を余儀《よぎ》なくされて来た弟の環境と教育の違いがここに表れているとも言えようか。一見対照的に聴こえるふたりのアリアは、どれもベルカントの技術がないと歌い切れない。特に伯爵の「**輝くような彼女の微笑みは**[9]」はベルカント・オペラのカンタービレそのものである。その上テッシトゥーラ（中心となる音域）も高い。譜面にはないが、カデンツァでソを伸ばすのが慣習化されており、聴衆も伯爵役にこのアリアのこのアクート（高音）が決まることを期待するのが、ほとんど〝お約束〟となっている。いくつかの重唱では、伯爵にもドラマティックな側面が随所で求められていて、その表現力も十分に試されているはずなのだが、伯爵役の評価は、何故かこの限りなく滑らかなアリアの出来で決まるようである。

それと同様に、聴衆が〝お約束〟としてマンリーコに期待するのは第3部最後で敵に火炙《ひあぶ》りにされようとする母親を何としてでも助けると強い決意を語る[16]「**あの火炙りの恐ろしい炎は**」のアクート（高音）である。その前にあるアリア[14]「**ああそうだ、愛しい人よ**」やそれに続くレオノーラとの甘い愛の二重唱は、先の伯爵のアリア同様、長いフレーズを持つベルカント形式で書かれている。これらを歌うのも相当難しいのだ。だが聴衆はここまで来ると否応なしにさあ、いよいよ「Di quella pira」だ、と期待に胸を膨らませるのである。ハイC（高音のド）はもちろん譜面にはない。かつマンリーコは典型的なヒーロー役を得意とするしっかりとしたリリコ・スピントが歌う役なので、そうしたテノールにとって、ここでハイCを余裕をもって張ることはまず不可能と言ってよい。ゆえに実演では多くの場合、カバレッタの前奏が始まるときに半音、ないし一音下げるのが常である。それでも最後のアクートはシかシ♭。この孤立無援とも言うべき、むき出しのアクートを舞台中央で剣を高々と振り上げて伸ばすということは、テノールにとって大勝負なのである。彼はここを失敗したらこのオペラ全体がダメになるという恐怖（というよりはアクートを外して恥をかくのは絶対に嫌だという思い）と闘わねばならない。テノールとはつくづく因果な商売だと思うが、そのかわり成功すればカーテンコールは彼だけのものとなる。テノール歌手は、常に危険と隣り合わせのスリリングなことが好きでなければ到底務まらない職業だと、このオペラを観るたびに思うのである。

《ラ・トラヴィアータ》（椿姫）

ジュゼッペ・ヴェルディ

LA TRAVIATA *Giuseppe Verdi*

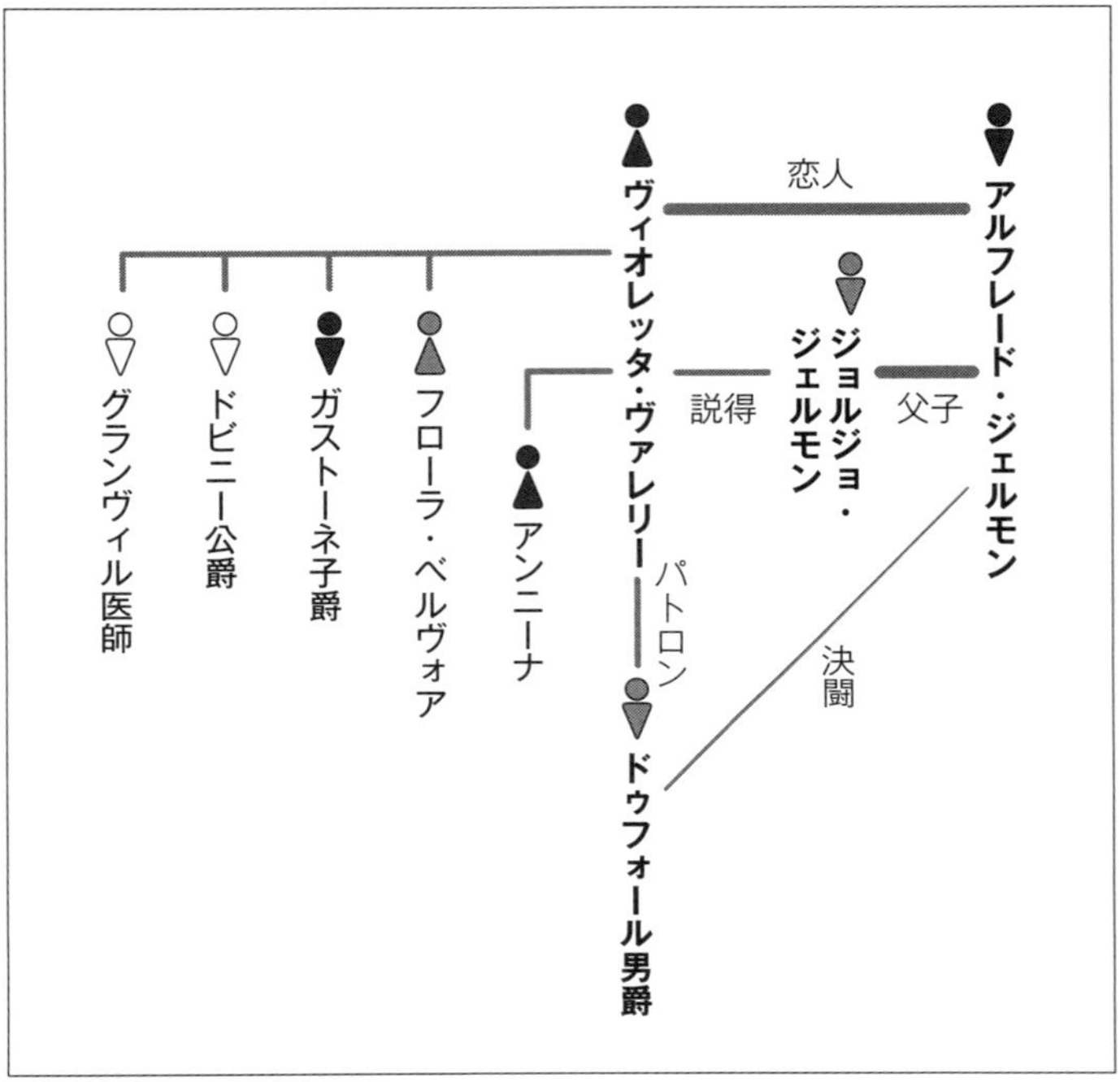

主な登場人物

ヴィオレッタ・ヴァレリー（S）
パリの貴族の男たちの集まる豪奢なサロンを主宰している女性

アルフレード・ジェルモン（T）
ヴィオレッタに恋するプロヴァンス地方出身の青年

ジョルジョ・ジェルモン（Br）
アルフレードの父

フローラ・ベルヴォア（Ms）
ヴィオレッタのパリの仲間

アンニーナ（S）
ヴィオレッタの召使い

ガストーネ子爵（T）
サロンに出入りする貴族

ドゥフォール男爵（Br）
ヴィオレッタのパトロンのひとり

ドビニー公爵（Bs）
サロンに出入りする貴族

グランヴィル医師（Bs）
ヴィオレッタの友人の医師

3幕のオペラ（メロドラマ）Melodramma in tre atti
原作　アレクサンドル・デュマ（フィス）「椿姫」
台本　フランチェスコ・マリア・ピアーヴェ
初演　1853年3月6日　ヴェネツィア、フェニーチェ劇場
演奏時間　2時間／序曲4分、第1幕26分、第2幕60分、第3幕30分

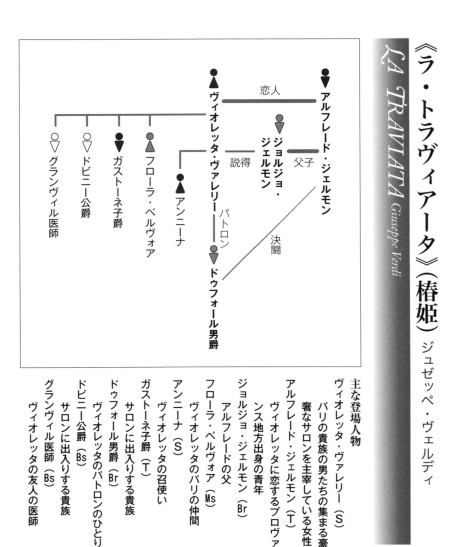

【第1幕】

1850年頃（初演版における設定は1700年頃）**のパリ、上流社会の男たちが集まるヴィオレッタ・ヴァレリーの豪奢《ごうしゃ》なサロン**

死を前にしたヴィオレッタが、幸せだった日々をひとり思い出しているような美しく静かな前奏曲が終わると、幕が上がる。

一転してそこは、贅《ぜい》を尽くした調度品に囲まれ正装の貴族の男性や、華やかな装いの女性が集い語らっているヴィオレッタ・ヴァレリー邸の豪奢なサロンである。

複数のパトロンを持ち、パリでも指折りの名士たちが集うサロンを主宰する若く美しいヴィオレッタ・ヴァレリーが登場すると、男達が彼女の周りを取り囲む。ヴィオレッタは、肺病に侵されていることをひた隠しにしつつ、パリの名士が揃《そろ》うきらびやかな宴に毎夜その身を委ねている。

彼女がガストーネ子爵から紹介されたのは、プロヴァンス地方の旧家の子息、アルフレード・ジェルモンだった。ガストーネは「アルフレードは、あなたをずっと崇拝していて、あなたの体調が悪いと聞けば、毎日のようにここに来てあなたの具合を尋ねていたのだ」とアルフレードをからかうように語る。それを聞いたヴィオレッタは、彼女の有力なパトロンのひとりドゥフォール男爵に「あなたはそんな風に私のことを心配してくださったことはありませんわね」と軽口を叩く。「私が君と知り合ったのはたった1年前のことだから」と答えた男爵は、この大人の社交の世界に純愛を持ち込む場違いなアルフレードの存在を疎ましく思う。

ガストーネは乾杯に際して、男爵に詩を吟じて欲しいと頼むが、男爵がそれを断る。「ならば君が乾杯の音頭を取りたまえ」と促されたアルフレードが、ヴィオレッタへの純粋な恋心を詩に託す。返歌としてヴィオレッタは、アルフレードの純粋さをあえて否定するように「酒と人生を讃《たた》え、楽しみましょう。恋の喜びなどすぐに儚《はかな》く消え去って行くものです」と歌い、人々がそれに唱和する「**乾杯の歌**[1]」。

1　乾杯の歌 Libiamo, ne'lieti calici

ヴィオレッタが、客たちを別室でのダンスへと誘う。そのとき彼女がめまいを起こしてしまう。彼女は「大丈夫ですわ」と言って客たちを先に行かせ、その場にひとり残る。そして自分の青白い顔を鏡に映す。その時彼女は鏡の中にアルフレードの姿を見つけて驚く「二重唱 [2]**ああなんて青白いのでしょう**」。アルフレードは「1年前にあなたを見たときから私は恋に落ちたのです。あなたのことを守りたいのです」とヴィオレッタへの愛を告白する「[3]**ある日、幸せに満ちた天女のような**」。そこで彼は彼女への想いを「この宇宙のすべての鼓動のような、神秘的で、誇り高く、苦しみと同時に喜びに満ちた恋」と喩《たと》える。

　刹那《せつな》に生きる彼女は「もっとあなたに似合った、可愛いお嬢さんを見つけなさい」と彼をあしらいつつも、これまで経験したことのない真摯《しんし》な愛の告白に心を動かされる。ガストーネが部屋の入り口に現れて「ふたりで何をしているんだね」とからかい、去って行く。帰ろうとするアルフレードにヴィオレッタは、椿の花を一輪差し出し「この花が萎《しお》れたら、また訪ねていらして」と言う。喜んだアルフレードは「それではまた明日」と言って部屋を出て行く「二重唱 [4]**それが本当ならば、私からは離れて**」。ヴィオレッタは客たちのいる別室に向かう。

　夜明けが近い。客たちが皆ヴィオレッタに暇《いとま》を告げて、帰って行く。

　ひとり残ったヴィオレッタは、これまで一度も経験したことのない、相思相愛のひとりの男性と、互いを慈しみながら過ごす日々への憧れを「あの方の言葉が私の心に刻み込まれたわ。私がずっと憧れ続けた純愛」と熱っぽく語る。彼女の心にアルフレードの「この全世界の鼓動のような……」という言葉が蘇《よみがえ》り、彼女はその言葉を反芻《はんすう》する。しかし彼女はそこで現実の、貴族の男たちの貢《みつ》ぐお金で生きている自分の立場を思い出し「なんて馬鹿なことを。そんな夢は私には所詮無縁なのよ。私には日々を面白く楽しく生きて行くしかないのよ」と自分は純愛とは無縁な生き方をしているのだと独白する。そこにアルフレードの声が聞

2　ああなんて青白いのでしょう Oh qual pallor!
3　ある日、幸せに満ちた天女のような Un dì, felice, eterea
4　それが本当ならば、私からは離れて Ah, se ciò è ver, fuggitemi!

こえて来る。彼女の心は揺れ動く。しかし最後には「私は男たちの間を飛び回り、日々新たな快楽を求めて生きて行くしかない女なのよ」と自分に言い聞かせるように語る「**不思議だわ〜花から花へ**[5]」

【第2幕】

（第1場）パリ郊外にあるヴィオレッタの別宅

ヴィオレッタがアルフレードと共に郊外での暮らしを始めてから、早3か月が過ぎようとしていた。

アルフレードがヴィオレッタとの暮らしの幸せを語る「**僕の燃えたぎるような魂が**[6]」。

そこに旅姿のアンニーナが、パリから戻って来る。アルフレードは彼女から、ヴィオレッタが次々と彼女の持ち物を処分してここでの生活費に充てていることを聞かされて、初めて現実を認識する。そして何も知らなかった自分を恥じ、アンニーナに口止めをした上で「名誉をかけて自分でお金を工面する」と言って、パリへと向かう「**なんという呵責《かしゃく》の念、なんという恥知らず**[7]」。

ヴィオレッタが現れる。アンニーナからアルフレードがパリに向かったと聞いたヴィオレッタは訝《いぶか》しがる。そこに下男のジュゼッペがやって来て彼女宛の手紙を手渡す。ヴィオレッタは彼に「私を訪ねてくる予定の方があるの。お見えになったらこちらにお通ししてちょうだい」と言う。受け取った手紙は、フローラからのパーティの招待状で「ついに私の隠れ家を見つけたのね」とヴィオレッタは笑い、その手紙を脇に置く。

ジュゼッペに案内されてひとりの男性が現れる。それはヴィオレッタが待っていた客ではなく、アルフレードの父ジョルジョ・ジェルモンだった。プロヴァンス地方の実直な田舎紳士のジェルモンは、初めは高飛車《たかびしゃ》な口調でヴィオレッタに「アルフレードがパトロンに養われているような女と一緒にいることが、彼の妹の縁談を駄目にしようとしている。すぐに息子と別れてくれ」と語る。ヴィオレッタは驚きつつも、その侮蔑《ぶべつ》的な言葉に対し「ここは私の家で、私は女性です。

5　不思議だわ〜花から花へ È strano! ～ Sempre libera
6　僕の燃えたぎるような魂が De' miei bollenti spiriti
7　なんという呵責の念、なんという恥知らず O mio rimorso! O infamia!

あなたをここに置き去りにする失礼をお許しください」と毅然《きぜん》とした態度でその場から去ろうとする。ジェルモンはその言葉にムッとすると同時に、彼女の中に、彼が想像していたような商売女とは明らかに異なる品格を感じる。その上ジェルモンは、息子が彼女に貢いでいるどころか、ヴィオレッタが自分の財産を処分しながら息子との生活を支えていることを知る。それでもジェルモンは「娘を幸せにしてやりたいのです」と語る。ヴィオレッタは「暫《しばら》くの間、彼と離れていろとおっしゃるのですね」と言う。しかしジェルモンが求めていたのは、アルフレードと彼女が別れることだった。ヴィオレッタは「彼と別れることは、私に死ねということと同じです」と、一度はその申し出を拒絶する「二重唱[8] **天使のような汚れのない娘が〜あなたはご存知ないのです、どれほどの愛が**」。しかし自分がこれまで歩んで来た人生を思えば、いつかはこのような日が来るのではないかと、どこかで覚悟していた彼女は、アルフレードの妹の将来を慮《おもんぱか》り、自らが身を引く覚悟を決める。そして彼らはまるで本当の父と娘のように抱き合って、これからの互いの幸せを祈りつつ別れの挨拶《あいさつ》を告げ、ジェルモンは一旦《いったん》その場から去って行く「二重唱[9] **ああ、そのお嬢さんにお伝えください〜どうか娘のように抱きしめてください**」。

残ったヴィオレッタは、まずパリに手紙を書き、それをアンニーナに託す。アンニーナが出て行くと、ヴィオレッタは涙ながらにアルフレードへの別れの手紙を書き始める。そこに当のアルフレードが戻って来る。彼女は慌ててその場を取り繕《つくろ》う。アルフレードは「父から厳しい言葉の並んだ手紙が来た。でも君に会えばきっと父も僕たちのことを許してくれるだろう。まだ父は来ていないかい」と尋ね、ヴィオレッタは「いいえ、お見えになっていないわ」と嘘《うそ》をつく。最後に彼女は「お父様との面会に、まずは私は同席しないほうがいいと思うの。私は席を外して、庭のお花畑にいるわ」と語り、「私があなたを愛しているのと同じくらい、あなたも私のことを愛してくださるわね、さようなら」と別れの言葉を残して去って

8　天使のような汚れのない娘が〜あなたはご存知ないのです、どれほどの愛が Pura siccome un angelo 〜 Non sapete quale affetto vivo

9　ああ、そのお嬢さんにお伝えください〜どうか娘のように抱きしめてください Ah! Dite alla giovine 〜 Qual figlia m'abbracciate

10　神様どうぞお力を Dammi tu forza, o cielo!

行く「二重唱　**神様どうぞお力を**[10]」。

その場にひとり残され、漠然とした不安を抱くアルフレードのもとにヴィオレッタからの別れの手紙が届く。そこに父ジェルモンが現れる。ヴィオレッタに裏切られたといきり立つ息子を父はなんとか説得しようとする「**プロヴァンスの海と大地**[11]」。だが、その言葉はアルフレードの耳には入らない。アルフレードはフローラからヴィオレッタに届いた招待状を見つけ、止める父を振り切ってヴィオレッタを追って飛び出して行く。

（第2場）パリ
フローラ邸で開かれているパーティ

パリの夜。フローラが女主人を務めるサロンで、華やかなパーティが開かれている。人々が「アルフレードとヴィオレッタが別れたらしい」と噂《うわさ》している。

パーティの余興にジプシーの娘たちや闘牛士たちが歌い、踊る「合唱　**あたしたちはジプシー娘～俺たちはマドリードから来た闘牛士**[12]」。

そこにアルフレードがひとりで現れる。一足違いで今度はヴィオレッタが、ドゥフォール男爵にエスコートされて現れる。フローラからアルフレードが来ていることを聞いたヴィオレッタは驚き「男爵とトラブルになってアルフレードの身に何か起きたらどうしましょう」と心配する。アルフレードと男爵は、ポーカーで勝負を始め、アルフレードが勝ち続ける。

夕食の準備が整ったという知らせに客たちは食堂へと向かうが、ヴィオレッタはひとりその場に残る。そこにヴィオレッタからの「話がある」という伝言を受け取ったアルフレードが現れる。ヴィオレッタは「お願いだからここから早く立ち去って」と彼の身を案じて懇願するが、アルフレードは彼女が邪魔な自分を追い払おうとしていると思い込んで嫉妬《しっと》にかられ、去ることを拒否し、ヴィオレッタを詰問する「二重唱　**ここに来てと言ったけれど**[13]」。嫉妬のあまり自分を見失ったアルフレードはそれだけでは足りず、他の客たちを呼び、ヴィオレッタが自分のために彼女の全

11　プロヴァンスの海と大地 Di Provenza il mar, il suol
12　あたしたちはジプシー娘～俺たちはマドリードから来た闘牛士 Noi siamo zingarelle ～ Di Madride noi siam mattadori
13　ここに来てと言ったけれど Invitato qui a seguirmi

財産を手放したことを告げ「その分をこのポーカーの儲《もう》けで贖《あがな》ってやる」とヴィオレッタに紙幣を投げつける。彼の無礼極まりない態度にその場に居合わせた人々は口々に彼を非難し、ヴィオレッタは深く傷つく「**この女は全財産を**[14]」。

そこに息子を追ってきたジェルモンが現れ、息子の態度を「お前はもう私の息子ではない」と叱る。そこで初めてアルフレードは我に返る。男爵はアルフレードに決闘を申し込む印に、片方の手袋を彼の顔に投げつける「八重唱と合唱 **恥を知れ**[15]」。ヴィオレッタは気を失ってその場に倒れる。

【第3幕】

謝肉祭で賑《にぎ》わうパリ

家財道具を売り果たし、ガランとしたヴィオレッタ邸の寝室。

ヴィオレッタは肺病が進み、ベッドから起き上がることもままならなくなっている。長年の友人で医者のグランヴィルが訪ねて来る。彼女を診察したグランヴィルは、ただひとりヴィオレッタのそばに残ったアンニーナに「あと数時間の命だろう」と言って去って行く。ヴィオレッタが外の賑やかな騒ぎから今日が謝肉祭だと知って、アンニーナに残り少ないお金を貧しい人々に施《ほどこ》して来るようにと言い、彼女を使いに出す。

ひとりになったヴィオレッタは、ジェルモンから来た手紙を取り出し、何度も読み返す。そこには「アルフレードは男爵との決闘で怪我《けが》はしたものの、すでにその傷も癒《い》え、本当のことを知ってあなたの元に許しを乞うために向かっている」と書かれている。生きているうちにもう一度アルフレードに逢えることだけを願い続けるヴィオレッタだが、アルフレードはなかなか現れず、彼女は「ずっと待っているのに、彼はまだ来ない」と嘆く「**さようなら、過ぎ去った日々よ**[16]」。

そこにアンニーナが駆け込んで来て、アルフレードがやって来たことを伝える。ついに待ちわびていたアルフレードと再会出来たヴィオレッタは、生きる希望を取り戻す。アルフレードはヴィオレッタにこれまでのことを詫《わ》び、ふたりは「パ

14　この女は全財産を Ogni so aver tal femmina
15　恥を知れ Di sprezzo degno
16　さようなら、過ぎ去った日々よ Addio del passato

リを離れてもう一度一緒に生きよう」と語り合う「二重唱 **パリよ、さらば**[17]」。

しかし、それには彼女の体は病魔に蝕《むしば》まれ過ぎていた。彼女は彼と教会に行くために着替えようとするが、途中で力なく倒れてしまう「二重唱 **教会に行きましょう**[18]」。

死期を悟った彼女は、アルフレードをベッドの傍《かたわ》らに呼び、彼に自らの絵姿を渡して「あなたを愛してくださる方が出来たら、その方にこれを渡して話してね。あなたのことをこれほど愛した女がいたということを」と語り、彼の幸せを祈る「**受け取ってね、私の元気だった頃の絵姿よ**[19]」。

駆けつけたジェルモンはやつれ果てたヴィオレッタの姿に後悔の念に囚《とら》われる。そしてアルフレードたちに見守られる中、ヴィオレッタは突然立ち上がり「不思議だわ。もう苦しくないわ。私はもう一度生きられるのだわ」と語ったかと思うと、その場に崩れ落ち、そのまま息を引き取る。

《聴きどころ》

ヴェルディのオペラの中で唯一プリマドンナがオペラ全体を支配する《ラ・トラヴィアータ》は、文字どおりプリマドンナ＝ヴィオレッタの出来次第で公演の成否が決まる。リブレット（台本）には、ヴィオレッタという一人の女性の心情が、実に細やかに描きこまれている。この作品は、愛に生きるという普遍的なテーマを扱った心理劇なので、ヴォーカル・スコアの旧版のト書きにある１８５０年頃（クリティカル・エディションでは１７００年頃）のパリという舞台指定を現代に置き換えても、そこに何の違和感も生じない。

この物語は、一般的に第1幕は8月、第2幕はそれから3か月後（これは歌詞に出てくる）、第3幕はその翌年の謝肉祭の頃（2月から3月初旬。その年によって異なる）に掛けて展開したと解釈される。

17　パリよ、さらば Parigi, o caro noi lasceremo
18　教会に行きましょう Ah non più, a un tempio
19　受け取ってね、私の元気だった頃の絵姿よ Prendi, quest'è l'immagine de miei passati giorni

しかし原作及びヴォーカル・スコアのト書きには、この話が何月に始まったのか、また謝肉祭がその翌年のことであるのか否かについての明確な記載はない。

ヴィオレッタ――女優が演じる役

「ヴィオレッタには、第1幕はリリコ・レッジェーロ、第2幕は軽めのリリコ、第3幕はプーロ（純粋な）・リリコという3種類の声が必要となる」とよく言われる。もちろんこれはこの役がいかに難しいかを語る例え話だ。さらに言えば、ヴィオレッタ役のソプラノには、「女優」であることが絶対的に必要なのである。

第1幕の幕切れで歌われるシェーナとアリアの後半「**花から花へ**[5]」（しかし、この文学的な題名はすばらしい。歌詞の大意を見事に表現している）におけるアジリタ（コロコロと転がる音型）と、最後のソープラ・アクート（アクートよりも高い、最高音）のミ♭の存在は、リリコ・レッジェーロ、あるいは時にはレッジェーロのソプラノまでが、単独でコンサートで歌うだけではなく、この役を演じる機会までをも増やすこととなった。しかしこのミ♭音は、あくまで華やかさと、ソプラノの高音を喜ぶ聴衆のために慣習的に歌われて来たものである。残されている多くの録音（一部ライヴ録音も含む）でもミ♭を出しているマリア・カラスも、実際には本人が危険だと思った時はシ♭までしか上げなかったと、数多く共演したジュリエッタ・シミオナートが証言していた。

「楽譜に忠実な演奏こそが、正しい演奏」という潮流の現代において、ミ♭を決めることに苦心惨憺《さんたん》することは、過去の苦労となりつつあるのかもしれない。少なくともそれを失敗して、舞台を台無しにするぐらいならばシ♭をしっかり決めたほうがよほどいい。このオペラは「技巧」が勝負ではない。「心理表現がすべて」の作品である。作品全体から見れば、このソープラ・アクートはヴィオレッタという女性を表現することとは何の関連もない。いわば聴衆へのサーヴィスであり、おまけである。余裕を持って出せるならば、出せばいい、という程度のことに過ぎないということを、そろそろ歌手も、聴衆も、またコンクールやオーディションの審査をする側も認識する時期が来たのではなかろうか。

さて、第2幕、第3幕に至って、ヴィオレッタの心理描写がより細やかなものになっていくにつけ、俄然《がぜん》この役は中音域中心に展開することになる。第1幕で高音を誇示することのできたレッジェーロ系ソプラノはここで一気に行き詰まることになる。何故なら彼女たちが苦手とする音域が中心になるからだ。多くのケースでは、彼女たちは人工的に声を太くすることでそれを乗り切ろうとし、第1幕とは全く違う音色になってしまい、それこそ幕ごとに別人のようなヴィオレッタになってしまうことすらある。そうはならなかった例が、2005年ヴェネツィア・フェニーチェ座の来日公演（ロバート・カーセン演出。この演出の初演は1996年に発生したフェニーチェ劇場の火災からの復元工事が完成した、2004／05シーズン劇場再開記念公演）のときのヴィオレッタ、パトリツィア・チョーフィだった。彼女は何ともか細い体型のリリコ・レッジェーロだ。来日時のインタヴューで（まだこちらがひと言も質問していないのに）彼女は開口一番こう言った「私がヴィオレッタの声でないことはわかっています」。イタリア内外のインタヴューで散々言われてきたのだろう。だがあの演出は、カーセンが彼女を念頭に置いて作り上げたもので、元々女優を目指していたチョーフィだからこそ成立した舞台だった。チョーフィは、声の面では問題があった第3幕を、自分の声を太くしたり押したりすることで声を聴こえるようにするのではなく、声のなさを逆手にとって、女優としての演技力で聴衆を自分の世界に引き摺《ず》り込み、独特の、魅力的なヴィオレッタ像を作り上げた。この演出はあれから何度もフェニーチェ座で再演されているが、チョーフィを凌駕《りょうが》するようなヴィオレッタが出現したとは未だ聞いたことがない。（ちなみにこの公演は1996年にフルスコアが出版されたクリティカル・エディション―

ーヴェネツィア・フェニーチェ劇場に残っていた写譜を元に復元された初演版の楽譜――を使用しており、特に第2幕のヴィオレッタとジェルモンの二重唱、ジェルモンのカバレッタ等のメロディに旧版と明らかな相違点が見られる。なお、その後フェニーチェ劇場以外で、この作品のクリティカル・エディションを使用した上演は、ほとんど見掛けない。）

もう一例を挙げるとすれば、トリノ王立歌劇場が2010年の来日公演に掛けたローラン・ペリーがナタリー・デセイのために演出した《ラ・トラヴィアータ》（初演2009年サンタフェ・オペラ、トリノ歌劇場との共同制作）。あれこそまさにデセイの演技力があっての舞台だった。しかし残念ながら、ヴェルディのオペラの歌唱という点からいえば何かしら物足りなさが残ったことも事実である。逆にヴィリー・デッカー演出の《ラ・トラヴィアータ》（初演2005年ザルツブルク音楽祭）では、アンナ・ネトレプコの立派な声と圧倒的な存在感が話題になったが、歌唱表現という点でその存在感に見合うだけの感動的な歌が聴けたか、といえばそれもいささか疑問である。

ミラノ・スカラ座には、未だにマリア・カラスの亡霊がいると言われるほど、カラス以降のヴィオレッタ役が称賛された試しがない。カラスという大女優のヴィオレッタを知ってしまった聴衆は、美しく歌うだけのヴィオレッタでは物足りなくなってしまったのだ。その意味するところは、カラスが、他の追随《ついずい》を許さない演技力でヴィオレッタを表現した、というだけでなく、その演技に匹敵、あるいはそれ以上の歌唱面での説得力も持っていたということである。ヴィオレッタは、生半可な歌手を拒絶する役だ。実力不相応にこの役にしがみつけば、その歌手は簡単に声をなくし、あっという間にプロ歌手の世界から姿を消す。この役を手掛けるには、まずはそのソプラノが声楽的ないくつものハードルを越えてヴェルディのスタイルを消化し、自分のものにしていることが大前提なのである。女優であることは、その次のステップだ。これほどまでに「役」が「歌手をシビアに選ぶ」役は、そうそう存在しない。

この役をルーティンのようにいつでも簡単にこなせると思ったら、とんでもなく痛い目に遭う。一流の歌手が万全の準備で立ち向かっても跳《は》ね返されることが多々ある恐ろしい役が、このヴィオレッタなのである。

アルフレード――若さで歌える役

アルフレードは、清々しいほど自分の情熱だけで突っ走る青年の役だ。名テノールたちのインタヴュー記事を読んでも、ヴェルディの中期の作品にしては性格描写がほとんどなされていないこの役を、技術的に難しいと言っている人はほとんどいない（キャラクター付けが難しいと言っているのはアルフレード・クラウスぐらい）。ただしそこには「難なく歌えるのは、ベルカントで歌う技術を身につけているテノールに限る」という注釈がつく。この役にドラマティックな表現が求められるのは、第2幕第2場のフローラ主催のパーティの場面で、嫉妬《しっと》に駆られ、頭に血が昇ってヴィオレッタに札束を投げつけ侮辱する場面ぐらいである。あとは「リネアーレ」に、つまり「一本のラインの上を滑るように」フレーズを歌うことが第一義となる役だ。

ところが第2幕の冒頭に、この役を歌うテノールには大きな落とし穴がある。「**僕の燃えたぎるような魂が**」[6]という聴かせどころのアリアは、歌うのはさほど難しくない。難しくないからと調子に乗ってドラマティックな表現に傾き過ぎると、直後に続くカバレッタ「**なんという呵責の念、なんという恥知らず**」[7]が歌い切れなくなる。このカバレッタはしばしばカットされるのだが、それはもちろん物語の筋として、ここでアルフレードが経済的にヴィオレッタに依存していたことを自覚することが、嫉妬に駆られた彼のその後の行動に果たして必要なのか否か演出上の判断もあるのだろうが、テノールが歌い切れないという現実的な理由もある。このカバレッタの構造もまた、特別難しいわけではない。歌えない原因は、ほとんどの場合その前のアリアの歌い方にある。特別に難役というわけでもないアルフレード役の歌手が、ここで干上がってしまう実例に何度もお目に掛かっているが、それは例外なく冷静にペース配分が出来ていないテノールの悪い見本というケースである。どれほどの美声の持ち主であっても、クレヴァーでなければ長い年月活躍出来る一流の歌手にはなれないのだ。

ジェルモン――プロヴァンスの田舎紳士は善人か

ジェルモンは、いわば旧態依然とした価値観の象徴として登場してくる。頭からヴィオレッタを見下しているジェルモンは、パリの貴族の男たちが集うサロンを主宰《しゅさい》する女性がどのような存在であるかなど知らない。彼女が知識人と対等な会話が出来るような知的な女性だなどとは夢にも思っていない。ジェルモンは彼女を金持ち相手の娼婦としか考えていなかったのだ。

第2幕のアリア「**プロヴァンスの海と大地**」[11]は、バリトンの最も有名なアリアのひとつである。息子にプロヴァンスの温暖な気候や田舎の家族を思い出させようと歌われるこのアリアは、ひたすら穏やかに歌われる。それこそベルカントのアリアの典型として、リネアーレに滑らかに歌われるべきものだ。だが、物語でジェルモンは、その前に言葉巧みにヴィオレッタと息子を別れさせているのである。二重唱「**天使のような汚れのない娘を**」[8]で、彼は自己中心な性格を丸出しにして、ヴィオレッタの過去をじわじわと責め、彼女を息子と別れさせることにまんまと成功しているのだ。その二重唱におけるジェルモンは、お人好しの善人ではない。彼は自分の価値観のもと、ヴィオレッタに自ら身を引かせるように仕向けている。アリアではその狡猾《こうかつ》さを押し隠し、自分の息子を何ひとつ責めることもせず「故郷に帰っておいで」と優しく語り掛けている。つまり、二重唱とアリアを通して、ジェルモンの性格の二面性が表現されなければならないのだ。だからこそこのアリアは、意図的にひたすら優しく歌われる。これを「ジェルモンの優しく善良な性格を表している」と捉えるのはとんでもない勘違いだ。この役は歌うこと自体それほど難しくはない。だが、それぞれのアリアなり重唱なりを別個に美しく歌っているだけでは、ジェルモンはよく分からないキャラクターになってしまう。言い換えればジェルモンは、芝居全体の中での立ち位置が、演出家や歌手の解釈によって、いかようにも変わることの出来る役なのだ。ヴィオレッタのキャラクター設定にさえ、ジェルモンをどういう人物設定にするかが大きく影響すると言ってもいい。ヴィオレッタの人生を操る黒幕のような存在は、このジェルモンなのである。

《ラ・トラヴィアータ》全編のハイライトのひとつとして、ヴィオレッタとジェルモンの二重唱を挙げる人は多い。しかし、それが全編の聴きどころとなるのは、ソプラノとバリトンによって紡《つむ》がれる美しい二重唱だからではない。ジェルモンの一筋縄《ひとすじなわ》ではいかない性格が見え隠れし、ヴィオレッタの人生のターニング・ポイントとなるこの二重唱の中に、リブレットの完成度の高さと、それを十全に表現したヴェルディの音楽の傑作《けっさく》ぶりが如実に現れているからなのである。

《シチリアの晩鐘》（イタリア語版）ジュゼッペ・ヴェルディ

I VESPRI SICILIANI *Giuseppe Verdi*

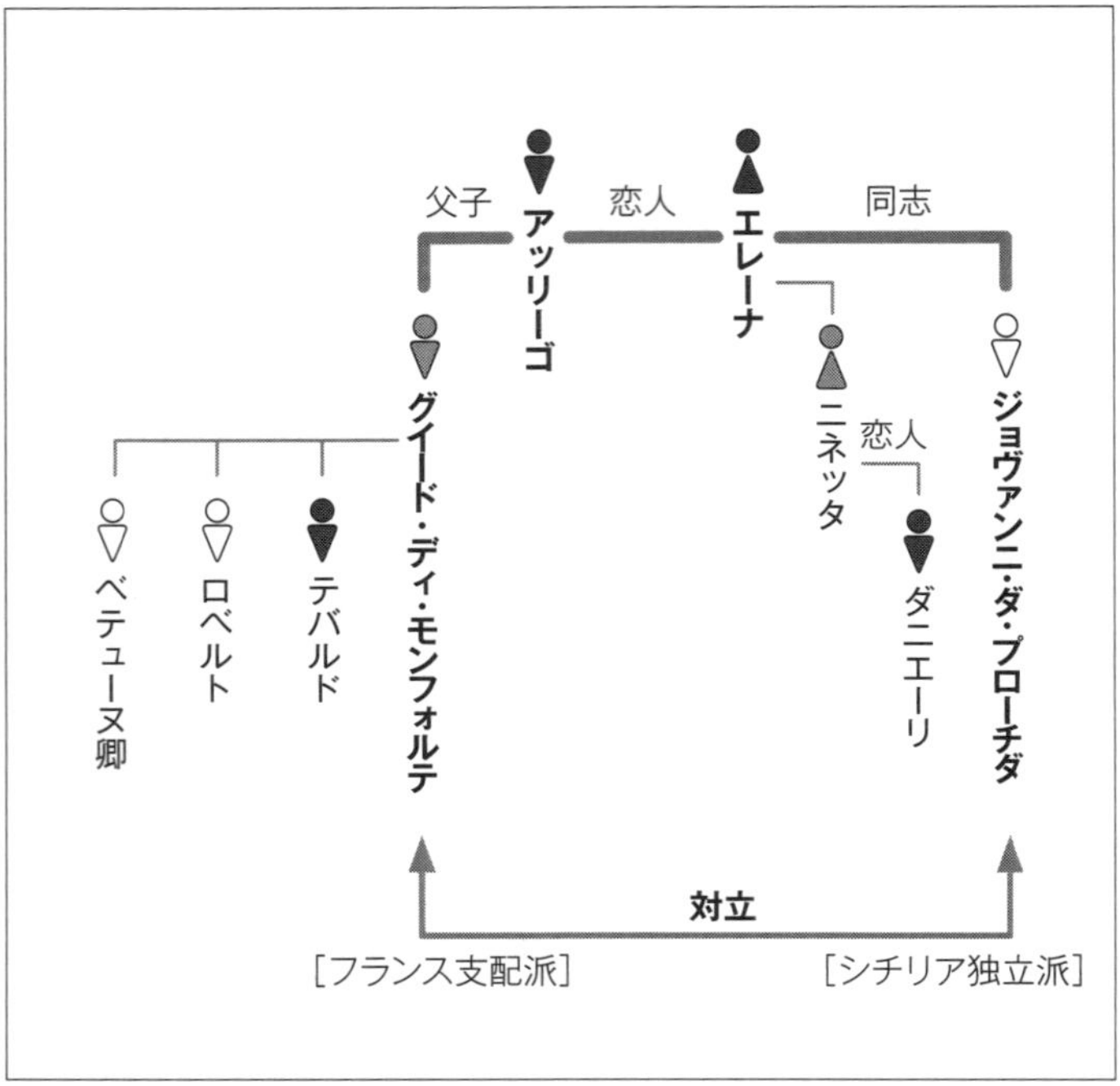

主な登場人物

グイード・ディ・モンフォルテ（Br）
　シチリア総督のフランス人

アッリーゴ（T）
　シチリア女性とモンフォルテの間に生まれて父を知らずに育った青年

ジョヴァンニ・ダ・プローチダ（Bs）
　シチリアのフランス支配からの解放を目指す活動家　医師

エレーナ（S）
　兄であるフェデリーゴ公爵をモンフォルテに殺されたオーストリアの公女

ニネッタ（C）エレーナの侍女

ダニエーリ（T）シチリアの青年　ニネッタの恋人

テバルド（T）フランス軍兵士

ロベルト（Bs）フランス軍兵士

ベテューヌ卿（Bs）フランス軍将校

5幕のオペラ（ドランマ）Dramma in cinque atti

原作　ウジェーヌ・スクリーブとシャルル・デュヴェイリエによるオペラ台本「アルバ公爵」からの改作

台本　ウジェーヌ・スクリーブとシャルル・デュヴェイリエ（フランス語）
　　　エウジェーニオ・カイミ（イタリア語への翻訳）

初演　1855年6月13日　パリ、オペラ座

演奏時間　2時間20分／序曲9分、第1幕31分、第2幕25分、第3幕30分、第4幕30分、第5幕15分

【第1幕】

1282年、パレルモ
中心部にある大きな広場

序曲は嵐の前の静けさのように、穏やかに始まり、まるで民衆の抑圧された鬱屈《うっくつ》したエネルギーが独立への機運となって昂《たか》まって行くようにドラマティックに展開して行く。

シチリアは、フランス、アンジュー家のシャルルが支配するナポリ王国の圧政に苦しんでいる。シチリア人たちは、フランス軍の兵士たちが酒を呑んで「シチリアの女たちを我が物にしてやる」と騒いでいる様子を忌まわしい思いで見つめている。

そこにオーストリアの公女であるエレーナが喪服姿で現れる。彼女の兄で、公爵であったフェデリーゴは殺害され、彼女は人質として、ここパレルモに留め置かれているのである。

酔ったフランス軍兵士のロベルトが、彼女が誰であるかを知らず、エレーナに近づき「そこのシチリア娘、一曲歌え」と剣をちらつかせながら絡む。

エレーナは止めに入ろうとした侍女のニネッタを制して「いいわ、歌いましょう」と歌い始める。その歌はシチリア人たちの蜂起《ほうき》を促す内容だが、フランス兵たちはそれに気がつかない「**ああ、全能の神よ、どうぞお鎮《しず》めください**[1]」。

その歌を聴いて、遠巻きにしていたシチリア人たちがだんだんとフランス兵たちに近づいて行く。いざシチリア人たちがフランス兵たちに立ち向かって蜂起《ほうき》しようとしたとき、フランスのシチリア総督であるモンフォルテが現れる。人々は恐ろしさのあまり散り散りに去って行く。

広場に残ったエレーナとニネッタ、ニネッタの恋人であるシチリア人のダニエーリの憎悪と、支配者モンフォルテの傲慢《ごうまん》さが入り混じる「四重唱[2]**あの残酷な男の姿に、私は怒りに震える**」。

そこに牢獄《ろうごく》に捕らえられていたはずのシチリアの青年、アッリーゴが現れる。アッリーゴは、目の前に当の本人がいることを知らず「いつかモンフォルテをこの手で成敗してやる」と言う。

1　ああ、全能の神よ、どうぞお鎮めください Deh! Tu calma, o Dio possente
2　あの残酷な男の姿に、私は怒りに震える D'ira fremo all'aspetto tremendo

モンフォルテは、公女たちに館に戻るよう言い、アッリーゴだけをその場に残す。

モンフォルテが、アッリーゴに、幾つか質問をする。アッリーゴは名を名乗り、父を知らず、母も10か月前に亡くなったこと、そのときにエレーナの兄であるオーストリア公爵のフェデリーゴが匿《かくま》ってくれたこと、そして殺された公爵の復讐《ふくしゅう》のためならば、この命も惜しくないと答える。

モンフォルテはその大胆さに感嘆したふりをしながら彼にフランス側に寝返ることを勧めるが、アッリーゴはそれをきっぱりと拒絶する「二重唱**お前の名は**[3]」。

モンフォルテは「ひとつだけ忠告しておこう。エレーナには近づくな。不幸な恋は忘れるがいい。そうでなければお前は死ぬことになる」とアッリーゴに告げる。「私を怒らせるな」と言うモンフォルテに、アッリーゴは「お前など怖くない」と盾《たて》つく。

【第2幕】

奥に海を望むパレルモ近郊の谷間

プローチダが小舟で岸にたどり着く。彼はシチリアの独立を目指す医師で、長い年月、亡命生活を余儀《よぎ》なくされて来た。彼は、シチリアをフランスの圧政から解放すべく、危険を冒して懐かしい故郷に舞い戻って来たのだった「**おおパレルモ、愛する地よ**[4]」。

彼の部下たちも次々と小舟で到着する。プローチダは、仲間にエレーナとアッリーゴに自分の帰還を知らせて呼んでくるように言い、命を懸けて祖国を救う決意を語る「**聖なる愛が語り掛ける**[5]」。

エレーナとアッリーゴがやって来る。エレーナはプローチダに「スペインのアラゴン家のペドロ王（のちのペドロ3世）からの協力の約束は得られましたか」と問う。プローチダは「まずはシチリア人たちが自ら立ち上がることが先決だ」と答える。そこでエレーナは「ならば蜂起《ほうき》のきっかけとして、若いシチリア人男女の婚約儀式に民衆が集まるのを利用してはどうか」と提案する。

3　お前の名は Qual è il tuo nome?
4　おおパレルモ、愛する地よ O tu Palermo, terra adorata
5　聖なる愛が語り掛ける Sant amor, che in me favelli

アッリーゴはエレーナに「一命を投げ打っても、殺されたあなたの兄上、フェデリーゴ公爵の復讐をします」と誓い、エレーナへの愛を告白する。

エレーナは「それが成就した時に、あなたは私にとって王よりも尊い人となることでしょう」と彼の愛に応える「二重唱 **勇士よ、あなたの勇気にどのように**[6]」。

フランス軍将校ベテューヌ卿が、モンフォルテ総督がエレーナ公女に宛てた手紙を持って現れる。そこには「アッリーゴに復活祭の舞踏会へ来るように伝えよ」と書かれている。それをアッリーゴが拒否すると、兵士たちは有無を言わせず彼を連行して行く。エレーナは彼を救い出すことを決意する。

島民たちが婚約の儀式に集まり、若い男女たちがシチリアの舞曲に合わせて踊る。フランスの仲間のふりをしたプローチダがフランス兵たちを焚《た》きつける。フランス兵たちが娘たちをさらっていこうとするその中に、ニネッタも含まれる。闘う武器すら持たぬ島民たちはそれを忸怩《じくじ》たる思いで見つめ、怒りに震える。何も抵抗が出来ぬニネッタを奪われたダニエーリや島民たちのことをプローチダとエレーナは歯がゆく見つめる。彼らは「この恥辱《ちじょく》には、なんとしても報復をせねばならない」と島民たちに蜂起を促す。

そのとき海を渡る船から、フランス人たちの華やかにさんざめく声が聞こえてくる。それはモンフォルテの館での復活祭の舞踏会に招かれた貴族たちであった。プローチダは、エレーナや島民たちに「舞踏会の招待客たちに紛《まぎ》れて、あの圧政者に復讐しよう」と提案し、一同はそれに賛同する。

【第3幕】

(第1場) モンフォルテの館の一室

モンフォルテがひとりで、アッリーゴを産んだシチリア女が死の床で言い残した文言を読んでいる。そこには「故国の勇者アッリーゴの無垢《むく》な首を、血に飢えた斧《おの》で落とすことがあってはなりません。彼はあなたの息子です」と書かれている。

6 勇士よ、あなたの勇気にどのように Quale, o prode, al tuo coraggio

彼は、思いもかけぬ事実を知り驚く。

モンフォルテは、嫌がるこの女性に乱暴し、彼女はアッリーゴを身籠《みごも》った。この女性はこれまで息子の存在をモンフォルテに知らせずに来た。もちろんアッリーゴも自分の父が誰であるのかを知る由もない。モンフォルテは、運命のいたずらを嘆き、息子とともに暮らせる日が来ることを夢見る「**富を手に入れても**[7]」。

そこにアッリーゴが連行されて来る。アッリーゴは、周囲の者たちが突然自分を丁寧に扱うようになったことを不可解に思う。そして彼はモンフォルテとふたりきりで向き合う。

モンフォルテはアッリーゴに彼の母親からの手紙を見せて、自分が彼の父親であることを明かして「権力者の息子であることを誇りに思うがいい」と言う。それを聞いたアッリーゴはショックを受けて動揺し、宿敵と憎んで来た男が自分と血の繋《つな》がった父親であるがためにエレーナを諦《あきら》めねばならない我が身の皮肉な運命を呪《のろ》い、いっそ自分を見知らぬ土地に行かせて欲しいと願う「二重唱 **私の心がお前に**[8]」。

父親の出現に一瞬ほだされそうになったアッリーゴだったが、虐《しいた》げられて死んでいった母親のことを思い出し、父を拒絶して飛び出していく「二重唱 **愛しい面影が**[9]」。

(第2場) 復活祭の舞踏会で賑《にぎ》わう広間

プローチダとエレーナ、そして島民たちの何人かが、アッリーゴを救い出し、モンフォルテに復《ふく》讐《しゅう》しようと招待客の間に紛《まぎ》れ込んでいる。

(※ここに楽譜上存在する「四季」と名付けられたバレエシーンは、上演時にカットされる場合が多い。)

エレーナとプローチダが、アッリーゴを見つけて近づき、ここでモンフォルテを殺害しようとしていることを明かす。そして彼らは仮面をつけても仲間がわかるように同じリボンを目印につける「三重唱 **アッリーゴ、お前は同士だな**[10]」。

モンフォルテが、舞踏会に姿を現す。アッリーゴは迷いながらも父に「身の危険が迫っている」と知らせる。息子が心を開いてくれたとモンフォ

7　富を手に入れても In braccio alle dovizie
8　私の心がお前に Quando al mio seno per te
9　愛しい面影が Ombra diletta
10　アッリーゴ、お前は同士だな Arrigo, su te veglia l'amistade!

ルテは喜び、たとえ復讐の標的にされようとシチリア人など恐れるに足りぬと言い放つ「二重唱[11]**このお楽しみはお前には物珍しいだろう**」。

エレーナがモンフォルテに近づき彼を刺そうとした時、アッリーゴは本能的に身を呈して父を庇《かば》ってしまう。エレーナは驚き、プローチダと島民たちはアッリーゴのことを口々に「裏切り者」と罵《ののし》る。

モンフォルテはエレーナの胸元のリボンを見て「これと同じリボンをつけた者たちを捕らえて処刑せよ」と命じる。

アッリーゴは「祖国を裏切ってしまった」と後悔の念に苛《さいな》まれ、エレーナやプローチダも彼の裏切りを責める「六重唱[12]**思いがけぬ恐ろしい衝撃**」。

【第4幕】

牢獄《ろうごく》のある砦

アッリーゴが、モンフォルテの許可を得て牢獄に現れる。自分のせいで仲間たちが捕らえられ、エレーナに裏切り者と思われている我が身を悲しむ「[13]**涙の日**」。

エレーナが士官に伴われて現れ、アッリーゴを見て怒りを露《あら》わにする。アッリーゴは、エレーナに「モンフォルテが、私の父なのです」と告白する「二重唱[14]**私の怒りよ、静まりなさい**」。

それを聞いたエレーナは驚き「処刑される前にあなたの話を聞きましょう」と語る「[15]**アッリーゴ、さあお話しなさい**」。彼女の優しい言葉にアッリーゴは生きる光明を見出す「二重唱[16]**それは天からの贈り物、優しい光です**」。

プローチダが処刑のために引き出されて来る。彼はエレーナに、独立派の同士たちからの「アラゴンの船が、シチリア人をフランスの圧政から救うための武器と金を満載してやって来る」と書かれた手紙を渡す。プローチダは自分が牢に繋《つな》がれている身であることを悔しがる。

モンフォルテが現れ、シチリア人たちの処刑が近いと告げる。プローチダは、アッリーゴがモンフォルテの息子であると聞いて「もはやこれまで

11 このお楽しみはお前には物珍しいだろう Di tai piacer, per te novelli
12 思いがけぬ恐ろしい衝撃 Colpo orrendo inaspettato!
13 涙の日 Giorno di pianto
14 私の怒りよ、静まりなさい O sdegni miei, tacete!
15 アッリーゴ、さあお話しなさい Arrigo, ah parli a un core!
16 それは天からの贈り物、優しい光です É dolce raggio, celeste dono

か」と諦めの境地に達する「四重唱[17] **さらば、祖国よ**」。

モンフォルテがアッリーゴに「自分を父と呼べば、エレーナたちの命を助けよう」と言う。拒むアッリーゴだが、エレーナが処刑場に引かれて行こうとする瞬間、ついにモンフォルテに「父上」と呼び掛ける。

モンフォルテは処刑を中止してエレーナとプローチダに恩赦を与え、アッリーゴとエレーナの結婚を許すと宣言する。それを拒絶しようとするエレーナをプローチダが制し「結婚を受けるふりをするように」と彼女に囁《ささや》く「四重唱と合唱[18] **なんたる驚き、至高の喜び**」。

【第5幕】

シチリア総督の館の庭

モンフォルテの館は、エレーナとアッリーゴの結婚を祝う声で溢れている。エレーナが婚礼の衣裳を着て、島民の娘たちが捧げる花を受け取りながら、彼女たちへの感謝の言葉を口にする「[19]**ありがとう、愛する友よ**」。

エレーナが娘たちを下がらせる。やって来たアッリーゴが、彼女と結婚できる幸せを語る「[20]**そよ風が吹いて**」。そして彼は「父のところへ行く」と言って、一度その場を去る。

そこにプローチダが現れて、エレーナに「婚礼を知らせる鐘の音を合図に、パレルモのそこかしこで島民が一斉にフランス人の殺戮《さつりく》を開始する」と話す。エレーナはそれを聞いて動揺する。アッリーゴを庇《かば》おうとするエレーナに「ならば私のことを総督に告発し、私の首を差し出すがいい」とプローチダが言い、エレーナを威圧する。

アッリーゴが戻って来て、結婚式が始まろうとする。結婚式が始まることは、すなわちアッリーゴとその父の死を意味する。板挟みになったエレーナは苦悩する「三重唱[21] **なんという運命**」。そしてとうとうアッリーゴに「この結婚は出来ない」と告げる。アッリーゴは彼女を裏切り者呼ばわりし、プローチダは「蜂起《ほうき》の企てを失敗させる気か」と彼女を責める「三重唱[22] **騙《だま》したのか、裏切**

17 さらば、祖国よ Addio, mia patria
18 なんたる驚き、至高の喜び Oh mia sorpresa, o giubilo maggior
19 ありがとう、愛する友よ Mercé, dilette amiche
20 そよ風が吹いて La brezza aleggia intorno
21 なんという運命 Sorte fatale!
22 騙したのか、裏切り者よ M'ingannasti, o traditrice

り者よ」。

エレーナが進退窮《きわ》まったところに、モンフォルテが現れる。エレーナに「愛する者と結婚するがいい」と言って、彼らの結婚を宣言する。

その瞬間、プローチダが「鐘を鳴らせ」と叫ぶ。エレーナは、モンフォルテとアッリーゴを逃がそうとして「喧騒《けんそう》が聞こえませんか、早く逃げて」と彼らの命を救おうとするが、モンフォルテは「あれは我々を待つ民衆の声だ」と取り合わない。

そして運命の鐘の音が鳴り響く。アッリーゴが鐘の音を「喜びの鐘の音だ」と言うと同時に、プローチダが「これは復讐《ふくしゅう》の鐘の音だ」と叫ぶ。それと同時に島民たちが口々に復讐を叫びながらなだれ込んできて、モンフォルテらに襲い掛かる。

《聴きどころ》

このオペラは、1282年の復活祭にシチリアのパレルモで実際に起きた「シチリアの晩鐘」事件を題材にしている。しかしこのオペラの筋書きは、背景としてこのシチリア民衆によるフランス人大虐殺《ぎゃくさつ》事件を用いた、フィクションである。登場人物の中で、ジョヴァンニ・ダ・プローチダは、確かに実在したが、シチリア出身ではなくサレルノ出身のナポリ人で優秀な医師で政治活動家だった。長い間彼が「シチリアの晩鐘」事件を画策した人物と考えられて来たが、現在ではその真偽のほどは、歴史学者の間でも意見が分かれている。

アッリーゴ――テノール殺しの難役

《シチリアの晩鐘》が上演される機会が少ないのは、アッリーゴを歌えるテノールを見つけることが難しいからだとしばしば言われるが、なるほどヴェルディの作品を眺めてみても、ここまで全幕を通して歌うのが難しい役は他にないかもしれない。アリア「**涙の日**」[13]は、リリコからリリコ・スピントのテノール向きのアリアである。が、ヴェルディの常で、ここでも彼はテノールに実に厳しい。このアリアはパッサッジョ（声の変わり目）の音域ばかりで、テノールにとってコントロールが難しい上に、楽譜には*pp*（ピアニッシモ）の指示がこまめに書き込まれている。つまりヴェルディはこの歌いにくい音域を、滑《なめ》らかに滑《すべ》るように歌えと言っているのである。

終幕のメロディア「**そよ風が吹いて**」[20]に至っては、さらに殺人的だ。「物憂げに奥の階段を降りて来る」というト書きとは裏腹の長調で書かれ、かつ、突如レッジェーロのテノールにしか歌えないような、信じられないほど軽やかな歌が求められる。そして、この曲の最後は（ヴァリアンテではなく）高いレの音まで上がって下りてくるよう楽譜に記されている。「涙の日」と、このアリアに求められている要素は、とても同一のテノールによって歌われるものとは思えないほど違うのだ。

重唱も然《しか》り。たとえばエレーナとの重唱も第2幕の「**勇士よ、あなたの勇気にどのように**」[6]では、この上なく甘い声が求められるが、アッリーゴが出ずっぱりとなる第4幕で歌われる「**私の怒りよ、静まりなさい**」[14]は、楽譜にもわざわざ「大二重唱」と記されているほど、ドラマティックなものである。かと思うと第2幕、父モンフォルテとの二重唱「**私の心がお前に**」[8]では、仇と思ってきた冷酷非道な総督が実は自分の父であると知った動揺を表現せねばならない。これほど異なる要素を完璧にこなすことができるテノールを見つけるのは、不可能に近いかもしれない。いきおい、しっかりとしたテノールによって歌われる場合には「**そよ風が吹いて**」[20]は往々にしてカットされる。

モンフォルテ――「支配者」から「父親」へ

モンフォルテの最大の見せ場は、第3幕の舞踏会の直前、ひとりの父親としての戸惑いのアリアである「**富を手に入れても**」[7]と、それに続く息子との二重唱「**私の心がお前に**」[8]にある。モンフォルテは、いわばプッチーニの《トスカ》におけるスカルピアのような圧政で周囲を恐怖に陥れる「支配者」から、このアリアをターニング・ポイントに、苦悩を抱える「父親」としての存在へと変化して行く。

　このアリアは、単に輝かしく歌い上げたくなるような音型になっているが、それでは意味をなさない。このアリアの歌詞の内容は、モンフォルテという人物像を決める、歌手の表現力の見せどころなのだ。そして、そこから始まる二重唱で、彼は初めてアッリーゴに、彼が自分と親子であることを告げる。ここは、物語としても中核をなす部分。驚き、動揺する息子に、父がどうアプローチし、息子の動揺をどう受け止め、いかに息子を説得出来るのか。リブレットも音楽も緻密《ちみつ》に仕上がっているこの部分をいかに緊張感を持たせて引っ張れるかは、モンフォルテを歌うバリトン歌手の実力次第なのだ。

プローチダ――牧歌的アリアとは裏腹の冷酷さ

　プローチダには、ヴェルディが書いたバスのアリアとしては《ドン・カルロ》のフィリッポ二世のアリアに優るとも劣らない美しいアリア「**おおパレルモ、愛する地よ**」[4]が与えられている。だが、アリアの美しさとプローチダの性格は、実はリンクしない。彼は理想を実現するためには多少の犠牲は当然という、テロリスト的発想の持ち主である。気性も激しく、謀略《ぼうりゃく》に自ら率先して動く人物として描かれている。そしてシチリア解放のために彼が取る手段には、人の気持ちへの配慮など微塵《みじん》も感じられないのである。

　それを踏まえて聴いてみると、このアリアは、単に亡命地から戻り、シチリアの太陽に輝く、オレンジがたわわに実る風景を懐かしく見回しているだけではないことがわかる。このアリアは不退転の決意を秘めて、命を賭《と》する覚悟で歌われるのだ。プローチダを歌うバスに、温かみは必要ない。プローチダは自分の理想のためだけにひた走る男なのである。極論を言えば、心理描写もほとんど必要ない。欲しいのは、革命を起こすことへの意思の強さ、それだけである。

エレーナ——リリコかリリコ・スピントのソプラノの役

このオペラで、一番有名なアリア（シチリアーナ）「ありがとう、愛する友よ」[19]。この1曲だけならば、リサイタルでリリコ・レッジェーロが軽やかに歌うこともあるピースである。だがこの役を本当の意味で歌えるのは、このシチリアーナ「も」歌えるリリコ、あるいはリリコ・スピントである。

このシチリアーナが歌われるのは、結婚式を迎えての本心からの喜びではなく、兄の復讐《ふくしゅう》、シチリアの解放、アッリーゴへの想いに心が千々に乱れる彼女が、それらの複雑な思いをひた隠しにしてシチリアの娘たちの祝福を受ける場面である。それをシチリアの抜けるような青空のごとく、晴れ晴れと歌うのは筋違いなのだ。その意味では、前述のプローチダのアリアと似ている。

この役を全編通して歌うことは、アッリーゴ役のテノールと同じくらい難しく、大変である。オペラによくありがちな恋と復讐の板挟みのヒロインという、ある程度パターン化できるキャラクターなのだが、声への負担が半端ではない。求められる音域は広く、重唱のスケールは大きくドラマティック。この役を何度も引き受けるソプラノがいないのも当然である。

アッリーゴが「テノール殺し」であることも、エレーナが演奏至難であることも、このオペラの原籍がフランス語によるオペラであることも関連しているだろう。元々フランス語の歌詞に書かれたものであること、そして何よりもフランス・オペラのスタイルで書かれているので、そこにはイタリア伝統の声の扱いとは似て非なる要素が、どうしても紛れ込んでいるのである。

さて、エレーナの本当の聴かせどころは、第4幕のアッリーゴとの二重唱に含まれるカンタービレ

「**アッリーゴ、さあお話しなさい**」[15]である。これは、重めのリリコが歌いやすい、低めの中音で構成されている。だがカデンツァで、高いドから中央より下のファ#まで半音階で一気に駆け下りて来なければならない。ヴォーカル・スコアでは、最後の1フレーズ〝mi serba fè.〟は、五線より上のミからソで終わるように指示されているが、マリア・カラスはここを1オクターヴ下げて歌っている。上から駆け下りてきたのとほとんど音色の変わらないその声には、ぞくっとするような色気がある。ここは一般的にはソプラノにとって下のパッサッジョの頭声と胸声の変わり目で、不安定で、鳴りづらい音域である。ここだけを聴いても、やはりカラスという歌手は、尋常《じんじょう》ではなかったのだと再認識させられる。

《シモン・ボッカネグラ》ジュゼッペ・ヴェルディ

SIMON BOCCANEGRA *Giuseppe Verdi*

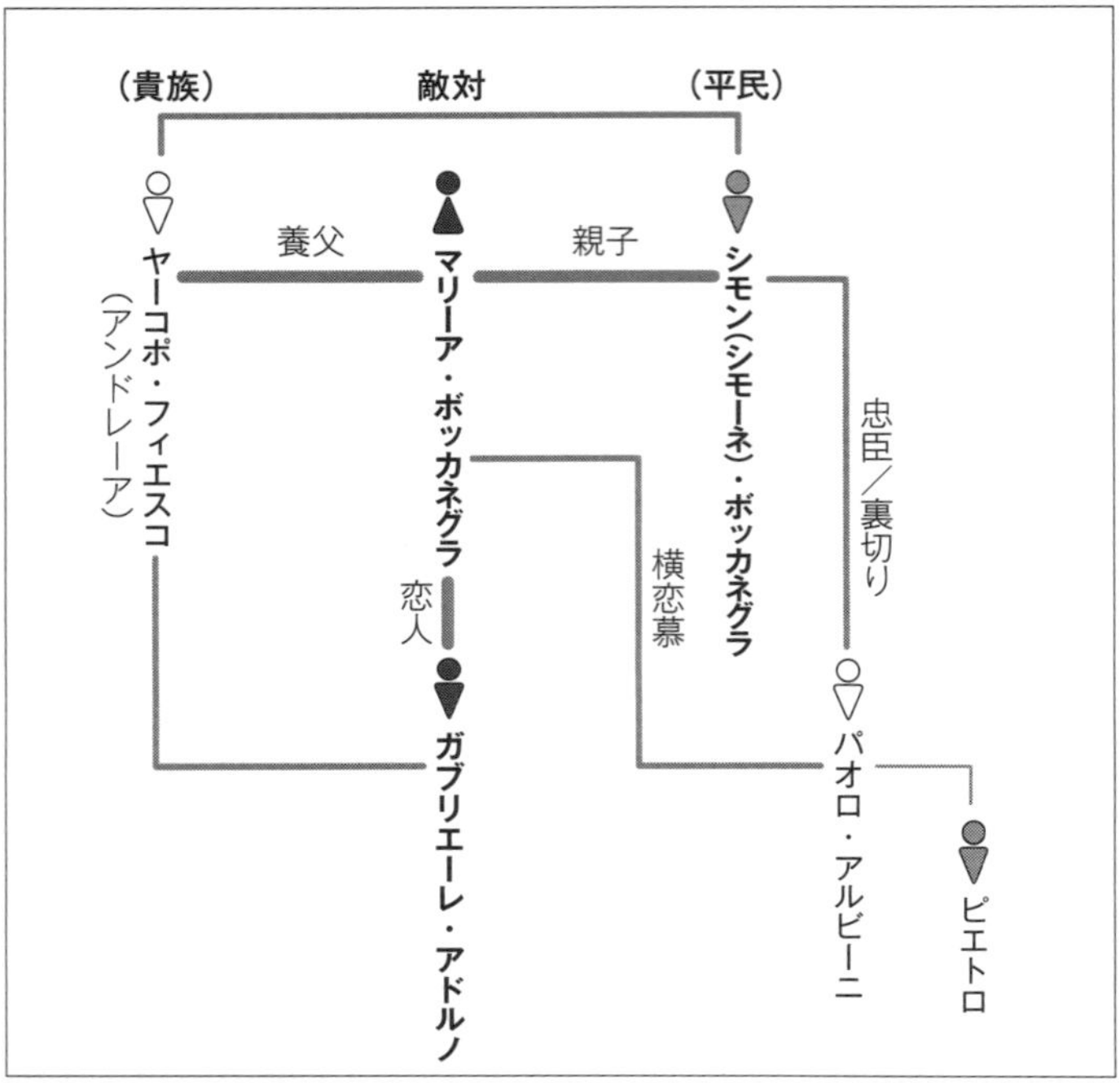

主な登場人物

〈プロローグ〉

シモン（シモーネ）・ボッカネグラ（Br）
ジェノヴァ共和国の御用海賊

ヤーコポ・フィエスコ（Bs）
ジェノヴァの貴族

パオロ・アルビーニ（Bs）
ジェノヴァの金糸工

ピエトロ（Br）
ジェノヴァ市民

〈第1幕〜第3幕〉プロローグから25年後

シモン（シモーネ）・ボッカネグラ（Br）
ジェノヴァの総督

マリーア・ボッカネグラ（S）
アメーリア・グリマルディとして育ったシモンの実子

ガブリエーレ・アドルノ（T）
良い家柄のジェノヴァ青年

ヤーコポ・フィエスコ（Bs）
身分を隠し、アンドレーアと名乗って生きている

パオロ・アルビーニ（Bs）
今は、総督の信頼厚い廷臣

ピエトロ（Br）
今は廷臣

プロローグと3幕のオペラ（メロドランマ）Melodramma in un prologo e tre atti
原作　アントニオ・ガルシア・グティエレスの戯曲「シモン・ボッカネグラ」
台本　フランチェスコ・マリア・ピアーヴェ、アッリーゴ・ボーイト
（ボーイトは、1881年版で、故ピアーヴェの台本を改訂した）
初演　1857年3月12日　ヴェネツィア、フェニーチェ座
演奏時間　2時間10分／プロローグ25分、第1幕50分、第2幕30分、第3幕25分

【プロローグ】

ジェノヴァ、フィエスコの館が見える広場

11世紀中頃のジェノヴァでは、貴族はローマ教皇派グエルフィ党を支持し、平民は神聖ローマ皇帝派ギベッリーニ党を支持し、二つの勢力は拮抗していた。

ジェノヴァ総督選挙が行われる前夜、平民パオロは、貴族フィエスコの館を憎々しげに見ながら「俺たちを見下してきた貴族たちよ。俺は、お前たちの地位にのし上がってみせる」と語る。彼は同じく平民のピエトロに「敵国の船を攻撃する権利を国から認められている御用海賊のシモンを総督にすれば、富も権力も名誉も俺たちの手に入る」と語る。ピエトロは票の取りまとめに走る。

パオロにサヴォーナから呼び戻されたシモンが現れる。彼は当初、権力の座には興味を示さない。しかし、パオロに「総督になれば、仲を引き裂かれてしまったフィエスコ家の娘、マリーアを取り返せるかもしれない」と言われて心を動かされる。そのマリーアは、シモンの娘を産んだが、身分の低い海賊の男との恋愛が父であるヤーコポ・フィエスコの怒りを買い、邸宅の奥深くに幽閉《ゆうへい》されている。

平民たちが集まる。パオロが、幽閉されたマリーアの話を皆にして、いかに貴族が傲慢《ごうまん》であるかを彼らに語る「**あの薄暗い屋敷を見ろ**」[1]。

はじめは海賊のシモンが総督になることに懐疑的だった人々も、マリーアへの同情と貴族への憎しみから、全員がシモンに投票することに決め、彼らは暗闇《くらやみ》に紛れて去って行く。

ヤーコポ・フィエスコが悲しみに暮れた様子で門から姿を現す。娘のマリーアが息を引き取ったのだ。彼はシモンを恨み、愛娘を失った悲しみに打ちひしがれて館に別れを告げる「**悲しみに引き裂かれた父の心は**」[2]。

そこにマリーアの死をまだ知らぬシモンが現れ、フィエスコに慈悲を乞《こ》う。フィエスコはそれを拒絶し、シモンを激しく責める。そして「もしもマリーアの産んだ子を引き渡せば考えよう」と言う。

1　あの薄暗い屋敷を見ろ L'atra magion vedete
2　悲しみに引き裂かれた父の心は Il lacerato spirito

シモンが「ピサで幼い娘を養育していた老婆が亡くなり、娘がその後、行方不明になってしまった」と答えるので、フィエスコは「話はこれまでだ。和解はない」と言い放って、立ち去ろうとする「二重唱 [3]**皆が私の名を口にしている**」。

シモンはフィエスコの館に入り、何とかしてマリーアに会おうとする。それを離れたところで見ていたフィエスコは「お前が目にするのは彼女の亡骸《なきがら》だ」と呟《つぶや》く。

館の中でマリーアの亡骸を見つけたシモンが「何ということだ」と飛び出して来る。フィエスコが離れたところから「これがお前に下された天罰だ」と呟く「二重唱 [4]**フィエスコ一族は許し難い**」。

嘆き悲しむシモンの耳に、遠くから「シモンが総督に選ばれた」という人々の歓声が聞こえて来る。

【第1幕】プロローグから25年後

（第1場）ジェノヴァ郊外のグリマルディの邸

夜が白み始める。グリマルディ家の娘アメーリアが、水平線を眺めながら恋人が来るのを待っている「[5]**このまだ薄暗い時間に**」。彼女には自分が孤児だった記憶があり、自分が早逝《そうせい》したグリマルディ家の本当の娘アメーリアの代わりとして育てられていることを認識している。たとえ豪奢《ごうしゃ》な館にあっても、本当に自分のものなのは、愛する人だけだと思っている。

愛するガブリエーレの声が近づいて来る。「二重唱 [6]**星が消えた空**」。来るのが遅くなったことを詫《わ》びるガブリエーレに、アメーリアは「あなたが私の養父アンドレーアとともに、ボッカネグラ総督を倒す為に動いているのを知ってしまいました」と語り、彼の身を案じる。

ガブリエーレはアメーリアに「それは噂《うわさ》話に過ぎない。心配しないで」と語り掛ける「二重唱 [7]**見にいらして、青い海を**」。

そこにピエトロが総督の使いとしてやって来て、「総督が狩りの帰りにこちらにお寄りになりたいと申されております」と伝える。

3 皆が私の名を口にしている Suona ogni labbro il mio nome
4 フィエスコ一族は許し難い Oh de' Fieschi implacata
5 このまだ薄暗い時間に Come in quest'ora bruna
6 星が消えた空 Cielo di stelle orbato
7 見にいらして、青い海を Vieni a mirar la cerula

総督が縁談を持って来ると思ったアメーリアはガブリエーレに「養父アンドレーアを急いで呼んで来てください」と頼む「二重唱[8] **総督がここに**」。

アンドレーアを見つけたガブリエーレは、アメーリアとの結婚の許しを乞《こ》う。アンドレーアは結婚には賛成するが、同時に「あの娘は、敵対する総督からグリマルディ家の財産を剥奪《はくだつ》されないために、早逝したグリマルディの娘の身代わりにした孤児だ」とアメーリアの出自を語る「二重唱[9] **こんな早朝にどうした**」。

（しかし、このアンドレーアもまた、本当のグリマルディ家の当主ではない。シモンが総督になってのちジェノヴァを追放されたヤーコポ・フィエスコが身分を偽って復権の日を虎視眈々《こしたんたん》と狙っているのである。実はアメーリアが自分の血を引いた孫娘だということを、彼も、またアメーリア自身もまだ知る由もない。）

総督シモン・ボッカネグラがやって来るので、ふたりは姿を隠す。総督は、ジェノヴァでの教皇派と皇帝派の長年に渡る無益な争いを終わらせるために、追放した政敵グリマルディ家をジェノヴァに戻す、赦免の書類をアメーリアに渡す。

臣下のパオロに、彼女との仲を取り持ってくれるように頼まれていた総督は「あなたには愛する人がいるのですか」と彼女に問う。彼女は、愛する男性がいること、そして、もうひとりの男（パオロ）が、財産目当てにしつこく自分に迫っていることに困惑していることを話す「二重唱[10] **アメーリア・グリマルディと話したいのだが**」。

その上でアメーリアは「実は私はこの家の本当の娘ではありません」と言い「ピサで私を育ててくれた老女が死に際に、実の母の肖像画を渡してくれました」と語る「[11]**孤児として、貧しい家の**」。

総督は「もしやその老女の名前はジョヴァンナではなかったか」と尋ね、彼が持っていた肖像画を彼女に見せる。

それは彼女が老女から渡された肖像画と同一のもので、総督は目の前にいるアメーリアが、自分の実の娘マリーアだったことを知る。彼女も実父と出会えたことを心から喜ぶ「二重唱[12] **娘よ、その名前に心ときめく**」。

8 総督がここに Il Doge qui
9 こんな早朝にどうした Tu sì mattutino qui
10 アメーリア・グリマルディと話したいのだが Favella il Doge ad Amelia Grimaldi?
11 孤児として、貧しい家の Orfanella il tetto umile
12 娘よ、その名前に心ときめく Figlia! a tal nome palpito

アメーリアが館の中に姿を消す。パオロは総督からアメーリアへの求婚の返事を聞こうとする。総督が「その話は諦めるがいい」とにべもなく答える。パオロは総督の態度に「お前は誰のおかげで総督になれたのだ」と怒る。

そしてパオロは、ピエトロに「アメーリアを誘拐し、（パオロが弱みを握るグエルフィ派の）ロレンツィーノの館に連れて行け」と命じる。

（第2場）ジェノヴァ総督宮殿の会議の間

評議会が開かれている。総督は、ジェノヴァとヴェネツィアの和平の維持を主張するが、政権の混乱を狙うパオロは、ヴェネツィアとの交戦を声高に主張する。

フィエスコの館前の広場から民衆の「総督に死を」という騒ぎが聞こえる。その騒ぎの中にガブリエーレとアドリアーノ（＝ヤーコポ・フィエスコ）の姿も見える。貴族たちは、仲間のロレンツィーノが殺害されたことにいきり立っているのである。

総督は、騒ぎの原因を知るべく、当事者たちを宮殿に呼ぶよう命ずる。

当事者たちが連れて来られる。ガブリエーレが「アメーリア（＝マリーア）を誘拐したロレンツィーノを自分が殺した。しかし彼は死ぬ前に、権力者にそそのかされてやったと自白した」と語る。

彼はその誘拐の首謀者が総督であると思い込んでおり、数名の者たちと総督に飛び掛かろうとする。そこにアメーリアが走り込んで来て、彼らの間に立つ。総督が彼女に事情を説明するように促す。アメーリアは「一人で浜辺を散歩しているときに誘拐され、小舟に乗せられてロレンツィーノの館に連れて行かれた」と語る「**心地よい風に**」[13]。

そして「私を自由にしないと総督の怒りを買うとロレンツィーノを脅かしたので、彼は私を逃したのです」と語る。そして「もっと卑劣な男がこの場にいます。私の話を聞いて蒼白《そうはく》になっています」と言う。それが互いに敵方の仕業だと言い合う平民派と貴族派の双方を総督が一喝する。そし

13　心地よい風に Nell'ora soave

て彼らに「いつまで同じ国の者が対立し、無駄に殺し合うのか。祖国に平和を」と語りかける「[14]**平民よ、貴族よ**」。

　その言葉に感動したガブリエーレは、自分の剣を総督に渡し、恭順の意を示す。パオロがアメーリア誘拐の黒幕であると察した総督は、パオロに向かい「卑怯《ひきょう》者が誰であるかはわかっている。その者に呪《のろ》いを。お前もこの言葉を繰り返せ」と言い、パオロは、恐怖に苛《さいな》まれながら、自分自身を呪《のろ》う言葉を口にする。

【第2幕】

ジェノヴァ総督宮殿の総督の居室

　パオロが、ピエトロに牢獄《ろうごく》の鍵を渡して「フィエスコ（＝アンドレーア）とガブリエーレをここに連れて来い」と命じる。

　パオロは「俺は俺自身を呪った、恐ろしい」と言いながら、総督への復讐《ふくしゅう》の新たな手立てとして、彼の水差しに、ゆっくりと効き目を現す毒を混ぜる「[15]**お前にゆっくりと断末魔の苦しみを**」。

　フィエスコとガブリエーレが連れて来られる。パオロはまずフィエスコに、総督の暗殺を持ち掛けるが、彼は「フィエスコの一族はそんな卑怯《ひきょう》な真似はしない」ときっぱり拒否し、牢獄へと戻される。

　続いて連れて来られたガブリエーレに、パオロは「総督はアメーリアを自分のものにしようとしている」と吹き込む。ガブリエーレはそれを真に受けて「総督よ、お前は僕の父の命だけでなく、愛する人までも奪うのか」と新たな怒りに震える「[16]**心は怒りに燃える**」。しかしすぐに我を取り戻してアメーリアが自分を裏切っていないことを神に祈る「[17]**慈悲深い神よ、彼女を返してください**」。

　ガブリエーレがナイフを手にその場にひとり留《とど》まっていると、そこにアメーリアが現れる。総督の居室に彼女がひとりで現れたことで、ガブリエーレは彼女と総督の関係を疑う。彼女は「総督は私に清らかな愛情を抱いているし、私も総督を大切に思っています」と言う。しかし、それが親子の愛情であることをまだ彼に話すことが出来な

14　平民よ、貴族よ Fratricidi! Plebe! Patrici!
15　お前にゆっくりと断末魔の苦しみを Qui tu stillo una lenta
16　心は怒りに燃える Sento avvampar nell'anima
17　慈悲深い神よ、彼女を返してください Cielo pietoso, rendila

い。ガブリエーレは嫉妬《しっと》に苦しむ「二重唱 **話し[18]ておくれ、清い心を**」。

総督が居室に入って来るので、アメーリアはとっさにガブリエーレをヴェランダに匿《かくま》う。父は娘に、「涙の訳はわかっている、好きな男がいるのだね」と語り掛ける。アメーリアが「私はあなたの敵方のガブリエーレのことを愛しています」と語る。シモンは「やっと見つけた娘を敵がさらっていくというのか」と嘆く「二重唱 **娘よ[19]**」。

シモンは「ガブリエーレが罪を悔いるのならば彼を赦そう」と言い、彼女を自分の部屋に下がらせる。ヴェランダにガブリエーレを残したまま、仕方なくアメーリアは部屋を出る。

シモンは「裏切り者たちは、またもや私の慈悲を試すのか」と言いながら、水差しから毒の入った水を飲む。「権力者には水すら苦く感じられる」という彼に、すぐに薬が効き始めて彼は眠りに落ちる。

そこにガブリエーレが部屋に入り、眠っている総督を見つけ、迷いながらナイフで彼を殺そうとする。

アメーリアが飛び込んできてそれを止める。目を覚ました総督が「グエルフィ党だったお前の父を殺した私への復讐《ふくしゅう》を、お前はすでに行なった。何故なら、お前は私から何にも代えがたい至上の宝を盗んだのだから」と、アメーリアが自分の娘であることを語る「三重唱 **眠[20]っているのか、老人よ**」。

真実を知ったガブリエーレは驚き、アメーリアに彼女の愛情を疑ったことの赦しを乞《こ》い、これまでの罪を悔いる。総督は敵を赦すことでジェノヴァに平和をもたらそうと考える「三重唱 **赦[21]してくれ、アメーリア**」。

そこに群衆の騒ぎが聞こえて来る。グエルフィ党が反総督で蜂起《ほうき》したのである。ガブリエーレは「人々を鎮《しず》めに行きます。そしてもしも戦いになった時はあなたの味方として戦います」と誓う。総督は「暴動を平定した暁《あかつき》には、お前たちの結婚を認めよう」と語り、ガブリエーレは総督の使者として民衆のもとに向かう。

18　話しておくれ、清い心を Parla, in tuo cor virgineo
19　娘よ Figlia?
20　眠っているのか、老人よ Tu dormi, o veglio!
21　赦してくれ、アメーリア Perdono, Amelia

【第3幕】

総督宮殿の中

総督派の勝利の声が聞こえる。この暴動に関与していないフィエスコは解放され、暴動を画策したパオロは処刑されるために刑場へと引き立てられて行く。フィエスコとすれ違ったパオロは「すでに自分は総督への復讐に、彼に毒を盛った」と言う。フィエスコはパオロの卑怯《ひきょう》さを責める。

そこにアメーリアとガブリエーレの結婚式を祝う歌声が聞こえる。パオロが「おれの誘拐したアメーリアが」と口にするので、フィエスコはアメーリアを誘拐した真犯人がこの男であったことを知る。そして、フィエスコは「ついにシモンと直接対決する時が来た」と語る。

シモンの命令で、戦死した者たちの魂を弔うために、街じゅうの松明《たいまつ》が消される。体の中に毒が回ってきたシモンが「こめかみが燃えるようだ」と苦しみ、海風に当たるために部屋から出て来る「[22]**海よ、海よ**」。彼の目の前にひとりの男が現れ「毒を盛られたのだ。お前はもう終わりだ」と言う。その声から総督は、その男が25年ぶりに会うヤーコポ・フィエスコであることに気づく。「復讐のために亡霊のようにフィエスコがお前の前に現れたのだ」と語るフィエスコに、総督は「アメーリア・グリマルディこそが、あなたの娘マリーアの産んだ、あなたの孫娘なのだ」と語る「二重唱 [23]**祝宴のかがり火に**」。

それを聞いて涙したフィエスコは、ついにシモンと和解する「二重唱 [24]**私は泣いている**」。そして裏切り者がシモンに毒を盛ったことを告げる。マリーア（＝アメーリア）のやって来る気配に総督は、フィエスコに「彼女にはまだ何も言わないでくれ。せめて結婚を祝福してやりたい」と語る。

マリーアとガブリエーレが貴族や議員たちと共にやって来る。政敵グエルフィ党派のフィエスコがその場にいることにふたりは驚くが、総督は「彼こそがお前の祖父なのだ」と語り掛け、彼女は祖父との再会を喜ぶ。

22　海よ！海よ！ Il mare! il mare!
23　祝宴のかがり火に Delle faci festanti
24　私は泣いている Io piango

その上で総督は「マリーア、落ち着いて聞きなさい。私には最期の時が迫っている。お前の腕の中で息を引き取ることを神様は私に許してくださった」と語って、娘を抱き寄せる。

シモンは若いふたりを祝福した上で、議員たちに「総督をガブリエーレ・アドルノに譲る」と言い、フィエスコに後を頼んで息を引き取る「四重唱 **天よ、祝福を与え給え**[25]」。

フィエスコはジェノヴァの民衆に「ガブリエーレ・アドルノが新しい総督だ」と告げる。「我々の総督はボッカネグラだ」という民衆の声に、フィエスコは彼の死を伝え「彼の安らかな眠りのために祈ろう」と語り掛ける。

そこにシモンの死を悼《いた》む鐘が鳴り響く。

《聴きどころ》

政治的に敵対する二大派閥。敵同士の家に生まれた若者の恋は、25年という時を経てまたも同じように繰り返される。その両方に直接関わっているのが、タイトルロールであるシモン・ボッカネグラ。プロローグで恋人との仲を引き裂《さ》かれた若者は、本編では父となり、今度は娘の恋を実らせ、かつ、それによって長年対立してきた二大派閥の融和を成し遂げる。

パオロ――主役たちの運命をかき回す

パオロは、この物語では、いわば《オテッロ》に出てくるヤーゴのような役割。プロローグではシモン・ボッカネグラを総督に担《かつ》ぎ出すが、本編の最後には総督に毒を盛る。この物語の大きな歯車を回し、総督の運命を握っているのが、このパオロである。彼にはプロローグの冒頭に、やや大きめのアリアが与えられていて、まさに物語が動き出すスイッチを入れる。しかし、本編では要所要所で登場するもアン

25 天よ、祝福を与え給え Gran Dio, li benedici

サンブルの構成員といった位置に留まる。物語上の役割としては「悪人」であるが、「性悪な」ヤーゴほどの才があるわけではない。嫉妬《しっと》が普通の人間を悪人にしているだけである。

アメーリア――健気《けなげ》な娘

数奇な運命を辿《たど》ってきたアメーリアの登場のアリア（カンタービレ）「このまだ薄暗い時間に」[5]は、静かに打ち寄せる波のリズムを伴奏にして恋人の来訪を待ち望む恋の歌だが、その中間部の短調の部分に、幼い頃の老婆の死の記憶がしっかり刻み込まれている。この美しいが、どことなく不安定なアリアは、8分の9拍子で書かれている。ヴェルディはわざわざこの歌を不安定にしているのだ。歌う側は1小節を3拍に取っていくわけだが、伴奏は通常、3拍はブン・チャッチャとくるのだが、このアリアは、寄せては返す波の音を表現しているために、伴奏が、♪♪𝄾、♪♪𝄾……と続いていく。その8分休符の上に6連の32分音符が乗っている。波の揺らぎとそよ風、そしてそこに水平線から昇って来る太陽の光のキラキラした風景がオーケストラによって表現されている。歌手は、オーケストラを聴いていては音楽に乗り損ねてしまう。そしてたっぷり歌いたくなる音型のところにヴェルディはご丁寧にも「同じテンポで」と指示を書き込んでいる。あくまでこの歌は、打ち寄せる波のリズムに乗って歌われるものなのだ。

このアリアが、アメーリアの役どころをよく表していると言っていい。アメーリアは、物語の進行とともに、重唱でのドラマティックな表現が多く求められて行くが、かといって、彼女の性格が強くなり過ぎてもいけない。政治の表舞台に出てくるわけでも、男たちを操作しようとするわけでもない。あくまで波乱万丈な半生を、気丈《きじょう》に健気に生き抜いて来た娘なのである。スピント系の歌手が歌うと彼女の性格が強くなり過ぎてしまうし、しかしリリコ・レッジェーロでは最初のアリアはともかく、その後の中音での表現が厳しくなる。この役はリリコによって、つつましやかに歌われるのが理想である。

ガブリエーレ――若いテノールが取り組む役

ガブリエーレ役は、多くの上演で若いテノール歌手が起用される。なぜか。それはこの役に求められる最も大きな要素が「若々しい声」だからである。ガブリエーレは、勇敢だが他人の言葉に簡単に操られ、疑うことをしない。直情型の純粋な若者として描かれているに過ぎない。彼の第2幕でのアリア[16]「**心は怒りに燃える**」も、それに続くカバレッタ[17]「**慈悲深い神よ、彼女を返してください**」も、彼は物事の裏を読むことなく、そこに起きている現象を真正面から受け取ってそれに反応しているのである。その素直さが、この役の歌唱には求められ、複雑な心理描写はほとんど必要とされない。だからガブリエーレは、ヴェルディを手掛けていこうとするテノールが、まず挑戦する役の典型なのだ。

ヤーコポ・フィエスコ――シモンへの恨みだけで生きてきた男

フィエスコにとってシモンは、大切なひとり娘を誘惑し、子供を生ませた憎き男である。そしてそのひとり娘は死んでしまった。プロローグで歌われるアリア[2]「**悲しみに引き裂《さ》かれた父の心は**」は、ヴェルディのバスのアリアの中でも父親の愛情と悲哀が見事に表現されている屈指の名曲のひとつだ。気位も高く、そして卑怯《ひきょう》な真似には与《くみ》しないのがフィエスコで、第2幕においては、パオロからの助命を交換条件にしたシモン暗殺の誘いを彼はきっぱりと断り、第3幕では、シモンに毒を盛ったパオロのことを「卑怯《ひきょう》者」と断じる。しかし彼は、娘を死に追いやった（実は娘をシモンから無理やり引き離し、邸宅に軟禁して死に追いやったのはフィエスコ自身なのだが、彼はそれを認められないまま）シモンを恨むことを「支え」に生きて来たのだ。

第3幕の聴かせどころ、シモンとの和解の二重唱「祝宴のかがり火に」[23]の中で彼は「なぜ今頃になってそれを私に…」と言うが、それはシモンへの恨みだけで生きて来た自分の人生の大半が無為なものに化す、彼の忸怩《じくじ》たる思いが言わせた言葉に聞こえる。そうした人生への諦観《ていかん》、それは《ドン・カルロ》のフィリッポに引き継がれ、あのヴェルディが書いた最も深く、最も悲哀に満ちたアリア「ひとり寂しく眠ろう」へと繋がって行く。

シモン・ボッカネグラ――ヴェルディ・バリトンの最難関

シモン・ボッカネグラは海賊として登場するので、卑しい出自の単なる海賊と誤解されがちだが、海洋国家ジェノヴァにおける「御用海賊」とは、国を守る、陸上であれば「騎士」のような立場である。彼もまたガブリエーレ同様、没落した貴族の血を引いていたのかもしれない。政治的なことには興味がない、と言いつつも、シモンはプロローグから25年後に至るまで、リグーリア（地中海沿岸）を代表する海洋国家、ジェノヴァを率いた。それだけ政治力と、公平さ、バランス感覚に長《た》けた人物であったということだ。

このシモンの役は、ともかく難しい。歌唱技術ではなく、人物表現が難しいのである。ヴェルディは、イタリアを代表する2大海洋国家、ヴェネツィアとジェノヴァの総督を《ふたりのフォスカリ》と、この《シモン・ボッカネグラ》でオペラにした。この総督ふたりには、いずれ劣らぬ心理表現の難しさがある。それは、この主役たちが「公」の顔と、「私」の顔、すなわち総督と父親としての顔を持ち、それらに挟まれて苦悩し続ける様子を表現せねばならないからである。

その上、この《シモン・ボッカネグラ》には、プロローグとその後に25年という、とんでもない時間経過がある。プロローグでの彼は、愛する女性を失う若い男である。そこに分別臭《ふんべつくさ》さがあってはならない。そして、25年を経た彼の顔には深いシワが刻まれ、数々の苦悩を抱える壮年から初老へと入り掛ける世代の男になっている。

この役は当然のことながら、ヴェテランのバリトンが取り組むことになる。単に馬力で押し切るような若いバリトンに歌われるのは勘弁していただこう。もとよりその程度の歌手にはとても歯が立たない役である。真のヴェテラン歌手は、まずプロローグにおいて、声と言葉の処理の仕方で、若々しさを醸《かも》し出し、本編に至って今度は、表現によって人生の綾《あや》を投影してみせる。それらの表現は実力のあるバリトンだけがなせる業である。

シモンの聴かせどころは、第1幕の娘との再会を喜ぶ二重唱「[12]**娘よ、その名前に心ときめく**」と、第3幕のフィエスコとの和解の二重唱「[23]**祝宴のかがり火に**」である。前者は、父と娘の甘い再会の喜びで、娘が生きていたと知って彼は人生の中で最も大きな喜びに包まれる。後者には、低声ふたりの歌手による丁々発止《ちょうちょうはっし》のドラマティックなやりとりがある。長年にわたる怨念《おんねん》を忘れて和解しようとする大人の男ふたりの心理表現は、フィエスコ役のバスとともにオペラ歌手としての実力が問われる。シモン・ボッカネグラは、この2時間余のオペラの中で、観る者に人ひとりの「生き様」を見せなければならない。だからこそこの役は、ヴェルディのオペラのバリトンの役の中で最も難しく、最もやりがいのある役、ということになるのだ。

UN BALLO IN MASCHERA *Giuseppe Verdi*

《仮面舞踏会》
ジュゼッペ・ヴェルディ

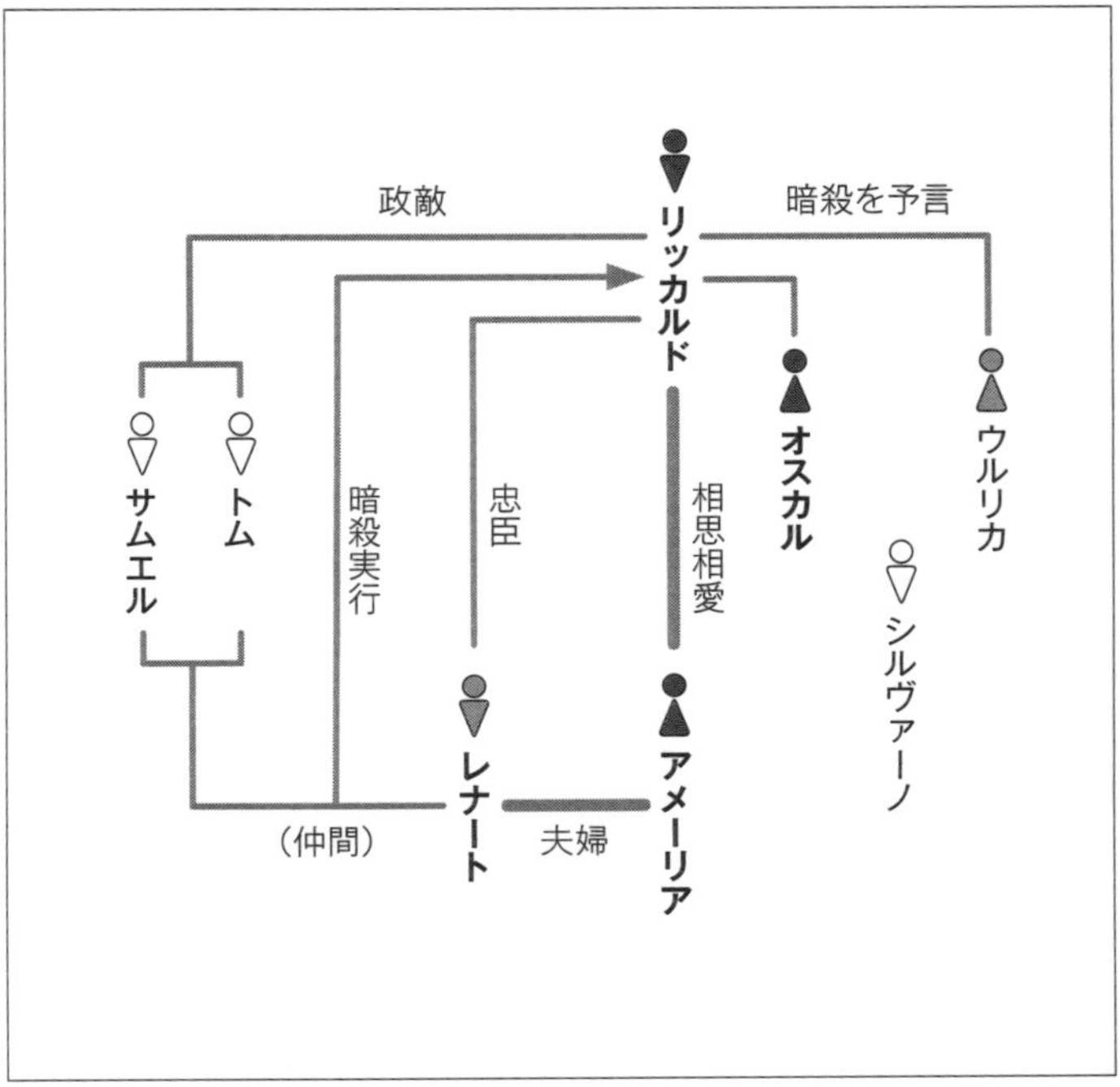

主な登場人物

リッカルド（T）
ボストン総督　レナートの妻アメーリアを愛している

レナート（Br）
リッカルドの忠臣

アメーリア（S）
レナートの妻　リッカルドに惹かれている

ウルリカ（C）
黒人の占い師

オスカル（S）
リッカルドの小姓

サムエル／トム（ともにBs）
リッカルドの政敵

シルヴァーノ（Bs）

水夫

3幕のオペラ（メロドランマ）Melodramma in tre atti
原作　ウジェーヌ・スクリーブ「ギュスターヴ3世、あるいは仮面舞踏会」
台本　アントーニオ・ソンマ
初演　1859年2月17日　ローマ、アポッロ劇場
演奏時間　2時間10分／序曲5分、第1幕45分、第2幕30分、第3幕50分

【第1幕】

（第1場）17世紀のアメリカ

ボストン総督公邸の執務室

オペラの中の有名なメロディをコラージュした序曲で幕が開くと、そこは朝のボストン総督公邸の総督執務室。多くの人々が総督リッカルドが執務室に現れるのを待ち受けている。その中には、彼に恨みを抱くサムエル、トムらもいる。

小姓のオスカルがリッカルドの登場を告げる。リッカルドが皆に晴れやかに挨拶《あいさつ》する「**皆の者、兵士たちよ**[1]」。

オスカルから、翌日の晩に予定されている仮面舞踏会の招待客リストを見せられたリッカルドは、そこに密かに恋心を寄せる忠臣レナートの妻アメーリアの名前を見つけて喜ぶ「**彼女にまた会える喜び**[2]」。

面会を求める者のためにリッカルドはオスカル以外の皆に執務室から退出させる。最初に入って来たのは、リッカルドの自分の妻への想いなど想像だにしていないレナートで、物思いに耽《ふけ》る総督に声を掛ける。リッカルドは、自分の恋心が悟られたのではないかと慌てる。レナートはリッカルドに「あなたに恨みを抱いて、暗殺を企てる者たちがおります。身辺にお気をつけください」と彼の身を案じる「**あなたさまのお命には**[3]」。

そこに主席判事が入って来て「町外れの岩屋にいる黒人の女占い師、ウルリカを追放すべきである」と総督に進言する。オスカルが「彼女の占いはよく当たるのです」とウルリカを庇《かば》う「**黒い顔を星空にむけて**[4]」。面白がったリッカルドは、レナートが止めるのも聞かず漁師の姿に身をやつして、彼女の元を訪れてみると宣言する。

（第2場）ウルリカの岩屋

町はずれの岩屋にいるウルリカの元には、運命を占ってもらおうと多くの者たちが集まっている。ウルリカが、地獄の王に語り掛ける「**地獄の王よ、急げ**[5]」。そこには、ひとり先に着いた漁師姿のリッカルドもいる。

水夫のシルヴァーノが来て、手相を見てもらう。

1　皆の者、兵士たちよ Amici miei, soldati
2　彼女にまた会える喜び La rivedrà nell'estasi
3　あなたさまのお命には Alla vita che t'arride
4　黒い顔を星空にむけて Volta la terrea fronte alle stelle
5　地獄の王よ、急げ Re dell'abisso, affrettati

ウルリカが「もうすぐ金と昇進が手に入る」と予言する。リッカルドは、急いで手持ちの紙に走り書きしたものと金貨をシルヴァーノのポケットにそっと入れる。シルヴァーノはウルリカに礼金を払おうとして、ポケットの中に昇進の辞令と金貨を見つけ、大喜びで去って行く。

　秘密の入り口に、ひとりの召使いが姿を見せる。そして「ある高貴なご婦人が占って欲しいとお待ちです」と知らせる。ウルリカは人払いをするが、召使いに見覚えのあったリッカルドは物陰に隠れてなりゆきを見守る。そこにレナートの妻アメーリアが現れる。彼女もまたリッカルドに惹《ひ》かれていて、その想いを断ち切る方法をウルリカに尋ねに来たのだった。

　ウルリカは「真夜中に、西のはずれにある人里離れた荒地にひとりで行き、ある薬草を摘《つ》み取ればその男のことを忘れられる」と告げる。

　オスカルたちが近づいてくる声が聞こえて来るのでアメーリアはその場を急いで立ち去る。リッカルドは「あなたをひとりでそんな危険な場所には行かせない」と独白する「三重唱 **何を動揺しておられるのだ**[6]」。

　総督の臣下の者たちが大挙して入って来る。総督の姿を探すオスカルにリッカルドはすかさず「黙っていろ」と告げて、陽気な舟歌を歌ってウルリカに占いを促す「舟歌 **あるがままに私の運命を告げてくれ**[7]（今度の航海は無事だろうか）」。

　リッカルドの手相を見たウルリカは彼に「答えを聞かずに立ち去れ」と告げる。リッカルドが「いかなる結果であろうとも聞かせろ」と迫る。彼女は「お前は友の手に掛かって殺される。最初に握手をする相手が犯人だ」と予言する。

　それを聞いてそこにいた人々は言葉を失うが、リッカルドはそれを「お告げの悪ふざけだ」と笑い飛ばす「五重唱 **冗談か、はたまた狂気の沙汰か**[8]」。

　リッカルドがそこに居合わせた人々に握手を求めて回るが、誰も彼と握手をしようとしない。そこに遅れてやって来たレナートが姿を見せ、リッカルドと再会の握手を交わす。リッカルドは「お

6　何を動揺しておられるのだ Che v'agita così?
7　あるがままに私の運命を告げてくれ（今度の航海は無事だろうか）Di' tu se fedele il frutto m'aspetta
8　冗談か、はたまた狂気の沙汰か È scherzo od è follia

前の占いは外れた。彼は私の最も信頼する友だ」と言う。

　彼らのやりとりからウルリカに、リッカルドが総督であることがわかる。リッカルドは「お前は、この地から追放されることが決まっている」と語り、ウルリカに金貨の詰まった財布を投げる。

　ウルリカはリッカルドに「この中にふたり以上の裏切り者がいる」と、もうひとつの予言を告げる。トムとサムエルは、暗殺計画が露見したかとギクリとするが、リッカルドはその言葉に真剣に耳を貸そうとしない。シルヴァーノが民衆たちを引き連れて戻って来て、人々がリッカルドを讃《たた》える「合唱　[9]**英国の息子よ**」。


【第2幕】

（第1場）真夜中の荒野

　ウルリカの教えに従い、アメーリアは恐怖に震えながら、薬草を摘《つ》むために誰もいない荒野にやって来る。彼女は「リッカルドへの恋心を忘れなければ」と思うと同時に「この薬草を摘んだら、私はあの方への想いを忘れてしまうのね」と相反する想いを抱いて、荒れ果てた場所に辿《たど》り着く「[10]**ここは恐ろしい荒野〜でもあの乾いた茎から**（あの草を摘み取って）」。

　そこに彼女を追って来ていたリッカルドが姿を現す。リッカルドはアメーリアへの恋心を告白し、一度でいいから、自分のことを愛していると言って欲しいと迫る。ためらっていたアメーリアだが、リッカルドの情熱にほだされて、ついに「私もあなたを愛しています」と答える「二重唱　[11]**あなたは知らぬのだ、私の心を**」。

　そこへリッカルドの身を案じたレナートが現れるので、ふたりは驚き、アメーリアは慌ててヴェールで顔を隠す。

　レナートが「暗殺団が女性と逢引きしているあなたのお命を狙っています。すぐにお逃げください」と総督に勧め、思わぬなりゆきに進退窮《きわ》まったアメーリアは、我が身の不幸を嘆く「三重唱　[12]**なぜここに。あなたをお救いするために**」。

　リッカルドはやむを得ずレナートの助言を受

9　英国の息子よ O figlio d'Inghiterra
10　ここは恐ろしい荒野 〜でもあの乾いた茎から（あの草を摘み取って）Ecco l'orrido campo 〜 Ma dall'arido stelo divulsa
11　あなたは知らぬのだ、私の心を Non sai tu che l'anima mia
12　なぜここに。あなたをお救いするために Tu qui? Per sarvarti da lor

け入れ、ひとりそこから逃げることにする。そしてレナートに「けっしてこの女性の顔を見ず、話もせず、町の入り口の門まで行ったらそこで別れるように」と言い残し、彼とマントを交換した上で、別ルートから去って行く。

アメーリアを連れたレナートを総督だと勘違いした暗殺団が、ふたりを取り囲む。剣を抜いたレナートに、彼の命を助けようとしてアメーリアはヴェールを脱ぎ捨てる。

レナートは、総督と逢引きしていたのが自分の妻であったことに驚く。暗殺団は、妻を総督に寝取られたとレナートを嘲笑《ちょうしょう》しながら去って行こうとする「四重唱 **見ろよ、こんな夜中に奥方と**[13]」。

彼らを呼び止めたレナートは「明日の朝、うちに来てくれ」と言う。

【第3幕】

(第1場) その翌朝のレナートの家の書斎

妻の裏切りに深く名誉を傷つけられたレナートは、彼女を刺し殺そうとする。アメーリアは「死ぬ前に、せめて一目息子に会わせてください」と願う「**死にましょう、でもその前にお慈悲を**[14]」。レナートは彼女に息子との対面を許し、アメーリアは別室にいる息子の元へ向かう。その彼女の様子にレナートは「死ぬべきは彼女ではない、妻を惑わせた総督にこそ死を」と怒りの矛先《ほこさき》をリッカルドに向ける「**お前だったのか**[15]」。

暗殺団のトムとサムエルが現れる。レナートは「自分も仮面舞踏会でリッカルドを暗殺する一味に加わる」と言い、誰が手を下すかをくじ引きで決めることにする。

息子の部屋から戻って来たアメーリアは、ただならぬ雰囲気にリッカルドの身に危険が迫っていることを感じる。レナートはそのアメーリアにくじを引かせる。果たして、レナートが手を下すことに決まる。

そこにオスカルがやって来て、総督主催の仮面舞踏会にレナート夫妻が招待されていることを告げる。そこにいる人々が、抱く思いをそれぞれに独白する「五重唱 **ああ、その輝きが、音楽が**[16]」。

13 見ろよ、こんな夜中に奥方と Ve' se di notte qui colla sposa
14 死にましょう、でもその前にお慈悲を Morrò, ma prima in grazia
15 お前だったのか Eri tu che macchiavi
16 ああ、その輝きが、音楽が Ah che fulgor, che musiche

オスカルが帰った後、レナートとトムたちは、仮面舞踏会では青い衣装を纏《まと》い、赤いリボンを身につけて合言葉は「死」で、互いのことを確認し合う約束をする。

（第2場）リッカルドの書斎

仮面舞踏会を前に、リッカルドがこの恋を諦《あきら》めて、レナートとアメーリアをイギリス本国へと送り出すことを心に決める「**永遠に君を失っても**[17]」。リッカルドがその辞令に署名した上で、広間の舞踏会に向かおうとすると、そこにオスカルが見知らぬ女性からの手紙を届けに来る。そこには「お命が狙われております」と書かれている。しかし、リッカルドは「臆病者《おくびょう》と思われるわけにはいかぬ」と言って、広間へと歩みを進める。

（第3場）華やかな仮面舞踏会

レナートは、どうにかしてオスカルからリッカルドの仮装を聞き出そうとするが、オスカルは言を左右にしてなかなか教えない「**どんな衣装か知りたくても**[18]」。「緊急に総督のお耳に入れねばならぬことがあるのだ」と嘘《うそ》を言ってやっとのことでリッカルドの仮装を聞き出し、総督を探す。

その間にアメーリアがリッカルドを見つけ「すぐに舞踏会から立ち去ってください」と言う「二重唱 **ああ、なぜここに。お逃げになって**[19]」。リッカルドはアメーリアに、もう一度自分への想いを聞く。アメーリアは涙を流しながら「あなたを愛しています。でもどうかすぐにお逃げになって」と懇願する。

リッカルドは「あなたは夫と共に、明日には英国に出発するのです」と語り、彼女と別れる決意を語る「二重唱 **愛しています、涙に濡れて**[20]」。

彼らが最後の別れを告げ合っていると、レナートが「私からの別れの挨拶《あいさつ》も受けるがいい」と叫んで、総督に刃《やいば》を向ける。

思わぬ事態に舞踏会は大騒ぎになり、レナートは捕らえられる。

リッカルドは人々を制して「レナートを自由にしろ」と命令する。そして彼に「誓って君の妻は

17　永遠に君を失っても Ma se m'è forza perderti
18　どんな衣装か知りたくても Saper vorreste
19　ああ、なぜここに。お逃げになって Ah! perchè qui!, fuggite
20　愛しています、涙に濡れて T'amo, in lagrime

潔白だ」と語り、「これは私自身が招いた災いであり、レナートに罪はない。ここにある辞令の通り、レナートとアメーリアを明日イギリスに送り出すように。私は、全ての人を赦す」と言い残して息絶える「六重唱 [21]**彼女は潔白だ、死に抱かれて私は誓う**」。

《聴きどころ》

《仮面舞踏会》は、ヴェルディ中期の歌に満ちた《リゴレット》《トロヴァトーレ》から、後期の《オテッロ》《ファルスタッフ》のような「オペラ」というよりは「芝居」と呼ぶのが相応しい作品に向かう過渡期に書かれている。ゆえにこの《仮面舞踏会》ではアリアの中に、感情の吐露《とろ》のみならず、レチタティーヴォ部分と同等かあるいはそれ以上に物語の進行に重要なキーワードが書き込まれている。さればこそ、この作品の登場人物を演じる歌手たちには、アリアを美しく歌いあげること以上に、そこに書き込まれた「言葉」をよりリアルに聴衆に伝えることが求められる。

アメーリア ―― 感情に溺《おぼ》れて歌うのは禁物

アメーリアには、第2幕の冒頭でレチタティーヴォと呼ぶにはあまりに大きなサイズのドラマティックな語りを伴ったアリア「[10]**ここは恐ろしい荒野**」が与えられている。語りの部分で、恐怖の感情をそのまま声にぶつけてしまうと、アリア最後のアクート（高音）に至る頃には声が干上がり、文字通り金切り声の絶叫になりかねない。また、ソプラノのアリアとしては低音のシ♭音まで下がり、中央のファ音で終わることもこのアリアを難しくしている要素だ。このアリアのある種のいやらしさは、音楽がどうしても感情に任せて発散したくなるように書かれていることにある。しかし《仮面舞踏会》が紛《まぎ》れもなく

21　彼女は潔白だ、死に抱かれて私は誓う Ella è pura, in braccio a morte

ヴェルディのオペラであって、ヴェリズモ作品ではない以上、音楽の流れを無視してぶつ切りにすることや、泣きを入れてごまかすことは絶対に許されない。

このアリアに始まり、それに続くリッカルドとの情熱的な愛の二重唱「[11]**あなたは知らぬのだ、私の心を**」、そして夫が加わる三重唱「[12]**なぜここに。あなたをお救いするために**」に掛けて、彼女には相当にドラマティックな表現が求められる。だが彼女はエキセントリックに叫ぶ女性ではないし、ヴェルディである以上、一本のライン上を滑るように歌わねばならない。彼女は、物事がなんとか穏やかに収まるようにと祈り続けるような女性であり、この役は、リリコ・スピントではなく、本来リリコのために書かれている。第3幕のアリア「[14]**死にましょう**」は、死を覚悟して、母としての落ち着きを持って歌われる。ここでもエキセントリックに叫ぶことは御法度《ごはっと》である。

第3幕のリッカルドとのやり取り「[19]**ああ、なぜここに。お逃げになって**」には、シェーナの始まりに〈小声で、誰が話しているのかわからないように〉と、ト書きがあり、その後には〈しゃくりあげて、彼女であることがわかってしまう声で〉、そして重唱「[20]**愛しています、涙に濡《ぬ》れて**」の始まりには〈絶望して〉とある。彼に別れを告げて、最後に呼びかける「リッカルド」のひとことには〈悲しみを込めて〉と指示がある。ヴェルディは、これだけ細かな指示を与えることによって、この場面を歌うのではなく、あくまで「演じろ」とアメーリア役のソプラノに命じているのである。

オスカル——単なる天真爛漫《てんしんらんまん》では務まらない

場面の雰囲気を一瞬で変えるような天真爛漫さが要求されるオスカルには、第1幕で、キュートで軽快なバッラータ「[4]**黒い顔を星空にむけて**」が、第4幕でカンツォーネ「[18]**どんな衣装か知りたくても**」が与えられている。どちらの場面でも、ソプラノによるズボン役であるオスカルが歌い始めるやいなや、可憐《かれん》な花が開いたような華やかさが出てほしい。

当然この役には、その場の重苦しい雰囲気を一変させるような明るく軽い声質が求められているのでリリコ・レッジェーロが歌うことが多い。しかし、実際に書かれている音域は、見事なまでの「中音攻め」で、レッジェーロ系ソプラノ泣かせのものである。

脇役と思われるオスカルだが、ここに卓越した存在感と歌唱力のある歌手が配されると、他の登場人物たちを喰って舞台をさらうこともある、実は侮れない役でもある。

ウルリカ——予言者であって、魔女ではない

ヴェルディは、ウルリカに声と技巧を聴かせる旧来のスタイルのアリア「**地獄の王よ、急げ**」[5]と、それに続くカバレッタを与えている。彼女の出番は第1幕第2場のみ。動きもほとんどなく、彼女はこの立派なアリアをじっくり歌うことが出来る。だから楽かと言えば、やはり世の中は甘くない。まず、この役には求められる音色がある。この役の声種は「コントラルト」と指定されており、生来の声が、低音域から豊かで、ビロードのように厚みがあり、滑らかな声の持ち主であることが求められる。世界的にもコントラルトはそうそう存在しないのに、その上この役は、低いソ音から、（コントラルトにしてみれば、ソープラ・アクートとも呼べる高さに当たる）高いラ♭まで、広すぎる音域を、あくまで均一な音色で歌うことが求められている。歌う歌手を「役」が選ぶ典型的な例である。

ウルリカは、あくまで予言者（占い師）であって、魔女ではない。暗く恐ろしげな声で歌うことに重点を置く必要はない。彼女の最大の使命は、「リッカルドが親しい友の手で間もなく殺される」、そして「この中にふたり以上の裏切り者がいる」ということをリッカルド、そして劇場の聴衆全員に予言、伝達することにある。ディクションがきちんと立てられることのほうが、それらしい声色を作るこ

とよりもずっと大切なのである。

リッカルド――テノールのタイプによって作品全体の印象が変わる

この作品もヴェルディのオペラらしく、物語の本筋を動かして行くのは男性たちの役割となる。リッカルドが明るい声の「ザ・イタリアン・テナー」によって歌われるときと、バリトンに近い響きの歌手が歌うときでは役柄の雰囲気がガラリと変わる。どこか《リゴレット》のマントヴァ公爵を思わせるような「英雄、色を好む」型の、美人と見れば口説かなければ気が済まないタイプの男なのか、あるいは冷静沈着で、アメーリアへの愛情も真剣そのもの、忠臣レナートへの裏切りとの板挟みに心底苦しむ男なのか……。

その人物設定によって第1幕の「舟歌」のおどけ具合も、「私はここにいる」で始まる第2幕のアメーリアとの二重唱におけるアメーリアへの迫り方も、終幕における愛する女性を敢《あ》えて遠い本国（英国）に送り出そうとする時の苦悩の仕方も大きく変わって来る。

リッカルドのアリアは、第1幕の「**舟歌**[7]」と第3幕の「**永遠に君を失っても**[17]」では、リリコ・レッジェーロとリリコ・スピントの別のテノール用に書かれているのではないかと思いたくなるほど、タイプが違う。かつ、重唱も含めテッシトゥーラ（中心となる音域）は高く、それぞれのフレーズも長いこの役は、ベルカント歌唱のテクニックで、深いところで息を支え切れるテノールでなければ、途中で声のバランスが取れなくなって声が干上がりかねない。この役は華やかだから、と、テクニックのない歌手が安易に手を出そうものなら痛い目に遭《あ》う役である。アリアふたつがなんとか歌える程度では話にならない。アリアは歌えて当然。その上に重唱の劇的な表現が出来て、最後まで歌い切れるだけのスタミナがあって、初めてそこで、そのテノールのレパートリーに入れられるかどうかが決められる役なのである。

レナート —— 物語のキーパーソン

総督の忠臣レナートには、バリトンが配されている。一貫してバリトンに重要な役回りを充てて来たヴェルディが、この作品でもレナート役をいかに重要視していたかが見て取れる。レナートについてはト書きに、わざわざ「クレオール」と指定されている。クレオール、つまりヨーロッパの血を引くアメリカ生まれの人物であるという縛《しば》りが彼には掛かっている。ここに、レナートという人物を表現するためのキーポイントがある。レナートのリッカルドへの愚直なまでの忠誠心と、それが裏切られたと思い込んだ時の直情的な言動には、イギリス本国からやって来たリッカルドやアメーリアとは一線を画す、どこか屈折した部分が見え隠れする。

第1幕での登場のアリア「**あなたさまのお命には**」[3]では、敬愛する総督リッカルドの身をひたすら案ずる実直そのものの忠臣レナートの人柄が出なければならないのだが、このアリアは、ベルカント・オペラを継承したスタイルで、息を支えて、長いフレーズを丁寧に歌い切ることが第一目標となる。そう歌うことで、忠義が取り柄のようなこの男の純粋さが、生きて来るのである。

第3幕の冒頭で、妻が最期に息子に一目会うことを許した直後の名高いアリア「**お前だったのか**」[15]の中で、彼に初めて総督への殺意が生まれる。このアリアには、第1幕のアリアとは比べ物にならない、いわば「ヴェルディらしい」相当にドラマティックな表現が求められる。妻との穏やかな日々の思い出に浸り「死ぬべきは妻ではなくリッカルドだ」と決意するまでの心理の変化をどう表現するか。そこがレナートを歌う「ヴェルディ・バリトン」の実力の見せどころとなる。

このアリアで、彼が単に感情を爆発させてしまえば、レナートは直情径行《ちょくじょうけいこう》の単純な男に成り下がってしまう。ヴェルディが描きたかったのはそんな男ではない。苦悩に満ちて、鬱屈《うっくつ》したものを心の奥底に抱える男が、怒りのあまりに越えてはいけない一線を踏み越えてしまうのだ。そして、ここがそのターニング・ポイントなのである。レナートの怒りのエネルギーが外に向かって発散するのは、リッカルドを刺し殺す、その一瞬だけ。その一瞬以外でこの役は激情に駆られて突っ走ってはならない。リッカルドを刺した直後でさえ、彼は本来の自分をすぐに取り戻して深い後悔の念に苛《さいな》まれる。わめき散らすようにこの役を歌うのは論外である。レナートが声に頼る歌唱になってしまえば、この人物像が薄っぺらになるだけでは済まず、物語全体を台無しにしてしまう。このオペラの中で、人物表現のハードルが最も高く、インテリジェンスと演技力が求められるのは、このレナートなのである。

《運命の力》ジュゼッペ・ヴェルディ

LA FORZA DEL DESTINO *Giuseppe Verdi*

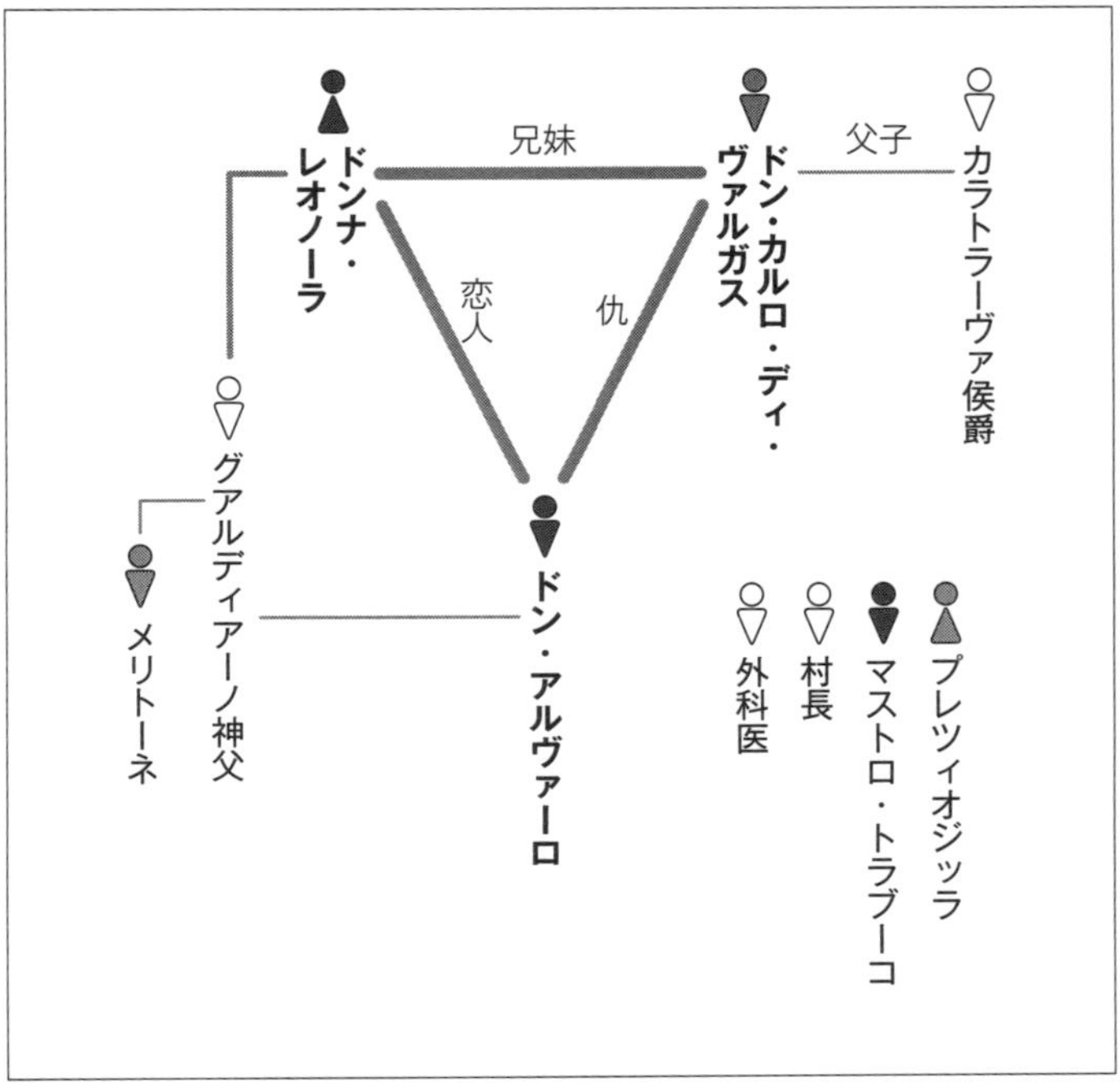

主な登場人物

ドンナ・レオノーラ（S）
カラトラーヴァ侯爵の娘

ドン・アルヴァーロ（T）
レオノーラの恋人
インカ帝国の末裔

ドン・カルロ・ディ・ヴァルガス
（Br）レオノーラの兄

グアルディアーノ神父（Bs）
フランチェスコ派の神父

カラトラーヴァ侯爵（Bs）
スペイン貴族
レオノーラとカルロの父

メリトーネ（Br）修道士

プレツィオジッラ（Ms）
若いジプシーの女

マストロ・トラブーコ（T）
ラバ追い　のちに行商人

クッラ（Ms）レオノーラの侍女

村長（Bs）

外科医（Bs）軍医

４幕のオペラ（メロドランマ）Melodramma in quattro atti

原作　アンヘル・デ・サーベドラの戯曲「ドン・アルバロ、あるいは運命の力」
（改訂版のメリトーネの説教部分にアンドレーア・マッフェイ翻訳のフリードリヒ・フォン・シラーの戯曲「ヴァレンシュタインの陣営」が含まれる。）

台本　フランチェスコ・マリア・ピアーヴェ
（改訂版加筆部分アントーニオ・ギスランツォーニ）

初演　初演版　1862年11月10日　ロシア、サンクト・ペテルブルク、皇帝劇場
改定版　1869年2月20日　ミラノ、スカラ座

演奏時間　2時間50分／序曲8分、第1幕12分、第2幕50分、第3幕60分、第4幕40分

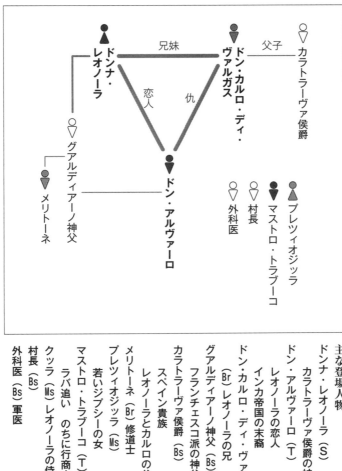

【第1幕】

18世紀中頃のスペイン、セビリャ

カラトラーヴァ侯爵邸

ヴェルディのオペラで最も有名な序曲は、このオペラの中の聴きどころを集めて凝縮したような曲。もっともこの序曲は初演版には存在せず、スカラ座改訂版の上演の際に加筆されたものである。

侯爵が娘のレオノーラのところに「おやすみ」を言いに来る。侯爵は、娘の部屋の開いたままになっているヴェランダの扉を閉め、娘のどこか悲しげな様子を気遣いつつ「あの異国の男は遠ざけて正解だった。父を信じなさい」と言って自室へ戻って行く。レオノーラは侍女に父を騙《だま》し、これからその異邦人、インディオの血を引くドン・アルヴァーロと駆《か》け落ちしようとしていることへの罪の意識と不安を独白する「[1]**家族から遠く離れてさすらうのだわ**」。

真夜中を告げる鐘が鳴る。馬の蹄《ひづめ》の音が聞こえて来る。アルヴァーロが、侍女が再び開けておいたヴェランダから部屋に現れ、レオノーラに一緒に逃げようと言う「二重唱 [2]**ああ永遠に**」。「もう一度父にお別れを言ってから」と彼女は躊躇《ちゅうちょ》するが、最後は駆け落ちすることを決める「二重唱 [3]**ああ、貴方に地の果てまでついて行きます**」。

ふたりがいざヴェランダから逃げようとした時、誰かが階段を上がって来る。それは侯爵で、父は娘の裏切りに怒りを露《あら》わにする。アルヴァーロは侯爵に「お嬢さんは誓って純潔です」と言う「[4]**天使のように清らかで**」。そして抵抗する意思のないことを示すために持っていた拳銃を侯爵の前に投げ出す。その時銃が暴発して侯爵が倒れる。瀕死《ひんし》の侯爵は「お前たちを呪《のろ》う」と言い残して息を引き取る。ふたりはやむを得ず、屋敷から逃走する。

【第2幕】

スペイン南部、オルナチュエロスの村とその近郊

(第1場) 夕暮れどきの村の酒場

1 家族から遠く離れてさすらうのだわ Me pellegrina ed orfana
2 ああ永遠に Ah per sempre
3 ああ、貴方に地の果てまでついて行きます Ah, seguirti fino agl'ultimi confini
4 天使のように清らかで Pura siccome gli angeli

ラバ引きや農民たちが、夕食に集まっている。村長のそばに、ひとりの学生が座っている。その学生はレオノーラの兄のドン・カルロで、父の仇を討つために、学生姿に身をやつして妹とその恋人を探し歩いているのである。

　そこにジプシー娘のプレツィオジッラが登場。若者たちを「お金が欲しいならドイツと戦争をしているイタリア戦線に加わって戦うがいい」と鼓舞する「**太鼓の音が**[5]」。

　手相を見るというプレツィオジッラにカルロが手を差し出すと、彼女はすぐに「あんたは学生じゃないね」とカルロの素性を見抜く。そして「不幸が訪れるだろうよ」と予言する。

　遠くから巡礼者の祈りの声が聞こえ、そこにいた人々も口々に祈りを捧げる。アルヴァーロとはぐれた、男装のレオノーラがひとりそこに姿を見せるが、兄の姿を見つけてすぐにその場を去る。村長に素性を尋ねられたカルロは、素性を偽り、友人の話として、父親を妹とその恋人に殺された男が、彼らを探し続けて旅をしているのだと語る「**私はペレーダ**[6]」。

　カルロは村人たちから妹たちの情報を得ようとするが、何も聞きだすことは出来ない。夕食を済ませた人々は、それぞれの家に帰って行く。

（第2場）村の近郊にあるマドンナ・デッリ・アンジェリ教会

　朝方、レオノーラが、やっとの思いで村の近郊にある教会付属の修道院の前に辿《たど》り着く。彼女はアルヴァーロが自分を置いて母国の南アメリカに去って行ったと思い込んでいる。彼女はこの修道院が自分を受け入れてくれることを神に祈る「**慈しみ深い聖母様**[7]」。

　レオノーラは修道院の門の鐘を鳴らして、グアルディアーノ神父との面談を乞《こ》う。出て来た門番役の修道士メリトーネはブツブツ言いながら「こんな朝早くに。一応神父様に取り次ぐが、戻って来なければそれまでだ」と言って修道院の中に消える。

　グアルディアーノ神父が現れる。神父とふたり

5　太鼓の音が Al suon del tamburo
6　私はペレーダ Son Pereda
7　慈しみ深い聖母様 Madre, pietosa vergine

きりになったレオノーラは、自分が父殺しの罪で追われているレオノーラ・ディ・ヴァルガスであることを明かし、以前ある修行僧がこもったという修道院裏の岩山の洞窟《どうくつ》で、その僧のように死ぬまで修行させて欲しいと願い出る「二重唱 **我々はふたりきりです〜この魂は安らぎを感じます**[8]」。

初めは尼僧のための修道院に入ることを勧めたグアルディアーノだったが、彼女の揺るがぬ覚悟に最後には彼女の希望を聞き届けることにする「二重唱 **慈悲深き神よ、御身に栄光あらんことを**[9]」。

神父は裏山の崖にある洞窟で彼女が修行することを許し「最期の時が近づいたら、洞窟の青銅の鐘を鳴らしなさい。そのときにはあなたの魂を慰めに行きましょう」と語り、レオノーラは神に感謝する「二重唱 **夜が明けたら、隠者の庵に**[10]」。

グアルディアーノは、レオノーラに僧衣を与えた上で、修道士たちを集めて「この者は修行僧として明日の朝から岩山の洞窟に籠《こも》る。誰も洞窟に近づいてはならぬ」と言い渡す「二重唱と合唱 **聖なる洞窟を我らは開く**[11]」。そしてレオノーラと全員が神に祈る「**聖処女よ、あなたのマントでお包みください**[12]」。

【第3幕】

イタリア・ヴェレットリ村の近郊

（第1場）森の中にある外人部隊の宿営地

奥で男たちがカードゲームで賭《か》けごとをしている声が聞こえている。

スペインの歩兵部隊司令官の制服を着たアルヴァーロが現れ、インカ帝国の末裔《まつえい》であった母と結婚した父が、王室の復権を画策したが叶わず処刑されたこと、赤ん坊だった自分が、彼らの子供だと知られずに済んだが故に、生き延びることが出来たことを語り、（彼が、亡くなってしまったと思い込んでいる）愛するレオノーラのことを想いながら、辛い自らの人生に死を願う「**異国人による母国の支配を打破しようとしていた父よ〜おお、天使の胸に抱かれている君よ**[13]」。

そこにひとりの将校が助けを求めて飛び込んで

8 我々はふたりきりです〜この魂は安らぎを感じます Or siam soli 〜 Più tranquilla l'alma sento
9 慈悲深き神よ、御身に栄光あらんことを A Te sia gloria, o Dio clemente
10 夜が明けたら、隠者の庵に Sull'alba il piede all'elemo
11 聖なる洞窟を我らは開く Il santo speco noi le schiudiamo
12 聖処女よ、あなたのマントでお包みください La Vergine degli Angeli, vi copra del suo manto

来る。賭博《とばく》で他の将校たちと揉《も》めたという。アルヴァーロは彼のことを助ける。ここに来たばかりだというその将校は、アルヴァーロに名を尋ねる。アルヴァーロはドン・フェデリーコ・エレロスと名乗り、将校はドン・フェリーチェ・デ・ボルノスと名乗る。

その将校こそ、レオノーラの兄カルロで、ふたりは互いの素性を知らぬまま友情を結ぶ「二重唱[14] **生きる時も死ぬ時も友として**」。近くで戦闘が始まり、彼らは戦場へと向かう。

(第2場) スペイン上官の住居

外ではまだ激しい戦闘が繰り返されている。銃弾を受けたアルヴァーロが運び込まれて来る。カルロが付き添っている。瀕死《ひんし》の状態のアルヴァーロはカルロに「自分が死んだら、僕の荷物の中の、この鍵で封印されている箱にある書面を焼き捨ててほしい」とカルロに鍵を手渡して頼み、カルロはそれを承知する「二重唱[15] **この厳粛《げんしゅく》な時に**」。

そしてアルヴァーロは、カルロの部屋のベッドへと運ばれて行く。アルヴァーロが会話の中で、カラトラーヴァという名前を聞いてひどく動揺したことに不信感を抱いたカルロは、迷いながらもアルヴァーロに託《たく》された鍵でその秘密の書面を見ようとする「[16]**私の運命を決める箱よ**」。

その書類の箱を開けるかどうかを逡巡《しゅんじゅん》しているうちに、カルロはアルヴァーロの荷物の中に肖像画のケースを見つける。そこには妹、レオノーラの肖像が入っていた。カルロは「とうとう父の仇《かたき》を見つけた」と言い、軍医の「アルヴァーロの命が助かる」との言葉に、これでついに自分の手で父の仇を討つことが出来ると喜ぶ「[17]**彼は助かった、なんという喜びだろう**」。

(第3場) 同じ場所、夜明け前

回復したアルヴァーロが物思いにふけっているところに、カルロが現れる。アルヴァーロは、カルロの親身の看病に感謝する。カルロは「十分に回復したかね、決闘に耐えらえるほどに」と尋ねる。そして彼らは初めて互いの素性を確かめ合

13 異国人による母国の支配を打破しようとしていた父よ〜おお、天使の胸に抱かれている君よ Della natal sua terra il padre volle spezzar 〜 O tu che in seno agli angeli
14 生きる時も死ぬ時も友として Amici, in vita, in morte
15 この厳粛な時に Solenne in quest'ora
16 私の運命を決める箱よ Urna fatale del mio destino
17 彼は助かった、なんという喜びだろう Egli è salvo! oh gioia immensa

う。カルロは決闘を申し込むがアルヴァーロは「友と殺し合いたくない」と言い「侯爵が亡くなったのは事故だったのだ」と語って、自らの剣を置く。アルヴァーロは、カルロの口からレオノーラがまだ生きていることを聞く。

カルロは「お前を殺し、妹を自分の手で殺して父の復讐《ふくしゅう》するのだ」と言い張り、アルヴァーロのインカの血を侮辱して挑発する。ふたりはとうとう剣を交える「二重唱[18] **ひとときの安らぎを味わうことも出来ず**」。

その騒ぎに気がついた同僚たちが飛んで来て、ふたりの間を引き離す。カルロは変わらず復讐を口にし、アルヴァーロは「神のもとで隠遁《いんとん》生活を送りたい」と独白する。

（第4場）宿営地の広場

夜が明けて、起床ラッパと太鼓が鳴り、兵士たちが起き出して来る。

プレツィオジッラが現れて、酒保《しゅほ》の女たちに「運命を占ってやる」と言い、スペインではラバ引きだったトラブーコが、今度は行商人となって宿営地に現れる。

戦場で全てを失った農民たちが物乞《ものご》いにやって来る。陰鬱《いんうつ》な雰囲気にプレツィオジッラは「戦争なんて、ウジウジしていては耐えられない。馬鹿騒ぎが一番さ」と言う。

騒ぎの最中に修道僧のメリトーネが説教を垂れにやってくる「[19]**なんたることだ**」。彼の長い説教に皆は退屈し、メリトーネをからかい始める。プレツィオジッラが「その修道士をそろそろ解放しておやりよ」と言い、太鼓を鳴らしながら勇ましい歌を歌う「[20]**ラタプラン**」。男たちが彼女を取り囲んだ隙《すき》にメリトーネは逃げ出す。

【第4幕】

オルナチュエロス近郊

（第1場）第2幕と同じ修道院

物乞いたちが、修道院から施される食べ物を待ちわびている。メリトーネが、鍋からスープを取り分けている。先を争って食べ物にありつこうと

18　ひとときの安らぎを味わうことも出来ず Nè gustare m'è dato un'ora di quiete
19　なんたることだ Poffare il mondo!
20　ラタプラン Rataplan

取り囲む物乞いたちのことを「図々しい」とメリトーネが愚痴《ぐち》る。「以前の施《ほどこ》しの当番だったラファエッロ神父様はもっと優しかった」と言う物乞いたちに、メリトーネは「彼はそれに疲れて、この役目を俺に押し付けたんだ」と悪態をつく。ラファエッロ神父こそ、アルヴァーロなのだが、その素性をこの修道院の者たちはまだ誰も知らない。

そこにひとりの男がラファエッロ神父を訪ねて来る。それはカルロだった。カルロがラファエッロ神父を呼び出す。ふたりは再度対峙《たいじ》し、カルロは決闘を申し込む「二重唱 **どなたでしょう。私がわかるか**[21]」。アルヴァーロは聖職にある者として剣を取ることは出来ないと言って、膝を折ってカルロの赦しを乞う。しかしカルロに臆病者《おくびょう》呼ばわりされ、再びインカの血を貶《おとし》められるようなことを言われるうちに、彼はついに剣を手にする「二重唱 **脅しと酷《むご》い言葉は**[22]」。

（第2場）岩山の洞窟《どうくつ》

レオノーラが、今でもアルヴァーロを愛していると独白しつつ「どうか神さま、私に死をお与えください」と祈っている「**神よ、平和を与え給え**[23]」。七日に一度グアルディアーノ神父が、入り口にパンを届ける他には誰も近寄ることが許されていない洞窟にひとりの男が訪ねて来る。その男の「死を前にした者に、どうか慰めの言葉をお与えください」との必死の懇願にレオノーラは洞窟から姿を現す。そこにいたのはアルヴァーロで、ふたりは互いが生きていたことを驚く。

死を前にした男が、アルヴァーロが決闘で手に掛けてしまった兄カルロのことだと知ったレオノーラは、兄のもとに駆けつける「三重唱 **私は死ぬ。懺悔《ざんげ》を**[24]」。瀕死《ひんし》のカルロは、残った力を振り絞ってレオノーラを刺し、息絶える。

レオノーラの悲鳴を聞いたグアルディアーノ神父がその場に駆けつけて、瀕死の彼女を洞窟に運んで来る。それを見たアルヴァーロは、あまりにも酷《むご》い運命に神を恨む言葉を口にする。グアル

21 どなたでしょう。私がわかるか。Fratello. Riconoscimi
22 脅しと酷い言葉は Le minaccie, i fieri accenti
23 神よ、平和を与え給え Pace, pace mio Dio
24 私は死ぬ。懺悔を Io muojo! Confessione!

ディアーノ神父はそれを制して、彼女を静かに旅立たせるための祈りを捧げるようにとアルヴァーロを諭す。レオノーラはアルヴァーロに「私が先に神様のもとに行って、あなたを赦してくださるようお願いしておきます。天で待っていますから」と語り息絶える「三重唱[25]**呪ってはならない**」。

《聴きどころ》

なんとも暗いオペラである。初演版では最後にアルヴァーロも断崖《だんがい》から身を投げて自殺する結末となっていたのが、改訂版で（もちろんそこには検閲の問題もあり）結末が多少なりとも救いのある内容になったというのだが、それでも暗い結末であることに変わりはない。この作品を制するのは、徹頭《てっとう》徹尾《てつび》「死」である。銃の暴発で愛する女性の父親を殺してしまったアルヴァーロも、その恋人レオノーラも、兄のカルロも全員がひたすら自分の、あるいは父の仇の「死」を願っている。唐突《とうとつ》に現れるジプシーのプレツィオジッラや、スペインではロバ追い、イタリアに来ては行商人のトラブーコ、そして俗物の修道士メリトーネが、明るさや滑稽《こっけい》さを持ち込もうとするのだが、ここまで「死」に支配された物語にあっては、焼け石に水といった感じである。

レオノーラ —— 真正リリコ・スピントの役

レオノーラの4幕のメロディア「[23]**神よ、平和を与え給え**」は、コンサートでも単独でしばしば歌われる（大胆にも大学の入学試験でまで歌われることもある）。このアリアだけを取り出すならば、構造としては歌うのは簡単である。オクターヴを行ったり来たりして、さて中音ばかりで辛くなってきたところに、ちょうどいいところで高いシ♭が出て来て、重くなりすぎた声のポジションを整えることも出

25 呪ってはならない。Non imprecare

来る。この役で本当に難しいのは、第1幕の登場場面と、第2幕第2場だろう。第1幕のロマンツァ「[1]**家族から遠く離れてさすらうのだわ**」では、父を裏切って駆《か》け落ちをしようとする不安を語る。激しい気性の彼女だが、ここではそれを表に出すよりも不安に苛《さいな》まれていることが表現されねばならない。第2幕のアリア「[7]**慈しみ深い聖母様**」は、グアルディアーノ神父に自分の願いが受け入れてもらえるかどうか、こちらも不安に押しつぶされそうになっているが、今度は劇的な表現が必要となるアリアである。技術のない歌手は、前者のベルカントのような長いフレーズをスムーズに歌うことが出来ず、後者に至っては力任せに叫ぶ羽目に陥《おちい》る。そういう歌手は「[23]**神よ、平和を与えたまえ**」に至る頃にはへとへとで、祈りの声は（役作りとは違う意味で）息も絶えだえになりかねない。

そしてこの作品中、レオノーラの最大の見せ場は、第2幕のアリアに続くグアルディアーノ神父との二重唱。「[8]**我々はふたりきりです**」に始まり、洞窟《どうくつ》で祈りながら死を待つ修行が許されるまでの長大なシーンである。レオノーラ役には比重があり、中身の詰まった、かつ、しなやかな声で、この重唱を歌い切ることができる真正のリリコ・スピントのソプラノの声が求められる。当然劇的な表現を絶叫になることなく、安定した発声でこなすことができるという条件つきで。

この役や《イル・トロヴァトーレ》のレオノーラ、《ドン・カルロ》のエリザベッタといった役柄は、歌う側が大人でなければその心情を表現し切れない。これらの役の繊細な心理描写が、それらのオペラの鍵《かぎ》となるとも言える。大きな声で歌う必要などない。欲しいのは運命を悟り、受け容れる「成熟した女性」の内的表現である。

プレツィオジッラ——運命の流れのままに

プレツィオジッラには、第2幕でカンツォーネ「[5]**太鼓の音が**」、第3幕の最後に「[20]**ラタプラン**」という2曲が与えられて、それなりに大きな役なのだが、このオペラの中に存在する意味となると、いまひとつ不明瞭である。気分を変えるための一陣の風というには、彼女の設定はどうにも不可解なのだ。彼女は手相を見ることが出来て、カルロに不幸（死）が訪れることを予言したジプシーである。その彼女は、スペインからイタリア戦線へとやってきた外人部隊と行動を共にしている。彼女は運命には逆らってもどうにもならないということを熟知して、人生を流れるがままに任せている女として描かれている。その登場の仕方はいつも唐突で、運命に翻弄《ほんろう》される者たちを醒《さ》めた目でじっと見続ける「第三者」であり続ける。もしかしたら「運命」という掴《つか》みどころのない概念が、彼女の姿を借りて、物語の中に姿を表しているのかもしれない。

グアルディアーノ神父――抜群の存在感が必要なバスの役

物語の中で、レオノーラの抱える重い十字架を理解し、静かに生涯を終えたいと願う彼女の祈りを聞き届けてくれるグアルディアーノ神父は、ヴェルディのバスの役でも存在感が大きいもののひとつ。独立したアリアこそひとつも与えられていないのだが、その落ち着きのある言動と物腰が、次々と現れる〝流浪の民〟のような登場人物たちと好対照をなす。若者たちが勢いで暴走しようとするとき、さりげなくその行き過ぎを抑え、メリトーネの俗物ぶりも泳がしておきながらも眼に余るときは静かに注意する。このオペラが単純な恋愛と復讐《ふくしゅう》を描いた青春群像劇にならずに済んでいるのは、この人のお陰なのだ。そうとなればこの役は、人格者として重みが出せる、落ち着きのあるバスによって演じられるのが妥当で、滑稽《こっけい》味、軽妙さは微塵《みじん》も顔を出してはいけない。どんなに美声の持ち主であっても、血の気の多い若いバスが演じてはこのオペラを台無しにしてしまう。チェーザレ・シエピ、ボリス・クリストフなど名フィリッポ（《ドン・カルロ》のフィリッポ二世役のこと）と謳《うた》われた歌手たちが、この役でも名唱を聴かせて来た。

カルロ——父の仇を討つことだけに生きた男

カルロの最大の見せ場は第3幕のアルヴァーロとの重唱で構成されるふたりの出会いからアルヴァーロが復讐すべき相手だとわかったときの喜びまで。ここは「男のオペラ」を得意としたヴェルディの作品の中でも、最も緊迫感に溢《あふ》れ、芝居としても重唱曲としても、特筆すべき完成度の高さを誇る部分である。古今テノールとバリトンの二重唱は多くあるが、ドラマティックな迫力ではこれを越える曲はないだろう。

それにしても、カルロという男の復讐心は熾烈《しれつ》である。彼は一度としてこのオペラの中で他人に気を許さない。この執念深いスペイン男は、他人に対して常に警戒心を解かず、自分の弱みを見せない。徹頭徹尾《てっとうてつび》この男の頭と心を占めているのは「復讐」であり、彼が望むのは、アルヴァーロとレオノーラの「死」のみである。終幕でアルヴァーロの剣に倒れたあとですら、残る力を振り絞って妹を刺し殺して復讐という本望を遂げるのだ。第2幕で歌う軽妙な曲調のバッラータ「**私はペレーダ**」[6]とて、本当に酔っ払って楽しいわけでもなんでもない。彼は相手を警戒させずに情報収集をするために、無理に陽気なメロディに乗せて陰惨な話を語っている。ここでの彼の目は、復讐心でギラギラしているはずだ。だから復讐劇に巻き込まれることなどまっぴらなプレツィオジッラに「私は騙《だま》されないわよ」と見透かされ、さっさと話を切り上げられているのである。

一方で、もうひとつのアリア「**私の運命を決める箱よ**」[16]からは、執念深さと同時に限りなく生真面目なカルロという男の人格が滲《にじ》み出て来てほしい。言い換えれば、ここでは彼が「堅物」であることを表現してほしい。ただただ復讐に燃えるある種の狂気の表現と、四角四面な真面目さの双方をキャラクタライズさせるとなると、当然のことながら、単に強靭《きょうじん》な声のバリトンというだけではとても務まらない役ということになる。

アルヴァーロ――底知れぬ絶望感と、ほのかな希望と

インカ帝国の王族の末裔《まつえい》であるアルヴァーロ。彼はどこまで行ってもマイノリティの壁を越えることが出来ない。侯爵の娘レオノーラとの結婚は「どこの馬の骨ともわからぬ外国人との縁談など認めない」とその父に却下される。戦場にあっても（もう存在しないインカ帝国の高貴な血筋などヨーロッパで何ら意味を持つはずもなく）歩兵隊長に甘んじている。そして彼は何より情熱的にレオノーラを愛している。与えられたアリアはどれも甘く美しい。つまり、自分の天涯孤独《てんがいこどく》な運命を嘆きながらも、時折、何とか前向きに生きようともがくポジティヴな面が垣間見えるのが、この役の独特な味である。

第3幕のアリア「[13]**おお、天使の胸に抱かれている君よ**」が、アルヴァーロ役の最大の聴かせどころということになるが、その後の二重唱も含めて、彼に与えられたナンバーはどれも「泣き」を入れようと思えばいくらでも入れられる曲調である。だがそれをやってしまえば、作品が一気に安っぽくなってしまい、全体の重厚な構造をも崩してしまいかねない。どんなに輝かしい声であっても「泣き」に逃げない抑制された表現が、この役（に限らず、ヴェルディの登場人物）には必須条件なのだ。自分の声に酔ってしまうようなテノールには退場していただこう。マリオ・デル・モナコやリチャード・タッカー、カルロ・ベルゴンツィやジュゼッペ・ジャコミーニといった、この役を得意とした名歌手たちの録音や録画をいま一度お聴きいただきたい。彼らは例外なく、けっして激することのない淡々とした語り口の中から、絶望や諦念《ていねん》といった深い情感を紡ぎ出している。

メリトーネとトラブーコ――市井の人たち

このオペラの男声のキャスティングは大変だ。立派なヴェルディ歌いのアルヴァーロとカルロ、威厳と懐の広さを兼ね備えたグアルディアーノ神父。その上、飄々《ひょうひょう》とした修道士メリトーネ、運命に逆らわぬ極楽とんぼのように明るく生きるトラブーコまで、役者をずらりと揃《そろ》えねばならない。欧米の大劇場では、メリトーネやトラブーコの役に往年の大スターが登場しては聴衆を大喜びさせることもある。それはすなわち、これらの役には芸達者な歌手が必要だということだ。メリトーネは、テノーレ・ブリッランテ、トラブーコにもバリートノ・ブリッランテとヴェルディがわざわざ指定をしている。この場合のブリッランテ（Brillante）は「輝かしい」ではなく「才気煥発《かんぱつ》な」「卓抜な」という意味。すなわちこの2役にはどうしても「役者」が必要なのである。ここに素人同然の若手を当てる歌劇場は、オペラを知らないということを自ら露呈しているのと同じである。

《ドン・カルロ》

DON CARLO *Giuseppe Verdi*

ジュゼッペ・ヴェルディ（イタリア語5幕版）

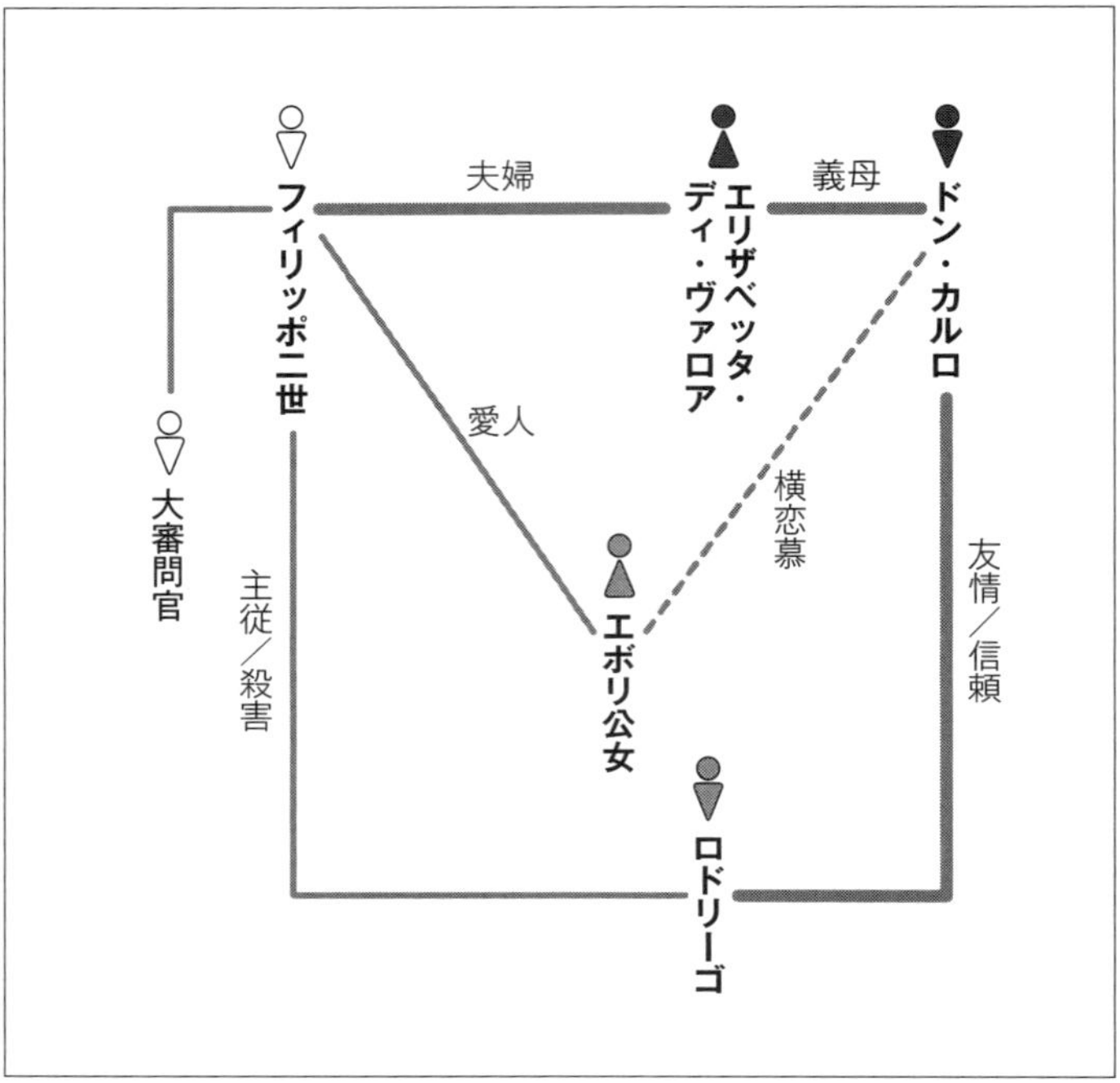

主な登場人物

ドン・カルロ（T）
スペインの王子

ロドリーゴ（Br）
ポーザ公爵

エリザベッタ・ディ・ヴァロア（S）
フランス王アンリ2世の娘

エボリ公女（Ms）
スペイン宮廷に仕える美貌の女官

フィリッポ二世（Bs）
スペイン王

大審問官（Bs）
90歳　盲目

修道士（Bs）
（あるいは、亡くなったカルロ大帝の声）

天の声（S）

5幕のオペラ（5幕フランス語版、4幕イタリア語版などが存在する）Dramma lirico in cinque atti

原作　フリードリヒ・フォン・シラーの戯曲「ドン・カルロス、スペインの王子」

台本　ジョセフ・メリとカミーユ・デュ・ロークル（フランス語）
　　　アシル・ドゥ・ロジエールとアンジェロ・ザナルディーニ（イタリア語翻訳）

初演　1867年3月11日　パリ、オペラ座（フランス語による5幕初演版）
　　　1884年1月10日　ミラノ、スカラ座（イタリア語4幕改定版）
　　　1886年12月29日　モデナ、市立劇場（イタリア語5幕改定版）

演奏時間〈1884年4幕版〉2時間50分／第1幕65分、第2幕35分、第3幕50分、第4幕20分
〈1886年5幕版〉3時間5分／第1幕25分、第2幕55分、第3幕35分、第4幕50分、第5幕20分

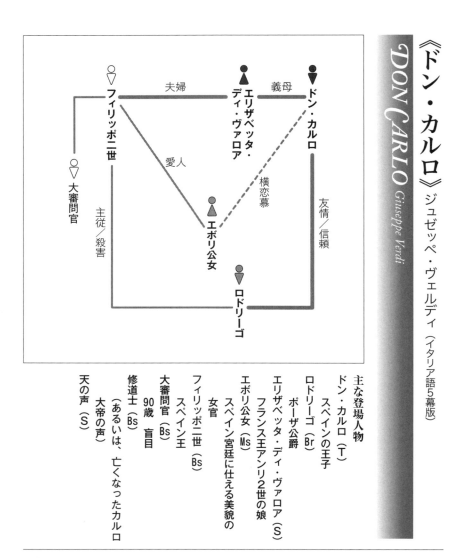

（※あらすじは1886年のモデナ5幕版による。）

【第1幕】

フランス・フォンテーヌブローの森

1560年頃のフランス、フォンテーヌブローの森。王族たちの狩りのラッパと、賑《にぎ》やかな声が近づいて来る。木こりたちが働き、その妻たちがたき火にあたっている。フランス王アンリの娘エリザベッタが、小姓のテバルドが引き綱を握る馬に乗り、狩人姿の宮廷人たちを率いて通り過ぎて行く。その様子を、木陰に身を隠してスペインの王子ドン・カルロが見つめている。彼は自分の婚約者を一目見たくて、スペインの外交団に紛《まぎ》れてやって来たのだ。カルロは、彼女の美しさを褒《ほ》め称える「**彼女の微笑みを見て**」[1]。

エリザベッタと小姓テバルドが森の中で道に迷って戻って来る。そこでカルロと出会う。テバルドは宮殿に迎えを呼びに行く。そこでスペインの王子とフランスの王女は初めて言葉を交わす。カルロは自分の絵姿の入った宝石箱をエリザベッタに渡し、自分が彼女の婚約者であることを明かす。ふたりは互いに惹《ひ》かれ合う「二重唱[2]**なぜ私に跪《ひざまず》かれるのでしょうか**」。

テバルドが他の者たちを引き連れてエリザベッタを迎えに戻って来る。そしてテバルドはエリザベッタに「あなた様は、スペインのフィリッポ王に嫁ぐことが決まりました」と告げる。「王子との結婚のはず」と言うエリザベッタに「いいえ、父君は姫様とスペイン王との結婚をお決めになりました」と告げる。スペインとの長い戦争を終らせ、フランス人たちを困窮《こんきゅう》から救うためには彼女はこの縁談を受けるよりほかない。若いふたりは残酷な運命を嘆く。

【第2幕】

（第1場）スペイン・マドリード

サン・ジュスト修道院の中庭の回廊

日の出を迎えたサン・ジュスト修道院。ここはカルロの祖父であるカルロ五世の墓所でもある。修道士たちの祈りの声が聞こえる。カルロが、いまや父の妻となったエリザベッタへの想いをまだ

1　彼女の微笑みを見て Io la vidi e al suo sorriso

（＊4幕版においてこのアリアは、第1幕サン・ジュスト修道院の場面に調性を変えて挿入される。）

2　なぜ私に跪かれるのでしょうか Al mio piè, perchè?

断ち切れず、祖父の墓に安息を求めてやって来る。そこにひとりの修道士の声が「地上の悲しみは修道院の中にまで追って来る。心の葛藤《かっとう》は、天でのみ癒《いや》される」と語る。その声が祖父カルロ五世（カール大帝）そっくりなので、カルロはそれが祖父の亡霊の声ではないかと恐怖を覚える。

そこにフランドルから戻ってきたポーザ侯爵ロドリーゴが現れる。カルロは親しい友人との再会を喜ぶ。ロドリーゴはカルロに「新教徒（プロテスタント）弾圧を続けるフィリッポ王に申し出て、民衆を救うために王子自らがフランドルに出向いて指揮を執ってほしい」と頼む。

修道院に王と王妃が大勢の修道士に囲まれて入って行く。カルロとロドリーゴは跪《ひざまず》いてそれを見送る。そしてふたりは圧政に苦しむフランドルの民を救うために立ち上がることを神に誓う「二重唱 **我々の魂に愛と希望を呼び覚ます神よ**[3]」。

（第2場）修道院の門前の庭

王族の女性以外は入ることの許されない修道院の前庭で、王妃付きの女官たちが、王妃が修道院から出て来るのを待っている。片目をファッショナブルな眼帯で覆った、美貌《びぼう》で知られるエボリ公女が戯《たわむ》れに「ムスリムの王さまがヴェールを被《かぶ》った踊り子を熱心にくどいた。果たしてヴェールを取り去ると、それは王妃だった」という歌を披露する「**サラセンの館の美しい庭で**[4]（ヴェールの歌）」。

王妃が修道院から出て来る。そこにロドリーゴがやって来て、彼がエリザベッタの母であるフランス王妃から預かって来た手紙に、そっとカルロからの手紙を添えて手渡す。カルロからの手紙には「これを持参した者を信用してください。私たちの過ぎ去った日の思い出にかけて。カルロ」と書いてある。

王妃の動揺した様子に興味津々のエボリを、ロドリーゴは巧みな話術で王妃のそばから引き離そうと試みる。ロドリーゴの「王妃にカルロ王子が面会を申し出ている」との言葉に、常に多くの男性から注目を浴びるエボリは「王子が私に気が

3　我々の魂に愛と希望を呼び覚ます神よ Dio, che nell'alma infondere
4　サラセンの館の美しい庭で（ヴェールの歌） Nel giardin del bello saracin ostello

あって、その口添《くちぞ》えを王妃に頼んでいるに違いない」と勝手に誤解する。

カルロがやって来るので、人々はその場から下がる。カルロは彼女に熱い胸のうちを打ち明けるが、エリザベッタは辛《かろ》うじて冷静さを保つ。彼女の冷たい態度に失望したカルロはその場から去る。

そこにフィリッポ王が臣下たちを連れて修道院から出て来る。王は「王家のしきたりに反して、なぜ王妃がお付きの者もなくひとりで居たのか」と怒り、エリザベッタの女官を務めるフランスのアレンベルク伯爵夫人に「そなたは明日、母国に戻れ」と言い渡す。

その屈辱的な命令に驚いて涙する伯爵夫人をエリザベッタが優しく慰める「**お友達よ、泣かないで**[5]」。

王妃を含めた全員がその場を去ろうとした時、フィリッポがロドリーゴを呼び止める。「なぜ謁《えっ》見《けん》を申し出ないのだ」と問い詰める王にロドリーゴは、フランドルの現状を報告し「平和は圧政を敷いて彼らの血を流すことでは訪れない。違う形で彼らを救うべきだ」と進言する。

それを聞いた王は、彼の実直な発言に逆に彼を信用する気になり「今の王に対する失礼な物言いは聞かなかったことにする。だが、新教の存在を許さぬカトリックの大審問官にだけは気を付けるがよい」と彼に助言したばかりか、王自身が、息子と王妃が愛し合っているのではないかと悩み、苦しんでいることをロドリーゴに明かす。

ロドリーゴは、王の信頼を得ることでフランドルを救う可能性が見えてきたと感じ、王の前に跪き、恭順の意を表す「二重唱 **おお、陛下、私がフランドルに着くと**[6]」。

【第3幕】

(第1場) マドリード、戴冠《たいかん》式の祝賀会で賑《にぎ》わう王妃の庭

カルロが、王妃から届けられた(と彼が信じ込んでいる)手紙を読んでいる。そこには「真夜中0時に噴水のそばの月桂樹《げっけいじゅ》の下で」と書いてある。

5　お友達よ、泣かないで Non pianger mia compagna
6　おお、陛下、私がフランドルに着くと O signor, di Fiandra arrivo

そこに王妃のマントを羽織り、ヴェールと仮面をつけたエボリが現れる。それを王妃と思い込んだカルロは、王妃への想いを熱く語る。当初エボリは、その告白が自身に向けられたものだと思って喜ぶが、仮面を外した自分を見て動揺するカルロの様子を訝《いぶか》しがる「二重唱 **あなたですね、いとしいお方**[7]」。

そこにロドリーゴがあわてて割って入るが、時すでに遅く、エボリはカルロの愛する相手が自分ではなくエリザベッタだと気付き、それを王に告発すると騒ぎ始める。ロドリーゴが、エボリを刺し殺そうとするがカルロがそれを押しとどめる。プライドを傷つけられたエボリは復讐《ふくしゅう》を誓い、その場から去って行く。

ロドリーゴは、カルロに「何か重要な密書を持っているのならば、自分に託して欲しい」と言う。カルロは一瞬逡巡《しゅんじゅん》するものの、友を信じてそれを渡す。

（第2場）火刑台が設《しつら》えられている
アトーチャ教会前の大広場

カトリック教徒である民衆たちが、異端審問で有罪とされた新教徒たちの処刑を見に集まっている「合唱 **喜びの日の夜が明ける**[8]」。

フィリッポが、エリザベッタを伴って姿を現し、処刑執行を命ずる。そこにカルロが6名のフランドルからの使節団を連れて現れる。使節団はフランドルの窮状を訴えて王の慈悲を願い出るが、王はそれを拒絶する。王の前にカルロが進み出て「自分にブラバンドとフランドルの支配をさせて欲しい」と願い出る。

常に自分に反抗的な王子の申し出に対して、フィリッポは「父を亡き者にするための剣を、誰がみすみすお前に与えたりするものか」と冷たく言い放つ。その言葉にカルロは自らの剣を抜いて天に向かって掲げ「フランドルの者たちよ、私がお前たちを救う」と宣誓する。

「誰かこの者から剣を取り上げよ」と王が叫ぶ。そのときロドリーゴが進み出て、カルロから剣を

7　あなたですね、いとしいお方 Sei tu, sei tu, bell'adorata
8　喜びの日の夜が明ける Spuntato ecco il dì d'esultanza

奪う。カルロは親友の予想外の行動に驚く。王はロドリーゴを公爵に任ずる。

使節団の嘆きの声の中、火刑台に火が付けられる。「天に昇れ、哀れな魂よ。神の平安のうち飛んで行くがいい」と天からの声が聞こえて来る。

【第4幕】

（第1場）マドリード王宮の王の居室

朝方、眠れないフィリッポが考え込んでいる。彼は「私は妻に愛されたこともなく、孤独のまま死ぬだろう。王家の墓所であるエスコリアル宮殿の天蓋《てんがい》の下に王のマントに包まれて安置されるとき、私は初めて安らかに眠ることが出来るのだ」と権力者の孤独と悲哀を語る「**彼女が私に愛を抱いたことは一度もなかった〜ひとり寂しく眠ろう**[9]」。

王に呼ばれた盲目の長老、大審問官が現れる。王は彼に自分に刃向かうひとり息子、カルロの処遇をどうしたものかと迷って相談する。大審問官は「国を守るためには謀反《むほん》人を死罪にするのは当然のことだ」と語ったのみでなく「神の座を脅かすのは、そなたの腹心でありながら新教を支持する男だ。ポーザ公爵を教会に引き渡せ」と迫る。それを王が拒絶すると大審問官は「カトリック教会あっての王座ではないか」と王を恫喝《どうかつ》するように言って去る「二重唱　**わしは王の御前におるのか**[10]」。

エリザベッタが、王の居室に駆け込んでくる。彼女は王の足元にその身を投げ「お裁きを、宝石や大切なものをしまっておいた手箱が盗まれました」と訴える。王は自分の机の上からその手箱を取り上げて、彼女に手渡し「このことか。その手箱をここで開けて見せよ」と言う。彼女がそれを躊躇《ちゅうちょ》すると、王が自ら手箱を開き、カルロの肖像を取り出す。エリザベッタは「それは私が王子と婚約していた時にもらったものです」と申し開きをするが、王はそれを聞き入れず、彼女が不義を働いたと決めつけて、彼女を責め続ける「二重唱　**お裁きを、陛下**[11]」。

エリザベッタが気を失ったので、王が臣下の者

9　彼女が私に愛を抱いたことは一度もなかった〜ひとり寂しく眠ろう Ella giammai m'amò! 〜 Dormirò sol nel manto mio regal

10　わしは王の御前におるのか Son io dinanzi al Re?

11　お裁きを、陛下 Giustizia, Sire!

を呼ぶ。ロドリーゴとエボリが駆けつける。エボリは王妃を窮地に追い込んだことを悔い、ロドリーゴは嫉妬《しっと》に我を失った王を諫《いさ》めながら、スペインの将来のため自分の命を差し出す覚悟を独白する「四重唱[12] **ああ、呪《のろ》われるがいい、抗しがたい疑いよ**」。王とロドリーゴが部屋から出て行く。

罪の意識に苛《さいな》まれたエボリはエリザベッタに、カルロが王妃を愛していることに嫉妬して手箱を盗んで王に届けたのが自分であること、そして自分が王と愛人関係にあることを告白する。それを聞いた王妃は静かに「この国を去るか、あるいは修道院にお入りなさい」と彼女に言い渡し、部屋から出て行く。

ひとり残ったエボリは、自分を信頼してくれていた王妃を裏切ったことを後悔し「明日には処刑される予定のカルロを何とかして救わねば」と決意のほどを語る「[13]**酷《むご》い運命よ**」。

（第2場）カルロが入れられている牢獄

カルロは、フランドルの支配方針に関して王に公然の場で盾《たて》つき、かつ、カトリックではなく新教徒を支持した罪で処刑されることが決まっている。失意のカルロの前にロドリーゴが現れる。王妃への愛に苦しみ「自分にはもうフランドルの民を助ける力などない」と言うカルロにロドリーゴは「私はあなたを救いに来たのです。フランドルの反乱を煽動《せんどう》したのは私ということになっています。あなたからお預かりした密書は、私宛のものだとしてあります。罪はすべて私が背負って死んで行きます。どうかあなたは自由の身となって、フランドルをお助けください」と語る「[14]**私に最期の日が訪れました**」。

そのとき銃声が鳴り響き、ロドリーゴが倒れる。彼は虫の息でカルロに「明日、王妃がサン・ジュスト修道院であなたをお待ちです」と伝え、カルロの腕の中で息を引き取る「[15]**ああ、カルロよ、お聞きください**」。

王と高官たちが現れ「お前に剣を返そう」と息子に手を差し伸べるが、カルロはそれを拒絶して「あなたには、もう息子はいない」と叫ぶ。

12　ああ、呪われるがいい、抗しがたい疑いよ Ah! sii maledetto, sospetto fatale
13　酷い運命よ O don fatale!
14　私に最期の日が訪れました Per me giunto è il dì supremo
15　ああ、カルロよ、お聞きください O Carlo, ascolta

民衆たちがカルロの釈放を要求して押し寄せる。反乱一歩手前の民衆を大審問官が「神がお決めになられた王に刃向かうのは、神を冒涜《ぼうとく》する行為である」と一喝する。民衆はそれに気圧《けあつ》されて、その場にひれ伏す。

【第5幕】

月夜のサン・ジュスト修道院の回廊

エリザベッタがカルロ五世の墓の前に跪《ひざまず》いて祈りを捧げ、母国フランスを懐かしんでいる。そしてカルロをフランドルに送り出すのが最善だと、彼への恋心に別れを告げる「**世の虚《むな》しさを知る神**[16]」。

カルロが現れる。エリザベッタはカルロに別れを告げて、彼のフランドルでの活躍を祈る。カルロもフランドルを救う決意を語り、愛しあうふたりは永遠の別れを告げる「二重唱 **美しい夢が僕に微笑み**[17]」。

そこにフィリッポと大審問官がカルロを捕らえるために現れる。その時、カルロ五世の墓所から王冠をかぶりマントを羽織ったカルロ五世の亡霊が姿を現して「地上の悲しみは修道院の中にまで追って来る。心の葛藤《かっとう》は天でのみ癒《いや》される」と語り、ふたたび墓所の中へと姿を消す。カルロは気を失って倒れる。

《聴きどころ》

最初にフランス語で作曲された「原典版」、それが長すぎるためヴェルディ自身が初演時のリハーサル中に削った「初演版」、第1幕を丸ごとカットして手直しを加えた「4幕版」、再度第1幕を復活させて再編纂《へんさん》された「5幕版」、さらにオリジナル・リブレットのフランス語歌詞のイタリア語翻訳版……。これほど多くの種類の楽譜が存在するヴェルディの作品は他にない。指揮者や演出家が、それぞれの

16 世の虚しさを知る神 Tu che le vanità conoscesti del mondo
17 美しい夢が僕に微笑み Vago sogno m'arrise!

ヴァージョンをミックスして上演するため、未だ決定版《ドン・カルロ（ス）》は存在しない。

（※フランス語版はDON CARLOS（ドン・カルロス）、イタリア語版はDON CARLO（ドン・カルロ）と表記される。）

エリザベッタ――幼さの残る娘から大人の女性へ

エリザベッタは、オペラの中で「娘」から「大人の女性」へと変貌《へんぼう》する。歌唱自体の難しさもさることながら、そうした変貌をたった数時間の中で演じ分けることも、この役の難しさである。フランス王室の「箱入り娘」として登場したエリザベッタは、いわゆる政略結婚でスペインに嫁いで来るわけだが、その相手が当初予定されていた王子ではなく、よりによって自分の親のような年齢である王に変更になった。異国の地で、フランスから自分について来てくれた女官が王の命令で追放されるとき（第2幕）には、彼女は王に抗議することも出来ず、ただ運命を受け入れるしかない。この時のエリザベッタのロマンツァ[5]「**お友達よ、泣かないで**」における歌唱では、彼女のか弱さが表現される。ところがこの曲はテッシトゥーラ（中心となる音域）が低いため、成熟した大人の女性の雰囲気を醸《かも》し出してしまいがちである。ここでの彼女には、その信頼出来る（なにより異国で自分と同じ言葉を話す）友と離れる寂しさ、スペインに残らねばならぬ我が身の辛さを、どこかひ弱さが残る歌唱で表現をすることが求められる。

第4幕で、私の手箱が盗まれましたと王の居室に駆け込んでくる[11]「**お裁きを、陛下**」における王とのやりとりは、このオペラのエリザベッタの重唱の中で、最もドラマティックなものである。ここでの彼女は、もう第3幕までの弱々しい存在ではない。自分の権利を王に対してきちんと主張しており、それに続く「私の十字架を返してください」に始まるエボリに対する毅然《きぜん》とした態度も王妃そのもので、すでに落ち着き払ったものになっている。

そして全編のクライマックスをなす第5幕の[16]「**世の虚《むな》しさを知る神**」。これは歌い切ること自体も大変なドラマティックなアリアである。アリアの冒頭〝Tu che le vanità conoscesti del mondo, e godi nell'avel il riposo profondo（墓の中で静かに深い眠りにつく、この世の虚しさを知るお方）〟というカルロ五世への呼びかけのフレーズは、最高音がソプラノのパッサッジョ（声の変わり目）に当たりアクートに抜け出すところまでは行かない中途半端な音域で書かれているため、ひとつ間違えると必要以上にドラマティックに重く歌い始めてしまう危険がある。ここで重くなりすぎると、その後に続くカルロと出会った日のことを思い出す抒情的《じょじょうてき》な表現の部分で声に柔らかさを持たせることが難しくなる。感情を高ぶらせた彼女は、再度最初のフレーズに戻る。そこには一度目のそれよりも悲壮感の増した表現が求められる。ここで彼女の出番が終わりならば、アリアが全力を出し切って絶叫に終わったとしても、それなりに形になるかもしれない。しかし、この先に休む間もなく続くカルロとの（4幕版においては唯一となる）愛の二重唱「**美しい夢が僕に微笑み**[16]」が続く。ここで彼女はずっと愛し続けてきた人との別れの切なさを、たっぷりと抒情的に表現しなければならない。終幕のエリザベッタのペース配分は、本当に難しい。

エボリ公女——プライドの高い美貌《びぼう》の女性

エボリには、この作品の後に書かれる《アイーダ》のアムネリスと同様に、メゾ・ソプラノが充てられている。その理由は、エボリがエリザベッタより年が上の「大人の」女性で、彼女には自分のために他人を陥《おとし》れることも厭《いと》わない性格の強さが求められるからだ。お姫様育ちのソプラノのエリザベッタと差別化を図る必要もある。そして片面を眼帯で覆っていてもなお美貌で鳴らすエボリは、自分が好意を持った男たちは、自分に振り向いて当然と思うプライドの高さを持ち、出来ることならば自分がこの宮廷のトップでありたいと夢見ているのである。エボリが、単なる美しい女性というだけでは、このオペラのストーリーを大きく展開させるだけの力は持ち得ない。エボリの表現には上昇志向の強さと、したたかさを欠くことはできない。

エボリの最大の聴かせどころは第4幕のドラマティックなアリア「[13]酷《むご》い運命よ」である。音域の広さも然《さ》る事ながら、このオペラ全体における彼女の役割、生き様のようなものが集約されるアリアである。これを力任せにならずに、いかに内容が表現できるかで、そのメゾ・ソプラノ歌手の実力が白日のもとに晒《さら》される。このアリアは、第5幕のエリザベッタのアリア「[16]世の虚《むな》しさを知る神」と対をなすもので、ここでは自分が引き起こす悲劇を何とか自力で止めようとするエボリの「あがき」が、その歌唱から感じられなければ、このアリアの存在意味はない。

カルロ――他人に流されやすい弱い性格

史実のカルロ王子は、このオペラで付与された人物像よりも、もっと虚弱で、動物虐待《ぎゃくたい》を繰り返すような問題児で、相当なペシミストであったようだ。ひとり息子でありながら、常に父に愛されていないと思い込み、自分の母という立場になってしまったエリザベッタへの恋心をいつまでも抱き続けるという純粋で傷つきやすい青年である。（オペラの中で、若き日のエリザベッタが一目で惹《ひ》かれるような美男子として描かれているのは、この役を歌うテノールには幸いである）。

彼がフランドルを救うために立ち上がるのは良いが、その王へのアプローチの仕方があまりに稚拙《ちせつ》で、オペラの中でロドリーゴに「この人は何をやっているのだ」と嘆かれている。この役を歌うテノールには、虐《しいた》げられた民衆を救うために立ち上がる王子の逞《たくま》しさではなく、純粋さにスポットを当ててもらった方が良かろう。オペラの進行の中で、第1幕では幼さの残るエリザベッタがどんどん成長して行くのに対して、カルロはいわば置き去りにされ、いつまでも他力本願で夢見がちなままである。この役のテノールにはひたすら、汚れない抒情的《じょじょうてき》な歌唱を望みたい。

ちなみに5幕版第1幕で歌われるアリア「**彼女の微笑みを見て**」[1]はハ長調で書かれている。これは純粋にエリザベッタの美しさを讃える、明るさに満ちた曲である。4幕版では（もちろん前後の調性との繋がりもあるのだが）同じ歌の前に「僕は彼女を失った」というレチタティーヴォが付き、半音低い変ロ長調に変更されている。歌い始めの歌詞こそ同一だが、すぐに彼女を父に奪われたことへの恨み節の内容となり、展開部からはメロディも異なる（一般にコンサートでアリアとして取り上げられるのはこの4幕版のもの）。全編でカルロに与えられているアリアは、この恋を歌う1曲だけである。

他の登場人物たちが自らの主義主張をはっきり示していくのに対し、カルロはロドリーゴの言葉に影響されるばかりで、自身の意思というものが最後まで湧き上がって来ることはない。成就《じょうじゅ》することのないエリザベッタへの恋心と自分は父から愛されていないという呪縛《じゅばく》から、彼は最後まで逃れることが出来ないままに終わるのである。

ロドリーゴ――筋金入りの新教支持者

一見カルロのことをひたすら支える忠臣のように感じられるロドリーゴだが、本当にそうだろうか。カルロに、初めはさして興味を持っていなかったフランドルの解放を囁《ささや》き続け、焚《た》きつけるのはロドリーゴである。彼は「神を信じることに、カトリックも新教もない」という新しい考え方を持っている。それは大審問官が、第4幕で王に「本当に危険なのはカルロではなく、ロドリーゴだ」と注意喚起《かんき》をしていることからもわかる。

ロドリーゴは第4幕第2場で、カルロの目の前で命を落とすことになるが、これはカルロを救うための美しき友情物語の結末なのだろうか。否、そうではあるまい。彼が救いたかったのはフランドルの民であり、彼は生粋の政治活動家であった、と言ってもいいだろう。

そう考えてみると、第4幕のアリア「**私に最期の日が訪れました**」[14]が違って聴こえて来るのではあるまいか。あるいは、第2幕でのカルロとのいわゆる友情の二重唱「**我々の魂に愛と希望を呼びさます神よ**」[3]、そして同2幕フィリッポとの掛け合い、それらにはフィリッポが言うところの「奇妙な夢想家」ロドリーゴのもうひとつの顔が見えている。ロドリーゴのこうした多層的なキャラクターが、このオペラにさらなる深みを与える。つまり次々に現れるアリアや重唱を、単にいい声で美しく、格好良く歌っているだけでは、「この役をこなした」とは言えないのだ。

大審問官――もう一人のバス

盲目で90歳の大審問官役には、ソロのアリアがあるわけでもない。登場場面も延べで30分にも満たない。しかし彼の存在が、このオペラの時代背景のほとんどすべてを担《にな》っている。ヴェルディは第4幕にこのオペラの歴史劇たる最大の見せ場を用意し、ふたりのバス――バッソ・プロフォンド（深々としたバス）とバッソ・カンタンテ（カンタービレなど歌いこなすことに適したバス）――を正面きって対決させるという〝実験〟を行ない、そして見事な果実を稔《みの》らせた。この場面の老獪《ろうかい》な大審問官と老齢に達しようとする王の丁々発止のやり取りは、何度見ても鳥肌が立つようだ。たった数分間の場面ながら、ここには最高の実力者ふたりを揃えなければこのオペラは台無しになってしまう、と言っても過言ではない。世界を牛耳《ぎゅうじ》ろうという勢いの互いに大きな権力を握ったふたりの男によるせめぎ合いを音楽という形で結晶させたのがこの場面である。ヴェルディの才能に改めて脱帽するしかない。

フィリッポ二世――権力者の孤独

《リゴレット》《オテッロ》《ファルスタッフ》……ヴェルディのオペラは、そのタイトルロールがイコール主人公であることがほとんどだが、《ドン・カルロ》の主人公は、となると、その実フィリッポではなかろうか。あるいはフィリッポの憂鬱《ゆううつ》、孤独が《ドン・カルロ》作品全体の雰囲気を支配している、とも言えよう。

5幕版の第2幕でフィリッポが登場してロドリーゴを相手に語り出すや、フィリッポの憂鬱、孤独がすでに舞台一面を支配する。物語はフィリッポを取り巻く人物たちによって進んでいくわけだが、それらを俯瞰《ふかん》し、総括するのが第4幕冒頭「**彼女が私に愛を抱いたことは一度もなかった**[9]」と歌い出すアリアであり、このオペラのクライマックスを形作る。丁々発止の二重唱、大きな盛り上がりを見せる三重唱、大合唱をバックにした派手なアンサンブル……「グランド・オペラ」の名の通り、全編見せ場の連続と言ってもいいこのオペラの最大の聴かせどころが、ひたすら静かに淡々と歌われていくフィリッポのアリアなのは皮肉でもある。ヴェルディが生涯に書いたアリアの中で、これほど深く、人生の悲哀を描いたアリアは他にない。それゆえに、これを朗朗《ろうろう》と歌われてしまったらたまらない。若いバス歌手にこのアリアを美しい声で滑らかに歌うことはさほど難しいことではないだろう。しかしそれではこのアリアは全く意味を成さない。歌手本人がそれなりの年齢を重ね、舞台経験も積み、人生の悲哀を理解出来るようになって初めて、この歌詞の本来の意味を理解し、表現することが出来るようになる。だからこそ、ヴェルディを歌うバス歌手にとって、フィリッポ二世は最高の役と言われるのである。

《アイーダ》ジュゼッペ・ヴェルディ

AIDA *Giuseppe Verdi*

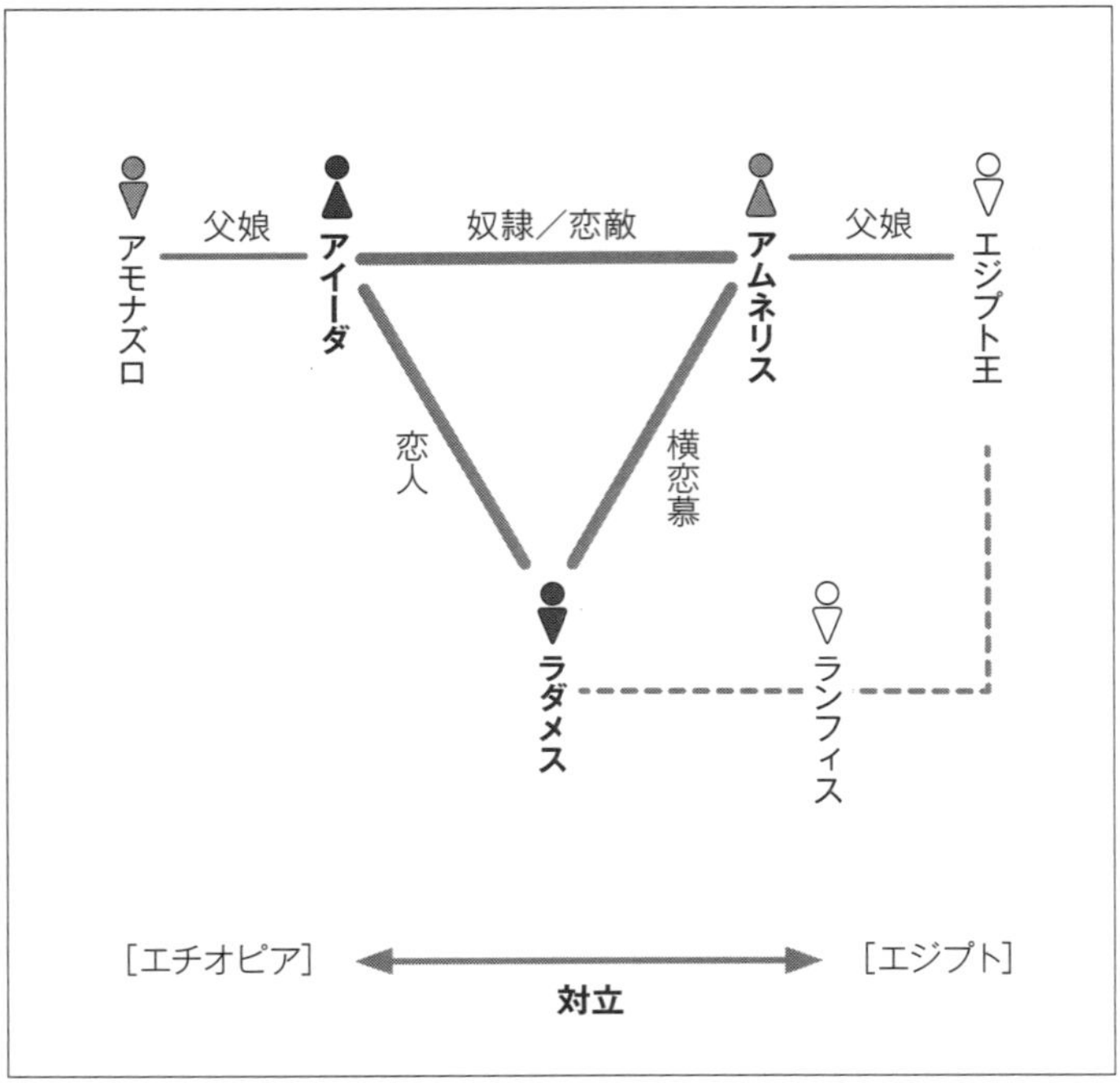

主な登場人物

アイーダ（S）
エジプトの奴隷
実はエチオピア王アモナズロの娘でラダメスに恋をしている

アムネリス（Ms）
激しい気性のエジプトの王女
ラダメスに想いを寄せている

ラダメス（T）
エジプトの護衛隊長
アイーダを愛している

アモナズロ（Br）
故国の再興を誓う不屈の戦士であるエチオピア王
アイーダの父

ランフィス（Bs）
エジプトの祭司長
冷静沈着かつ冷酷さを持つ

エジプト王（Bs）
威厳に満ち貫禄がある
アムネリスの父

4幕のオペラ　Opera in quattro atti
原作　オーギュスト・マリエット（原案）
台本　アントーニオ・ギスランツォーニ
初演　1871年12月24日　エジプト、カイロ歌劇場
演奏時間　2時間40分／序曲5分、第1幕35分、第2幕40分、第3幕35分、第4幕45分

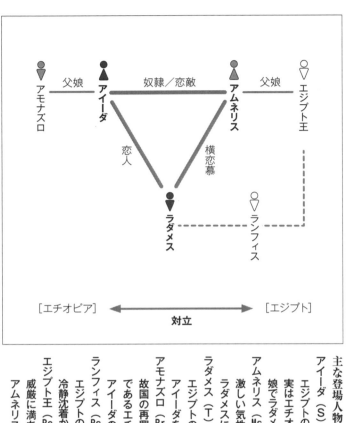

【第1幕】

（第1場）古代エジプト、ファラオ支配の時代

メンフィス王宮の広間

このオペラの中の二重唱やアリアからの切ないメロディで構成された、運命に翻弄《ほんろう》されて最後には愛に殉《じゅん》じる、アイーダの運命を暗示するような序曲に続いて、幕が開く。

そこは巨大な石造りのメンフィス王宮の中である。祭司長ランフィスと護衛隊長のラダメスが話している。ランフィスはラダメスに「近くエチオピアが攻めて来る。間もなく女神イシスのお告げによってエジプト軍最高司令官が決まるだろう」と語る「**そうだ、猛猛《たけだけ》しいエチオピアがまた攻めて来ると**[1]」。それを聞いたラダメスは、戦利を挙げて晴れて奴隷のアイーダと結ばれたいと願い、彼女への恋心を歌う「**清きアイーダ**[2]」。

そこに豪華な衣装に身を包んだエジプト王女、アムネリスが姿を現す。彼女はラダメスを愛しているが、彼の心が他の女性に向けられていることを感じている。その相手が誰なのかを知ろうとして「あなたの眼差《まなざ》しにはただならぬ輝きが宿っていますわ。高貴で勇敢なあなたのお顔がきらめいていますわ」と言って彼に探《さぐ》りを入れる。気位が高く、気性の激しいアムネリスに用心するラダメスだったが、そこに現れたアイーダの姿を見て動揺する。ラダメスがアイーダに向ける視線から、アムネリスは彼の意中の女性がアイーダであるとわかり、彼女への嫉妬《しっと》の炎を燃やす。

王やランフィスら、エジプトの重鎮たちが揃って広間に姿を見せる。

そこに使者が「アモナズロ王自らが率いるエチオピア軍が、テーベに攻め込んで来ました」と報告する。アモナズロ王の娘であるアイーダは、父の名前を聞いて驚く。人々は口々に「戦いだ」と叫ぶ。

エジプト王は、軍の最高司令官にラダメスを指名する。アムネリスがラダメスに「勝ちて帰れ」と言い、アイーダを含めたその場にいた全員もそれに唱和する。

皆が去った後、ひとり残ったアイーダは「愛す

1　そうだ。猛猛しいエチオピアがまた攻めて来ると Sì, corre voce che l'Etiope ardisca sfidarci ancora

2　清きアイーダ Celeste Aida

る人に勝ちて帰れと言ったけれど、彼が勝つということは、敵軍の将である我が父の死を意味すること。神様、分別《ふんべつ》をなくして口にした言葉をどうぞお許しください。でも、父の勝利を願うことは同時に、奴隷の私に光を与えてくれた愛する人の死を願う事になる。ああ、私はどうしたら良いのでしょう」と千々に乱れる心の内を吐露《とろ》する「**勝ちて帰れ**[3]」。

(第2場) ウルカヌス神殿

ラダメスの戦勝を期して、巫女《みこ》たち、ランフィスや神官たちによるフタの神(創造主)への祈祷《きとう》と踊りが捧げられる「**全能の神フタよ**[4]」。祭壇《さいだん》の前に導かれたラダメスの頭上に銀のヴェールが広げられ、ランフィスによる祈りが捧げられる。ラダメスは神に戦勝を誓う。

【第2幕】

(第1場) 数日後のアムネリスの居室

戦いはエジプト軍が勝利した。奴隷たちに囲まれ、戦勝祝賀会の準備のためにアムネリスが湯浴みをしている。女奴隷たちはアムネリスをかいがいしく世話し、ムーア人の奴隷が大きな羽根で出来た団扇《うちわ》で風を送っている。奴隷の子供達が走り込んできて賑《にぎ》やかに騒ぎ、部屋の中は華やいだ雰囲気に満ちている。

そこに母国エチオピアの敗戦に肩を落としたアイーダがやって来る。アムネリスは人払いをしてアイーダとふたりきりになる。アムネリスはさも優しげにアイーダに声を掛ける「二重唱 **武運はあなた方を見放したわね**[5]」。そして彼女はアイーダにわざと「ラダメスが戦死した」と嘘《うそ》の情報を伝えて彼女の反応を見る。それを聞いて悲しみに暮れるアイーダの様子から、彼女もまたラダメスを愛していることを確信したアムネリスは「私はお前を騙《だま》したの。ラダメスは生きている。勝利を挙げた将軍の相手は、奴隷のお前ではなく、王女であるこの私よ」と言う。アイーダは思わず「私もエチオピアの王女です」と叫んでしまうが、すぐに我にかえりアムネリスに謝罪する「二重唱

3 勝ちて帰れ Ritorna vincitor!
4 全能の神フタよ Possente, Fthà
5 武運はあなた方を見放したわね Fu la sorte dell'armi a' tuoi funesta

ああ、どうか私の痛みに御慈悲を[6]」。そこにエジプト軍の凱旋《がいせん》を知らせるラッパが鳴り響く。

（第2場）テーベの町のとある城門（凱旋の場）

勝利の知らせを聞いた民衆が続々と広場に集まって来る。そこに王族たちが姿を現す。王が天蓋《てんがい》の下に設けられた玉座に着き、アムネリスはその隣に座る。アムネリスに従って来たアイーダも広場にいる。

民衆がエジプト王とイシスの神（王位の守護女神）の栄光を讃える。そこにラッパ（アイーダ・トランペットと呼ばれる）によるファンファーレが聴こえ、エジプト軍が凱旋パレードを繰り広げる。エチオピアからの数々の豪華な戦利品が次々に運び込まれ、兵士たちが隊列を組んで行進しながら入って来るのを民衆は興奮して迎える。やがてラダメスが登場すると、民衆の熱狂は頂点に達する。

王はラダメスに向かって「戦勝の褒美《ほうび》に、娘との結婚を許す」と言い、ラダメスは、アムネリスから勝利の花冠《かかん》を授かる。

そこに疲れ切ったエチオピアの捕虜たちが連行されて来る。その中に兵士の姿に身をやつしたエチオピア国王である父アモナズロを見つけたアイーダが、思わず「父上」と驚きの声を上げて抱きつくが、父は瞬時にそれを制し「私の身分を明かすな」と娘に囁《ささや》く。エジプト王に対しアモナズロは、自分がエチオピア王だとは言わず「私はあの奴隷の父親。故国とエチオピア王のために戦ったが、我々は破れた。我々の王は倒された」と答える。ランフィスや神官たちは捕虜全員の死刑を王に進言する。アイーダや捕虜たちは「何とぞ御慈悲を」とエジプト王に訴え掛ける。

アイーダの動揺を見たラダメスは王に向かって「私への戦勝の褒美として、捕虜たちに自由を」と願い出る。王はそれを聞き入れた上で、ラダメスにアムネリスと結婚して、王位を継ぐようにと語る。

6　ああ、どうか私の痛みに御慈悲を Ah! pieta ti prenda del mio dolor

【第3幕】

夜のナイル川の岸辺

アムネリスが、明日のラダメスとの結婚式の前に身を清め、神に祈りを捧げるために岸辺の神殿に現れる。祭司長ランフィスが、神殿へと彼女を誘《いざな》う。アムネリスは神官らと神殿に入って行く。

ラダメスにここに呼び出されたアイーダが姿を現す。ラダメスが自分に何を言おうとしているのか不安に駆られつつ、彼女は「もう二度と見ることはないでしょう。故郷の澄み切った空、緑の丘、美しい川……」と故郷を思う切ない気持ちを歌う「**おお、澄み切った空よ**[7]」。

そこに思いがけず父、アモナズロが姿を現す。父は娘アイーダに故郷のことやエジプト軍のエチオピア人への残虐《ざんぎゃく》な仕打ちを思い出させて「故国のためにラダメスからエジプト軍の配置を聞き出せ」と彼女に命じる「二重唱 **ああ、お父様〜お前は芳しい香りの森を再び見るだろう**[8]」。父はためらう娘を「お前はもう私の娘ではない」と恫喝《どうかつ》する。アイーダは思い切りがつかず悩む。

ラダメスのやって来る気配にアモナズロは岩陰に隠れる。アイーダと会ったラダメスは「私はアムネリスとは結婚せずに、お前を守り抜く」と語るが、アムネリスの激しい気性を知るアイーダには、それは到底可能なこととは思えない。アイーダは意を決して「いっそ一緒に逃げましょう」とラダメスを誘う。ラダメスは逡巡《しゅんじゅん》するものの、最後にはそれに同意して「今夜のうちならば、ナパタ渓谷には軍は配備されていない」と口にする「二重唱 **また会えた、僕の愛しいアイーダ〜ああ、ダメだ、逃げよう**[9]」。その時、アモナズロが姿を現す。アイーダの父アモナズロがエチオピア王と知ったラダメスは驚き、自分が軍の情報を敵の王に漏《も》らしてしまった事実に愕然《がくぜん》とする。アモナズロは、娘とラダメスとともにナパタ渓谷を通って逃げようとする。

そこにアムネリスとランフィスが神殿から出て来て「裏切り者たちを捕えよ」と命令する。ラダメスは、アイーダとアモナズロを逃し「自分は罪を償う」と言ってその場に残る。

7　おお、澄み切った空よ O cieli azzuri

8　ああ、お父様〜お前は芳しい香りの森を再び見るだろう Ciel! mio padre! 〜 Rivedrai le foreste imbalsamate

9　また会えた、僕の愛しいアイーダ〜ああダメだ、逃げよう Pur ti riveggo, mia dolce Aida 〜 Ah, no! fuggiamo!

（※その後、アモナズロは逃亡の途中で追手によって命を落とし、アイーダは行方知れずとなったことが、第4幕でアムネリスによって語られる。）

【第4幕】

（第1場）王宮の中

アムネリスは、アイーダを取り逃がした悔しさと、今でもラダメスがアイーダを想っていることへの嫉妬《しっと》に駆られる「**憎い恋敵はいなくなった**[10]」。彼女はラダメスを呼び、弁明をして命乞いをするよう必死に説得を試みる。しかしアイーダを失い生きる意味が見い出せないラダメスに拒絶される「二重唱　**すでに祭司たちは集まっています**[11]」。地下の法廷で裁判が始まり、アムネリスは愛する男を死に追いやってしまう自分の嫉妬心を呪《のろ》う。

軍の機密を漏らしたラダメスに、石室での生き埋めの刑を言い渡すランフィスの声が響き渡る。アムネリスは法廷から出て来たランフィスにラダメスの助命を願うが「裏切り者を赦すことは出来ない」とにべもなく断られる。アムネリスは「お前たちに天の復讐《ふくしゅう》があるだろう」と呪《のろ》いの言葉を口にする。

（第2場）石室の中

ラダメスが入った石室の蓋《ふた》が閉じられようとしている。ラダメスが、もう二度と陽の光を見ることも、アイーダに会うことも出来ないのだと嘆いている「**運命の石の扉が、私の上で閉じられた**[12]」。彼が絶望の中で地下の石室の中に降りて行くと、その薄暗い中に誰かがいる。それはなんとアイーダであった。彼女はラダメスと運命を共にするためにそこに居たのである「二重唱　**なんということだ、アイーダなのか**[13]」。

彼らは手を取り合ってこの世に別れを告げる「二重唱　**さらば大地よ、さらば涙の谷よ**[14]」。

蓋の閉じられた石室の上で、悲しみに暮れるアムネリスが、ラダメスの魂が平安の中で天に召されることを祈り続ける中、このオペラの幕は閉じる。

10　憎い恋敵はいなくなった L'abborita rivale a me sfuggia
11　すでに祭祀たちは集まっています Già i sacerdoti adunansi
12　運命の石の扉が、私の上で閉じられた La fatal pietra sovra me si chiuse
13　なんということだ、アイーダなのか Ciel! Aida?
14　さらば大地よ、さらば涙の谷よ O terra addio, addio valle di pianti

《聴きどころ》

華やかに演奏されるアイーダ・トランペットや豪勢な舞台装置と大勢の出演者たちで埋め尽くされる「凱旋《がいせん》の場」に気を取られがちなこのオペラだが、話の本筋は、アイーダ、ラダメス、アムネリスの若い3人の三角関係で進んで行く。もしもこのオペラにしばしば本物の馬まで登場する「凱旋の場」がなかったらと仮定すれば、このオペラが実は緻密《ちみつ》かつ繊細な心理描写で成り立っていることがわかるだろう。

アイーダ――愛、従順、優しさ

アイーダは、ヴェルディ本人の演出ノートによれば、20歳ぐらいと設定されている。そして彼女は褐色の肌の持ち主である。ヴェルディの作品に外国人は多く登場するが、主要キャストで明らかに肌の色が違うのは、彼女と父アモナズロ、そしてオテッロのみである。

ヴェルディはエキゾチックな容貌《ようぼう》の彼女に、運命に翻弄《ほんろう》される優しく従順な、最後は愛に殉じる女性というキャラクターを与えている。アイーダの歌うアリアでは、第1幕の「[3]**勝ちて帰れ**」が何と言っても有名だが、実は第3幕にナイルの河岸で故郷を懐かしんで歌う「[7]**おお、澄み切った空よ**」の方が、より味わい深く、また歌う側にとってはずっと難しい。恋心と望郷の念との板挟みになっている娘心の困惑を表現しなければならない上に、このアリアは技術的にもソプラノのパッサッジョ（声の変わり目で不安定なところである五線の少し上のミからソにかけて）を行ったり来たりするため、声のコントロールが難しいのである。

アイーダが強い言葉を吐くのは、第2幕でアムネリスに挑発されて「私も（エチオピアの）王女です」

と王族の血を引く者としてのプライドを露《あら》わにする部分のみ。あとはあくまで抒情的《じょじょうてき》な表現が求められる。アイーダという役は、金属的なリリコ・スピントではなく今や本家イタリアにもほとんど存在しなくなった柔らかなプーロ（純粋な）・リリコのソプラノに歌ってもらいたい役である。

アムネリス——激しい気性で、負けず嫌いの王女

オペラの中ではほとんど直接的に描かれることのないエジプト王の尊大な性格を、娘のアムネリスが代わって体現している。プライドが高く、負けず嫌い。自分が愛していると言っているのにそれを受け入れない男が存在することなど、彼女にとってはあり得ない。どこかクレオパトラやトゥーランドットを連想させる気位の高さの持ち主である。第2幕のアイーダとの二重唱「[5]**武運はあなた方を見放したわね**」で、アイーダの本心に鎌《かま》をかけて知るところなど（ヴェルディの設定によれば）20歳そこそこの娘がやるというのだから、末恐ろしい。この王のひとり娘は、自身が王の跡取りにも十分になり得る男勝りの性格である。彼女がラダメスとの恋に破れて流す涙、あれは自分を哀れむものではなく、悔し涙だろう。

アムネリスはメゾ・ソプラノということになっているが、この役はソプラノが歌っても全く違和感がないほど音域が高めである。実際ドラマティックな表現を得意とするソプラノ（あるいは高音も楽に出すことができるメゾ・ソプラノ）が、アイーダとアムネリスの両方を日替わりで演ずることもある。アムネリスとアイーダは対等なライヴァル関係であって、ソプラノとメゾに振り分けられた理由は、２人の似たような年齢の女性の声を区別すること以上の意味はない。そして上演によっては、タイトルロールが完全にこのアムネリスに喰われてしまう事態にもしばしば遭遇する。実際に２０１３年のＮＨＫ音楽祭におけるドゥダメル指揮のミラノ・スカラ座管弦楽団によるコンサート形式の《アイーダ》では、

第4幕第1場のラダメスとの二重唱「**憎い恋敵はいなくなった**[10]」が、このオペラのピークとなった。メゾのダニエラ・バルチェッローナによるアムネリスが他のすべての出演者を文字通り「喰って」しまったのである。第4幕第1場が終わった時に聴衆の大歓声と拍手が鳴り止まず、ドゥダメルが一度指揮台を降りて、聴衆の拍手が終わるのを待ったほどである。アムネリスが、タイトルロールに匹敵《ひってき》する役であることをバルチェッローナはその歌唱力と表現力で、日本の聴衆に証明してみせたのである。

ラダメス――意外と優柔不断な優男《やさおとこ》

ラダメスは自分に課せられた死を泰然として受け入れる。しかし言い換えれば彼は運命を積極的に変えようとはしない男である。アイーダを愛していると言いながら、エジプト王に戦勝の褒美《ほうび》として王に彼を婿に迎えると言われた際にも彼はそれを表立ってはっきり拒絶することをしない。どうにも一貫性に欠ける言動が目立つ男なのだ。ヴェルディの指示のもとにリコルディにより書かれた人物設定において、彼は「感激屋」と書かれている。優れた武将であるという記載は人物設定にはない。

だがこの役は、二枚目のヒーロー役が得意のリリコ・スピントのテノールによって歌われるのが常である。この役の一番の聴かせどころは、オペラの冒頭で、彼が舞台に登場してすぐに歌われる「**清きアイーダ**[2]」である。このアリアにおいて彼は「エチオピア軍を打ち負かすぞ」と、凛々《りり》しく、輝かしく宣言する。典型的なヒーローの登場そのものである。喉が温まっていない冒頭に、もっとも勇ましいアリアが来ること自体もテノール泣かせだが、この役には次々と勇ましいばかりでは歌いきれない試練の場が待ち受けている。アイーダとのナイル川の岸辺での二重唱「**また会えた、僕の愛しいアイーダ**[9]」や最後の石室での二重唱「**さらば大地よ、さらば涙の谷よ**[14]」は、甘美なメロディーラインで貫かれていて、柔らかな歌唱が求められる。これらの場面のアクート（高音）は声を力いっぱい張り上げて歌うわけにはいかない。そこには（声を後ろに逃がしてごまかすような偽物の発声法ではなく）きちんと息を支えて、声を息の上に乗せて前に走らせながら、同時に美しくディミヌエンド（声をだんだん小さくする）していくという、いわゆるベルカント歌唱の高度な技術が要求されている。ラダメスという男が優柔不断な優男《やさおとこ》であるがために、そこに凛々《りり》しさだけでなく声の柔らかさと繊細で美しいフレージングが求められるのである。リリコ・スピントの諸役を持ち役としているテノールたちが、口を揃《そろ》えてこの役を「難役」に挙げるのにはそうした理由があるのだ。

アモナズロ――策士

ヴェルディは、それまで多くのオペラで書いてきた「娘を想う父の優しさ」をこのアモナズロには付与しなかった。登場の場面からこの父は徹頭徹尾《てっとうてつび》「武闘派」の王として存在し、娘の恋心などまったくお構いなし。ひたすら失地回復を虎視眈々《こしたんたん》と狙うエチオピア王としてのみ描かれる。その点においてアモナズロは、他のヴェルディのバリトン役では聴かれなかった極めて硬質な声の歌手によって歌われても、それなりに聴きごたえもある。ただし声に頼るばかりの大音声だけが売りのバリトンで歌われたら、その瞬間、彼はエチオピア王ではなくなってしまう。ヴェルディの諸役には、どの役にも「品格」は欠くべからざる要素だ。第3幕のアイーダとの二重唱で、書かれた音符の2倍3倍に延々と音を伸ばして声を誇示するバリトンにしばしば出会うが、オペラの歌唱とは水泳競技の素潜《すもぐ》りではない。インテリジェンスによる制御は不可欠なのだ。

ランフィス――ベルカント唱法で歌い通す役

祭司長ランフィスはこのオペラの冒頭で、ラダメスを伴って登場して「[1]**そうだ、猛猛《たけだけ》しいエチオピア**

がまた攻めてくる」と歌い始めるが、このフレーズは出来るだけ滑らかに歌って欲しい。この祭司長のキャラクターに、高僧としての落ち着きと精神的な高貴さが求められることがその第一の理由だが、ここにはもうひとつ理由がある。もしここでランフィスが、言葉をブチブチと切って跳《は》ねるように歌ったら、その短い会話の直後に「清きアイーダ」を歌うテノールがそれに影響されて、難しいアリアがボロボロになる危険性が大となる。冒頭のランフィスは、このオペラ全体を滑らかにスタートさせる役目を担《にな》っているのである。

ランフィスは、このオペラの中で、個人的な感情を表に出すことはない。威厳を一瞬たりとも失ってはならないランフィスにとって人間臭さは邪魔でしかない。冷静沈着な宗教家として存在するランフィスを歌うバス歌手には、滑らかな息の流れの上で処理できる範囲の、誇張しすぎることのない美しいディクション（舞台語発音）が求められる。ランフィスとは、このオペラの登場人物の中で、誰よりもベルカント歌唱のオーソドックスなテクニックが求められる役なのである。

《オテッロ》ジュゼッペ・ヴェルディ

OTELLO Giuseppe Verdi

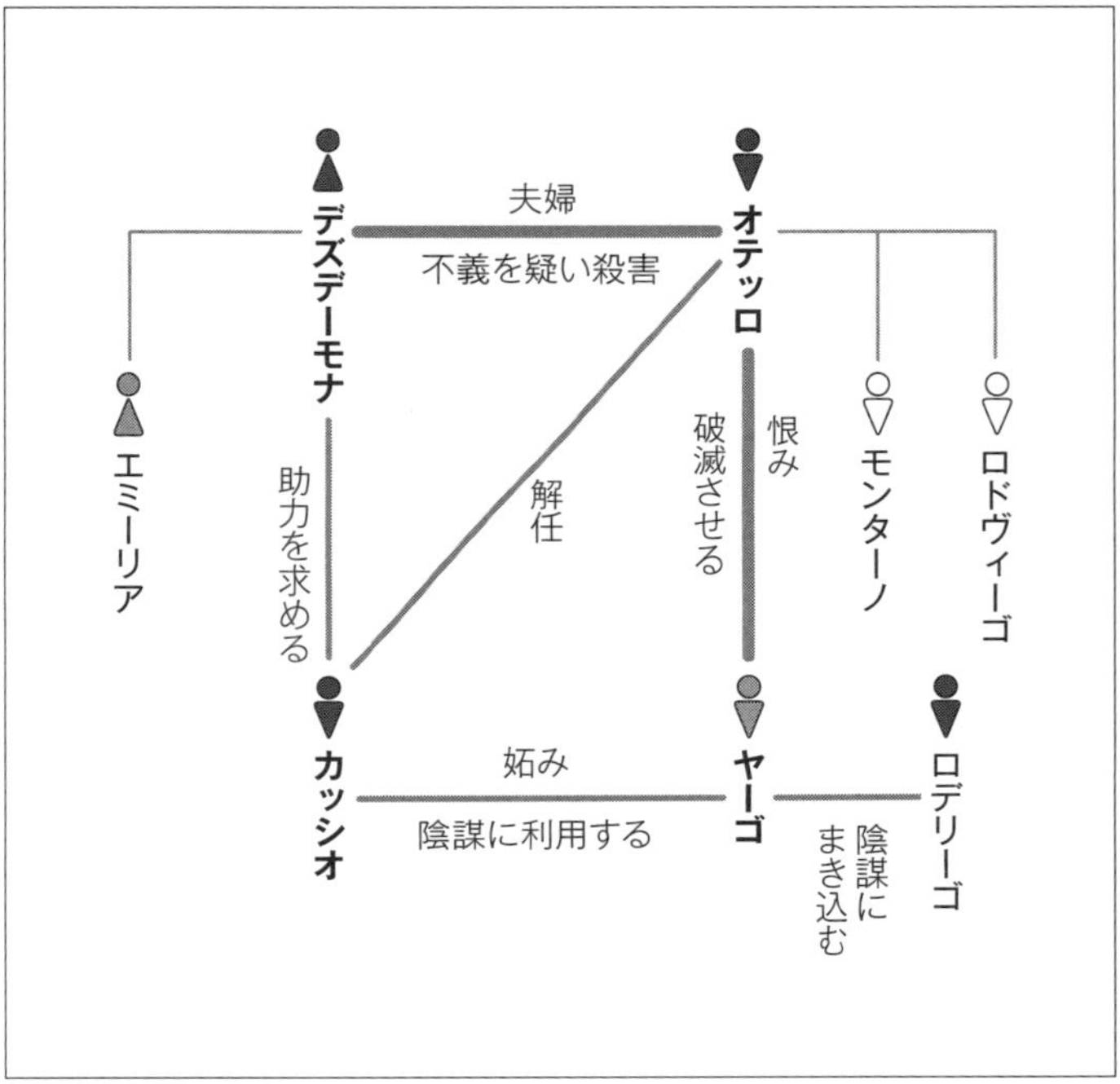

主な登場人物

オテッロ（T）
　ムーア人のヴェネツィア艦隊司令官　キプロス島総督

デズデーモナ（S）
　オテッロの妻

ヤーゴ（Br）
　オテッロの旗手

エミーリア（Ms）
　デズデーモナの侍女
　ヤーゴの妻

カッシオ（T）
　オテッロの副官（隊長）

ロデリーゴ（T）
　ヴェネツィア貴族

ロドヴィーゴ（Bs）
　ヴェネツィア大使

モンターノ（Bs）
　前キプロス島総督

4幕のオペラ（ドランマ・リリコ）Dramma lirico in quattro atti

原作　ウィリアム・シェイクスピア「オセロ、あるいはヴェニスのムーア人」

台本　アッリーゴ・ボーイト

初演　1887年2月5日　ミラノ、スカラ座

演奏時間　2時間30分／第1幕35分、第2幕40分、第3幕35分、第4幕40分

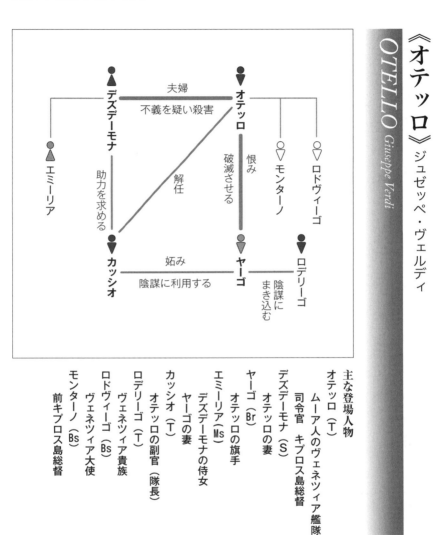

【第1幕】

（第1場）嵐のキプロスの港

15世紀末、ヴェネツィアが支配するキプロス島の海辺の町にある港。

雷鳴の轟《とどろ》きとともに幕が開く。ムスリム（イスラム教徒）との戦いに勝利したヴェネツィア艦隊総指令官で、キプロス島総督でもあるムーア人のオテッロを乗せた帆船が、荒れ狂う波を乗り越えて帰港しようとしている。人々は船の無事を神に祈る「合唱 **嵐の稲妻である神よ**[1]」。しかしヤーゴだけは「海の藻屑《もくず》となって消えろ」と呪《のろ》いの言葉を口にする。

オテッロが無事に戻り、人々は彼を熱く迎える。オテッロは「傲慢《ごうまん》なムスリム（イスラム教徒）どもは海の藻屑と消えた。栄光は天と我々のものだ」と人々に宣言する「**歓喜せよ**[2]」。待ち受けていた人々はその言葉に熱狂する。

（第2場）広場

その夜。祝勝の宴が続いている。オテッロの副官（隊長）の座を狙っていた旗手のヤーゴは、オテッロがその地位に自分ではなくカッシオを指名したことが面白くない。彼は、オテッロの妻となったデズデーモナに憧れるヴェネツィア貴族ロデリーゴの嫉妬《しっと》心を煽《あお》って「オテッロとデズデーモナの初夜をめちゃくちゃにしてやろうじゃないか」と持ち掛ける。そしてヤーゴは酒に強くないカッシオにしこたま呑ませる「二重唱 **喉を潤せ**[3]」。足元もおぼつかないほど酩酊《めいてい》したカッシオとロデリーゴが喧嘩《けんか》を始め、彼らが剣を抜く。それを止めに入った前キプロス島総督のモンターノに、カッシオが傷を負わせてしまい、その場が騒然となる。

その騒ぎにオテッロが館から出て来て、彼らを一喝する。オテッロがヤーゴに事情を聞く。ヤーゴはいかにも誠実そうなふりで、自分に都合のいいように状況を説明する「**剣を下ろせ**[4]」。

オテッロはカッシオに副官からの降格を命じ「皆がそれぞれの家に帰るまで自分はここに立って見張っている」と宣言する。人々が去ってあた

1　嵐の稲妻である神よ Dio, fulgor della bufera!
2　歓喜せよ Esultate!
3　喉を潤せ Inaffia l'ugola!
4　剣を下ろせ Abbasso le spade!

りが静まった頃、夫の身を案じたデズデーモナが姿を見せ、いきり立つオテッロを慰める。彼女の言葉にすっかり落ち着きを取り戻したオテッロは、デズデーモナと愛を語らい、ともに館の中へと入って行く「二重唱[5] **すでに夜も更けた**」。

【第2幕】

（第1場）オテッロの館の1階

庭に通ずるバルコニーのある広間

酒の上の失敗をカッシオが悔いている。ヤーゴはオテッロを罠《わな》にはめる好機到来とばかり「デズデーモナに取りなしてもらったらどうだ」と親切そうにカッシオに勧める。

カッシオがデズデーモナと話すためにその場から去る。ヤーゴはそれを見送りながら「お前の末路は見えている。お前にとっての悪魔はこの俺だ」と野心を顕《あらわ》にして「そのために地獄に落ちるも上等だ」と語る「[6]**俺を自分と同じように作り出した残忍な神を俺は崇拝する**（ヤーゴの信条）」。

庭にデズデーモナと彼女の侍女であるヤーゴの妻、エミーリアが姿を現す。そこにカッシオが近づいてデズデーモナにオテッロへの口添えを頼んでいるのが見える。

広間にオテッロが現れる。ヤーゴはいかにもカッシオとデズデーモナの間に何かあると疑わせるような言い回しで、オテッロの嫉妬《しっと》心を煽《あお》る。ヤーゴの企《くわだ》てにまんまと嵌《はま》ったオテッロは、本気でカッシオと妻の仲を疑い始める「二重唱[7] **困ったことだ**」。

デズデーモナの周りに子供達が集まり、彼女に百合の花を捧げる。水夫や女性たちもデズデーモナを讃《たた》える「合唱[8] **あなたがご覧になるところは輝き**」。デズデーモナが礼を述べ、彼らは去って行く。

夫の姿を認めたデズデーモナは、カッシオのことを取りなそうと話しかける。しかし、すでに彼女とカッシオとの仲を疑い始めているオテッロは、その言葉を遮《さえぎ》り、彼女の差し出したハンカチを叩き落として「自分に近寄るな」と怒りを露《あら》わにする。

5 すでに夜も更けた Già nella notte densa
6 俺を自分と同じように作り出した残忍な神を俺は崇拝する（ヤーゴの信条） Credo in un Dio che m'ha creato simile a sé
7 困ったことだ Ciò m'accora
8 あなたがご覧になるところは輝き Dove guardi splendono

ただならぬオテッロの様子にデズデーモナは恐れおののき「私が知らずにあなたを怒らせたのであれば、お許しください」と詫《わ》びる。一方ヤーゴは、妻のエミーリアが拾った先ほどのハンカチを彼女から無理やり取り上げ、かつ「余計なことは喋《しゃべ》るな」と口止めをする。オテッロは「ひとりにしてくれ、みんな出て行け」と叫ぶ「四重唱 [9]**あなたの怒りを買って嘆いている方の**」。デズデーモナとエミーリアが広間を出て行き、ヤーゴは出て行くふりで部屋の隅に隠れて、オテッロの様子を伺う。

（第2場）同じ広間

オテッロが「デズデーモナが自分を裏切っていたとは」と打ちひしがれて椅子に倒れこむ。ヤーゴは妻から奪ったハンカチを「これをカッシオの家に置いておこう」と考えつき、ひとまずそのハンカチを上着の袖《そで》の中にしまい込む。

そしてたった今部屋に入って来た振りをして、オテッロに「考えすぎてはなりません」と話し掛けながら近づく。初めはヤーゴに「出て行け」と言うオテッロだが、ヤーゴの言葉がオテッロに注ぎ込んだ「嫉妬《しっと》」という毒が、オテッロの中に回り始め、彼はまんまとヤーゴの術中に嵌《はま》って行く。猜疑心《さいぎしん》の塊《かたまり》となったオテッロは、ヤーゴに「妻の不義の証拠を出せ」と迫る「[10]**お前か、下がれ、出て行け～今こそ永遠にさらばだ**」。

ヤーゴから「私がカッシオの眠っている側に居合わせた時、彼は寝言で幸せそうに、愛するデズデーモナ、僕たちのことは隠しておかなければ、と呟《つぶや》いていたのです」という作り話「[11]**ある夜、カッシオが眠っている時に**」を聞かされたオテッロは、妻の不義を確信してしまう。その上「カッシオが、あなたが以前デズデーモナに与えたハンカチを持っていた」と聞いたオテッロは、カッシオとデズデーモナへの復讐《ふくしゅう》を誓い、ヤーゴがそれに同調する「二重唱 [12]**やつに千の命があろうとも**」。

9　あなたの怒りを買って嘆いている方の D'un uom che geme sotto il tuo disdegno
10　お前か、下がれ、出て行け～今こそ永遠にさらばだ Tu!? Indietro! fuggi! ～ Ora per sempre addio
11　ある夜、カッシオが眠っている時に Era la notte, Cassio dormia
12　やつに千の命があろうとも Ah! mille vite gli donasse Iddio!

【第3幕】

（第1場）館の広間

伝令が、ヴェネツィア本国からの使節がまもなくキプロスに着くことを知らせる。ヤーゴは、オテッロを破滅させる謀略《ぼうりゃく》を仕上げるべく、カッシオを呼びに行く。

何も知らないデズデーモナが現れて、おずおずと夫に話しかける「二重唱 **神様があなたに幸せをお与えくださいますように**[13]」。初めこそ穏やかに話すふたりだったが、デズデーモナがカッシオのことを再度持ち出した途端にオテッロの態度が豹変《ひょうへん》する。「頭が痛い。ハンカチで額を縛《しば》ってくれ」とオテッロが言う。ハンカチを差し出したデズデーモナに「私がお前にやったハンカチはどうした」と訊《き》く。「失くしてしまいました」という妻にオテッロは「あのハンカチには魔力がある。あれを失くすと不幸な事が起きるぞ」と威嚇《いかく》した上、彼女に向かって「地獄に落ちろ」と叫ぶ。驚いて、我が身の潔白を訴えるデズデーモナのことをオテッロは「オテッロの妻は娼婦だ」と侮辱し、デズデーモナは夫のあまりの言葉にショックを受けて去って行く「二重唱 **私は愕然《がくぜん》とあなたの眼《まな》差《ざ》しを見つめるばかりです**[14]」。

ひとり残ったオテッロは「神よ、これがあなたが私に浴びせられた試練ならば、この恥辱《ちじょく》にまみれた苦しみも、ガラクタと化した戦勝の誉も、私に課された不名誉な十字架として穏やかな顔で背負いましょう。ああ、涙が止まらない。私を幸せにするあの微笑みは、私から奪われてしまった」と妻に裏切られた苦悩と悲しみを神に訴えかける「**神よ、あなたは私に浴びせても**[15]」。

そこへヤーゴが「カッシオが間もなくやって来ます」と知らせる。ヤーゴはオテッロを物陰に隠れさせて会話を立ち聞きさせる。そしてヤーゴはカッシオに彼が懇《ねん》ろ《ご》にしている他の女性との様子を話させて、さもそれがデズデーモナとの逢引きの様子であるようにオテッロに誤解させる。その上でヤーゴは、彼が仕込んでカッシオの元に届けさせたあのハンカチを彼が取り出すのをオテッロに見させる「三重唱 **あの方をお待ちなさい。そ**[16]

13 神様があなたに幸せをお与えくださいますように Dio ti giocondi, o sposo
14 私は愕然とあなたの眼差しを見つめるばかりです Esterrefatta fisso lo sguardo tuo
15 神よ、あなたは私に浴びせても Dio! mi potevi scagliar
16 あの方をお待ちなさい。そしてその間に L'attendi, e intanto

してその間に」。オテッロはそれを妻の不義の決定的な証拠だと思って絶望する。

ヤーゴはカッシオとの会話を続ける。ヤーゴが「このハンカチは蜘蛛《くも》の巣のようだ」とカッシオに語り掛けると、カッシオはそれがハンカチの刺《し》繍《しゅう》のことを指していると思い、その繊細な美しさを讃《たた》える。それをオテッロは、カッシオがデズデーモナの美しさを賞賛しているのだと思い込む。

ヴェネツィアからの大使が到着した大砲の音が聞こえる。カッシオがその場を去って行く。

残ったヤーゴはオテッロに「妻を殺すならば、彼女があなたを裏切ったベッドの上で窒息死させるのがいい」と囁《ささや》き掛ける。


（第2場）ヴェネツィアからの大使たちが到着した大広間

デズデーモナやロデリーゴをはじめとしたヴェネツィア共和国の貴族たちとキプロスの人々が集まっている。ヤーゴもその場に並んでいる。

ヴェネツィア本国からの大使ロドヴィーゴが、総督と元老院からのオテッロの本国への帰還命令を伝える。大使はカッシオがその場にいないことを訝《いぶか》り、ヤーゴに尋ねる。「カッシオはオテッロの不興《ふきょう》を買い、この場に出られないのです」と彼は答える。デズデーモナが「きっともうすぐ許されますわ」と言う。その言葉を聞いたオテッロは、彼女を言葉荒く罵倒《ばとう》して黙らせる。その尋常《じんじょう》ならぬ様子に皆は驚く。

オテッロが、自分の後任のキプロス総督にカッシオが任じられたことを皆に伝え、自分はヴェネツィアに帰還すると宣言する。そしてデズデーモナに「悲しそうな振りをしろ」と囁いたかと思うと、最後には「地に伏して泣け」と大声で彼女に命じる。英雄の別人のような態度に全員が凍《こお》りつく「七重唱と合唱　**地に伏せと、泥にまみれて**[17]」。「これがあの英雄の姿か」と驚くロドヴィーゴにヤーゴが「これがあの方の本来のお姿です」と嘘《うそ》を吹き込む。

そしてヤーゴはオテッロの耳元に寄って「カッシオは私が始末します。あなたは早く妻への復讐《ふくしゅう》

17　地に伏せと、泥にまみれて A terra! sì, nel livido fango

を」と囁く。そして今度はロデリーゴに近づき、自分が次の総督になれるかと望みを抱いていた彼に「明日になったら君の夢は終わりだ。今日のうちにカッシオを片付けるんだ。俺が手伝うから」とカッシオの暗殺をけし掛ける。

オテッロが全員に「オテッロの前から去れ」と叫ぶ。そして彼はデズデーモナに「お前を呪《のろ》う」と言う。ロドヴィーゴとエミーリアに付き添われたデズデーモナやその場にいた人々が去る。

オテッロは嫉妬《しっと》に狂って常軌を逸《いっ》し、気を失ってその場に倒れる。倒れたオテッロをひとり見下ろしたヤーゴは「これがヴェネツィアの獅子《しし》と呼ばれた男か」と吐き捨てるように呟《つぶや》く「二重唱 **自分から逃げるすべがない**[18]」。

【第4幕】

オテッロ夫妻の寝室

夫のただならぬ様子に、えも言えぬ不安を抱いたデズデーモナはエミーリアに、昔、母の小間使いだった娘の悲恋の物語を語って聞かせる。そして「もしも私がお前より先に死ぬようなことになったら、花嫁衣裳を私の亡骸《なきがら》に着せておくれ」と語る「**柳の歌**[19]」。デズデーモナはエミーリアに別れを告げて下がらせ、就寝前の祈りを捧げてから床に入る「**アヴェ・マリーア**[20]」。

まどろみかけたデズデーモナの側にオテッロがやって来る。彼の口づけでデズデーモナは目を覚ます。オテッロは妻に「最後のお祈りは済んだか。お前を殺してもお前の魂までは殺したくないのだ」と言う。「私はあなたを愛した罪で殺されるのですか」と尋ねるデズデーモナに、オテッロは「カッシオを愛した罪だ」と答える。デズデーモナは「それは誤解です」と反論するが、オテッロは聞く耳を持たず、枕を彼女の顔に押し付けて窒息させようとする「二重唱 **お祈りは済んだのか**[21]」。

そこにエミーリアが、カッシオがロデリーゴを刺殺したという知らせを持って寝室に飛び込んでくる。そこに瀕死《ひんし》のデズデーモナを見つけたエミーリアが悲鳴を上げる。虫の息のデズデーモナ

18 自分から逃げるすべがない Fuggirmi io sol non so!
19 柳の歌 Canzone di salice
20 アヴェ・マリーア Ave Maria
21 お祈りは済んだのか Diceste questa sera le vostre preci?

は最後まで夫を庇《かば》い「私は自分から命を絶ったのよ。自分の罪のために」とエミーリアに語り、息を引き取る。

ヤーゴ、ロドヴィーゴ、カッシオが駆けつける。「私は妻をカッシオとの不貞の罪で殺した」というオテッロに向かい、エミーリアは「あのハンカチは、夫が自分から奪ったものです」と言う。それを聞いたカッシオが「それで僕の家にあのハンカチがあったのか」と呟《つぶや》く。そこにモンターノが武装した数人の部下を連れてやって来てヤーゴを指差して「瀕死《ひんし》のロデリーゴが、この男の謀略《ぼうりゃく》を白状しました」と伝える。その場から逃げるヤーゴを武装した者たちが追い掛けて行く。

自分が誤解して妻の命を奪ってしまったことを知ったオテッロが剣を手にしようとする。それをロドヴィーゴが「剣を私に渡しなさい」と制する。オテッロは「誰も私を恐れる必要などない。オテッロの栄光は過去のものだ」と語り、剣から手を放す。そしてデズデーモナに「蒼《あお》ざめて眠るお前、悪い星の元に生まれてしまった天の創造物よ。ああデズデーモナ、お前は死んでしまった」と嘆く。そして一瞬の隙《すき》をついて、身につけていた短剣で自らの胸を突き刺す。オテッロは「最期の口づけを」と言いながら、デズデーモナの横たわるベッドに近づこうとするが、辿《たど》り着くことが叶わず息絶える「**誰も私を恐れることはない**[22]」。

《聴きどころ》

「オテッロ歌い」という呼称があるほど、このタイトルロールには特殊な声が求められる。それは並はずれて力強く、輝かしい声というだけでなく、黒光りするような重さと暗さのある声。相反するふたつの要素を持ち合わせた声である。一方で、このオペラはもともと「ヤーゴ」と題されるはずだったという話からも分かるように、ヤーゴも重要な役回りである。このオペラの登場人物たちは、この男の他

22　誰も私を恐れることはない Niun mi tema

人を強く羨《うらや》むことから生まれた「悪意」に翻弄《ほんろう》され、次々と命を落として行くのである。

オテッロ ――― 最大の関門は第2幕

オテッロが歌えるかどうか、それは第2幕が歌い切れるかどうかにかかっている。彼は第2幕で登場したところでの聞こえよがしのヤーゴの「**困ったことだ**[7]」の呟《つぶや》きから、彼の策略に絡め取られ始める。そしてデズデーモナがカッシオへのとりなしを頼む四重唱「**あなたの怒りを買って嘆いている方の**[9]」に始まり「**今こそ永遠にさらばだ**[10]」に向かって、オテッロは嫉妬《しっと》に苛《さいな》まれて行く。ただでさえ、その場面は不安と猜疑《さいぎ》心に苛まれた心理の変化の表現が難しい上に、音域はいわゆるパッサッジョ（発声の変わり目）攻めなのである。

すでにそこまででオテッロ歌いは充分に疲労困憊《こんぱい》しているはずだが、彼はそのままヤーゴとの激しいレチタティーヴォのやり取りを経て二重唱「**やつに千の命があろうとも**[12]」まで走り続けねばならない。この幕のオテッロは、声ももちろん、精神的にも持ちこたえるのが大変なのだ。

オテッロ像は「黄金のトランペット」とも呼ばれたマリオ・デル・モナコの勇敢な戦士としての力強さが前面に押し出されたものから、嫉妬心に苛まれ続ける人間オテッロの脆《もろ》さを描いたプラシド・ドミンゴのそれに変化して来た。今のところ、そのどちらをも超えるようなオテッロ歌いは出現していないように思う。前述のような声楽的なハードルを越えた先で、次世代の「オテッロ歌い」は彼にどのような新たな性格を与えてくれるのだろうか。

デズデーモナ ――― 嫋《たお》やかさが命

国内外の声楽コンクールで日本人のソプラノは「**柳の歌**[19]**〜アヴェ・マリーア**[20]」を好んで歌う。このアリアの持つ静謐《せいひつ》さは、日本人の感性に訴え掛けるものが大きいのだが、イタリア人の審査員たちは「日本人はこのアリアが好きだねぇ」と感想を漏《も》らす。彼らがこの曲を「感情表現のしようのない、ただダラダラと長いアリア」と称すのを何度も耳にしている。海外のコンクールで「柳の歌〜アヴェ・マリーア」を歌う場合は、最後の「Ave」という歌詞の乗るラ♭を*p*（ピアノ）で伸ばせるか否かの一点に採点ポイントが集中し、けっして高得点の出やすいアリアではないのだ。

　彼女の本当の聴かせどころは第1幕のオテッロとの二重唱「**すでに夜も更けた**」[5]に始まる、オテッロとの重唱ばかりであるとも言える。デズデーモナという役はまるで月のような存在。オテッロ歌いの表現に合わせて、その反応を柔軟に変えていく役である。彼女が自己主張の強い女性になって必要以上に存在感を示しては、オテッロとヤーゴの関係に焦点の当たっているこの作品全体の邪魔になりかねない。彼女はオテッロに翻弄《ほんろう》され続けるのが本来の役割。デズデーモナを歌うソプラノには徹頭徹尾《てっとうてつび》、嫋《たお》やかで、かつ、状況や相手の心理の機微《きび》が読めない、素直で真っ正直な女性であり続けることが求められるので、言葉のアクセントを強調し過ぎることは避けなければならない。

ヤーゴ——羊の仮面を被《かぶ》った狼

ヤーゴとは前代未聞の極悪人なのだろうか。彼は、自分の出世のために他人のアラを探し、嫉妬心に火をつけ、他人を権力から引きずり降ろそうとする。だが、そんなことをする人間はこの世に五万といる。つまりヤーゴは、いわば人間の心の闇《やみ》の部分だけにスポットを当てて描かれているに過ぎないのであって、むやみに「いかにも悪人然と」演じられるのは考えものである。

　オテッロの山場は第2幕であるが、ヤーゴの存在は作品全体の通奏低音《つうそうていおん》のように、長く横たわっている。第1幕ではその存在が紹介されるに過ぎないが、第2幕に入り、俄然《がぜん》彼にスポットが当たり始める。

そこで歌われるのがヤーゴの信条「[6]**俺を自分と同じように作り出した残忍な神を俺は崇拝する**」である。

ヤーゴをコンサートでアリアとして取り上げようとすればここしかない。しかし実際のところ、ここは単なる彼の人物紹介と決意宣言でしかなく、本領はここから第3幕に至るまでの重唱の中で発揮されて行く。彼は「口先三寸」だけで、人々の運命を狂わせて行く。彼は言葉だけで、他人を操り、物事を自分の思う方向に導いていこうとする。だから彼は、このオペラの中で「喋《しゃべ》り」続ける。

ヴェルディ後期の傑作であるこの《オテッロ》と《ファルスタッフ》において、重唱とレチタティーヴォは渾然《こんぜん》一体となり、それがシェイクスピア劇の台詞《せりふ》のごとく、作品の中核をなしている。《オテッロ》において物事の進行は重唱によってなされる。そして繰り返すが、この物語を牽引《けんいん》するのは「ヤーゴという男の信念に裏付けされた言葉」である。


この役はデズデーモナと逆で、美しく歌っても何の意味もない。言葉をいかに立てるか、アクセントをどう強調するのか。言葉に説得力を持たせることが出来るバリトンであることがいわば「ヤーゴ歌い」の絶対条件である。かといって見た目からいかにも嫌らしくなり過ぎるのは考えものだ。何故ならどう見ても不誠実そうな男をオテッロやカッシオが信頼するのは、物語として成立しづらいからである。「羊の仮面を被《かぶ》った狼」がヤーゴの理想形ではないだろうか。

《ファルスタッフ》
FALSTAFF *Giuseppe Verdi*
ジュゼッペ・ヴェルディ

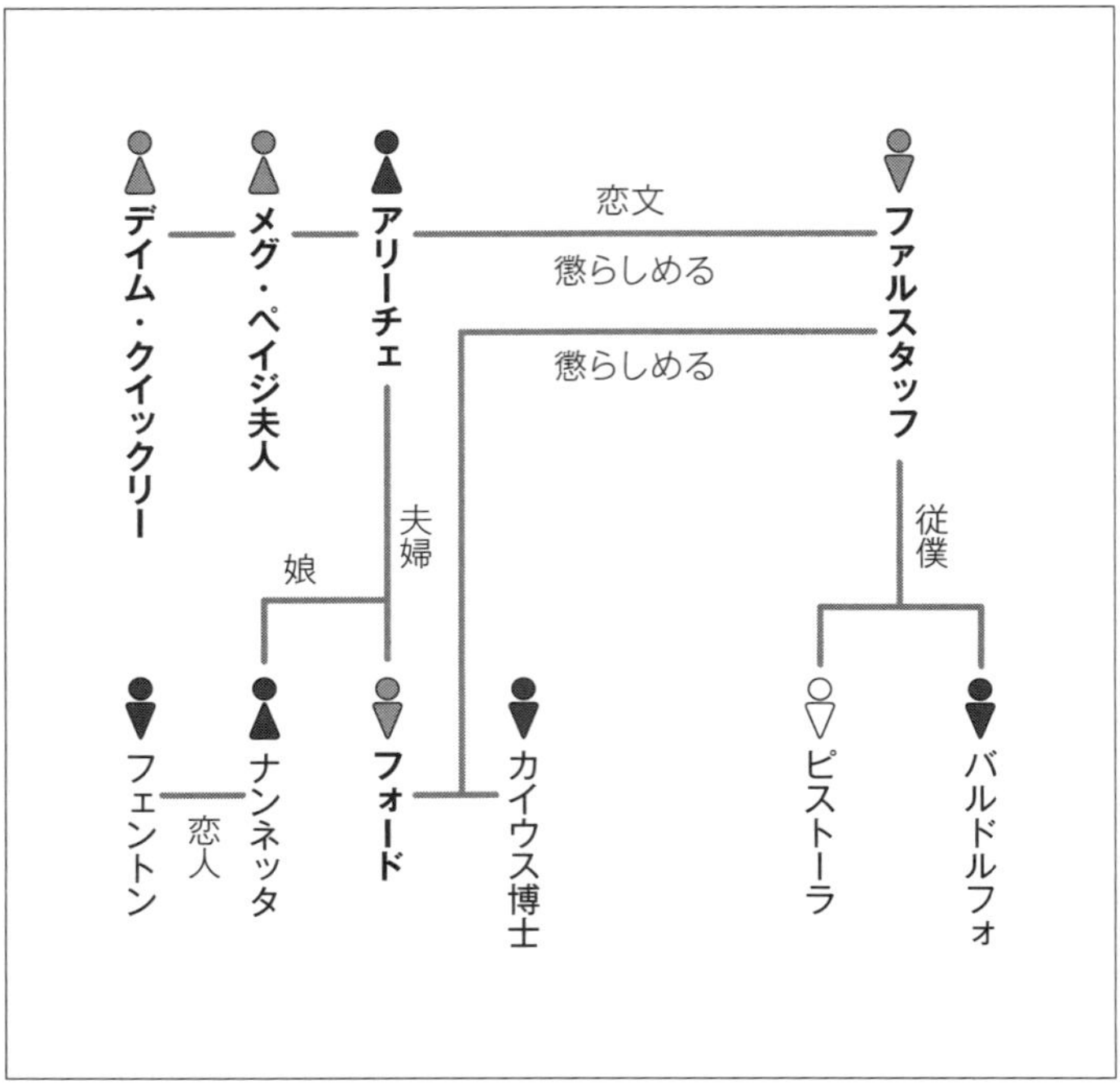

主な登場人物

サー・ジョン・ファルスタッフ（Br）
アリーチェ・フォード夫人（S）
　中産階級の夫人
メグ・ペイジ夫人（Ms）
　フォード家の隣人
デイム・クイックリー（Ms）
　フォード家の隣人
ナンネッタ（S）
　フォード夫妻の娘
フォード（Br）
　アリーチェの夫
フェントン（T）
　ナンネッタの恋人
カイウス博士（T）
　ファルスタッフの傍若無人ぶりに怒るフォードの友人
バルドルフォ（T）
　ファルスタッフの従僕
ピストーラ（Bs）
　ファルスタッフの従僕

３幕の喜歌劇（コンメディア・リリカ）Commedia lirica in tre atti
原作　ウィリアム・シェイクスピア「ウィンザーの陽気な女房たち」ならびに「ヘンリー４世」に登場のサー・フォールスタッフの台詞による
台本　アッリーゴ・ボーイト
初演　1893年2月9日　ミラノ、スカラ座
演奏時間　2時間／第1幕30分、第2幕45分、第3幕45分

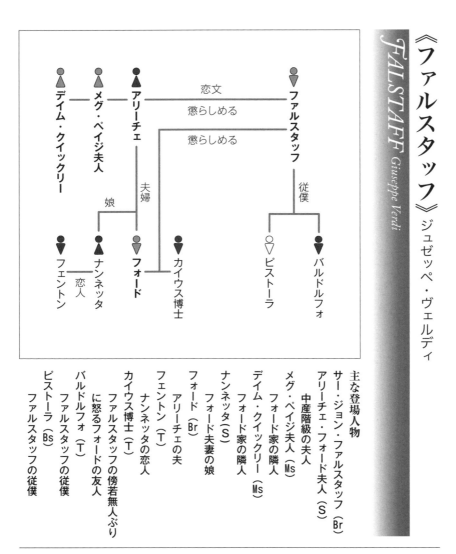

【第1幕】

（第1場）宿屋ジャッレッティエーラの中

ここはヘンリー四世治世下のイギリス、ウィンザーの街。飽食の限りを尽くした太鼓腹の老ファルスタッフ卿のところに、カイウス博士が乗り込んで来て、やれファルスタッフが自分の下僕を殴っただの、ファルスタッフの従者であるバルドルフォとピストーラが、昨晩彼にしこたま酒を呑ませ、ポケットにあった金を盗んで行ったなどと次々に文句を並べ立てる。ファルスタッフは適当にあしらうばかりで、バルドルフォたちも知らぬ存ぜぬとシラを切るばかり。埒《らち》があかぬまま、カイウスはひとり憤慨《ふんがい》したまま帰って行く。

ファルスタッフは、中産階級の夫人であるアリーチェとメグに瓜二つの文面の恋文を送ろうとしている。手紙を届ける役目をバルドルフォとピストーラに言いつけるが、ふたりは「そんなことをしたら自分たちの名誉が傷つく」と断る。手紙は宿屋の見習い小僧が届けに行くことになる。

ファルスタッフはバルドルフォたちを罵倒《ばとう》した上で「名誉なんてものは単なる言葉に過ぎん。それが腹を満たしてくれるわけでなし。生きるためには名誉なんぞ脇において、二枚舌や策略を使うことも必要だ」と彼の人生論をモノローグで繰り広げる「**名誉だと、金喰い虫どもめが**[1]」。

（第2場）フォード家の庭

フォード夫人のアリーチェと、娘のナンネッタ、近所に住むメグ、クイックリー夫人が集まっている。ファルスタッフからアリーチェとメグに届いた恋文が、一言一句同じ内容であることに怒った彼女たちは、ファルスタッフを懲《こ》らしめる方法を相談する。

一方、夫のフォードはバルドルフォとピストーラから、彼の妻にファルスタッフが横恋慕していると耳打ちされる。フォードもファルスタッフをとっちめようと考える。大人たちが対ファルスタッフの相談に夢中になっている間に、フェントンとナンネッタの若いふたりは、ほんの一瞬の逢瀬《おうせ》を楽しむ。

1　名誉だと、金喰い虫どもめが L'Onore! Ladri!

【第2幕】

（第1場）宿屋ジャッレッティエーラ

クイックリー夫人が、ファルスタッフの元を訪れて「お手紙をいただいたアリーチェが、貴方様のおいでをお待ちしております」と慇懃《いんぎん》に伝える。自分の恋文が功を奏したと思い込んだファルスタッフは、有頂天になる「**行け、老ジョン**[2]」。

そこへファルスタッフとは面識のないフォードが、フォンターナという偽名を名乗ってやって来る。そして「前から好意を寄せているフォード夫人をどうにも口説き落とせない。せめて自分の代わりに彼女を誘惑してくれないだろうか」と金貨の袋を渡してファルスタッフに持ち掛ける。

ふたつ返事で引き受けたファルスタッフは、別室に着替えに行く。

部屋にひとり残ったフォードは、自分のしていることを「まるで悪夢のようだ」と自嘲《じちょう》する「**夢か、まことか**[3]」。

華やかに着飾ったファルスタッフが戻って来る。ふたりは「その辺までご一緒しましょう」と言って、揃《そろ》って出掛けて行く。

（第2場）フォード家の居間

フォード家の居間では、女たちがファルスタッフを懲《こ》らしめる準備にいとまがない。そこにファルスタッフが意気揚揚《いきようよう》とやって来る。彼女たちの計画では、ファルスタッフがアリーチェをくどいている時に突然メグが来訪し、バツが悪くて隠れようとするであろうファルスタッフを洗濯カゴに押し込める予定だった。

ところがそこに慌てた様子のクイックリー夫人が駆け込んで来る。フォードが、妻の不貞の現場を押さえるために男たちを連れてやって来ると言う。が、そこは女たちの方が一枚上で、フォードの帰宅を利用することにさっと作戦を変更する。

帰宅したフォードらは、家じゅうをひっくり返してファルスタッフを探す。しかし、女性たちの見事な連携プレイで、彼らにはファルスタッフを見つけることが出来ない。

騒ぎの隙《すき》にナンネッタとフェントンは、屏風《びょうぶ》の

2　行け、老ジョン Va! vecchio John
3　夢か、まことか È sogno? o realtà

裏で恋を語らう。フォードがそれをファルスタッフと妻だと思い込んで男たちとそっと近寄る。屏風を倒してみれば、そこにいたのは娘とその恋人の姿。フォードはフェントンを家から叩き出す。

結局ファルスタッフは、女たちの当初の計画通りに洗濯カゴに押し込められる。アリーチェは下僕たちに命じてファルスタッフが入った洗濯カゴの中身を窓からテムズ川へとファルスタッフもろとも投げ捨てさせる。

アリーチェは、フォードを窓際に連れて行き、彼も事の次第を理解する。

【第3幕】

（第1場）宿屋前の広場

ずぶ濡れのファルスタッフが、自分を笑い者にした皆を恨み、彼らのことを罵《ののし》っている「[4]**あこぎ、悪党、邪悪な世の中**」。

そこへまたもやクイックリー夫人がやって来て仰仰《ぎょうぎょう》しい口調で「先ほどの事のなりゆきは行き違いによるもので、アリーチェが望んだことではございません」と説明する。彼女からアリーチェの「今夜、真夜中にウインザー公園の樫《かし》の木の下でお待ちします」という手紙を渡されたファルスタッフは、それを信じてしまう。またもや彼が簡単に罠《わな》に嵌《はま》る様子をフォード夫妻やナンネッタが、物陰から見守ってクスクス笑っている。

昔、狩人が首を吊ったというその樫の木の下には、真夜中に彼の亡霊や妖精や悪魔が現れて宴会を開くという言い伝えがある。それを利用して皆で仮装して集まり、ファルスタッフを懲《こ》らしめようというのが、アリーチェの立てた計画。

夫フォードが、ナンネッタを医者のカイウスと結婚させようと考えていると知ったアリーチェは、娘が恋人のフェントンと結ばれることも算段することにする。

（第2場）ウインザー庭園

大芝居が始まる。森の中で、フェントンがナンネッタへの想いを歌っている「[5]**唇から喜びの歌が**」。アリーチェがやって来て、彼にカイウスと

4　あこぎ、悪党、邪悪な世の中 Mondo ladro. Mondo rubaldo. Reo mondo!
5　唇から喜びの歌が Dal labbro il canto estasiato

同じマントを着せる。森の中にはフォードをはじめとした全員が仮装してすでに隠れている。

　午前0時を告げる鐘と共に、黒いマントに頭に大きな角を2本生やした扮装《ふんそう》のファルスタッフがやって来る。「約束の樫《かし》の木の下は亡霊が真夜中に現れると言われる場所だ」とファルスタッフが怯《おび》えているところに、妖精の扮装《ふんそう》をしたナンネッタが現れて歌う「**夏のそよ風に乗って**[6]」。

　妖精を見た者は死ぬと言われているので、ファルスタッフは怖《こわ》がって、うずくまったまま顔も上げられない。そんな彼のことを子供たちも加わって木の枝で突き回す。散々な目に遭《あ》ううち、ようやくファルスタッフは自分が皆にからかわれていることに気がつく。

　ファルスタッフを懲《こ》らしめたことだし、さて、娘とカイウスを結婚させようとするフォードだが、その時アリーチェが「実はもうひと組、結婚式を挙げたいカップルがあるの」と言って、同じような扮装のふたりを連れて来る。

　フォードは快く応じて、ふた組の結婚を祝す。花嫁が顔を覆っていたヴェールを上げると、カイウスの相手はバルドルフォ。娘とフェントンの結婚を図らずも許してしまったフォードは意気消沈する。その様子にフォードを指差して笑うファルスタッフ。

　ファルスタッフが口火を切るフーガの大団円で、舞台の幕は下りる「**この世は何もかもが冗談だ**[7]」。

《聴きどころ》

　ヴェルディ最晩年の作品《ファルスタッフ》は、出演する歌手たちにとっては大変な難物。覚えなければならない歌詞の量は膨大、アリアを歌い終わって万雷の拍手を受けるという、いわば歌手冥利《みょうり》に尽きる瞬間もない。その上、芝居としても登場人物の動きが入り組んでいるので、出演者は文字通り息を

6　夏のそよ風に乗って Sul fil d'un soffio etesio
7　この世は何もかもが冗談だ Tutto nel mondo è burla

つく暇すらない。このオペラの完成度の高さは、前作《オテッロ》以降オペラの作曲から遠ざかっていた76歳のヴェルディが、もう一度筆を執る決心をした、アッリーゴ・ボーイトによって書かれたリブレット（台本）の完成度の高さによるところが大きい。しかしながらこのリブレットは、イタリア人にとってすら、一捻《ひね》りした単語の選択もしかり、言い回しがどれも示唆に富んでいる点もしかり、理解するのも表現するのも一筋縄ではいかないという。「このオペラを外国人がやるのは本当に大変なことだぞ。俺たちイタリア人にだって、書いてあるセリフの本当の意味が理解出来なければ表現し切れないオペラなのだから」と話してくれたのは、ファルスタッフ役を得意としていた名バリトンのレナート・ブルゾンだった。

このオペラの登場人物を演ずる歌手たちは、主役ファルスタッフはもちろん、全員がまずシェイクスピアの芝居をイタリア語で演じ続ける「俳優」であらねばならない。その上、そこには指揮者とオーケストラがいて、あくまで「ヴェルディのオペラ」としても成立させるという命題が与えられている。この《ファルスタッフ》はそれまでの作品とは全く違う形式を持つ。レチタティーヴォ、重唱、レチタティーヴォ、カンタービレ、引き続きまたもや重唱、レチタティーヴォ……と彼らには間断《かんだん》なく喋《しゃべ》り続けることが要求され続ける。

それまでの作品のように、前奏があって次に歌うアリアを歌い始める準備をする暇も（若いふたり、ナンネッタとフェントン以外には）与えられない。このオペラの大部分は、歌手が歌い始めてからオーケストラが展開していく形式が取られている。会話劇である以上、同じセリフの繰り返しは（最後のフーガ部分などの限られた部分以外には）ほとんど存在しない。このオペラの出演者には、美しい声を出すことや拍数に気をとられる暇など与えられていない。言い換えれば、そうした意識の歌手が混ざっていると、このオペラの畳み込むようなスリリングな展開に、水を差してしまうことになるのだ。

バルドルフォとピストーラ――脇役のようでいて実は重要な役回り

目立ったアリアがあるわけでもないファルスタッフの従者ふたり、バルドルフォとピストーラ。頭がいいとは言い難いが、このふたりは機を見て、誰の側につくのが得策かを瞬時に判断する能力には長《た》けている。最初はファルスタッフに、次はフォードにすり寄り、最後の森の場面ではアリーチェたちの企てにしっかり参加して、したたかに生き残る。このドラマ全体から見れば、このふたりはひとつ間違えればてんでバラバラに走り出しそうな主人公たちを巧みな情報で操作し、全員を「対ファルスタッフ」で結束させている。彼らは森で大恥をかかせたファルスタッフに、その翌日、何事もなかったような顔をして揉《も》み手ですり寄って行くのかもしれない。

ナンネッタとフェントン――一服の清涼剤

若い恋人たち、ナンネッタとフェントンのふたりは、一瞬の気を抜くことも出来ない緻密《ちみつ》な会話劇たるこのオペラの中の一服の清涼剤。きれいなアリア「**唇から喜びの歌が**」[5]と「**夏のそよ風に乗って**」[6]（もっとも楽譜にはアリアとは書かれてはおらず、楽譜はそれぞれ淡々と続いて行く）をもらっている彼らに課せられた任務は、ひたすら若く澄んだ歌声を聴かせることにある。つまり「歌う」ことを許されているのはこのふたりだけ。それは彼らが、大人たちの駆け引きには入れてもらえない、まだまだ未熟な子供として描かれているからとも言える。そのナンネッタにヴェルディは、他の女声陣よりも明らかに若々しい声を要求しておきながら、書かれているのは中音域ばかり。実はこの役、美しいメロディーだが、聴かせどころのアクート（高音）はどこにも出てこない、レッジェーロ系ソプラノ泣かせの役でもある。

アリーチェ――表現の難しさ

さて、残る出演者全員は「歌う」というよりも「喋《しゃべ》って、喋って、喋り倒さねばならない」。その上、この作品はことのほかイタリア語の抑揚を効かせるのが大変だというのだから実に厄介である。ヴェルディはイタリア語の抑揚をその通りに楽譜に書き込んで行く作曲家だから、楽譜通りに歌えば良さそうなものだが、このオペラはクセ者で、書かれているセリフに隠されている裏の意味がわかってこそ初めてメリハリがつくようになっている。つまり出演者全員が、イタリア語が堪能《たんのう》であることと同時に、どこか底抜けに明るいイタリア的感覚を持ち合わせていることを前提に書かれている作品と言ってもいいだろう。

会話で成り立っているこのオペラは、イタリア人の名歌手であっても、あるいは他のヴェルディ作品が見事に歌える歌手だからといって、誰でもが手掛けられる作品ではない。特に女声は裏声を使って発声するため、言葉一語一語をすべてクリアに発音することがとても難しい。イタリア人が歌っているのにイタリア人の聴衆が字幕を読まねばセリフが聞き取れないような事態は何としても避けなければならない。アリーチェ役のハードルは、非常に高いのだ。さらにこの役にはヴェルディの作品に合ったリリコの柔らかで豊かな音色が必須条件というのだから、アリーチェを得意なレパートリーにできるイタリア人ソプラノ歌手は、意外に少ない。

クイックリー夫人——狂言回し

狂言回し役であるクイックリー夫人には、「デイム」が付いており、彼女の夫は爵位を持っている。だから「サー」ジョン・ファルスタッフの元に彼女は臆《おく》することなく面会に行けるし、ファルスタッフもまた、とんでもない目に遭《あ》わされた後にも、彼女を口汚く罵《ののし》ることができない。仰々しく慇懃《いんぎん》な言葉使いで交わされるふたりの挨拶《あいさつ》は、彼らふたりの爵位を持つ人間としての立場に基因するのである。そのことを彼女は鼻に掛けてなどいない。だが、今回のようにその爵位が交渉の役に立つ時には、堂々とそれを前面に押し出して利用する。この役は厚手のビロードのような声のメゾ・ソプラノやコントラルトによって歌われるのが理想的。当然ながら言葉がはっきりと聞こえるのは必須条件である。

２０１３年のスカラ座来日公演でこの役を見事に演じたダニエラ・バルチェッローナが、こんな風に語っていた――「低い音域では地声をミックスして使いますが、かといってこの役の音域は五線の一番上に乗る音まで書かれているため当然、頭声だけで歌う部分もたくさんあります。それが全部お喋《しゃべ》りの部分ですので、話の途中で声の都合で音色が変わることなく自然に繋《つな》がるようにクリアに発音して、お芝居を停滞させないようにすることを心掛けています」。

クイックリーの歌う部分がまるで普通に喋っているように聞こえるのは、こうした緻密《ちみつ》に計算された技術的な裏付けがあってこそ、初めて可能になるということだ。

ファルスタッフ――この作品ではイタリア人

これまでも数多くの世界中さまざまな国の名バリトンたちがファルスタッフ役に挑んできた。古くはレナード・ウォーレンからドイツのフィッシャー＝ディースカウ、２００４年６月に新国立劇場で歌ったベルント・ヴァイクルなど。彼らは皆イタリア語の発音も美しく、立派な歌唱が並ぶ。しかし、イタリア人歌手が歌っているものと比べると「大変お行儀がよろしい」とでも言ったらよいだろうか。

正しく歌うだけではない、イタリア人独特のペーソスや茶目っ気、言葉では説明できない彼らの「血が持っている」ものがそこに注ぎ込まれてこそ「サー・ジョン・フォールスタッフ」は「イタリアのファルスタッフ」へと変貌《へんぼう》を遂げる。例えば、近年この役を得意としているウェールズ出身のブリン・ターフェルと、イタリアはパヴィア出身のアンブロージョ・マエストリを比較してみると、ヴェルディのファルスタッフが持つ「明日は明日で、なーに何とかなるさ」の精神は、マエストリ演じるファルスタッフに色濃く出ているように思える。ターフェル演じるファルスタッフは、終幕に森で突き回されて「この世はすべて冗談だ、人間みんな騙《だま》し合い」と自嘲《じちょう》した後、少しは今までより生き方が慎重になりそうな気配があるが、マエストリ演じるファルスタッフは、明日になったらそのあたりの反省はすっかり忘れ、またこれまで通りの人生を続けるだろうと思わせるのだ。

フォード――ふたり目のバリトン

さて、ヴェルディはなぜファルスタッフとフォードというふたりを、ともにバリトンに充てたのか。年長のファルスタッフをバスに、あるいはフォードを重めのテノールに振ってもよさそうなものだが、この作品でヴェルディは敢《あ》えてバリトンふたりと指定している。ロベルト・フロンターリのように他のヴェルディ・バリトンの役を数多くこなすにもかかわらず、こと《ファルスタッフ》においてはフォード以外には手を出さないと決めているらしい歌手もいるが、多くがフォード役から最終的にはファルスタッフに移行しているところから見ても音域的には大きな違いはないようである。

ファルスタッフがバスではないのは、ファルスタッフがまだまだ「自分は現役」と信じて疑わないキャラクターだからだろう。悟りを開いたようなバスの声では彼のキャラクターの面白味が出ない。ファルスタッフは確かに老体に鞭《むち》打つ年代ではあるものの、だからといって枯れていては困るのだ。第3幕で子供たちに枯れ枝で突き回されるときに、聴衆に「あんな年寄りに何てひどいことを」と思われてはならないのだ。

フォードとその妻アリーチェが立派な中年世代なのは、娘のナンネッタが十代後半であることから容易に想像出来る。もはや自分の妻が他の男から誘惑されることなどあるまい、と高《たか》を括《くく》っていたフォードが「妻を寝取られた夫だなどと笑い者にされてたまるか」とばかりにあたふたする様子からも、それは見て取れる。まだ女性としての十分な魅力に溢《あふ》れたアリーチェを妻に持つフォードは、《エルナーニ》で相当に年の離れたエルヴィーラに恋心を抱き嫉妬《しっと》に我を忘れる老シルヴァになってはならない。彼がファルスタッフと同年代で爺さんふたりの恋の鞘《さや》当てに見えては話が違ってしまうし、かといってフォードが輝かしいテノールによって歌われて、血気盛んで策を巡らすよりもファルスタッフに決闘を申し込みそうでもこれまた困る。バリトンふたりが「老獪《ろうかい》」と「実直」をそれぞれが競って表現して見せるのもこのオペラの醍醐味《だいごみ》のひとつなのだ。

《ラ・ジョコンダ》 アミルカーレ・ポンキエッリ

LA GIOCONDA Amilcare Ponchielli

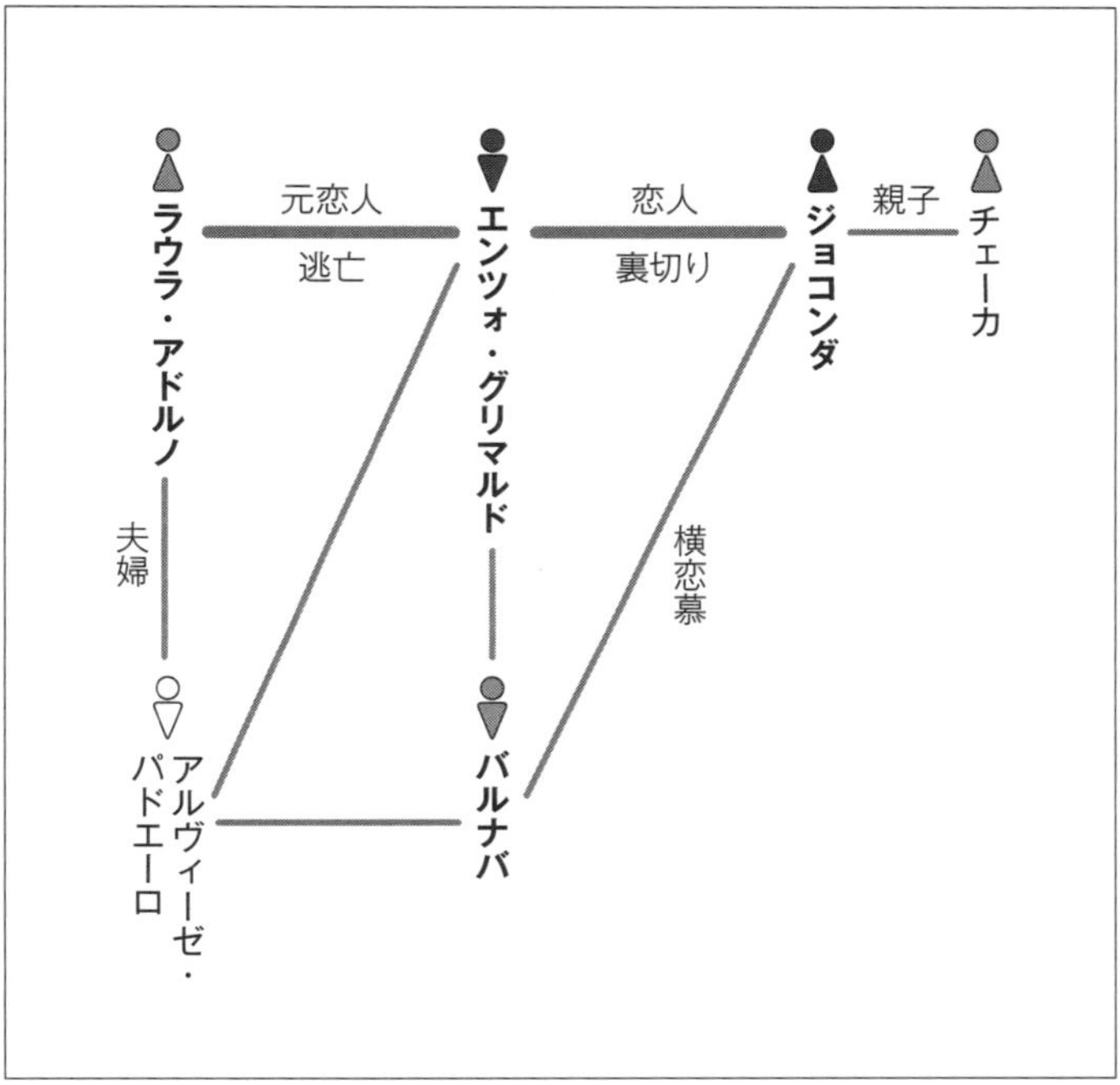

主な登場人物

ジョコンダ（S）
　歌手
エンツォ・グリマルド（T）
　ジェノヴァの貴族
バルナバ（Br）
　ヴェネツィアの首脳陣である十人委員会の密偵
チェーカ（C）
　ジョコンダの盲目の母親
ラウラ・アドルノ（Ms）
　ジェノヴァ出身の貴婦人
アルヴィーゼ・バドエーロ（Bs）
　ヴェネツィア宗教裁判所の長官　ラウラの夫
イセポ（T）
　町の代筆屋
ツアーネ（Bs）
　船乗り

４幕のオペラ（ドランマ）Dramma in quattro atti
原作　ヴィクトール・ユゴー「パドヴァの独裁者、アンジェロ」
台本　トビーア・ゴッリオ（アッリーゴ・ボーイトのペンネーム）
初演　1876年4月8日　ミラノ、スカラ座
演奏時間　２時間45分／序曲５分、第１幕50分、第２幕35分、第３幕40分、第４幕35分

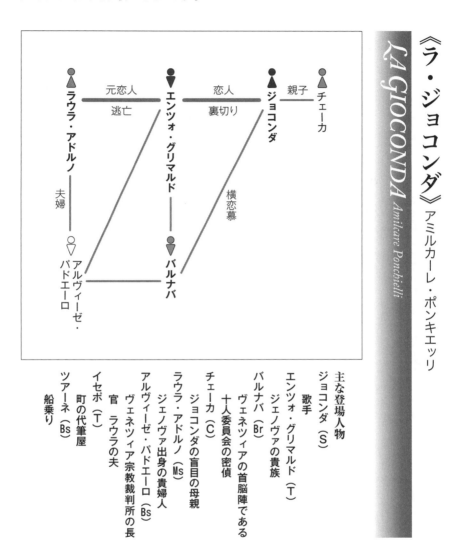

【第1幕】

獅子の口

序曲は穏やかに暮らすチェーカとジョコンダの母娘が、これから巻き込まれて行く荒波を予言するように緊迫感を強めたのち、最後は幕開きのヴェネツィアの潟《かた》に寄せる静かな波を表すように終わる。

幕が開くとそこは謝肉祭に沸く17世紀のヴェネツィア。ドゥカーレ（総督）宮殿前。宮殿の壁には目安箱の役目を果たす、口を開いたライオンの彫刻が見える。ゴンドラ競漕《きょうそう》の開始を告げる鐘の音に、仮面をつけた人々が見物に運河へと走って行く。

流しの歌手に変装しているヴェネツィア政府の密偵のバルナバは、ひとり残ってドゥカーレ宮殿と嘆きの橋で繋《つな》がる、二度と生きては出られないと言われる牢獄《ろうごく》を見やる「**奴らの墓の上で歌っているのだ**[1]」。

そこに盲目の母チェーカの手を引いた歌手のジョコンダが現れる。母はいつも手を引いてくれる娘ジョコンダに感謝する「**娘よ、ふらつく足元をいつも支えてくれて**[2]」。

バルナバはジョコンダを見て「張り巡らせた蜘蛛《くも》の糸で政治犯を捕まえるように、美しい蝶のようなお前を捕まえてやる」と呟《つぶや》く「三重唱 **お前は人々のために歌い、私は祈りを唱える**[3]」。

夕べの祈りまでにはもう少し時間がある。ジョコンダはチェーカを教会の階段で待たせておいて、愛する船乗りのエンツォを探しに行こうとする。バルナバが彼女の前に立ちはだかって、彼女を口説くが、ジョコンダはそれを拒絶して去っていく。

娘の叫び声に、母は娘を心配する。バルナバはこの盲目の母親もジョコンダを我がものにするためには何かの役に立つだろうと独白する「三重唱 **止まれ、お前を愛する男が**[4]」。

バルナバは、ゴンドラ競漕に敗れた船乗りのツアーネに「お前が負けたのは、あそこにいる盲目の老女がお前の舟を呪《のろ》ったからだ」とありもしないことを吹き込む「二重唱 **舟乗りのツアーネ、**[5]

1　奴らの墓の上で歌っているのだ E cantan su lor tombe!
2　娘よ、ふらつく足元をいつも支えてくれて Figlia che regi il tremulo piè
3　お前は人々のために歌い、私は祈りを唱える Figlia! tu canti agl'uomini le tue canzoni, io canto angeli
4　止まれ、お前を愛する男が Ferma. Un uom che t'ama
5　舟乗りのツアーネ、景気の悪い顔だな Patron Zuane, hai faccia da malanno

景気の悪い顔だな」。

ツアーネと仲間達は「異端者を火炙《ひあぶ》りにしろ」と言ってチェーカを取り囲む「四重唱[6] **あの女はジュデカのあばら家に棲《す》み**」。

仮面をつけた船乗りのエンツォが現れて、その騒ぎを止めようとする「[7]**人殺しども、年寄りに何をする**」。しかし興奮した民衆の騒ぎは収まらない。戻って来たジョコンダは母に近づくことすらできず遠くから「お母さん」と呼ぶことしか出来ない。

そこに宗教裁判所の長官アルヴィーゼと、ジェノヴァの貴族の娘で、政略結婚で彼のもとに嫁いできたラウラが、やはり復活祭の仮面で顔を隠して通り掛かる。アルヴィーゼが人々を一喝する「[8]**反乱か。民衆が総督の館の敷地内で**」。

人々が「この老女は魔女だ」と叫び、バルナバもアルヴィーゼに「あの女は魔女だ」と耳打ちする。ジョコンダはバルナバを「この嘘《うそ》つき」と責める。

チェーカを裁判にかけようというアルヴィーゼの言葉に、ジョコンダが自分たち母娘のこれまでと生業《なりわい》を語る「[9]**お慈悲を、私の話をお聞きください**」。

チェーカを見たラウラは「この老女はロザーリオ（数珠《じゅず》）を手にしています。信心深い女性で、異端者などではないわ」と夫に口添えしてチェーカの命を助ける。

チェーカはラウラに感謝をして、自分が手にしていたロザーリオを彼女に手渡す「[10]**天使のような女性の声が**」。

そこでエンツォの声を聞いたラウラは、その声がジェノヴァの貴族で、恋人だったエンツォ・グリマルドであることに気がつく。

ジョコンダは、母を助けてくれた貴族の女性に名前を尋ねる。彼女は「ラウラ」と答える。身分を隠してラウラを取り返すためにジェノヴァから来ていたエンツォも、彼女に気づく。

ジョコンダはラウラを見つめるエンツォの眼差《まなざ》しに彼が本当に愛しているのがラウラであることに気づく。騒ぎが収まり、ラウラとアルヴィーゼ

6 あの女はジュデカのあばら家に棲み Suo covo è un tuguro laggiù alla Giudeca
7 人殺しども、年寄りに何をする Assasini! Quel crin venerando rispetatte!
8 反乱か。民衆が総督の館の敷地内で Ribellion! Che? la plebe or qui s'arroga fra le ducali muri
9 お慈悲を、私の話をお聞きください Pietà! ch'io parli attendete ora infrango
10 天使のような女性の声が Voce di donna d'angelo

を先頭に人々が教会に入って行く。

バルナバとエンツォが残る。バルナバはエンツォに「お前はジェノヴァのサンタフィオール伯、エンツォ・グリマルドだな」と言い「事情は全て承知している。今夜ラウラと密会出来るようにしてやろう」と言う「二重唱[11] **エンツォ・グリマルドだな**」。バルナバは、ジェノヴァからの密入国者であるこの男を捕えさせて投獄し、彼を慕うジョコンダを我がものにしようという魂胆《こんたん》なのだ。

エンツォが、ジョコンダを悲しませることに心を痛めつつも、ラウラを取り戻せる喜びに浸りながら去って行く「二重唱[12] **おおこの魂の叫び、心は張り裂けそうだ**」。

残ったバルナバは町の代筆屋イセポを脅して、宮殿の壁にある獅子の口に、無記名で長官宛の「あなたの奥様が今夜、水夫のエンツォと船上で密会し、そのまま船で逃げるでしょう」と口述筆記させる。そしてバルナバは悪巧みの成功を祈り、その告発状を獅子の口に放り込んで去って行く「[13]**おお、権力の象徴**」。

教会から聞こえる祈りの声に合わせ、晩禱《ばんとう》を捧げる人々の間を、愛する人に裏切られた悲しみに沈むジョコンダが、母の手を引きながら去って行く「[14]**私は裏切られました**」。

【第2幕】

ロザーリオ

夜、水夫たちは出港準備に余念がない。今度は漁師の姿をしたバルナバが、バルカローラ(舟歌)を歌い、水夫たちがそれに唱和する「**漁師たちよ、餌を沈めろ**」。バルナバがラウラを迎えに去って行く。

湾内に停泊しているエンツォが乗った帆船。エンツォは船乗りたちに「自分が残って見回りをするので、みんな帰って休め」と言い、ひとり船に残る。そしてラウラと再会できる喜びを語り、彼女の到着を待ちわびる「[16]**空と海**」。

バルナバが操る小舟が近づき、そこからラウラが帆船に乗り移る。ラウラは「バルナバに不吉な

11　エンツォ・グリマルドだな Enzo Grimaldo
12　おおこの魂の叫び、心は張り裂けそうだ O grido di quest'anima scoppia dal gonfio core!
13　おお、権力の象徴 O monumento!
14　私は裏切られました Tradita! ～ Ah! o cuor! dono funesto
15　漁師たちよ、餌を沈めろ Pescator, affonda l'esca
16　空と海 Cielo e mar!

ものを感じる。」とエンツォに言うが、エンツォは彼女に再会できた喜びでいっぱいで、その言葉に耳を傾けない［二重唱 **ああ、心配しないで**[17]］。

ラウラが神に祈りを捧げる［**船乗りの星よ**[18]］。エンツォは彼女を連れてヴェネツィアを去る出帆の準備にその場を離れる。そこにこの密会のことを知って船に隠れていたジョコンダが姿を現し、ラウラの「聖母様お護りください」の言葉に「そして呪《のろ》いを」と付け加える。

エンツォを巡ってふたりの女性が対決し、激しい言い争いになる［二重唱 **あそこで待ち伏せをしていました**[19]］。ジョコンダがラウラを手に掛けようとした瞬間、ラウラが、持っていたロザーリオを天に翳《かざ》す。ジョコンダは彼女が母の命を助けてくれた女性であることを知る。

バルナバが投函した告発状を読んだラウラの夫と部下たちが乗ったガレー船が近づいてくるのが見える。ジョコンダはラウラを自分が乗って来た小舟に乗せて逃す。

戻ってきたエンツォはそこにジョコンダがいるのに驚く。「ラウラはあなたを愛していません」というジョコンダの言葉を信じず、彼女を責める［二重唱 **あそこを御覧なさい、澱《よど》んだ運河を**[20]］。

ガレー船が近づいて来る。事情をジョコンダから聞いたエンツォは、帆船に火を放つ。

【第3幕】

カ・ドーロ

（第1場）ヴェネツィア大運河沿いの豪奢な館の一室

アルヴィーゼが、妻が不貞で家名を汚した以上、彼女は自ら命を断たねばならないと独白する［**私の祖先の亡霊に**[21]］。

現れたラウラにアルヴィーゼは「この毒薬を呷《あお》って自殺しろ」と言って去って行く［二重唱 **私に死ねとおっしゃるのですか、恐ろしい**[22]］。

そこにラウラの危機を察したジョコンダが姿を現して、彼女に「毒薬の代わりにこの仮死状態になる薬を飲むのです」と言ってそれを飲ませる。ラウラは仮死状態で倒れる。ジョコンダは愛する

17 ああ、心配しないで Deh! non turbare
18 船乗りの星よ Stella del marinar
19 あそこで待ち伏せをしていました Là, attesi e il tempo colsi
20 あそこを御覧なさい、澱んだ運河を Vedi là, canal morto
21 私の祖先の亡霊に Ombre di mia prosapia!
22 私に死ねとおっしゃるのですか、恐ろしい Morir! è troppo orribile!

男のためにラウラを救う決意を語る「**ああ、お母さん、運命の島で**[23]」

（第2場）館の広間

華やかな謝肉祭の宴は続く。

（バレエ音楽　**時の踊り**）

多くの招待客の中にジョコンダやエンツォも紛《まぎ》れ込んでいる。

そこにチェーカがバルナバに荒々しく連れて来られる。バルナバは「この老女が入る事が禁じられている部屋で、呪《のろ》いを掛けていた」と言う。チェーカは「亡くなった者たちへの祈りを捧げていただけだ」と答える。

そこに弔いの鐘の音が聞こえる。「誰のためだ」と訊《たず》ねるエンツォに、バルナバは「ラウラのためだ」と答える。

復讐《ふくしゅう》を果たしたと満足げなアルヴィーゼに、エンツォは仮面をかなぐり捨てて自分の本当の身分を明かす「二重唱　**なんだと。喜びは消えた**[24]」。

その場にいた人々は恐怖で動けなくなる。そしてそれぞれが自らの感情を吐露《とろ》する「五重唱　**私の大切な人よ**[25]」。

アルヴィーゼが、（仮死状態の）妻の横たわる棺《かんおけ》の台を皆に指し示すので、エンツォは嘆き悲しむ「**君は死んでしまった**[26]」。なんとかしてエンツォを助けたいジョコンダはバルナバに「エンツォを助けてくれたら、私はお前のものになるわ」と持ち掛ける。

【第4幕】

オルファーノ運河

ジュデッカ島にあるジョコンダ母娘の寂れた家。ジョコンダの仲間たちによって仮死状態のラウラが運び込まれて、ベッドに寝かされている。ジョコンダは彼らに、行方知れずの母のことを探して来てくれと頼む。

ラウラから受け取った毒薬を手にしたジョコンダは、何もかも失った自分にはもう望むものは死

23　ああ、お母さん、運命の島で O madre mia, nell'isola fatale
24　なんだと。喜びは消えた E che? La gioia sparve!
25　私の大切な人よ O mia stella d'amor
26　君は死んでしまった Già ti veggo immota
27　自殺 Suicidio!

しかない。しかし、自殺は神への冒涜《ぼうとく》であると彼女は思い悩む「[27]**自殺**」。同時にいっそこのままラウラを海に沈めてしまおうかという邪悪な誘惑とも葛藤《かっとう》する。

バルナバによって逃がされたエンツォがやってきて「ラウラの亡骸《なきがら》がなくなっている」と言う。ジョコンダはラウラがここにいること、自分がエンツォを助けたことを語るが、彼はジョコンダがラウラの亡骸を盗んだと責め、彼女に剣を向ける「二重唱　[28]**もう一度あなたに陽の光を**」。

そこに目を覚ましたラウラの声がする。驚くエンツォにラウラは「ジョコンダが自分の命を救ってくれたのだ」と語る。

ジョコンダは「わたしの仲間たちが小舟でやって来ます。彼らがあなたがたを夜明け前にトレ・ポルティの港までお連れします。そこからアクイレイアに向けてお逃げなさい」と語る。

そしてラウラの腕に母のロザーリオを見つけ「これを見たら私のことを思い出してくださいね」と彼女に語り掛ける「二重唱　[29]**小舟が近づいて来ます～涙に濡れた最後の口づけを**」。彼らはジョコンダに感謝しながら小舟に乗って去って行く。

彼らを見送ったジョコンダは、母のことを心配する「[30]**これで死ねるわ、すべては終わった。いえ、お母さんはどこに**」。

そこにバルナバがやってきて「さあ約束は守ってもらうぞ」と言う。彼女はわざと明るく歌う「[31]**わたしはもっと陽気に**」。そして「わたしの体が欲しいのでしょう。悪魔よ、好きにするがいいわ」と言い、その瞬間自分の心臓に剣を突き立てる。

バルナバは驚き、そして怒る。倒れたジョコンダの耳元でバルナバは「お前の母親は、昨日俺が溺死《できし》させてやった」と叫ぶ。

だがジョコンダはすでに息絶えている。バルナバは「もう聞こえちゃいない」と溜息《ためいき》をつき、ひとり走り去って行く。

28　もう一度あなたに陽の光を Ridarti il sol

29　小舟が近づいて来ます～涙に濡れた最後の口づけを La barca s'avvicina ～ Quest'ultimo bacio che il pianto inonda

30　これで死ねるわ、すべては終わった。いえ、お母さんはどこに Ora posso morir. Tutto è compiuto. Ah no ! mia madre!

31　わたしはもっと陽気に Vo' farmi più gaia

《聴きどころ》

ヴェルディとプッチーニの間に咲いた一輪の花とも言える、ポンキエッリの《ラ・ジョコンダ》。ソプラノ、メゾ・ソプラノ、コントラルト、テノール、バリトン、バスの6人が、それぞれに名場面を作って行く、いわば「遅れてきたグランド・オペラ」といった趣《おもむき》のこの作品は、一方で「死」というテーマで貫かれている。歌い手として盲目の母とふたりのつましい生活を支える庶民のジョコンダ。信心深く、心優しいジョコンダとその母チェーカは、あまりに優しすぎ、純朴すぎて、思いがけず関わりをもってしまった貴族たちに翻弄《ほんろう》され、もみくちゃにされて死んで行く。

有名なアリア「**自殺**」[27]で敬虔《けいけん》なカトリック教徒のジョコンダは、自殺という行為が神の教えに背く重罪であるがゆえに、なんとか踏みとどまろうとする。どんな絶望の中でも、生きることを自分から放棄することは許されない、と自分に言い聞かせる。

結果的に彼女は、好きでもない男に身を任せるぐらいならば、と自らの心臓に剣を突き立て死を選んでしまうのだが、彼女はそこで天国に昇れるとは思っていない。地獄に落ちようとこの男に身をまかせる屈辱《くつじょく》は許し難いと思ったのだ。なにひとつ救われるところのないヒロインのこの孤独な結末が、観ている側の心には、重くのしかかってくるためか、作品の完成度も高く、それぞれの役に聴かせどころが満載であるにもかかわらず、その上演回数は多いとは言えない。

なお、第3幕第2場のバレエ音楽「**時の踊り**」は独立して頻繁《ひんぱん》に演奏され、このオペラの曲であることを知らない人も多い。

ジョコンダ——篤《あつ》い宗教心

アリア「**自殺**」[27]は、辛さに耐えかねて死を選びたくなる自分と、自殺を禁じたカトリックの信仰心との葛藤《かっとう》のアリアである。これが大変にドラマティックでうねるようなメコディを持っている。全曲録音を残しているプリマドンナたち――カラス、ミラノフ、チェルケッティ、テバルディ、マルトン、ウルマーナ、グルーバー――を眺めてみると、なるほどスケールの大きな歌手たちが名を連ねている。この役はトスカと共通したキャラクターで、教育は受けていないが、宗教心に篤《あつ》く素朴な女性である。社会的弱者である彼女と母は、謂《いわ》れのない疑いを掛けられ、誤解され、罠《わな》にはめられる。

娘は老いた盲目の母を必死にかばうために叫ぶが、他人に対して本当に攻撃的になるのは、第2幕でのラウラとの対決の「**あそこで待っていました**」[19]だけで、それもラウラの手に母のロザリオを見つけるまでのほんの短い時間だけである。あとはひたすら母のため、エンツォのため、果てはラウラのため、と彼女はいつも他人のために行動する。

キャラクターとしてはリリコそのものなのだが、レチタティーヴォも含め緊迫した場面の連続で、母との会話を除いて、どれも相手側が興奮して攻撃的なので、どうしてもやりとりがドラマティックな表現に傾く。声に負担が掛かるために、スピント系のソプラノによって歌われることが多くなり、キャラクターが必要以上に強く思われているのは少々残念である。かつ、それほどアグレッシヴな性格ではないのに、レチタティーヴォの音域が、ソプラノにしては（一般的なものより）3度ぐらい低く書かれているため、どうしても低音にも強い歌手でなければ歌いにくいのだ。ただしそれらのセリフを彼女は声をひそめて喋《しゃべ》るように楽譜上で指定されている。そうした部分で声を鳴らし過ぎるのは禁物である。

チェーカ――コントラルトの持ち役

盲目の老婆チェーカには、コントラルトの厚みのある声がぜひ欲しい。その理由には、もうひとりラウラというメゾ・ソプラノの役が存在することもある。このふたりは第1幕で直接接点がある上に、母娘ほどの年齢差があるからだ。どうしてもチェーカには、落ち着いた声が欲しい。

激しい言い合いや陰謀《いんぼう》の渦巻くこのオペラの中で、彼女のセリフだけが無欲で、母性に溢《あふ》れて、駆け引きがない。盲目であるからか、相手の声からその人間の本質を一瞬で見抜く。バルナバが執拗《しつよう》とも言えるほどチェーカを目の敵にし、殺してしまう理由もそこにあったのだろう。彼女のアリア[10]「**天使のような女性の声が**」は、コントラルトのための数少ない名アリアで、そのメロディは序曲にも用いられている。彼女には裏表のない人間性を表わす、素直で美しいメロディラインが与えられているのである。

エンツォ ―― 実は自己中心的な典型的貴族

船乗りに身をやつして恋人ラウラを取り返しに来たジェノヴァの貴族エンツォ。言い方は悪いが、彼はジョコンダを隠れ蓑《みの》として利用していたに過ぎない。ラウラと彼は、ジョコンダを踏み台にして、幸せに去って行くのである。ゆえにこの役には、さほど陰影に富んだ深い心理描写はなされていない。彼は人格云々より、バルナバに踊らされて事件を起こして行くのが役割とも言える。[16]「**空と海**」は、ひたすら伸びやかに歌われてよいアリアである。この天真爛漫《てんしんらんまん》さがジョコンダを死に追いやって行く原因となる。彼がもっと思慮深い行動をしていれば、ジョコンダはその尻拭いをして危ない橋を何度も渡り、命を絶つようなことにはならなかったのだ。エンツォは思慮深くなどなくていい。若々しく、エネルギッシュに突っ走ることが彼の最も大切な役目である。

ラウラ ―― 品のよい貴婦人の役

バルナバの策略でエンツォとの再会を果たし、ジョコンダと対決する第2幕が、このラウラ役の最大の聴かせどころである。美声のメゾによって歌われる「船乗りの星よ」[18]は美しいロマンツァだし、そのあとのジョコンダとの二重唱もドラマティックである。だがこの役はどこか存在感が弱いキャラクターなので、立派すぎる声のメゾに歌われることは出来れば避けたい。ジョコンダよりも少し明るめのソプラノでちょうどよいのではないかと思うほどだ。なぜならば、彼女がジョコンダと正面から対決するドラマティックで大きな存在になると、ストーリーの焦点がぼやけかねないからである。彼女の存在はこの物語の芯《しん》ではあるが、それはあくまでも伏線としての役割である。ラウラに求められるのは、育ちの良さによる素直さと、敬虔《けいけん》なカトリック信者としての信仰心である。そしてこの信仰こそが、彼女の命を救うのである。

アルヴィーゼ ―― こちらも品格を失ってはならない宗教裁判長

第3幕が彼の聴かせどころである。妻がエンツォと密会していたという事実で傷つけられた彼自身と家の名誉のために、彼はラウラに自らの死を命じる。それが彼の家名も、彼女のジェノヴァの実家の家名も、そのどちらも恥辱《ちじょく》に貶《おとし》められることから救う方法なのである。アリア「私の祖先の亡霊に」[21]も、その先のラウラとの二重唱にしても、アルヴィーゼ役のバスは、我を忘れて彼女を責めて怒りを爆発させてはならない。この役は設定年齢がある程度高く、分別がある男である。彼は彼なりに妻を愛していて、彼女を辱《はずかし》めることなく死を迎えさせようとする。大人の対応をする彼のセリフは常にどこか抑制されており、本当の彼の煮え繰り返るような怒りが表出することはない。ラウラ同様、オペラの構造上アルヴィーゼに必要以上に存在感を与えすぎないためでもあろうが、たとえやせ我慢であろうとも、貴族のプライドを貫き通すのが、この役の演じ方であろう。

バルナバ――本物の悪人

バルナバは演じていて面白い役だろうと思う。《オテッロ》のヤーゴと双壁《そうへき》の悪人の役。扇の要として、この物語を終始一貫支配する。ただし、それだけに演じるのは難しく、エンツォと違い、気持ちよく歌いあげられるアリアはひとつもない。第1幕の[13]「**おお、権力の象徴**」にしても、なんとも暗く、また自らの複雑な状況を語っていく内容の深いアリアで「歌う」部分はひとつもない。彼にはレチタティーヴォにすら、謀略《ぼうりゃく》と無縁のセリフはひと言もない。

第2幕冒頭のバルカローラ[15]「**漁師たちよ、餌を沈めろ**」とて、周囲の漁師たちには陽気に聞こえたとしても、彼の頭の中は策略の手順が反芻《はんすう》されていたに違いない。本当の幕切れで、あれほど執着していたジョコンダが目の前で命を絶っても、その死を悲しむどころか、舌打ちをして亡骸《なきがら》を足蹴《あしげ》にして去って行く。ここまで徹頭徹尾《てっとうてつび》心を持たない男の役を演じるのは、演じ甲斐はあるだろうが、同時に精神的に消耗するだろう。逆に言えば、この役ばかりは、淡々と歌うだけでは、聴衆を物語に引き摺《ず》り込んでいく力を持ちえない。だが憎々しさを通り越して、人間性の感じられないような不気味さをこの役で表現できる、名優でもあるバリトンもまた、そう簡単には存在しない。

《メフィストーフェレ》

MEFISTOFELE *Arrigo Boito*

アッリーゴ・ボーイト

主な登場人物

メフィストーフェレ（Bs）
悪魔
ファウスト（T）
老いた哲学者
ヴァグネル（T）
ファウストの弟子
マルゲリータ（S）
田舎の村娘
マルタ（Ms）
マルゲリータの友人
エレーナ（S）
トロイアのヘレネ
パンタリス（Ms）
エレーナの侍女
ネレオ（T）
ギリシャの老人

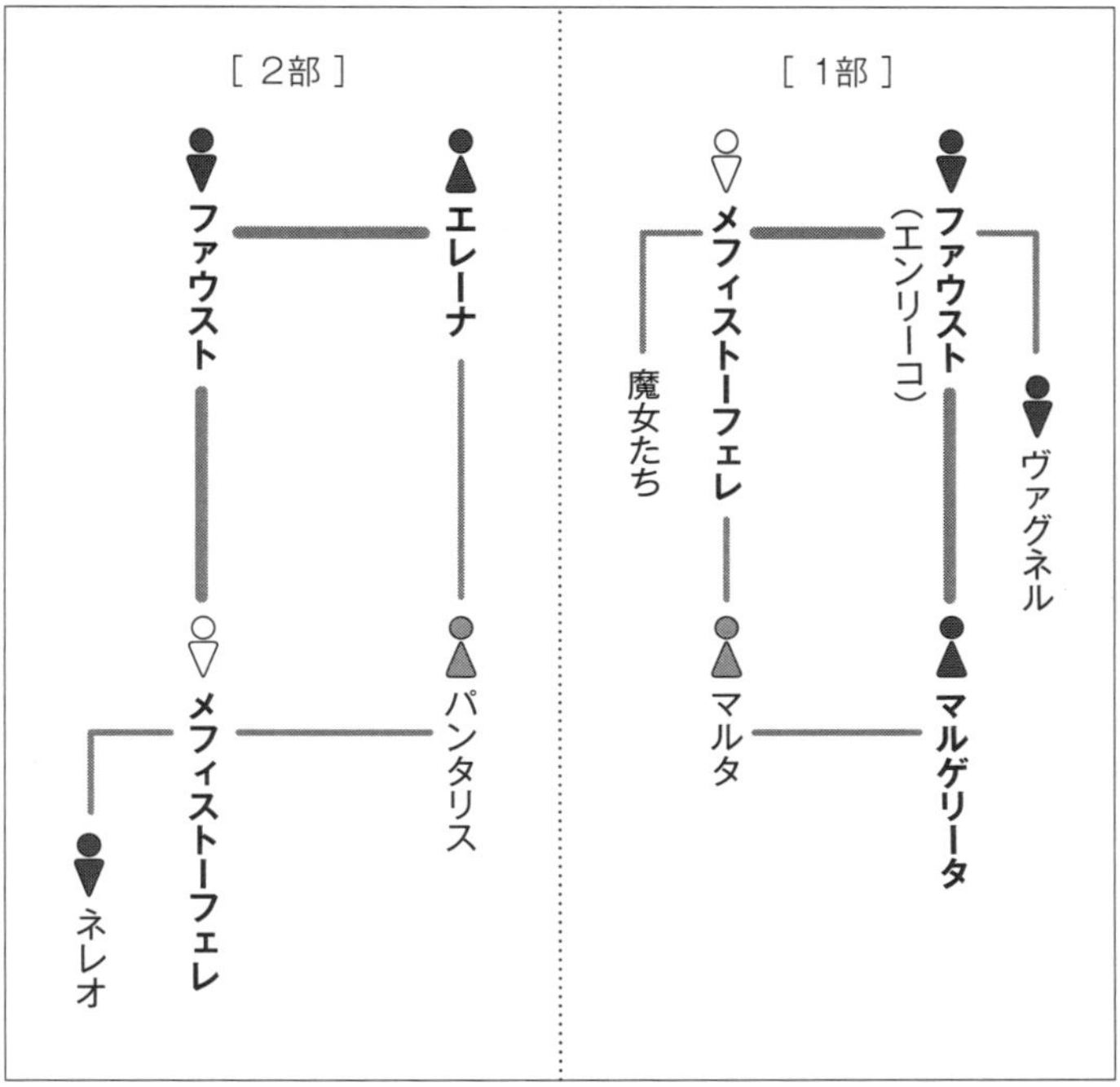

プロローグと４幕、エピローグのオペラ Opera in un prologo, quattro atti e un epilogo
原作　ゲーテの戯曲「ファウスト」
台本　アッリーゴ・ボーイト
初演　1868年3月5日 ミラノ、スカラ座
改定稿　1875年10月4日　ボローニャ、コムナーレ劇場
（1876年5月13日、ヴェネツィア、ロッシーニ劇場にて、マルゲリータのアリア「青白い光が」の加筆版初演）
演奏時間　2時間30分／プロローグ25分、第1幕30分、第2幕35分、第3幕20分、第4幕25分、エピローグ15分

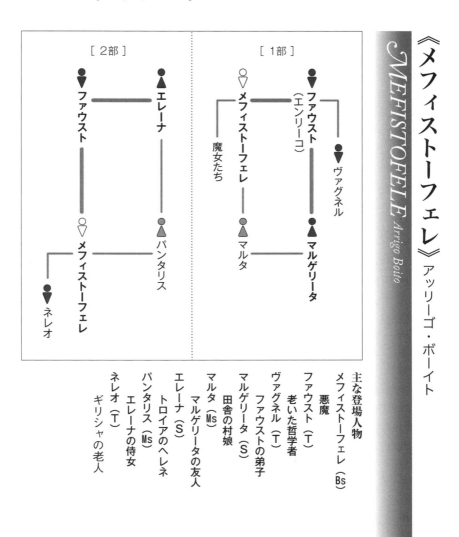

【プロローグ】天上

重々しいファンファーレに導かれた前奏曲（プレリュード）に続き、天使たちが神を讃《たた》えている。

悪魔のメフィストーフェレが登場し、創造主に慇懃《いんぎん》に挨拶《あいさつ》をする。彼は苦しむ人間の愚かさを揶揄《やゆ》し、彼らを悪の道に誘い込むのも飽きたと語る。そして、主《しゅ》から名前の出た、生真面目な老哲学者のファウストを誘惑出来るかどうかで主と賭《か》けをする「**栄えあれ主よ、私の俗な言い回しをお許しあれ**」[1]。

主は最後にはメフィストーフェレが敗れることがわかっているので、今は彼の思うようにさせておくことにする。

地上から聞こえてくる人間の祈りと、天上の天使や小天使たちの歌声が入り混じりながら続く「合唱　**聖母マリア様**」[2]。

《第一部》

【第1幕】

（第1場）《復活祭の日曜日》

復活祭を祝う人々で賑《にぎ》わうフランクフルトの街角。触書《ふれがき》きを手にした役人や道化師、市民や貴族たちが行き交う。人混みの中に灰色の僧衣をまとった修道士がいる。選定侯（神聖ローマ帝国でローマ王の選挙権を持つ諸侯）の王子の行列に人々が集まり、多くがその後をついて行く。

老ファウストとその弟子のヴァグネルが、坂を下りて来る。ファウストが春の訪ずれを賛美する「**春の優しい光が**」[3]。

ヴァグネルは「先生とご一緒できて嬉しいです。しかし私は、人混みが苦手で……」と語る。

町の人々がオベルタス（ポーランド発祥の民族舞踊）を賑やかに踊るのを見ているうちに夕暮れが近づく。ファウストは「石の上に腰掛けて夕暮れの景色を楽しもう」と言うが、ヴァグネルは「亡霊たちがやって来る時間です、帰りましょう」と師を促す。

するとそこに、さきほど見掛けた灰色の修道士がやって来る。ファウストにはその修道士が弧を描くように自分の周りに網を張りながら近づいて

1　栄えあれ主よ、私の俗な言い回しをお許しあれ Ave Signore, perdona se il mio gergo
2　聖母マリア様 Salve Maria
3　春の優しい光が Al soave raggiar di primavera

くるように見えるが、ヴァグネルは「それは先生の頭の中の幻想です。彼はただの修道士です」と取り合わない。そしてファウストとヴァグネルは一緒に帰路につく。

遠くから町の人々の歌う声が聞こえている。灰色の修道士はファウストたちの後をついて行く。「二重唱 **あの石の上に座ろう**[4]」。

〈第2場〉《契約》

ファウストの書斎。灰色の修道士が音もなく入って来て、部屋の奥にあるアルコーヴ（壁面のくぼみを利用した寝室）に隠れている。

ファウストが自然と人間愛を讃え、瞑想《めいそう》を始めようとする「**野原から、草原から**[5]」。

ファウストが書見台に置かれた福音書を開こうとした瞬間、アルコーヴから出てきた修道士が叫び声を上げる。驚いたファウストが「（悪霊を追い払うための）ソロモンの呪文を唱えるぞ」と言うと次の瞬間、その修道士は、手にマントを持った騎士姿のメフィストーフェレに姿を変える。

その名を問うファウストに対し、メフィストーフェレはそれを無視して、「自分が作り出すのは罪、死と悪、苦悩させ、誘惑し、嘲笑《ちょうしょう》して指笛を鳴らします。永遠に生きる私にとって破壊と罪と悪徳こそが本望なのです」と語る「**私はすべてを否定する霊なのです**[6]」。

そしてメフィストーフェレは、ファウストを若返らせ、彼がこれまで経験したことのない享楽《きょうらく》的な世界を提供してファウストに尽くすことを提案する。それに対してファウストは「もし私が時よ止まれ、お前は美しい」と感激して口にすることが出来たなら、その時自分は地獄に落ちてもいいと言う。そしてそうなった時には、ファウストがメフィストーフェレに仕えるということで、契約が成立する「二重唱 **もしお前が私にひとときの安らぎを**[7]」。ふたりはメフィストーフェレの広げたマントに包まれて空を飛んで出掛けて行く。

4 あの石の上に座ろう Sediam sovra quell sasso
5 野原から、草原から Dai campi, dai prati
6 私はすべてを否定する霊なのです Son io Spirito che nega sempre tutto
7 もしお前が私にひとときの安らぎを Se tu mi doni un'ora di riposo

【第2幕】

（第1場）《庭》

田舎の村。エンリーコと名乗る、若返ったファウストと純朴な村娘のマルゲリータと、メフィストーフェレと積極的な娘マルタが散歩しながら恋を語り合っている「四重唱 **素敵で賢い騎士である方に**[8]」。

メフィストーフェレとマルタが去って行き、ファウストとマルゲリータがふたりきりになる。「神を信じていますか」とマルゲリータは問う。ファウストは答えを上手にはぐらかす「二重唱 **信じておいでですか、エンリーコ**[9]」。

マルゲリータが「私は小さな家に住んでいて、母と同じ部屋に寝ています」とファウストとの逢引きは難しいと語る。ファウストは「母親を眠らせるのにこの薬を数滴飲ませなさい。これは何の害もありません」と言って薬瓶を渡す。

マルタとメフィストーフェレが戻って来る。マルゲリータとマルタが、ファウストとメフィストーフェレをからかいながら逃げるので、彼らは彼女たちを追い掛ける。彼女たちは「愛しているわ」と口にしながら、男たちの気を引くように走り去る。「四重唱 **あなたの心をときめきで満たすのです〜慈悲深い神よ**[10]」。

（第2場）《サバトの宴（ヴァルプルギス）の夜》

ハルツ山中、シールケ村を抜けたあたり。月はうっすらと怪しい光を放ち、遠くに魔の山が見えている。足元を照らすように鬼火《おにび》が飛び交う山道をメフィストーフェレに急かされるようにファウストが登って来る「二重唱 **鬼火よ、素早く、軽々と**[11]」。

そこでは魔女たちが踊っている。魔女や魔物たちが集まる中、メフィストーフェレは彼らの王である悪魔として振る舞い、皆は彼にかしずく。玉座に座ったメフィストーフィレはガラスの地球を手にして、悪魔を見下す人間たちをせせら笑い、その地球を投げ捨て粉粉《こなごな》に割る「**これが世界だ。空虚で、丸い**[12]」。魔物たちは喜んで歌い踊る。

ファウストの目に、悲しげに蒼《あお》ざめ、首に血の色をした斬首《ざんしゅ》刑の筋のついているマルゲリータの

8 素敵で賢い騎士である方に Cavaliero illustre e saggio
9 信じておいでですか、エンリーコ Dimmi se credi, Enrico
10 あなたの心をときめきで満たすのです〜慈悲深い神よ Colma il tuo cor d'un palpito 〜 Dio clemente
11 鬼火よ、素早く、軽々と Folletto, veloce, leggier
12 これが世界だ。空虚で、丸い Ecco il mondo, vuoto e tondo

姿が浮かぶ。メフィストーフェレは「それは彼女の首がペルセウス（ギリシャ神話でメドゥーサを倒した英雄）によって首を切り落とされたからですよ。なあに、単なる幻想ですよ」と平気な顔で語る「二重唱 [13]**なんてことだ、遠くに**」。メフィストーフェレを囲んだ魔女や魔物たちの不気味な宴は続く。

【第3幕】

《マルゲリータの死》

牢《ろう》の中。ファウストにもらった眠り薬で母親を殺し、またファウストとの間に生まれた赤ん坊をも殺した罪で、マルゲリータが投獄されている。彼女はすでに正気を失っている。彼女は「赤ちゃんのことを誰かが海に投げ込んだのに、皆は私が溺《おぼ》れさせたと言うの。お母さんは深い眠りについているだけなのに、皆は私が母に毒を飲ませたなんて恐ろしいことを言うの」と独り言を言っている「[14]**ある夜、海の底に**」。

牢屋の外にファウストとメフィストーフェレが姿を現す。メフィストーフェレが「彼女をこんな風にしたのは私でしょうか、あなたでしょうか」と言いながら、牢《ろう》の鍵《かぎ》を開けて、ファウストを残してその場を去る。

錯乱《さくらん》しているマルゲリータには、入って来たファウスト（エンリーコ）が死刑執行人に見えたり、愛するエンリーコに見えたりする。ファウストは「一緒に逃げよう」とマルゲリータに語りかける「二重唱 [15]**慈悲深い神様**」。

彼女は正気に戻ると自分の犯した罪の重さに押し潰《つぶ》されそうになり、ひたすら死を望んで母親や赤ん坊の近くに埋葬してほしいと願う。正気と狂気の間を往復するマルゲリータだが、必死に説得するファウストの言葉に一度は一緒に逃げることを承諾する「二重唱 [16]**遠くへ、遠くへ**」。

しかし、夜明けが近くなり、メフィストーフェレがファウストを連れ戻しにやって来ると、彼女は悪魔の姿に怯《おび》え、再び錯乱に陥《おちい》る。そしてファウストの腕の中で「私の最後の日が来ました。私たちがこの世で一緒にいられる時間は終わりで

13　なんてことだ、遠くに Stupor! Là nel lontano
14　ある夜、海の底に L'altra notte in fondo al mare
15　慈悲深い神様 Dio di pieta!
16　遠くへ、遠くへ Lontano, lontano

す。私たちが愛し合ったことは内緒にしておいてください。主よ、私をお救いください」と祈る。そしてファウストに「あなたは私を怖がらせるわ」と言い残して息を引き取る「**夜明けだわ、青白い曙《あけぼの》が**[17]」。

ファウストを拒絶したことによりマルゲリータの魂は救われて、天へと昇って行く。メフィストーフェレは、ファウストを引き摺《ず》るようにしてその場から立ち去る。

《第二部》

【第4幕】

《古典的サバトの宴（ヴァルプルギス）の夜》

次にメフィストーフェレは、ファウストをはるか昔のギリシャへと連れて行く。ここは月明かりに煌々《こうこう》と照らされたペネイオス川のほとり。絶世の美女エレーナと侍女のパンタリスが舟に乗っていて、その周囲をセイレーン（人魚）たちが囲み美しい声で歌う「二重唱　**月は動かず**[18]」。遠くからファウストがエレーナを呼ぶ声がする。

メフィストーフェレとファウストが姿を現す。メフィストーフェレは「これが古典的な魔女の宴です。今あなたは神話の世界にいるのです」と語る「**これが古典的なサバトの夜ですよ**[19]」。

ファウストは官能的な世界に酔うが、メフィストーフェレは北の魔女たちのいる世界との違いに戸惑う「**ブロッケンでは**[20]」。

エレーナがやって来る。聖歌隊はエレーナを讃《たた》えて歌うが、エレーナは焼き尽くされたトロイの陥落の恐ろしい情景を語る「**暗黒で恐ろしい夜**[21]」。

そこに15世紀の騎士姿になったファウストが、メフィストーフェレ、聖ネレオらを引き連れて現れる。そしてエレーナに愛を語り、彼女は彼と激しい恋に落ちる「五重唱　**清廉《せいれん》な理想的なお姿**」。メフィストーフェレは、その様子を見ながらパンタリスやネレオたちとともにその場を去る。

ファウストとエレーナは官能的に愛を語り合う「二重唱　**ああ、魔法にかかったようだわ**[23]」。そして「平和はアルカディアの谷間にあります。妖精

17　夜明けだわ、青白い曙が Spunta, l'aurora pallida
18　月は動かず La luna immobile
19　これが古典的なサバトの夜ですよ Ecco la notte del classico Sabba!
20　ブロッケンでは Al Brocken
21　暗黒で恐ろしい夜 Notte cupa, truce
22　清廉な理想的なお姿 Forma ideal purissima

たちの洞窟《どうくつ》で、野の花に囲まれて一緒に暮らしましょう」と囁《ささや》きあいながら、ふたりは叢《くさむら》の中へと姿を消す。

【エピローグ】

《ファウストの死》

再びファウストの書斎。しかし時は随分と過ぎ去っている。ファウストは書見台を前に、迷いながら瞑想《めいそう》している。メフィストーフェレは彼の後ろに立って、死が近づきつつあるファウストを見つめ「あなたは魅惑的な経験をしましたが、まだ過ぎていく時に向かって、止まれ、お前は美しい、とは口にしていませんね」と語る。

ファウストがその言葉を口にすることは、メフィストーフェレが創造主に勝利することを意味する。しかしファウストは「この夢の中で十分に幸せだった」と言い、私には天の歌声が聴こえ始めているのだと語る「[24]**最期の時を迎えた今**」。

メフィストーフェレは何とかしてファウストを地獄への道に引き入れようとするが、ファウストにはすでに天が開き、天使たちの合唱が聴こえている「二重唱 [25]**来るのだ、ファウスト。この広げたマントの中に**」。

ファウストは福音書を手にして、主に祈りを捧げ、天に向かって「止まれ、お前は美しい」と語る。天使たちがファウストに向けて天からバラの花びらを降り注ぐ。

主との賭《か》けに敗れたメフィストーフェレは、悪態をつき指笛を鳴らしながら消えて行く。ファウストの魂は天国へと招き入れられる「二重唱と天使の合唱 [26]**慈悲深い主よ、私から悪魔を追い払いたまえ**」。

《聴きどころ》

のちにポンキエッリ《ジョコンダ》、ヴェルディ《オテッロ》《ファルスタッフ》といった名作の台本

23 ああ、魔法にかかったようだわ O incantesimo!
24 最期の時を迎えた今 Giunto sul passo estremo
25 来るのだ、ファウスト。この広げたマントの中に Vien! io distendo questo mantel
26 慈悲深い主よ、私から悪魔を追い払いたまえ Dio clemente, m'allontana dal demonio

作家となるアッリーゴ・ボーイトが24歳で作曲したオペラである。作曲家としてのボーイトはワーグナーに傾倒していたが、その才能はいかんせんワーグナーにも、そしてボーイト自身の台本作家としての才能にも遠く及ばなかったと言わざるを得ない。

彼が作曲したオペラは、この作品と未完成に終わった《ネローネ》のみ。ゲーテの『ファウスト』を大胆に取り入れたこの作品は、初演時はまさにワーグナー風の長大作であったが、酷評《こくひょう》されるたび、作曲者自身によって改訂が続けられ現在のサイズに落ち着いた。とはいえ、この作品は当代最高のバス歌手たちによって数多く録音がなされる作品となった（それは多分にバスを主役にしたオペラが珍しいということでもある）わけだが、私見では、トゥッリオ・セラフィン指揮の１９５８年録音を凌駕《りょうが》する全曲盤は、まだ生まれていない。それは、ボーイトが、ヴェルディのように譜面通り演奏しさえすればどんな指揮者であってもそれなりに聴かせる作品に仕上がるような作曲家としての才能に恵まれなかったことの証左であるような気がする。このオペラは、よほど作品全体を俯瞰《ふかん》し把握できるドラマ構成力のある指揮者が振らなければ、作品に命が宿らないのである。

マルゲリータとエレーナ——異なる側面から描く、理想の女性像

長大（かつ難解）なゲーテの『ファウスト』から、大胆にも場面を自由にピックアップして作られたこの台本で、ファウストにとってのマルゲリータとエレーナは、究極の理想の女性像を異なる側面から見たものとも言えよう。理想はひとりのソプラノによって歌われることだろうが、いかんせんこの2役は、ドラマティックな表現が多い上、エレーナの出てくる第4幕に至っては、出ずっぱり歌いっぱなしである。これはボーイトが改訂に改訂を重ねて作品を縮小したことの弊害《へいがい》とも言える。（ちなみに、映像になっているランザーニ指揮のパレルモ・マッシモ劇場の公演では、テオドッシュウが両役をひ

とりで務めている。）

マルゲリータは純粋で天真爛漫《てんしんらんまん》な娘。そのマルゲリータ唯一のアリア「**ある夜、海の底に**」[14]は「狂乱の場」である。この幕の間、彼女はあの世とこの世を行ったり来たりしながら最後には弱って死んで行く。だからこのアリアも悲痛な叫びを上げたのち、小声で寄る辺なく神に助けを求めるような下降ラインで終わる。彼女が正気という設定で、自分の悲運を嘆く力強さがあれば、ここは最後にアクート（高音）を張って終わったことだろう。だが、彼女はゆらゆらと立つかげろうのような存在なのだ。この幕で彼女がファウスト（エンリーコ）を愛していることをはっきり認識するのは、美しい二重唱「**遠くへ、遠くへ**」[16]のみで、この部分は彼女が正気に戻っていることがわかるように歌われるところ。言い換えれば、その他の部分は「狂乱の場」ならではの「危うさ」が欠くべからざる要素だということだ。

それに対して、ゼウスの娘で、トロイア戦争の原因となった絶世の美女エレーナは、トロイアの陥落《かんらく》も目にしてきた女性。こちらは自分の意志をはっきり持った女性で、第4幕の前半ではトロイア戦争の凄惨《せいさん》な様子を語るドラマティックな表現が、後半は騎士姿のファウストにうっとりとする女らしさが求められるという大変な役である。休みなく歌い続けるにしても甘い歌から強い歌へと移行して行く方がまだ楽なのだが、ドラマティックに語った直後に、甘い囁《ささや》きへと移って行くのは、歌う側にとっては存外に難しい。

ゲーテの作品に則《のっと》ってファウストの死を迎えるためには、マルゲリータとの恋愛だけでは物語としては弱い。とはいえ、この第4幕はボーイトの音楽も、また台本も精彩を欠いていると言わざるを得ない。改訂の結果なのか、尻切れトンボのように中途半端なこの幕だけしか登場しないエレーナ役のソプラノは、大変な割に、今ひとつ報われないのである。

ファウスト――高音続出のリリコ・スピント

先述のセラフィン盤の全曲録音で、ファウスト役は当初ジュゼッペ・ディ・ステーファノがキャスティングされていたのだが、途中で病気を理由にマリオ・デル・モナコに交代した。実際のところは歌い切れず降板したというところだろう。この役は、老年の哲学者が魔法によって若者の姿を得る、という役のため、あまりに若々しい軽めのリリコが歌う役ではない。だが、重みのあるしっかりした声のテノールが歌うキャラクターであるのにもかかわらず、テッシトゥーラ（中心となる音域）は高い。テクニックがなければこの役は歌えない。録音が残っている全曲録音でのこの役は、１９３０年のメランドリから、ポッジ、デル・モナコ、ドミンゴ、クピードといった技術のしっかりした、幅広いレパートリーを誇った歌手が主に歌っている。

この役に与えられた「**春の優しい光が**」[3]、「**野原から、草原から**」[5]は、どちらもパッサッジョ（声の変わり目）あたりを中心とした音域で書かれている。かといって作曲家は故意にこの音域を当てて、柔らかなピアニッシモの表現を狙ったわけでもなさそうである。かつ、重唱部分はオーケストレーションが厚く、歌手は声を酷使《こくし》せざるを得ない。声の特性をあまり理解せず、器楽的に扱っているあたりが、ボーイトのオペラ作曲家としての最大の弱点なのではないかと思うのだ。

メフィストーフェレ――求められるのは「色気」

ここまで読み進めてきた読者諸兄は、では《メフィストーフェレ》は駄作なのか、と疑念を持たれるかもしれない。「バスの声を存分に堪能できるオペラ」という意味において、これが非常に面白い作品であることは間違いない。脇役に甘んじることの（僧侶《そうりょ》や王様あるいは老人の役が）多いバス歌手にとって、この役は歌うも演じるも実にやり甲斐がある。いいバス歌手ならば必ずやりたくなる役だ。

この役は悪魔であり「自分は上品な言葉遣いも知らないし、指笛も鳴らす」とメフィストーフェレ自身も語る。だが彼は天の創造主にどこか可愛がられているという設定である。（オペラでは「神秘の声」との対話になっているが）原作で彼は、天の創造主と天国で直接言葉を交わすことが許されていて、創造主はどこかでメフィストーフェレを育てようとしているようにも感じられるのだ。彼は批判精神の塊《かたまり》のような性格として描かれているものの、どこか憎めない。ゲーテの原作中、メフィストーフェレは天上の序曲の最後でこう語る――「俺は時々あの爺さんに会うことが好きだ。彼とは仲違いしないように気をつけている。彼のような偉い旦那が、俺のような悪魔と、人間的に付き合ってくれるということはありがたいことだ」（和田孝三訳『ファウスト』／創英社・三省堂書店刊より抜粋）。

さて、この悪魔役のバスは（できれば舞台姿も、と欲張りたいが、せめて声だけでも）セクシーでなければならない。イタリア・オペラのバスの役でこれほど色っぽい男の役は他にあるまい。モーツァルトが創造したドン・ジョヴァンニと双璧《そうへき》の、男（悪魔）の色気を漂わせる役なのだ。プロローグの「[1]**栄えあれ主よ**」の"Ave, Signor!"のひと声で、劇場中の女性を惹きつけるような声の魅力が欲しい。最も有名なアリア「[12]**これが世界だ**」の歌唱には、周囲にいる魔女や魔物たちの興奮を煽《あお》って、彼らを踊り狂わせるほどのカリスマ性が求められている。タイトルロールであるこの悪魔が、縦横無尽《じゅうおうむじん》かつ自由奔放《ほんぽう》に活躍してくれなければ、この物語は死んだも同然だ。このオペラの骨格は、指揮者と、その要求にメフィストーフェレ役のバスがどこまで応えられるかで決まると言っていい。何度も言及してきたセラフィン指揮の全曲盤でタイトルロールを歌っているのはチェーザレ・シエピ。全く文句のつけようのないセクシーな悪魔である。

《道化師》ルッジェーロ・レオンカヴァッロ

PAGLIACCI Ruggero Leoncavallo

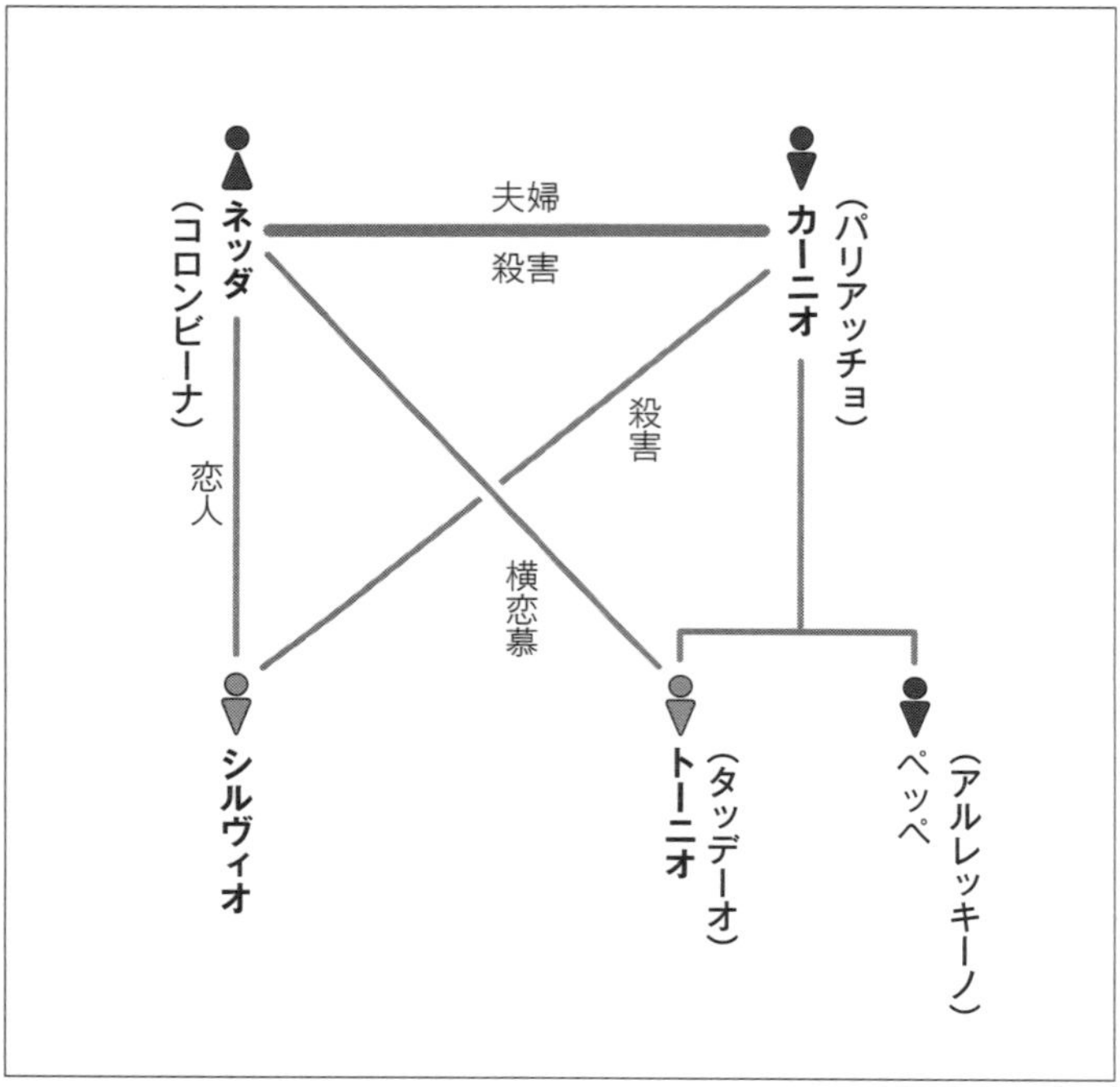

主な登場人物

カーニオ（T）
旅芸人一座の座長
（劇中・道化師パリアッチョ）

ネッダ（S）
看板女優、カーニオの妻
（劇中・コロンビーナ）

トーニオ（Br）
背中にこぶのある喜劇役者
（劇中・タッデーオ）

ペッペ（T）
喜劇役者
（劇中・アルレッキーノ）

シルヴィオ（Br）
ネッダに思いを寄せる村の青年

2幕のオペラ（ドランマ）　Dramma in due atti
原作　実際の事件の新聞記事に基づく
台本　ルッジェーロ・レオンカヴァッロ
初演　1892年5月21日　ミラノ、テアトロ・ダル・ヴェルメ
演奏時間　1時間10分／プロローグ8分、第1幕37分、第2幕25分

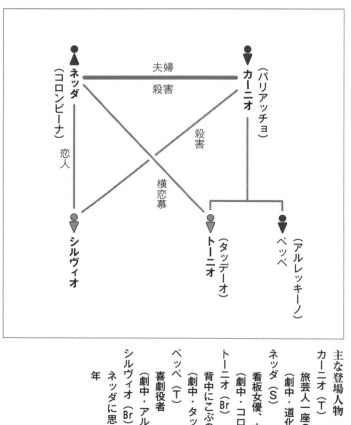

【プロローグ】

このオペラの名場面のメロディを繋《つな》いだオーケストラに続き、旅芝居一座の道化役で背中にこぶのあるトーニオが、劇中のタッデーオの衣裳で幕前に現れ「これからご覧いただきます仮面劇にて演じられますのは、人間が愛し合い、そして憎み合った果ての結果。……さあ、幕開けでございます」と前口上を述べる「[1]**よろしゅうございますか、紳士、淑女の皆様、御免くださいませ**」。

【第1幕】

舞台は1865~70年頃の8月15日（聖母被昇天祭の日）。南イタリア、カラブリア地方モンタルトの近く。強い陽が差し込む暑い日に、旅の一座の座長のカーニオ、その妻ネッダ、道化役のトーニオ、役者のペッペらがやって来るのを村人や子供達が賑《にぎ》やかに迎える。

座長のカーニオが今夜の芝居を告知する「[2]**23時から素晴らしい芝居をご覧に入れます**」。

カーニオとペッペは村人たちに誘われ、まずは教会に向かう。村人が「トーニオが一緒に来ないのは奥さんに言い寄るためじゃないのか」とカーニオに言う。「そういう悪い冗談はやめてくださいな。劇中のパリアッチョは奥さんに説教をするか棒で打ち据えるかで済みますが、実生活だったらそうは行きません」とカーニオは答える「[3]**そういう冗談は、お願いですから**」。夕べの鐘が鳴り、人々は教会に入って行く。

ひとり残ったネッダは、夫に自分の浮気が発覚したらどうしようと不安になるものの、考えるのをやめて「私は空を飛ぶ鳥のように自由になりたいわ」と歌う「[4]**あの眼差《まなざ》しは炎のようだったわ～空の上でさえずる鳥たちのように**（鳥の歌）」。

トーニオがやって来てネッダに言い寄るが、ネッダに笑い飛ばされる。そして無理やり迫ろうとして鞭《むち》で打たれ、手酷《てひど》く追い払われる。彼は仕返しを誓いながら去って行く「二重唱[5]**俺が不恰好《ぶかっこう》だということはよくわかっているさ**」。

そこにネッダの愛人、シルヴィオが現れて「ここに残ってくれ、僕は君が居なければ生きていけ

1　よろしゅうございますか、紳士、淑女の皆様、御免くださいませ Si può? Signore! Signori! Scusatemi
2　23 時から素晴らしい芝居をご覧に入れます Un grande spettacolo a ventitrè ore
3　そういう冗談は、お願いですから Un tal gioco, credetemi
4　あの眼差しは炎のようだったわ～空の上でさえずる鳥たちのように（鳥の歌）Quella fiamma avea nel guardo! ～ Stridono lassù liberamente
5　俺が不恰好だということはよくわかっているさ So ben che difforme contort son io

ない」と熱く口説く。物陰からその様子を見ていたトーニオは、カーニオを呼びに行く。トーニオとカーニオが足音を忍ばせてやって来て彼らの会話に聞き耳をたてる。最後にはネッダは「あとで迎えに来る」というシルヴィオの誘いを承諾して「今夜ね、そうしたら私は永遠にあなたのものよ」と言う。「二重唱[6] **ネッダ。シルヴィオこんな時間に**」。

その会話を聞いたカーニオが飛び出し、シルヴィオを追い掛けるが取り逃がす。戻って来たカーニオはネッダを詰問するが、彼女は相手の男の名を口にしない「二重唱[7] **よくも笑い者にしてくれたな**」。

そこに、芝居の時間だとペッペが知らせにやって来る。カーニオは舞台化粧をしながら、こんな気持ちのまま芝居で道化師として、笑い、演じなければならない我が身を嘆く「[8]**芝居をするのか、気が狂いそうになりながら**（衣裳をつけろ）」。

（間奏曲）

（※この間奏曲の間に場面転換をして、全体を1幕ものとして上演することが多い。）

【第2幕】

芝居の始まりを告げるラッパが鳴り、芝居小屋の前には続々と村人たちが集まって来る。ペッペは客を誘導し、ネッダは木戸銭《きどせん》を集めてまわる。人々に紛れてシルヴィオも現れる。村人たちは芝居が始まるのを今や遅しと待っている「合唱[9] **なんでまだ始まらないんだ、早く始めろ**」。

劇中劇の幕が開く。その内容は道化師《パリアッチョ》（カーニオ）の妻であるコロンビーナ（ネッダ）に、召使いのタッデーオ（トーニオ）やアルレッキーノ（ペッペ）が横恋慕して、彼女のことを亭主が留守の間に一生懸命に口説く。そこに道化師が戻って来るので、男たちが大慌てで逃げ出し、コロンビーナがその場を必死に取り繕《つくろ》うという喜劇「[10]**私の夫はパリアッチョで、夜遅くにしか帰って来ないの**」「[11]**コロンビーナ、君のアルレッキーノは**」。トーニオ演じる道化のタッデーオがコロンビーナ

6　ネッダ。シルヴィオこんな時間に Nedda! Silvio a quest'ora
7　よくも笑い者にしてくれたな Derisione e scherno!
8　芝居をするのか、気が狂いそうになりながら（衣裳をつけろ） Recital! Mentre preso dal delirio
9　なんでまだ始まらないんだ、早く始めろ Perchè tardar? Spicciate incominciate!
10　私の夫はパリアッチョで、夜遅くにしか帰って来ないの Pagliaccio mio marito a tarda notte ritornerà

に迫り、コロンビーナが彼をあしらう場面に進み[12]「**彼女だ、神様なんて美しいんだろう**」、今度はタッデーオを追い出したコロンビーナとアルレッキーノが恋を語らう場になる「二重唱 [13]**見て、愛しい人、素敵な夕食を用意したわ**」。

パリアッチョがそこに帰ってくるのでアルレッキーノは慌てて隠れる。そのときにコロンビーナが「今夜ね、そうしたら私は永遠にあなたものよ」と、さっきシルヴィオに言っていたのと全く同じセリフを吐く。

それを聞いた瞬間、カーニオは芝居と現実の境目がわからなくなる「二重唱 [14]**お前、男と一緒にいたな**」。ネッダたちは芝居を続けているが、カーニオだけは素《す》に戻って妻ネッダに男の名前を言えと迫る「[15]**いや、俺はパリアッチョじゃない**」。

観客たちはそれを迫真の演技と思い感動する。カーニオは「お前を愛していたのに」と妻を罵倒《ばとう》しはじめる「[16]**願っていたのだ、俺を盲目にする狂おしい想いの中で**」。とうとうネッダも「追い出したいなら追い出せばいいでしょ」と言い返し、ふたりは言い合いになる「二重唱 [17]**私のことがふさわしくないと思うなら**」。

そしてカーニオは「男の名前を言え」とネッダに迫り、「死んでも言わないわ」と言う彼女を本当に刺し殺してしまう。死に際に彼女は「シルヴィオ」と愛人の名前を呼ぶ。舞台に向かって飛び出して来たシルヴィオもカーニオが刺殺する。

そこで初めて観客たちは、恐怖の叫びを上げる。カーニオの手からナイフが滑り落ちる。そしてカーニオは、客席に向かって、最後のセリフを口にする。

「これにて喜劇は終わりでございます (La commedia è finita!)」。

11 コロンビーナ、君のアルレッキーノは O Colombina, il fido Arlecchin è a te vicin!
12 彼女だ、神様なんて美しいんだろう È dessa! Dèi, come è bella!
13 見て、愛しい人、素敵な夕食を用意したわ Guarda, amor mio che splendida cenetta preparai
14 お前、男と一緒にいたな Un uom era con te!
15 いや、俺はパリアッチョじゃない No! Pagliaccio non son
16 願っていたのだ、俺を盲目にする狂おしい思いの中で Sperai, tanto il delirio accecato m'avea

《聴きどころ》

マスカーニの《カヴァレリア・ルスティカーナ》とダブル・ビル（二本立て）で上演されることが多い《道化師》。初演用の台本は全1幕だったが、作曲の間にプロローグと2幕という形式になった。しかしほとんどの公演では休憩なしの1幕ものとして上演される。オペラのタイトルは単数形の「道化師（パリアッチョ）」ではなく「道化師たち（パリアッチ）」と複数形である。人間とは、騙《だま》し騙され、悲しみをこらえて笑いを取り、嫉妬《しっと》に狂って自らを見失うことすらある愚かでおかしな存在だと、実際の事件をもとにした台本も手掛けたレオンカヴァッロは捉えていたのだろう。

カーニオ――ヴェリズモ・テノールの危険性

この作品は、テノールが全てである。言い換えれば、これはヴェリズモ・オペラの時代にあって、テノールの声の極限を試した役である。当然ドラマティックな表現の出来る「大人の」テノールでなければ歌い切ることは出来ない。設定は、年の離れた妻の浮気を知って苦しみ、怒りを爆発させ、最後にはその妻と間男《まおとこ》を刺殺して破滅していく中年、あるいは初老に差し掛かった旅芸人の座長。となれば、従来のテノールに求められて来たような若々しさとか輝かしさではなく、ひたすら内面からの魂の叫びを声によって表現できる歌手でなければ務まらない。自分を嘲笑《あざわら》うアリア「**衣裳を付けろ**」[8]がきわめてドラマティックであるのは当然のこととして、彼の歌う箇所のト書きには「怒り心頭に発して Con rabbia concentrata」「怒り狂って Furente」「叫ぶように Urlando」といった指定が書き込まれている。これらはある意味、それまでの「歌う」テノールの概念の否定でもある。

つまり、「叫んではいけない、吠えてはいけない」はずの歌唱芸術に「叫ぶ」ことが求められるのだ。

17　私のことがふさわしくないと思うなら Ebben, se mi giudichi di indegna

かといってエキセントリックになりすぎて我を忘れて舞台を務めたら、テノールは一回で喉を潰《つぶ》す。ついつい熱が入りやり過ぎたくなるように、レオンカヴァッロの音楽が出来上がっているのである。そのコントロールは、ヴェリズモ・オペラの恐ろしさここにあり、というぐらい実に難しい。

この役では、マリオ・デル・モナコが最高のカーニオと称されてきた。21世紀に入り、日本では新国立劇場（06年）でジュゼッペ・ジャコミーニが、東京芸術劇場（07年）でアルベルト・クピードが素晴らしい歌唱と演技で聴衆を圧倒した。それから何度もこのオペラは日本でも上演され続けているわけだが、それ以降、彼らを凌駕《りょうが》するテノールにはまだお目に掛かっていない。今思うと、彼らが最後のイタリアのリリコ・スピントだったからこそ、単なる絶叫に陥《おちい》るでもなく、オペラとして成立させながら、かつ聴衆に「怖い」と思わせるほどのリアリティを持ってこの役を演じることが出来たとも言えよう。初演以来、脈々と歌い継がれて来たイタリアのテノールの伝統は、文字通り絶滅の危機に瀕《ひん》しているのである。

トーニオ――悪の権化

イタリア・オペラの三大悪役といえば、《オテッロ》のヤーゴ、《トスカ》のスカルピア、そして《道化師》のトーニオ。トーニオは、その怨念《おんねん》によって、カーニオ、ネッダ、シルヴィオ全員の人生を破滅させた上で、なにごともなかったように生き残っていく悪の権化のような存在である。トーニオは、劇中で周りから言われていたような間抜けではない。彼がずっと馬鹿なふりをしながら、冷静な目で周囲を見ていたのかと思うとぞっとする。それを理解した上でもう一度有名な前口上[1]「**よろしゅうございますか、紳士、淑女の皆様、御免くださいませ**」を聴いてみることだ。この前口上をバリトンがコンサートピースとして歌うことも多々あるが、これを単に朗々と歌えば、それこそ文字通りの笑い者である。

これは商売用の無意味な微笑みを顔に貼り付けて、歌詞にある「悲しい結末、苦しみの嘆き、怒りの叫び、皮肉な笑い」を全て包み隠した男トーニオが喋《しゃべ》る、天下の大悪人による前口上なのだから。

ネッダ——単なる浅はかな女か、ファム・ファタールか

「**鳥の歌**[4]」で知られるこの役は、本来はリリコ・ソプラノのためのもの。軽い声によって歌われると、ネッダは若い男に会ったそばから気も体も許す尻軽女《しりがるおんな》のひとりになりかねない。それがリリコによって歌われたとたんに、彼女は訪れた村の男たちの誰もが振り返る、むせかえるような色気のあるファム・ファタール（男の運命を狂わせるような女）へと変貌《へんぼう》するのである。妖艶《ようえん》な女が「年の離れた夫に縛《しば》り付けられた今の生活に息が詰まりそうだ」と空を自由に飛ぶ鳥たちを羨《うらや》むから、あのトリルが模す小鳥たちの羽音が、限りなく色っぽく聴こえるのである。

　イタリア・オペラは、ヴェリズモの時代になっても、（それまでほどではないとしても）やはり「役が声を選ぶ」のである。作曲者が意図した声質の歌手が歌うと、その役は、期せずして自ずからすーっと立ち上がってくる。合わない声が歌えば、どんなに上手に歌いこなしていても、所詮その役は脇役に甘んじることになるのである。

《マノン・レスコー》ジャコモ・プッチーニ

MANON LESCAUT Giacomo Puccini

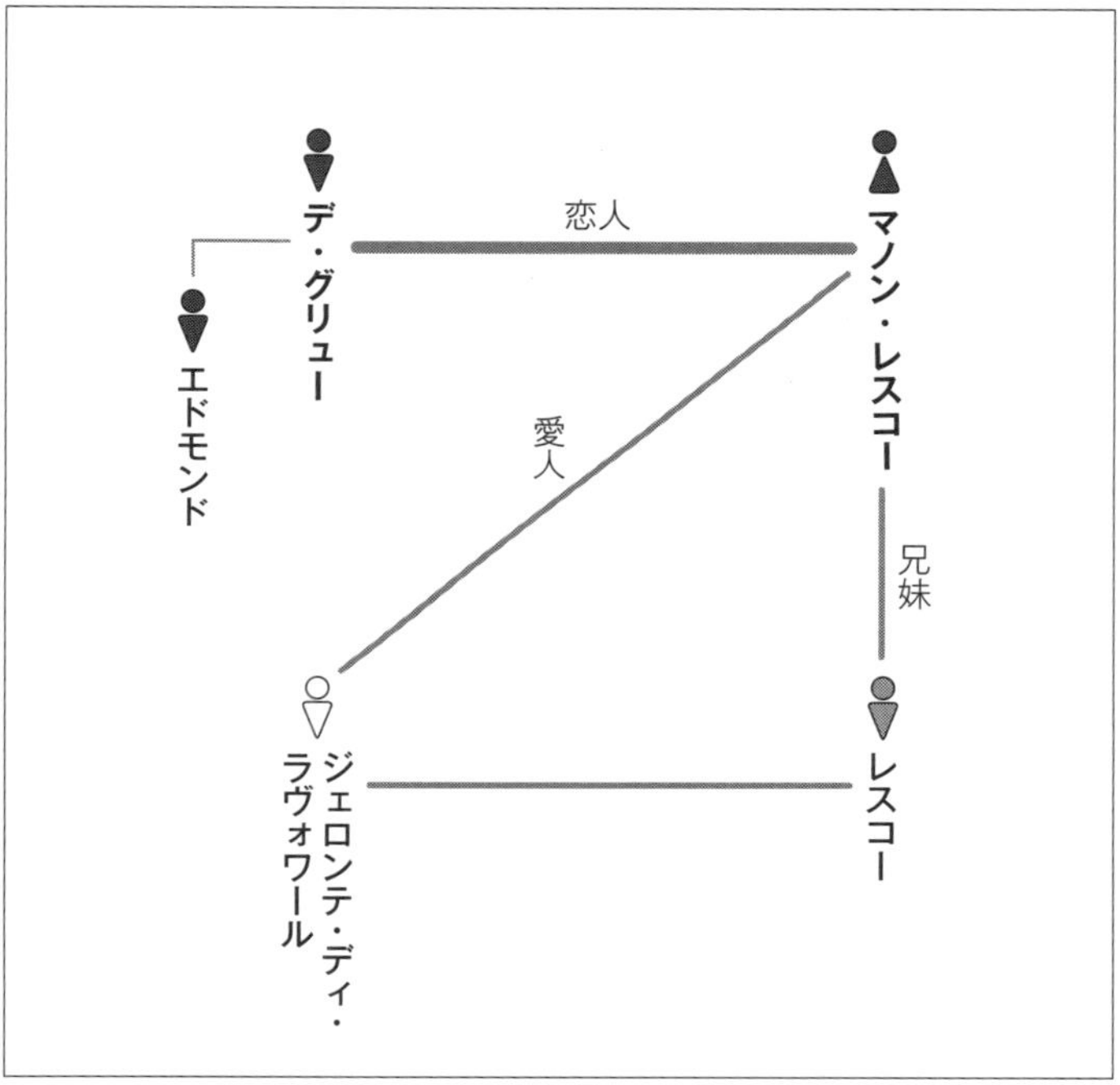

主な登場人物

マノン・レスコー（S）
次々と男性を魅了する美しい娘

騎士レナート・デ・グリュー（T）
学生

レスコー（Br）
マノンの兄
賭け事好きの近衛兵の軍曹

ジェロンテ・ディ・ラヴォワール（Bs）
銀行家

エドモンド（T）
学生仲間

4幕のオペラ（ドランマ・リリコ）Dramma lirico in Quattro atti

原作　アンドワーヌ・フランソワ・プレヴォ（アベ・プレヴォ）
「騎士デ・グリューとマノン・レスコーの物語」

台本　マルコ・プラーガ、ドメニコ・オリーヴァ、ジューリオ・リコルディ、ルイージ・イッリカ（作曲者自身とルッジェーロ・レオンカヴァッロも協力している）

初演　1893年2月1日　トリノ、テアトロ・レージョ

演奏時間　2時間／第1幕35分、第2幕40分、第3幕25分、第4幕20分

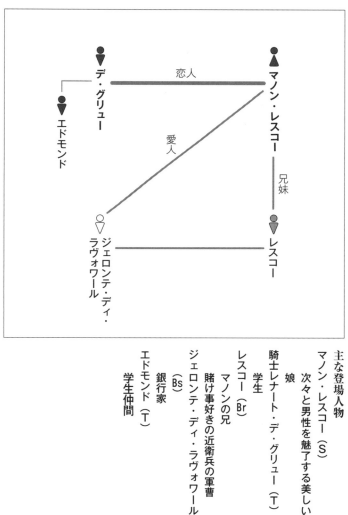

【第1幕】

アミアン

短いが、華やかな前奏とともに幕が上がる。

そこは18世紀後半の北フランス、アミアンの乗合馬車の停留所がある広場。広場に面した宿屋の前にはテーブルがあり、人々が食べたり飲んだりしながら過ごしている。学生のエドモンドが青春を賞賛する「[1]**素敵な夕べを称えよう**」。

そこに若い騎士で学生のデ・グリューが姿を現す。「失恋でもしたのか」と聞くエドモンドたちにデ・グリューは「僕はまだ恋なんてしたことはない。僕の恋の相手はここにいるのかな」と歌う「[2]**黒髪や金髪の美しいお嬢さんたちの中に**」。

そこに乗合馬車が到着する。銀行家のジェロンテと、18歳の飛び抜けた美人で男性にすぐになびいてしまうマノン・レスコー、その兄で賭事《かけごと》好きで金欠病のレスコーが降りて来る。

ジェロンテとレスコーは宿屋の中に入って行くが、マノンはその場に残る。彼女の美しさに一目《ひとめ》惚《ぼ》れしたデ・グリューが彼女に話し掛ける。マノンは「私は父の意志で明日、修道院に入るのです」と語る。デ・グリューは「あとでもう一度会ってください」と言う。彼女は戻って来ることを約束し、兄に呼ばれて宿屋に入って行く。彼女に魅了されたデ・グリューが彼女を讃える「[3]**見たこともないような美人**」。さきほどまでとは別人のように恋に夢中のデ・グリューを仲間の若者たちがからかう。

宿からレスコーとジェロンテが現れる。馬車の中でマノンを見染めた大金持ちのジェロンテは、彼女のことをレスコーにあれこれ尋ねる。レスコーは「いい金づるになりそうだ」と独白し、トランプの賭《か》けゲームに興じる。

レスコーと別れたジェロンテは、宿屋の主人にお金を掴《つか》ませて「一時間後に裏口に馬車を用意しろ」と、マノンを連れ去る計画を立てる。それを立ち聞きしたエドモンドが、デ・グリューにそれを話す。

マノンがふたたび姿を現す。デ・グリューはジェロンテの企みを彼女に話し「修道院などに

1　素敵な夕べを称えよう Ave, sera gentile
2　黒髪や金髪の美しいお嬢さんたちの中に Tra voi belle, brune e bionde
3　見たこともないような美人 Donna non vidi mai

行かず、僕と一緒に逃げよう」と言う。最初はためらっていたマノンだが、デ・グリューの情熱にほだされて、ふたりはジェロンテのために用意された馬車に飛び乗ってパリへと走り去る「二重唱 **ご覧の通り、私は約束を守りますの**[4]」。

マノンを目の前で奪われたジェロンテは悔しがるが、兄レスコーは慌てず騒がず「パリに向かったに違いありません。見つけるのは簡単なこと。その上、あの贅沢《ぜいたく》好きな妹のことです、学生との貧乏暮らしになどすぐに嫌気が差しますよ。あなたは妹の父親のような気分なのですね」とジェロンテの下心を百も承知で悠然と語る。そして「あなたが妹の父親の代わりならば、私もあなたの家族ですね」と自分の面倒も見るようにと付け加えることも忘れない。そしてレスコーは「明日出発するとして、まずはゆっくり夕食にしましょう」とジェロンテをテーブルへと促す。

【第2幕】

パリ

ジェロンテ邸のエレガントなサロン

兄レスコーが予言した通り、マノンはデ・グリューとの貧乏暮らしがすぐに嫌になり、今はジェロンテに囲われている。レスコーも妹のおかげで贅沢《ぜいたく》な暮らしにありついている。

妹のご機嫌伺いに現れたレスコーは、マノンに「こんな暮らしができるのも、お前をあの学生との貧乏暮らしから俺が救ったおかげだ」と言う「**お前は素晴らしく、きらきらと輝いている**[5]」。

マノンがデ・グリューの消息を尋ねるので、レスコーは「俺があいつに賭事《かけごと》を仕込んでやったから、そのうち賭けで儲けてお前を迎えに来るかもしれないな」と語る。

マノンは「この贅沢な暮らしには、何かが足りないの」と言い、デ・グリューと情熱的に愛し合った日々が懐かしいと語る「**この柔らかなレースの中で**[6]」。

彼女の部屋に音楽家たちがやって来て、ジェロ

4　ご覧の通り、私は約束を守りますの Vedete? Io son fedele
5　お前は素晴らしく、きらきらと輝いている Sei splendida e lucente!
6　この柔らかなレースの中で In quelle trine morbide

ンテが作ったというマドリガルを歌って聴かせるが、マノンは退屈するばかり。その様子にレスコーは「退屈した女は次に何をやらかすやらわかったもんじゃない。デ・グリューを巻き込んで、ひと騒ぎ起こすとするか」と独り言を言いながら去って行く。

　ジェロンテとその取り巻きたちがやって来て、マノンに花束やプレゼントを次々と渡す。舞踏教師がマノンにメヌエットを指導するのをジェロンテが目を細めて眺めている。音楽の稽古の成果として、マノンが牧歌《ぼっか》を客たちに歌って聴かせる[7]**「ティルシよ、優しく、美しい時よ」**。

　ジェロンテは彼女に「一緒に出掛けよう」と言うが、マノンは「用意をするので一足先にいらして」と彼らを送り出す。

　マノンがひとりになったところに突然デ・グリューが姿を現す「2重唱　[8]**あなたなのね、愛しいあなた**」。彼女の裏切りを責めるデ・グリューだが、彼女の言い訳にすぐにほだされて、ふたりは互いを愛していると告白しあう。

　ふたりが抱き合っているところにジェロンテが戻って来て怒る。マノンはジェロンテに手鏡を突きつけて「これで御覧なさい。醜い老人のくせに」彼をと侮辱する。ジェロンテは嫌味たっぷりに、しかし慇懃《いんぎん》な態度を崩さずその場から立ち去る。

　大笑いしてはしゃぐマノンに、デ・グリューは「早くこんな家から出て行こう」と言うが、彼女は贅沢《ぜいたく》な暮らしが捨てがたいと渋る。デ・グリューは「またそのようなくだらない思いつきに囚《とら》われて、僕をどうしようというんだ」と呆れて彼女を諌《いさ》める[9]**「ああ、マノン」**。マノンは、それでも贅沢が捨てられないと繰り返す。

　レスコーが急いで駆け込んできて「ジェロンテがマノンを告訴した。憲兵を連れて戻って来る。早く逃げろ」と告げる。マノンが欲張って宝石類をかき集めている間に憲兵たちが来て、マノンが連行されそうになる。

　それを止めるために剣を抜こうとするデ・グリューをレスコーが「君まで捕まってしまったら

7　ティルシよ、優しく、美しい時よ L'ora, o Tirsi è vaga e bella
8　あなたなのね、愛しいあなた Tu, tu, amore tu
9　ああ、マノン Ah, Manon

誰がマノンを助けられるのだ」と制止する。マノンが連れ去られるのをデ・グリューは何もできず見送る。

（間奏曲）

【第3幕】

ル・アーヴル
真夜中の港近く

有罪となったマノンは、娼婦たちとともに囚人としてまだ植民地に過ぎなかったアメリカに送られようとしている。レスコーとデ・グリューは、なんとかしてマノンを助けようと画策している。

レスコーが警護の衛兵に金を掴《つか》ませ、デ・グリューとマノンが話すことが出来るようにする。「君を助けに来た。中庭にレスコーが仲間たちといる。彼らのところに行けば、僕たちは逃げられるから」とデ・グリューは鉄格子越しに彼女に話す。しかしマノンは「何だか不吉な予感がする」と不安がる。

点灯夫がやってきて歌いながら街灯を消して歩く。夜が明けた。その時銃声が聞こえる。走りこんできたレスコーが、脱走計画が失敗したことをデ・グリューに告げる。彼らは一旦《いったん》その場から逃げる。

アメリカに向かう護送船の前で娼婦たちの点呼が始まる。そこにマノンも含まれる。「もう二度と生きて会うことは出来ない」とデ・グリューとマノンが嘆き合う。そのときデ・グリューが突然剣を抜き「僕は気が狂っている。水夫の仕事でもなんでもするから、どうか僕もこの船に乗せてくれ」と船長に向かって懇願する。船長は彼の必死な願いを聞き入れて船に乗り込むことを許す[10]**「見てくれ、僕は気が狂っている」**。ふたりを乗せた船はアメリカに向けて出航する。

【第4幕】

アメリカ
ニュー・オーリンズはずれの荒野

夕暮れの誰もいない荒野を、衰弱しきったマノ

10　見てくれ、僕は気が狂っている Guardate, pazzo io son

ンを連れたデ・グリューが疲れ切った足取りで歩んでいる。マノンが「少しだけ休ませて」と言う。デ・グリューは彼女に、今でも彼女を愛している自分の気持ちを涙ながらに訴え掛ける「**いいかい、涙する僕をみてごらん**[11]」。

高熱を出し、喉が渇いたというマノンは「どこかで水と、休める場所を探してきて」と言う。彼女の願いを叶えようとデ・グリューは後ろ髪を引かれる思いで彼女のそばを離れる。

ひとり残されたマノンは周囲を見回し「こんなところでひとりで死ぬのね」と悲痛な心持ちを語る「**ひとり寂しく見捨てられて**[12]」。

「死ぬ前にもう一度だけ愛する人の腕に抱かれたい」とマノンがつぶやいているところに、何も見つけることができなかったデ・グリューが戻って来る。

彼女はデ・グリューの腕の中で「もうしゃべることもままならないわ。愛しているわ。最後にキスしてちょうだい。私のあとを追ったりしないでね。昔のマノンはきれいだったかしら。私の罪は、忘却が消し去ってくれることでしょう。でも私の愛は死なない……」と言い残して息を引き取る。デ・グリューは、マノンの亡骸《なきがら》を抱きしめて慟哭《どうこく》する。

《聴きどころ》

たとえば第2幕のサロンの場面での着飾ったマノンの印象から、優美なイメージがあるかもしれない《マノン・レスコー》だが、実際にはこの作品は、プッチーニの中でも最も分厚いオーケストレーションで書かれたドラマティックなオペラである。当然歌手への負担は甚大《じんだい》で、喉の強さが求められるし、また主要な登場人物たちはジェロンテ以外は若者ばかりである。迸《たぎ》るような若いエネルギーを表現しようとすればそれだけ体力も消耗しようというものだ。《マノン・レスコー》は、歌手にとって危険と隣

11　いいかい、涙する僕をみてごらん Vedi, son io che piango
12　ひとり寂しく見捨てられて Sola, perduta abbandonata

り合わせの作品でもあるのだ。

プッチーニを長年歌い続けても擦《す》り減らない――フォルムが崩れない歌手は、高度な技術を身につけた歌手と言っていい。逆に充分なテクニックがないまま持ち声だけに頼る歌手の多くは、若くしてプッチーニを手掛けて、ほんの数年でそのキャリアを終えて行く。ベルカント・オペラやヴェルディは、いわば作品（役）が歌手（声質）を選ぶ。しかしプッチーニやヴェリズモのレパートリーは、間口が広い分だけ、今度は歌手の側がそのレパートリーを厳選し、歌う回数を慎重にセーヴして行かねばならない。何十年というキャリアを安定して歌い続けられる歌手は、その取捨選択が出来ているのである。キャリアの積み方を決めるのは、歌手の知性なのだ。

デ・グリュー――もうひとりのタイトルロール

原作のタイトルが示す通り、このオペラは「デ・グリューとマノン・レスコーの物語」。デ・グリューはマノンの引き立て役ではない。このオペラの主役はふたりである。

第1幕、抒情的《じょじょうてき》なアリア[2]「**黒髪や金髪の美しいお嬢さんたちの中に**」とともに登場するデ・グリューだが、第2幕、第3幕と進むにしたがってその激情の度合いはどんどん高まっていく。元来の彼自身の穏やかな性格で歌われる前述のアリアや、夢見心地の[3]「**見たこともないような美人**」とは別人のように、マノンとの重唱は、幕が進むほど切迫した状況も手伝って、どれも相当にドラマティックな強さを要求してくる。全編のクライマックスともいえる第3幕の[10]「**見てくれ、僕は気が狂っている**」などは、完全にヴェリズモの世界である。オペラの後半を感情に流されて歌えば、声に負担が掛かり過ぎるのは当然のこと。そうした意味で、デ・グリュー役のテノールには、どこかで自分の声の配分を、醒《さ》めた目で客観視する部分が必要である。この作品の後半は、たとえどんなに若くて体力がある歌手でも、馬力で飛ばすだけでは最後まで辿《たど》り着けない。言い換えれば、この役は（アリアだけを取り出して歌うのはともかく、全曲を歌うには）、ペース配分もまだろくにできないような経験の浅い歌手が安易に飛びつくには、あまりに危険すぎる役なのだ。

マノン——贅沢《ぜいたく》に憧れる娘

マノンは、自立した女性でもないし、上昇志向が強いわけでもない。「美しく着飾って優雅な暮らしがしたい、好きな男と愛し合いたい。その両方を手に入れたい」と願っているだけの単純な娘である。第2幕の「**この柔らかなレースの中で**」[6]で、デ・グリューとの情熱的な愛の日々を懐かしがるが、ここは終幕の「**ひとり寂しく見捨てられて**」[12]のようにドラマティックに歌われる必要はない。美貌《びぼう》に恵まれてはいるが、少々軽薄で、どこにでもいるような普通の娘は、金属的な強い音色で歌われるものではなく、普通のリリコの声の役である。

彼女は、今の贅沢な暮らしも大好きだが、その上あの情熱的に自分を求める若いデ・グリューもそばにいてくれたらいい、と夢のような繰り言を言っているただの娘に過ぎないのだ。第4幕のアリアであっても、なにも立派な声で歌われなくてもよい。普通の娘が過酷《かこく》な現実の中で、魂の叫びを上げる。ここは、か細い声で金切り声を上げてもよいのだ。彼女は死の際でデ・グリューに「昔の私は美しかったかしら」と口にする。自分が美しく輝いていたか、それが彼女の人生最大の関心事だったことを印象づけるセリフである。彼女は思うように生きた。そこにデ・グリューを巻き込んで。デ・グリューが、巻き込まれることを自ら望んでくれたことだけがせめてもの彼女の救いだった。人生の最期に彼女は欲しかったものの片方、本当の愛を自分のものにすることが出来たのだ。

レスコーとジェロンテ――若者と大人の対照

妹の美貌と贅沢好きな性格を熟知し、自分の賭事《かけごと》好きが原因で貧乏暮らしを余儀《よぎ》なくされているレスコーと、好色な金持ちジェロンテがこのオペラの物語を進めて行く。妹を利用し、時には結託してデ・グリューと妹の人生を破滅に追いやるのはレスコーだ。自分が妹をジェロンテのところに送り込んでおきながら、退屈して他の男になびくかもしれない妹のために、デ・グリューを再度利用しようとするのも、逮捕された妹を救い出す企てにデ・グリューを巻き込み、デ・グリューとマノンを破滅の道へと一直線に進ませるのもレスコーである。レスコーの登場場面は、第2幕の「[5]**お前は素晴らしく、きらきらと輝いている**」にしても、これはあくまでマノンのアリアを導く役目に過ぎない。その他もほとんど重唱ばかりだが、この物語を進行させて行くのは彼である。ただ、この若者の浅はかさは、初老のジェロンテも自分の思うがままに動かせると高をくくったことにある。

ジェロンテは、レスコーの考えていることを実際は見透《す》かしつつ、気がつかないふりをして好きにさせている。このオペラの主要人物として若者たちの中にひとり混じった初老のジェロンテが本気で怒った時、若者たちの浅はかな計画は簡単に吹き飛ぶ。ジェロンテは、若者と同じレヴェルまで下がって一喜一憂する役ではない。限度に達するまでは多少のことは目をつぶって見逃すが、おふざけもここまでだ、となったときにおとな（世間）が見せる冷酷さと現実を体現するのが彼の役割なのである。

《ラ・ボエーム》ジャコモ・プッチーニ

LA BOHÈME Giacomo Puccini

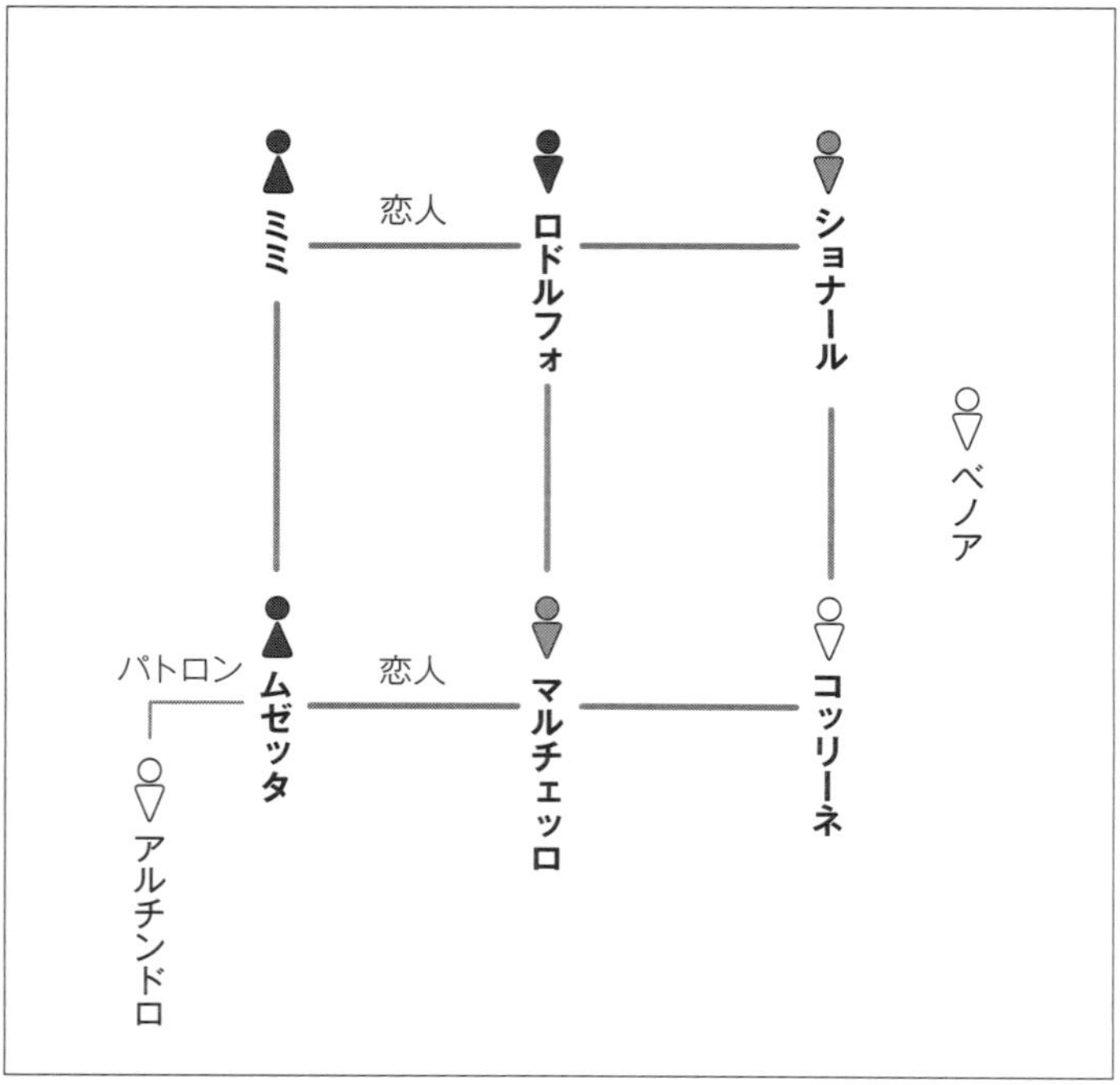

主な登場人物

ミミ（S）
　お針子
ロドルフォ（T）
　詩人
ムゼッタ（S）
　マルチェッロの元恋人
マルチェッロ（Br）
　絵描き
ショナール（Br）
　音楽家
コッリーネ（Bs）
　哲学者
ベノア（Bs）
　家主
アルチンドロ（Bs）
　国務院参議
パルピニョール（T）
　おもちゃ売り

4景のオペラ Opera in quattro quadri
原作　アンリ・ミュルジェール「ボヘミアン生活の情景」
台本　ジュゼッペ・ジャコーザ、ルイージ・イッリカ
初演　1896年2月1日　トリノ、テアトロ・レージョ
演奏時間　1時間50分／第1景40分、第2景20分、第3景25分、第4景25分

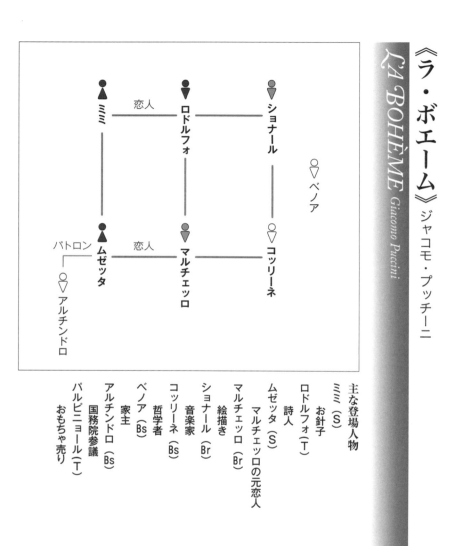

【第1景】

パリの屋根裏部屋

１８３０年のパリ。今日はクリスマス・イヴ。夢を追い掛けてボヘミアンを続ける４人の若者たちが、屋根裏部屋で同居生活をしている。今、部屋にいるふたり、詩人のロドルフォと絵描きのマルチェッロが、それぞれの創作に行き詰まりイライラしている。お金のない彼らはストーブに焚《く》べる薪《まき》にも事欠き、かじかんだ手をこすり合わせながら過ごしている。寒さに耐えれなくなった彼らは暖《だん》をとるためにロドルフォの書いたドラマの原稿を燃やすことにする「二重唱[1] **この紅海ときたら**」。そこに「クリスマスで質屋が休みで、本を換金出来なかった」と、哲学者コッリーネが肩を落として戻って来る「三重唱[2] **すでにこの世の終わりの兆候が**」。原稿の束は、あっという間に燃え尽きてしまう。

　音楽家ショナールが、数日間の金持ちの家での仕事で得た銀貨と、薪やワインを手に戻って来るので、部屋の中はお祭り騒ぎになる「四重唱[3] **薪だ、葉巻だ、ボルドー酒だ**」。

　そこに家主のベノアが家賃の取り立てにやって来る。ロドルフォたちはベノアにワインを勧め、話をうまく誘導して彼が若い女に浮気心を抱いていることを喋《しゃべ》らせて「既婚者なのに、なんて不謹慎な」と責めたてる。そして困惑したベノアを家賃を払わぬまま追い返すことに成功する「五重唱[4] **よろしいですかな、どなたですか**」。彼らはいつものカルティエ・ラタンにあるカフェ・モミュスに繰り出して、クリスマスのディナーを楽しむことにするが、ロドルフォだけは「もう少し仕事をする」と言って部屋に残る。

　ロドルフォが詩作に耽《ふけ》っていると、ドアをノックする音がする。誰かと問うと若い娘の声がするので、ロドルフォは慌《あわ》ててドアを開けに行く。そこにはロウソクを手にした娘が立っていて「階段を上がる間にロウソクの灯が風で消えてしまったので、分けてもらえませんか」と言う。ロドルフォは彼女を部屋に招き入れる。気分が悪そうに青白い顔で立っている娘の様子に、ロドルフォは

1　この紅海ときたら Questo Mar Rosso
2　すでにこの世の終わりの兆候が Già dell' Apocalisse appariscono i segni
3　薪だ、葉巻だ、ボルドー酒だ Legna! Sigari! Bordo!
4　よろしいですかな、どなたですか Si può? Chi è là?

彼女を座らせ、気付け薬にワインを飲ませる。落ち着きを取り戻した娘は帰り掛けてドアを開けてから「何てことでしょう。うっかり私の部屋の鍵《かぎ》を落としてしまったわ」と言って戻って来る。そこでロドルフォはドアから吹き込んできた風で消えたふりで自分のろうそくの灯も吹き消す。ふたりは薄暗い中で床の上を手探りで鍵を捜す。ロドルフォは先に鍵を見つけて「あっ」と小さく声を上げるが、まだ見つけていないふりでその鍵をポケットにしまう。彼らの手が触れる。ロドルフォは「なんて冷たい手をしているんだ、僕に温めさせてください。僕は詩人で、貧乏ですが心の中ではまるで王侯貴族のように何事も好きなままに出来ます。でも時折、その幸せを美しい瞳という泥棒が奪って行きます。でも悲しくなどありません。その代わりに甘い希望を得るのですから」と彼女に一目で惹《ひ》かれたことを語り、彼女にも自己紹介をするように促す「**冷たい手を**[5]」。娘は「私の名前はルチーア。でもみんなは私をミミと呼びます。私は毎日お花の刺繍《ししゅう》をしています。ひとりぼっちの屋根裏部屋の暮らしで、窓からは屋根と空しか見えません。春の日差しが一番の楽しみなのです」と語る「**私の名はミミ**[6]」。下から仲間たちがロドルフォを呼ぶ声が聞こえる。仲良くなったふたりは、腕を組んで彼らの元へと出掛けて行く「二重唱 **ああ、愛らしいお嬢さん**[7]」。

【第2景】

カルティエ・ラタン

クリスマス・イヴで多くの人々でごった返すカルティエ・ラタンに、ロドルフォとミミが現れる。ロドルフォは彼女にピンクの帽子を買い与える「二重唱 **行こう、仲間たちが待っている**[8]」。ロドルフォは仲間たちにミミを紹介する「五重唱 **こちらはミミ**[9]」。

　彼らが食事を楽しんでいるところに、以前マルチェッロの恋人だったムゼッタと、彼女の買い物の品を山のように持たされたパトロンのアルチンドロがやって来る「二重唱 **まるで荷物運搬人だ**[10]」。実は今も互いに憎からず思っているマル

5　冷たい手を Che gelida manina
6　私の名はミミ Sì, mi chiamano Mimì
7　ああ、愛らしいお嬢さん O soave fanciulla
8　行こう、仲間たちが待っている Vieni, gli amici aspettano
9　こちらはミミ Questa è Mimì
10　まるで荷物運搬人だ Come un facchino

チェッロとムゼッタ。マルチェッロが嫉妬《しっと》でカリカリする「七重唱 **それは私に訊《き》いていただこう**[11]」。わざと知らないふりをしているマルチェッロの気を引くためにムゼッタは「私が街を歩くと、私のことを男たちが頭の先から足の先まで見るの。私はそんな男たちの欲望を楽しむのよ。あなた（マルチェッロ）は私から逃げようとしているけれど、本当は死にそうに辛いのでしょう」と歌う「**私が街を歩くと**[12]（ムゼッタのワルツ）」。

マルチェッロが降参するのを見届けたムゼッタは、癇癪《かんしゃく》を起こしたふりで「足が痛いわ、この靴が悪いのよ。他の靴を買って来てちょうだい」とアルチンドロを追い払う。マルチェッロとムゼッタが仲直りして抱き合う。そこにボーイが、彼らの飲み食いした法外な値段の伝票を持って来る。ムゼッタは慌てず騒がず「靴屋から戻って来るさっきの紳士が払うわ」とボーイに言い置いて、マルチェッロたちと一緒に去って行く。

【第3景】

アンフェール門

2月の寒い夜明け前。パリ市内への出入りの関所のひとつであるアンフェール門の前。行商人たちが、役人に荷物の中身を見せながら門を通過して行く。

その近くにある酒場から明かりが漏れている。マルチェッロはそこで絵描きとして雇われ、ムゼッタと暮らしている。そこにミミが、ロドルフォを探してマルチェッロを訪ねて来る。ミミは「今朝ロドルフォが突然、僕たちはもう終わりだと言って飛び出していったの」と語る「**ああ、マルチェッロ。助けて**[13]」。ロドルフォはさっき店にやってきて、今は眠っているという。

「ロドルフォが目を覚まして、僕を探しているようだ」と言ってマルチェッロが一度酒場に入って行く。そして今度はロドルフォを酒場から連れ出して来て話す。それをミミは物陰に隠れて聞いている。ロドルフォが「ミミが酷《ひど》く病んでいるのに、自分はろくな治療も受けさせてやれない。

11　それは私に訊いていただこう Domandatelo a me
12　私が街を歩くと（ムゼッタのワルツ） Quando men vo'
13　ああ、マルチェッロ。助けて O buon Marcello, aiuto

それが辛くてならない」と話すのを聞いたミミは思わず泣き出す。そこでロドルフォがミミがいることに気づく。酒場の中からムゼッタの嬌声《きょうせい》が聞こえる。嫉妬《しっと》心を燃やしたマルチェッロは酒場に飛び込んで行く。

ミミはロドルフォの元を去ることを決める「[14]**あなたの愛の呼ぶ声に**」。そしてふたりは「春になったら別れよう」と語り合う「二重唱 [15]**本当に終わりなんだね**」。ムゼッタとマルチェッロも口喧嘩《けんそう》の末、互いを罵《ののし》り合いながら別れる。

【第4景】

屋根裏部屋

それから数か月後。またも男ばかりの暮らしに戻ったロドルフォとマルチェッロ。だがふたりともミミとムゼッタのことを思い出し、仕事に身が入らない「二重唱 [16]**ああ、ミミ、君はもう戻らない**」。ショナールとコッリーネが戻って来てパンとニシンというわずかな食料で彼らが馬鹿騒ぎをしながら食事をしている。そこにムゼッタが息せき切って部屋に飛び込んで来て「子爵の息子のところを逃げ出したミミが、自分の最期は愛するロドルフォの元で迎えたいと来ているの。だけど彼女にはもう階段を上り切る力もないの」と語る。

迎えに行ったロドルフォに支えられてミミが部屋に現れる。彼女はそこにいる面々に懐かしそうに声を掛け、ムゼッタは彼らにミミを街で見掛けてからここに辿《たど》り着くまでの経緯を語る。ムゼッタはマルチェッロに「このイヤリングを売って医者と薬を工面して来て」と言う。そして寒がっているミミの手を暖めるためのマフを買うために彼女も一緒に出て行く。コッリーネは医者を呼ぶお金を作るために古い自分のコートに別れを告げる「[17]**古い外套よ、聞いておくれ**」。ショナールも「せめてミミとロドルフォをふたりだけにしてやろう」とコッリーネに言われ、部屋から出て行く。

ふたりきりになったミミとロドルフォはひしと抱き合い、楽しかった日々のことを語り合う「二重唱 [18]**みんな出て行ったのかしら**」。

ムゼッタたちが戻って来る。ムゼッタは買って

14　あなたの愛の呼ぶ声に Donde lieta uscì al tuo grido d'amore
15　本当に終わりなんだね Dunque, è proprio finita
16　ああ、ミミ。君はもう戻らない O Mimì tu più non torni
17　古い外套よ、聞いておくれ Vecchia zimarra, senti
18　みんなは出て行ったのかしら Sono andati?

きたマフを「ロドルフォから」と偽ってミミに渡し、ミミは「暖かい」と喜ぶ。マルチェッロはロドルフォに「医者を呼んだから」と伝える。医者の到着を待つ間、ムゼッタは神様に「どうかミミをお助けください」と一心に祈る。

ふとミミの様子を覗《のぞ》き込んだショナールが、すでに彼女が事切れていることに気がつく。皆の様子から現実を悟ったロドルフォは、ミミの亡骸《なきがら》にすがりついて彼女の名を呼びながら泣き崩れる。

《聴きどころ》

世界中でおそらく最も頻繁《ひんぱん》に上演されるオペラ演目のひとつである《ラ・ボエーム》の魅力はどこにあるのか。それは第一に若者たちの群像劇が「お金はないが夢だけは両手に溢《あふ》れるほどあった青春時代」を人々に思い起こさせることにあるのだろう。どこにでも居そうな若者たちの恋物語であること、あるいは世界中のあらゆるサイズの劇場の演目をも飾れる作品であるという点もこの作品が人々に親しまれている一因である。

ミミ——大人びた現実主義者

プッチーニはヴォーカル・スコアのト書きとして、各景の冒頭に台本からの抜粋を記しており、そこでそれぞれの登場人物たちを具体的に定義している。第1景冒頭で、ミミはこう定義されている。

「……ミミは、それはロドルフォが理想とする姿かたちをしていて、彼の詩の世界にぴったりと合う可憐な娘だった。22歳、小柄で繊細。彼女の顔立ちは貴族の肖像画のデッサンのようで、それは上品な目鼻立ちだった。彼女の体の中を勢いよく駆け巡る若く熱い血潮が、彼女の汚れない清楚《せいそ》な椿を思わせる透き通ったすべすべの肌を薔薇《ばら》色に染めた。このひ弱な感じがロドルフォを夢中にさせた。だが彼を虜《とりこ》にしたのは、何もしない女神のそれでなく、彼女が日々の家事をしながらも、可愛らしい手を白く保つ術《すべ》を知っていたことにある」（拙訳）。ならば単にその定義のような姿の若い歌手であれば、この役を演じられるのか。答えは否である。見た目はともかく、発せられる言葉や声でこれらの定義を満たす人物を創り上げるのは、経験の浅い歌手には難しい。バルバラ・フリットリが、２０１４年に藤原歌劇団でミミを演じることになった際の記者会見のこと。記者から「若い人たちを描いたオペラなのだから、若い歌手がやればいいのでは」といった質問が出た。またとんでもないことを言う人もいるものだ、と思って固唾《かたず》を飲んで見守っていたところ、フリットリは「若い、ということと若さを演じられるということは違うのです」と返した。その回答の意味が質問した記者に理解出来たのかどうかわからない。フリットリ自身は、この役を本当に理解して歌えるようになるまで、と十数年封印してきた。若い歌手に歌える役とは、若さを武器にして馬力で押し切ってもそれなりに聴衆を納得させることの出来るような役である。このオペラに出てくる夢見る芸術家の卵である男声陣は、若さで押し切ることも、やろうと思えば可能だ（もちろん若々しい声をキープしているヴェテラン歌手が歌った方が物語はぐっと厚みを増す）。だが、ミミ役のソプラノが、薄っぺらな解釈しか出来ずセリフの表現能力に乏しいとなると、この物語は全体が平板になり、何の面白味もなくなってしまう。

ミミは、しなやかで、したたかである。ト書きに「彼女はまるで家事などしたことのないような真っ白な手を保つ術を知っていた」とある。「保つ術を知っていた」という点に注目すべきであろう。美を保つことが、自分の武器になるということをミミが熟知していたということを示しているのだから。

「**私の名はミミ**」[6]がなぜ中音を中心に書かれているのか。（高いアクートがないから歌いやすいアリアだと誤解されがちだが）それは、この自己紹介がこのオペラの中でとても重要だからである。彼女には男たちのようにイーゼルを立て絵筆を持ったり、紙の束を前に詩作に耽《ふけ》るシーンもない。自分は刺繍《ししゅう》で生計を立てているとミミはこのアリアで説明するが、彼女が針を持つ場面、彼女の生活を見せる場面はこのオペラには存在しない。このアリアだけで、彼女がどんな女性なのか（言い換えれば彼女自身が、自分をどういう女性だと思われたいか）を聴衆に理解させるのである。リズムにも大きな起伏がないことで、プッチーニはミミが清楚《せいそ》で、物静かな娘の風情であることを印象付けようとしているのである。

第3景冒頭のト書きはこう始まる「……ミミの声は、まるで臨終を告げる鐘の音のようにロドルフォの心の中に響き渡った。しかし彼がミミに抱いていた愛は嫉妬《しっと》深く、風変わりで奇抜で、ヒステリックだった。彼らは何度も別れる寸前まで行った」（拙訳）。つまり、ミミの方がロドルフォより現実的で、理屈の通ったことを言っていたということだ。自分の芸術の理想郷にしか生きられないロドルフォに対して、ミミは現実を見据える力を持っていた。夢に生きる男が、現実を見据えることの出来る女に痛いところを突かれていた。そこが彼らの毎日の口論の原因だったのだろう。

そして、彼らは彼女が肺病を患《わずら》ったという現実からロドルフォが逃げ出すことで別れる。このときにミミが歌う「**あなたの愛の呼ぶ声に**[14]」は情感たっぷりの別れの場面で、感情も激している分、音程も高めで音型もだいぶドラマティックだ。が、これはエキセントリックになってエネルギーを発散させるアリアではない。アクートを叫んでおいて「別れましょう、恨みっこなしに」などと冷静なセリフを吐くのは道理に合わない。彼女には、あくまで自分たちの現在の状況をどこか冷静に見つめている部分がある。このアリアを本当の意味で歌いこなすには、なかなかのテクニックが必要なのである。

ロドルフォ――ボヘミアンらしいボヘミアン

ミミと比較すると、芸術一筋で生活能力もないロドルフォは情けなく映るが、彼こそが、このオペラのタイトルである「ボエーム（ボヘミアン）」のボヘミアンの象徴的存在である。ミミが現実世界をそこに持ち込むことによって、ボヘミアンの理想と現実社会の対比が浮かび上がる。彼は自分が夢見ていた理想的な女性ミミが目の前に現れて舞い上がる。何よりその小さく白く美しい手に惹《ひ》かれ、その手を取る。**「冷たい手を温めてあげましょう」**と彼女の手を握ったまま自己紹介をするが、その内容は自分の世界に陶酔《とうすい》しているままだ。彼は「自身の理想とした姿かたちをした」ミミに一目惚《ひとめぼ》れしたのだ。果たして、まともな生活能力があるとは思えない詩人ロドルフォとミミが暮らし始めてみれば、喧嘩《けんか》は絶えず、生活は困窮《こんきゅう》したまま。まともに暖《だん》も取れないような中で彼女は病気になる。第3景でロドルフォは、その現実から逃げ出し「彼女は自分といたらダメになってしまう、だから彼女から離れるのだ」と、さも彼女のためを思い、涙を呑んで別れるようにマルチェッロに語るが、実際はどうだったのだろう。それを立ち聞きしたミミは、現実を直視し、ロドルフォとの別れを決意するわけだが、このときロドルフォは悲しいのか、ホッとしたのか。現実の生活能力に欠けるからこそのボヘミアンなのだとすれば、彼は、現実よりも自分の世界の中だけに生きることに戻れることに安堵《あんど》していたのかもしれない。

　さて、ロドルフォといえばパヴァロッティ、パヴァロッティといえばロドルフォ、といったイメージをお持ちの方もあるだろう。しかしパヴァロッティの声は、リリコ・レッジェーロだ。もちろん「若者を演じる」という面では、レッジェーロ系の声で歌えば若さは強調されるし「冷たい手を」のハイC（高いド）は、レッジェーロ系ならば楽々と出る。だがロドルフォが、リリコによって歌われたものと、レッジェーロ系に歌われたものとを聴き比べて見ていただきたい。物語の色合いが大きく異なるのである。ロドルフォという人物は、そんなに溌剌《はつらつ》としていなくても良いと思うのだ。どちらかというと煮え切らない、目から鼻にも抜けない、パッとしない若者の方が物語が生きてくるように思えるのだが、いかがだろうか。

ムゼッタ――もうひとりの現実的な登場人物

ト書きにムゼッタという娘はこう書かれている「ムゼッタは20歳のきれいな娘だった。男たちに愛嬌《あいきょう》を振りまき、ほんの小さな野心を持ち、文字の綴《つづ》りは全くダメ。カルティエ・ラタンの夕食に華を添える存在」。

男たちにちやほやされて、花から花へと飛び回る蜂のような暮らしを好むムゼッタ。マルチェッロは大切な存在だけど、だからといって霞《かすみ》を食べているような貧乏暮らしは真っ平御免。このオペラに出てくる女性たちは現実的だ。彼女は綴り方も怪しいと書かれているぐらいだから教育はろくに受けていないのだろうけれど、人の気持ちをそらさない天性の才のある娘。**「私が街を歩くと」**[12]は、いろいろやってもさっぱり自分の方を見ようともしないマルチェッロに業を煮やしたムゼッタが、彼が焼き餅を焼いてくれるかどうかを確かめたい一心で、わざと芝居掛かって男たちの目を引くような仕草をしてみせる。ここは彼女の可愛らしさの発露の場面なのだ。この役のソプラノは、ここがすれっからしの女のあだっぽさにならないように、少なくともなり過ぎないように、気をつけねばならない。

第3景で、ずっと一緒にいるのがやはり無理だったふたりは、またもや離れていくが、しかし互いの心の中の相手の存在は消せぬまま。ムゼッタの中には純な部分があるのだ。第4景でムゼッタはミミの最後の願いを叶えてやろうと尽力する。彼女が単なる派手好きな娘ではないというのは、彼女がミミのために一心に祈る場面に出る。もしかしてムゼッタは、自分がもしミミのようになったら、最期はマルチェッロの腕の中で息を引き取りたいと願っていたのではなかろうか。

カフェ・モミュスの「四銃士」

「大哲学者グスターヴォ・コッリーネ、巨匠の画家マルチェッロ、大詩人のロドルフォ、そして大音楽家ショナール――と彼らは自分たちをそう呼び合っていた――は、足繁《あしげ》くカフェ・モミュスに通っていた。彼らは四銃士と呼ばれていた。なぜならいつも一緒に居たからだ。いつも一緒にやって来て、遊び、ちょいちょい支払いを踏み倒して去って行った。それはまるで音楽学校のオーケストラのように息の合ったものだった」。

彼らの幼く、純粋で無鉄砲な様子がこのオペラに人々が惹《ひ》かれる大きな要因のひとつである。この若者たちが生きる「自由と放埓《ほうらつ》の日々」への憧憬《しょうけい》は、世間の常識にがんじがらめの大人たちに青春の日々を思い出させる。

本人は至って真面目に芸術に向き合っているショナールやコッリーネの存在が、この作品を単に辛気《しんき》臭《くさ》い、2組のすれ違う恋人たちの物語から救っている。彼らの持つ青臭さと純粋さは、このオペラにとってとても大切な要素だ。

これらの役は経験の浅い歌手たちが演じても一応上演出来る。しかし、いわば取るに足らないどこにでもありそうなエピソードの集合体のこの作品を、愛すべき感動的なオペラとして成立させるには、出演者がそれぞれの役柄をよく咀嚼《そしゃく》した上で、明瞭《めいりょう》なセリフ回しと温かみのある声で、プッチーニの美しいメロディを歌い、演じ、客を泣かせることが出来るだけの実力が必要だ。このオペラを表層的な子どものオペラにしないということは、実は存外に難しいのである。

プッチーニ自身、このオペラは「黄金の声」のアンサンブルによって歌われるべきだ、と言っている。我々は、マルチェッロをバスティアニーニが、コッリーネをシエピが歌っているレコードを知っている。それは夢のキャストを集めた特別な録音などではなく、これが、プッチーニの意図した本来の《ラ・ボエーム》の姿なのではなかろうか。

《トスカ》ジャコモ・プッチーニ

TOSCA *Giacomo Puccini*

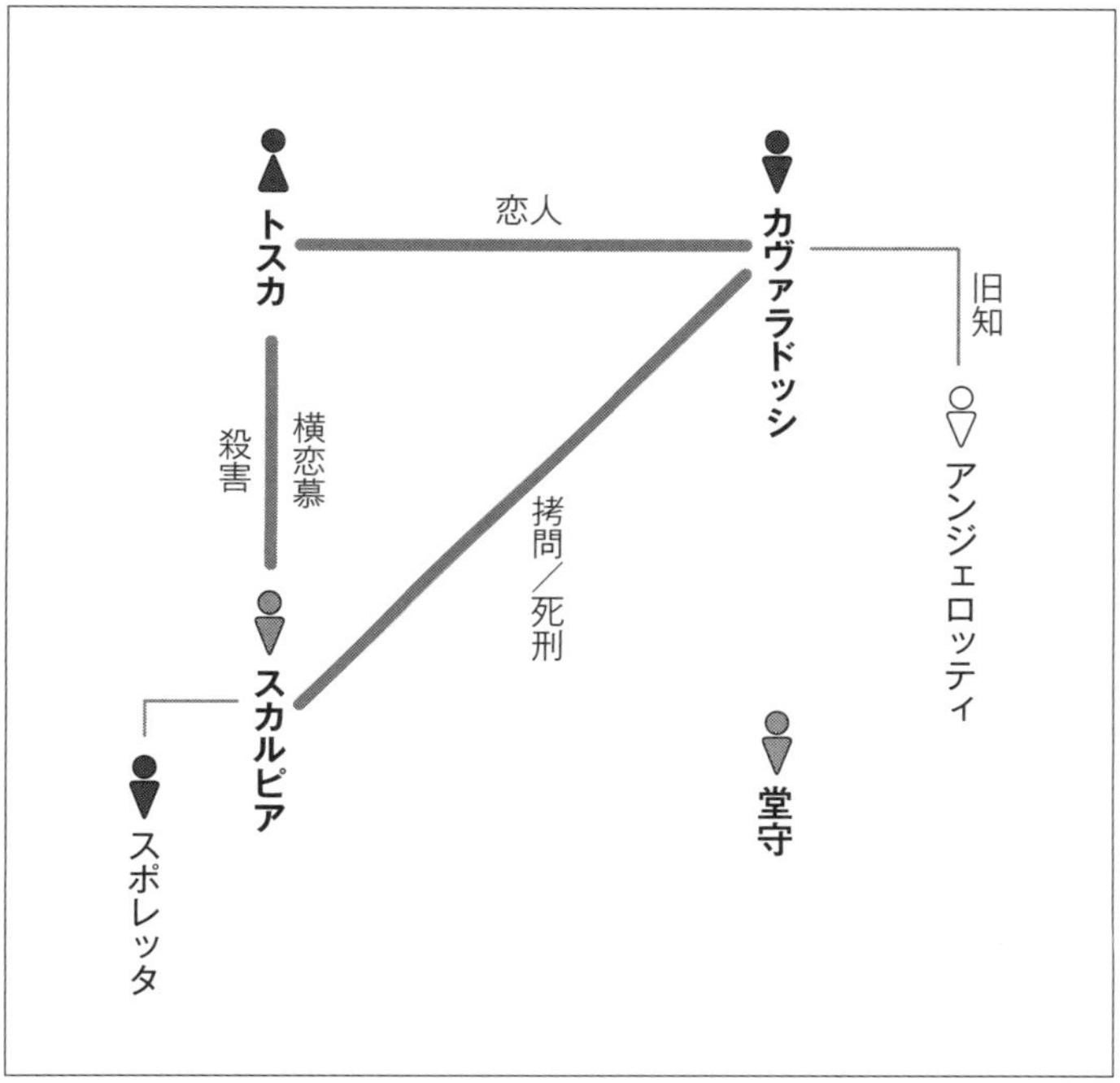

主な登場人物

フローリア・トスカ（S）　カヴァラドッシに恋する歌姫

マリオ・カヴァラドッシ（T）　共和制政治思想を持つ貴族の血を引く画家

スカルピア（Br）　男爵　圧政を引くローマの警視総監

チェーザレ・アンジェロッティ（B）　政治犯として投獄されていたサンタンジェロ城から脱獄してきた共和制主義者　カヴァラドッシとは旧知の仲

スポレッタ（T）　スカルピアの忠実な部下

堂守（Br）

3幕のオペラ（メロドランマ）Melodramma in tre atti
原作　ヴィクトリアン・サルドゥ「ラ・トスカ」
台本　ルイージ・イッリカ、ジュゼッペ・ジャコーザ
初演　1900年1月14日　ローマ、コンスタンツィ劇場
演奏時間　1時間50分／第1幕45分、第2幕40分、第3幕25分

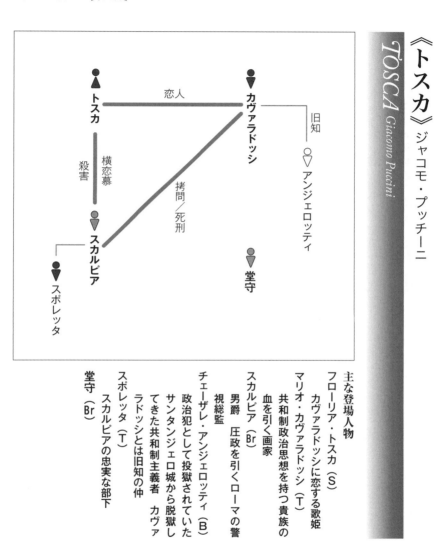

【第1幕】

（第1場）ローマのサンタンドレーア・デッラ・ヴァッレ教会

不吉さを感じさせる「スカルピアのテーマ」で幕が開く。

１８００年のローマ。フランス革命の影響から共和制を支持する勢力と王政支持派の旧勢力とのせめぎ合いが続いている。

ここはローマにあるサンタンドレーア・デッラ・ヴァッレ教会。壁には描きかけの絵があり、そのための足場が組まれているのが見える。サンタンジェロ城から脱獄してきた政治犯、共和制支持派のアンジェロッティが、誰もいない教会の中に逃げ込んで来る。彼は妹のアッタヴァンティ侯爵夫人が、逃走のために前日隠しておいてくれた女物の衣裳一式を受け取るべくこの教会にやって来た。彼は妹が聖母像の足元に隠しておいてくれた侯爵家の礼拝堂の鍵《かぎ》を見つけ、中に隠れる。

堂守が、洗った絵筆を数本持って現れる。描きかけの絵の足場近くまで来て、そこにいるはずの（共和制主義者であることを隠すために、教会のマグダラのマリアの絵を描く奉仕活動をしてその身の安全を図っている）騎士カヴァラドッシの姿がないことに気がつき、ぶつぶつと文句を言う**「いつも洗っているのに、どの絵筆も汚れて」**[1]。

カヴァラドッシが戻って来る。彼は足場を上がり、絵を前にして、前日にここで見かけた女性の美しさを讃《たた》えつつも、彼がいかに愛するトスカに魅了されているかを語る**「妙なる調和」**[2]。

パンやワインの入った食事籠《かご》の中身が減っていないことを堂守が指摘すると、カヴァラドッシは「腹が減っていないんだ」と答える。堂守は「ヴォルテール派（共和制主義者）の連中ときたら、まったくもって不謹慎だ」とぶつぶつ言いながらその場から去る。

話し声がしなくなったのを見計らって礼拝堂から出ようとしたアンジェロッティは、そこで旧友、カヴァラドッシと出会い、ふたりは互いの無事と再会を喜ぶ。そしてカヴァラドッシは、誰も入って来ないように入り口の扉の鍵を掛けに行

1　いつも洗っているのに、どの絵筆も汚れて E sempre lava! Ogni pennello è sozzo

2　妙なる調和 Recondita armonia

く。そしてアンジェロッティに「この教会の裏庭を抜けたところにある僕の別荘に隠れろ。もし追っ手が来たら、別荘の井戸の中に秘密の洞窟《どうくつ》があるからそこに隠れるのだ」と語る。

そこにカヴァラドッシの恋人、歌姫トスカが外から彼を呼ぶ声がする。アンジェロッティは急いでまた礼拝堂に隠れる。信心深い彼女はまずマリア像に祈りを捧げるが、普段は開いたままの入り口の扉に鍵《かぎ》が掛かっていたことと、中から話し声がしたように感じ、カヴァラドッシが今まで他の女性と一緒にいたのではないかと疑い、あちこちを見て回った上でマリオに「今夜別荘で逢いましょう」と言う。アンジェロッティのことが気掛かりで生返事のマリオをトスカが訝《いぶか》る。マリオは慌てて取り繕《つくろ》い、今夜の逢引きを約束する。「二重唱 **マリオ、マリオ〜私たちの愛の家へ**[3]」。「さあ、仕事をさせてくれ」とマリオに言われたトスカは渋々教会から出て行こうとする。その時ふと見上げた描きかけのマグダラのマリアの顔が、金髪と空色の瞳をしたアッタヴァンティ侯爵夫人にそっくりであることに気付く。嫉妬《しっと》するトスカをカヴァラドッシは「昨日ここで熱心に祈っていた女性をスケッチしたんだ。僕が愛しているのは君だけだ」と言って落ち着かせる。トスカは彼女を一刻でも早く追い払おうとするマリオのどこか落ち着きのない様子を訝りながら「せめてあの青い目を黒くしてね」と言い、後ろ髪を引かれつつ去って行く。

そのとき政治犯の脱獄を知らせる大砲の音が、サンタンジェロ城から鳴り響く。アンジェロッティとカヴァラドッシは急いで別荘へと向かう。

堂守が、聖歌隊の子供達を連れて戻って来る。堂守は「ボナパルト（ナポレオン）が負けた。今夜それを祝ってファルネーゼ宮殿でカロリーナ王妃主催のパーティが開かれ、トスカがそこで歌うことになった」と興奮して語る。子供達と堂守が騒いでいるところに、その強権支配でローマ中に恐れられている警視総監のスカルピア男爵が、部下を連れて教会に入って来る。スカルピアの部下たちは慌ててその場から去る。スカルピア聖歌隊の子供達は

3　マリオ、マリオ〜私たちの愛の家へ Mario! Mario! 〜 Non la sospiri la nostra casetta

教会の中を躍起になってアンジェロッティの姿を捜すが、見つかったのは侯爵家の紋の入った扇のみ。スカルピアに怯《おび》える堂守は、閉まっていたはずのアッタヴァンティ家の礼拝堂の扉の鍵《かぎ》が開いており、さっきまで籠《かご》にあった画家の食べ物がすべて空になっていることを彼に報告する。スカルピアはアンジェロッティがここに逃げ込み、カヴァラドッシが彼を逃したことを確信する。

そこにトスカが、王妃主催のパーティで歌うことになったので今夜は別荘には行けないことを恋人に告げるために教会に戻って来る。だが、そこに彼の姿はない。スカルピアがすかさず彼女に、拾った扇をさも意味ありげに見せる。トスカはカヴァラドッシがアッタヴァンティ侯爵夫人と会うために別荘に向かったと思い込み、嫉妬《しっと》に駆られて一目散に別荘へと向かう。スカルピアは部下に彼女の後を追わせる。神父たちや教会に集まった多くの人々が祈りを捧げる中、スカルピアは「これで政治犯とトスカの両方を私のものにできる」とほくそ笑む「**行け、トスカ**[4]（テ・デウム）」。

【第2幕】

ファルネーゼ宮殿のスカルピアの執務室

スカルピアは夕食を摂りながら、部下にトスカに宛てた「カンタータを歌い終わったら私の元に来るように」と書いた手紙を持たせて送り出す「**トスカはよい鷹《たか》だ**[5]」。スカルピアが執務室の窓を開けると、外からはトスカが歌うカンタータが聴こえてくる。

そこに昼間トスカを追跡して行った部下のスポレッタが戻って来て、アンジェロッティは見つけられなかったが、マリオ・カヴァラドッシは連行して来たと報告する。

トスカがやって来る。スカルピアはカヴァラドッシを部屋に連れて来させる。スカルピアはカヴァラドッシに、アンジェロッティの行き先を詰問するが、彼は黙秘する。スカルピアは彼を拷問《ごうもん》に掛けることを命じる。カヴァラドッシはトスカに「絶対に何も喋《しゃべ》るな」と言い残し、別室に連れて行かれる。

スカルピアが慇懃《いんぎん》な態度でトスカにアンジェ

4　行け、トスカ（テ・デウム）Va, Tosca!
5　トスカはよい鷹だ Tosca è buon falco!

ロッティの逃亡先の質問をする。初めは「何も知らない」と答えるトスカだが、隣室から聞こえる愛するマリオの呻《うめ》き声に耐えられなくなり、とうとう別荘の井戸の事を話してしまう「三重唱 [6]**さて、いい友人として話しましょうか**」。

血だらけになって部屋に引き摺《ず》られるようにして連れて来られたカヴァラドッシは、トスカが喋ってしまったことを知り激怒する。

そこに北イタリアのマレンゴでオーストリア軍がナポレオンに大敗したとの知らせが入る。

ナポレオンが破れたという知らせは誤報だったのだ。それを聞いた共和制支持者のカヴァラドッシは、トスカが止めるのも聞かず、勝利の快哉《かいさい》を叫ぶ「[7]**勝ったぞ、勝利だ**」。

それに怒ったスカルピアはカヴァラドッシに死刑を宣告し、カヴァラドッシはサンタンジェロ城の牢《ろう》に連行されて行く。

トスカは恋人の命乞いをする。「身代金にいくら払えばいいの」と問うトスカにスカルピアは「そんなものは要らぬ」と言い「お前が私のものになりさえすれば、彼の命は助けてやろうじゃないか」と持ち掛ける。悩み抜いた末にトスカはそれを承諾し「いつも祭壇《さいだん》にお花を手向《たむ》け、宝石を捧げて、信心深く過ごして来た私に、神様はなんと残酷な苦しみを私にお与えになられるのでしょうか」と嘆く「[8]**歌に生き、恋に生き**」。

スポレッタがやって来て、アンジェロッティが井戸で首を吊って自害していたことを報告する。スカルピアは彼の亡骸《なきがら》を見せしめのために「吊るしておけ」と命令する。そしてカヴァラドッシに関しては「パルミエーリ伯爵の時のように」空砲で銃殺したように見せかけるよう命ずる。スポレッタはスカルピアの真意を汲《く》み取り、去って行く。

トスカはマリオと逃げるための通行証をスカルピアに要求する。スカルピアが通行証を書いている間に、トスカはスカルピアが食事をしていたテーブルの上にナイフを見つける。彼女はそれを手にする。通行証を書き終わって彼女を抱きしめようと近づいてきたスカルピアに、トスカは「これがトスカの口づけよ」と言って、そのナイフで

6 さて、いい友人として話しましょうか Ed ora fra noi parliamo
7 勝ったぞ、勝利だ Vittoria! Vittoria!
8 歌に生き、恋に生き Vissi d'arte, vissi d'amore

彼を突き刺す。スカルピアはもがき苦しんだ末、息絶える。夢中になってスカルピアを殺してしまったトスカは、水差しに入っていた水で、血に染まった自分の手を洗い、スカルピアが書いたはずの通行証を必死に捜す。それをスカルピアが握っていることに気づいたトスカは、恐々と彼の指を開いて、その書類を手に入れる。そしてスカルピアの左右に燭台《しょくだい》を立て、遺体の胸の上に十字架を置いて「この男にローマ中が恐怖に震えていたのだわ」と呟《つぶや》く。

処刑を告げる小太鼓の音が聞こえる。トスカはカヴァラドッシを救うべくサンタンジェロ城へと向かう。

【第3幕】

サンタンジェロ城

夜明け前。遠くから羊飼いの少年の歌が聴こえて来る。

銃殺刑を前に、カヴァラドッシは牢番《ろうばん》に自分がはめていた指輪を渡して、自分が処刑されたらこの世にひとりきりで残されることになる女性への手紙を書くことを許可してもらう。テーブルに向かい、ペンを手にしたカヴァラドッシは、トスカに手紙をしたためながら「星空の下、別荘の扉が開き、菜園の砂地を踏む彼女の足音がした。芳《かぐわ》しい薫りの彼女が飛び込んで来て、僕は彼女を強く抱きしめた。ああ、あの愛の夢は永遠に去って行ったのだ」と彼女との思い出に浸り、死にゆく我が身を思う「**星は光りぬ**[9]」。

そこにトスカが現れる。トスカはマリオにスカルピアの書いた通行証を見せ、自分がスカルピアを手に掛けたことを彼に話す。マリオはトスカの勇気を賞賛し「この小さな手で」と彼女を労《いたわ》る「[10]**おお、素直で純真な柔らかな手**」。

トスカは「この銃殺は見せ掛けのものなの。だからうまく倒れてね」と彼に言う。死刑執行を知らせる小太鼓が鳴り、銃を持った兵士たちがサンタンジェロ城の屋上に整列する。その前にカヴァラドッシが立つ。トスカが物陰に隠れて息を呑んで見守る中、兵士たちがカヴァラドッシに向かっ

9　星は光りぬ E lucevan le stelle
10　おお、素直で純真な柔らかな手 O dolci mani mansuete e pure

て銃を構える。トスカはその様子を見つめながら「うまく倒れるのよ、マリオ」と祈り続ける。銃が火を吹き、カヴァラドッシが倒れる。

兵士たちが立ち去った後、トスカはマリオに「さあ、もう起き上がって大丈夫よ」と声を掛けるが返事がない。彼女がマリオに近寄ると、彼は本当に銃殺されていた。

恐怖の叫び声をあげるトスカ。そこにスカルピアが殺されたことを知ったスポレッタや追手が迫ってくる。トスカは、サンタンジェロ城から「スカルピア、神の御前で」と復讐《ふくしゅう》を叫び、その身を空中に躍らせ、飛び降り自殺する。

《聴きどころ》

原作の戯曲と照らし合わせると、この物語は1800年6月17日の日中から翌18日の明け方までに起きた出来事ということになる。マリオ・カヴァラドッシの拷問《ごうもん》と銃殺、スカルピアの刺殺、アンジェロッティ、トスカの自殺と、この物語は血で塗り固められているのだが、プッチーニが戯曲「ラ・トスカ」を演じるサラ・ベルナールに感銘を受けて作曲に取り掛かったというだけのことはあり、トスカには切なくロマンティックなメロディが与えられ、オペラは第一級の悲恋物語となった。

トスカ――天衣無縫《てんいむほう》の女性

フローリア・トスカは、ヴィクトリアン・サルドゥの書いた戯曲の中でこう定義されている。「……この高価な創造物は野原で拾い上げられた。野育ちで、山羊の番をしていた。慈善のために引き取ったヴェローナのベネディクト派修道士たちが読書と祈禱《きとう》だけを教えたが、自分がまだ何を知らないかを素早く見出す人々の一人だった」（音楽之友社刊〈名作オペラブックス「トスカ」から自由に引用〉。第3

幕冒頭で遠くから聴こえる羊飼いの少年の歌は、このトスカの出自と繋《つな》がっているのである。

　イタリア女性の典型のような気性の激しさを持ったトスカは、自分の思いに正直に生きる。愛した人には、自分と同じように自分のことだけを見つめてもらいたい。信仰心の篤《あつ》い孤児だった彼女が、掛け替えのない愛するマリオを助けたい一心でスカルピアを刺し殺す。それは熟慮の結果でも何でもない。彼女の本能がそうさせたのだ。トスカは、登場の二重唱「**マリオ、マリオ**」[3]から、サンタンジェロ城から身を翻《ひるがえ》す最期の一瞬まで、思ったことは天衣無縫《てんいむほう》に口にする。第2幕の「**歌に生き、恋に生き**」[8]にしても、ヴェルディまでの作曲家の作品であれば、これは彼女の心の中の声「モノローグ」として扱ったことだろうが、この場面での彼女は、スカルピアが横で聞いていることなどお構いなしで、我が身に降りかかった不条理を声に出して神に抗議する。ここで内省的になる必然性は、彼女のキャラクターにはない。エネルギーは外に向けて発散されてよいのだ。彼女は自分に正直なだけで、計算など立てられない。トスカは、同じプッチーニでも蝶々さんのような「じっと悲しみに耐える」キャラクターではない。「私は悪いことをしませんでした。神様に寄進もたくさんしました。貧しい者にも施しをしました。なのに私はどうしてこんな目に遭《あ》うのですか」というこのアリアには、彼女のそうした素朴さが出てほしい。捕らえられて彼女のそばに居ることの叶わないマリオに導かれることもなく、自分ですべて判断して行かなければならなくなった、ここからの彼女の言動には、トスカの本質が強く出てくる。本能の声に従う彼女のこの歌は、言い方を換えれば、知的に歌われすぎることは避けるべきだろう。トスカは野育ちの素朴さがありながら、歌手としての人並み外れた天賦《てんぷ》の才能に恵まれ、かつ美しく魅力的な女性である。（もちろん下品では困るけれど）彼女は立ち居振る舞いの洗練された高貴な女性でも高い教養を持つ女性でもないのだ。トスカは、プッチーニが愛してやまなかった可愛くて従順な、守ってやりたくなるような寄る辺《よるべ》のない女のひとりなのである。

カヴァラドッシ――純然たる革命家

共和制を支持するマリオ・カヴァラドッシをスカルピアは「騎士殿」と呼ぶ。カヴァラドッシは高貴な家系の出で、革命家であり、色男であり、テノール冥利《みょうり》につきるようなヒーロー役である（確かに原作では、彼はフランス在住のイタリアの貴族とフランス女性との間に生まれ、パリで育ったことになっている）。この役のテノールには、ふたつのアリア「妙なる調和」[2]と「星は光りぬ」[9]において、声と容姿で女性の聴衆をノックダウンして欲しいところである。これらのアリアに内面表現が強く求められないのは、彼の人生の目的が革命に身を賭《と》すことにあるからだ。彼は、トスカを愛しているけれど、彼女に狂って道を踏み外すようなことはしない。彼がこのオペラの中で、感情を爆発させるのは2箇所だけ。第2幕で、ナポレオンの勝利のニュースを聞いたところと、第3幕でトスカがスカルピアを殺したと聞いた時である。スカルピアがトスカに殺されたことを彼は、自分とトスカのために喜んでいるのではない。暗殺や処刑を平気で繰り返して来た、ローマの人々に恐れられてきた冷酷な警視総監をこの「小さな柔らかな手」の彼女が、たったひとりで始末したことに感動するのである。また、彼には、絶大な人気の歌姫トスカへの嫉妬《しっと》を露《あら》わにする箇所もひとつもない。彼にとってのトスカは、彼の人生の中のある一角を占める存在であって、全てではなかった。彼の人生の目標の第一義は革命であり、トスカの存在は大切だが、彼の人生に添えられた花であり、マリオはトスカをどこか客観視している。だからこそ「自分が死んだらまた彼女は身寄りがなくなってしまう」彼女のこれからをカヴァラドッシは憂《うれ》いるのだ。彼を恋愛一筋に生きる男のように表現するのは、お門違いなのである。

スカルピア――プッチーニ随一の「演じる」役

《トスカ》というオペラの冒頭が、スカルピアのテーマで始まるのは暗示的だ。このオペラに登場する人物の中で、最も冷静に時勢を読んでいるのはスカルピアだ。彼は刃向かう者は片っ端から処刑する恐怖政治そのものを体現する警視総監だが、同時に彼は、雨後の筍《たけのこ》のように次から次に出てくる反体制分子に、現体制の終わりを肌で感じているのではなかろうか。そうでなければ彼の言動は、あまりに刹《せつ》那《な》的に過ぎる。

この役は、演じる役であって歌う役ではない。彼の言動が、彼の性癖に起因するのか、はたまた大して能力もない凡人が権力を握ってしまったがために、追い落とされることへの恐怖に苛《さい》まれる小心の裏返しなのか。良心を持ち合わせているのか、他人を殺すことに快楽を求めるような異常な性格の持ち主なのか。ただただ威圧的な存在なのか、善人面をして策を弄《ろう》してくるような男なのか……。スカルピア像の解釈の幅は相当に広い。プッチーニが書いたバリトンの役で、演じる面白さでは一、二を争う役だろう。ティート・ゴッビ、ルッジェーロ・ライモンディといった演技派の歌手がこの役を得意にしたのも宜《むべ》なるかなである。ただしこの役はバリトンにしては低めで、セリフ回しも相当ドラマティックであることが要求されるため、この役を好んで歌うバリトンの数はさほど多くない。表現の面白さはあるのに、いわゆるヴェルディ・バリトンと呼ばれる名手たちは、頻繁《ひんぱん》にはこの役を手掛けてはいない。その要因としては幾つか考えられる。ひとつは先に述べたように、ヴェルディ・バリトンにとってこの役のテッシトゥーラ（中心となる音域）が低めであること（というより、ヴェルディのバリトン役のテッシトゥーラが概《がい》して高いのである）。そしてこの役は「喋《しゃべ》り」が主であるために、セリフ部分であっても分厚いプッチーニのオーケストレーションを突き抜けさせねばならず、柔らかな声にとっては喉に負担が掛かりすぎるからである。カップッチッリ、ブルゾンといった名ヴェルディ・バリトンたちは、それらを熟知していて、敢《あ》えて積極的には歌わなかったのではないだろうか。

《蝶々夫人》ジャコモ・プッチーニ

MADAMA BUTTERFLY *Giacomo Puccini*

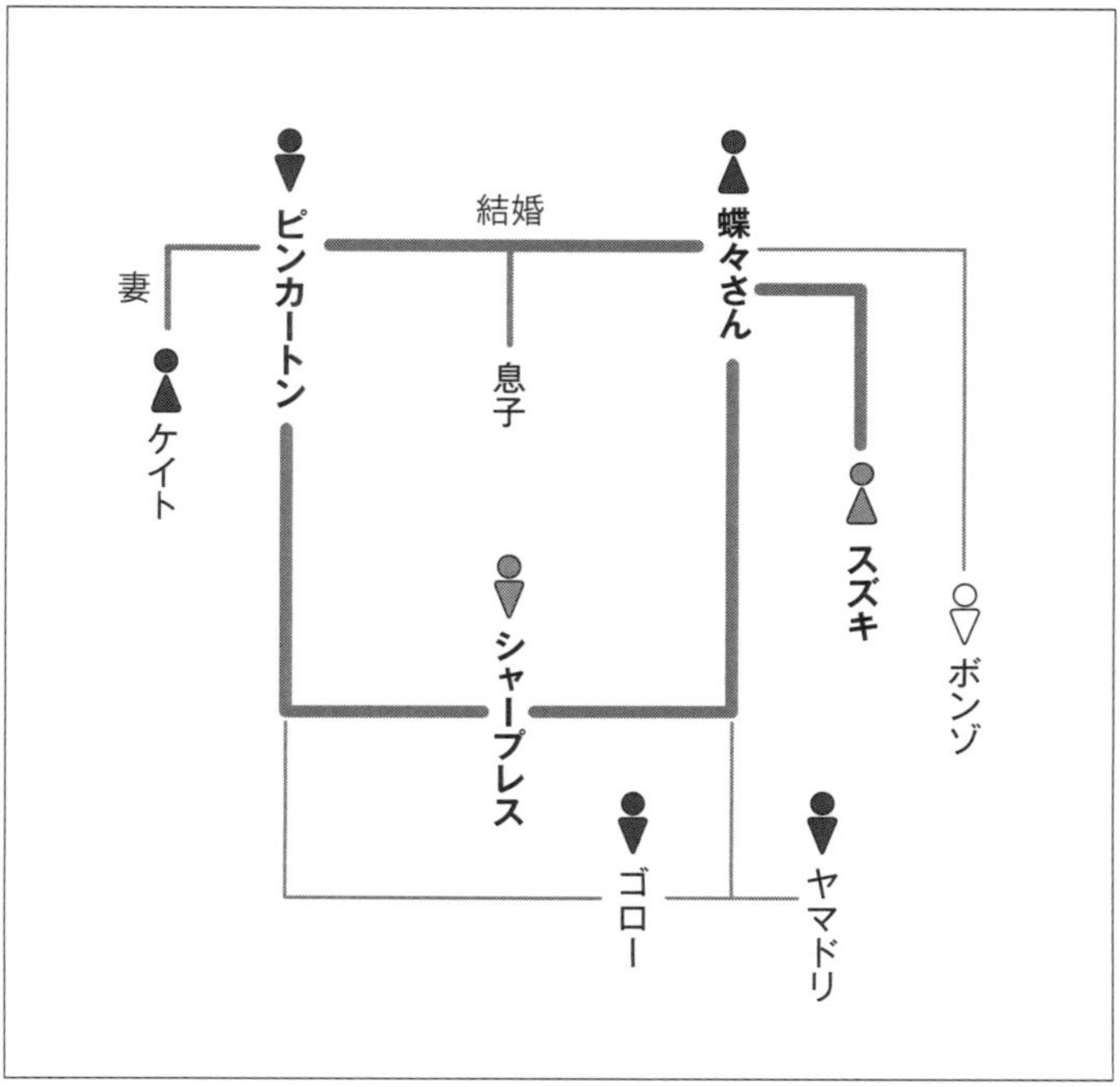

主な登場人物

マダム・バタフライ（蝶々さん）（S）
　没落士族の娘で芸者

F・B・ピンカートン（T）
　アメリカ海軍士官

シャープレス（Br）
　在長崎のアメリカの領事

スズキ（Ms）
　蝶々さんの女中

ゴロー（T）
　女衒

ヤマドリ（T）
　長崎の金持ち

ボンゾ（Bs）
　蝶々さんの伯父の僧侶

ケイト（S）
　ピンカートンの妻

3幕*の日本の悲劇 Tragedia giapponese in tre atti
（*第3幕を第2幕第2場として、全2幕として扱うこともある。）

原作　ジョン・ルーサー・ロングの小説を基にしたデイヴィッド・ベラスコの戯曲「マダム・バタフライ」

台本　ジュゼッペ・ジャコーザ、ルイージ・イッリカ

初演　1904年2月17日　ミラノ、スカラ座

上演時間　2時間20分/第1幕55分、第2幕50分、第3幕35分

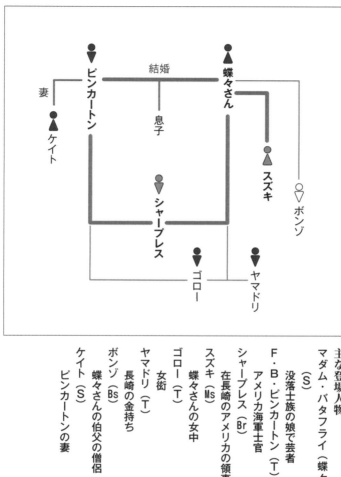

【第1幕】

長崎の街と港を見下ろす丘の上

19世紀末の長崎。アメリカ海軍士官のピンカートンが、現地妻の斡旋をしている女衒《ぜげん》のゴローと現れる。ピンカートンは蝶々さんと住む家を下見して、ゴローから女中や下男たちを紹介される。

そこに丘のふもとからの急な坂を、汗を拭きながらアメリカ領事のシャープレスが登って来る。ピンカートンは、木と紙で出来たこの小さな家をシャープレスに見せながら「港ごとに女を作り、享楽的《きょうらく》に生きるのがヤンキー男たるものだ」と語り、シャープレスも「アメリカよ永遠に」と唱和する「**世界のどこであっても**[1]」。

今回の日本の娘との結婚に関して「どの程度本気なのか」と問うシャープレスにピンカートンは「自分でもわからない」と答える「**愛か気まぐれか**[2]」。それを聞いたシャープレスは「楽しむのもいいが、本気で君に恋をしている娘のことを蝶の羽根をむしり取るようにいたずらに傷つけるのは如何《いかが》なものか」と戒《いまし》めの言葉を口にする。シャープレスは「君の遠くに住む家族に」と言い、ピンカートンは「いつか僕が本当に結婚するであろうアメリカ人の妻のために」と言って、ウィスキーのグラスを合わせる。

そこへ遠くから花嫁行列が、丘を登ってやって来る華やいだ声が聞こえて来る「**さあ、もう少しよ**[3]」。

花嫁の蝶々さんを先頭に、彼女の母親、親戚、芸者仲間たちが到着する。

蝶々さんの掛け声に合わせて彼女たちはピンカートンにお辞儀をする。蝶々さんに、シャープレスがいろいろと問い掛ける。彼女は没落士族の娘で、まだ15歳ながら芸者をしていると答える。

蝶々さんが、嫁入り道具をピンカートンに見せる。そこにはお歯黒の瓶や切腹した父の形見の懐刀、先祖を祀《まつ》った小さな仏像もある。そして蝶々さんはピンカートンに、昨日ひとりで教会に行ってキリスト教に改宗したことも語る「二重唱 **おいで、愛しい人よ**[4]」。

そこに役人がやって来る。そして彼女の母親や

1　世界のどこであっても Dovunque al mondo
2　愛か気まぐれか Amore o grillo
3　さあ、もう少しよ Ancora un passo, or via
4　おいで、愛しい人よ Vieni, amore mio!

親戚、芸者仲間たちが立ち会って、ふたりの結婚式を挙げる。人々がそれを祝福する「**おお、神**[5]」。

そこに、蝶々さんの伯父で、僧侶《そうりょ》であるボンゾが怒り狂った様子で現れる。蝶々さんが昨日キリスト教に改宗したことをなじり、それを聞いた親類たちも驚いて、皆その場から去って行く「三重唱 **蝶々さん、蝶々さん**[6]」。

蝶々さんはスズキを呼び、婚礼衣裳から着替える。使用人たちも下がり、蝶々さんとピンカートンがふたりきりになる。たおやかな蝶々さんに魅了されたピンカートンは「バタフライ、かわいい蝶々とはあなたそのものだ」と言う。蝶々さんは「海の向こうでは、蝶を捕まえたらピンで板に留められてしまうのですって」と尋ねる。ピンカートンは「それは美しい蝶をどこにも逃さないためだよ」と言って、蝶々さんを抱きしめる「二重唱 **魅力的な目をした可愛い娘よ**[7]」。そしてピンカートンと蝶々さんは部屋の中に消える。


【第2幕】

蝶々さんの小さな家の中

ピンカートンが「次に駒鳥が巣を作る頃には戻って来る」と言って長崎を発ってから早3年が過ぎた。

スズキが天照大神《あまてらすおおみかみ》に祈りながら「もう旦那様はお戻りにならないのでは。あまりにも蝶々さんが可哀想でなりません」と涙を流す。それを見た蝶々さんが「そんなことはないわ。あの方の乗る船が、水平線の彼方から現れるの。船から下りたあの方は、私の名を呼びながらこの丘を登っていらっしゃるのよ。でも私はすぐにはお目にかからずに隠れるの。だって喜びで死んでしまいそうなんですもの」と彼女がいつも夢に見るピンカートンが戻って来る様子を語って聞かせ「あの方は必ずお帰りになるわ」と言う「**ある晴れた日に**[8]」。

シャープレスが、ピンカートンからの手紙を携えて訪ねて来る「二重唱 **ごめんください、蝶々夫人**[9]」。ところがそこに女衒《ぜげん》のゴローが金持ちのヤマドリを連れてやって来るので、シャープレス

5　おお、神 O Kami
6　蝶々さん、蝶々さん Cio-cio-san, Cio-cio-san
7　魅力的な目をした可愛い娘よ Bimba dagli occhi pieni di malìa
8　ある晴れた日に Un bel dì vedremo
9　ごめんください、蝶々夫人 Chiedo scusa, Madama Butterfly

はなかなか落ち着いて手紙を読み始めることが出来ない。ゴローは「生活も立ち行かないのだし、アメリカ人の亭主が戻って来るわけもない。いっそこのヤマドリの旦那の世話になったらどうか」と言って、怒った蝶々さんに追い払われる。騒ぎが収まって、やっとシャープレスは手紙を読み始める「[10]**友よ、あの美しい花のような娘に伝えて欲しい**」。

「ピンカートンが帰って来る」と喜ぶ蝶々さんの様子に、シャープレスはピンカートンがアメリカで結婚をしたと書いてあるところまで読んで聞かせることが出来ない。困惑したシャープレスは蝶々さんに「もしもピンカートンが戻って来なかったら、ヤマドリの世話になってはいかがですか」と言う。

その言葉を聞いた蝶々さんは「あなたまでそんなことをおっしゃるなんて」と怒り、別の部屋にいた金髪の巻き毛の男の子を抱いて現れ「旦那様に捨てられたら、私はこの子を抱いて物乞《ものご》いをして生きるか、あるいは芸者に戻るしかない。それならばいっそ死を選びます」と語る「[11]**母さんはお前を抱いて**」。彼女の覚悟にシャープレスは、ピンカートンがアメリカ人の妻を伴って来日することを言い出せないまま、暇乞《いとまごい》いをする。

スズキがゴローの襟首《えりくび》を掴《つか》んで引き摺《ず》るようにして連れて来る。ゴローが「蝶々さんの子は誰の子だかわかったものではない。アメリカでは呪《のろ》われて生まれた子は人々から常に嫌われる」と言うので、蝶々さんは父の形見の短刀を振りかざす。彼女の剣幕にゴローは転がるように走り去る。

そこに船の入港を告げる大砲の音が響く。望遠鏡を覗《のぞ》くと、船にはアメリカ海軍のリンカーン号とある。蝶々さんは「旦那様が戻っていらした。私が信じていたとおりになった」と喜ぶ。そして、部屋の中を花びらで飾るために、スズキとともに庭で摘《つ》んできた花々を撒《ま》き散らす「花の二重唱[12]**花を集めて来てちょうだい**」。

そして髪を整え、化粧をし、婚礼衣裳の純白の打掛を着た蝶々さんは、子供とスズキとともに港が見える側の障子の前に並んで座り、それぞれの

10 友よ、あの美しい花のような娘に伝えて欲しい Amico, cercherete quel bel fior di fanciulla
11 母さんはお前を抱いて Che tua madre dovrà prenderti in braccio
12 花を集めて来てちょうだい Va pei fior!

前の障子紙に指で小さな穴を開け、ピンカートンが丘を登って来るのを待つことにする。

夜が更けても彼女たちは障子の前でまんじりともせずにピンカートンを待ち続ける（ハミング・コーラス）。

【第3幕】（あるいは第2幕第2場）

夜明け近くの先ほどと同じシーン

これからの蝶々さんの運命を暗示するような、日本風のメロディを多用した間奏曲が入る。

夜が明けようとしている。舞台はさきほどと同じ障子の前。蝶々さんは、丘を登って来るであろうピンカートンをひたすら待ち続け、スズキは隣で座ったまま疲れて居眠りをしている。子供は脇に置かれた座布団の上に寝かされている。

とうとう朝になる。結局ピンカートンは戻って来なかった。眠っている子供を抱いて、蝶々さんは奥の部屋へと消える「二重唱 **もう太陽が**[13]」。

ひとり残ったスズキは、庭にシャープレスとピンカートン、そして見知らぬアメリカ人女性が現れたのを見て驚く。蝶々さんを呼びに行こうとするスズキをシャープレスが呼び止めて、この女性がピンカートンの妻、ケイトであることを話し「今は蝶々さんを呼ばずに、お前の口からピンカートンが妻を伴ってやって来たと伝えて欲しい」と頼む。最も恐れていた結果を目にしたスズキは蝶々さんの悲しみを思って涙する。

シャープレスは「見たか。君の軽率な行動の結果がこれだ」とピンカートンを責める「三重唱 **彼女の苦しみは慰めようもない**[14]」。

ピンカートンは後悔の念に苛《さいな》まれ、逃げるようにその場を去る「**さらば花咲く愛の家よ**[15]」。

残ったケイトはスズキに「私が子供は大切に育てますから」と語りかける。

人の気配に蝶々さんがやって来る。ケイトとシャープレスは物陰に姿を隠す。蝶々さんは「旦那様がお帰りなったのでは」と家中を探し回る。

その蝶々さんに、庭にいるケイトの姿が目に入る。蝶々さんはスズキに「あの方は生きていらっしゃるのね」、「昨日お着きになられたけれど、こ

13　もう太陽が Già il sole
14　彼女の苦しみは慰めようもない Io so che alle sue pene
15　さらば花咲く愛の家よ Addio, fioriti asil

こにはもうお見えにならないのね」と確認し、すべてを悟る。ケイトが蝶々さんに「私を赦してくださいますか。自分の子供として大切に育てますので、坊やを私に委《ゆだ》ねてくださいませんか」と静かに問い掛ける。「あの方がいらしてくだされば、子供はお渡しします。30分ほどしたら迎えに来るようにピンカートンにお伝えください」と告げる「四重唱 [16]**あの女は、私に何をお望みなのかしら**」。

ケイトとシャープレスが去っていくのを見届けた蝶々さんはスズキにすべての障子を閉めさせ、泣き崩れる。そしてスズキに「子供と一緒に遊んでやって」と言って、彼女を遠ざけようとする「[17]**外は明るすぎるわ**」。

ひとり部屋に残った蝶々さんは、〈誇りを持って生きられぬならば、誇りを持って死を選ぶべし〉と書かれた父の形見の懐刀で自害しようとする。

その時、幼い息子が走り込んで来る。蝶々さんは彼を抱きしめ「私の愛しい坊や。お前が海の向こうで大きくなったときに、自分が母に捨てられたと思うことがないように蝶々が死を選ぶことをお前はけっして知ってはなりません。どうかこの母のことを覚えていておくれ」と語り掛け、息子に別れを告げる「[18]**愛しい子よ**」。そして子供に目隠しをして、片手にアメリカの小旗を、もう一方に人形を抱かせて、※かくれんぼで遊ぶように座らせておいて、自分は屏風《びょうぶ》の陰に入って自害する。

遠くからピンカートンが蝶々さんを呼ぶ声が聞こえる。蝶々さんは残っていた力を振り絞って子供の方に向かって手を伸ばすが、届かないまま命尽きる。

やってきたピンカートンとシャープレスは、蝶々さんの変わり果てた姿を見て、がっくりと膝をつき、シャープレスは涙を流しながら子供を抱き上げる。

（※ヴォーカルスコアのト書きにはこうあるが、自害を前に、蝶々さんがもう一度子供を遊びに行かせ、彼女がひとり残って自害する演出も多い。）

16 あの女は、私に何をお望みなのかしら Quella donna? Che vuole da me?
17 外は明るすぎるわ Troppo luce è di fuor
18 愛しい子よ Tu, tu, amore mio

《聴きどころ》

長崎が舞台ということで、日本でも好まれるこのオペラは、エキゾチックな東洋趣味とメランコリックなメロディで、今も世界中で上演され続けている。現在上演されているものは、二度の作曲者による校訂を経たものを中心としているが、初演版、ブレーシャ校訂版、パリ校訂版も存在し（ただしパリ版の総譜は、出版社ソンツォーニョ社の火災で焼失、ヴォーカル・スコアのみが残存）それぞれの版に基づいた上演もしばしばある。２０１６／１７シーズンのミラノ・スカラ座の開幕公演に指揮者のリッカルド・シャイーは初演版を選択した。

初演版では、ピンカートンは、現地妻である蝶々さんをもっと軽視しているし、シャープレスにも、ピンカートンと同調して「日本人など虫けらのようだ」と嘲笑《あざわら》うセリフが入っていた。もしそのままであったら、どれほど感動的な音楽であれ、いくら判官贔屓《はん(ほう)がんびいき》の日本人が、蝶々さんの存在の儚《あやう》さと、彼女の健気《けなげ》さに強く共感する感性を持っているとしても、そこまで日本女性を屈辱的な立場に置いたオペラを受け入れることはなかったかもしれない。

蝶々さん――史上稀《まれ》なる「ソプラノ殺し」の役

古今の傑作オペラの中で、いわば「タイトルロールのひとり舞台」的な作りになっているオペラは意外に少なく、さらに《蝶々夫人》のタイトルロールは、冒頭のピンカートンとシャープレスの場面が終わると、あとは文字通り出ずっぱりである。もちろんそのことだけで歌手の負担は相当なのだが、プッチーニが書いたオーケストレーションがまた分厚い。その上にこの（いちおう大和撫子《なでしこ》らしき）15～17歳のうら若き女性は、約百年前の日本の娘にしては、激しい気性をドラマティックに言葉にして発露するのである。（あくまでこのキャラクターは想像上の日本人である。イタリア人である作曲家のメンタリティが、否が応でも反映されるのだから当然のことだが）日本人のようでいて日本人ではないこの役を歌うソプラノには、楚々《そそ》とした雰囲気があると同時に、何より強靭《きょうじん》な声帯と体力が必要となる。この「抒情的《じょじょうてき》にしてドラマティック」というのは二律背反《にりつはいはん》の要素である。そのことがまたこの役を難役たらしめている。

浅利慶太が１９８６年にスカラ座でこのオペラを演出するに際し、彼は可憐《かれん》な若い日本のソプラノを複数候補に挙げたようだが、ことごとくスカラ座側に拒否された。当然である。スカラ座のあの大きな劇場で、分厚いオーケストラを突き抜けて声を通し、かつ蝶々さんの心情を表現することは、昨日今日オペラ歌手になったような若いソプラノには到底出来ない。その大変さ（とミラノの聴衆の恐ろしさ）を劇場側は熟知していたし、日本側はその認識が甘すぎた。オペラを知らないというのが、そういうことで露呈するのだ。最終的に、世界的に活躍を続けていた林康子に白羽の矢が立ち、《蝶々夫人》の公演は、大成功を収めた。林は数多く蝶々さんを歌ってきたが、同時にモーツァルトのドンナ・アンナも、ベルカント・オペラの主役も歌い続けた。「蝶々さんだけ」で知られた日本のソプラノとはまったく格が違ったのである。筆者はその舞台を当時スカラ座で観た。圧巻だった。両足を踏ん張ってアリアを歌うなんて、という日本の的外れな評価もあった。あの劇場で、あのオーケストラを相手に全身を使わないでどうやって声が天井桟敷《てんじょうさじき》まで届くというのだ。彼女は正攻法で、スカラ座で蝶々さんを歌い、ミラノのうるさい聴衆を納得させたのである。オペラ歌手にとって、最も大切なのはそこだ。歌で客を納得させられないオペラ歌手は、まがい物でしかない。今はビジュアルが優先されがちではあるが、歌がつまらなければ、お客の足は劇場から遠去かるのだ。（※この公演は映像になって残っている。）

東洋人のソプラノが欧米の劇場でデビューするためには、たしかにこの役は大きな武器になる。だが、この役を立て続けに歌うということは、声帯を痛めて歌手寿命を縮めることと背中合わせだ。プッチーニ作品が、歌う側も感情が高まりすぎて声のコントロールを見失いがちであることをイタリア人ソプラノのインタヴューで何度となく聞いた。分厚いオーケストレーションに打ち勝つべく、限度以上に泣き喚《わめ》いてしまう危険も大きい。そんなことをしたらあっという間にその歌手の声はダメになってしまう。言い換えれば、蝶々さんのオファーばかりが続くときに、そこからどこで脱皮出来るかが、そのソプラノのその後のキャリアを左右する。欧米の歌手ですら「ソプラノ殺し」と呼ぶ、出ずっぱりでドラマティックな表現が要求されるこの役を数多く歌いながら、第一線で何十年と歌っていくことは、ベルカントの技術のない、プッチーニやヴェリズモしか歌えないソプラノには、まず不可能である。たとえそうした歌手であっても、この役はどうしても声をすり減らす。それでもこの役ばかりを続けて引き受けたいのであれば、そのリスクを覚悟して取り組むことだ。

スズキ ―― 彼女がいなければ、このオペラはできない

歌う部分からすれば、スズキは脇役である。だが動きの点では、このオペラの誰よりも大変である。細細《こまごま》とした所作も多い。小道具の出し入れは、ほとんど彼女に頼りっぱなしである。なにより蝶々さんの動きは、スズキの助けがなくては成立しないのである。今どきの日本人で、あれだけ和室で立ったり座ったりを繰り返し、かつ、裾《すそ》さばきも鮮やかに小走りで舞台上を動き回ることができる女性の数は多くない。昔から言われているような膝の間に半紙を挟めるぐらい内股で歩幅も狭くという和装での動きを舞台上で再現させたいのであれば、そこは演出家がスズキの動線可動域をよくよく考えることである。洋物の舞台では考えられない、草履《ぞうり》を脱いだり履いたりの動作も一定のタイミングの中でこなして行くのは大変なのである。猛スピードで草履を脱いで、座敷に上がる、そこに膝を折って草履を揃える暇も

与えないような演出のなんと多いことか。裾《すそ》を乱すこともなく、さりげなくそれらをこなす優れたスズキ役のメゾを見るたびに、私はそこに彼女たちのプロ根性を見る思いがする。

ピンカートン——軽薄なヤンキー

ピンカートンには、自省的なキャラクターは求められていない。幕切れでも彼は「さらば花咲く、愛の家よ。僕は後悔とともにこの家のことを思い出すだろう」と、血を分けた息子を引き取る交渉すらシャープレスと、あろうことか新妻のケイトに押し付けて自分はさっさと逃げ出して行く。この役は、あくまで自己中心的で深く物事を考えない、浅はかな男と思われなければならない。この役には、第1幕と第3幕にしか出番がない。つまり彼は主役というよりは、準主役の存在で、演技にも歌唱にも円熟味は求められていない。ただし高音はポンポン出てくるので、高い音の苦手なテノール（というのは意外と多いのである）には大変な役となる。

のちに世界的な歌手となったリリコのテノールが、デビュー時にこの役を手がけたケースも多く、逆に円熟したテノールにこの役がオファーされることは、まず、ない。ところが、２００７年に新国立劇場はこの役をジュゼッペ・ジャコミーニにオファーした。その時点で彼は60歳を越していた。公演前年のインタヴュー後の雑談で、彼は「この歳になって、まさかもう一度ピンカートンを振られるとは思ってもいなかった」と笑った。彼がそのオファーを面白がってくれている様子なのが、せめてもの救いだった。彼は「もちろんもう何十年もこの役を歌ってはいない。一から勉強し直してくるよ」と言った。その言葉通りに彼は、それは輝かしい声で若々しくピンカートンを歌い上げ、長い階段のセットを（少なくとも本番は）いとも軽々と、疾風のように駆け上がって行ったのだった。

シャープレス――アリアはないが、重要な役

ピンカートンに比べて人格的にも、また年齢も分別《ふんべつ》のある男性として描かれているシャープレスは、最初こそ女遊びは男の甲斐性とばかりに面白がってピンカートンに同調するものの、すぐに「あの純真な娘を弄《もてあそ》ぶのは如何なものか」と釘を刺す。人の良い彼は、第2幕で「僕はアメリカ女性と結婚したからもう僕の事は忘れてくれるように彼女に伝えてくれ」というピンカートンのとんでもない自己中心的な手紙を持って蝶々さんに告げに行く役目も、終幕でケイトと共に子供を引き取る交渉まで引き受ける。シャープレスには、蝶々さんがあまりに哀れで、自分が彼女をこのような運命に追い込んだことにひと役買ったことへの後悔の念があったのだろう。

シャープレス役は是非、包容力と存在感のある〝大人の〟バリトンに歌ってもらいたい。こんなに大切な役なのにもかかわらず、彼の出番は重唱ばかりでアリアらしいアリアもない。だが、それは彼が担《にな》っているのが、ストーリー・テラーとしての役割だからこそ。シャープレスが会話を通して、この物語を転換させる。つまりはこの役のバリトンには、イタリア語が立ってもらわなければ困るのだ。彼の出番は他の登場人物を説得する場面ばかり。何を言っているのかよく聞き取れない相手の言うことに説得される人は、どこにも存在しないのだから。どんなに美声のバリトンであろうとも、この役は「歌う」のではなく「喋《しゃべ》る」ことに徹してもらわねば困るのだ。

《西部の娘》

ジャコモ・プッチーニ

LA FANCIULLA DEL WEST *Giacomo Puccini*

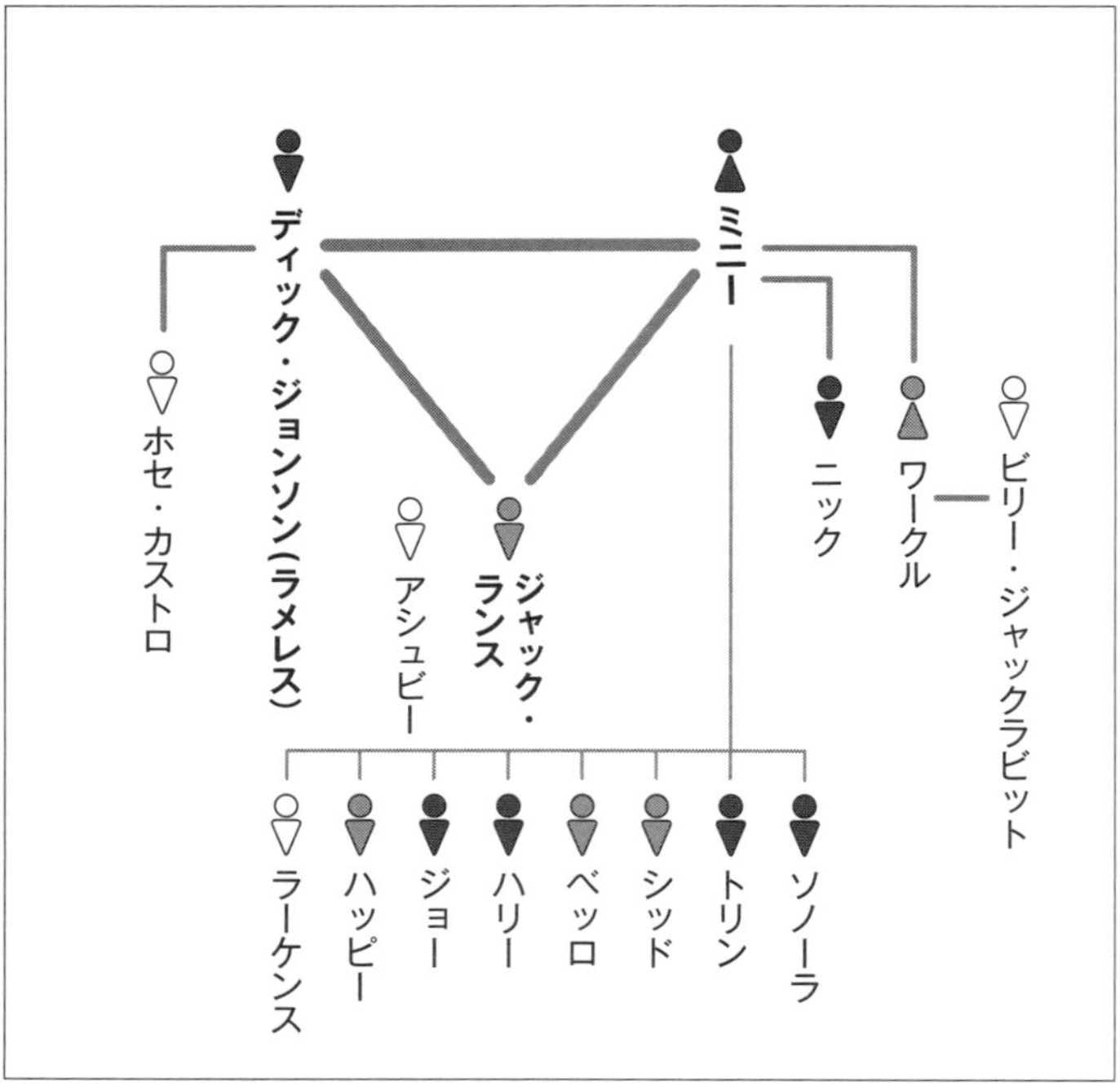

主な登場人物

ミニー（ミンニー）（S）
　鉱夫たちに愛される娘
ディック・ジョンソン（T）
　盗賊ラメレスの偽名
ジャック・ランス（Br）保安官
ニック（T）
　酒場〈ポルカ〉のバーテンダー
アシュビー（Bs）
　輸送会社ウェールズ・ファルゴの支配人
ソノーラ（T）鉱夫
トリン（T）鉱夫
シッド（Br）鉱夫
ベッロ（Br）鉱夫
ハリー（T）鉱夫
ジョー（T）鉱夫
ハッピー（Br）鉱夫
ラーケンス（Bs）鉱夫
ビリー・ジャックラビット（Bs）
　北米先住民インディアン
ワークル（Ms）ビリーの女
ジェイク・ウォーレス（Br）
　流しの歌手
ホセ・カストロ（Bs）
　盗賊ラミレスの部下メスティーソ
郵便夫（T）

3幕のオペラ Opera in tre atti
台本　グエルフォ・チヴィニーニとカルロ・ザンガリーニ
原作　デイヴィッド・ベラスコの戯曲「黄金の西部の娘」
初演　1910年12月10日　ニューヨーク、メトロポリタン歌劇場
演奏時間　2時間10分／第1幕60分、第2幕45分、第3幕25分

【第1幕】

（第1場）酒場《ポルカ》の内部

西部劇の映画を思わせるような短い前奏曲に続いて幕が開くと、そこはゴールドラッシュで沸く1850年頃のアメリカ・カリフォルニアのとある鉱山町。仕事を終えた鉱夫たちが酒場《ポルカ》に次々にやって来る。

彼らはウィスキーを注文し、葉巻をふかしながらゲームに興じたり、思い思いにくつろぐ。その中に保安官ランスもいる。

外から流しの歌手ディック・ウォーレスの歌声が聴こえて来る「**年老いた両親は遠い地でどうしているのだろう**[1]」。

さっきから憂鬱《ゆうつ》そうにしていたラーケンスが「もうだめだ、俺を故郷に帰してくれ」と泣き出す「**もう無理だ、俺は病気だ**[2]」。ソノーラが音頭を取って仲間たちから彼の旅費をカンパしてラーケンスに渡す。ラーケンスは皆に感謝しながら去って行く。

賭けを再開したグループで揉《も》め事が起きる。シッドがいかさまをしたので皆が怒り、彼を死刑にすると騒ぎになる。保安官のランスがそこに介入して、シッドの胸にカードをピンで留め「二度とカードに手を出すな。今度ポーカーに手を染めたら、その時は本当に縛《しば》り首だ」と言い渡して、シッドを店から追い出す「**おい、みんな。ちょっと落ち着け**[3]」。

そこに輸送会社ウェールズ・ファルゴの支配人アシュビーが入ってくる。アシュビーは彼が追っている盗賊団についてランスと話す。どうも頭目はメキシコ人で、乱暴な真似はしない連中だと言う「二重唱　**紳士のように盗むという話だ**[4]」。

「ミニーのおごりだ」とニックが言って、ウィスキーが振舞われるので鉱夫たちは喜ぶ。「ミニーはもうすぐランス夫人になる」と言うランスに、ソノーラが「老ぼれた賭博《とばく》師のくせに。あんたのことなんてミニーは何とも思っちゃいないぜ」と絡み、ふたりが険悪な雰囲気になる。互いにピストルを抜き、ソノーラの撃った弾はとんでもない方向に飛んで行く。

1　年老いた両親は遠い地でどうしているのだろう Che faranno i vecchi miei là lontano
2　もう無理だ，俺は病気だ Non reggo più, ragazzi! Son malato
3　おい、みんな。ちょっと落ち着け Andiamo, ragazzi! Un po' di calma
4　紳士のように盗むという話だ Dicon che ruba come un gran sigonore!

そこにミニーが飛び込んで来て、ふたりの間に果敢に割って入り、ソノーラからピストルを取り上げる。鉱夫たちはミニーに挨拶《あいさつ》をする。

ミニーはソノーラに向かって説教し、ソノーラはしゅんとなる。「もう（彼女が坑夫たちに聖書を読み聞かせる）学校はおしまいよ」と怒ってみせるミニーに、鉱夫たちは摘んできた花や旅の小間物屋から買ったリボンなどをプレゼントする。

ソノーラが掘ってきた金《きん》をミニーに渡して、「これでツケを精算してくれ」と言う。その様子を見ていたアシュビーは「盗賊団が出没しているのに、黄金をこんな樽の中に保管しておくなんて。うちの会社（の金庫）に預ければいいものを」とランスに話す。

聖書を手にしたミニーの周りに鉱夫たちが集まる。ミニーは前回の続きの詩篇51番を読む。鉱夫たちに意味を聞かれた彼女は「世の中のどんな人にも贖罪《しょくざい》の道は開かれているの。みんなも赦しの心を持ってね」と語り掛ける「[5]**私を洗ってください、そうすれば雪のように白くなるでしょう**」。

郵便夫がやって来て「近くで見慣れない男を見た。気をつけろ」と言い、鉱夫たちに届いた手紙を渡す。

届いた速達を読んだアシュビーが「ニーナ・ミチェルトレーナというスペイン女が、盗賊のアジトを知っていて、今夜0時にパルメの店に来るそうだ」と語る。ミニーとランスは、その厚化粧の女は危険だから気をつけるようにと言う。

鉱夫たちは家族の消息を読んで一喜一憂する。外から戻って来たバーテンダーのニックが「外にいる見慣れない男が、ウィスキーと水を注文した」と言いながら戻って来る。「ウィスキーはストレートでやるものよ、いいわ、その人を中に入れてあげて」とミニーが言う。

皆が店のあちこちに散らばりランスとミニーだけになる。ランスがミニーに言い寄る。「奥さんがいる人が何を言っているの、私はひとりが好きなのよ」とピストルをちらりと見せながら彼をあしらう「二重唱 [6]**ミニー、君が好きなんだ**」。

5　私を洗ってください、そうすれば雪のように白くなるでしょう Lavami e sarò bianco come neve
6　ミニー、君が好きなんだ Ti voglio bene, Minnie

諦めきれないランスが「賭博《とばく》で身を持ち崩して家族を失った俺は、金を掘りあてて金持ちになることを目的にここに来た。だがお前のキスのためならその黄金も差し出そう」と言う「**ミニー、俺は山の向こうの家を捨て**」[7]。

ミニーは「私は互いを大切にし合っていた両親のような、愛する人を見つけたいの」と語る「**ソレダードにいた幼い頃**」[8]。

〈第2場〉同じ酒場の中

そこにニックと、馬の鞍《くら》を肩に担いだジョンソンが入って来る。顔を合わせたジョンソンとミニーは、互いに以前道ですれ違った時に言葉を交わし、互いに好意を抱いた相手であることに気がつく「二重唱　**俺を正してくれようというのは誰なんだ**」[9]。

親密そうなふたりの様子にイラついたランスと鉱夫たちが、彼の身元を問い質す「**ジョンソンさんとやら、あんたは俺をイライラさせる**」[10]しかし、ミニーが「私がこの人の身元保証人よ」と言うので、皆の騒ぎは収まる。ミニーとジョンソンがワルツを踊る。

そこにアシュビーが、盗賊ラメレスの手下、カストロを捕まえて入って来る。カストロは「盗賊団のアジトを教える」と言い、皆は彼とともに出掛けていく。出掛け際にカストロはジョンソンに「親方、みんなは外にいます。準備ができたら口笛を吹きますから応えてやってください」と小声で伝えて店を出ていく。

店に残ったのはバーテンダーのニックとミニー、そしてジョンソンだけ。ジョンソンは、金塊を守るために残ったミニーの身を心配する。ミニーは自分が山の中腹の小屋にひとりで住んでいることや「学問もない、ただの娘だけれど、あなたの話がわかるようになりたい」と話す「二重唱　**ジョンソンさん一緒にここを守るために残ってくださったのね**」[11]。そして「家族にわずかなお金を送金するために命懸けで働く鉱夫たちが必死に集めた黄金を私は命懸けで守るわ」と語る。

盗賊たちの合図の口笛が聞こえる。ジョンソン

7　ミニー、俺は山の向こうの家を捨て Minnie, dalla mia casa son partito
8　ソレダードにいた幼い頃 Laggiù nel Soledad, ero piccina
9　俺を正してくれようというのは誰なんだ Chi c'è, per farmi i ricci
10　ジョンソンさんとやら、あんたは俺をイライラさせる Signor Johnson, infine voi m'avete seccato!
11　ジョンソンさん一緒にここを守るために残ってくださったのね Oh, signor Johnson, Siete rimeste

が「もう行かなければ」と言う。ミニーはそれを残念がり「よかったらあとで小屋までおしゃべりをしに来てね」と言い、彼も行くことを約束する。そして「君は天使のような顔をしている」と言って去って行く。ミニーは彼の言葉を反芻《はんすう》する「二重唱 **あの口笛は何かしら**[12]」。

【第2幕】

（第1場）1時間ほど後のミニーの小屋

ミニーの身の回りの世話をしている原住民インディアンの女ワークルが、子守唄を歌っている。ビリーが、ミニーに助言されて勇気を出してワークルに結婚を申し込む。

戻ってきたミニーがワークルに「今夜は二人前の食事を用意して」と頼み、ミニーはおしゃれを始める。

そこにジョンソンが現れる。ミニーは彼を歓迎し、ふたりは話し始める。そしてミニーが「本当は、あなたはミチェルトレーナのところに行く途中だったのでは」と尋ねる。彼はすぐに話題を変える。ミニーは、ここの自然に恵まれた暮らしと鉱夫たちに聖書を読んで聞かせる毎日のことを語る「**もしあなたが生きることが楽しいと知っていたら**[13]」。ふたりの距離はどんどん縮まって行く。

ワークルを家に帰したミニーは、ジョンソンの腕に飛び込む「二重唱 **せめてキスを**[14]」。そしてふたりは愛を語らうが、ジョンソンは自分が盗賊の頭目であることを思い出して、その場から立ち去ろうとする。

しかし、外は吹雪。彼は一夜をこの小屋で過ごすことになる「二重唱 **ミニー、なんて素敵な名前なんだ**[15]」。外から数発の銃声が聞こえるが、それを無視して、ふたりは熱く愛の言葉を交わす「二重唱 **誓うよ、君をひとりにはしない**[16]」。

ジョンソンが彼女のベッドで、ミニーはクマの毛皮に包まって眠ろうとすると、外からランスの声がする。ミニーはジョンソンをカーテンの後ろに隠れさせる。

ドアを開けるとランス、ニック、アシュビー、ソノーラが入って来る。そして彼らは「あのジョ

12 あの口笛は何かしら Ascoltate! Che sarà questo fischio?
13 もしあなたが生きることが楽しいと知っていたら Oh, se sapeste come il vivere è allegro!
14 せめてキスを Un bacio, un bacio solo!
15 ミニー、なんて素敵な名前なんだ Minnie, Che dolce nome!
16 誓うよ、君をひとりにはしない Ma, per l'anima mia

ンソンこそが盗賊のラメレスだったのだ」と彼女に告げ、ニーナ・ミチェルトレーナは彼の情婦だったと告げる「五重唱 [17]**無事だったんだね、心配したんだ**」。感情を隠したミニーは彼らに礼を言い、男たちは引き上げて行く。

ミニーはジョンソンを責める「二重唱 [18]**出ていらっしゃい**」。ジョンソンは、自分がラメレスであると認め、父が6か月前に亡くなった時に初めて家族を養うために継ぐべき家業が盗賊だと知った。そのあと君と出会って、君が僕の本性を知ることがありませんようにと願ったが無駄だった」とミニーへの愛は本物であることを語る「[19]**6か月前に父が死んで**」。

ミニーは「あなたが盗賊だとしても私が初めてキスした相手。あなたは私のものだと信じていたわ」と言って、彼を黙って出て行かせる。

（第2場）同じくミニーの小屋の中

外で数発の銃声がする。たまらなくなって扉を開けたミニーは、大怪我をしたジョンソンを見つける。彼女に迷惑を掛けないためにすぐにここから出て行くというジョンソンを彼女は押しとどめ、屋根裏部屋に匿《かくま》う「二重唱 [20]**扉を閉めてはダメだ**」。

ランスが小屋に入って来て、ジョンソンを捜す。見つけられずにランスが帰ろうとするときに屋根裏部屋からジョンソンの血がしたたり落ちて来る。「二重唱 [21]**俺はジャックではなく保安官としてここにいるんだ**」。

ミニーはランスに「あなたは賭博《とばく》師、彼は盗賊、私は酒場の女主人。みんな似たようなもの。さあ、ポーカーで勝負しましょう。あなたが勝ったら、私はあなたのもの。私が勝ったら彼のことを自由にしてちょうだい。それでどう」と持ち掛ける。

ランスとミニーのポーカーの勝負が始まる。

ランスの手札は、キングのスリーカード。彼は自分の勝利を確信する。そのときミニーが、具合が悪いと言い出す。ランスが慌てて飲み物を取りに行ったその隙《すき》にミニーはストッキングの間に隠

17　無事だったんだね、心配したんだ Sei salva! io tremo tutto
18　出ていらっしゃい。Fuori! Vieni fuori!
19　6か月前に父が死んで Or son sei mesi egli morì
20　扉を閉めてはダメだ Non chiudete la porta
21　俺はジャックではなく保安官としてここにいるんだ Non sono Jack, Sono lo sceriffo

しておいたカードと自分の持ち札を取り替える。そして「具合が悪くなったのは、あまりに嬉しいからよ」と言ってエースのスリーカードとワンペアのカードをテーブルに並べる。負けたランスは出て行く。ミニーが「彼は私のものよ」と叫ぶ「二重唱 **話をつけましょう**[22]」。

【第3幕】

1週間ほど後のカリフォルニアの森

バーテンダーのニックが、ミニーとの約束を守ってラメレス（ジョンソン）を追わなかったランスを「紳士的な振る舞いだった」と褒《ほ》め、慰めている「二重唱 **約束するよ保安官**[23]」。

遠くから騒ぎが聞こえる。アシュビーの部下と鉱夫たちがラメレスを捕まえたというのだ。ランスは快哉《かいさい》を叫ぶ「**ミニー、こんどはお前が涙する番だ**[24]」。ソノーラが現れて、ラメレスがもうすぐここに引き立てられて来ると言う。男たちは興奮して小躍りする「合唱 **ドーダー、ドーダー、ダイ**[25]（リトルネッロ）」。

ニックは、縄を準備するビリーに秘かに「出来るだけ縛《しば》り首を遅らせろ」と言い置いて、ミニーを呼びに走って行く。

ラメレスが連行されて来て、ランスに引き渡される。鉱夫たちは口々に彼を罵《ののし》り「仲間や郵便夫を殺したのもお前たち一味だ」と言うが、ラメレスは、「それは違う、俺たちは盗みはやるが、人殺しをしたことはない」と強く否定する。

鉱夫たちは、「お前は俺たちの大事なミニーを盗んで行ったんだ」と口々に叫ぶ。ラメレスは「殺されようと、自分で喉を掻《か》き切っても構わない。ただひとつだけ話させて欲しい」と言う。「早く縛り首にしろ」と興奮する鉱夫たちをソノーラが「話させてやれ」と抑える。

ラメレスは鉱夫たちに「ミニーに俺が殺されたことは伝えないでくれ。彼女には俺が自由の身になって、贖罪《しょくざい》の日々を過ごしていると信じていて欲しいんだ」と語る「**彼女には信じていて欲しい、俺が遠くで自由にしていると**[26]」。

そこにミニーが駆け込んで来る。彼女は縛り首

22 話をつけましょう Parliamoci fra noi
23 約束するよ保安官 Ve lo guiro, sceriffo
24 ミニー、こんどはお前が涙する番だ Minnie, ora piangi tu!
25 ドーダー、ドーダー、ダイ（リトルネッロ）Dooda, dooda, day!
26 彼女には信じていて欲しい、俺が遠くで自由にしていると Ch'ella mi creda libero e lontano

にされようとしているラメレスの脇に立ちはだかってピストルを構え「この人を殺して私も死ぬわ」と叫ぶ。ランスが「早く縛り首にしろ」と叫ぶ。しかし鉱夫たちはミニーの言葉に動けなくなる。

ミニーは鉱夫たちひとりひとりに向かって「私はみんなのために青春の日々を捧げて来たわ。あなた方の面倒をみて来たわね、覚えているでしょう。この人は、新天地で悔い改めて新たな人生を歩むつもりだったのよ。盗賊だった男は私の小屋で死んだのよ。償いの道が閉ざされている罪人はいないわ」と切実に訴え掛ける「**もうたくさんだなんて言った人はいなかったわ〜ジョー、あなたもそう望むでしょう**」[27]。

鉱夫たちは彼女の必死の説得に感動し、彼女の願いを聞いてやることにする。ソノーラが涙ながらに「あんたの言葉は神様の言葉と同じだ。そしてあんたはこの男を誰よりも愛している。彼はあんたのものだ。さあ行くがいい」と言い、鉱夫たちがラメレスを自由にする。ラメレスとミニーは鉱夫たちに感謝し、もうミニーと二度と会えないと別れを惜しむ鉱夫たちに見送られながら、去って行く「**さようなら、私の優しい土地、カリフォルニア、シエラ山脈の美しい山々、雪よ、さようなら**」[28]。

《聴きどころ》

このオペラの原作は《蝶々夫人》と同じ、イギリス系アメリカ人のデイヴィット・ベラスコ。そしてこのオペラの初演は、ニューヨークのメトロポリタン歌劇場。ラメレスを創唱したのはエンリコ・カルーソで、初演は大成功を収めた。このオペラで最も知られる第3幕のラメレス（ジョンソン）のアリア「**彼女には信じていてほしい**」[26]は、プッチーニがカルーソのために書き下ろしたアリアである。分厚

27　もうたくさんだなんて言った人はいなかったわ〜ジョー、あなたもそう望むでしょう
Non vi fu mai chi disse "Basta!" 〜 E anche tu lo vorrai, Joe

28　さようなら、私の優しい土地、カリフォルニア、シエラ山脈の美しい山々、雪よ、さようなら
Addio, mia dolce terra, addio mia California! Bei monti della Sierra, o nevi, addio!

いオーケストレーションを持ったこの西部劇は、張りのある強い声の歌手を揃《そろ》えて歌われ、スケールも大きいが、同時に大味なオペラという印象も残念ながら拭《ぬぐ》えない。

ミニー――素朴で逞《たくま》しい西部の女

鉱夫たちが集まる酒場の『ポルカ』を仕切るミニー（発音はミンニー）は、荒くれ男たち全員のマドンナで、（小娘という年齢ではない程度の）若い女性なのに、母親のような広い心で彼らを包み込む懐《ふところ》の深い女性である。素朴で、裏表がなく、そして愛した男を命がけで救うこのミニーの役は、出来れば単に馬力一辺倒で歌われたくはないのだが、プッチーニが、いわばマカロニ・ウェスタンであるこの西部劇を、骨太《ほねぶと》で、時には単純である男たちの視点から描こうとしたため、彼女が愛への憧れを語る第1幕「[8]**ソレダードにいた幼い頃**」も西部劇のおおらかさの方が前面に出て、彼女の繊細さが出るには至らないし、同じ幕でのジョンソンとの二重唱「[11]**ジョンソンさん。一緒にここを守るために**」から幕切れまでの彼女の発言も直截《ちょくさい》で、逞しく、恋の二重唱にしては甘さに欠ける。

彼女は、粗雑な男たちの中で彼らに好かれようとすることより、彼らに愛情を注いで生きているのであって、彼女は恋愛の駆け引きなどとは無縁に生きて来たのだ。第2幕の本来ならば一番ロマンティックな彼女の小屋での場面でも「[13]**もしあなたが生きることが楽しいと**」で、プッチーニは彼女にまるで草原を飛び回る「アルプスの少女ハイジ」のような歌を与えていて、彼女の素朴さと恋愛慣れしていない純真さを醸《かも》し出そうとしている。だが、彼女の登場場面は必ず男たちと対峙《たいじ》し、そして勝つ場面で締め括られているため、どうしても彼女は素朴な可愛らしさよりも逞しい男勝りの女として聴衆の印象に残ってしまうのである。

ジョンソン（ラメレス）——彼がこのオペラの主役

表題の西部の娘（ミニー）よりも、ジョンソンに聴きどころが多いのは初演で大スターのカルーソが歌うことが決まっていた影響が大きいだろう。以来、この役はコレッリ、デル・モナコ、ドミンゴらが歌って来た。特にドミンゴはこの役を大変好んで歌っている。このオペラは、テノールの輝かしい声を聴かせることが第一義のオペラで、そうした声を誇るテノールにとって、とても歌い甲斐があるのだ。音楽全体が彼にもっとも耳目が集まるように書かれている。聴いている側もスター・テノールの輝かしいアクートを聴ける箇所がいくつもあるのは楽しいのである。

第2幕で、ミニーに自分の素性を知られた時、彼は父親を半年前に亡くして、盗賊に身を落とした経緯を語り、彼女への想いは本物であると訴える「[19]**6か月前に父が死んで**」。第3幕のカルーソの声を聴かせるために書き加えられたアリア「[26]**彼女には俺が遠くで**」も、実に情熱的で、どちらも聴衆の心に直接訴えかける力のある曲である。これらはリリコ・スピント、ドランマーティコの声の魅力を十全に発揮させるために書かれている何とも格好の良いアリアだ。ただし、この歌を歌って様になるのは、リリコ・スピント以上の声であって、普通のリリコのテノールがコンサートで歌っても、あの劇的効果は生まれない。「重い声が歌ってなんぼ」のアリアなのである。

ランス——地味だが、欠くことのできない存在

保安官ランスは、このオペラの中で最も性格が細やかに書き込まれている。登場人物たちの中で独白が一番多いのがこのランスである。この元博打《ばくち》打ちの保安官が、金でミニーの気を引こうとする無粋《ぶすい》なだけの男ではなく、その裏に深い寂しさが隠されていることは、第1幕のアリア「[7]**ミニー、俺は山の向こうの家を捨て**」で歌われる。彼女との賭《か》けポーカーで負け、彼女との約束を守ってラメレスがどこに

いるかを誰にも言わない男気《おとこぎ》を示す、第3幕冒頭のニックとの二重唱「約束するよ保安官」[23]も、男の切なさを表すいいシーンである。

　ランス役は、西部劇の映画に出て来る、オーソン・ウェールズの存在感とまでは言わないが、単なる嫉妬《しっと》深い憎まれ役では終わって欲しくない。彼は、声の競演になりかねないミニーとジョンソン役に挟まれながら、セリフを明晰《めいせき》に喋《しゃべ》って、芝居を牽引《けんいん》していく役目を背負う。いまひとつ派手さがない、損な役回りではあるけれど、彼はこのオペラにとって欠くべからざる存在なのだ。

《つばめ》ジャコモ・プッチーニ

LA RONDINE *Giacomo Puccini*

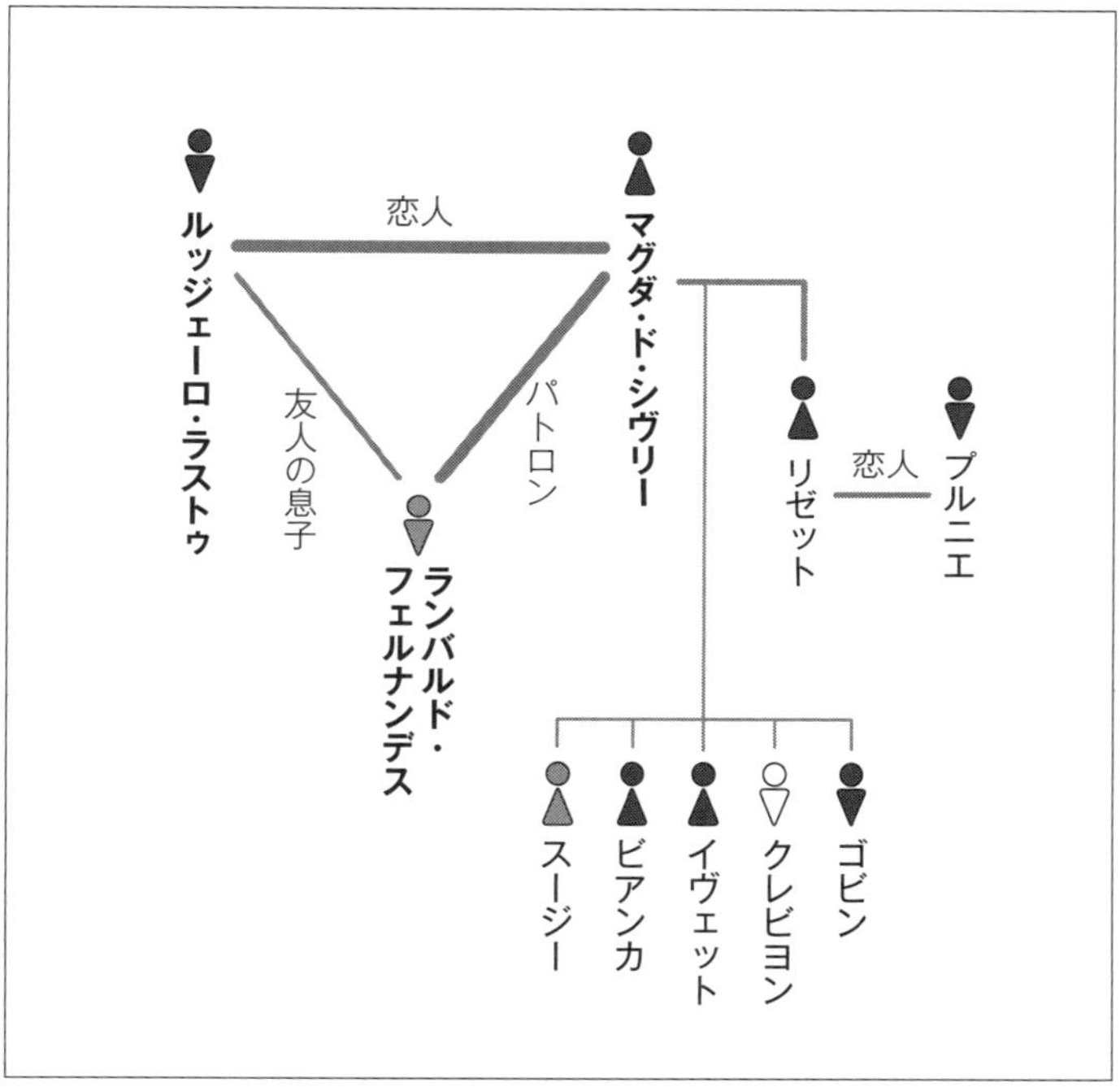

主な登場人物

マグダ・ド・シヴリー（S）
　パリの社交界の華
ランバルド・フェルナンデス（Br）
　パリの実業家
　マグダのパトロン
リゼット（S）
　マグダの小間使い
プルニエ（T）
　詩人　リゼットの恋人
ルッジェーロ・ラストゥ（T）
　ランバルドの友人の息子
ゴビン（T）
　マグダのサロンの客
クレビヨン（Bs／Br）
　マグダのサロンの客
イヴェット（S）マグダの友人
ビアンカ（S）マグダの友人
スージー（Ms）マグダの友人

3幕のオペラ（コンメディア・リリカ*）　*オペラ・コミック形式
Commedia lirica in tre atti
原作　アルフレート・マリーア・ヴィルナーとハインツ・ライヒェルトによるドイツ語の台本
台本　ジュゼッペ・アダミ
初演　1917年3月27日　モナコ、モンテカルロ歌劇場
演奏時間　1時間50分／第1幕45分、第2幕30分、第3幕35分

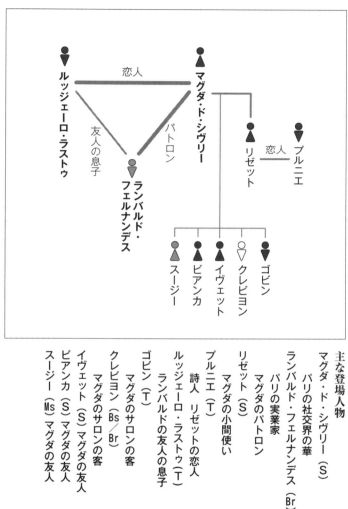

【第1幕】

マグダのサロン

第二帝政時代のパリ。幕が開くとそこはエレガントな装飾で整えられたマグダのサロン。そこにはパトロンのひとりであるランバルドをはじめ、多くの友人たちが集まっている。詩人プルニエが、最近流行のロマンティックな純愛について語る**「このエレガントな大都会で流行なのは**[1]**」**。

彼の恋人であるマグダの小間使いリゼットはそれを取り合わず、その場にいた他の女性たちも「そんなものは一時の流行に過ぎない」とバカにする。

しかしマグダだけは興味を示す。プルニエがピアノの前に座り、彼が「ドレッタ」という架空の女性を主人公にした作り掛けの詩を歌って聴かせる。それはドレッタに王様が言い寄るが、彼女がお金より愛が大切ですと答えて去って行くといった内容だが、プルニエは「まだ未完なのだ」と言って、その続きをマグダに託す。

マグダが同じメロディを継ぎ、お金もない学生の愛に応える情熱的な恋愛の話を即興で作って歌う**「誰**[2]**がドレッタの素敵な夢を当てられたでしょう**（ドレッタの夢）」。

皆はその詩を褒《ほ》め、プルニエは「誰の心にもロマンティックな純愛という名の悪魔が棲《す》んでいるものだ」と続ける。ランバルドはそれを鼻で笑い、マグダに高価な宝石をプレゼントする。彼女は「どんな豪華なものをいただいても、私の答えに変わりはありません」と言って、彼のものになることをやんわり拒否する。

そこにリゼットがランバルドに「旧友の息子だという若者があなたに会いに来ています。これが7回目です」と知らせるので、ランバルドが部屋を出て行く。

マグダを囲んで友人たちが「お金があるあなたの暮らしは幸せね」と口々に彼女を羨《うらや》ましがる。プルニエは一旦《いったん》席を外す。

「今の私の生活にはお金以外には何もないわ」とマグダは語り始め、昔、ただの町娘だった頃におばさんの家を抜け出して、学生やお針子仲間た

1　このエレガントな大都会で流行なのは Imperversa una moda nel gran mondo elegante

2　誰がドレッタの素敵な夢を当てられたでしょう（ドレッタの夢）
Chi bel sogno di Doletta potè indovinar?

ちとブリエの店に出かけた時の楽しい思い出を語る。そのときに遠くから聴こえていた歌が「お嬢さん、恋に堕《お》ちたのだね。気をつけて。あなたの心を守りなさい。その口づけや微笑みの代償をあなたは涙で支払うことになるよ」と言っていたのだと話す。

「その時に素敵な若者と知り合ったの。ふたり用の席に座って、ボーイに向かって彼は黒ビールをふたつ注文して20ソルディを渡し、釣り銭は要らないって言ったの。彼に名前を聞かれたので、お互いの名前を店のテーブルに並べて書いたわ。でも私は怖くなってその場から逃げ出してしまったの。私の耳にはずっとあの不思議な歌が聴こえていたの」と話して聞かせる。そして「あんなことがまた起きないかしら」と語る「[3]**甘く、楽しかった喧騒《けんそう》の中で**」。

戻って来たプルニエが手相を読むことが出来るというので、早速マグダが彼に手相を見てもらうことにする。詩人は彼女に、「神秘的な手相だ。あなたはツバメのように海を渡って飛んで行く。夢のような明るい、愛に満ちたところに」と予言する。「ただ、その末路には愛と不安が見える」とも語る「[4]**きっとツバメのように**」。

そこにランバルドが戻り、自身の父親からランバルドに宛てた手紙を携えた青年ルッジェーロが現れる。「パリは初めてだ」というルッジェーロは、パリへの憧れを歌う「[5]**パリ、憧れの街よ**」。その歌にマグダは魅了される。（※このロマンツァは1920年の改訂第2版でに加筆された。）

ランバルドが「ルッジェーロがパリの最初の夜を楽しく過ごすにはどこがいいか」とプルニエに聞く。プルニエが「ベッドに入るのが一番。わざわざ行くような特別な場所はありません」と言うと、リゼットが「とんでもない。パリは魅力的な街よ」と混ぜ返す「二重唱[6]**初めてのパリの夜ですか**」。女性たちが口々にいろいろな店の名前を提案し、結局ブリエの店に行くことになる。一同は出掛けて行く。プルニエは誘いを辞退する。

マグダは一度は残ると言ったものの、ツバメの予言を思い出して気が変わり、着替えに自室へと

3 甘く、楽しかった喧騒の中で Ore dolci e divine di lieta baraonda
4 きっとツバメのように Forse, come la rondine
5 パリ、憧れの街よ Parigi! è la città dei desideri
6 初めてのパリの夜ですか Prima serata a Parigi
7 愛しているよ。嘘ばっかり T'amo! Menti!
8 ごめんなさい、彼らから解放されるために Scusatemi. Ma fu per liberarmi di loro

向かう。

仕事が終わったリゼットが、恋人のプルニエと出掛けようとするが、プルニエに「その帽子は似合わないよ」と言われる。「これは女主人の一番いい帽子なのに」と言いながら、マグダの違う帽子とケープを無断で借用し、着飾って出掛けて行く「二重唱 [7]**愛しているよ。嘘《うそ》ばっかり**」。

地味な町娘の格好に着替えたマグダが現れ、鏡に我が身を映してこう呟《つぶや》く「誰も私だとわからないわ」。そしてひとり、ブリエに出掛けて行く。


【第2幕】

ブリエの店

若者たちが賑《にぎ》やかに飲んで騒いでいる。

ルッジェーロはひとりでテーブルにつく。彼は華やかなパリの夜の喧騒《けんそう》に圧倒され、気後れしている。そんな彼を女たちがからかう。

そこにマグダが清楚《せいそ》なお針子のような格好で現れる。学生たちが彼女に次々に声を掛ける。「待ち合わせなの」と言って断る彼女。学生たちは彼女をルッジェーロのテーブルに連れて行く。

マグダはルッジェーロに、「断る言い訳に、待ち合わせだと言ったらここに連れて来られてしまって」と詫《わ》びる「二重唱 [8]**ごめんなさい、彼らから解放されるために**」。

そして席を立とうとするマグダをルッジェーロが引き留めて「あなたはパリの他の女性たちと違って、内気で純粋なモントーバンの娘たちのようだ」と彼女を褒《ほ》める「[9]**内気でひとりの**」。

マグダは、「まるで昔の思い出とそっくり」と呟《つぶや》く「二重唱 [10]**逃亡とお祭り、一杯のビール**」。

名前を聞かれた彼女は、ポレットという偽名をテーブルに書き、ルッジェーロは自分の名前をそこに並べて書く。ふたりは恋を語らう「二重唱 [11]**何故私が誰か知りたいの**」。

リゼットとプルニエがそこに鉢合《はちあ》わせをする「二重唱 [12]**大変、ご主人様だわ**」。マグダは「知らんふりをして」とプルニエに頼み、プルニエは状況をすぐに飲み込んで、2組のカップルはそれぞれに恋を語る「四重唱 [13]**君の可愛らしい微笑みに**

9　内気でひとりの Cosi timida e sola
10　逃亡とお祭り、一杯のビール Una fuga, una festa, un po' di birra
11　何故私が誰か知りたいの Perchè mai cercate di saper
12　大変、ご主人様だわ Dio! Guardala! La padrona!
13　君の可愛らしい微笑みに乾杯 Bevo al tuo fresco sorriso
14　これはどういうことだ～無駄ですわ、私は残ります Che significa questo? ～ Inutile! Rimango

乾杯」。

そこにランバルドが現れるので、四人はそれぞれ慌てふためく。ルッジェーロとリゼットが隠れる。マグダが「私はここを動かないわ」と言う。プルニエがその場を取り繕《つくろ》おうとするが、ランバルドはこんな遅い時間にマグダが店にいることを見咎《とが》める。マグダは「私は愛に生きるの。あなたのものにはならないわ」と言い、ランバルドは「後悔しなければいいがな」と言い捨てて去って行く「二重唱[14] **これはどういうことだ〜無駄ですわ、私は残ります**」。

夜明け間近になり、客たちが帰って行く。残ったルッジェーロとマグダは、愛を誓い合う。マグダは「これこそが私の夢だったの」と語る「二重唱[15] **ポレット、みんな行ってしまった**」。

【第3幕】

コートダジュール

マグダとルッジェーロが住む、海岸を見下ろすマグダの別荘。ふたりは穏やかに暮らして幸せを謳歌《おうか》している「二重唱[16] **聞こえるかしら、海も静かに息づいて〜私達の愛を花の冠で**」。

ルッジェーロが、母親にお金の融通とマグダとの結婚を認めてほしいと手紙を書いたと聞いて彼女は驚く「[17]**念のために隠しておいたんだが**」。

彼女はまだ、自分の過去も本当の名前すらもルッジェーロに打ち明けていない。彼女を真剣に愛するルッジェーロは、美しい彼の故郷の風景をマグダに語り「僕の故郷に来て母に会ってほしい、そしてそこで僕たちの子供を作って育てよう」と彼女に語り掛ける「[18]**僕の家に一緒に来ると言っておくれ**」。そして彼は外出する。

マグダはとうとう自分の過去を彼に話す時が来たのだと覚悟するが、口を開く勇気がなかなか持てない。彼女は「[19]**何と言えばいいのかしら**」と呟《つぶや》きながら、家の中に入って行く。

入れ替わるようにリゼットとプルニエが、マグダを頼ってやって来る。プルニエはリゼットをニースのキャバレーで歌手にしようとしたが、彼女には歌の才能がなく、客たちに派手にブーイン

15 ポレット、みんな行ってしまった Paulette! I nostri amici son già partiti

16 聞こえるかしら、海も静かに息づいて〜私達の愛を花の冠で Senti?Anche il mare respire sommesso 〜 Oggi lascia che ancor il nostro amore inghirlandi!

17 念のために隠しておいたんだが Nascosto con ogni precauzione

18 僕の家に一緒に来ると言っておくれ Dimmi che vuoi seguirmi

19 何と言えばいいのかしら Che più dirgli?

グされ計画は失敗に終わった「二重唱 [20]**さあ臆《おく》さないで、来るんだ**」。

彼らの話し声に家の執事がやって来る。そしてマグダが現れる。リゼットは「もう一度小間使いとして雇ってほしい」とマグダに頼み、彼女はそれを承諾する。プルニエはパリの友人たちが「マグダに田舎暮らしは続かないだろう」と噂《うわさ》していることやパトロンだったランバルドが、彼女に戻ってくる気があるなら受け入れると言っていることを伝える「[21]**パリでは噂しています**」。マグダは「その気はないわ」と答える。

プルニエはリゼットに芝居がかった別れを告げるが、言ったそばから「ところで、今夜の仕事は何時に終わるんだい」と聞き、迎えに来る約束を取り付けて去って行く。リゼットは早速小間使いとして働き始める「[22]**何をいたしましょう**」。

そこに、母からの手紙を受け取ったルッジェーロが帰って来る。彼はマグダに母からの手紙を読んでほしいと言う。その手紙には「息子が選んだ純粋で可愛い女性を我が家の嫁として歓迎しましょう。あなた方に子供が生まれたらどんなに楽しいでしょうね。未来の花嫁に母からのキスを送ります」と書かれていた「二重唱 [23]**愛する人よ、母さんから**」。

マグダはその手紙を読んで、堪《たま》らず「私はあなたが思っているような女ではないの。他の男の愛人だったのよ」と告白し、自分と別れて欲しいとルッジェーロに言う「二重唱 [24]**愛人だった女はお母様の望むような花嫁にはなれないのよ**」。

その言葉に驚いたルッジェーロは「別れたくない」と言うが、彼女は「私はあなたのことを愛しているけれど、あなたの人生をダメにしたくない。だから別れて」と語る「二重唱 [25]**でもどうして僕を捨てられるんだ**」。

マグダは「私の魂はあなただけのものよ。お母さんが息子に語りかけるように話させてね。あなたが立ち直ったら、すべては思い出になるわ。あなたは、あなたの家に帰って。私は元の暮らしに戻ります。この苦しみが私のものだけでありますように」と言い残し、マグダは彼の人生から静か

20 さあ臆さないで、来るんだ Avanti, vile! vieni!
21 パリでは噂しています Se ne parla, a Parigi!
22 何をいたしましょう Mi dia da fare subito!
23 愛する人よ、母さんから Amore mio! mia madre!
24 愛人だった女はお母様の望むような花嫁にはなれないのよ Posso esser l'amante, non la sposa che tua madre vuole

に去って行く「私の魂は、あなただけのもの」[26]。

《聴きどころ》

プッチーニが、オペレッタを依頼されて作曲したのがこの作品。リリカ・コンメーディアとは、フランスのオペラ・コミック。つまりセリフと歌とで構成される演目のことで、物語は、ヴェルディの《ラ・トラヴィアータ》と、自身の《ラ・ボエーム》を混ぜ合わせたような内容。マグダという主演女優を囲む取り巻き連といった形の「プリマドンナありき」の作品である。

第1幕は《ラ・トラヴィアータ》の第1幕と設定はほぼ同じ。第2幕は《ラ・ボエーム》第2幕のカルチェラタンのカフェ・モミュスのシーンが、もう少し贅沢《ぜいたく》になったようなもの。マグダとルッジェーロが、ミミとロドルフォならば、マグダの小間使いリゼットと詩人のプルニエは、ムゼッタとマルチェッロである。この物語は終幕で、ルッジェーロにマグダが自分の本当の過去を告白し、彼の幸せを願って彼のもとを去って終る。

この第3幕はプッチーニ本人によって3回書き直されており、2回目に書かれた全曲スコアは第一次大戦で消失して現存しないが、現在のソンツォーニョ版ヴォーカル・スコアには、第3版(1920/21改訂第3版)の第3幕が、そのまま補遺《ほい》として掲載されている。

その内容は、コートダジュールの彼らの家に物売りたちがやって来るが、お金のないマグダは何も買えない(ルッジェーロが母親に結婚の承諾をもらおうとすることと、そこにリゼットとプルニエが現れるところは共通)。そこに直接ランバルドが現れる。彼は「君たちはもうとっくに別れたと思った」と言い「こんな苦しい暮らしが君の夢だったのか。これからのことを考えて、パリに戻って来たらどうだ」

25 でもどうして僕を捨てられるんだ Ma come puoi lasciarmii
26 私の魂は、あなただけのもの L'anima mi ache solo tu conosci

とマグダに勧める。マグダはそれを拒絶する。そこにルッジェーロが手紙を持って帰って来るが、その内容は初版のそれとは全く違う。それは「あなたが愛している女性は、ランバルドの愛人だった女だ」という第三者からの密告の手紙で、事実を初めて知った彼は激昂《げきこう》する。その上ランバルドが置いて行ったお金を見つけて、彼女に騙《だま》されていたと思い込んだルッジェーロは彼女に別れを告げて去って行く。残されたマグダは、リゼットに支えられながら「私にはもう何の希望もないわ。昔の暮らしに戻るだけのこと」と絶望して終わる。

多くの録音は初版によるものだが、ワシントン・オペラでマルタ・ドミンゴ（プラシド・ドミンゴ夫人）が演出した映像は、その両方をミックスしている。

プッチーニ自身が決定版を決められなかったことからわかるように、それまでの作品に使ったメロディを集めたような仕上がりの甘い第3幕が災いして、この作品はプッチーニのオペラの中でもさほど高い評価を受けていない。

マグダ――プーロ（純粋な）・リリコの役

この作品は、主演女優であるマグダがすべて、である。ウィーンのオペレッタの主役を思い浮かべていただきたい。見目麗《うるわ》しい歌手であることが絶対条件である。このオペラ（本来はオペレッタ）で唯一有名なのが、第1幕でマグダによって歌われる「**ドレッタの夢**[2]」。ロマンティックな夢を即興で歌うこの歌には、最高音のハイC（高いド）に向けてのみ、ささやかにクレッシェンドがつき、最高音にはフェルマータがついていてプッチーニが、「歌手は聴かせどころが欲しいでしょうから、まぁここはどうぞ」と言っているようである。だがその後はアリアの終わりまで*pp*（ピアニッシモ）と指示されたまま。ひたすら柔らかく歌うことが求められる。ここで彼女は少女時代に抱いていた夢を甘く語っているのだから、ハイCを金切り声で叫ばれたら万事休す。この作品の色彩感をすべて台無しにしてしまう。

この役は、プッチーニならばミミを得意とするような、柔らかでふくよかなプーロ（純粋な）・リリコのための役である。

プーロ・リリコとは、軽めのリリコ（リリコ・レッジェーロ）と劇的な表現のできる金属的な響きを持ったリリコ・スピントのちょうど中間の、いかにもリリコらしい抒情的《じょじょうてき》な表現に向いた柔らかな声という意味。だが、声にそれなりに比重があって、かつ柔らかさを失わないこのプーロ・リリコの声というのは実際にはなかなか存在しない。イタリアでこの声種を代表するのは、人並み外れて恵まれた声でスピント役までを掌中に収めたレナータ・テバルディやマリア・キアーラ、カーティア・リッチャレッリ、バルバラ・フリットリ、セレーナ・ファルノッキアらである。スコットやフレーニといった、レッジェーロの声を育てて、リリコのレパートリーまで持って行った声ではなく、元からリリコの音色を持った歌手たちの声を指す。昔から言われる「厚みのあるビロードのような」美しい音色を持つソプラノのことだ。柔らかな声は、無理をするとすぐにその声の色合いを失う。長く歌って行くためには、こうした声の持ち主は、そのレパートリー選択には慎重を期さねばならない。だからすぐに強い声の役に手を出してしまう今のご時世では、フリットリ、ファルノッキアのあと、イタリア人のプーロ・リリコがなかなか育って来ないのだ。

《外套《がいとう》》（三部作①）ジャコモ・プッチーニ

IL TABARRO (IL TRITTICO-1) Giacomo Puccini

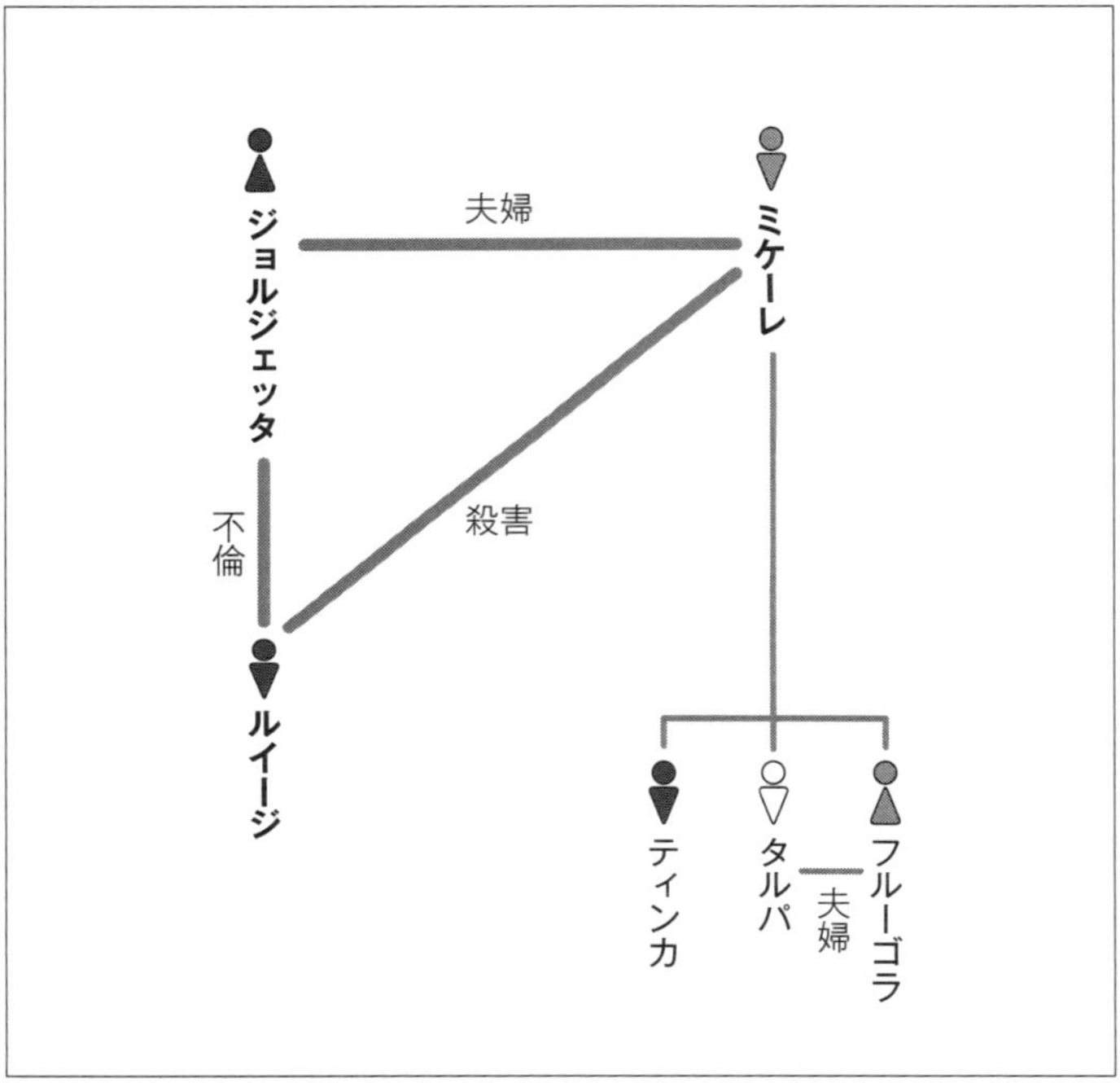

主な登場人物

ミケーレ（Br）
50歳 はしけ（荷物運搬船）の持ち主

ジョルジェッタ（S）
25歳 ミケーレの若い妻

ルイージ（T）
20歳 荷役夫 ジョルジェッタの浮気相手

ティンカ（T）
35歳 荷役夫（ティンカ＝コイ科の淡水魚）

タルパ（Bs）
55歳（タルパ＝もぐら）

フルーゴラ（Ms）
50歳 タルパの妻（フルーゴラ＝じっとしていない子供）

流しの歌手（T）

1幕のオペラ Opera in un atto
原作　ディディエ・ゴルドの戯曲「外套」
台本　ジュゼッペ・アダミ
初演　1918年12月14日　ニューヨーク、メトロポリタン歌劇場
演奏時間　55分

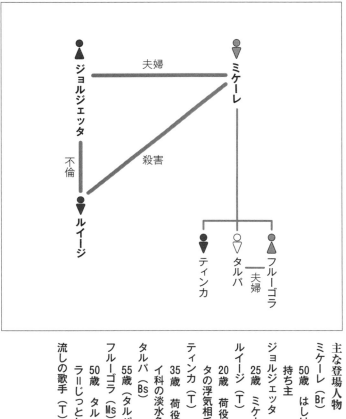

パリ・セーヌ川に停泊中の運搬船の上

19世紀初頭。そこは荷物を積み、セーヌ川をパリに向かって遡《さかのぼ》って来たミケーレの運搬船の甲板の上。初老のミケーレが感傷的な様子で、パリの夕日をじっと見つめている。それを彼の若い妻ジョルジェッタがからかう「**ミケーレ、よく飽きないわね**[1]」。

荷役夫のルイージ、ティンカ、タルパの三人の荷揚げ作業が、間もなく終わろうとしている。ミケーレが船倉に入っていく。ジョルジェッタは荷役夫たちに「一杯ワインを引っかけて、最後のひと踏ん張りとしたら」と酒を振る舞う「三重唱**もう一往復か。呑んでからやろう**[2]」。

そして岸辺から聴こえる手回しオルガンの調子外れな音に合わせ、最初はティンカが、そしてルイージがジョルジェッタと踊る。そこにミケーレが甲板に上がって来るので、彼らは慌てて仕事に戻る。

ジョルジェッタが機嫌の悪いミケーレに「来週出発する時にタルパとティンカは残るのかしら」と尋ねる。ルイージも残すと聞いてジョルジェッタは驚く「二重唱　**ねえ、どうかしたの**[3]」。

川岸では流しの歌手が、ミミの物語を歌っている「**春よ、夕暮れの恋人たちを探さないでおくれ**[4]」。

そこにタルパの妻がやって来る。彼女は街を歩いてはいろんなものを拾って来るので、フルーゴラ（じっとしていない子供）と呼ばれている。彼女はジョルジェッタに今日の戦利品をズタ袋から取り出して見せ、自分の飼っている猫がどんなに可愛いかを語る「**どんなに面白いものがあるかをあんたが知っていたなら**[5]」。

仕事の終わったタルパたちが戻って来る。ルイージは「生きるためのパンを得るために、腰を曲げて重い荷物を背負い続けるような人生では何も考えないのが一番さ」と自嘲《じちょう》的に語る「**俺たちの人生には何の価値もない**[6]」。

それに対してフルーゴラが「あたしの夢は田舎に小さな家と小さな野菜畑を持つことさ」と語る「**あたしの夢は小さな家と**[7]」。

1　ミケーレ、よく飽きないわね O Michele? Non sei stanco
2　もう一往復か。呑んでからやろう Eccola la Passata! Ragazzi, si beve!
3　ねえ、どうかしたの Dunque, che cosa credi?
4　春よ、夕暮れの恋人たちを探さないでおくれ Primavera, non cercare più due amanti
5　どんなに面白いものがあるかをあんたが知っていたなら Se tu sapessi gli ogetti strani
6　俺たちの人生には何の価値もない Per noi la vita non ha più valore

ジョルジェッタが「パリの空気を吸うとほっとするの」と言って、自分がパリ北東部のベルヴィルの出身だと語る。ルイージが自分も同じ土地の出身だと言う。ふたりは生まれ故郷を懐かしがる「二重唱[8] **ベルヴィル、私たちの魂、私たちのすべて**」。

酒好きのティンカが「呑みに行こう」とルイージを誘うが、ルイージは「船長に話がある」と言って船に残る。ティンカとタルパ夫婦が船から去って行く。

セーヌの川岸からは、恋人たちの語らいが聞こえている。ルイージとふたりになったジョルジェッタは「すぐに亭主が船倉から上がって来るわ」と彼に気をつけるように言う「二重唱[9] **ああルイージ、気をつけて**」。

ミケーレが船倉から上がって来る。ルイージは「ルーアンに着いたら、僕を船から降ろして欲しい」と言うが「あそこにろくな仕事はないぞ」とミケーレに言われて、その話を引っ込める「二重唱[10] **なんだまだ居たのか**」。明かりの準備をしにミケーレは船倉に降りていく。

残ったふたりが昨夜の密会での熱い抱擁を思い出す。「なぜルーアンで降りると言ったの」と尋ねるジョルジェッタにルイージは「君を他の男と共有するのなんて耐えられないからだ」と言い、ふたりは再び熱い抱擁を交わす。そしてジョルジェッタは「今夜も昨晩のように戻って来て。一時間後に亭主が寝たらマッチを擦って揺れる灯で合図するから」と約束する「二重唱[11] **ええ、マッチの火が灯ったら**」。ルイージは彼女への熱い想いを語りつつ一旦《いったん》船を降りて去って行く「[12]**君を僕だけのものにしたい**」。

甲板に戻って来たミケーレが「一緒に船室に降りて眠ろう」と言うが、ジョルジェッタには、彼の求愛に応える気は毛頭ない。「暑いからいやだ」と言う妻に「去年、俺たちの赤ん坊がいた頃は俺の外套に三人で包まれて、あんなに幸せだったのに」と、妻との関係の修復を願う「[13]**こんな夜だったな～俺のそばに居てくれ**」。

話を終わらせるために「眠いわ」と言ってジョ

7　あたしの夢は小さな家と Ho sognato una casetta
8　ベルヴィル、私たちの魂、私たちのすべて Belleville è il nostro suolo e il nostro mondo
9　ああルイージ、気をつけて O Luigi! Bada a te!
10　なんだまだ居たのか Come? non sei andato?
11　ええ、マッチの火が灯ったら Si, il fiammifero acceso!
12　君を僕だけのものにしたい Vorrei tenerti stretta come una cosa mia!

ルジェッタが船倉に入って行く。その後ろ姿を見送ったミケーレは「淫売女《いんばい》が」と呟《つぶや》く。

岸辺では恋人たちが別れを惜しんでいる。甲板でひとりになったミケーレは、妻の浮気の相手が誰なのだろうと考え「年の離れた俺のことをあいつは捨てるつもりなのだろう」と語る「[14]**何もない、静寂だ／滔々《とうとう》と流れる川よ**」（1921年作曲者による差し替え）。

ミケーレがパイプに火をつける。その揺れる火をジョルジェッタからの合図と勘違いしたルイージが船に戻って来て、ミケーレと鉢合《はちあ》わせする。ルイージは持っていたナイフをミケーレに向けるが、若造に勝ち目はない。ミケーレはルイージの首を絞め上げながら、彼が妻の不倫相手であることを確認する。ルイージが息絶える「二重唱　[15]**捕まえたぞ、声を立てるな**」。

ジョルジェッタがミケーレを呼ぶ声がする。ミケーレは、ルイージの亡骸《なきがら》を自分の外套の中に隠す。ジョルジェッタがやって来て、自分が夫を苦しめたことを後悔していると口にする「二重唱　[16]**ミケーレ、私怖いの**」。

「そばに行っていいかしら。そういえば、あなたは昔こう言ったわ。外套《がいとう》は喜びも苦しみも包み隠してくれるって」と言いながら擦《す》り寄るジョルジェッタを、ミケーレは「そうさ、そして犯罪も隠すのさ」と言いながら自分の着ている外套の中に招き入れる。そこからルイージの亡骸《なきがら》が倒れ落ちる。驚きと恐怖の叫びを上げるジョルジェッタの顔をミケーレは、死んだルイージの顔にこれでもかと押し付けるのだった「二重唱　[17]**もっと側に行ってもいいかしら**」。

《聴きどころ》

《三部作》とは、この作品と《修道女アンジェリカ》《ジャンニ・スキッキ》により構成され、初演時

13　こんな夜だったな～俺のそばに居てくれ Erano sere come queste ～ Resta vicino a me!
14　何もない、静寂だ Nulla! Silenzio!／滔々と流れる川よ Pur fiume eterno
15　捕まえたぞ、声を立てるな T'ho colto! Non gridare!
16　ミケーレ、私怖いの Michele! Ho paura
17　もっと側に行ってもいいかしら Non mi vuoi più vicina

からこの三作は一緒に上演されている。《道化師》と《カヴァレリア・ルスティカーナ》のように後年ダブル・ビル（二本立て）上演されるようになったものとは性格が違う。《三部作》の中でこの《外套》は、色合いが限りなく暗く、三つめの喜劇《ジャンニ・スキッキ》と好対照を成す。

ミケーレ――若い嫁をもらった中年男の悲哀

《三部作》では、女声ばかりの《修道女アンジェリカ》を除いた二作の主役がバリトンである。《ジャンニ・スキッキ》の主役が、ブッフォであるのに対して、こちらはドランマーティコの、深みのある落ち着いたバリトンの役。25歳年下の妻が若い男に惹《ひ》かれていることを感じている50歳の夫。彼の暗いエネルギーが外に発散するのは幕切れ寸前で、ルイージを絞め殺す瞬間と、妻の顔を死んだルイージの顔に押し付ける、その時だけで、あとは彼の苦悩はひたすら自身の中に沈殿し、澱《おり》のように積み重なって行くのみである。

ミケーレは、大人の男でなければ演じられない役である。当然のことながらこの役は輝かしい明るい声のバリトンには向かない。どちらかというとバスに近い音色の、渋い声のバリトンに歌ってもらいたい。贅沢《ぜいたく》を言うならば、がっしりとした大柄な歌手がいい。彼が広げる外套《がいとう》が、本当に何もかもを覆い尽くしてしまうようにあって欲しいからだ。

なお、幕切れ前のミケーレのモノローグは、類似したメロディながら、1921年にプッチーニ自身によって書き換えられている。リコルディ版のヴォーカル・スコアには、初演版も掲載されているが、後年差し替えられたモノローグで上演されることの方が多い。

ジョルジェッタ――アリアがないプリマ

パリ近郊で生まれ育ち、年の離れた男のもとに嫁ぎ、一年前に授かった赤ん坊を亡くしたジョルジェッタ。子供を亡くした彼女の悲しみを無骨《ぶこつ》なミケーレはうまく癒《いや》してやることが出来なかった。船の上という閉鎖空間で、すでに心の離れた夫と長い時間顔をつきあわせている日々の暮らしは、今の彼女にとって苦痛でしかない。この役は「語る」役である。夫との冷めた会話も、ルイージとの情熱的な愛の会話も、彼女の出番はどこまでも「会話」である。そして夫を捨てて出奔《しゅっぽん》する勇気もない彼女の煮え切らなさがこの物語をより陰鬱《いんうつ》にする。ミケーレとルイージの人生を狂わせて行くジョルジェッタは、スピントがかった、それも相当暗めの音色のソプラノによって歌われるのが良かろう。この役には女の情念が表現できるソプラノが求められている。

ルイージ ――鬱屈《うっくつ》した青年

弱冠20歳。親方の奥さんにのぼせあがる坊やだが、人生には早々と絶望している。彼の最初のアリア「**俺たちの人生には何の価値もない**」[6]にしても、ジョルジェッタへの暗い欲望にしても、我々がイメージする20歳よりも、彼はずっと大人であると考えた方が良かろう。

このオペラには彼以外に、流しの歌手、セーヌ川岸で恋を語らう恋人の片割れ、荷役夫の同僚でアル中気味のティンカという三人のテノールが登場する。その中で一番若いだろうに、性格的に一番暗いのがこのルイージである。ゆえに暗く、重い音色のテノールがこの役を歌う。ということは（だいたいにおいて、重めのテノールの声が熟成してくるには、それ相応の時間が掛かるものなので）、実際にはかなりのヴェテラン歌手がこの役を務めることが多い。そうしたテノールが、どこか幼稚さを残し、恋に盲目になる青年の若さをどこまで表現するかが腕の見せどころになる。もし彼がもっと大人で、荷役夫として鍛え上げられた肉体を持つ男盛りの年齢ならば、50歳のミケーレにああもやすやすと締め殺されたりはしないのだから。

フルーゴラ――脇役なのにアリア満載

ティンカの古女房、メゾ・ソプラノのフルーゴラには、アリアが続けざまにある。街で拾い集めてきた、彼女にとっては宝物のガラクタをジョルジェッタに自慢げに見せる時、その続きで自分の溺愛《できあい》する飼い猫の話をする時（ここで彼ら夫婦には子供がないことがわかる）、そして「亭主とふたりで、田舎に小さな家を買って小さな畑を耕して暮らすのが夢なのさ」と歌うように夢を語る部分である。何故彼女にばかり歌う場面があるのか。それは登場人物の中で彼女だけが自由だからだろう。彼女は現実に押し潰《つぶ》されることもなく、マイペースなキャラクターで、オリジナルな、彼女にしかわからない価値観の中で生きているのだ。ゴミ拾いが趣味のちょっとおかしな彼女を優しく慈しむタルパと、50半ばになって腰痛に苦しみながら肉体労働する夫を心配するこのフルーゴラという夫婦が登場することが、救いのないこの物語に、ほっこりとした温かさを与えているのだ。

《修道女アンジェリカ》（三部作②）ジャコモ・プッチーニ

SUOR ANGELICA (IL TRITTICO-2) Giacomo Puccini

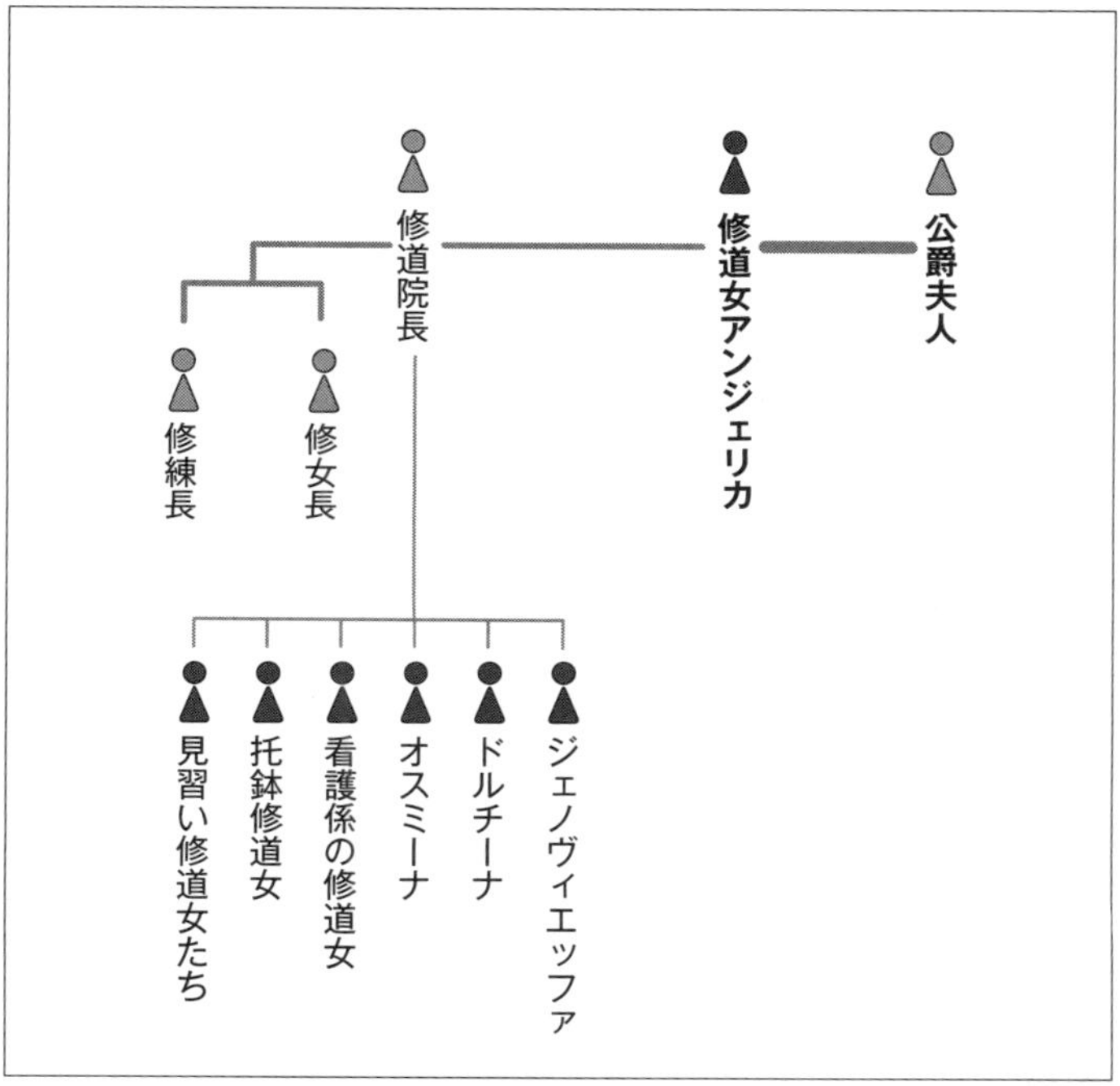

主な登場人物

修道女アンジェリカ（S）
　修道女
公爵夫人（C）
　アンジェリカの叔母
修道院長（Ms）
修女長（Ms）
　修道女たちのまとめ役
修練長（Ms）
　修道女見習い（修練女）の教育責任者
ジェノヴィエッファ（S）修道女
ドルチーナ（S）修道女
オスミーナ（S）修道女
看護係の修道女（S）
托鉢修道女、修道女、見習い修道女たち

1幕のオペラ Opera in un atto
原作　ジョヴァッキーノ・フォルツァーノ
台本　ジョヴァッキーノ・フォルツァーノ
初演　1918年12月14日　ニューヨーク、メトロポリタン歌劇場
演奏時間　53分*（*リコルディ版ヴォーカル・スコアに記載）

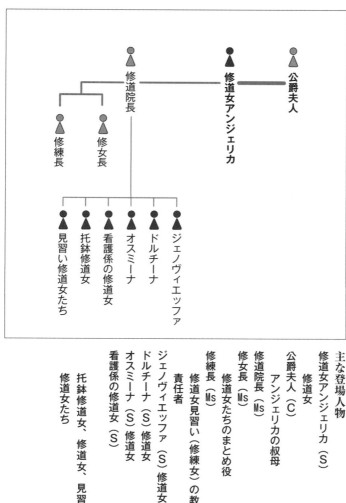

16世紀末、春の夕暮れの修道院

幕が開くとそこは夕べの祈りの時間の修道院の小さな中庭。礼拝堂の中からは修道女たちの祈りの声が聞こえている「合唱 **慈悲深きマリア様**[1]」。

お祈りが終わり、修道女と修練女たちが庭に出て来る。修練長と修女長は、遅刻をして来たふたりの修練女に罰として「20回大地に口づけをして、罪を犯した者たちのために祈りなさい」と言い渡す「**罪深き修練女たちよ**[2]」。ふたりの修練女は、素直にそれに従うと答える。

次に修女長と修練長は、祈禱《きとう》の最中に他の修道女を笑わせようとしたルチッラと、バラの花を隠し持っていたオスミーナに「自分の部屋に入って反省していなさい」と罰を言い渡す「**修道女ルチッラよ**[3]」。

そして修女長は修道女たちに、しばしの自由時間を与える「**さあ、喜びに満ちた姉妹たちよ**[4]」。

5月の夕刻に3日だけ、中庭の泉の水面が、夕日に照らされて金色に輝く日がある。その美しさをジェノヴィエッファが讃《たた》え、他の修道女たちもそれに同調して聖母マリアに感謝する「**修道女のみなさん、ご覧になって**[5]」。

ひとりの見習い修道女が修練長に「恵みとは何でしょう」と質問する。修練長は「それは神様の御慈悲の印です」と答え、この金色に輝く泉もそれに当たるのだと語る「**1年に3回の夕暮れ時だけ**[6]」。

修道女たちは、ちょうど1年前のこの頃に亡くなった修道女のことを思い出して物思いに耽《ふけ》る。ジェノヴィエッファが「この輝くお水を去年亡くなった修道女のビアンカ・ローザの墓前に供えてはいけませんか」と問う。修道女たちはそれに賛同するが、それに対してアンジェリカが「亡くなった方は既に聖母様が願いを叶えてくださっているものです」と答える。そして「死は、生より美しいものだ」と語る「**願望とは生きている者が持つものなのです**[7]」。

修練長が「修道女たるものはいかなる願いを掛けることも許されません」と語るので、皆は慌て

1 慈悲深きマリア様 Ave, Maria, piena di grazia
2 罪深き修練女たちよ Sorelle in umiltà
3 修道女ルチッラよ Suor Lucilla, il lavoro
4 さあ、喜びに満ちた姉妹たちよ Ed or sorelle in gioia
5 修道女のみなさん、ご覧になって O sorelle, io voglio rivelarvi
6 1年に3回の夕暮れ時だけ Per tre sere dell'anno solamente

て「私は願いなど持っていません」と口々に答える。

しかし、ジェノヴィエッファは「私は羊飼いでした。子羊を撫《な》でてやりたいのです」と語る「[8]**私は以前、羊飼いでした**」。

すると食いしん坊のドルチーナも「私にも願いがあります」と言う。周囲の修道女たちは「あなたのお願いは知っているわ。それは美味しいものが食べたいということでしょう」と彼女をからかう。

ジェノヴィエッファがアンジェリカに「あなたには願いはないの」と尋ねる。アンジェリカは「私は何も」と答えるが、他の修道女たちが「彼女は嘘《うそ》をついているわ。本当は家族の消息を知りたいのよ。彼女は修道院に来て7年、家族からは何の連絡もないの。彼女は貴族の出身なのよ」と小声で言い合う「合唱 [9]**神よ、彼女をお赦しください**」。

そこに看護修道女が駆け込んで来て「アンジェリカ助けてちょうだい。キアーラがバラの手入れをしていたら、突然たくさんの蜂が来て、彼女は顔を何カ所も刺されてしまって痛みに苦しんでいるの」と告げる「[10]**修道女キアーラが畑で**」。

薬草に詳しいアンジェリカは、急いで薬草の植えてある花壇に向かう。薬草を取って戻った彼女は看護修道女に「この薬は苦いけど、効き目がありますから。そして嘆くのは苦しみを増すだけだからとキアーラに伝えて」と言って薬草を手渡す「[11]**はい、これが薬草よ**」。看護修道女は礼を言って去る。

托鉢《たくはつ》に出掛けていた修道女たちが、ロバの引く荷車とともに戻って来て、寄進された食料品を下ろしながら、その品々を修道女たちに披露する「二重唱 [12]**賛美されるマリア様**」。

托鉢修道女のひとりが「そういえば修道院の前に立派な馬車が止まっていたけれど、どなたかお客様がいらしているのかしら」と尋ねる。

それを聞いたアンジェリカが動揺した様子で「その馬車にはどんな紋章が付いていましたか。馬車の中の装飾は」と問い詰めるように訊《き》くが、

7　願望とは生きている者が持つものなのです I desideri sono i fiori dei vivi
8　私は以前、羊飼いでした Mio, tu sai che prima d'ora
9　神よ、彼女をお赦しください Che Gesù la perdoni
10　修道女キアーラが畑で Suora Chiara là nell'orto
11　はい、これが薬草よ Ecco, questa è calenzòla
12　賛美されるマリア様 Laudata Maria!

托鉢修道女は「そこまで見ていないわ」と答える。「[13]**今夜はどなたか面会にいらしたのかしら**」。

面会室に誰かが来たらしい物音がする。アンジェリカはそれが自分であるようにと、必死に神に祈る。彼女をジェノヴィエッファが優しくなだめる「[14]**ああ、聖母様、どうか**」。

修道院長が現れる。そして修道女たちに立ち去るように指示した上で、興奮を隠せないアンジェリカに「あなたの叔母様がおいでになりました。あなたが話すどの言葉もマリア様が聞いていらっしゃることを忘れずに」と語る「[15]**叔母様の公爵夫人が面会に見えました**」。

アンジェリカが面会室にひとり入る。そこに彼女の亡き母の妹である公爵夫人が現れる。伯爵だったアンジェリカの両親は20年前に亡くなり、遺児たちと財産をこの厳格な叔母が管理して来たのだ。「二重唱　[16]**私は遺産分けをせねばならない**」。公爵夫人は、アンジェリカの年の離れた妹が結婚することになったことを伝える。その知らせにアンジェリカは喜ぶ「[17]**あの幼なかったアンナ・ヴィオーラが花嫁に**」。叔母はこの妹の結婚に際して、アンジェリカに遺産相続の権利を放棄する書類にサインさせるために修道院を訪れたのである。

権利を放棄すれば、お前の妹の結婚相手は、お前が7年前に私生児を生んだことを赦すと言ってくれている、と叔母が口にするので、すでに神に帰依《きえ》する身である自分を未だ許さない叔母の冷酷さに、アンジェリカは思わず「あなたがお母様の妹とは思えない」と言ってしまう。ふたりは言い争いになる。

落ち着きを取り戻した叔母はアンジェリカが家名を汚したことを「亡くなったお前の母もきっとまだ嘆いています。お前の人生に残された言葉は〈償い〉だけです」と語る「[18]**静かな瞑想《めいそう》の中で**」。

アンジェリカは「私はこれからもずっと神に帰依します」と言いつつも、7年前に産んだ息子の消息を教えて欲しいと叔母に懇願する「[19]**私は聖母様に全てを捧げました**」。

公爵夫人は一瞬の逡巡《しゅんじゅん》のち「あの子は2年前に伝染病に罹《かか》って死にました」と答える。残酷《ざんこく》な

13　今夜はどなたか面会にいらしたのかしら Chi è venuto stasera in parlatorio?
14　ああ、聖母様、どうか O Madre eletta
15　叔母様の公爵夫人が面会に見えました È venuta a trovarvi vostra zia Principessa
16　私は遺産分けをせねばならない Io dovevo dividerlo
17　あの幼なかったアンナ・ヴィオーラが花嫁に Sposa!? Sposa la piccola Anna Viola
18　静かな瞑想の中で Nel silenzio di quei raccoglimenti

現実を知ったアンジェリカが泣き崩れる。絶望の中アンジェリカが遺産放棄の書類にサインすると、公爵夫人は彼女に優しい言葉を掛けることもなく去って行く。

アンジェリカは、すでに天国に召されていた息子に「母の腕に抱かれることもなく、お前は死んでしまったのね」と詫《わ》びる「[20]**母もなく**」。

ジェノヴィエッファや修道女たちが、彼女が家族と面会出来たことを祝福しにやって来る。悲しみを隠してアンジェリカは、自分は幸せだと語り、彼女たちの思いやりに感謝する「[21]**天からの恵みが降りてきて**」。アンジェリカを残して修道女たちはそれぞれの部屋へと帰って行く。

アンジェリカは薬草園に行って毒を調合すると、修道院や修道女たちへ別れを告げながら、それを飲み干す「[22]**さようなら、善良な修道女の皆さん**」。

ふいに彼女は、自殺という行為が神に背く行為であることに思い至り、自分の犯した罪の深さに恐れ慄《おのの》く「[23]**ああ、なんということを**」。

アンジェリカが、神に一心不乱に祈り続けると、礼拝堂の扉が開き、聖母マリアと天使たち、そして亡くなった息子が彼女に微笑みかけているのが見える。息子が彼女のことを天国へと招き入れる「[24]**ああ、マリア様お救いください**」。

《聴きどころ》

プッチーニ《三部作》の2作目にあたるこのオペラは、出演者が全員女性である。かつ俗世間の人間は、アンジェリカの叔母である公爵夫人ただひとり。あとの登場人物は全員が修道院の中で生きるシスター、あるいはシスター見習いたち。小さな修道院の春の夕暮れ時の数時間の出来事を描いたこのオペラは、修道院の日常の穏やかなやり取り、突然訪ねてきた公爵夫人とアンジェリカとの緊迫したやり取

19　私は聖母様に全てを捧げました Tutto ho offerto alla Vergine
20　母もなく Senza mamma
21　天からの恵みが降りてきて La grazia è discesa dal cielo
22　さようなら、善良な修道女の皆さん Addio, buone sorelle
23　ああ、なんということを Ah son dannata!
24　ああ、マリア様お救いください O Madonna, salvami!

りとその会話が生んだ結果で構成されている。最愛の息子が病死していた事実に直面したアンジェリカは毒を呷《あお》り、神に仕える身として厳禁の自殺を図った罪の意識に強く苛《さいな》まれる。その彼女を聖母に導かれた息子が天に招き入れるという結末は、20世紀に入って書かれたオペラだからこそ許されたとも言えよう。

アンジェリカ——子供から引き離された母親

1幕もののこのオペラで独立して演奏会で歌えるアリアは「**母もなく**」[20]のただひとつだけ。彼女は、未婚の母となり裕福な貴族の実家の恥として修道院に入れられた娘という設定で、当然のことながら柔らかなリリコの声によって歌われる。このアリアも伴奏には *p*（ピアノ）、*pp*（ピアニッシモ）、果ては *ppp*（ピアニッシッシモ）と弱音記号が記されている。悲しみのあまりワンフレーズだけ音量が盛り上がるところがあっても、その音量はすぐに下がる。なぜならこれは彼女が修道院の中で声を殺して泣いている場面だからだ。アンジェリカ以外の登場人物は心情をほとんど吐露《とろ》することがない。彼女以外の女性たちが、淡々と日々を過ごして、まるでシルエットのように描かれることで、アンジェリカの揺れ動く心情だけにスポットが当たるのである。

公爵夫人——俗世界の価値観の代弁者であるコントラルトの大役

このオペラにひとり俗社会を持ち込む公爵夫人は、アンジェリカを出産後すぐに子供から引き離し、家名を汚した彼女を修道院に入れた張本人である。彼女の威厳と厳格さは、豊かな深々とした声で表現される。よってこの役は、女性ばかりの出演者の中でも別格の声が必要となる。メゾ、あるいはコントラルト役で美声を誇ったバルビエーリ、シミオナート、コッソット、そしてマリリン・ホーン、クリスタ・ルートヴィヒらがこの役に録音を残している。例外はスリオティスで、指揮者のバルトレッティが何故この一時期カラスの再来と騒がれたギリシャのソプラノに、人工的にコントラルトのような音色を作らせて公爵夫人を歌わせたのか。レコード会社の思惑もあったのかもしれないが、その後スリオティスがあっという間に声を失っていった原因の一端がここに透《す》けて見えなくもない。明らかに声に合わない役は、それがたった一回であっても絶対に手掛けるものではないのだ。

《ジャンニ・スキッキ》（三部作③）ジャコモ・プッチーニ

GIANNI SCHICCHI (IL TRITTICO-3) Giacomo Puccini

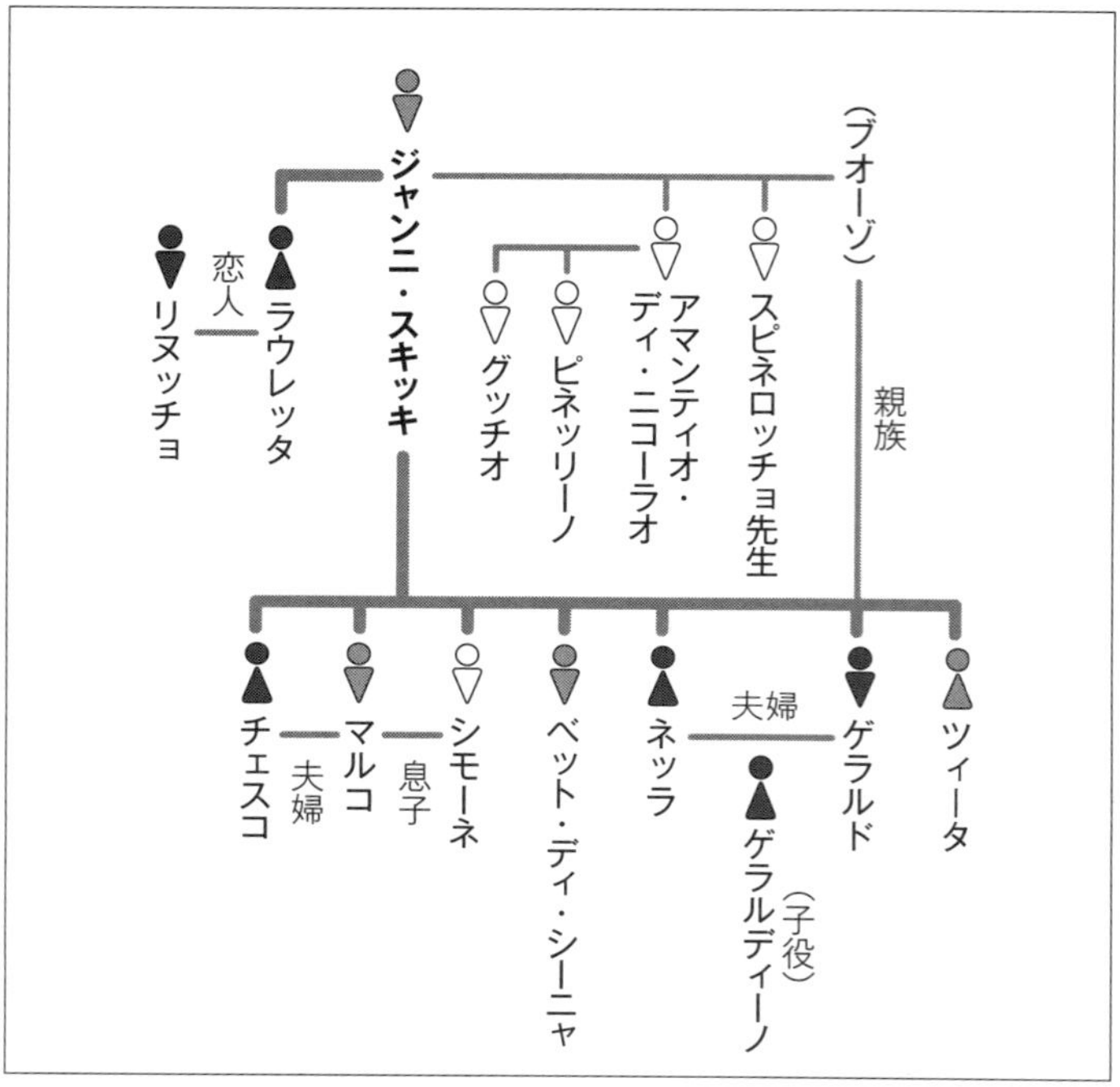

主な登場人物

ジャンニ・スキッキ（Br）50歳
ラウレッタ（S）21歳　その娘
ブオーゾ・ドナーティ（黙役）
　亡くなったフィレンツェの財産家
ツィータ（Ms）
　60歳　ブオーゾの従姉妹
リヌッチョ（T）
　24歳　ラウレッタと恋仲のツィータの甥
ゲラルド（T）40歳　ブオーゾの甥
ネッラ（S）34歳　ゲラルドの妻
ゲラルディーノ（S／子役）
　7歳　ゲラルドとネッラの息子
ベット・ディ・シーニャ
　年齢不詳　ブオーゾの義理の兄弟
シモーネ（Bs）
　70歳　ブオーゾの従兄弟
マルコ（Br）45歳　シモーネの息子
チェスコ（S）38歳　マルコの妻
スピネロッチョ先生（Bs）医者
アマンティオ・ディ・ニコーラオ（Bs）
　公証人
ピネッリーノ（Bs）靴屋
グッチオ（Bs）染物屋

1幕のオペラ Opera in un atto
原作　ダンテ・アリギエーリ「神曲」第1部地獄篇
台本　ジョヴァッキーノ・フォルツァーノ
初演　1918年12月14日　ニューヨーク、メトロポリタン歌劇場
演奏時間　55分

財産家ブオーゾ・ドナーティの寝室

１２９９年、フィレンツェ。財産家で独り者だったブオーゾ・ドナーティが、今さっき息を引き取った。親類たちが集まり口先では彼の死を嘆いているが、実は彼らは遺産相続が気になって集まっているのである「**かわいそうなブオーゾ**[1]」。

その中でも一番みすぼらしい格好をした、フィレンツェ近郊のシーニャに住むベットが、ブオーゾが生前、その全財産を修道院や聖レパラータの慈善事業に寄付したという噂《うわさ》を聞きつけて来るので、親族たちは不安になる「**噂話では**[2]」。

一族の中で最年長で、フチェッキオの村長を務めたこともあるシモーネに皆がどうしたものかと問い掛ける。彼が「その遺言書がまだ公証人の手元には渡らず、この家の中にあるかもしれん。捜せ」と言うので、全員が棚や抽出《ひきだ》しをひっくり返して書類を捜す「[3]**もし遺言書が公証人の手に渡っていれば**」。

よそ者で、ずる賢いと言われるジャンニ・スキッキの娘であるラウレッタに恋するリヌッチョは、何とか財産を得て、彼女にプロポーズしたいと思っている。その彼が遺言書を見つける。「早く見せなさい」と急かす叔母のツィータに彼は「これは僕が見つけたんだよ、叔母さん。これを渡す代わりにラウレッタとの結婚を許してよ」と言う「[4]**あったぞ、遺言書だ**」。遺産の内容が気になって仕方がないツィータは、それを了承する。そこでリヌッチョは、幼いゲラルディーノにジャンニ・スキッキとラウレッタを呼びに行かせる「[5]**ジャンニ・スキッキのところに走れ**」。

遺言書を開いてみれば、なるほど噂どおり、ブオーゾの全財産は修道院に寄付されることになっている。おこぼれを期待してここにやって来た親戚全員ががっかりする「[6]**噂は本当だった**」。

皆がシモーネに「何とか出来ないのか」と問う「[7]**何か方法はないの**」。リヌッチョが「ジャンニ・スキッキに相談しよう」と言うが、彼の悪い評判を聞いている親族たちは「あの男に頼むなんてとんでもない」と口を揃《そろ》える。

1　かわいそうなブオーゾ Povero Buoso!
2　噂話では Ci sono delle voci dei mezzi discorsi
3　もし遺言書が公証人の手に渡っていれば Se il testamento è in mano d'un notaio
4　あったぞ、遺言書だ Salvati! Il testamento di Buoso Donati!
5　ジャンニ・スキッキのところに走れ Corri da Gianni Schicchi
6　噂は本当だった Dunque era vero!

ツィータも「名門ドナーティ家の者が、何処の馬の骨ともわからぬ男の娘と結婚だなんて」と前言を撤回する。リヌッチョは「そんなのは杞憂《きゆう》だよ」と笑い、お気楽に「よそ者だが、悪巧みの得意な賢いジャンニ・スキッキが何とかしてくれるさ。フィレンツェはいつもよそ者の力を借りて発展して来たじゃないか」と歌う「[8]**フィレンツェは花咲く樹木のように**」。

そこに当のジャンニ・スキッキと、娘のラウレッタがやって来る。ジャンニはすぐに状況を理解する「[9]**この重苦しい雰囲気は**」。

「何の関係もない人間は出て行っておくれ。持参金もないような娘を一族の嫁にする気などない」と言うツィータに、ジャンニは怒って帰ろうとする「[10]**ブラーヴァ、婆さん**」。若いふたりは自分たちの結婚は遠のくばかりだと嘆く。

リヌッチョがジャンニに「力を貸してほしい」と再度頼むが、言下に却下される。

そこでラウレッタが甘えた声で父親に「この人と結婚したいの。そうでなければ私はアルノ川に身を投げるわ」と懇願する「[11]**私のいとしいお父様**」。ジャンニはその言葉に心を動かされたふりで、彼らに手を貸すことにする。

ジャンニは、娘をバルコニーに追いやった上で、男たちにブオーゾの遺体を他の部屋に隠すように命じ、女たちにベッドを整えさせる。

そこに医者のスピネロッチョが往診に現れるので、作業は中断。彼らは掛け布団を遺体に被《かぶ》せてまるでまだブオーゾが存命でベッドに横になっているように見せ掛ける。そして隠れたところからジャンニがブオーゾの声色で「とても具合がいいんですが、眠いので夕方また往診してくれませんか」と言って医者を追い返すことに成功する。

ジャンニが「公証人を呼んでくるように」と言う。そして彼は、自分がブオーゾになりすまして、親戚全員が遺産を相続できる新たな遺書を作るという計画を話す「[12]**公証人を呼んで来るんだ〜頭にナイトキャップを被り**」。

親族たちは遺産をもらえそうだと喜び、各々が自分が欲しい遺産の内容を好き勝手にジャンニに

7　何か方法はないの E non c'è nessun mezzo
8　フィレンツェは花咲く樹木のように Firenze è come un albero fiorito
9　この重苦しい雰囲気は Quale aspetto sgomento e desolato!
10　ブラーヴァ、婆さん Brava, vecchia!
11　私のいとしいお父様 O mio babbino caro

言う。

外から教会の弔いの鐘の音が聞こえるので、ブオーゾの死が知られたのかと、一同に緊張が走る。それが大金持ちの執事の死を告げるものとわかって、皆はホッとする。

ジャンニが着替えて準備をする間、それぞれが彼に袖の下を渡すことを約束して、少しでも遺産を多くもらおうと画策する「七重唱 [13]**坊やおやすみの時間よ**」。

ジャンニは「この小細工がバレれば、関わった全員が両方の手首を切られてフィレンツェから追放されるのだ」と彼らを脅すことも忘れない「[14]**さらば、フィレンツェ**」。

リヌッチョが公証人と、証人として靴屋と染物屋のふたりを連れて来る。ブオーゾのナイトキャップと寝巻きを着てベッドに横になったジャンニが、ブオーゾの声色で「自分の葬儀は簡素でいい。そして遺言書をもう一度作り直したい」と言って、財産分与を始める「[15]**現金は親戚たちに均等に**」。

些細《ささい》な財産が親戚たちに分配されて行くが、最も財産価値の高い、粉挽《こなひ》き小屋とラバ、そして屋敷の分与となった時、ジャンニは「これらを私の親友、ジャンニ・スキッキに遺す」と言う「[16]**300フィオリーニの価値のある粉挽き小屋は**」。

親戚たちは色めき立って抗議しようとするが、ジャンニが暗に「ここで不正が露見したら、お前らもみな同罪だ」と脅すので、誰も何も言えない。証人ふたりがその遺言書にサインし、公証人とともに帰って行く。

一同は一斉に「ジャンニに騙《だま》された」と騒いで家の中の金目の物を持ち出そうとするが、ジャンニに「この館は私の物だ、出て行け」と一喝されて、渋々去っていく「[17]**泥棒、詐欺師《さぎし》、裏切り者**」。

バルコニーでは若いふたりは愛を語り合っている「二重唱 [18]**僕のラウレッタ、ずっとここにこうしていよう**」。

それを見ながらジャンニが客席に向かってこう語り掛ける。「観客の皆様方。ブオーゾの遺産相

12　公証人を呼んで来るんだ〜頭にナイトキャップを被り Messer notaio, presto 〜 In testa la cappellina!

13　坊やおやすみの時間よ Fa presto, bambino

14　さらば、フィレンツェ Addio, Firenze!

15　現金は親戚たちに均等に I fiorini in contanti li lascio in parti eguali

16　300 フィオリーニの価値のある粉挽き小屋は Lascio la mula, quell ache costa trecento fiorini

続にこれ以上の良い結末がございましたでしょうか。私の行いは、地獄堕《お》ちが相当でございましょう。ですが、今夜もし、皆様方が愉しんでくださったのでしたら、偉大なダンテの許しを得まして、なにとぞ私に情状酌量《しゃくりょう》をお願い申し上げます」と口上を述べて、観客に深々と膝を折って挨拶《あいさつ》をしたところで幕が下りる。

《聴きどころ》

ジャンニ・スキッキ——喋《しゃべ》って喋って喋り倒す

最後が、完全なセリフで終わるからだけではない。《ジャンニ・スキッキ》は、オペラの名を借りた「会話劇」である。財産家の死に群らがって来る親戚の者たち。そこに登場する抜け目なく知恵の回るジャンニ・スキッキ。今でもどこにでも起こり得る話である。独立して演奏会で取り上げられるラウレッタの「[11]**私のいとしいお父様**」やリヌッチョの「[8]**フィレンツェは花咲く樹木のように**」も、独立したアリアではない。このプッチーニの「三部作」には、どこにも作品中に拍手をするタイミングはない。

重苦しい《外套》、亡くなった息子のあとを追う切ない母の心情を描いた《修道女アンジェリカ》に続く《三部作》の最後に、プッチーニは人間の本音がぶつかり合う会話劇を当てた。この作品が最後に来ることで、聴衆はそれまでの暗い気分から解放される。そして、それを強調するのが最後のジャンニ・スキッキの口上である。「これはあくまで芝居でございます。お楽しみいただけましたでしょうか」と語り掛けることで、それまでの舞台上での出来事はすべて、あくまで絵空事《えそらごと》に過ぎないことを聴衆に思い出させてくれるのだ。

17　泥棒、詐欺師、裏切り者 Ladro, furfante, traditore
18　僕のラウレッタ、ずっとここにこうしていよう La mia Lauretta、staremo sempre qui

このオペラに関しては、ジャンニ・スキッキ役にブッフォ・バリトンのセリフ回しの細やかな表現ができる歌手を充てることが第一。そして会話劇である以上、端役《はやく》に至るまでイタリア語が明晰《めいせき》に聞こえる歌手を集めることも鉄則である。たとえ聴衆がイタリア語を理解出来ないとしても、ディクションがきちんとしている歌手を揃《そろ》えることは譲れない。なぜならこの作品でプッチーニは、実に緻密《ちみつ》に言葉のアクセント、イタリア語の会話のリズムで音楽に起伏を与えているからだ。お経を丸覚えしたような歌手では、このオペラは成立しない。

主役級の数人を除けば、その他の役は舞台にはずっと乗っているが、実際にセリフを言うのは、ほんの数秒から数十秒。ここまで全員が出ずっぱりで、かつ演技をし続けるオペラはそう多くない。誰かのセリフの次が自分だ、という覚え方では、前の人がセリフを落としたらもうおしまい。出演者全員が終始一貫、一瞬として気を抜けないオペラなのだ。その緊張感が、観ている側のこの物語から一瞬たりとも目が離せないという思いと、いい意味で繋《つな》がるのである。

歌わせてもらえるのは、若いふたりだけ。ラウレッタの「**私のいとしいお父様**」[11]とリヌッチョのストルネッロ「**フィレンツェは花咲く樹木のように**」[8]、そして最後の二重唱「**僕のラウレッタ**」[18]。これはヴェルディの《ファルスタッフ》の若いふたり――ナンネッタとフェントンと共通する。この作品もあとはタイトルロールを含めた全員が、喋って喋って喋り倒すことが求められる。この《三部作》の楽譜はどれも、一度幕が開いたら、その終わりまで終止線が引かれていない。どの話も聴衆が生きる今、この時間と同じスピードで、時を刻んで行くのである。

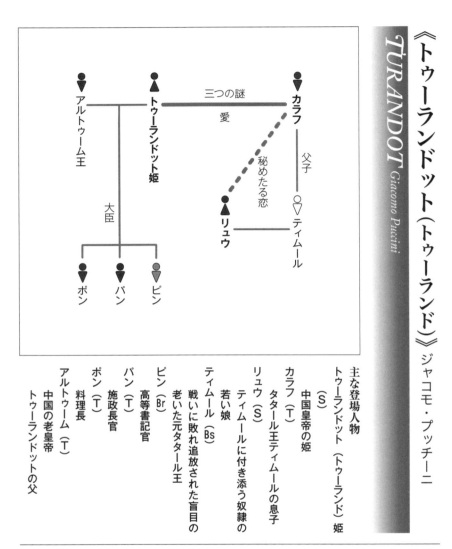

《トゥーランドット（トゥーランド）》ジャコモ・プッチーニ

TURANDOT Giacomo Puccini

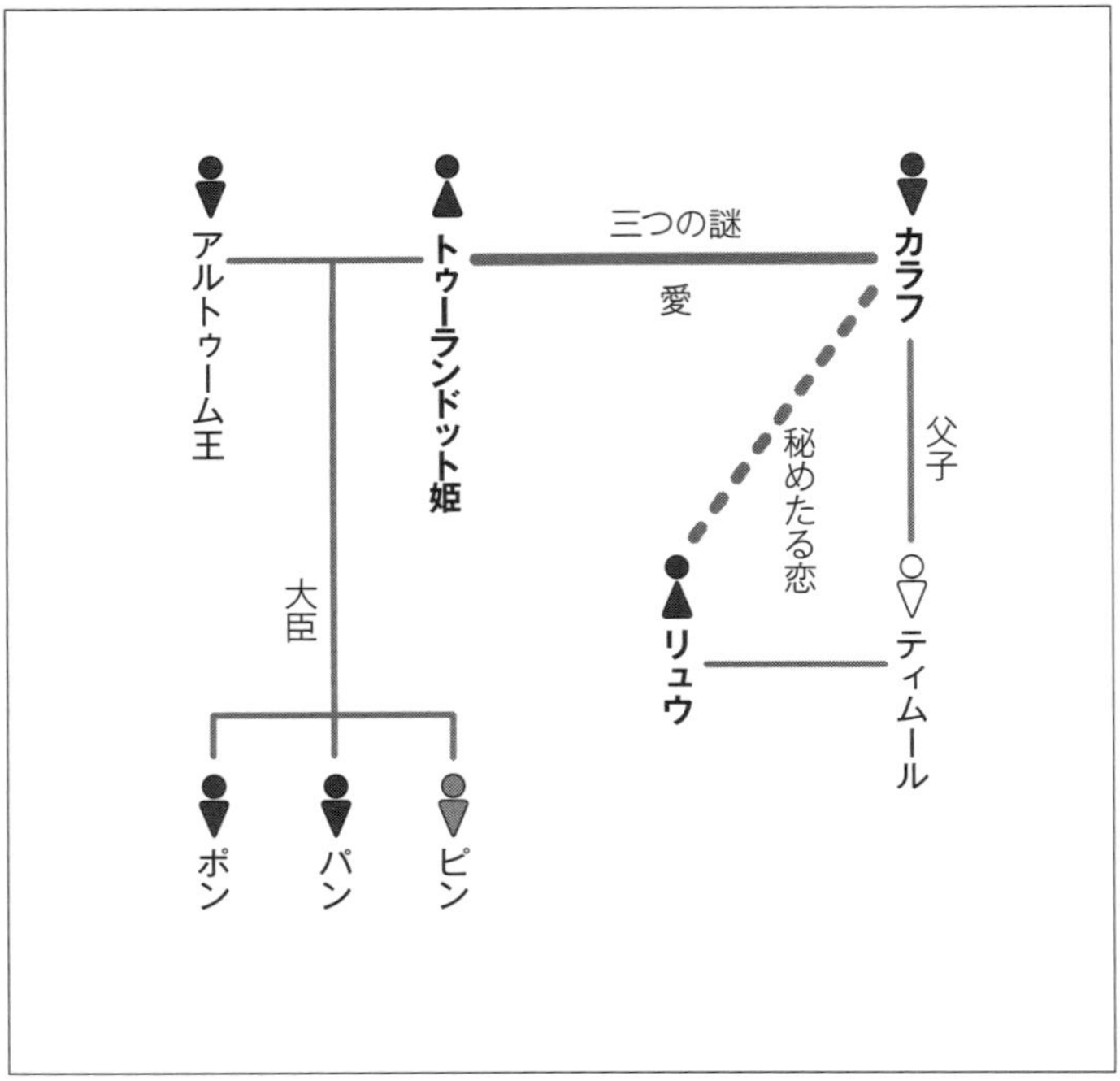

主な登場人物

トゥーランドット（トゥーランド）姫（S）　中国皇帝の姫

カラフ（T）　タタール王ティムールの息子

リュウ（S）　ティムールに付き添う奴隷の若い娘

ティムール（Bs）　戦いに敗れ追放された盲目の老いた元タタール王

ピン（Br）　高等書記官

パン（T）　施政長官

ポン（T）　料理長

アルトゥーム（T）　中国の老皇帝　トゥーランドットの父

3幕のオペラ（ドランマ・リリコ）Dramma lirico in tre atti

原作　カルロ・ゴッツィの寓話「トゥーランド」

台本　ジュゼッペ・アダミとレナート・シモーニ

初演　1926年4月26日　ミラノ、スカラ座（プッチーニ作曲部分のみの初演は25日）

演奏時間　2時間5分／第1幕35分、第2幕50分、第3幕40分

【第1幕】

（第1場）北京、皇帝城下の広場

ここは架空の時代の北京。役人が北京の民衆に「王家の血を引くトゥーランドット姫は、姫自身が出す3つの謎を解いたものの妻となるであろう。しかしその謎の解けなかった者は処刑される」と告げている。謎の解けなかったペルシャの王子が今夜処刑されることになり、興奮した民衆が押し寄せた広場はごったがえしている。

その人の波に押された盲目の老ティムールが転んでしまう。彼に付き添っていた奴隷のリュウが助けを呼ぶが、誰も振り向きもしない。そこに生き別れになっていたティムールの息子、カラフが現れ、三人は再会を喜ぶ「三重唱 [1]**父上、ついに再会出来ました**」。ティムールは国を追われた元タタール王で、彼らは命を狙われ、流浪の身となっているのである。リュウは王子だったカラフが以前王宮で彼女に微笑みかけてくれた時からカラフのことを慕い、ティムールを助けて行動を共にしているのであった。

ペルシャの王子が処刑場に引き立てられて行く。月が出て、青白い光に王子の姿が浮かび上がると民衆の興奮は頂点に達する「[2]**砥石《といし》を回すのだ**」。

その時月の光に照らし出された宮殿の長い回廊にトゥーランドット姫が姿を見せる。姫の幻想的な美しさに一瞬で魅了されたカラフが、花婿候補に名乗りを挙げると言い始める。父ティムールとリュウは必死に彼を止めるが、カラフは聞き入れない「三重唱 [3]**なんという美しさだろう**」。

ペルシャの王子が最後に姫の名を呼び、首を撥《は》ねられる。ティムールが「息子よ、ああなりたいのか」言うが、カラフは聞く耳を持たない。カラフが名乗りを挙げるための銅鑼《どら》を鳴らしに王宮に向かおうとする。それを役人のピン、パン、ポンたちが「王冠を頭に乗せているという以外は単なるひとりの女に過ぎない姫のために、命を無駄にするのはやめろ」とからかいながら止めようとする「四重唱 [4]**止まれ、何をする気だ、やめておけ**」。だが彼らの言葉もカラフの耳には入らない。彼ら

1　父上、ついに再会出来ました Padre, Mio padre! O padre, si ti ritrovo
2　砥石を回すのだ Gira la cote!
3　なんという美しさだろう O divina bellezza
4　止まれ、何をする気だ、やめておけ Fermo! che fai? T'arresta!

は呆《あき》れて去って行く。

リュウがカラフに縋《すが》り付いて「お父様のために、どうか思いとどまってください」と彼女自身へのカラフへの思慕の念も滲《にじ》ませながら哀願する「[5]**お聞きください**」。

しかしカラフはリュウに「父を頼む」と語り「[6]**泣くな、リュウ**」、嘆く父や彼を必死に止めるリュウを振り切って、姫への求愛の印の銅鑼《どら》を自らの名を名乗らぬままに打ち鳴らす「五重唱 [7]**ああ、最後にもう一度**」。


【第2幕】

（第1場）天幕の中

ピン、パン、ポンが、姫の掛ける謎を解けないためにどれだけ多くの王子たちが処刑されて行ったかを語り合う「三重唱 [8]**おい、パン。おい、ポン**」。姫の気まぐれに国中が振り回されている現状を嘆き、自分たちも故郷に帰りたいと愚痴《ぐち》を言い合う「三重唱 [9]**私はホーナンに家があり**」。そして姫の婿が無事に決まり、平穏な日々が戻ってくる日を夢見る「[10]**さらば愛よ、さらば民族よ**」。

（第2場）王宮内の大きな広場

群衆が広場に押し寄せてひしめき合っている。宮殿の役人達とともに8人の老賢者が現れる。彼らはそれぞれ3本ずつ巻物を手にしている。そこにはトゥーランドットの出す謎の答えが書いてある。群集が玉座に座る老皇帝アルトゥームを讃《たた》える「合唱 [11]**何万年ものお命を我らが皇帝に**」。

皇帝も名を隠したカラフに、姫を得ることを諦《あきら》めるよう言葉を変えて何度も諫言《かんげん》するが、カラフは「挑戦をあきらめない」と言い切る「二重唱 [12]**冷酷なる誓いが私に強いる**」。役人がこの挑戦の約束事を再度民衆に告知する「[13]**北京の民衆よ**」。

そしてトゥーランドット姫がとうとう姿を現す。「祖先であるロ・ウ・リン姫が穏やかに国を治めていたにもかかわらず、ダッタン王によって侵略されて連れ去られ非業の死を遂げた。私には彼女の血が流れており、お前たちのような異国の王子たちに復讐《ふくしゅう》するのです」と語る「[14]**この王宮の**

5　お聞きください Signore, ascolta
6　泣くな、リュウ Non piangere Liù
7　ああ、最後にもう一度 Ah, per l'ultima volta!
8　おい、パン。おい、ポン Olà,Pang! Olà, Pong!
9　私はホーナンに家があり Ho una casa nell'Honan
10　さらば愛よ、さらば民族よ Addio amore! addio, razza!

中で」。

そして、カラフに3つの謎をかける「[15]**異国の者よ、聞くがよい**」。

姫はまず「闇に舞う虹色の幻。人々の上に高く舞い上がるもの。それは皆が求めるが、暁とともに消え失せる。それは何か」と問う。カラフは「それは希望だ」と正解を導き出す。

姫は宮殿の階段の中程まで神経質になった足取りで下りて来て次の問いを投げ掛ける。「炎のように飛び跳ね、ときに狂おしいまでに熱くなる。人が死ねば冷たくなり、人の心の起伏に添う夕暮れの輝きを持つものは何か」。群集やリュウの声援を受けて、カラフは再び正解する「それは血です」。

イラついた姫は、とうとう王子の目の前まで下りて来て、最後の謎を掛ける。「お前に火をつける氷。その火はお前に、より冷たさを与える。純白で暗い。自由を望めば、より囚われ、お前が囚われを受け入れれば王となるものは何か」。

カラフは「それはトゥーランドットだ」と見事に答える。

その結果に民衆は熱狂する「合唱 [16]**勝利者に栄光を**」。

思わぬなりゆきに姫は皇帝に「私を見知らぬ異国の男の妻になどしないでください」と懇願するが、皇帝は「この誓いは聖なるものである」と言ってトゥーランドットにこの王子との結婚を命じる「二重唱 [17]**皇帝陛下、父上、嫌です**」。

カラフは、姫に「ならば姫、私からあなたにひとつだけ謎を出しましょう。あなたがこの謎を明日の夜明けまでに解けば、私は斬首刑《ざんしゅけい》に処せられましょう。私の名前をお答えください」と語る「[18]**あなたは3つの謎を私に出した**」。

その勇気ある言動を皇帝と民衆が称える「合唱 [19]**天が望まれる〜皇帝の足許にひれ伏しましょう**」。

【第3幕】

（第1場）宮廷の中庭

「トゥーランドット姫からのご命令である。異

11　何万年ものお命を我らが皇帝に Diecimila anni al nostro Imperatore!
12　冷酷なる誓いが私に強いる Un giuramento atroce mi costringe
13　北京の民衆よ Popolo di Pekino!
14　この王宮の中で In questa reggia
15　異国の者よ、聞くがよい Straniero, ascolta!
16　勝利者に栄光を Gloria, o vincitore

国の男の名前がわかるまで誰も寝てはならぬ。それを破った者は死罪に処す」と役人たちが町中に触れて歩いている「[20]**トゥーランドット姫のご命令である**」。

その声を聞いたカラフは、「誰も寝てはならぬ、か。私の秘密をあなたが知ることは出来まい。私の名前は、夜が明けたら勝利を得た私自身の口からあなたに告げることになるだろう」と語る「[21]**誰も寝てはならぬ**」。

ピン、パン、ポンたちがやって来て「あの姫は絶対にあなたの名前を見つけて、あなたを処刑します。夜が明ける前にお逃げなさい」と金銀財宝や美女たちをカラフに見せて勧めるが、彼は首を横に振る「四重唱 [22]**星を眺めていないでこちらをご覧ください**」。

そこにティムールとリュウが引き出されて来る。カラフは「この者たちは私の名を知らぬ」と言うが、殺気立った民衆たちもリュウたちを責め立てる。姫も姿を見せてカラフに「蒼《あお》ざめているわね」と勝ち誇ったように言い、ティムールを「この男の名前を言いなさい」と威圧する「[23]**異邦人よ、蒼ざめているわね**」。

リュウが姫の前に進み出て「私がこの方の名前を存じております」とティムールを庇《かば》う。官吏たちがリュウを絞め上げるが、彼女はカラフの名前を口にしない。姫が役人たちに一旦《いったん》リュウを離すように命じる。そして「お前をそこまで強くしているものは何なのだ」と訊《き》く。リュウは「それは秘めた大きな愛でございます」と答える「二重唱 [24]**離してやりなさい、話すのです**」。群衆は、リュウを拷問に掛けろと騒ぐ。

リュウはトゥーランドットに「お聞きください、お姫様。きっとあなた様の氷のような心も、あの方の情熱にほだされて、あの方のことを愛するようになるでしょう」と語る「[25]**氷のような姫君の心も**」。そしてそばにいた兵士から短剣を奪い取って、自分の胸を刺して息絶える。残されたティムールが嘆き悲しむ「[26]**リュウ、起きておくれ**」。宮廷の下僕たちに担がれたリュウの亡骸《なきがら》に付き添うようにティムールが、その場から離れる。

17 皇帝陛下、父上、嫌です Figlio del cielo! Padre augusto! No!
18 あなたは3つの謎を私に出した Tre enigma m'hai proposto
19 天が望まれる～皇帝の足許にひれ伏しましょう Il cielo voglia ～ Ai tuoi piedi ci prostriam
20 トゥーランドット姫のご命令である Così comanda Turandot
21 誰も寝てはならぬ Nessun dorma
22 星を眺めていないでこちらをご覧ください Tu che guardi le stelle, abbasa gli occhi

群集もリュウの純愛に打たれ、彼女の死を悼みながら去って行く。

（＊プッチーニの生前の作曲はここまで。ここから先はフランコ・アルファーノによる補完部分。）

カラフが、姫の冷酷さを責めて彼女を無理やり抱きしめて口づけする「二重唱[27] **死の姫よ**」。その時、姫が頑《かたく》なだった心を開き、涙を流す「[28]**初めて流す涙です**」。

彼女が自分のものだと確信したカラフは、自ら「私の命はあなたのものだ。私はティムールの息子カラフだ」と名乗り「さあこれであなたの勝ちです」と言う「二重唱[29] **私の秘密。そんなものはもうない**」。そして夜が明ける。

（第2場）朝日の昇った広場

皇帝を称える人々の声の中をトゥーランドットとカラフが皇帝の前へと進み出る。そして姫は父に「この方の名前がわかりました、それは『愛』です」と言い、カラフと抱き合う「[30]**偉大なる父君、この方の名前がわかりました**」。

人々は歓喜し、姫とカラフを祝福する「合唱[31] **太陽、生命、永遠**」。

《聴きどころ》

プッチーニ辞世の作品となった《トゥーランドット》。プッチーニが亡くなった時、作曲家と相談しながら進められていたリブレットもまだ完成には至っておらず、結果的にプッチーニの絶筆となった第3幕のリュウの死までで、音楽もストーリーも文字通り未完のままだった。その後トスカニーニの依頼によりフランコ・アルファーノがこの作品をまがりなりにも完結させたことで、《トゥーランドット》は現在に至るまで、世界中の歌劇場で頻繁《ひんぱん》に上演される演目となり得た（現在のヴォーカル・スコアには、アルファーノが作曲した部分は、短縮されたものが掲載されている）。このオペラのスカラ座で

23　異邦人よ、蒼ざめているわね Sei pallida straniero
24　離してやりなさい、話すのです Sia lasciata! Parla!
25　氷のような姫君の心も Tu che di gel sei cinta
26　リュウ、起きておくれ Liù! sorgi!
27　死の姫よ Principessa di morte!
28　初めて流す涙です Del primo pianto

の初演初日（1926年4月25日）、プッチーニと親交の深かったトスカニーニは、プッチーニの絶筆であるリュウの死とティムールが退場したところで指揮棒を置き「ここで作曲者は亡くなりました」と言って、プッチーニの死を悼んだ（アルファーノが作曲した部分を含む初演は翌26日）。

なおタイトル名は、本来は語尾のTは子音のみなので、従来イタリアでは《トゥーランド》と発音されていたが、最近では両方の発音が併用されているようだ（ただし歌詞としては基本的に「トゥーランド」と発音される）。

リュウ――プッチーニの思い入れがたっぷりの役

リュウが死を決意したアリア「**氷のような姫君の心も**[25]」と、リュウの死を悲しむティムールの声「リュウ、起きておくれ」の部分が、プッチーニの絶筆となった。リュウのキャラクターには、実生活上で猛妻エルヴィーラにプッチーニとの仲を誤解されて自殺した若い家政婦のドーリアが投影されているとも言われている。プッチーニはオペラの主人公の女性に、儚《はかな》く、健気《けなげ》なキャラクターを数多く描いて来たが、リュウはその代表格。ティムールに付き添う奴隷に過ぎない彼女には、優れたメロディのアリアがふたつも与えられている。

この役には温かみのある声が必須で、金属的な声、あるいは軽すぎる声には向かない。彼女はこのオペラの中で唯一、トゥーランドットに面と向かって楯《たて》突く人物なわけだが、しかしそれも「柔をもって剛を制す」である。物事を直截《ちょくさい》に言わず、自分の意向を相手に察してもらおうとする日本人の感覚にマッチした役とも言えようか。ただ、若い奴隷の娘だといって、か細い軽い声では、芯《しん》には強さを秘めたこのキャラクターを表現し切れない。だからそれなりの比重と色のあるリリコによって歌われるのが好ましいのだ。カラヤンが晩年リッチャレッリ（彼女は本来リューが持ち役）をタイトルロールに据えて

29　私の秘密。そんなものはもうない Il mio misetro? Non ne ho più!
30　偉大なる父君、この方の名前がわかりました Padre Augusto, conosco il nome dello straniero!
31　太陽、生命、永遠 O Sole! Vita! Eternita!

《トゥーランドット》を録音したとき、声の対比からレッジェーロのバーバラ・ヘンドリックスをリュウに充てた。か細く可憐な声のヘンドリックスのリュウはそれなりに新鮮でもあったが、ドラマとしてはどうなのだろう。そこにはプッチーニが描きたかったリュウの芯の強さが欠けていたと言わざるを得ないのだ。

トゥーランドット――本来はイタリアの声で

分厚いオーケストラを突き抜けるようなロシアや東欧系の馬力のあるソプラノ・ドラマーティコで歌われることが当然のようになったトゥーランドット。しかし、女剣士のように逞《たくま》しい姫に、何人もの王子が命をかけて求愛するだろうか。プッチーニはこのキャラクターに、いわば楊貴妃《ようきひ》のような美貌《びぼう》と気高さを求めていたのではなかろうか。ならば何故そういうソプラノによって歌われないのか。その理由のひとつにイタリア系にそうしたレパートリーを歌える歌手が払底《ふってい》していることがある。

イタリア人の声というのは基本的に柔らかい。この役はリュウに比べて、より密度の濃い、中身がぎゅっと詰まった、スピントがかった強い表現のできるソプラノに歌って欲しいのだが、そういう声は仕上がるのに時間が掛かる。現在では「我慢して声を育てて歌手になる」という感覚は本場イタリアでも薄れてしまい、歌手になるためにじっくり勉強を続けるという発想がなくなりかけている。劇場側もその場で即使えさえすれば、その歌手が数年でダメになろうと知ったことではないという姿勢なので、当然重めの声がなかなか育たない。どの声種でも本来はレッジェーロの比重しかない歌手が、重く吼《ほ》えて歌って、リリコやスピントのレパートリーをこなしているのが今の現実である。いきおい円熟して豊かな心情表現が出来るような年齢に達した頃には、歌手が声を無くしてとっくに引退しているパターンが多い。

イタリア系にそうしたレパートリーを歌える歌手が育たない中でこのオペラを上演するためには、イタリア人よりも筋力も体力も強いロシア、北欧、東欧系のソプラノに頼る他にない。いきおい、聴衆がこの役に対して抱くイメージが、ブルドーザーのようにエネルギッシュで、オーケストラを抑え込み、劇場を制するような大きく強い声に定着しつつあるのは残念としか言いようがない。

カラフ――誰も寝てはならぬ

プッチーニという作曲家は、どうも男声、とくにテノールに対して厳しい。オペラの主役は基本的に女声に振り分けられているし、どちらかというと男声（テノール）の役柄は、繊細なものが多い。彼のオペラの中でヒーローとして物語を生き切るのは、《トスカ》のカヴァラドッシぐらいだろうか。

このカラフという役も「**誰も寝てはならぬ**[21]」という聴きごたえのあるアリアは与えられているが、人物描写となると今ひとつ薄い。もちろん結末がプッチーニによって書かれていれば、もっと違った形で彼の人間性が描かれたのかもしれないのだが、現状では恋に盲目になり突っ走るだけの王子である。

こうしたケースでテノール歌手に求められるのは、ひたすら輝かしい声である。その上本来リリコ・レッジェーロのパヴァロッティが、このアリアを得意として最後のアクート（高音）のシの音をこれでもかと楽々と伸ばし、聴衆を熱狂させて来た。それからというものこの役を歌うテノールにとって、あのアクートを、これでもかと決められることが、作品本来の必要性以上に絶対的要素になってしまった。しかしこの役は、キャラクターから言ってリリコないしリリコ・スピントの役だろう。それをただ高音が出るだけという理由でリリコ・レッジェーロに持って行かれてしまっては、それはお気の毒としか言えない。

ところで、このオペラの第2幕での3つの謎解きの後半におけるカラフとトゥーランドットの対決の場面は、いわばスピント同士のテノールとソプラノの力くらべの様相を呈する。ここは歌手がその作りに乗せられて、声を酷使してしまう危険と背中合わせの場面である。かつ、プッチーニのオーケストレーションは分厚いので、舞台で歌っている歌手は自分の声がオーケストラを越えて客席に届いているのか不安を覚えるらしく、余分な（必要以上の）声を費やしてしまうことも多い。遠くに効率よく飛ぶイタリアの伝統的な発声で歌われさえすれば、その分厚いオーケストラの上を声はすり抜けて行くのである。それがイタリア・オペラにおける歌唱技術の本質だ。しかし歌手が余計な力を入れて頑張れば頑張るほど、声は歌手の体にまとわりついて離れなくなる。そうなれば声が舞台上に留まって客席に届かないばかりか、声帯に大きな負担が掛かる。カラフやトゥーランドットといった役は、そうした危険因子を大いに含んでいる役なのである。

ティムール――プッチーニのバス

ヴェルディに比べて、プッチーニは、ほとんどバスに重要な役を与えなかった。《トスカ》のアンジェロッティは幕開き後ほんの少しの出番だし、《マノン・レスコー》のジェロンテもキーパーソンではあるが音楽的にはそれほどでもない。聴きごたえのあるアリアが与えられているのは《ラ・ボエーム》のコッリーネくらいだろうか。そうした中にあって、このティムールは、独立したアリアこそないが、なかなかにやり甲斐のある役で、例えば往年のイヴォ・ヴィンコのような底光りする渋いバスが歌ってくれると、リュウの存在が俄然《がぜん》浮き立って来たものだ。この老父は今は流浪の身とはいえ、元は一国の王だった人物である。それを単なる弱々しく情けない老人にはしないでもらいたいものである。

ピン、パン、ポン――役人トリオ

この架空中国の北京の役人トリオにはそれぞれに職務が定められている。ピンは高等書記官、パンは施政長官、ポンは料理長。一見共通項のなさそうなこの3人は、美しく高慢なトゥーランドット姫の言動を苦々しく思い、自分たちも故郷に帰りたいと愚痴《ぐち》を言い合う。実は彼らがこの物語の中で常に客観的なストーリー・テラーの役割を果たしている。彼らの出番のほとんどに軽妙な中国風の音楽が付いているので、彼らは単なる賑《にぎ》やかしの存在と思われがちだが、さにあらず。彼らはこのオペラの中で最も常識的な感覚で、状況を醒《さめ》めた目で見つめている。このお伽噺《とぎばなし》の扇の要は、他でもない彼らなのである。

《カヴァレリア・ルスティカーナ》ピエトロ・マスカーニ

CAVALLERIA RUSTICANA *Pietro Mascagni*

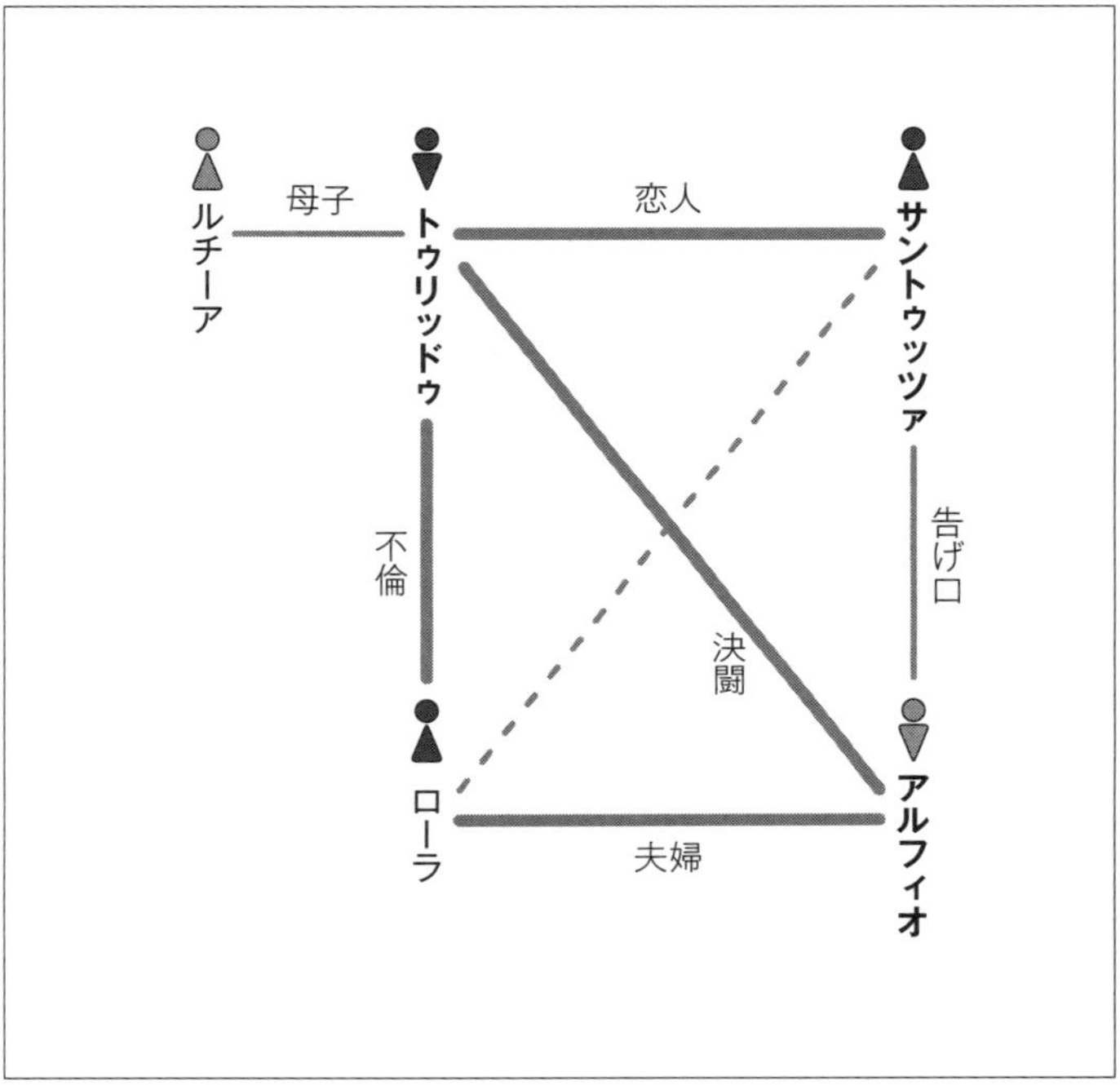

主な登場人物

サントゥッツァ（S／Ms）
　トゥリッドゥの婚約者
トゥリッドゥ（T）
　母の居酒屋を手伝うルチーアの息子
ローラ（S）
　アルフィオの妻
　トゥリッドゥの元恋人
ルチーア（C）
　居酒屋を営むトゥリッドゥの老いた母親
アルフィオ（Br）
　馬車屋　ローラの夫

1幕のオペラ（メロドランマ）Melodramma in un atto
原作　ジョヴァンニ・ヴェルガ「カヴァレリア・ルスティカーナ」
台本　ジョヴァンニ・タルジョーニ=トッツェッティ、グイード・メナーシ
初演　1890年5月17日　ローマ、コスタンツィ劇場
演奏時間　1時間5分

復活祭の朝、19世紀末のシチリアのとある村

遠くからトゥリッドゥが歌う大らかなシチリア方言による歌（シチリアーナ）が聴こえてくる「[1]**おお、ローラ、乳白色のネグリジェをまとい**」。それは夫アルフィオの留守の間に一夜を共にした昔の恋人、ローラの美しさを称える歌である。

朝の教会の鐘の音で幕が開く。教会へ向かう村人たちの歌が聴こえて来る「[2]**道沿いの木々からオレンジは香り**」。

トゥリッドゥの母親ルチーアは、教会前の広場で居酒屋を営んでいる。トゥリッドゥの婚約者であるサントゥッツァが、ルチーアのところにやって来てトゥリッドゥの居所を尋ねる。母親は「あの子はぶどう酒を仕入れに、近くの村に行っているよ」と答える。しかしサントゥッツァは「村人から真夜中に彼のことを見たと聞いた」と言う「[3]**ルチーア母さん、教えてください**」。

村人とともに裕福な馬車屋のアルフィオが広場にやって来て、貞淑な愛妻ローラがいつも家で自分を待っている喜びを歌う「[4]**馬は地面を蹴り**」。彼もまたルチーアに向かって「今朝、家の近くでトゥリッドゥを見掛けた」と話す。サントゥッツァがルチーアに、何も言わないようにと目配せをする「[5]**お幸せそうですね、アルフィオさん**」。

アルフィオが去って行く。人々が教会で祈る声が聞こえている。それに合わせてサントゥッツァも祈る「[6]**讃えよう、主は生きておられる**」。

ルチーアが、さっきの目配せの意味をサントゥッツァに尋ねると「実はトゥリッドゥが昔の恋人とよりを戻したのだ」とサントゥッツァは泣きながら訴える「[7]**ママも知るとおり**」。

サントゥッツァは、姿を現したトゥリッドゥの不実を責め、自分の元に帰ってきて欲しいと懇願するが、最後には言い争いになる「二重唱[8]**サントゥッツァ、俺を信じてくれ**」。

そこに陽気に流行歌を口ずさみながらローラが現れて、彼らと鉢合わせする「[9]**アイリスの花よ、空にはいっぱいの天使が**」。ローラは何事もなかったようにひと言ふた言、トゥリッドゥと言

1　おお、ローラ、乳白色のネグリジェをまとい O Lora c'hai di latti la cammisa
2　道沿いの木々からオレンジは香り Gli aranci olezzano sui verdi margin
3　ルチーア母さん、教えてください Dite, mamma Lucia
4　馬は地面を蹴り Il cavallo scalpita
5　お幸せそうですね、アルフィオさん Beato voi, compar Alfio
6　讃えよう、主は生きておられる Inneggiamo, il Signor non è morto

葉を交わし、教会の中へ入って行く。ローラとともに教会の中に入ろうとするトゥリッドゥをサントゥッツァが引き留めようとする。トゥリッドゥはサントゥッツァを煩《うるさ》がり、言い募る彼女を遮《さえぎ》って教会の中に消える「二重唱[10] **待って、行かないでトゥリッドゥ**」。

一人残されたサントゥッツァ。そこにアルフィオがミサにやって来る。彼女は激憤《がきふん》に駆られて彼の妻が自分の婚約者と浮気をしていることを告げてしまう「[11]**トゥリッドゥは私から名誉を奪い**」。アルフィオは逆上して復讐《ふくしゅう》を誓い、教会には入らずにその場から一旦《いったん》立ち去る「二重唱[12] **恥知らずたちを俺は許さない**」。

（間奏曲）

しばしば独立して演奏される、南イタリアの農村の穏やかな風景を思わせる間奏曲に続いて、ミサが終わり、村人たちが教会から出て来る。

トゥリッドゥは、夫がミサに来なかったことを訝《いぶか》しがって帰宅しようとするローラを引き留め、村人たちにも一杯やろうと勧めて陽気に歌う「[13]**グラスに輝く発泡酒に乾杯**」。

そこに現れたアルフィオは、トゥリッドゥが勧めるグラスを拒絶する。ただならぬ様子に不安を抱いたローラを他の女性たちがその場から遠ざける。

アルフィオの怒りの意味を察したトゥリッドゥは、彼に決闘を申し込む印に彼の右耳を噛む「[14]**俺が悪いのはわかっている**」。アルフィオは「菜園の裏で待っている」と告げて去る。

決闘に向かう前にトゥリッドゥは、老母に本当のことを言えぬまま、さりげなくサントゥッツァのことを頼み、別れを告げる「[15]**母さん、あのぶどう酒はしっかりした味だね**」。

息子の様子を訝しがる母ルチーアのところに取り返しがつかないことをしたと後悔するサントゥッツァが駆け寄る。その時、裏手から村人の叫びが聞こえる「トゥリッドゥが殺された」。

7　ママも知るとおり Voi lo sapete, o mamma
8　サントゥッツァ、俺を信じてくれ Santuzza, credimi
9　アイリスの花よ、空にはいっぱいの天使が Fior di giaggiolo
10　待って、行かないでトゥリッドゥ No, no Turiddu
11　トゥリッドゥは私から名誉を奪い Turiddu mi tolse l'onore
12　恥知らずたちを俺は許さない Infami loro, ad essi non perdono

《聴きどころ》

これぞ、ヴェリズモ・オペラ、というドロドロの愛憎劇である《カヴァッレリア（Cavalleria＝騎士道）・ルスティカーナ（rusticana＝田舎の）》は、シチリアの「名誉」を重んじる風習を強く感じさせる作品。「不貞は死に値する」という感覚は、今もシチリアでは残っており、この話は単なる昔話ではない。なお、このオペラは、よくレオンカヴァッロの《道化師》とダブル・ビル（二本立て）で上演されるが、このふたつの作品に特に共通性はなく、それぞれが他の作品と組み合わされて上演されることもある。

サントゥッツァ、ローラ、ルチーア——三人のシチリア女

サントゥッツァ役はメゾ・ソプラノによって歌われることが多いが、楽譜上では、ソプラノまたはメゾとなっている。メゾが歌うことが多いのは、この役の音域が全体に低めであること、特に聴かせどころのアリア「**ママも知るとおり**」[7]が、ト音記号の五線の範囲内に終始するため、ソプラノよりもメゾの方が歌いやすく、また豊かな響きを出すことが出来ることによる。また「魔性の女」で色気のある声のローラと、生真面目なサントゥッツァとの違いをはっきりとさせるためにメゾとソプラノという対比の方が生きる、という考え方もある。

ローラは勝手気儘《きまま》でクールに振る舞い、感情を露《あら》わにすることもない。そこが泣き喚《わめ》くサントゥッツァと好対照を成すところだ。クールに振る舞っていた彼女だが、いざ夫に浮気がバレたとなった時、彼女は顔面蒼白《そうはく》になって言葉も出ない。何故なら名誉を傷つけられた生粋《きっすい》のシチリア男であるアルフィオがその後自分を裏切った妻をどうするか、生きてはいられないことを彼女は直感するからである。この物語でローラの末路がどうなったのかは、ヴェルガの原作にも書かれていない。

13　グラスに輝く発泡酒に乾杯 Viva il vino spumeggiante
14　俺が悪いのはわかっている Lo so che il torto è mio
15　母さん、あのぶどう酒はしっかりした味だね Mamma, quel vino è generoso

母親のルチーアは、サントゥッツァよりももっと深く暗い音色を持つコントラルトと指定されている。アリアがあるわけではないが、この母親役には、そこにいるだけで舞台を制するような存在感と、息子の身ばかりを案ずる老いた母親の悲哀を表現する力が求められる。つまりヴェテランの歌手によって演じられるのが理想的である。これほど明るい声のメゾではどうにも太刀打ちできないことがはっきりしている役も珍しい。これはたとえサントゥッツァが、ソプラノによって歌われても同じである。この役は、このオペラの重心であり、南イタリアのどっしりと大きなお尻をした「おっかさん」を彷彿《ほうふつ》とさせる声が求められるのである。欧米の劇場では往年の、それこそサントゥッツァが当たり役だった大ベテランがこの役を務めて聴衆を喜ばすと同時に舞台をしっかり締めることもある。歴史ある歌劇場ならではの粋なキャスティングだ。

トゥリッドゥとアルフィオ――シチリア男の典型

トゥリッドゥに（冒頭で姿を見せずに歌う）シチリアーナを明るく輝かしい声で大らかに歌ってもらわねば、このオペラの幕は開かない。どこまでも天真爛漫《てんしんらんまん》にこの歌が歌われることで、その後に起こる悲劇との対比が作り出される。ここを生真面目に神経質そうに必死で歌うようなテノールでは困る。

このテノールには、幕切れ寸前に母に話しかけ、サントゥッツァのことを頼み「自分を祝福してくれ」と言って別れを告げる見せ場[15]「**母さん、あのぶどう酒はしっかりした味だね**」がある。ここは男性のアリアとしては珍しく、これでもかと泣きを入れてもいい、というよりも泣きを入れなければおかしいところだ。ヴェリズモ・オペラの中でもここまで泣きが入るテノールのアリアは珍しかろう。

本書ではヴェルディの項で「テノールは泣きが入ることは禁物」と一貫して述べてきたのだが、このヴェリズモ・オペラに至っては、正反対の歌唱が求められるわけだ。ヴェルディの晩年からヴェリズモの時代は、それほど年数の開きがあるわけでもないのに、時代は急速に変化し、価値観もガラリと変わった。それを体現しているのがトゥリッドゥという役だ。シチリアのカターニャ近郊出身で、存在がそのままトゥリッドゥともいえそうなジュゼッペ・ディ・ステーファノは、自然なシチリア方言でこの役を歌ってまさに当たり役としたが、しかし、やはりどうも彼のヴェルディとなると抑制が利かないというか、どこかピリッとせず居心地が今ひとつ良くないのである。

ところで、イタリア男のマンマ＝母親への精神的な依存度は、何歳になろうと相当大きい。これは日本人の想像の域をはるかに超えるものである。この役のテノールは、出来ることなら母親の胸で号泣したいのをやっと堪《た》えているぐらいの、やりすぎるぐらいの表現でちょうど良い。息子のそのただならぬ様子に、母は胸騒ぎを覚える。そして、それが現実のこととなるのだ。

恋敵となるアルフィオは、一見冷静沈着のようだがとんでもない。血の熱さと、なにより名誉を傷つけられたことへの怒りの凄さはシチリア男の典型だ。この役のバリトンに絶対的に必要なのは、怒りである。。村人に自分が「妻を寝取られた男」であると笑われる屈辱を思った時の怒りである。彼が特別直情径行型《ちょくじょうけいこう》なのではない。シチリアにおいては男の「名誉」は何物にも代えがたいのである。

今でこそ随分変わっただろうが、30年ほど前の午後、シチリアの観光客が来ないような地域では、カフェにも広場にも中年以上の男たちしかいなかった。若い女性どころか、井戸端会議に花を咲かせるおばちゃんたちの姿もなかったのである。ミラノやローマのカフェで楽しげにおしゃべりする、おしゃれな女性たちの姿を見慣れた身には、異様な光景だった。そして「これがシチリアなのか」と思った。女たちが外でコーヒーとお喋《しゃべ》りを愉しむなど顰蹙《ひんしゅく》を買うことだったのである。１９８０年代でもそうだったのだから、ましてやこのオペラが描かれた19世紀末に遡《さかのぼ》れば、妻が夫以外の男と口をきくことすら憚《はばか》られたことだろう。そんな時代の浮気の発覚である。これを許してはアルフィオのシチリアーノの沽券《こけん》に関わる。トゥリッドゥに申し開きの余地はどこにもない。彼は自分が殺されて当然だということを自覚した上で、決闘に臨み、アルフィオに刺殺されるのである。それにもし仮に、この決闘でトゥリッドゥが勝ったとしても、彼はこの先この村で生きていくことは許されなかったことだろう。シチリアの独特な閉鎖性を守って来た、彼らの掟《おきて》は厳しいのだ。

《イリス》ピエトロ・マスカーニ

IRIS Pietro Mascagni

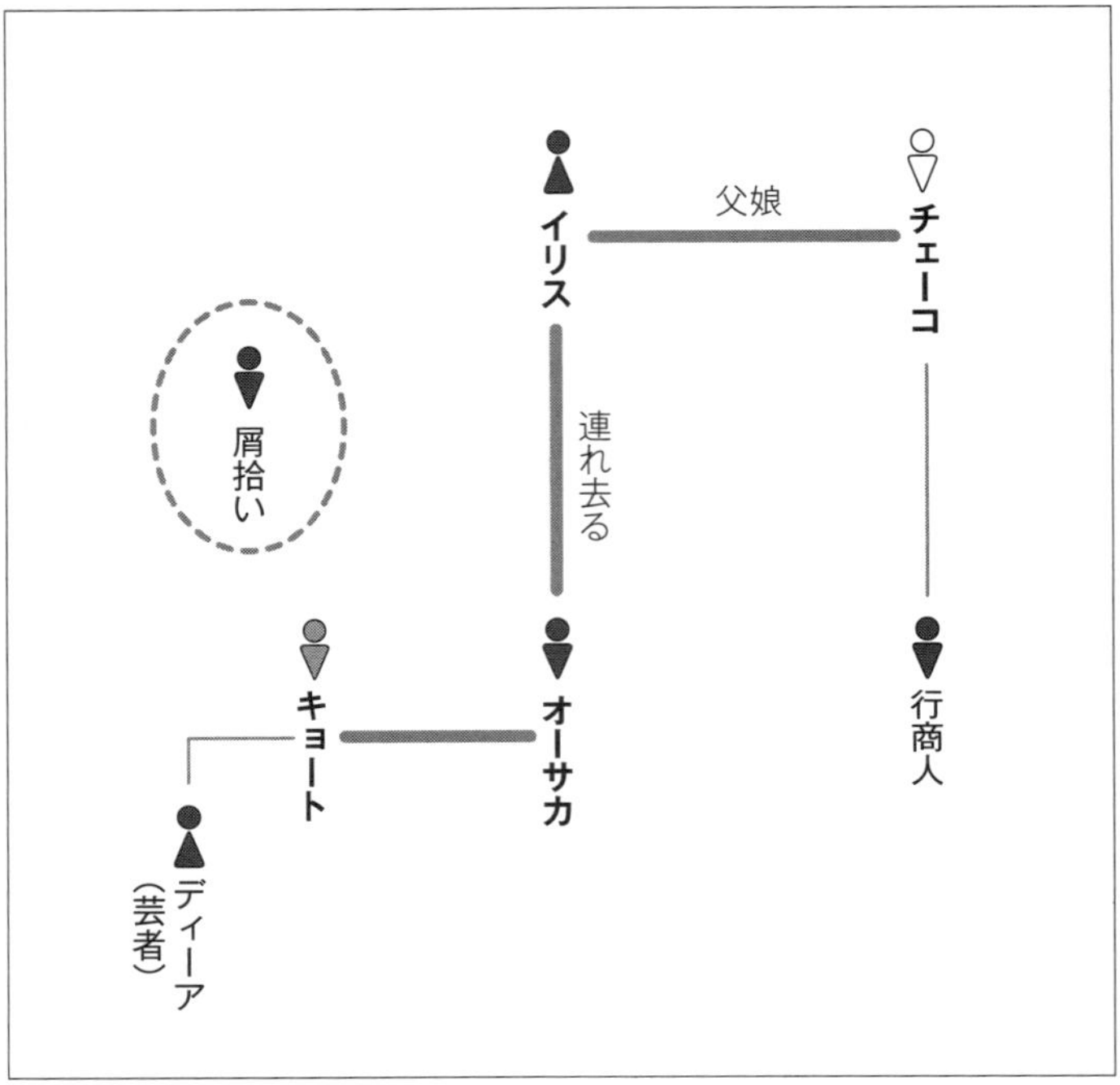

主な登場人物
イリス（S）
　純真な少女
チェーコ（Bs）
　目の見えないイリスの父
オーサカ／ヨール（T）
　金持ちの若旦那
キョート（Br）
　幇間《ほうかん》
行商人（T）
芸者／ディーア（S）
屑拾い（T）

3幕のオペラ（メロドラマ）Melodramma in tre atti
原作・台本　ルイージ・イッリカ
初演　1898年11月22日　ローマ、コンスタンツィ劇場
上演時間 2時間10分／第1幕50分、第2幕45分、第3幕35分

【第1幕】

イリスの家

「夜」と「夜明け」と題されたメロディをオーケストラが奏でる。そして太陽が昇る「合唱 [1]**それは私、私こそ生命、朽ちることのない美**（太陽賛歌）」。

　まだあどけなさの残る少女イリスが、つましい家の縁側に出て来て昨夜見た悪夢のことを語る「[2]**私はたくさんの化け物が出てくる恐ろしい夢を見たの**」。イリスは「夜が明けてそれが夢だとわかったの」と言って、お人形に「お日様にご挨拶《あいさつ》を」と言う。その様子を盲目の父が「誰と話しているのだ」と尋ねる。イリスは「お日様と話をしているの」と答えて、家の中に入って行く。

　その様子を竹やぶに隠れて金持ちの息子オーサカと幇間《ほうかん》のキョートが見ている。オーサカは美しいイリスに目をつけていて、幇間のキョートは彼のために彼女を連れ去る算段をしているのだ。

　キョートはオーサカに「ひと芝居打つのに、あなたのいろいろな声色が出来る声が必要です」と言う「二重唱 [3]**ただ、私がやる芝居にはあなたの声が必要なのです**」。

　オーサカは「女の子の声だろうが、小鳥のさえずりだろうがお手のものだ」と言って、ふたりはイリスを誘拐する手はずを整えるために一度その場を去る。

　イリスと父のチェーコが、再び縁側に現れる。日向ぼっこがしたいと言う父をイリスはひだまりに座らせる。父は彼女に数珠《じゅず》を持って来させて祈り始める。

　近くの小川に娘たちが洗濯にやって来る「合唱 [4]**水は澄んで、温かい**」。

　イリスは庭の花の手入れをしながら花たちに語り掛け、父は、神に視力は無くしたが愛しい娘イリスを与えてくれたことを感謝する「二重唱 [5]**きれいな滴《しずく》が、楽しげにキラキラと生命になる**」。

　遠くから三味線や鳴り物の音が近づいて来る。イリスや娘たちは驚いてそちらに目をやる。「誰がやって来るのだ」と尋ねる父にイリスは「喜劇役者や芸者さんたち、人形芝居の一座がやって来

1　それは私、私こそ生命、朽ちることのない美（太陽賛歌） Son Io! Son Io la Vita! Son la Beltà infinita
2　私はたくさんの化け物が出てくる恐ろしい夢を見たの Ho fatto un triste sogno pauroso, un sogno tutto pieno di draghi
3　ただ、私がやる芝居にはあなたの声が必要なのです Soltanto, ho d'uopo di tua voce alla trama ch'io medito
4　水は澄んで、温かい L'acqua è limpida e tiepida

るわ」と答える。チェーコは、イリスに自分から離れないように言い聞かせる。オーサカとキョートがその一座を引き連れて近づいて来る。洗濯に来ていた娘たちも興奮して集まる。生垣のところでイリスも芸人たちに見入る。

そこでキョートが「私は人形劇一座の座長、団十郎でございます」と口上を述べ、娘たちに言葉巧みに話し掛けながらイリスの庭の前に人形劇の舞台を設営する。

娘たちが舞台の前に座り込む。舞台の幕が開くと芸者がディーア役になって、天涯孤独《てんがいこどく》のかわいそうな身の上を語る。イリスも娘たちもその世界に引きこまれて行く「**なんてかわいそうな私。いつもひとりで、何も私を慰めてなどくれないわ**[6]」。

キョートが年寄りの声色で、ディーアの粗暴な父親を演じて、ディーアを売り飛ばすと言う。そこにオーサカが優しい太陽の息子ヨールの声で、ディーアに「お前の心を私の光に開き、希望を持つのだ」と優しく語りかける「**君の窓をお開け、私はヨール**[7]」。

イリスが吸い寄せられるように、生垣を出て舞台の近くにやって来る。彼女は芝居に夢中になる「二重唱 **悲しい青春の夢が色褪《あ》せて消えて行く**[8]」。キョートは芸者たちに、芝居が終わったらさりげなくイリスを囲むように小声で指示する。

人形劇ではヨールとディーアが天へと昇って行く。ヨールの声に合わせて、踊り子たちが人形を取り囲んで踊り始める。そして皆が踊り子たちに気を取られている間に、忘我の境地にあったイリスは、三人の芸者たちに取り囲まれ連れ去られる。

キョートが芝居の終わりを告げ、芝居見物をしていた娘たちも去って行く。キョートはわざと手紙といくらかのお金をイリスの父宛てに庭先に置く。そして、「うまく行った」と言い合いながらオーサカとふたりで去って行く。

チェーコは、「ろくでもない芝居だったな」とイリスに話しかけるが、返事がない。父はイリスの名を呼び続ける「**この芝居はろくでもない〜お前は優しいから、どんな涙にも心を揺すぶられるのだ**[9]」。娘の名を呼び半狂乱になって泣き叫ぶ老

5 きれいな滴が、楽しげにキラキラと生命になる In pure stille, gaie scintilla scende la vita!
6 なんてかわいそうな私。いつもひとりで、何も私を慰めてなどくれないわ Misera! Ognor qui sola! Unque mai mi consola!
7 君の窓をお開け、私はヨール Apri la tua finestra! Jor son io
8 悲しい青春の夢が色褪せて消えて行く De' sogni il triste verde divanisce e si perde
9 この芝居はろくでもない〜お前は優しいから、どんな涙にも心を揺すぶられるのだ Questo dramma è menzogna tutto! ～ Tu sei sì buona che ogni pianto breccia la nel tuo cuore!

人の様子に、通りがかりの行商人がそこに置かれた小銭と手紙に気がついて、イリスが吉原へ行ったことをチェーコに告げる。

チェーコは「わしを吉原に連れて行ってくれる者に、この家も庭も呉れてやる。わしは娘を見つけてひっぱたいて、唾《つば》を吐きかけてやりたい。娘よ、わしの宝よ」と怒りと悲しみを露《あら》わにする「[10]**家も庭も、わしを吉原に連れて行ってくれる者に呉れてやる**」。

【第2幕】

吉原

ひとりの芸者が三味線をつま弾きながら小唄を口ずさんでいる。イリスはまだ眠っている。そのまわりでおしゃべりをしている芸者たちをキョートがたしなめる「[11]**通りから人々のざわめきが聞こえて来るだろう**」。オーサカが駕籠《かご》に乗ってやって来るので一同は深々のお辞儀をして迎える。

キョートは女たちをその場から追い払う。オーサカは眠っているイリスを見て欲望を抑えられない「[12]**あの瞳は欲望に火をつける**」。

キョートは女の気を引くためには、着物や宝石を買ってやらねばなりませんよ、とオーサカに語る「二重唱 [13]**語りかけるのは花、言葉は葉、果実は金です**」。

イリスが目を覚ます。吉原の豪華なしつらえに驚き、自分が死んでしまって天国にいるのかと思う「[14]**ずっと夢を見ていたの、ずっと**」。しかし、天国では何事もできるようになるとお坊さんに聞いていたのに、試してみても三味線も弾けないし、絵も描けないわと嘆いて涙する「[15]**『浪速の唄』を弾いてみたいわ**」。

幇間《ほうかん》のキョートを下がらせたオーサカがイリスに迫る。オーサカはイリスにはその声がヨールの声だとわかる。オーサカはイリスをなんとか籠絡《ろうらく》しようとするが、少女のイリスにはまだ現実が呑み込めない「二重唱 [16]**ああなんて華奢《きゃしゃ》な身体をしているんだ**」。

業を煮やしたオーサカが「私の名前はヨールではない。私の名は快楽だ」といった瞬間、イリスは子供の頃、大蛸《おおだこ》と娘が絡み合い娘が悶《もだ》え死んだ

10 家も庭もわしを吉原に連れて行ってくれる者に呉れてやる La casa! Il mio giardino! Quel che tengo a chi di voi guida al Yoshiwara!

11 通りから人々のざわめきが聞こえて来るだろう Dalla strada salgon le voci chioccie delle genti

12 あの瞳は欲望に火をつける Créa in quegli occhi il lampo d'un desio

13 語りかけるのは花、言葉は葉、果実は金です Son fior le frasi, le parole foglie, ma il frutto è l'or

14 ずっと夢を見ていたの、ずっと Ognora sogni, sogni

絵を描きながらお坊さんが「快楽は死だ」と叫んだのと恐怖に震える「**幼かった頃のある日お寺で見たの**（蛸《たこ》のアリア）」[17]。

きれいな着物や宝石をやっても、オーサカが口づけをしても、イリスは「父のところに帰りたい」と泣きじゃくるばかり。うんざりしたオーサカはキョートを呼んで「この娘を家に帰してやれ」と言って店を出て行く（二重唱「**お前の腕を寄越してごらん〜私の庭に帰りたいの**」[18]）。

しかしキョートは「女を手なずけるのに必要なのは飴《あめ》と鞭《むち》だ」と言いながら、イリスにきれいな着物を着せる「**幼い娘に教えるのは自然体が一番**」[19]。着替えの間、わけもわからぬままのイリスは、ヨールの歌を繰り返し歌う。そしてイリスは吉原の張見世《はりみせ》に座らされて男たちの好色な目にさらされる「**よく似合っているぞ〜これは上等な女だ**」[20]。

張見世に座らされたイリスのところにオーサカが戻って来る。そしていくらかかっても彼女を自分のものにしたいと執着を示す「**イリス、私だ。オーサカ、いやヨールだ**」[21]。キョートはいい商売になるとほくそ笑む。

そこにチェーコが、イリスの名を呼びながらやってくる。彼女が「お父さんここよ」と答えると、チェーコは彼女の声のする方に向かって泥玉《どろだま》を投げつける「**あの子はここにいるんだな**」[22]。イリスやその場にいた者たちは驚き、ショックを受ける。

【第3幕】

月明かりのゴミ捨て場

薄暗い中、屑《くず》拾いたちが提灯と鉤棒《かぎぼう》を持って泥の中を漁《あさ》っている。

ひとりの屑拾いが、月への賛歌を歌っている「**暗いこの遅い時間に月は輝きを放つ**」[23]。

何人かの屑拾いが、どぶをかき回しながら「今夜は戦利品はなしか」とぼやいている。すると豪華な着物が見える。屑拾いたちが引き上げるとそれは美しい着物を着たイリスだった。屑拾いたちはイリスを屍体《したい》だと思って、着ているものを剥《は》ごうとする。イリスが動くので、屑拾いたちは驚い

15　『浪速の唄』を弾いてみたいわ Mi voglio accompagnar l'Uta di Nàniva
16　ああなんて華奢な身体をしているんだ Oh, come al tuo sottile corpo
17　幼かった頃のある日お寺で見たの（蛸のアリア） Un dì, ero piccina, al tempio vidi
18　お前の腕を寄越してごらん〜私の庭に帰りたいの Or dammi il braccio tuo 〜 Voglio il giardino mio!
19　幼い娘に教えるのは自然体が一番 Colle piccine gran maestra è natura

て逃げて行く。

遠くで彼らが「もうすぐ夜明けだ」と言っているのが聞こえる。

イリスは虫の息で「何故なの」と繰り返す。そこにオーサカ、キョート、チェーコの三人のエゴイズムがそれぞれ出現する。

オーサカは、「人は運命が決めたように生きて行く。お前は花のように死んで行った。俺はお前に微笑みとあの世の歌を届けよう、さらば」と語る「[24]**人はみなそれぞれの歩みのなかで**」。

キョートのエゴイズムは「俺は快楽を身にまとった非情な人間、お前はその美しさゆえに犠牲になった。なぜかって、知るもんか。俺は行くぜ」と語る「[25]**泥棒もした、百叩きの目にも遭《あ》った**」。

チェーコは「寒い時に誰がわしのために火をくべてくれるのだ。夏に誰がわしの手を引いてくれるのだ。苦しみは深くなるばかりだ。さらばだ」と語る「[26]**ああ、誰が冬に暖《だん》をとるために火をくべてくれるのだ**」。

それぞれの声は死にかけた娘に話しかけては消えていく。イリスは夢の中にいるのだと思い、自分のこれまでの短い人生を省みて嘆く「[27]**私の家の小さな世界はなぜ消えたの**」。

そこに太陽が昇ってくる。イリスは太陽に向かって手をさしのべ「お前だけが私を見捨てなかったのね。私はお前の光の中で休むの。そよ風の歌声、輝く海、草原、花々で一杯の空で」と語り、息絶える「[28]**大きな瞳が私を見つめている。あれはお日様なのね**」。

花の精たちのハミングが聞こえ、太陽への賛歌が再度響き渡り、太陽がイリスの魂を受け入れて幕となる。

《聴きどころ》

プッチーニの《蝶々夫人》と同じ台本作家イッリカが、《蝶々夫人》よりも前に、19世紀の終わり頃

20 よく似合っているぞ〜これは上等な女だ Vediam, Così stai bene! 〜 Oh, meraviglia delle meraviglie!
21 イリス！私だ。オーサカ、いやヨールだ Iris son io! Io sono Osaka, Jor!
22 あの子はここにいるんだな Essa è qui dunque?
23 暗いこの遅い時間に月は輝きを放つ Ad ora bruna e tarda la luna è tutta gaia
24 人はみなそれぞれの歩みのなかで Ognun pel suo cammino
25 泥棒もした、百叩きの目にも遭った Rubai, fui bastonato

にヨーロッパで流行したジャポニズムに傾倒して書いたのが、この《イリス》の台本である。《蝶々夫人》同様、台本作家も、マスカーニも、日本になど来たこともない。資料で想像した日本の世界は、架空のお伽噺《とぎばなし》の、なにやら不思議な世界。これを日本の江戸時代と無理に結びつけることもあるまい。ヨーロッパ人が憧れた極東の島国の、彼らなりの寓話《ぐうわ》と思えば良いのである。

イリス——蝶々さんと共通する幼さの残る娘

当時のヨーロッパの男性が描いていた日本女性のイメージは、イリスにしろ蝶々さんにしろ、男たちに翻弄《ほんろう》される儚《はかな》い存在であったようだ。しっかりと実存するイタリア女性を目の前にすれば、このような淡い夢も見てみたかったのだろう。ただマスカーニもプッチーニも（というよりは共通する台本作家イッリカが）その儚い女性に、日本女性というのはこういうものだ、としつこいほど本人に説明させる手法を採った。そのためにこれらの役は出ずっぱりで、歌いっぱなし。かつ感情表現が実に豊かで、とても儚い、か弱き女性などが務められる役ではなくなった。

幼さが残る娘のパートとは思えないような分厚いオーケストレーションの中で、イリスという役がスピントの声に振られるのは致し方ないのかもしれない。彼女には第1幕でアリア[2]「**私は恐ろしい夢を見た**」があり、第2幕では大きなアリアがふたつ続く。[14]「**ずっと夢を見ていたの**」と、そのあとの有名な「蛸《たこ》のアリア」と呼ばれるエロティシズム溢《あ》れる内容のアリア（葛飾北斎の「蛸と海女」からインスピレーションされたという）[17]「**幼かった頃のある日お寺で見たの**」である。性的な喜びを歌うこの歌を、イリスは本当の意味もわからずに「快楽＝死」というインプットに反応して恐怖に苛《さいな》まれて歌うのである。音楽のクライマックスは快楽のクライマックスを示すが、歌う側は、イリスの恐怖感のクライマックスを表現せねばならない。ここでソプラノが色っぽく歌いすぎては、この先で彼女が男性を怖がって泣く

26　ああ、誰が冬に暖をとるために火をくべてくれるのだ Ohimè, chi allumerà nell'inverno
27　私の家の小さな世界はなぜ消えたの Il piccolo mondo della mia casetta perchè dispar?
28　大きな瞳が私を見つめている。あれはお日様なのね Un gran' occhio mi guarda! Il Sole?

シーンと意味が繋《つな》がらなくなる。この役は正直なところ、日本人のソプラノよりはヨーロッパのソプラノに歌ってもらったほうが無難である。なぜなら彼らのジャポニズムに出て来る日本女性はあくまで想像の産物で、日本人のメンタリティとは相容れない部分が大きいからである。

オーサカ――金持ちの遊び人

この役で最も有名なのは、太陽の息子ヨールに扮《ふん》した「**君の窓をお開け**」[7]である。この何とも開放的な南イタリアの輝く太陽のような歌を、亡くなった山路芳久が、ちょんまげ、裃《かみしも》姿で歌っている映像（藤原歌劇団と二期会による1985年の日生劇場での公演）が残っているが、とにかく歌が素晴らしい。だがその格好と音楽があまりにも似合わない。このオペラを日本の江戸時代に設定する無理さは、こうしたところに出る。この役は、遊び人のお兄さんで、金に明かして美しい少女を水揚げする役をやってみたいというだけのために登場する。チェーコが吉原に娘を探しに来て娘を罵倒《ばとう》した時に彼はその場に居合わせたが陰にかくれて嘆くだけだ。この役に深みは必要ない。必要なのは、美声、美声、美声である。ドミンゴも録音しているが、少々遊び人のお兄さんにしては声が立派すぎる感はある。

キョート――幇間《ほうかん》か、女衒《ぜげん》か

あくまで想像の日本なので、このキョートという男の商売はよくわからない。ただ楽譜のなかで、アルファベットで Taikomati とあり「太鼓持ち」のことであろうと想像出来る。この作品の中には他にも Fousiyama（富士山）、Guècha（芸者）、Samisen（三味線）など、なにやら少々不思議な日本語があちこちに散りばめられているが、当時の彼らにとっては日本はまだ見ぬ夢の国。そこにいちいち目くじらを立てても仕方があるまい。

どうもイッリカは（《蝶々夫人》のゴローにしろ）女衒《ぜげん》を商売とする、いわば女を喰い物にする男に主役の女性の運命の糸を握らせるストーリー作りが好きだったようだ。この役は、一度としてイリスに同情などしない。旦那衆に媚《こ》びる愛想のいい顔と、本心では彼らの甘さをせせら笑っている冷酷さの落差を喋《しゃべ》りの中で出していくのがこの役の仕事である。この手の男はどこの国を舞台にしたオペラであろうが、芝居であろうが頻繁《ひんぱん》に登場して来るので、演じる上であまり日本人であることを意識する必要はなかろう。だが物語は彼の「語り」で進行しているので、狂言回しの絶対条件であるイタリア語のディクションが立つことだけは譲るわけにはいかない。

チェーコ――武士の血を引くような父

武家の血を引く設定なのかと思わせるほど、この盲目の父チェーコはプライドが高い。肩寄せ合って生きて来た娘が、かどわかされて吉原に連れて行かれたのを、娘が自分を捨てて贅沢《ぜいたく》な暮らしに憧れて吉原に行ったと思い込む。そのときの失望の涙にくれる第1幕の[10]「**家も、庭も呉れてやる**」のカンタービレは、ヴェリズモらしく、美しく歌うことよりも、劇的な表現が優先されるところ。このときの彼の悲しみと屈辱感は、吉原で娘を見つけ出したときに優しい言葉を掛けることもなく、有無を言わせず泥だんごを作って彼女のいる方向に向かって投げつけるという[21]「**これを喰《く》らえ、お前の顔に**」の怒りの爆発の伏線となる。

第3幕の幕切れ寸前にオーサカ、キョート、チェーコのエゴイズムの声が出て来る。先のふたりは（言い方こそ違うものの）要は「これが人生だ」と薄情そのもの。最後に出てくるチェーコの声には複数の解釈が存在し得る。[26]「**ああ、誰が冬に暖《だん》をとるために火をくべてくれるのだ**」という言葉が、単に自分の不便が腹立たしいのか、ひとり娘を亡くした父の深い悲しみの不器用な発露なのか。天に昇ろうとするイリスには、果たしてどちらに聞こえたのであろう。

《アドリアーナ・ルクヴルール》フランチェスコ・チレーア

ADRIANA LECOUVREUR Francesco Cilèa

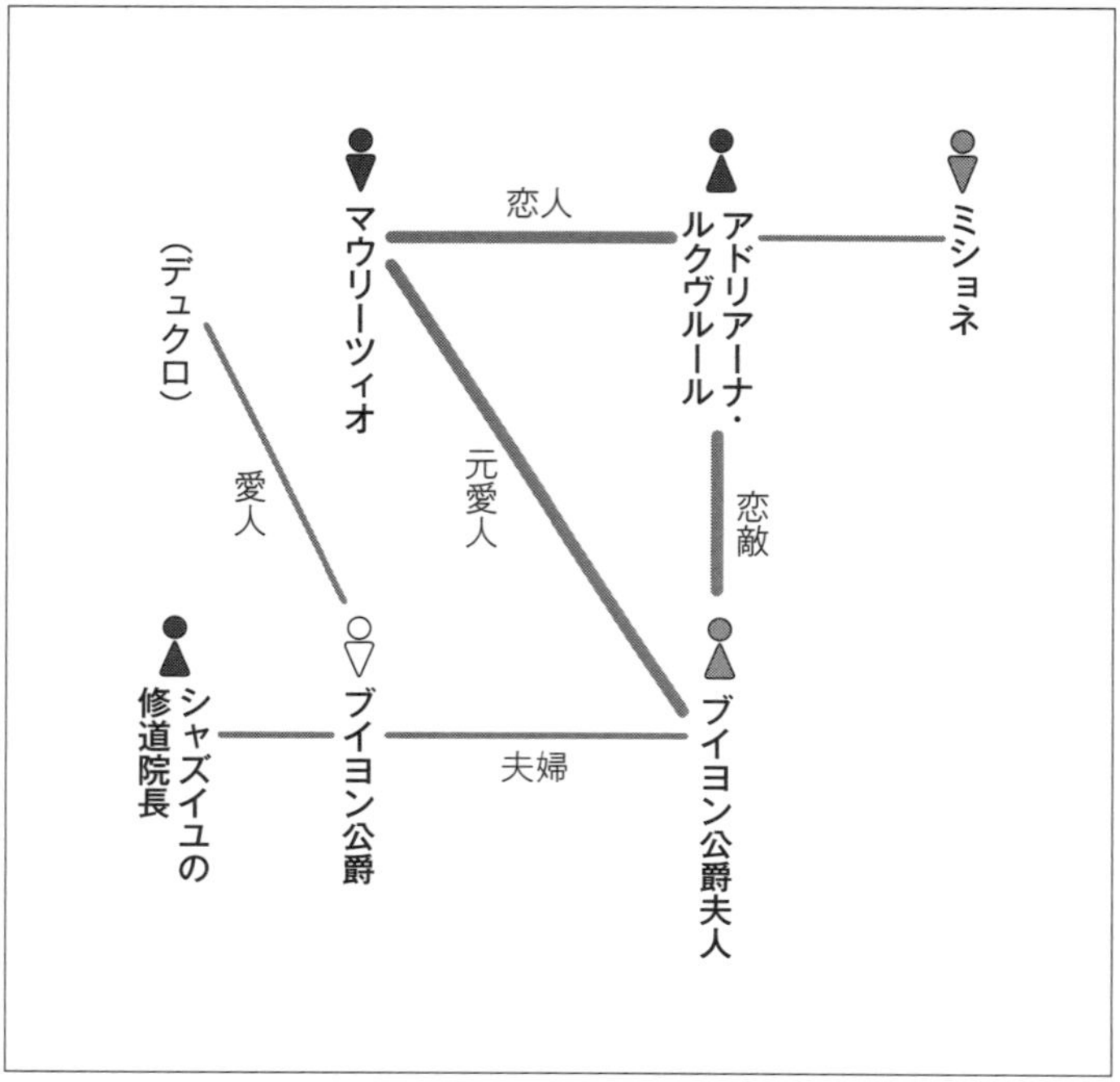

主な登場人物

アドリアーナ・ルクヴルール（S） コメディ・フランセーズの女優

マウリーツィオ（T） ザクセン伯爵　アドリアーナの恋人

ミショネ（Br） 初老のコメディ・フランセーズの舞台監督

ブイヨン公爵夫人（Ms） アドリアーナの恋敵

ブイヨン公爵（Bs） 女好きで化学が趣味のフランス貴族

シャズイユの修道院長（T） ブイヨン公爵夫妻の取り巻き

4幕のオペラ（シェーナ・リリカ）Quattro atti per la scena lirica
原作　ウジェーヌ・スクリーブとエルネスト・ルグヴェの戯曲「アドリエンヌ・ルクヴルール」
台本　アルトゥーロ・コラウッティ
初演　1902年11月6日　ミラノ、テアトロ・リリコ
演奏時間　2時間10分／第1幕35分、第2幕35分、第3幕25分、第4幕35分

【第1幕】

1730年のパリ
コメディ・フランセーズの　舞台裏

幕が上がると、そこはコメディ・フランセーズの舞台裏。ラシーヌの悲劇《バジャゼ》の幕開き寸前でごったがえしている。舞台監督のミショネに、俳優たちがあれやこれやと用を言いつける。ミショネは「舞台監督は下男よりも大変だ」とぼやく「**ミショネ、あっち、ミショネ、こっち**[1]」。

アドリアーナと人気を二分する女優デュクロのパトロンであるブイヨン公爵が、まるで太鼓持ちのようなシャズイユの修道院長と現れ、女優たちに愛想を振りまく。

脇役の役者たちが「あの公爵のご趣味は、化学と恋愛さ」「あの神父は奥方のお気に入りだ」などとひそひそ話をしている。

そこにアドリアーナが、今夜演じるロクサーヌのセリフを練習しながら現れる。人々がそのセリフ回しを褒める。彼女は謙虚に「とんでもない。私は天の創造主の取るに足らないしもべでしかありません」と語る「**私は慎ましいしもべです**[2]」。そして彼女が「私には理想とする俳優はいませんが、この人がただひとりの私の師匠であり、友です」とミショネを指すので、彼は感激する。

女優で愛人のデュクロの姿を公爵が探している。彼女が楽屋で手紙を書いていると聞いた公爵は、修道院長にその手紙を何としてでも手に入れるようにと命じる。

劇が始まり、舞台裏にはアドリアーナとミショネだけが残る。初老のミショネは、若いアドリアーナに「叔父が遺産を残してくれたので、結婚しようかと思う」と切り出して彼女に結婚を申し込もうとするが、会話の中で彼女が「しばらく連絡の取れなかった騎士の恋人が、今夜劇場に来るの」と嬉しそうに話すので、ミショネは告白を諦《あきら》める。そして彼女は「その人は、ザクセン王となるはずのポーランドの伯爵付きの旗手なの」と語る「二重唱　**そうでもないんだ、考えたんだが**[3]」。

奥から三度杖で床を叩く音がするのでミショネはそちらへ向かい、暖炉のそばに腰掛けたアドリ

1　ミショネ、あっち、ミショネ、こっち Michonnet, su! Michonnet, giù!
2　私は慎ましいしもべです Io son l'umile ancella
3　そうでもないんだ、考えたんだが Non tanto perchè m'hanno ispirato un'idea

アーナはセリフに再び目を通しはじめる。

　そこに当の恋人、マウリーツィオが現れて彼女との再会を喜ぶ「**君の優しく微笑む姿に**[4]」。

「昇進はどうなったの。伯爵と知り合えれば私からも頼めるのに」というアドリアーナに「彼は危険な男だよ」とマウリーツィオは笑いながら言う。

　そろそろ出番のアドリアーナに「僕は右から3番目のパルコ（ボックス席）にいるよ」と語る。彼女は手元にあったスミレの花束を彼に手渡す「二重唱　**あなたのためだけに演じるわ**[5]」。「公演が終わったら出口で」と約束して、マウリーツィオは客席へと去る。

　デュクロの手紙を手に入れた公爵と修道院長が舞台裏に戻って来る。手紙には「今夜11時、セーヌ川のほとりの家でお待ちしております。政治的な大切な話があります。コンスタンツァ」とある。

　その家とは、公爵がデュクロに使わせている彼の別邸のことである。手紙の宛先には「右から3番目のパルコ」とある。修道院長は、その手紙がマウリーツィオ宛であることに気づく。マウリーツィオは、アドリアーナにだけ自分の本当の身分を偽っている。彼は旗手などではなくザクセン伯爵、その人なのである。

　ブイヨン公爵は、自分の愛人とマウリーツィオの密会を邪魔すべく、その別邸で今夜0時にパーティを開くことにして、そしらぬふりで手紙をマウリーツィオの元に届けさせる「二重唱　**役者たちを招いてパーティを**[6]」。

　その様子を見ていた役者たちは「公爵は、デュクロを秘かに囲っているつもりだけど、実は公爵夫人はデュクロと通じていて、彼らの関係を見ないふりをする代わりに、自分の愛人の存在も夫に知られないようにしているのだ」と語り合う「六重唱　**なんて滑稽《こっけい》なんでしょう**[7]」。その通りに今回もデュクロは、公爵夫人からマウリーツィオへの手紙をカモフラージュしたに過ぎないのである。

　舞台裏でひとりになったミショネが、舞台のアドリアーナの見せ場を見つめて、彼女の演技を賞賛し、その演技の全てがマウリーツィオひとりに

4　君の優しく微笑む姿に La dolcissima effigie sorridente
5　あなたのためだけに演じるわ Per voi soltanto, reciterò stasera
6　役者たちを招いてパーティを Un gaio festino offerto agli attori
7　なんて滑稽なんでしょう Quanto è burlevole!

向けられている以上、自分の彼女への想いは封印しようと語る「**さあモノローグだ**[8]」。

彼女の小道具である手紙が見つからないとわかり、ミショネが慌ててあちこちを探している。そこにマウリーツィオが「政治的な密談で、今夜はアドリアーナと会えなくなった」と言いながら舞台裏に現れ、そこにあった紙に「今夜会えない」というメモを走り書きする。

それを小道具の手紙が見つかったと勘違いしたミショネは、マウリーツィオが書いた手紙を出番の女優キノーに託す。舞台上でそのメモを読んだアドリアーナは一瞬動揺するが、それも演技であると観客には思われて、舞台は成功裏に終わる「二重唱 **アドリアーナは私の手紙を受け取り**[9]」。

終演後にブイヨン公爵は俳優たちを今夜の別邸でのパーティに招待する。アドリアーナは、ザクセン伯爵もそこに来ると聞いて「伯爵に愛するマウリーツィオの出世を願い出てみよう」と考え、その招待を受ける。

【第2幕】

グランジュ・バトリエールの愛の巣

公爵の別邸。公爵夫人が以前愛人関係にあったマウリーツィオの到着を待ちわびている「**苦い喜び、甘い責め苦**[10]」。

そこにマウリーツィオが現れる。到着が遅いことを責める公爵夫人に彼は「知らない男たちが自分の後をつけていたのでそれを巻くのに手間取った」と語る。

公爵夫人が彼の胸元を飾るスミレの花束を見咎《とが》めて「遅れた原因は、花の香りのするお約束のためではなかったのかしら」と嫌味を言うので、とっさにマウリーツィオは「これはあなたへのプレゼントです」とスミレの花束を慇懃《いんぎん》に彼女に渡す。

一応機嫌を直した公爵夫人は、彼から頼まれていた王妃へのとりなしが不調に終わり「今日、王があなたの逮捕を命じた」と語る。彼は「ならばすぐにでも出発せねば」と言う「二重唱 **王妃と長い時間お話をしましたが**[11]」。

8 さあモノローグだ Ecco il monologo
9 アドリアーナは私の手紙を受け取り Adriana avrà due mie parole
10 苦い喜び、甘い責め苦 Acerba voluttà, dolce tortura
11 王妃と長い時間お話をしましたが Con la Regina lungo favellai

公爵夫人は「私を残して行ってしまうの」と彼に愛情を求めるが、いまや政治的な口利き以外公爵夫人に求めていないマウリーツィオは、そっけない。その態度に公爵夫人は、マウリーツィオに他に愛する女性がいると確信する「二重唱 **長い**[12]**留守のあとにすぐ行ってしまうの**」。

マウリーツィオは、彼女をなだめるように「たとえ愛は消えても感謝の心は変わらない」と語り掛ける「**私の疲れた魂**[13]」。

そこに馬車が近づいて来る音がする。マウリーツィオは、とっさに彼女を近くの部屋に隠す。公爵と修道院長が到着する。公爵がマウリーツィオの密会相手をデュクロだと思い込んでいるので、マウリーツィオは適当にそれに話を合わせている「三重唱 **デュクロには飽きていたんだ**[14]」。

そこに次の馬車が到着し、アドリアーナが現れる。公爵から伯爵を紹介されたアドリアーナは、マウリーツィオが実は伯爵本人であったことを初めて知る「二重唱 **アドリアーナ。~何を言う、君こそが僕の勝利だ**[15]」。

アドリアーナとともにこの別邸に来たミショネが「デュクロと次の演目のことで話があるので、急ぎ劇場に戻らせて欲しい」と言う。修道院長が「デュクロならこの別邸の中にいますよ」と笑う。アドリアーナは、マウリーツィオが密会していたのがデュクロだったのだと思い込む「三重唱 **修**[16]**道院長殿、お願いが**」。

ミショネがデュクロがいるという部屋に入って行く。その間にマウリーツィオは、アドリアーナに「あの部屋にいるのは、政治的な密談の相手だ。君は相手の素性を確かめることなく、その人を裏から逃がしてくれないか」と依頼し、彼女はそれを承諾する「[17]**アドリアーナ、聞いてくれ、ここには政治目的で来た**」。

戻ってきたミショネは「中にいたのはデュクロではなく、別の女性だった」と語る。修道院長が中にいるのが誰かを確かめに行こうとするが「そんな無粋《ぶすい》なことはなさるものではありませんわ」とアドリアーナに言われ、そのまま広間に公爵を探しに行く。

12 長い留守のあとにすぐ行ってしまうの Dopo sì gran vagabondaggio
13 私の疲れた魂 L'anima ho stanca
14 デュクロには飽きていたんだ、La Duclos n'ero già stanco
15 アドリアーナ。~何を言う、君こそが僕の勝利だ Adriana! ~ Che giova? Tu sei la mia vittoria
16 修道院長殿、お願いが Signor Abate, cortese siate

「伯爵に頼まれて、中にいる人物を助けるの」というアドリアーナに、ミショネは「貴族のことに我々平民が関わるべきではないよ」と心配しつつ、誰も入って来ないように見張りの役目をするために出て行く。

残ったアドリアーナが、部屋をノックし「伯爵から言われた者です」と言うと、公爵夫人が暗闇の中から姿を見せる。互いの顔が判別できないような薄暗さの中で、ふたりの女性が対峙《たいじ》する。アドリアーナは胸元から小さな鍵《かぎ》を取り出し「あなたはこの鍵を使って秘密の扉から庭を通って逃げることが出来ます」と言う。

その女性が「ここのことは熟知しています」と答えるのでアドリアーナは、相手が公爵夫人ではないかと思う。そしてふたりは互いがマウリーツィオを巡る恋敵であることを知り、激しい言い合いとなる「二重唱[18] **開けてください〜愛していると。ええ、不安と燃え上がる激情で**」。

アドリアーナが、大声で公爵の召使たちを呼んだ時には、公爵夫人は秘密の扉から姿を消していた。アドリアーナは「逃げたのね、卑怯《ひきょう》者」と叫ぶ。ミショネがそこに落ちていた腕輪を拾う。アドリアーナはそれをもぎ取るように手にして、じっと見つめる。

【第3幕】

ブイヨン公爵邸

公爵邸での晩餐《ばんさん》の準備を任された修道院長が張り切っている。美しいドレスを身にまとったブイヨン公爵夫人は、あのときの恋敵が誰だったのかを考えている「[19]**ああ、あの女、私の恋敵**」。修道院長は夫人におべっかを言い、機嫌を取る「[20]**愛の神は皮肉にも**」。

晩餐の招待客である着飾った貴族たちが到着し始める。そこに、招かれたアドリアーナと彼女をエスコートするミショネが到着する。公爵夫人にはその声に聞き覚えがあった「二重唱[21] **私は感激しております**」。公爵夫人はわざと「マウリーツィオが決闘で負傷した」と嘘《うそ》を言い、彼女の反応を見る。アドリアーナが気絶しそうになったのを見

17　アドリアーナ、聞いてくれ、ここには政治目的で来た Adriana, ascoltate. Politico disegno qui
18　開けてください～愛していると。ええ、不安と燃え上がる激情で Aprite! Apritemi ～ L'amate! Sì con l'ansia, con l'impeto ardente
19　ああ、あの女、私の恋敵 Ah! quella donna mia rivale!
20　愛の神は皮肉にも Dite che il dio d'Amore, per ironia
21　私は感激しております Commossa io sono

て、公爵夫人は彼女が恋敵だと確信する。

そのとき元気なマウリーツィオ本人が到着する。マウリーツィオは、クールラントでのロシアとの戦いに勝利した様子を公爵に尋ねられ、その様子を語って聞かせる「[22]**ロシアのメンシコフは**」。そこにいる人々はその話に夢中になる。


〈バレエ〈パリスの審判〉〉


修道院長を挟みながら、公爵夫人とアドリアーナの恋のさや当てが始まり、人々はだんだんそちらに興味を引かれる。公爵夫人は「伯爵の恋人は女優だという噂《うわさ》もありますわ。その証拠は、その女性が彼女の大切な人に送った花束よ」と言い、アドリアーナは「私が渡したスミレの花束のことだわ」と気づく。

今度はアドリアーナが「伯爵の密会のお相手は、高貴なお方だと聞いていますわ。その方は腕輪を落としていらしたとか」と言い「その腕輪を私が持っていますわ」と腕輪を人々に見せる。公爵夫人は、「私のだわ」と呟《つぶや》く。公爵が「これは妻のものだ」と言うので、アドリアーナは恋敵が公爵夫人であることに確信を持つ「二重唱 [23]**伯爵のお相手はお嬢さんだとか**」。

公爵夫人は平静を装い、アドリアーナに向かって、「何か朗唱していただけないかしら。〈捨てられたアリアドネ〉はいかがですこと」と言う。それに対してアドリアーナは、公爵の注文に応じて〈フェードル〉を朗唱し、最後の一節「裏切ることに喜びを見出す、赤面することも知らぬような冷酷な顔の女が」のセリフを公爵夫人を見据えて言う。

ミショネは事のなりゆきに「やってはならぬことをやってしまった」と言い、公爵夫人は、「この侮辱の復讐《ふくしゅう》は必ずしてやるわ」と独白する「三重唱 [24]**ああ、なんてことをしたのだ**」。

マウリーツィオにふたりの女性はそれぞれ「自分と一緒にいて」と囁《ささや》く。政治的な協力者である公爵邸に残ることを選択したマウリーツィオは、アドリアーナに「明朝行くよ」と言ってその

22　ロシアのメンシコフは Il russo Méncikoff
23　伯爵のお相手はお嬢さんだとか La bella del Conte non ignota, forse a madamigella
24　ああ、なんてことをしたのだ O sconsigliata, che mai facesti?
25　老いぼれた心よ、静まれ Taci, mio vecchio cuor!
26　私のお友達。お嬢さん Amico mio! Figliuola!

場に残る。

【第4幕】

アドリアーナの家

あの日以来、マウリーツィオはアドリアーナに会いに来ない。眠れぬ夜を過ごして体調を崩し、舞台から遠ざかっているアドリアーナの元をミショネが訪ねてくる。ミショネは、小間使いに自分が待っていることをアドリアーナに伝えさせる。ずっと変わらずアドリアーナを深く愛するミショネは、彼女のためにマウリーツィオに手紙を書き、それを戻ってきた小間使いに託す「[25]**老いぼれた心よ、静まれ**」。

アドリアーナが姿を現し、ミショネの訪問を喜ぶ。マウリーツィオが公爵夫人といると思い込んでいるアドリアーナは嫉妬《しっと》心を露《あら》わにするが、それをミショネがなだめる「二重唱[26] **私のお友達。お嬢さん**」。

ミショネは彼女に薬を飲ませる。劇場の同僚たちも見舞いにやってきて、それぞれ小さなプレゼントを彼女に渡す。今日はアドリアーナの誕生日なのである。

「うっかりしていた」と言いながら、ミショネがプレゼントを差し出す。それはアドリアーナが、以前マウリーツィオを助けるために手放した首飾りだった。彼は叔父からもらった遺産を使い果たして、それを公爵から買い戻したのである「二重唱[27] **受け取って、きっと元気になるよ**」。

アドリアーナはミショネや同僚たちの温かい心遣いに「もう一度舞台に戻るわ」と言う。役者仲間たち四人が、デュクロが公爵と別れたと言ってそれを風刺《ふうし》した流行の小唄を歌って聞かせる「四重唱[28] **昔あるところに、金に細かく年老いた公爵が**」。

そこに小間使いがもうひとつプレゼントの小箱とカードを持って入ってくる。

カードにマウリーツィオの名を見つけたアドリアーナは、ミショネに頼んで皆を部屋から連れ出してもらう。ひとりきりになったアドリアーナが小箱を開けた瞬間、何かが彼女の顔に向かって吹

27　受け取って、きっと元気になるよ Prendi, ti farà bene
28　昔あるところに、金に細かく年老いた公爵が Una avolta c'era un Principe, vecchio avaro
29　哀れな花よ Poveri fiori
30　マウリーツィオ、あなた～いや、無駄ではなかった Maurizio! Signore! ～ No! non fu invano

き出す。彼女の叫び声にミショネが飛び込んで来る。小箱の中に萎《しお》れたスミレの花束を見つけた彼女は「なぜこんな残酷なことを」と嘆く。ミショネは「マウリーツィオがこんなことをするはずがない。これは女の仕業だよ」と彼女を慰める。「そうでしょうね。でもなぜここまでの仕打ちをされなければならないのかしら」とアドリアーナは語る。そしてその萎れた花に口づけし、別れを告げて暖炉の火の中に投げ込む「**哀れな花よ**[29]」。

アドリアーナの名前を呼ぶ声が近づいてくる。それはミショネからの手紙を読んだマウリーツィオだった。恋人との再会を喜ぶアドリアーナの様子を見たミショネはそっと部屋を出る。

嫉妬《しっと》深い公爵夫人の嘘《うそ》に惑わされて、アドリアーナから遠ざかっていたことを詫《わ》びたマウリーツィオは「自分と結婚して欲しい」とアドリアーナにプロポーズする「二重唱[30] **マウリーツィオ、あなた〜いや、無駄ではなかった**」。

しかしアドリアーナは「貴族の冠は私には似合いません。私に似合うのは舞台でつける偽物の冠です」とその申し出を断る「二重唱[31] **私には相応しくありません〜君はどんな女王たちより高貴な人だ**」。

突然彼女の顔が蒼白《そうはく》になり痙攣《けいれん》を始める。「あなたが送り返してきたあの花に…」と言うアドリアーナにマウリーツィオは「僕は花など送り返していない」と言う。アドリアーナは「かわいい花だったのに、かわいそうなことをしたわ。私にはあの花が私たちの愛の変わり果てた姿に見えたので、暖炉で燃やしてしまったの」と話す「二重唱[32] **何が起きたんだ、震えて真っ青だ**」。

彼女は錯乱《さくらん》しはじめ、そばにいるのがマウリーツィオであることもわからなくなる「二重唱[33] **私はどこにいるの**」。

マウリーツィオの助けを呼ぶ声にミショネが飛び込んで来る。アドリアーナは「死にたくないわ」と言っていたかと思うと、突然舞台に立っているつもりになり「光が私を魅了する。私のことを導くのだ。最初で最後の愛の光が、私を苦しみから解き放って、私は疲れた白い鳩のように飛び

31 私には相応しくありません〜君はどんな女王たちより高貴な人だ Non la mia fronte, che pensier non muta 〜 No, più nobile sei delle regine

32 何が起きたんだ、震えて真っ青だ Che? tu tremi trascolori

33 私はどこにいるの Ove, dunque, son io?

立つのだ」と、歌の女神メルポーメネのセリフを朗唱し、倒れて息絶える。

ミショネとマウリーツィオが、愛する人の突然の死に慟哭《どうこく》する。

《聴きどころ》

実在の女優アドリエンヌ・ルクヴルールの実話を基にした戯曲は、サラ・ベルナールの当たり役。オペラにおいてもこの作品は、アドリアーナにスポットがあたり、その周囲をいろいろな人たちの思惑が囲む。コメディ・フランセーズのトップ女優を囲む華やかなパリの社交界が舞台のこの作品は、優雅《ゆうが》さが命だ。

アドリアーナ——まず何よりも表現力

この役は美しい声で歌われるだけでは何の意味もない。音符を離れて、リブレットを朗唱《ろうしょう》することで芝居が成立するぐらい、舞台女優としての表現力が求められる。舞台での立ち居振る舞いひとつにしても、ヴェテランのソプラノでこそ、その良さがより発揮される。プッチーニやヴェリズモ・オペラには、どうしても「歌う」というより「演じる」という直截《ちょくさい》な感情表現が求められるので、歌手の喉には相当な負担が掛かる。ベルカント・オペラからスタートしたスコットやフレーニが、ヴェルディを手掛けることよりも、ヴェリズモ作品を歌うことに、より慎重を期したのは、その理由による。

登場早々、彼女はまず楽譜上でも音符のついていない朗唱から入る。これはセリフ回しの巧さで知られた実在のルクヴルールを彷彿《ほうふつ》とさせるための登場のさせ方である。ここで彼女は名女優として周囲の人々を感嘆させるセリフ回しで登場し、そのままこのオペラで最も有名なアリア「[2]**私は慎ましいしもべ**

です」に入る。このアリアはフレーズが長く、テクニックのない歌手にぶつ切りに歌われては興醒《きょうざ》めだ。さらにパッサッジョ（声の変わり目）から高い音にはなかなか上がってくれないという、ソプラノにはストレスフルで難しいアリアである。

ほとんど出ずっぱりのアドリアーナは、この先も公爵夫人との恋の鞘当《さやあ》てなど、相当ドラマティックな表現が求められるので、出来ることならば第1幕は余力を残してスタートを切りたいところだが、最大の聴かせどころが冒頭にあったのではそうはいかない。声をしっかり温めてから舞台に出て来て、全神経を集中して歌う必要がある。かといって最初で頑張りすぎては、終幕まで持たない。実はこのオペラでは、公爵夫人も同じく大アリアからのスタートである。こうした作品は、歌手にとってペース配分がとても難しい。

アドリアーナは、マグダ・オリヴェーロの一番の当たり役。彼女の録音はまるで芝居の録音を聴いているような錯覚すら覚える。その後もテバルディ、スコット、そしてフレーニと、イタリアを代表するソプラノが歌い継いで来た。そしてそれまではイタリア語の癖のある発音を指摘され続けたサザーランドが全曲盤最後となったこのオペラの録音では、その汚名を払拭《ふっしょく》し、同じく60代だったベルゴンツィとふたり、ヴェテランのみが出来る、いぶし銀のような表現力で感情の機微を見事に描き出している。

美声で押し切ることに何の意味もない「セリフ回し」が問われるこのオペラで、今後、どんなソプラノが名唱を聴かせてくれるのだろうか。

ブイヨン公爵夫人――メゾ・ソプラノの華

公爵夫人の役は、《ラ・ファヴォリット（ラ・ファヴォリータ）》のタイトルロール、《アイーダ》のアムネリス、《ドン・カルロ》のエボリなどと並ぶ、イタリア・オペラにおけるメゾ・ソプラノの華とも呼ぶべき大役である。実在のブイヨン公爵夫人は、マウリーツィオ（モーリス・ド・サックス）と同様、ポーランド王家の血を引き、モーリスがフランス軍の大元帥へと出世していく間、ずっと愛人関係にあったと言われている。また、実際に彼女がアドリアーナを毒殺したのかに関しての信憑《しんぴょう》性は薄いとされる。

その登場は第2幕の「苦い喜び、甘い責め苦[10]」の大アリア。こちらもまた、一番の聴かせどころからの登場である。彼女は第4幕では登場しないものの、第2、3幕では、アドリアーナとの恋敵どうしの激しいバトルを繰り広げる。そこでこの役に最も求められるのは「気品」を失わないこと。どんなに怒り狂ってもその感情表現には、高貴な育ちで身につけたコントロールが効かねばならない。感情を相手に向かって爆発させる、いわば平民側である女優のアドリアーナとのコントラストは、このオペラの構造上の必須条件である。となれば、この役は金切り声で叫ぶメゾ・ソプラノには歌うのをご遠慮いただきたい。お手本となるのは、シミオナート、コッソット、オブラスツォワといったあたりであろうか。深く豊かな持ち声と広い音域、何より落ち着いた歌い回しが求められる。この役はロッシーニを得意とするようなメゾにはどうにも手が出せない役で、明らかに役が歌手を限定する。

マウリーツィオ——白馬の騎士

このオペラの主役の中で、人物描写がもっとも薄いのがこのマウリーツィオである。実在の彼は、ルイ十五世の愛妾《あいしょう》ポンパドール夫人の信頼を得てフランス大元帥にまで出世していく。このオペラの中でも彼は武人、軍人であって、粋人《すいじん》ではない。ましてや恋の駆け引きなどには不慣れで、ぎこちない。彼はブイヨン公爵夫人の誘導に簡単に引っ掛かり、夫人に恋人の存在を悟られてしまう。愛を語る夫人に、自分が彼女に対して求めているのは政治的な助力だけである、と現実を突きつけてしまう致命的ミスまで犯し、その上、あろうことかアドリアーナに公爵夫人を逃す役目までさせて、恋敵をわざわざ直接対決させてしまうのである。

言い換えれば、その「無骨《ぶこつ》さ」がこの役の魅力である。実在のモーリスがどういう人物であったにせよ、少なくともこのオペラの中のマウリーツィオは、嘘《うそ》のつけない、生真面目で、戦場でこそ、その力を発揮する人物である。恋敵の女ふたりの火花の散るような争いに、当事者である彼はどこか一歩腰の引けた位置にいる。

彼は常に自分の進むべき道だけを考えている。彼にとって重要なのは自分の領地の安定と宮廷での自分の立場であって、そのあとに女性が来る。彼は、女性で自分の人生を大きく狂わせるような、他のヴェリズモ・オペラの主役のような愚かな真似はしないのである。

ミショネ――無償の愛

マウリーツィオと対照的に、大人の男として描かれるミショネ。アドリアーナを深く愛するこの初老の舞台監督の白眉《はくび》は、第1幕、舞台上でモノローグの朗唱に差し掛かったアドリアーナを舞台裏から心配そうに見守るシーン。彼が育て上げてきたアドリアーナという女優への愛情と、ひとりの女性としても彼女を愛するミショネの切なさが溢れ出る場面で、この役を演じる歌手の実力が露見してしまう怖い場面でもある。ここには舞台で朗唱するアドリアーナの声も入らない、彼のモノローグである。舞台監督としての立場、彼女の人生におけるミショネの置かれた立場が象徴的に現れている部分である。彼がどれほどアドリアーナを深く愛しているのか。ここには彼の人柄の良さ、アドリアーナへの愛が溢《あふ》れ出る。大きな場面ではないのに、ミショネが見事だと聴衆から自然に拍手が沸く。

彼はアドリアーナの最期の時まで、彼女に自分の愛が受け入れられることはないと知りながらも、彼女を父親のような慈愛に満ちた目で見つめ続ける。言ってみれば、ミショネは自分が誰よりも目立とうとするバリトンには務まらない役である。歌手自身が、酸《す》いも甘いも嗅《か》ぎ分けられるような、他人の痛みもわかる大人になっていなければ、この役で聴衆に信憑《しんぴょう》性を感じさせることは出来ない。アドリアーナへの無償の愛が、その歌唱と存在感から示されねばならないのだ。

《アンドレア・シェニエ》ウンベルト・ジョルダーノ

ANDREA CHÉNIER *Umberto Giordano*

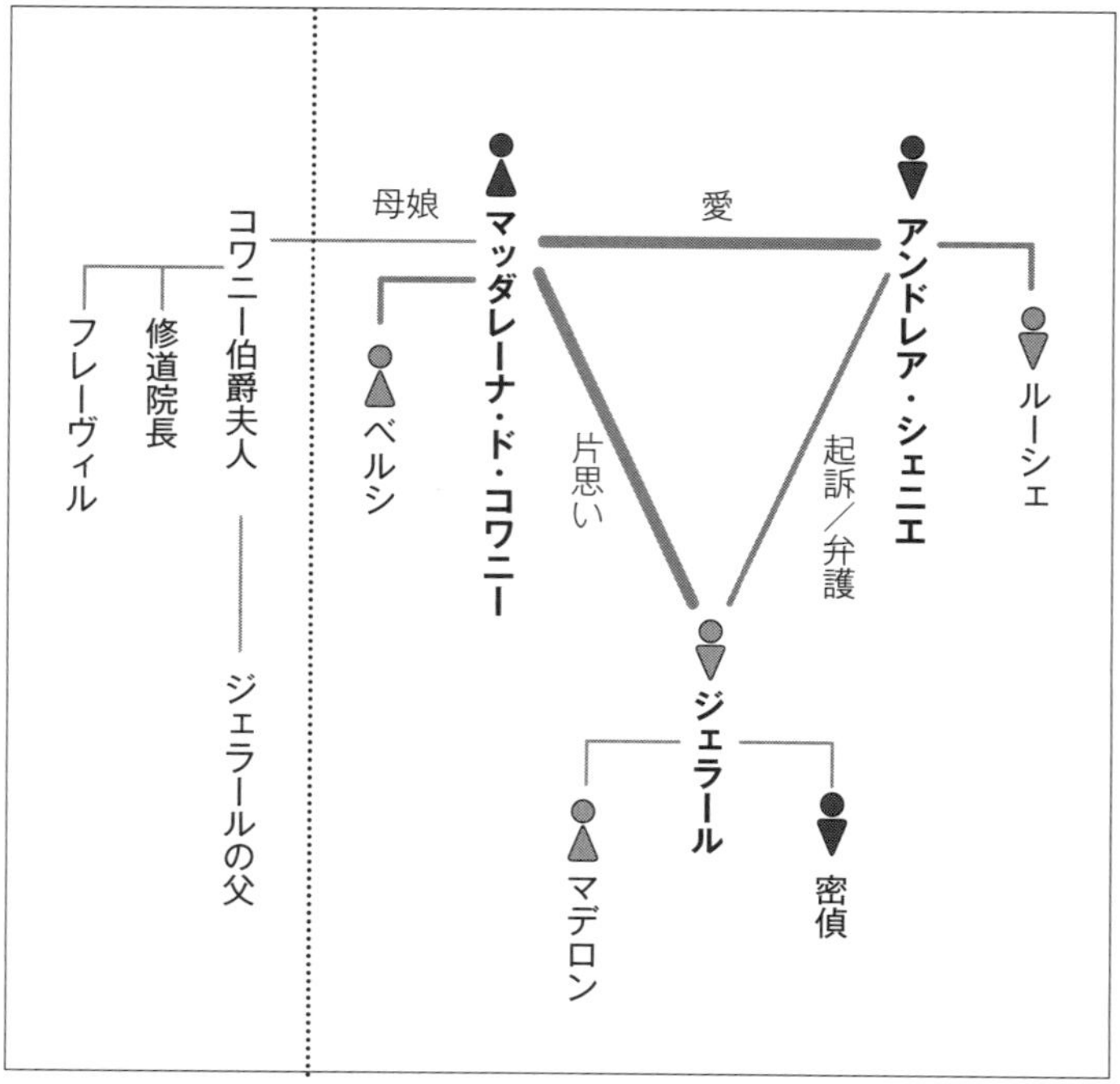

主な登場人物

アンドレア・シェニエ（T）
　詩人

カルロ・ジェラール（Br）
　コワニー家の召使い　のちにジャコバン党活動家

マッダレーナ・ド・コワニー（S）
　伯爵家の令嬢

ベルシ（Ms）
　マッダレーナの小間使い

ルーシェ（Bs／Br）
　シェニエの友人

マデロン（Ms）
　老女

密偵（T）
　ジェラールが放ったスパイ

フーキエ（Bs／Br）
　革命裁判所検事

マテュー（Br）
　過激共和派の活動家

4部の歴史的ドラマ（ドランマ・ディ・アンビエンテ・ストーリコ）
Dramma di ambiente storico in quattro quadri
原作　史実とジュール・バルビエ「アンドレ・シェニエ」などを参考にした台本作家による創作
台本　ルイージ・イッリカ
初演　1896年3月28日　ミラノ、スカラ座
演奏時間　1時間45分／第1部30分、第2部25分、第3部35分、第4部15分

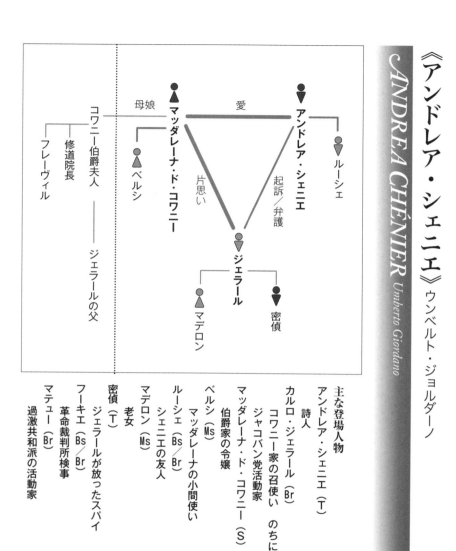

【第1部】

1789年冬のフランスの地方都市
コワニー伯爵邸

舞踏会の準備が進んでいる。忙しく働く召使たちのひとりにジェラールがいる。彼の父はこの家の庭師として実直に長年働いて来た。ジェラールは身分の違いによる格差への憤懣《ふんまん》やるかたない思いで、虚飾《きょしょく》だらけの貴族社会を皮肉たっぷりに批判する「**おお、老いた父よ、60年も仕えて**[1]」。

この家の娘マッダレーナが、まだ普段着のまま天真爛漫《てんしんらんまん》な様子で現れる。ジェラールは彼女への憧れを口にする。伯爵夫人は準備の状況をジェラールに気忙《きぜわ》しく尋ね、娘には早くドレスに着替えるようにと促す。

コルセットで締め付けられて、がんじがらめになるのは嫌だわとマッダレーナが小間使いのベルシに語る「**着飾るのは苦痛だわ**[2]」。

着飾った招待客が次々にやってくる。その中に詩人のアンドレア・シェニエもいる。夫人は客達を愛想よく出迎える「**まあ、なんとエレガントなのでしょう**[3]」。

パリから戻ってきた修道院長が、王政に翳《かげ》りが見えて来て、平民たちが力を持ち始めたことを話すので、貴族たちは不安に駆られる「**王は気弱で、悪い助言者がいて**[4]」。気分を変えるように、体制派の小説家フレーヴィルは自作の詩歌を披露する「**太陽は再び姿を見せ**[5]」。

伯爵夫人が、若き詩人シェニエに「あなたも詩を作って披露なさいな」と言う。シェニエは最初はそれを辞退する。マッダレーナが、からかい半分に彼に詩を作らせようとする。彼は「詩とは、愛と同じで自由になりません」と答えるが、それでもマッダレーナは「ミューズがいなくてもあなたには愛を語れるのではありませんか」と彼を挑発する。

シェニエが普段貴族たちが物笑いの種にする「愛をテーマにした自由詩」を語る「**ある日青空を眺めていると**[6]」。その詩の中で彼は、現体制を批判する。そしてマッダレーナに「あなたには他の貴族たちにはない人間的な優しさがあります

1　おお、老いた父よ、60年も仕えて Son sessant'anni, o vecchio, che tu servi!
2　着飾るのは苦痛だわ Sì, io penso alla tortura
3　まあ、なんとエレガントなのでしょう Oh! Come elegante
4　王は気弱で、悪い助言者がいて Debole è il Re! Fu male consigliato!
5　太陽は再び姿を見せ Il sole noi rivedremo
6　ある日青空を眺めていると Un dì all'azzuro spazio guardai profondo

が、あなたはまだ本当の愛というものをご存じないのです」と語り掛ける。マッダレーナは彼を嘲笑《ちょうしょう》しようとした自分を恥じる。

舞踏会が始まる。外から飢饉《ききん》に苦しむ民衆の嘆き声が聞こえる。「誰があの者たちを邸内に入れたのです」と問う伯爵夫人に、ジェラールは「私です」と答え、夫人に詫《わ》びようと跪《ひざまず》く父親を立たせ「もうこんな扱いはたくさんだ」と、父親を連れて去って行く「**ええ、出て行きます伯爵夫人**[7]」。「本など読むからジェラールはおかしくなったのよ。私は貧しい者にも施しを与えて来たのに」と嘆く伯爵夫人だが、気をとりなおして舞踏会を続ける。時代の変革を告げる不気味な太鼓の音が、舞踏会の音楽の後ろで大きくなって行く。

【第2部】

3年後のパリ、カフェ・オットー

急進的なロベスピエールが率いるジャコバン党が恐怖政治を敷く革命混乱期のパリ。ベルシのあとを密偵が追っている。詩人のシェニエも危険人物として見張られている。

カフェにいるシェニエを友人のルーシェが見つける。ルーシェは「ここは危険だ。この偽名のパスポートで逃げろ」と言うが、シェニエは「自分は運命を信じる。愛の力が私を呼んでいるのだ」と語る「**不思議な力を信じている**[8]」。

そして最近、ときには甘くときには深刻な「希望」と名乗る女性からの手紙が自分の元に届き、最後の手紙には、自分に会いたいと書いてあったのだと語る「二重唱　**近頃不思議な手紙が来るのだ**[9]」。

シェニエはこの女性に会ってみたいと言うが、ルーシェは「それは娼婦からの誘いに違いない」と言う「二重唱　**確かに女の筆跡だ**[10]」。シェニエはルーシェに説得されて、偽造パスポートを受け取る。

そこにロベスピエールと、彼の右腕となったジェラールが現れる。それを市民たちが歓迎する。シェニエとルーシェは物陰に隠れて様子を見守る。

7　ええ、出て行きます伯爵夫人、Sì, mene vo, Contessa!
8　不思議な力を信じている Credo a una possenza arcana
9　近頃不思議な手紙が来るのだ Da tempo mi pervegno strane lettere
10　確かに女の筆跡だ Caligrafia in vero femminil!

ジェラールが密偵に「行方不明になっているマッダレーナを探し出せ」と命じる「四重唱[11] **青い目で輝く金髪で**」。彼は憧れのマッダレーナを今こそ自分のものにしたいと思っているのである。

娼婦に身をやつしたベルシが現れ、男たちをうまくあしらいながらシェニエに近づき、「希望」の名の女性が危険を冒して、もうすぐあなたに会いに来ると伝える[12]「**アンドレア・シェニエ、間もなく危険にさらされている女性があなたに会いに**」。密偵はその様子から目を離さない。

ヴェールをつけたマッダレーナが、人目を気にしながら現れる。シェニエは、はじめは彼女が誰だかわからないが、彼女が彼の詩の一節を口にしたので彼女がマッダレーナであることに気づく。密偵はすぐにそれをジェラールに知らせに行く。

マッダレーナはこの3年の間に、母は亡くなり、家は焼かれ、今は自分のためにその身を売ってまで助けてくれるベルシだけがそばにいてくれることと、そして急進派に命を狙われている恐怖を彼に語る。そして、彼の言葉だけをよすがに生きて来た。自分を守って欲しいと言う。ふたりは互いの気持ちを確かめ合う「二重唱[13] **あなたが手紙の主ですね〜私はこの世にひとりきりで、脅されているのです〜なんと甘く崇高な愛〜死がふたりを分かつまで一緒だ**」。

そこに密偵からの知らせを受けたジェラールが現れる。シェニエはマッダレーナを逃し、ジェラールとシェニエは相手が誰だかわからぬまま決闘をして、ジェラールが負傷する。その時ジェラールが、相手がシェニエであると気づき「フーキエが君の名前を処刑者リストに載せた。すぐに逃げろ。そしてマッダレーナを守ってくれ」と囁《ささや》く。シェニエはその場を去る。

駆けつけた支持者たちにジェラールは「見知らぬ男にやられた」と言い、民衆は「敵対する穏健派のジロンド党の仕業に違いない」と怒りの声を上げる。

11 青い目で輝く金髪で Azzuro occhio di cielo

12 アンドレア・シェニエ、間もなく危険にさらされている女性があなたに会いに Andrea Chénier! Fra poco a te una donna minacciata

13 あなたが手紙の主ですね〜私はこの世にひとりきりで、脅されているのです〜なんと甘く崇高な愛〜死がふたりを分かつまで一緒だ La mia scrittorice? ～ Son sola! e minacciata! ～ Ora soave sublime ora d'amore! ～ Fino alla morte insieme!

【第3部】革命裁判所

（第1場）一階の大きなスペース

　フランス国内の革命の混乱は続いている。「弱体化したフランスを諸外国が狙っている」とマテューが募金を募っているが、誰も寄付しようとしない[14]「**祖国は危機に瀕《ひん》しているのだ**」。

　ジェラールが代わって市民の女性たちに「身につけている金銀をあなた方の息子たちのために、祖国のために差しだしてくれ」と演説し、その演説に感動した女性たちは、首飾りやネックレスを寄付する[15]「**フランスが涙と血を流している**」。

　そこに一人の盲目の老婆マデロンが進み出て、「息子はバスティーユの襲撃で命を落としました。私には差し出せるものはなにもありません。せめてただひとり残る孫を戦いにお役立てください」と少年を差し出す[16]「**私は老婆、マデロン**」。彼女は涙ながらに孫に別れを告げ、去って行く。

（第2場）ジェラールの執務室

　外からは、市民たちの勝利を賛美する歌が聞こえている。

　密偵がジェラールの元に現れ、今朝ルクセンブルクでシェニエの身柄が捕らえられたと報告する。彼が逮捕されたとの知らせを密偵があちこちにばら撒《ま》いたので、きっとマッダレーナがシェニエを助けるためにあなたのところに姿を現すだろうと語る[17]「**恋する娘に待つ身は辛い**」。

　そして「シェニエをすぐにでも裁判にかけて処刑すべきだ」とジェラールに進言する。ジェラールは告発状に署名しようとして「これは卑怯《ひきょう》ではないか」と逡巡《しゅんじゅん》し、この殺戮《さつりく》を繰り返す革命に自分が果たす役割に疑問を感じる。そして「弱者の人々の苦しみを理解し、彼らを愛することこそが大切なのだ」と語る[18]「**祖国の敵**」。だが皮肉なことにマッダレーナへの愛が、シェニエへの憎しみを生む。彼は苦悩しながら書類に署名する。

　ジェラールの前にマッダレーナが現れる。ジェラールは喜び「私はあなたを逮捕するためではなく、私のものにするためにスパイを放って探させたのだ」と語る[19]「**私は君が好きだった**」。

14　祖国は危機に瀕しているのだ È la patria in periglio!
15　フランスが涙と血を流している Lacrime e sangue dà Francia
16　私は老婆、マデロン Son la vecchia Madelon
17　恋する娘に待つ身は辛い Donnina innamorata che d'aspettar s'annoia
18　祖国の敵 Nemico della patria
19　私は君が好きだった Io t'ho volute

マッダレーナは、「私の体が欲しいならば、シェニエの命と引き換えに好きにするがいい」と言い、ここまでの苦労と、そんな自分の支えがシェニエへの愛だけであったことを語る「**母は亡くなり**[20]」。その話を聞き、感銘を受けたジェラールは、彼女にシェニエの命を救うことを約束する。

（第3場）革命裁判所法廷

他の被告人たちとともにシェニエも引き立てられてくる。彼の尋問《じんもん》が始まる。シェニエは自分は愛国者であり、無実であると主張する「**私は兵士として**[21]」。

証人台に立ったジェラールが「彼は無実である」と証言するが、その甲斐もなくシェニエには死刑が言い渡される。

【第4部】

サン・ラザール刑務所

刑務所の中庭。テーブルの前にシェニエが座っている。ルーシェが面会にやって来る。シェニエは、彼に辞世の詩を読んで聞かせる「**五月のある美しい日のように**[22]」。

ジェラールが現れて、看守にシェニエとの最後の面会を要求する。そして彼は、連れて来たマッダレーナをシェニエと会わせる。マッダレーナは看守に残っていた宝石とお金を与えて「明日の朝、処刑される予定の若い女性と私を入れ替わらせてほしい」と頼む。その様子を見たジェラールは何とかしてシェニエの処刑を止めるためにロベスピエールを説得しようと走り去る。

シェニエとマッダレーナは、再会を喜び合う「二重唱　**君のそばで**[23]」。「明日の朝、ひとりの若い母親の代わりに私があなたと一緒に処刑されるの」というマッダレーナに一瞬驚くシェニエだが、ふたりは「この死は愛の勝利だ」と語り合う「二重唱　**僕たちの死は愛の勝利だ**[24]」。

夜が明ける。シェニエと、レグレイという女性の身代わりになったマッダレーナは、手を取り合って処刑台へと歩を進める。

20　母は亡くなり La mamma morta
21　私は兵士として Sì, fui soldato
22　五月のある美しい日のように Come un bel dì di Maggio
23　君のそばで Vicino a te
24　僕たちの死は愛の勝利だ La nostra morte è il trionfo dell'amor

《聴きどころ》

日本においては、1961年NHKイタリア歌劇団公演でマリオ・デル・モナコ、レナータ・テバルディ、アルド・プロッティという豪華なキャストで初演されたこのオペラは、特にデル・モナコの輝かしい声の印象が鮮烈過ぎたのだろうか、今でも主要3役に必要以上に重く大きな声を望む傾向がある。もちろんこのオペラの登場人物たちは、ベルカント・オペラの主人公たちのような優美な声では太刀打ち出来ないのだが、ただ大声で逞《たくま》しく歌われることがすべてと思われては、こんどはこの作品がかわいそうである。特にジェラール役は、ヴェルディ以降の多くのイタリア・オペラのバリトン役の中でも一面的な敵《かたき》役ではなく、深みのある複層的な役で、オペラのタイトルが《カルロ・ジェラール》であってもおかしくないほど、イッリカの台本もジョルダーノの音楽も、この人物を緻密《ちみつ》に描き出している。

シェニエ ―― 観念的な美学に生きる詩人

タイトルロールのシェニエは、激動のフランス革命の中にあっても自然を賞賛する田園詩人の方向性はブレることがない。それは死の瞬間まで彼を貫き、彼に強く影響されたマッダレーナとともに愛と死を美化して処刑されて行く。

シェニエには、第1部で即興詩「[6]**ある日青空を眺めていると**」、第3部では「[21]**私は兵士として**」、第4部では辞世の詩「[22]**五月のある美しい日のように**」がアリアとして与えられている。彼は第3部の革命裁判所での弁明「私は兵士だった」において「自分は詩人として、革命のためにペンで戦った」と言っている。崇高な魂の持ち主ではあるが、血なまぐさい革命の中でも彼は彼独特の美学と理想の中に生きて来た。

彼は、第2部のルーシェとの二重唱で「僕はまだ愛されたことがない」と語っている。第1部で彼はマッダレーナに「あなたは、まだ愛というものを知らないのだ」と言っているが、彼自身にとってもまた「愛」はあくまで観念的な世界のものだったのだ。この詩人のアリアはどれもある意味では世間知らずな若者の、純粋な愛への憧れとして歌われる。辞世の詩に至っても、そこに生への執着は感じられない。シェニエが、自分の思う理想の世界の中に生き、死んでいくことは、このオペラにとっては絶対不可欠な条件である。

その意味でも、シェニエを歌う歌手には、俗世間から隔絶されたような美意識とでも言おうか、異次元的な要素があってもいい。冒頭で書いたように、ひたすら逞《たくま》しくヒロイックな人物というだけでは面白くない。デル・モナコや、近年ではジャコミーニのような剛毅《ごうき》で骨太なシェニエも良かったが、例えばカレーラスが歌った繊細で自滅的なキャラクターも、それはそれで魅力的なシェニエなのだ。

マッダレーナ――自らの人生を語れる役

フランス革命に翻弄《ほんろう》され、貴族であるがゆえに命を狙われ続けるマッダレーナ。彼女が救いとしたのは、舞踏会で「現実の世界を見なさい」そして「あなたはまだ愛をまだ知らない」と即興詩で自分に語り掛けたシェニエの存在である。彼女はシェニエの思考に影響され、彼の存在に救いを求める。実際のところ救われるのはシェニエの方なのだが、彼女自身はそれで自分も救われたと信じて疑わないのだから、それはそれでよいのだ。

彼女の感情は、幾度となく重唱の中で吐露《とろ》される。シェニエよりももう少し人間味のある存在と言ったらよいだろうか。マッダレーナの単独のアリアは「**母は亡くなり**」[20]の一曲だけだが、このアリアの前半は革命が始まってからの彼女の悲惨な経験を語るために、ソプラノにしては低い音域で始まる。彼女に次々と襲いかかった悲惨な現実をジェラールに説明する部分は、五線の中に収まる音域で書かれ、彼女が熱を帯びてシェニエへの想いを語り始めると音域も高くなる。人の声のトーンは悲惨な内容を話すときと、恋や夢を語るときでは自然と変化するものだ。ヴェリズモ・オペラでは、ベルカント・オペラやヴェルディ中期のオペラ作品群よりも、そうした実際の話し言葉に近い語り口がより忠実に再現されている。それが、ヴェリズモ（＝現実主義）・オペラと呼ばれる大きな要素のひとつである。

この作品では、現実的な喋《しゃべ》りの部分がレチタティーヴォではなく、重唱なり、アリアなりの中に織り込まれていることが多い。理想を口にすることの多いシェニエは良いのだが、マッダレーナと、そしてより心理の動きを表現しなければならないジェラール役の歌手には、歌の中で、そこを丁寧に「演じ分ける」力が求められる。そうしたことの出来ない歌手たちに歌われれば、このオペラは単なる大声自慢の荒っぽい作品に成り下がりかねない。

ジェラール――表現力勝負の役

前述のようにジェラールは演じ甲斐のある役であり、難役である。ストレートプレイの俳優と同じぐらいの説得力のあるセリフ回しで、このオペラを牽引《けんいん》して行かねばならない。彼はこのオペラの中で自分に与えられた身分に疑問を持ち、行動を起こして権力を握り、そして権力の虚《むな》しさに気づき、血の通ったひとりの人間へと変貌《へんぼう》して行く。物語の中で、人として（失敗を繰り返しつつも）成長して行くのは彼だけであるとも言えよう。

ジェラールは、アクの強い人間として表現されることが多い。冒頭の登場場面から貴族に搾取《さくしゅ》され、生活が楽になることのない不満を爆発させる。権力の座に就いてからも以前の雇い主の娘であったマッダレーナを我が物にしようと虎視眈々《こしたんたん》と狙っている。しかし、彼を悪人と捉えてしまうのはあまりに安直だろう。決闘でもシェニエを救い、最後もマッダレーナの望みを叶え、かつ、何とか彼らの命を救おうとロベスピエールのもとに走る。彼は——実はこのオペラで唯一と言ってもいい、他人を慮《おもんぱか》ることを知る真っ当な人間に成長したのである。彼は、何も考えずにただ群集心理に流される人ではない。教育はろくに受けていなかったかもしれないが、彼は本当の意味で、革命の必要性と矛盾、そしてその後の方向性を見極めることができる頭脳と感性を持ち合わせていた人間だったのである。

そうしたことを理解した上で、バリトン歌手はジェラールという役、そして**「祖国の敵」**[18]というアリアと向かい合うことだ。ピエロ・カップッチッリはこのアリアを得意としていた。評価されていたのは、彼が並外れた美声だったからではない。一曲の歌の中で、深い内容を、見事に聴衆に訴えかけることが出来ていたからこそ、聴衆の感動を呼んだのである。歌の上手い下手の次元の問題ではない。歌手本人が生きて来た中での様々な経験を「表現」というものに集約して一曲のアリアに反映させた結果なのだ。これこそが、本来の「アーティスト」と呼ばれるべき人間が持つ圧倒的な力に他ならない。

《フェドーラ》ウンベルト・ジョルダーノ

FEDORA *Umberto Giordano*

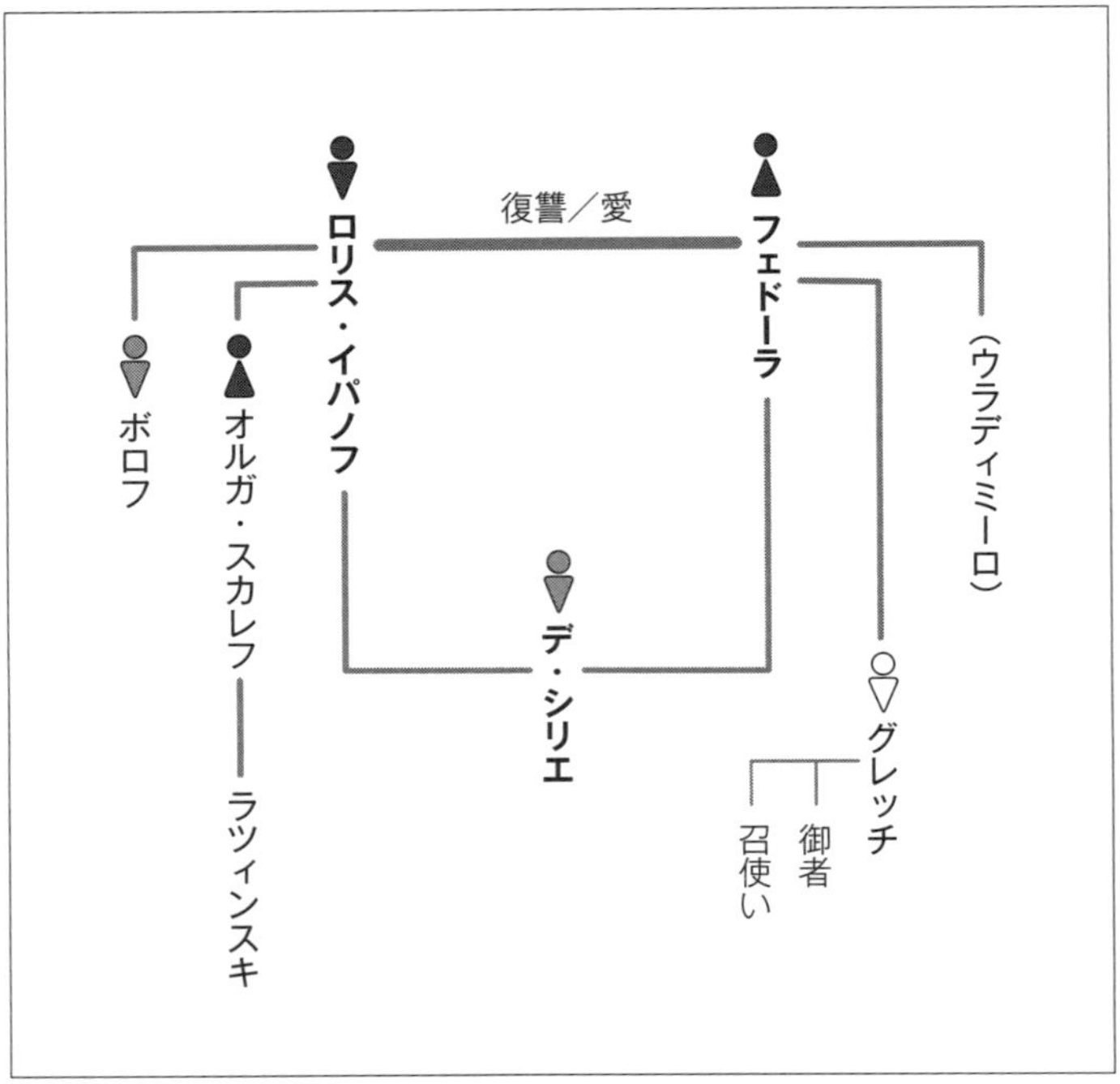

主な登場人物

フェドーラ・ロマゾフ（S／Ms）
　ロシアの皇女
オルガ・スカレフ（S）
　ロシアの伯爵夫人
ロリス・イパノフ（T）
　ロシアの伯爵
デ・シリエ（Br）
　フランスの外交官
グレッチ（Bs）
　刑事
ボロフ（Br）
　ロリスの友人でもあるロシア人医師
ラツィンスキ（黙役）
　ポーランド出身の才能あるピアニスト
ウラディミーロ（黙役）
　フェドーラの婚約者

3幕のオペラ（シェーナ・リリカ）Tre atti per la scena lirica
原作　ヴィクトリアン・サルドゥの戯曲「フェドーラ」
台本　アルトゥーロ・コラウッティ
初演　1898年11月17日　ミラノ、テアトロ・リリコ
演奏時間　1時間45分／第1幕30分、第2幕45分、第3幕30分

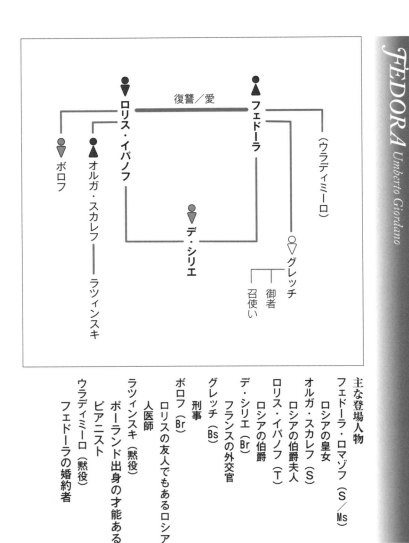

【第1幕】

19世紀末のロシア、冬のサンクト・ペテルブルク、アンドレイェーヴィチ伯爵邸

幕が開くと、そこはアールヌーヴォーのエレガントな調度品で設《しつら》えられた伯爵邸の八角形をしたサロン。

色男で、放蕩《ほうとう》を尽くして財産を食い潰《つぶ》すばかりのこの邸宅の主、伯爵で警備隊長のウラディミーロは、大金持ちの未亡人である皇女フェドーラ・ロマノフと明日結婚式を挙げることになっている。

会いに来ると言いながら、待てど暮らせど現れないウラディミーロを探して、フェドーラがやって来る。豪華なサロンを満足げに見回すフェドーラは、ハンサムな彼の写真にうっとりとする「**誠実そうに輝く大きな瞳**[1]」。

ウラディミーロの馬車（そり）が戻り、銃で撃たれた瀕死《ひんし》のウラディミーロが担《かつ》ぎ込まれる。ふたりの警官を連れてやって来た刑事のグレッチが証言を集め始める。御者は「ご主人さまを乗せて、ある一軒のぽつんと立つ館まで行った。外で待っていたら15分ほどして銃声が2発聞こえ、ひとりの男が血を垂らしながら走って逃げて行った」と話す。

たまたまその場に居合わせたフランスの外交官のデ・シリエが、御者の尋常《じんじょう》ならぬ様子に手を貸したのだという。デ・シリエが「御者とふたりで血痕《けっこん》をたどってその館に辿《たど》り着くと、そこには血の海の中に倒れている伯爵の姿があった」と語る。

グレッチの聞き取りは続く。召使は、警察総長の息子でもあるウラディミーロが最近脅迫されていて、常にピストルを携帯していたこと、一軒屋は主人が、とある老婆から借りたもので、その老婆が今朝一通の手紙を持って来たこと、その手紙を主人は机の抽出《ひきだ》しにしまっていたと話す。しかし抽出しからその手紙は見つからない。グレッチは「反政府主義者の犯行だ」と言いながら聞き取りを続ける。

もうひとりの召使の少年の口から「そういえば

1　誠実そうに輝く大きな瞳 O grandi occhi lucenti di fede!

今朝、見知らぬ男がその机の前に座っていた。そして突然名前も告げずに飛び出して行った」と聞いたフェドーラは、「その男が犯人よ」と叫び「私の婚約者を殺そうとした犯人を一刻も早く捕まえなさい」と激昂《げきこう》する。

彼女の短絡《たんらく》的な発言をグレッチが諌《いさ》める。フェドーラは机の上にあったビザンチン風の十字架を手にし、ウラディミーロの寝室に向かってかざして復讐《ふくしゅう》を誓う[2]「**これを勇敢と言うのよ**」。

召使の少年は、その男がクリスマスの日にウラディミーロと玄関の前で話し込んでいたのを見た記憶があり、名前がロリス・イパノフであったことを思い出す。グレッチは犯人を確保すべくロリス伯爵家へ急行する。

その時、ウラディミーロの死が伝えられ、戻って来たグレッチの口からは、ロリスの家はすでにもぬけの殻であったことが伝えられる。

【第2幕】

パリの豪奢《ごうしゃ》なフェドーラ家のサロン

フランスやロシアの上流階級の人々が正装で集《つど》うパーティが開かれている。

女主人フェドーラのそばには、ロリスの姿がある。今はフランス外務省で秘書官を務めるデ・シリエが現れ、フェドーラの傍《かたわ》らにロリスの姿があるのを見て驚く。

フェドーラは「ウラディミーロの復讐をするため、ロリスがパリにいると聞いて私もパリに来たのです。彼を見つけて誘惑したけれど、まだ彼が犯人であるという確証が得られない」と語る。「彼を愛しているのか」とデ・シリエに尋ねられたフェドーラは「たぶん」と答える。

デ・シリエがロシア風の、ロシア女性の強靭《きょうじん》な意志を揶揄《やゆ》するような歌をアリャビエフの「ナイチンゲール」のメロディに乗せて唄う[3]「**ロシア女性はふたつの顔を持つ**」。

ロリスの血縁である伯爵夫人のオルガが、軽妙なフランス風の歌で返す[4]「**パリの男はヴーヴ・クリコのシャンパンのよう**」。

フェドーラから「私をお好きなの」と聞かれた

2　これを勇敢と言うのよ Dite coraggio
3　ロシア女性はふたつの顔を持つ La donna russa è femmina due volte
4　パリの男はヴーヴ・クリコのシャンパンのよう Il parigino è come il vino

ロリスが、フェドーラへの愛を歌う「**愛さずにはいられない**[5]」。

ロリスの友人でもある医者のボロフが「今夜にロシアに出発する」とフェドーラに告げ、フェドーラも「明日には自分もサンクト・ペテルブルクへ戻る」と語る。明日彼女がパリを去ると聞いたロリスは驚く。

客として招かれたポーランドの若いピアニストでオルガの恋人、ラツィンスキが弾くピアノの音を背にフェドーラはロリスに「なぜあなたはロシアにお帰りにならないの」と尋ね、巧みに彼から話を引き出そうとする。

ロリスは、「僕は重い罪を犯してしまい、母の待つ故国に帰ることが許されないのだ」と語る。

フェドーラは動揺を抑えながら「なぜその人を殺したの」と尋ねると彼は「それには理由があり、自分の正当性を裏付ける証拠がある」と答える。

フェドーラは、「その証拠を持って真夜中にもう一度いらして」と言ってロリスを送り出す「二重唱[6] **でも、それは愛のためだったと**」。

そこにデ・シリエから「ロシア皇帝の暗殺計画がある」という知らせがもたらされ、パーティが中止になり人々は帰って行く。

(間奏曲)

ひとりになったフェドーラはロシア警察宛に「ロリスがウラディミーロを殺した犯人だ」という密告の手紙を書く。

フェドーラに呼ばれたロシア秘密警察のグレッチは「殺人事件の共犯者は、彼の兄ヴァレリアーノに違いない」とフェドーラに吹き込み、フェドーラは密告の手紙にその兄の名前も書き添える。そして「今夜この館にロリスがもう一度やって来るので、彼が帰る時に身柄を押さえるように」と命令し、グレッチは「今夜こそロリスを捕らえてロシアに送還してやる」と言いながら部下たちとともに出て行く。

ロリスが現れ、友人であったウラディミーロを殺害するに至った経緯をフェドーラに話し、ウラ

5　愛さずにはいられない Amor ti vieta di non amar
6　でも、それは愛のだったと Ma, dunque, è amore?

ディミーロがロリスの妻に宛てた手紙を証拠としてフェドーラに渡す。そこには「他の女と結婚するが、心は君のものだ」と書かれていた。

ロリスはあの朝、妻の手紙をウラディミーロに届ける老婆の後をつけ、ウラディミーロ邸で手紙を読み、彼らの密会の場所と時間を知ったのだった。密会の場に飛び込んだロリスに向かって先に発砲したのはウラディミーロの方で、その銃弾はロリスの脇腹をかすめた。そしてロリスがウラディミーロを撃った。妻はその場から逃げ去ったが、その後病いを得て亡くなったことを語る。

その話を聞いたフェドーラは、「よくやったわ」とロリスの行為を称賛する。

ロリスがフェドーラ邸を辞そうとする。外に出たら彼がロシア秘密警察に捕まってしまうことを知っているフェドーラは、彼を必死に引き留めて「あなたのことを愛しています。私はロシアにはもう戻りません」と彼への愛を告白する。

【第3幕】

スイス、トゥーン湖畔

湖に面して建つフェドーラの別荘

フェドーラとロリスが穏やかに暮らしている。ロリスが「兄や母からの局留の手紙が来ていないか郵便局まで確かめに行って来る」と出掛けていく。

オルガも彼らの別荘に滞在しているが、パリとは違って自然以外に何もない暮らしに退屈している。そこに近くの「英国ホテル」に滞在しているというデ・シリエが訪ねてくる。

デ・シリエに「ポーランドのピアニストとの仲はどうなったのか」と聞かれたオルガは「彼は私を捨ててジュネーヴに行ったわ」と語る。退屈しているオルガをデ・シリエは自転車で散歩に行こうと誘い、彼女は「着替えて来る」と言って部屋を去る。

フェドーラとふたりになったデ・シリエは、ウラディミーロの父の警察総監が、パリから届いた密告書をもとにロリスの兄ヴァレリアーノを逮捕

7　神よ正義のお裁きを Dio giustizia

8　フェドーラ、その女はパリに Fedora, quella donna è a Parigi

し、ネヴァ河の岩壁にある洞窟《どうくつ》の牢屋《ろうや》に拘束したこと、ある夜、河の水が増水してヴァレリアーノが水死し、その知らせを聞いた母親もショックで亡くなったことを話す。デ・シリエとオルガが出掛けてひとり残ったフェドーラは強い後悔の念に駆られ、神に祈る「**神よ正義のお裁きを**」[7]。

郵便局から戻ってきたロリスは、母からも兄からもしばらく何の便りもないことを訝《いぶか》しがる。そこにロシアに戻ったボロフから、ロリス宛の電報と手紙が届く。そこには、ロリスが赦免されたこと、そしてロリスの兄が非業の最期を遂げ、母も亡くなったと書かれていた。そしてそこには「それはウラディミーロの父による息子殺しの復讐《ふくしゅう》であり、パリにいるロシア女性からの密告の手紙に基づくものであった」と書かれていた。

「自分をスパイして、あらぬことを密告したその女を見つけ出してこの手で殺してやる。一緒にパリに行こう」と言うロリスに「その女もきっと婚約者を殺されて尋常《じんじょう》な状態ではなかったのよ」とフェドーラは必死に言い訳をする。彼女と話すうちに、ロリスはその密告者が目の前にいるフェドーラであることに気づく「二重唱[8]　**フェドーラ、その女はパリに**」。

一瞬の隙《すき》をついて彼女は、ずっと身につけてきた十字架の中に隠していた毒を呷《あお》り、ロリスの腕の中で彼女の赦しを乞いながら息を引き取る。

《聴きどころ》

フェドーラ——女優でなければ演じられない、

タイトルロールのフェドーラは、ソンツォーニョ社のヴォーカル・スコア上に作曲者自身の手で、メゾ・ソプラノが歌う場合用に、ソプラノのそれよりも低いヴァリエーションが書き込まれている。彼女を演じるためには、絶対的な存在感とともに、声に強さが必要だとジョルダーノが考えていたということの証しとも言えよう。

ロシアの皇女フェドーラは、大金持ちであると同時に、相当に意志の強い女性である。婚約者であった（実は自分を裏切っていた）色男のウラディミーロが殺され、彼の復讐《ふくしゅう》を果たすために犯人とおぼしきロリスを追ってパリにまで来て、パリの社交界で華やかな存在となってロリスをあぶり出す。ウラディミーロ殺しの証拠を握り次第、彼の身柄をロシアの秘密警察に渡して極刑に処すためである。彼女はロシアの諜報員と密に連絡を取り、本国に逐一報告を上げている。つまり彼女はロシアのスパイの役目も担っていたというわけである。フランスの外交官のデ・シリエがさりげなく彼女の近辺に現れるのも、彼がロシアの貴族達の動きをこちらはフランス側のスパイとして観察しているがゆえなのである。

彼女の気の強さはまず、第1幕で婚約者の復讐を誓う場面と、その後のレチタティーヴォに現れる。そしてパーティの場面で、ショパン風のピアノの調べに乗ってロリスに事件の事を自白させるあたりから、彼女が実に腹の据わった女性であることが表出する。この部分の表現で、この役の歌手の「女優としての実力」が試される。

第3幕に入ると、フェドーラは本気でロリスを愛し、自分が密告者であることが彼にいつ知られてしまうのかに恐れおののく女性となる。フェドーラがウラディミーロ邸で手にしたロシア正教の宝石をちりばめた豪華な十字架は、初めはウラディミーロを殺した犯人への復讐心を忘れぬために持っていたが、最後には彼女はいつか復讐するためにその中に仕込んでおいた毒薬を呷《あお》って、自らの行為を罰する。

第1幕冒頭で召使いたちがゲームをしながら、彼女の事を「未亡人で」と語っているように、それなりに分別のある年齢の女性のドラマティックな人生の最後の数か月の出来事が、このオペラでは描かれているのである。

この役をミレッラ・フレーニが１９９０年代になって手掛けた。彼女は50歳を過ぎてから満を持してこの役を手掛け、キャリア最後の当たり役とした。この作品は、原作者が同じだからというだけでなくトスカと同じくプリマドンナが中心のオペラである。それを発声テクニックも完璧なフレーニが、声の成熟を待って満を持して取り組み当たり役にしたことで、逆に力任せのドラマティックな声だけの大味なソプラノには手が出しづらくなった。しかし柔らかなソプラノ・リリコには、この役は声への負担があまりに大きく、リスキーでもある。それゆえになかなかフェドーラを歌うソプラノが見つからない。このオペラの原作である芝居がサラ・ベルナールという稀代《きだい》の女優の主演によって大当たりを得たように、このオペラにも絶対的なプリマドンナの存在が不可欠なのである。

ロリス――アリア「愛さずにはいられない」で知られる

テノールのアリアとして頻繁《ひんぱん》に単独で歌われるのが、第2幕のロリスのアリア「**愛さずにはいられない**」[5]である。このカンタービレだけを聴くと、ロリスという役は軽めのリリコのテノールでも出来そうに思えるが、残念ながら全幕を通すとなると、この役は相当にドラマティックな表現が出来なければ務まらない。彼は単なる優《やさ》男ではないのだ。しかし同時に彼は、離れて暮らす年老いた母のことを一時《ひととき》として忘れない。このあたりは（役はロシア人だが）イタリア・オペラに登場する男の面目躍如《めんぼくやくじょ》というべきか、マザコンである。息子が母親を大事にするというのは、イタリアでは恥ずかしいことではなく当然であり、美徳ですらある。第2幕の最後の場面で、フェドーラもロリスへ愛を告白する時に、「私があなたのもうひとりのお母様になるわ」と言っている。ロリスよりもフェドーラの方がだいぶ年上だということか、少なくとも精神的にはロリスよりもフェドーラが成熟しているということを示す。財力でも精神面でもフェドーラが主導権を握っており、ロリスは、ヴェルディの《ラ・トラヴィアータ》におけるアルフレードとよく似た存在で、直情型で、かつ、熟考して行動するタイプの男ではないとも言えよう。

デ・シリエ——狂言回しのフランスの外交官

まず、サンクト・ペテルブルクで都合よくフランス人のデ・シリエがウラディミーロ殺害現場に居合わせるのはおかしくないか。パリに来ても彼はフェドーラのサロンへ出入りしており、かつ、要所、要所で、フェドーラに（物語の進行に）必要な情報を提供する。ロシア皇帝が、革命家に命を狙われたという知らせも然《しか》り、ウラディミーロの父が、息子の復讐《ふくしゅう》にロリスの兄を殺し、母親もそのショックで亡くなったというニュースをわざわざスイスに現れてまで知らせるのは、偶然にしては出来過ぎではないか。フェドーラをはじめ、ロシアの体制側の貴族達の行動を監視するのが彼の役目ということなのだろう。彼はパーティの場面で、ロシア女性の二面性を揶揄《やゆ》するように歌うが、ここでは尻軽《しりがる》なオルガへの嫉妬《しっと》と見せ掛けて、ロシア女の執念深さを歌っている。

この役の聴かせどころは、そこにしかないが、このオペラ全体として見れば、彼は欠くことの出来ない狂言回し役である。ロシア人たちの誰かがその役目を担《にな》うと、彼（あるいは彼女）の政治的信条が反映されて、話がややこしくなってしまう。ロシア人の輪の中から一歩離れた立場である（一貫して革命側を応援するフランスの立場を代弁しているであろう）デ・シリエが、ここに登場するロシア貴族たちの運命をも握ってもいるのである。

《フランチェスカ・ダ・リミニ》

FRANCESCA DA RIMINI

Riccardo Zandonai

リッカルド・ザンドナーイ

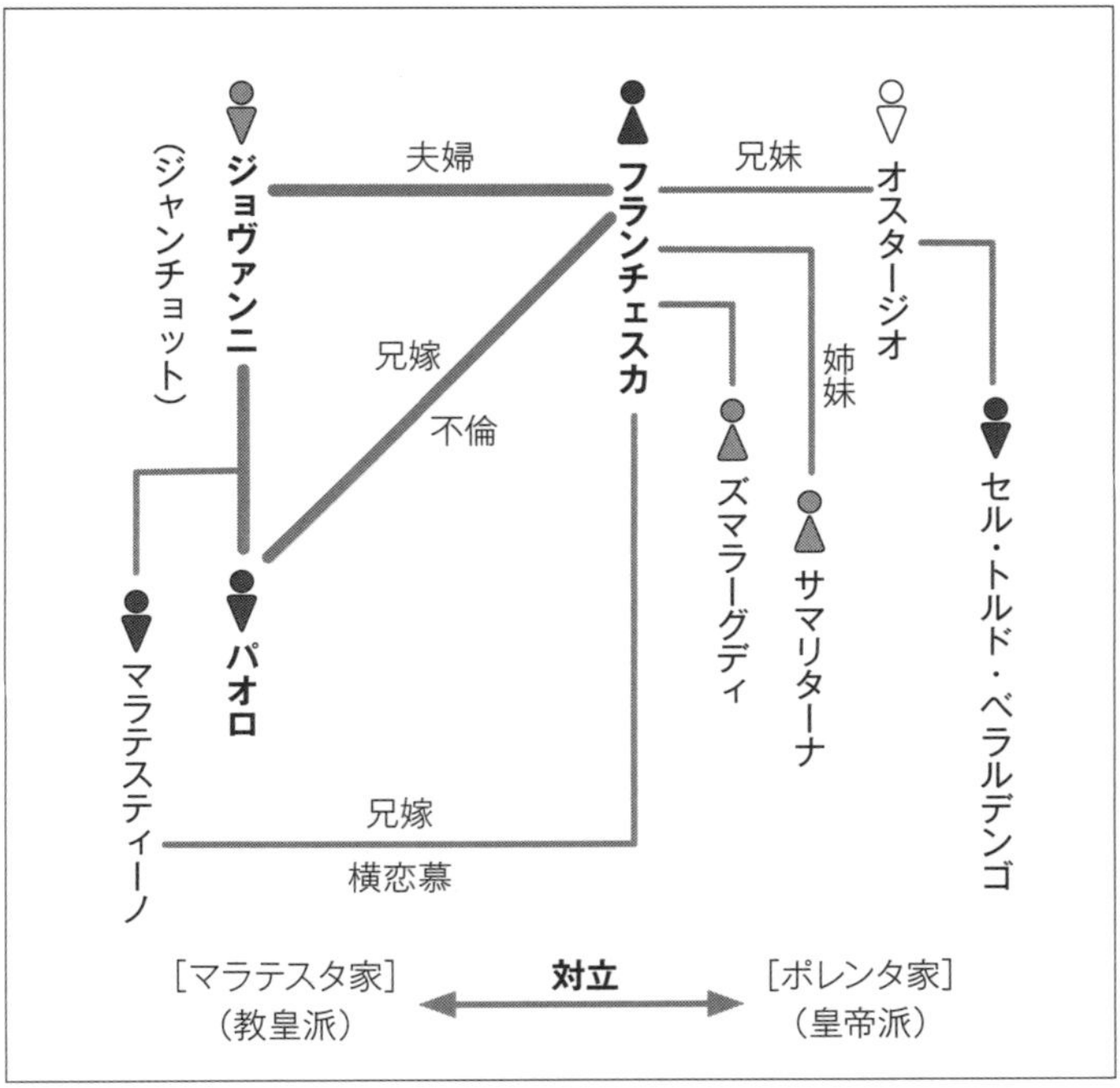

主な登場人物

フランチェスカ（S）
ポレンタ家の長女

パオロ（T）
マラテスタ家の次男　美男で知られる　別名イル・ベッロ

ジョヴァンニ（Br）
マラテスタ家の長男　別名ジャンチョット（ロ・シャンカート）

マラテスティーノ（T）
マラテスタ家の末弟　別名ダロッキオ

オスタージオ（Bs）
ポレンタ家の長男　フランチェスカの兄

サマリターナ（Ms）
ポレンタ家の次女

セル・トルド・ベラルデンゴ（T）
オスタージオの側近

ズマラーグディ（Ms）
フランチェスカの側に仕える奴隷

旅芸人（T）

4幕のオペラ　Opera in quattro atti
原作　ガブリエーレ・ダンヌンツィオの戯曲「フランチェスカ・ダ・リミニ」
（ダンテの「神曲」地獄篇第5歌に基づく）
台本　ティート・リコルディ
初演　1914年2月19日　トリノ、テアトロ・レージョ
演奏時間　2時間35分／第1幕35分、第2幕30分、第3幕45分、第4幕45分

【第1幕】

ラヴェンナ、ポレンタ邸

14世紀初頭のイタリア・ラヴェンナにあるポレンタ邸。5月のある日、ポレンタ家に仕える侍女たちが行商人も兼ねる旅芸人と軽口を叩いている。旅芸人が「トリスタンとイゾルデ」の物語を彼女たちに語って聞かせようとしたところに、ポレンタ家の長男オスタージオが現れる。彼は旅芸人のことをマラテスタ家の密偵ではないかと疑い、追い払う「二重唱 **ならず者、ここで何をしているのだ**[1]」。オスタージオの側近で、彼の知恵袋であるセル・トルドが、「あのようなみすぼらしい男がマラテスタ家の者であるはずがない」とオスタージオに言う。

オスタージオたちは、長年対立してきたリミニのマラテスタ家との講和のために、オスタージオの妹フランチェスカをマラテスタ家の長男で、醜《みにく》い姿のためジャンチョットと呼ばれるジョヴァンニに嫁がせることにした。ジャンチョットを見たら結婚を渋るであろうフランチェスカに、マラテスタ家の美男の次男パオロが花嫁を迎えに来るのを利用して、彼が花婿であると思い込ませることを企てたのである「二重唱 **安心はできない**[2]」。

フランチェスカが現れる。彼女は、姉が見知らぬ男のところに嫁ぐと聞いて寂しがる妹、サマリターナを慰める「二重唱 **大丈夫よ、愛しい小鳩ちゃん**[3]」。

そこにパオロとその侍従たちが到着する。フランチェスカは花婿に会う恥じらいから隠れようとする「**私を部屋に連れて行って**[4]」。

顔を合わせたパオロとフランチェスカは、互いに一目で恋に堕《お》ちる。ふたりはひと言も言葉を交わすことなく見つめ合う。パオロのことを自分の花婿と信じているフランチェスカは、パオロに愛を込めて一輪の赤いバラを贈る。

【第2幕】

リミニ、マラテスタの館の塔

皇帝派と教皇派の戦いが続いている。教皇派マラテスタ家の長男ジャンチョットの妻となったフ

1　ならず者、ここで何をしているのだ Che fai qui, manigoldo?
2　安心はできない Certo non ci daremo pace
3　大丈夫よ、愛しい小鳩ちゃん Pace, anima cara, piccola colomba
4　私を部屋に連れて行って Portami nella stanza

ランチェスカが、塔の番人に夫の所在を聞く。番人は「まだ戻っておられません」と答える。

そこに誰かが塔を上がって来る足音がする。それはパオロだった。ふたりは久方ぶりの再会を果たす。彼が花婿だと思い込んで嫁いで来たフランチェスカは、そのことへの恨み言を口にする。パオロもフランチェスカへの想いが断ち切れないことを語るが、兄嫁となったフランチェスカはそれをさりげなく聞き流す「二重唱 **私に小さな兜《かぶと》をくださるはずでは**[5]」。

そこに急を告げる鐘の音が聞こえ、兵士たちがなだれ込んで来る。皇帝派が城に攻め込んで来たのだ。パオロは自分の兜をフランチェスカに渡して、戦いを陣頭指揮する。パオロが塔の上に駆け上がる。パオロはうしろをついて来たフランチェスカに「ここからすぐ下りるように」と言う。その時、パオロに弓矢が刺さる。負傷したパオロを心配するフランチェスカだが、彼は「こんなことでは死なない」と言い、情熱的にこれまで秘めて来た彼女への愛を告白する「二重唱 **神様、何が起きたのでしょう**[6]」。

そこに敵を蹴《け》散らして勝利を収めた武骨《ぶこつ》なジャンチョットが戦場から戻って来る「**畜生、権力者たちめ**[7]」。

妻が戦の場にいるのを訝《いぶか》しがるものの、ジャンチョットは、夢にも彼女とパオロの仲を疑っておらず、妻に甘い言葉を囁《ささや》き、幸せを語る「**お前の顔を見るのは嬉しいものだ**[8]」。

ジャンチョットは、弓矢の名人である弟パオロにも一緒に勝利の盃《さかづき》を交わすように言う。フランチェスカは、揺れる心を隠して、パオロとも盃を交わす「三重唱 **パオロ、来い**[9]」。

そこに負傷したマラテスタ家の末弟マラテスティーノが担ぎ込まれて来る。片目をダメにはしたものの（ここから彼はダロッキオ＝片目と呼ばれることになる）、命に別状はない。彼は「まだ戦える」と言って戦闘に加わる「四重唱 **ああ、なんということ。マラテスティーノがあそこに**[10]」。

ほどなくしてジャンチョット率いるマラテスタの軍が勝利を収め、兵士たちは勝鬨《かちどき》を上げる。

5 私に小さな兜をくださるはずでは Donarmi un bel elmetto voi dovreste
6 神様、何が起きたのでしょう Che mai è questo, o Dio!
7 畜生、権力者たちめ Per Dio, gente poltrona
8 お前の顔を見るのは嬉しいものだ È dolce cosa rivedere la vostra faccia
9 パオロ、来い E Paolo? Paolo, vieni
10 ああ、なんということ。マラテスティーノがあそこに O sciagura! Non vedete? Malatestino, là

【第3幕】

フランチェスカの寝室

フランチェスカが部屋で、円卓の騎士ランスロットとアーサー王妃グィネーヴァの情熱的な恋愛の本を読んでいる「[11]**そして、ガレオットはこう言いました**」。それを聞きながら侍女たちが口々に好きなことを言っている。

　春の訪れに華やぐ侍女たちにフランチェスカは「スミレの花冠を作って来て」と頼む。彼女たちは庭へ出て行く。奴隷のズマラーグディだけが、フランチェスカと部屋に残る。フランチェスカはズマラーグディにパオロの消息を尋ねる「二重唱　[12]**ズマラーグディ、彼は戻っていないの**」。パオロは、彼女から遠ざかるためにフィレンツェに赴任していたのである。

　パオロと再会した日から、彼に恋い焦がれるフランチェスカだったが、同時に夫と義弟のマラテスティーノの目を怖がっていた「[13]**私の正気よ、もっておくれ**」。ズマラーグディはフランチェスカを慰め「恐怖を消し去るおまじないがあります」と話し始める「[14]**奥様、絶望なさらないで**」。

　そこに4人の侍女たちが花飾りを手に戻って来て、賑《にぎ》やかに春を賞賛して歌い踊る「四重唱　[15]**踊るための楽士を連れて来ましたわ**」。ひとしきり華やかな時を過ごしたのち、フランチェスカは彼女達を下がらせる。

　そこに突然パオロが現れる。彼は「挨拶《あいさつ》に立ち寄っただけだ」と言い、フランチェスカも出来る限り冷静に話そうと試みる「[16]**パオロ、かき乱さないで**」。

　フランチェスカに「あなたのことを聞かせて」と言われたパオロは彼女への熱い恋心を語る「[17]**光を嫌い、闇《やみ》を友に**」。

　情熱的なパオロをかろうじて拒絶するフランチェスカだったが、書見台に開かれているランスロットとグィネーヴァの恋物語を一緒に読むうちに、彼女が辛うじて保っていた理性は崩れ去り、フランチェスカはパオロの腕の中に飛び込む「二重唱　[18]**ああ、私の目に飛び込んでくる言葉**」。

11　そして、ガレオットはこう言いました E Galeotto dice
12　ズマラーグディ、彼は戻っていないの Smaragdi, non torna?
13　私の正気よ、もっておくれ Ah, ragione mia reggi
14　奥様、絶望なさらないで O dama, non ti disperare!
15　踊るための楽士を連れて来ましたわ Abbiamo i sonatori per la canzone a ballo
16　パオロ、かき乱さないで Paolo, datemi pace!

【第4幕】

〈第1部〉フランチェスカの居室

　義弟のマラテスティーノが、フランチェスカに横恋慕して、しつこく迫っている「二重唱[19] **なぜそんなに変わった人なの**」。

　外からは苦しむ捕虜たちのうめき声が聞こえている。フランチェスカが「兄上を呼びますよ」と言うと、彼は「どちらの兄を」と皮肉を込めて言う。彼はフランチェスカとパオロの関係を知った上で、彼女を脅すようにして関係を迫っているのである。彼女がそれでも拒絶すると彼は「パオロとの関係をジャンチョットに暴露してやる」と言い捨てて出ていく「二重唱[20] **俺の言う事を聞くのだ**」。

　夫ジャンチョットが現れて「これからペーザロに出掛ける」とフランチェスカに声を掛ける。フランチェスカは怯《おび》えた様子で夫に「マラテスティーノに嫌われているようなの。彼は残虐《ざんぎゃく》で恐ろしいわ」と訴えるが「あれはひねくれた性格だが、まだ子供だ」と、ジャンチョットは取り合わない。夫に食事を出しながらフランチェスカは、夫がいつまでペーザロにいるのかを尋ねる「二重唱[21] **愛しい女よ、私を待っていてくれたのか**」。

　マラテスティーノが再び来て「部屋の鍵《かぎ》を開けろ」と騒ぐ。フランチェスカは部屋から出て行く。ジャンチョットが応えると、マラテスティーノが「旅のための果物を持ってきた」と言う。が、それは処刑したばかりの敵の首である。そしてマラテスティーノは、容姿端麗《ようしたんれい》なパオロへの嫉妬《しっと》心を露《あら》わにする「二重唱[22] **兄さんはジャンチョットと呼ばれ**」。

　ジャンチョットに「私の妻に手出しをすることなど許さんぞ」と言われたマラテスティーノは「フランチェスカと出来ているのはパオロだ。パオロが夜中にフランチェスカの部屋に入り、朝方出て来るのを見た」と密告する「二重唱[23] **飲むな、答えろ〜おかしいと思わなかったのか**」。そして「本当のことが知りたいのなら、今夜自分の目で確かめるがいい」と言う。

17　光を嫌い闇を友に Nemico ebbi la luce, amica ebbi la notte
18　ああ、私の目に飛び込んでくる言葉 Ah la parola che i miei occhi in contrano!
19　なぜそんなに変わった人なの Perchè tanto sei strano?
20　俺の言う事を聞くのだ Ascolta me!
21　愛しい女よ、私を待っていてくれたのか Mia cara donna, voi m'attendevate?
22　兄さんはジャンチョットと呼ばれ Tu ti chiami Gianciotto

〈第2部〉同じくフランチェスカの居室

フランチェスカの居室の午前4時頃。ベッドで眠るフランチェスカの周囲には侍女たちがいる。突然叫び声を上げてフランチェスカが悪夢から目覚め、パオロの名を呼んで助けを求める「[24]**ああ、私ではありません**」。

侍女たちがフランチェスカを宥《なだ》めて安心させようとする。フランチェスカは「私はこのまま本でも読んでいます。あなた方は疲れているでしょう。部屋に戻っておやすみなさい」と言う。フランチェスカは侍女のひとり、ビアンコフィオーレに「お前は私の妹そっくりね」と話し掛け、妹のサマリターナのことを思い出す。そして「お前も下がっておやすみ、明日またね」と言って別れを告げる「二重唱　[25]**おお、ビアンコフィオーレ、まだ子供ね**」。

外からパオロがフランチェスカを呼ぶ声が聞こえる。フランチェスカは彼を部屋に招き入れる。二人は情熱的に恋を語り、愛を確かめ合う「二重唱　[26]**狂おしいほど君を想い～まだ夜は明けない～おいでフランチェスカ**」。

そこに突然、すでに出発したはずのジャンチョットがフランチェスカを呼ぶ声がする。パオロは部屋の中の噴水の陰に身を隠し、フランチェスカは何事もなかったように扉を開ける。しかしジャンチョットはすぐにパオロを見つけて彼に斬り掛かる。ふたりの間に飛び込んだフランチェスカが刺されてパオロの腕の中に倒れ込み、パオロも続いて兄の剣に倒れる。恋人たちは抱き合ったまま息を引き取る。

《聴きどころ》

無骨《ぶこつ》な男ジャンチョットに嫁いだフランチェスカは、美男の義弟パオロとの不倫によってパオロとともに夫に斬り殺される。ジャンチョットと呼ばれた醜《みにく》いジョヴァンニ、美男のパオロ、美しいフランチェ

23　飲むな、答えろ～おかしいと思わなかったのか Non bere. Ma rispondimi. ～ Non ti stupisci

24　ああ、私ではありません Oh! non sono io!

25　おお、ビアンコフィオーレ、まだ子供ね O Biancofiore, piccola tu sei!

26　狂おしいほど君を想い～まだ夜は明けない～おいでフランチェスカ Mai fu mai tanto folle desiderio mio di te ～ E non è l'alba ～ Vieni, Francesca

スカ、彼らは13世紀に実在した人物で、ダンテはこの物語を「神曲」の地獄篇で取り上げている。それを下敷きにイタリアの大詩人ダンヌンツィオが戯曲を書いた。そして楽譜出版元であるリコルディ社のティート・リコルディが、登場人物などを多少整理してオペラ台本にまとめ、そこにザンドナーイが作曲したのがこの作品である。

ジョヴァンニ、パオロ、マラテスティーノ――三兄弟の確執

マラテスタ家には、醜悪《しゅうあく》な容姿だが君主としての能力が高いジョヴァンニ（ジャンチョット）と、容姿端麗で戦士としても功名高い次男パオロ、戦闘で片目を失い、万能なすぐ上の兄パオロと比べられて性格のひねくれたマラテスティーノという三兄弟がいる。

ジャンチョットには、バリトンが当てられている。落ち着きがあり、政治力もある。容貌には恵まれていなくとも、充分に魅力ある人間として描かれている。武闘派のこの無骨な男は、妻と弟に裏切られたと知った時に、迷うことなくふたりを自らの手で斬り捨てる。彼が単に冷酷非道な男では、不倫したふたりが美化され過ぎてしまう。ジャンチョットは、最後には加害者となってしまうが、それはパオロとフランチェスカが彼の心を深く傷つけた結果なのだ。この役を歌うバリトンには、無骨な男の不器用な愛情を是非とも表現してもらいたい。この物語をパオロとフランチェスカの単純な悲恋物語にしてはならない。

パオロは、兄の代理でフランチェスカをラヴェンナに迎えに行ったときに、彼女に一目惚《ひとめぼ》れをしてしまう。第1幕で、このふたりがまったく歌わない「愛の二重唱」は、言葉なくしても互いに惹《ひ》かれ合う美男美女という設定を強調する。パオロの抑制された言葉や、遠ざかることで彼女への想いを断ち切ろうとする行動が、フランチェスカの心をより彼の方に向かわせて行く。この役のテノールには、いかにも二枚目で、かつ甘さもある声が欲しい。

物語では多少なりとも脇役になるものの、演じるのが面白いのは、末弟マラテスティーノを歌うテノールであろう。彼はよくヴェルディ《オテッロ》のヤーゴに喩《たと》えられる。ひねくれた性格で被害妄想気味、かつ残虐性《ざんぎゃく》があるところが共通している。しかし、この末弟は兄たちの人生を狂わせて、自分が権力の座に着こうなどと大それたことを思っているわけではない。美しい兄嫁フランチェスカに邪《よこしま》な想いを抱いた彼が、嫉妬《しっと》心からフランチェスカとパオロをジャンチョットに殺させてしまうきっかけを期せずして作ってしまうだけだ。この三男役の「作り方」はヤーゴ寄りから、単なるわがままな末っ子キャラクターまで幅が広い。多くの場合、パオロよりも神経質そうな、細い声のテノールによって演じられることになる。この種の声のテノールとしては、相当演じ甲斐のある役である。

フランチェスカ――官能的な声の色

第1幕でのフランチェスカは恋に恋する乙女である。その彼女が、パオロを花婿だと思い込まされて嫁いで行く。しかし嫁いで行ってみれば、夫は、無骨《ぶこつ》なその兄。しかし、彼女は騙《だま》された仕返しにパオロとの関係を結んだわけではない。

あくまで初恋の相手が嫁いだ家にいて、その彼も自分を愛しているとわかって、彼女の初恋がそのまま続いてしまったのである。そんな彼女を演じるソプラノには、太く立派な声はいらない。しかし同時に、この役には熱に浮かされたような感情の高まりを示すドラマティックなフレーズが多く書かれていて、オーケストレーションもけっして薄くはないので、声に負担のかかりやすい役である。プーロ（純粋な）・リリコから少しスピントがかったソプラノまでが適役であろう。

フランチェスカが官能の世界に翻弄《ほんろう》される女として舞台上に存在できるかどうかが、このヴェリズモ・オペラの出来を決めるのである。

２００４年マチェラータ音楽祭でのダニエラ・デッシーのフランチェスカのライブ映像が残っているが、まるでザンドナーイが彼女のために書いたのではないかと思うほど役にぴったりで、息を呑む美しさである。美しいだけでなく演技力も歌唱力も長《た》けていた彼女の早逝は、イタリア・オペラにとっての大きな損失である。

タイトル	作曲家	初演日時	劇場
30 イル・トロヴァトーレ	ヴェルディ	1853·1·19	ローマ／アポッロ劇場
31 ラ・トラヴィアータ	ヴェルディ	1853·3·6	ヴェネツィア／フェニーチェ劇場
32 シチリアの晩鐘	ヴェルディ	1855·6·13	パリ／オペラ座
33 シモン・ボッカネグラ	ヴェルディ	1857·3·12	ヴェネツィア／フェニーチェ座
34 仮面舞踏会	ヴェルディ	1859·2·17	ローマ／アポッロ劇場
35 運命の力	ヴェルディ	1862·11·10	サンクトペテルブルク／皇帝劇場
36 ドン・カルロ	ヴェルディ	1867·3·11	パリ／オペラ座
37 メフィストーフェレ	ボーイト	1868·3·5	ミラノ／スカラ座
38 アイーダ	ヴェルディ	1871·12·24	エジプト／カイロ歌劇場
39 ラ・ジョコンダ	ポンキエッリ	1876·4·8	ミラノ／スカラ座
40 オテッロ	ヴェルディ	1887·2·5	ミラノ／スカラ座
41 カヴァレリア・ルスティカーナ	マスカーニ	1890·5·17	ローマ／コンスタンツィ劇場
42 道化師	レオンカヴァッロ	1892·5·21	ミラノ／テアトロ・ダル・ヴェルメ
43 マノン・レスコー	プッチーニ	1893·2·1	トリノ／テアトロ・レージョ
44 ファルスタッフ	ヴェルディ	1893·2·9	ミラノ／スカラ座
45 ラ・ボエーム	プッチーニ	1896·2·1	トリノ／テアトロ・レージョ
46 アンドレア・シェニエ	ジョルダーノ	1896·3·28	ミラノ／スカラ座
47 フェドーラ	ジョルダーノ	1898·11·17	ミラノ／テアトロ・リリコ
48 イリス	マスカーニ	1898·11·22	ローマ／コンスタンツィ劇場
49 トスカ	プッチーニ	1900·1·14	ローマ／コンスタンツィ劇場
50 アドリアーナ・ルクヴルール	チレーア	1902·11·6	ミラノ／テアトロ・リリコ
51 蝶々夫人	プッチーニ	1904·2·17	ミラノ／スカラ座
52 西部の娘	プッチーニ	1910·12·10	ニューヨーク／メトロポリタン歌劇場
53 フランチェスカ・ダ・リミニ	ザンドナーイ	1914·2·19	トリノ／テアトロ・レージョ
54 つばめ	プッチーニ	1917·3·27	モンテカルロ歌劇場
55 外套	プッチーニ	1918·12·14	ニューヨーク／メトロポリタン歌劇場
56 ジャンニ・スキッキ	プッチーニ	1918·12·14	ニューヨーク／メトロポリタン歌劇場
57 修道女アンジェリカ	プッチーニ	1918·12·14	ニューヨーク／メトロポリタン歌劇場
58 トゥーランドット	プッチーニ	1926·4·26	ミラノ／スカラ座

イタリア・オペラ・ガイド58作品／初演順

タイトル	作曲家	初演日時	劇場
1 アルジェのイタリア女	ロッシーニ	1813·5·22	ヴェネツイア／サン・ベネット劇場
2 セビリャの理髪師	ロッシーニ	1816·2·20	ローマ／アルジェンテーナ劇場
3 ラ・チェネレントラ	ロッシーニ	1817·1·25	ローマ／ヴァッレ劇場
4 湖上の美人	ロッシーニ	1819.10.24	ナポリ／サン・カルロ劇場
5 セミラーミデ	ロッシーニ	1823·2·3	ヴェネツィア／フェニーチェ座
6 ランスへの旅	ロッシーニ	1825·6·19	パリ／イタリア劇場
7 イル・ピラータ	ベッリーニ	1827·10·27	ミラノ／スカラ座
8 ギヨーム・テル	ロッシーニ	1829·8·3	パリ／王立アカデミー劇場
9 アンナ・ボレーナ	ドニゼッティ	1830·12·16	ミラノ／カルカーノ劇場
10 カプレーティ家とモンテッキ家	ベッリーニ	1830·3·11	ヴェネツィア／フェニーチェ座
11 ノルマ	ベッリーニ	1831·12·26	ミラノ／スカラ座
12 夢遊病の女	ベッリーニ	1831·3·6	ミラノ／カルカーノ劇場
13 愛の妙薬	ドニゼッティ	1832·5·12	ミラノ／カノッビアーナ劇場
14 ルクレツィア・ボルジア	ドニゼッティ	1833·12·26	ミラノ／スカラ座
15 清教徒	ベッリーニ	1835·1·25	パリ／テアトロ・イタリアーノ
16 ランメルモールのルチーア	ドニゼッティ	1835·9·26	サポリ／サン・カルロ劇場
17 マリーア・ストゥアルダ	ドニゼッティ	1835·12·30	ミラノ／スカラ座
18 ロベルト・デヴェリュー	ドニゼッティ	1837·10·28	サポリ／サン・カルロ劇場
19 連隊の娘	ドニゼッティ	1840·2·11	パリ／オペラ・コミック座
20 ラ・ファヴォリット	ドニゼッティ	1840·12·2	パリ／オペラ座
21 ナブコドノゾル	ヴェルディ	1842·3·9	ミラノ／スカラ座
22 ドン・パスクアーレ	ドニゼッティ	1843·1·3	パリ／イタリア劇場
23 エルナーニ	ヴェルディ	1844·3·9	ヴェネツィア／フェニーチェ座
24 ふたりのフォスカリ	ヴェルディ	1844·11·3	ローマ／アルジェンティーナ劇場
25 ジョヴァンナ・ダルコ	ヴェルディ	1845·2·15	ミラノ／スカラ座
26 アッティラ	ヴェルディ	1846·3·17	ヴェネツィア／フェニーチェ座
27 マクベス	ヴェルディ	1847·3·14	フィレンツェ／ペルゴラ劇場
28 ルイーザ・ミッレル	ヴェルディ	1849·12·8	ナポリ／サン・カルロ劇場
29 リゴレット	ヴェルディ	1851·3·11	ヴェネツィア／フェニーチェ劇場

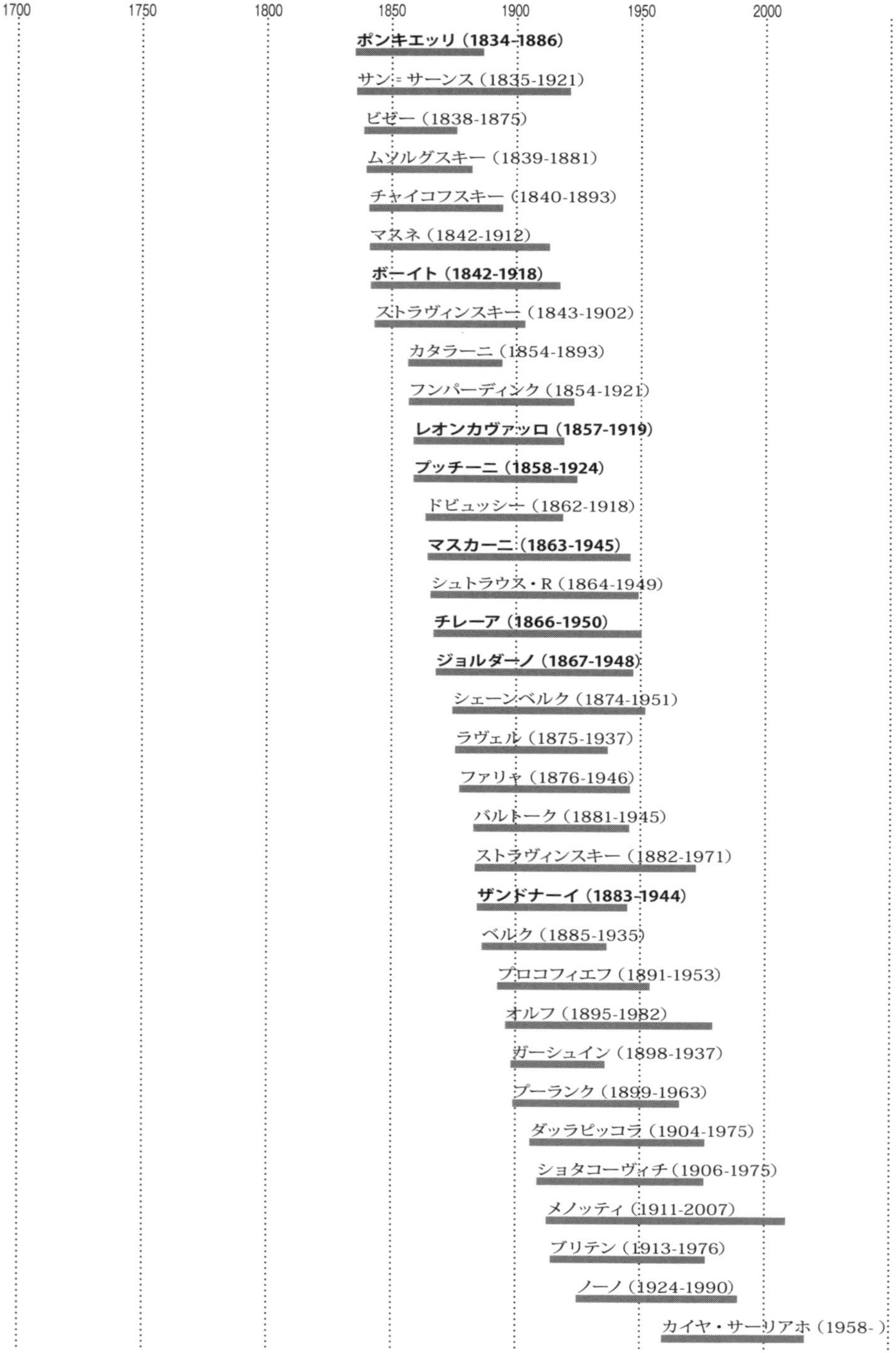

1700
1750
1800
1850
1900
1950
2000
ポンキエッリ（1834-1886）
サン＝サーンス（1835-1921）
ビゼー（1838-1875）
ムソルグスキー（1839-1881）
チャイコフスキー（1840-1893）
マスネ（1842-1912）
ボーイト（1842-1918）
ストラヴィンスキー（1843-1902）
カタラーニ（1854-1893）
フンパーディンク（1854-1921）
レオンカヴァッロ（1857-1919）
プッチーニ（1858-1924）
ドビュッシー（1862-1918）
マスカーニ（1863-1945）
シュトラウス・R（1864-1949）
チレーア（1866-1950）
ジョルダーノ（1867-1948）
シェーンベルク（1874-1951）
ラヴェル（1875-1937）
ファリャ（1876-1946）
バルトーク（1881-1945）
ストラヴィンスキー（1882-1971）
ザンドナーイ（1883-1944）
ベルク（1885-1935）
プロコフィエフ（1891-1953）
オルフ（1895-1982）
ガーシュイン（1898-1937）
プーランク（1899-1963）
ダッラピッコラ（1904-1975）
ショタコーヴィチ（1906-1975）
メノッティ（1911-2007）
ブリテン（1913-1976）
ノーノ（1924-1990）
カイヤ・サーリアホ（1958- ）

おもなオペラ作曲家生没年表

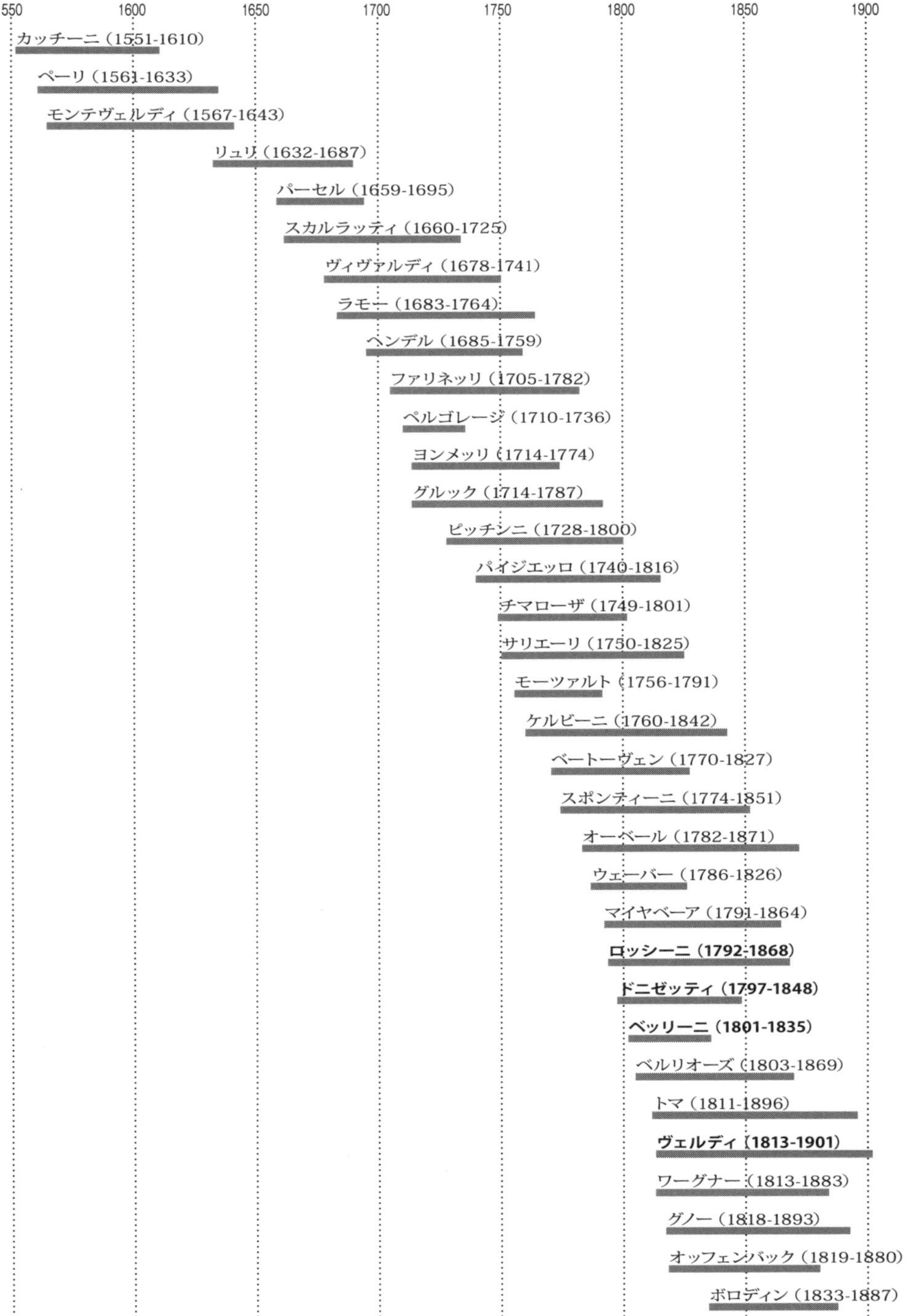

（本文中で取り上げた録音のみ。海賊版を含む。同音源で他のレーベルから発売されているものもある。）

蝶々夫人	プッチーニ	DVD	Arthaus Musik	100111	L. マーゼル	林康子 (S) ドヴォルスキー (T) ザンカナーロ (Br)	1986	スカラ座
つばめ	プッチーニ	DVD	Decca	743335	E. ヴィヨーム	アルテータ (S) ハドック (T) ムーラ (S)	1998	ワシントン・オペラ
トゥーランドット	プッチーニ	CD	DG	4238552	H.v. カラヤン	リッチャレッリ (S) ドミンゴ (T) ヘンドリックス (S)	1981	セッション録音
ナブコドノゾル	ヴェルディ	CD	Hardy	HCA6009	V. グイ	カラス (S) ベーキ (Br)	1949	サン・カルロ歌劇場
ナブコドノゾル	ヴェルディ	CD	Warner	2564648317	R. ムーティ	スコット (S) マヌグエッラ (Br) ルケッティ (T)	1977	セッション録音
フェドーラ	ジョルダーノ	DVD	日本コロムビア	COBO4959	G. ガヴァッツェーニ	フレーニ (S) ドミンゴ (T)	1993	スカラ座
フランチェスカ・ダ・・リミニ	ザンドナーイ	DVD	Arthaus Musik	101363	M. バルバキーニ	デッシー (S) アルミリアート (T)	2004	マチェラータ音楽祭
マクベス	ヴェルディ	CD	Sony	88697855762	E. ラインスドルフ	ウォーレン (Br) レザニック (S) ベルゴンツィ (T)	1959	セッション録音
マクベス	ヴェルディ	CD	DG	4497322	C. アッバード	カップッチッリ (Br) ヴァーレット (S) ドミンゴ (T)	1976	セッション録音
マクベス	ヴェルディ	DVD	Opus Arte	OA1063D	A. パッパーノ	キーンリーサイド (Br) モナストティルスカ (S) ピッタス (T)	2011	ロイヤル・オペラ (Blu-ray あり)
メフィストーフェレ	ボーイト	CD	ユニバーサルミュージック	POCL4194	T. セラフィン	シエピ (Bs) デル・モナコ (T) テバルディ (S)	1958	セッション録音
メフィストーフェレ	ボーイト	DVD	Dynamic	DYNDVD33581	S. ランザーニ	フルラネット (Bs) フィリアノーティ (T) テオドッシュウ (S)	2008	パレルモ、マッシモ劇場
ラ・ファヴォリータ	ドニゼッティ	DVD	キングレコード	KIBM1019	O. デ・ファブリティイス	コッソット(Ms) クラウス(T) ブルスカンティーニ(Br)	1971	東京文化会館 (NHK イタリア歌劇団)
ラ・ファヴォリータ	ドニゼッティ	CD	Decca	4594692	A. エレーデ	シミオナート (Ms) ポッジ (T) バスティアニーニ (Br)	1955	スタジオ録音
ラ・ファヴォリータ	ドニゼッティ	CD	Opera d'oro	OPD1494	A. クエスタ	バルビエーリ(Ms) G. ライモンディ(T) タリアブーエ(Br)	1955	トリノ
ランスへの旅	ロッシーニ	CD	DG	4777435	C. アッバード	リッチャレッリ(S) ヴァレンティーニ＝テッラーニ(Ms)	1984	ペーザロ・ロッシーニ音楽祭
ランメルモールのルチーア	ドニゼッティ	DVD	キングレコード	KIBM1018	B. バルトレッティ	スコット (S) ベルゴンツィ (T) ザナージ (Br)	1967	東京文化会館 (NHK イタリア歌劇団)
リゴレット	ヴェルディ	DVD	DG	734166	R. シャイー	ヴィクセル(Br) パヴァロッティ(T) グルベローヴァ(S)	1982	映画 （ポネル 監督 / 演出）
ルクレツィア・ボルジア	ドニゼッティ	CD	Sony	88697575942	J. ペルレア	カバリエ (S) クラウス (T)	1966	セッション録音
ルクレツィア・ボルジア	ドニゼッティ	CD	Decca	421497	R. ボニング	サザーランド (S) アラガル (T)	1977	セッション録音
ルクレツィア・ボルジア	ドニゼッティ	DVD	Euroarts	2059648	R. フリッツァ	フレミング (S) ファビアーノ (T)	2012	サンフランシスコ歌劇場 (Blu-ray あり)

作品名	作曲者	形状	レーベル 発売元	カタログ No.	指揮者	主な出演者	録音年	劇場・音楽祭
アドリアーナ・ルクヴルール	チレーア	CD	Decca	425815	R. ボニング	サザーランド (S) ベルゴンツィ (T) ヌッチ (Br)	1988	セッション録音
アンドレア・シェニエ	ジョルダーノ	DVD	キングレコード	KIBM1014	F. カプアーナ	テバルディ (S) デル・モナコ (T) プロッティ (Br)	1961	東京文化会館
イル・ピラータ	ベッリーニ	CD	EMI	5664322	N, レシーニョ	カラス (S) フェッラーロ (T) エーゴ (Br)	1959	カーネギーホール
イル・ピラータ	ベッリーニ	CD	Berlin Classics	BC11152	M. ヴィオッティ	アルベルティ (S) ネイル (T) フロンターリ (Br)	1994	セッション録音
イル・ピラータ	ベッリーニ	CD	Opera Rara	ORC045	D. パリー	ジャンナッターシオ (S) ブロス (T) テジエ (Br)	2010	セッション録音
エルナーニ	ヴェルディ	CD	EMI	3192642	R. ムーティ	フレーニ (S) ドミンゴ (T) ブルソン (Br)	1982	スカラ座
オテッロ	ヴェルディ	CD	Decca	4759984	H.v. カラヤン	デル・モナコ (S) テバルディ (S) プロッティ (Br)	1961	セッション録音
オテッロ	ヴェルディ	DVD	日本コロムビア	COBO5903	R. ムーティ	ドミンゴ (T) フリットリ (S) ヌッチ (Br)	2001	ミラノ、スカラ座
カプレーティ家とモンテッキ家	ベッリーニ	CD	Opera d'oro	OPD1171	C. アッバード	リナルディ (S) アラガル (T) パヴァロッティ (T)	1966	アムステルダム
ギヨーム・テル	ロッシーニ	CD	EMI	6407632	L. ガルデッリ	パキエ (Br) ゲッダ (T) カバリエ (S)	1972	セッション録音
グリエルモ・テル	ロッシーニ	CD	Decca	4757723	R. シャイー	ミルンズ (Br) パヴァロッティ (T) フレーニ (S)	1978-79	セッション録音
グリエルモ・テル	ロッシーニ	CD	Universal Italy	4804697	R. ムーティ	ザンカナーロ (Br) メリット (T) ステューダー (S)	1988	ミラノ、スカラ座
グリエルモ・テル	ロッシーニ	DVD	Opus Arte	OALS3002D	R. ムーティ	ザンカナーロ (Br) メリット (T) ステューダー (S)	1988	ミラノ、スカラ座
湖上の美人	ロッシーニ	CD	Sony	88985397962	M. ポッリーニ	リッチャレッリ(S) ヴァレンティーニ = テッラーニ(Ms)	1983	ペーザロ・ロッシーニ音楽祭
湖上の美人	ロッシーニ	CD	Opera d'oro	OPD1206	P. ベッルージ	カバリエ (S) ハマり (Ms) ボニゾッリ (T)	1970	トリノ RAI
シチリアの晩鐘	ヴェルディ	CD	Opera d'oro	OPD1291	E. クライバー	カラス (S) ココリス = バルディ (T) B. クリストフ (Bs)	1951	フィレンツェ五月音楽祭
ジョヴァンナ・ダルコ	ヴェルディ	CD	Opera d'oro	OPD1414	A. シモネット	テバルディ (S) ベルゴンツィ (T) パネライ (Br)	1951	セッション録音
ジョヴァンナ・ダルコ	ヴェルディ	CD	DG	4792712	P. カリニャーニ	ネトレプコ (S) メーリ (T) ドミンゴ (Br)	2013	コンサート・ライブ録音
ジョヴァンナ・ダルコ	ヴェルディ	DVD	C Major	721208	B. バルトレッティ	ヴァシレヴァ (S) ボウラーズ (T) ブルゾン (Br)	2008	パルマ、ヴェルディ音楽祭
セミラーミデ	ロッシーニ	CD	Vai	VAIA1223	R. ボニング	サザーランド (S) ホーン (Ms) ルーレウ (Bs)	1965	ボストン歌劇団
セミラーミデ	ロッシーニ	CD	Decca	4757918	R. ボニング	サザーランド (S) ホーン (Ms) ルーレウ (Bs)	1966	セッション録音

サントゥッツア S／Ms ママも知るとおり Voi lo sapete, o mamma
ローラ S アイリスの花よ、空にはいっぱいの天使が Fior di giaggiolo
サントゥッツア S／Ms トゥリッドゥは私から名誉を奪い Turiddu mi tolse l'onore
トゥリッドウ T グラスに輝く発泡酒に乾杯 Viva il vino spumeggiante
トゥリッドウ T 母さん、あのぶどう酒はしっかりした味だね Mamma, quel vino è generoso

イリス IRIS

1幕 イリス S 私はたくさんの化け物が出てくる恐ろしい夢を見たの Ho fatto un triste sogno pauroso, un sogno tutto pieno di draghi
1幕 キョート Br 君の窓をお開け、私はヨール。Apri la tua finestra! Jor son io
1幕 チェーコ Bs 家も庭もわしを吉原に連れて行ってくれる者に呉れてやる La casa! Il mio giardino! Quel che tengo a chi di voi guida al Yoshiwara!
2幕 オーサカ T あの瞳は欲望に火をつける Créa in quegli occhi il lampo d'un desio
2幕 イリス S ずっと夢を見ていたの、ずっと Ognora sogni, sogni
2幕 イリス S 幼かった頃のある日お寺で見たの（蛸のアリア）Un dì, ero piccina, al tempio vidi
3幕 屑拾い T 暗いこの遅い時間に月は輝きを放つ Ad ora bruna e tarda la luna è tutta gaia
3幕 イリス S 私の家の小さな世界はなぜ消えたの Il piccolo mondo della mia casetta perchè dispar?

アドリアーナ・ルクヴルール ADRIANA LECOUVREUR

1幕 アドリアーナ S 私は慎ましいしもべです Io son l'umile ancella
1幕 マウリーツィオ T 君の優しく微笑む姿に La dolcissima effigie sorridente
1幕 ミショネ Br さあモノローグだ Ecco il monologo
2幕 ブイヨン公爵夫人 Ms 苦い喜び、甘い責め苦 Acerba voluttà, dolce tortura
2幕 マウリーツィオ T 私の疲れた魂 L'anima ho stanca
3幕 マウリーツィオ T ロシアのメンシコフは Il russo Méncikoff
4幕 ミショネ Br 老いぼれた心よ、静まれ Taci, mio vecchio cuor!
4幕 アドリアーナ S 哀れな花よ Poveri fiori

アンドレア・シェニエ ANDREA CHÉNIER

1部 ジェラール Br おお、老いた父よ、60年も仕えて Son sessant'anni, o vecchio, che tu servi!
1部 アンドレア・シェニエ T ある日青空を眺めていると Un dì all'azzuro spazio guardai profondo
2部 アンドレア・シェニエ T 不思議な力を信じている Credo a una possenza arcana
3部1場 ジェラール Br フランスが涙と血を流している Lacrime e sangue dà Francia
3部1場 マデロン Ms 私は老婆、マデロン Son la vecchia Madelon
3部2場 ジェラール Br 祖国の敵 Nemico della patria
3部2場 マッダレーナ S 母は亡くなり La mamma morta
3部3場 アンドレア・シェニエ T 私は兵士として Sì, fui soldato
4部 アンドレア・シェニエ T 五月のある美しい日のように Come un bel dì di Maggio

フェドーラ FEDORA

1幕 フェドーラ S 誠実そうに輝く大きな瞳 O grandi occhi lucenti di fede!
1幕 フェドーラ S これを勇敢と言うのよ Dite coraggio
2幕 デ・シリエ Br ロシア女性はふたつの顔を持つ La donna russa è femmina due volte
2幕 オルガ S パリの男はヴーヴ・クリコのシャンパンのよう Il parigino è come il vino
2幕 ロリス T 君を愛さずにはいられない Amor ti vieta di non amar
3幕 フェドーラ S 神よ正義のお裁きを Dio giustizia

フランチェスカ・ダ・リミニ FRANCESCA DA RIMINI

1幕 フランチェスカ S 私を部屋に連れて行って Portami nella stanza
2幕 ジョヴァンニ Br お前の顔を見るのは嬉しいものだ È dolce cosa rivedere la vostra faccia
3幕 パオロ T 光を嫌い闇を友に Nemico ebbi la luce, amica ebbi la notte

蝶々夫人 MADAMA BUTTERFLY

1幕　ピンカートン T 愛か気まぐれか Amore o grillo

2幕　蝶々さん S ある晴れた日に Un bel dì vedremo

3幕　ピンカートン T さらば花咲く愛の家よ Addio, fioriti asil

3幕　蝶々さん S 愛しい子よ Tu, amore mio

西部の娘 LA FANCIULLA DEL WEST

1幕1場　ウォーレス Br 年老いた両親は遠い地でどうしているのだろう Che faranno i vecchi miei là lontano

1幕1場　ランス Br ミニー、俺は山の向こうの家を捨て Minnie, dalla mia casa son partito

1幕1場　ミニー S ソレダードにいた幼い頃 Laggiù nel Soledad, ero piccina

2幕1場　ミニー S もしあなたが生きることが楽しいと知っていたら Oh, se sapeste come il vivere è allegro!

2幕1場　ジョンソン（ラメレス）T 6か月前に父が死んで Or son sei mesi egli morì

3幕　ジョンソン（ラメレス）T 彼女には信じていて欲しい、俺が遠くで自由にしていると Ch'ella mi creda libero e lontano

3幕　ミニー S もうたくさんだ、なんて言った人はいなかったわ～ジョー、あなたもそう望むでしょう Non vi fu mai chi disse "Basta!" ～ E anche tu lo vorrai, Joe

つばめ LA RONDINE

1幕　マグダ S 誰がドレッタの素敵な夢を当てられたでしょう（ドレッタの夢）Chi bel sogno di Doletta potè indovinar?

1幕　ルッジェーロ T パリ、憧れの街よ Parigi! è la città dei desideri

3幕　ルッジェーロ T 僕の家に一緒に来ると言っておくれ Dimmi che vuoi seguirmi

3幕　マグダ S 私の魂は、あなただけのもの L'anima mi anche solo tu conosci

外套（三部作①）IL TABARRO (IL TRITTICO-1)

ジョルジェッタ S ミケーレ、よく飽きないわね O Michele? Non sei stanco

流しの歌手 T 春よ、夕暮れの恋人たちを探さないでおくれ Primavera, non cercare più due amanti

フルーゴラ Ms どんなに面白いものがあるかを、あんたが知っていたなら Se tu sapessi gli ogetti strani

ルイージ T 俺たちの人生には何の価値もない Per noi la vita non ha più valore

フルーゴラ Ms あたしの夢は小さな家と Ho sognato una casetta

ルイージ T 君を僕だけのものにしたい Vorrei tenerti stretta come una cosa mia!

ミケーレ Br 何もない、静寂だ Nulla! Silenzio! ／滔々と流れる川よ Pur fiume eterno

修道女アンジェリカ（三部作②）SUOR ANGELICA (IL TRITTICO-2)

公爵夫人 C 静かな瞑想の中で Nel silenzio di quei raccoglimenti

アンジェリカ S 母もなく Senza mamma

ジャンニ・スキッキ（三部作③）GIANNI SCHICCHI (IL TRITTICO-3)

リヌッチョ T フィレンツェは花咲く樹木のように Firenze è come un albero fiorito

ラウレッタ S 私のいとしいお父様 O mio babbino caro

ジャンニ・スキッキ Br さらば、フィレンツェ Addio, Firenze!

トゥーランドット（トゥーランド）TURANDOT

1幕　リュウ S お聞きください Signore, ascolta

1幕　カラフ T 泣くな、リュウ Non piangere Liù

2幕2場　トゥーランドット S この王宮の中で In questa reggia

3幕1場　カラフ T 誰も寝てはならぬ Nessun dorma

3幕1場　リュウ S 氷のような姫君の心も Tu che di gel sei cinta

カヴァレリア・ルスティカーナ CAVALLERIA RUSTICANA

トゥリッドゥ T おお、ローラ、乳白色のネグリジェをまとい O Lora c'hai di latti la cammisa

アルフィオ Br 馬は地面を蹴り Il cavallo scalpita

ラ・ジョコンダ LA GIOCONDA

1幕　バルナバ Br 奴らの墓の上で歌っているのだ E cantan su lor tombe!
1幕　エンツォ T 人殺しども、年寄りに何をする Assasini! Quel crin venerando rispetatte!
1幕　チェーカ C天使のような女性の声が Voce di donna d'angelo
1幕　バルナバ Br おお、権力の象徴。総督の王宮 O monumento, e bolgia dogale
2幕　バルナバ Br 漁師たちよ、餌を沈めろ Pescator, affonda l'esca
2幕　エンツォ T 空と海 Cielo e mar!
2幕　ラウラ Ms 船乗りの星よ Stella del marinar
3幕1場　アルヴィーゼ Bs 私の祖先の亡霊に Ombre di mia prosapia!
4幕　ラウラ Ms 自殺 Suicidio!

メフィストーフェレ MEFISTOFELE

プロローグ　メフィストーフェレ Bs 栄えあれ主よ、私の俗な言い回しをお許しあれ Ave Signore, perdona se il mio gergo
1部1幕1場　ファウスト T 春の優しい光が Al soave raggiar di primavera
1部1幕2場　ファウスト T 野原から、草原から Dai campi, dai prati
1部2幕2場　メフィストーフェレ Bs これが世界だ。空虚で、丸い Ecco il mondo, vuoto e tondo
1部3幕　マルゲリータ S ある夜、海の底に L'altra notte in fondo al mare
2部4幕　エレーナ S 暗黒で恐ろしい夜 Notte cupa, truce
エピローグ　ファウスト T 最期の時を迎えた今 Giunto sul passo estremo

道化師 PAGLIACCI

プロローグ　トーニオ Br よろしゅうございますか、紳士、淑女の皆様、御免くださいませ Si può? Signore! Signori! Scusatemi
1幕　カーニオ T 23時から素晴らしい芝居をご覧に入れます Un grande spettacolo a ventitrè ore
1幕　ネッダ S あの眼差しは炎のようだったわ～空の上でさえずる鳥たちのように（鳥の歌） Quella fiamma avea nel guardo! ～ Stridono lassù liberamente
1幕　カーニオ T 芝居をするのか、気が狂いそうになりながら（衣裳をつけろ） Recital! Mentre preso dal delirio

マノン・レスコー MANON LESCAUT

1幕　エドモンド T 素敵な夕べを称えよう Ave, sera gentile
1幕　デ・グリュー T 黒髪や金髪の美しいお嬢さんたちの中に Tra voi belle, brune e bionde
1幕　デ・グリュー T 見たこともないような美人 Donna non vidi mai
2幕　マノン・レスコー S この柔らかなレースの中で In quelle trine morbide
2幕　デ・グリュー T ああ、マノン Ah, Manon
3幕　デ・グリュー T 見てくれ、僕は気が狂っている Guardate, pazzo io son
4幕　マノン・レスコー S ひとり寂しく見捨てられて Sola, perduta abbandonata

ラ・ボエーム L'A BOHÈME

1景　ロドルフォ T 冷たい手を Che gelida manina
1景　ミミ S 私の名はミミ Sì, mi chiamano Mimì
2景　ムゼッタ S 私が街を歩くと Quando men vo'（ムゼッタのワルツ）
3景　ミミ S あなたの愛の呼ぶ声に Donde lieta uscì al tuo grido d'amore
4景　コッリーネ Bs 古い外套よ、聞いておくれ Vecchia zimarra, senti

トスカ TOSCA

1幕1場　カヴァラドッシ T 妙なる調和 Recondita armonia
1幕1場　スカルピア Br 行け、トスカ（テ・デウム） Va, Tosca!
2幕　スカルピア Br トスカはよい鷹だ Tosca è buon falco!
2幕　トスカ S 歌に生き、恋に生き Vissi d'arte, vissi d'amore
3幕　カヴァラドッシ T 星は光りぬ E lucevan le stelle

1幕2場　リッカルド T あるがままに私の運命を告げてくれ（今度の航海は無事だろうか）Di' tu se fedele il frutto m'aspetta

2幕1場　アメーリア S ここは恐ろしい荒野 ～でもあの乾いた茎から（あの草を摘み取って）Ecco l'orrido campo ～ Ma dall'arido stelo divulsa

3幕1場　アメーリア S 死にましょう、でもその前にお慈悲を Morrò, ma prima in grazia

3幕1場　レナート Br お前だったのか Eri tu che macchiavi

3幕2場　リッカルド T 永遠に君を失っても Ma se m'è forza perderti

3幕3場　オスカル S どんな衣装か知りたくても Saper vorreste

運命の力 LA FORZA DEL DESTINO

1幕　レオノーラ S 家族から遠く離れてさすらうのだわ Me pellegrina ed orfana

1幕　アルヴァーロ T 天使のように清らかで Pura siccome gli angeli

2幕1場　プレツィオジッラ Ms 太鼓の音が Al suon del tamburo

2幕1場　カルロ Br 私はペレーダ Son Pereda

2幕2場　レオノーラ S 慈しみ深い聖母様 Madre, pietosa vergine

3幕1場　アルヴァーロ T 異国人による母国の支配を打破しようとしていた父よ～おお、天使の胸に抱かれている君よ Della natal sua terra il padre volle spezzar ～ O tu che in seno agli angeli

3幕2場　カルロ Br 私の運命を決める箱よ Urna fatale del mio destino

3幕4場　プレツィオジッラ Ms ラタプラン Rataplan

4幕2場　レオノーラ S 神よ、平和を与え給え Pace, pace mio Dio

ドン・カルロ（5幕版）DON CARLO（伊）DON CARLOS（仏）

1幕　ドン・カルロ T 彼女の微笑みを見て Io la vidi e al suo sorriso

2幕2場　エボリ公女 Ms サラセンの館の美しい庭で（ヴェールの歌）Nel giardin del bello saracin ostello

2幕2場　エリザベッタ S お友達よ、泣かないで Non pianger mia compagna

4幕1場　フィリッポ二世 Bs 彼女が私に愛を抱いたことは一度もなかった～ひとり寂しく眠ろう Ella giammai m'amo! ～ Dormirò sol nel manto mio regal

4幕1場　エボリ公女 Ms 酷い運命よ O don fatale!

4幕2場　ロドリーゴ Br 私に最期の日が訪れました Per me giunto è il dì supremo

4幕2場　ロドリーゴ Br ああ、カルロよ、お聞きください O Carlo, ascolta

5幕　エリザベッタ S 世の虚しさを知る神 Tu che le vanità conoscesti del mondo

アイーダ AIDA

1幕1場　ラダメス T 清きアイーダ Celeste Aida

1幕1場　アイーダ S 勝ちて帰れ Ritorna vincitor!

3幕　アイーダ S おお、澄み切った空よ O cieli azzuri

オテッロ OTELLO

1幕1場　オテッロ T 歓喜せよ Esultate!

2幕1場　ヤーゴ Br 俺を自分と同じように作り出した残忍な神を俺は崇拝する（ヤーゴの信条）Credo in un Dio che m'ha creato simile a sé

3幕1場　オテッロ T 神よ、あなたは私に浴びせても Dio! mi potevi scagliar

4幕　デズデーモナ S 柳の歌 Canzone di salice

4幕　オテッロ T 誰も私を恐れることはない Niun mi tema

ファルスタッフ FALSTAFF

1幕1場　ファルスタッフ Br 名誉だと、金喰い虫どもめが L' Onore! Ladri!

2幕1場　フォード Br 夢か、まことか È sogno? o realtà

3幕2場　フェントン T 唇から喜びの歌が Dal labbro il canto estasiato

3幕2場　ナンネッタ S 夏のそよ風に乗って Sul fil d'un soffio etesio

1幕3場　ミッレル Br 潔白は、虐げられるものではない Fra' mortali ancora oppressa
2幕1場　ルイーザ S 神よ、私を罰してください Tu puniscimi, o Signore
2幕2場　ロドルフォ T 穏やかな夜には Quando le sere al placido

リゴレット RIGOLETTO

1幕1場　マントヴァ公爵 T あれか、これか Questa o quella
1幕2場　リゴレット Br 俺たちは同類だ Pari siamo
1幕2場　ジルダ S 慕わしい人の名は Caro nome che il mio cor
2幕　マントヴァ公爵 T 彼女の頰に涙が伝うのが見えるようだ（頰に涙が） Parmi veder le lagrime
2幕　マントヴァ公爵 T 私を力強く愛が呼ぶ Possente amor mi chiama
2幕　リゴレット Br 悪魔め、鬼め Cortigiani, vil razza dannata
3幕　マントヴァ公爵 T 女心の歌 La donna è mobile

イル・トロヴァトーレ IL TROVATORE

1部2場　レオノーラ S 穏やかな夜は、静まりかえり Tacea la notte placida
2部1場　アズチェーナ Ms 炎が激しく燃え上がる Stride la vampa!
2部1場　アズチェーナ Ms 彼女は足枷をはめられ連れて行かれた Condotta ell'era in ceppi
2部2場　ルーナ伯爵 Br 輝くような彼女の微笑みは（君の微笑み） Il baren del suo sorriso
3部2場　マンリーコ T ああそうだ、愛しい人よ Ah sì,ben mio
3部2場　マンリーコ T あの火炙りの恐ろしい炎は Di quella pira l'orrendo foco
4部1場　レオノーラ S 恋はバラ色の翼に乗って D'amor sull'ali rosee

ラ・トラヴィアータ（椿姫） LA TRAVIATA

1幕　アルフレード T ある日、幸せに満ちた天女のような Un dì, felice, eterea
1幕　ヴィオレッタ S 不思議だわ〜花から花へ È strano! 〜 Sempre libera
2幕1場　アルフレード T 僕の燃えたぎるような魂が De' miei bollenti spiriti
2幕1場　ジェルモン Br プロヴァンスの海と大地 Di Provenza il mar, il suol
3幕　ヴィオレッタ S さようなら、過ぎ去った日々よ Addio del passato

シチリアの晩鐘 I VESPRI SICILIANI

1幕　エレーナ S ああ、全能の神よ、どうぞお鎮めください Deh! Tu calma, o Dio possente
2幕　プローチダ Bs おおパレルモ、愛する地よ O tu Palermo, terra adorata
3幕1場　モンフォルテ Br 富を手に入れても In braccio alle dovizie
4幕　アッリーゴ T 涙の日 Giorno di pianto
4幕　エレーナ S アッリーゴ、さあお話しなさい Arrigo, ah parli a un core!
5幕　エレーナ S ありがとう、愛する友よ Mercé, dilette amiche
5幕　アッリーゴ T そよ風が吹いて La brezza aleggia intorno

シモン・ボッカネグラ SIMON BOCCANEGRA

プロローグ　パオロ Bs あの薄暗い屋敷を見ろ L'atra magion vedete
プロローグ　フィエスコ Bs 悲しみに引き裂かれた父の心は Il lacerato spirito
1幕1場　アメーリア S このまだ薄暗い時間に Come in quest'ora bruna
1幕2場　シモン Br 平民よ、貴族よ Fratricidi! Plebe! Patrici!
2幕　ガブリエーレ T 心は怒りに燃える Sento avvampar nell'anima
3幕　シモン Br 海よ！海よ！ Il mare! il mare!

仮面舞踏会 UN BALLO IN MASCHERA

1幕1場　リッカルド T 彼女にまた会える喜び La rivedrà nell'estasi
1幕1場　レナート Br あなたさまのお命には Alla vita che t'arride
1幕1場　オスカル S 黒い顔を星空にむけて Volta la terrea fronte alle stelle
1幕2場　ウルリカ C 地獄の王よ、急げ Re dell'abisso, affrettati

エルナーニ ERNANI

1部1場　エルナーニ T しおれた花を生き返らせる露のように Come rugiada al cespite d'un appassito fiore

1部2場　エルヴィーラ S エルナーニ、私を連れて逃げて Ernani, Ernani involami

1部2場　シルヴァ Bs なんということだ、お前は信じていたのだ Infelice! e tuo credevi

3部　カルロ Br おお、我が青春の日々よ Oh de' verd'anni miei

ふたりのフォスカリ I DUE FOSCARI

1幕1場　ヤーコポ・フォスカリ T はるか遠い流刑地から Dal più remote esilo

1幕2場　ルクレツィア S その全能の神の眼差しに Tu al cui sguardo onnipossente

1幕4場　フランチェスコ・フォスカリ Br 鼓動し続ける老いた心臓よ O vecchio cor che batti

2幕1場　ヤーコポ・フォスカリ T 勇者よ、私を呪わないでくれ Non maledirmi, o prode

3幕1場　ヤーコポ・フォスカリ T かわいそうな老いた父を All'infelice vegio

3幕2場　ルクレツィア S あの方はもう生きてはおられません Più non vive

3幕2場　フランチェスコ・フォスカリ Br これが残酷なる報酬というわけか Questa dunque è l'iniqua mercede

ジョヴァンナ・ダルコ GIOVANNA D'ARCO

1幕1場　カルロ T 私が樫の木の下にいるようだった Sotto una quercia parvemi

1幕2場　ジャコモ Br 寒さと恐れが私を襲う Gelo! terror m'invade!

1幕2場　ジョヴァンナ S 朝に夕に、あなたに祈りを捧げ Sempre all'alba ed alla sera

2幕1場　ジャコモ Br 私はフランス人だが、故国と名誉が第一だ Franco son io, ma in core m'è prima patria onore

2幕1場　ジャコモ Br 苦難の道に導いたのは So che per via di triboli

2幕2場　ジョヴァンナ S おお、宿命の森よ O fatidica foresta

3幕　ジャコモ Br 老人の希望はひとり娘だった Speme al vecchio era una figlia

4幕　カルロ T 誰が最も忠実な友か Chi più fedele amico

アッティラ ATTILA

1幕1場　オダベッラ S おお、流れていく雲よ Oh! nel fuggente nuvolo

1幕2場　アッティラ Bs 私が野心をたぎらせて Mentre gonfiarsi l'anima

2幕1場　エツィオ Br 永遠の頂点から Dagl'immortali vertici

3幕　フォレスト T 哀れな男が Che non avebbe il misero

マクベス MACBETH

1幕2場　マクベス夫人 S 戻っていらっしゃい、急いで Vieni t'affretta!

1幕2場　マクベス Br 短刀が目の前に Mi si afgaccia un pugnal?!

1幕2場　バンコ Bs 昨晩は不吉で、異様な一夜だった Oh qual orrenda notte!

2幕1場　マクベス夫人 S 日の光は弱くなり La luce langue

2幕2場　バンコ Bs まるで天が降ってくるような Come dal ciel precipita

3幕　マクベス Br 消え失せろ、王の亡霊よ Fuggi, o regal fantasma

4幕1場　マクドゥフ T ああ、父の手はお前たちを守れなかった Ah, la paterna mano non vi fu scudo

4幕2場　マクベス夫人 S いつまでも血の染みが消えないわ（狂乱の場） Una macchia è qui tutt'ora

4幕3場　マクベス Br 慈悲、尊敬、名誉（愛） Pietà, rispetto, onore(amore)

4幕3場　マクベス Br 地獄の声を信じた私が間違っていたのだ Mal per me che m'affidai ne' presagi dell'inferno

ルイーザ・ミッレル LUISA MILLER

1幕1場　ルイーザ S 彼を一目見ただけで心はときめき Lo vidi, e'l primo palpito

1幕1場　ミッレル Br 伴侶を選ぶとは神聖なものだ～ああ、私の疑いは正しかったか Sacra in scelta è d'un consorte ～ Ah! fu giusto il mio sospetto!

1幕2場　ヴァルテル伯爵 Bs 私の血も命も差し出そう Il mio sangue, la vita darei

イル・ピラータ IL PIRATA

1幕1場　グアルティエーロ T 荒れ狂う嵐の中でも Nel furor delle tempeste
1幕1場　ゴッフレード Bs 君への叶わぬ涙が Per te di vane lagrime
1幕1場　イモジェーネ S 彼が傷つき、血を流している夢を見たの Lo sognai ferito, esangue
1幕1場　イモジェーネ S 私もまた、正気を失った不幸な女 Sventurata, anch'io deliro
1幕3場　エルネスト Br そうだ、我々は勝ったのだ Sì, vincemmo
2幕3場　グアルティエーロ T 私が不幸にしてしまった女に Tu vedrai la sventurata
2幕3場　イモジェーネ S その無邪気な微笑みで Col sorriso l'innocente
2幕3場　イモジェーネ S 太陽よ、黒い布でその姿を隠してください Oh! sole, ti vela di tenebre fonda

カプレーティ家とモンテッキ家 I CAPULETI E I MONTECCHI

1幕1場　テバルド T この剣はそのためにある È serbato a questo acciaro
1幕1場　ロメーオ Ms たとえロメーオがご子息を殺したとしても Se Romeo t'uccise un figlio
1幕2場　ジュリエッタ S ああ、幾たびか Oh! quante volte
2幕1場　ジュリエッタ S 私は死を恐れません Morte io non temo
2幕3場　ロメーオ Ms ああ、君の清らかな魂が Deh! tu, bell'anima

夢遊病の女 LA SONNAMBULA

1幕　リーザ S みんなが楽しそうに、お祭り騒ぎで Tutto è gioia, tutto è festa
1幕　アミーナ S 愛おしい皆さん、優しいお友達〜私には最高の日です Care compagne, e voi teneri amici 〜 Come per me sereno
1幕　ロドルフォ Bs この心地よい場所には来たことがある Vi ravviso, o luoghi ameni
2幕1場　エルヴィーノ T すべてはだめになった Tutto è sciolto
2幕2場　アミーナ S ああこんな風に萎れてしまうなんて Ah, non credea mirarti

ノルマ NORMA

1幕1場　オロヴェーゾ Bs あの丘へ登るのだ、ドルイドよ Ite sul colle, o Druidi
1幕1場　ポッリオーネ T ヴィーナスの祭壇に私とともに Meco all'altar di Venere
1幕1場　ノルマ S 清らかな女神よ Casta Diva
1幕1場　アダルジーザ S どうかお護り下さい、神様 Deh! proteggimi, o Dio!
2幕1場　ノルマ S かわいい子供たちよ Teneri figli
2幕2場　オロヴェーゾ Bs ああ、ローマ人に支配され Ah! del Tebro al giogo indegno

清教徒 I PURITANI

1部1場　リッカルド Br ああ、永遠に君を失った Ah, per sempre io ti perdei
1部3場　エルヴィーラ S 私は愛らしい乙女 Son vergin vezzosa
1部3場　アルトゥーロ T 君の前から去るのが運命ならば Se il destino a te m'invola
2部　ジョルジョ Bs 解いた髪に花を飾り Cinta di fiori e col bel crin disciolto
2部　エルヴィーラ S ここであの方の優しい声が Qui la voce sua soave
3部　アルトゥーロ T 祖国を追われた者は死に物狂いで谷を走る Corre a valle, corre a morte

ナブコドノゾル（ナブッコ） NABUCODONOSOR (NABUCCO)

1部　ザッカリーア Bs あのエジプトの海辺において D'Egitto là sui lidi
2部1場　アビガイッレ S 運命の書を見つけた〜私にもかつては Ben io t'invenni, o fatal scritto! 〜 Anch'io dischiuso un giorno
2部2場　ザッカリーア Bs あなたは預言者の唇を Tu sul labbro de'veggenti
4部2場　フェネーナ S ああ、天は開かれたのです Oh dischiuso è il firmamento!
4部2場　ナブッコ Br ああ、イスラルに帰るがいい Ah torna, Israello
4部2場　アビガイッレ S 死にゆく私に Su me, morente

2部2幕3場 **エドガルド T** わが祖先の墓よ〜間もなく私もここに眠る Tombe dei avi miei 〜 Fra poco a me ricovero

2部2幕3場 **エドガルド T** 神のもとに翼を広げて旅立ったお前よ Tu che a Dio spiegasti l'ali

マリーア・ストゥアルダ MARIA STUARDA

1幕1場 **エリザベッタ S** ええ、フランス王は望んでいるのです〜ああ、私が祭壇へと導かれる時 Sì, vuol di Francia il Rege 〜 Ah! quando all'ala scorgemi

1幕2場 **マリーア S** 雲よ、軽やかな風に乗って Oh nube! che lieve per l'aria t'aggiri

2幕2場 **マリーア S** バラ色の光が輝いていた頃 Quando di luce rosea il giorno a me splendea

2幕3場 **マリーア S** 死にゆく心が Di un cor che muore

ロベルト・デヴェリュー ROBERTO DEVEREUX

1幕1場 **サーラ Ms** 悲嘆に暮れる者には涙は甘く All'afflitto è dolce il pianto

1幕1場 **エリザベッタ S** 彼の愛は私を幸せにした L'amor suo mi fe' beata

1幕1場 **ノッティンガム公爵 Br** 多分あの繊細な心には Forse in quel cor sensibile

3幕2場 **ロベルト T** 天使のような崇高な魂は Come uno spirto angelico

3幕3場 **エリザベッタ S** 生きるがいい、私を裏切った者よ。お前の愛する女のそばで Vivi ingrato! a lei d'accanto

連隊の娘 LA FILLE DU RÉGIMENT（仏）/ LA FIGLIA DI REGGIMENTO（伊）

1幕 **ベルケンフィールド侯爵夫人 Ms** 我が一族の女性にとって Pour une femme de mon nom

1幕 **マリー S** 戦いの最中に私は生まれた Au bruit de la guerre j'ai a reçu le jour ／私が生まれたのは Apparvi alla luce

1幕 **マリー S** 誰もが知っている、誰もが口にする Chacun le sait chacun le dit ／みんなが言う、誰もが知っている Lo dice ognun, ciascun lo sa

1幕 **トニオ T** ああ、友よ、なんとめでたい日だろう！ Ah! mes amis, quell jour de fête! ／Amici miei, che allegro giorno!

1幕 **マリー S** 私は行かなければならないの Il faut partir ／Convien partir!

1幕 **マリー S** 高い身分や豊かさなど Par le rang et par l'opulence ／Le ricchezze ed il grado fastoso

2幕 **トニオ T** 僕はマリーのそばに Pour me rapprocher de Marie

ラ・ファヴォリット（仏）〈ファヴォリータ（伊）〉LA FAVORITE / LA FAVORITA

1幕1場 **フェルナン T** 天使のような、見知らぬ女性が Un ange, une famme inconnue / Una vergine, un angel di Dio

1幕2場 **フェルナン T** そうだ、あなたの声が私に思い起こさせた Oui, ta voix m'inspire / Sì, che un tuo solo accento

2幕 **アルフォンス Br** レオノールよ、おいで Léonor, viens / Vien, Leonora

2幕 **バルタザール Bs** 神の怒りを恐れよ Redoutez la fureur d'un Dieu / Ah! paventa il furor d'un Dio

3幕1場 **アルフォンス Br** それほどの愛に Pour tant d'amor / A tanto amor

3幕1場 **レオノール S/Ms** おお、愛しいフェルナン O mon Fernand! /O mio Fernando!

4幕 **フェルナン T** 清らかな天使よ Ange si pur / Spirto gentil

ドン・パスクアーレ DON PASQUALE

1幕1場 **マラテスタ Br** 天使のように美しい娘が Bella siccome un angelo

1幕1場 **ドン・パスクアーレ Bs** ああ、これまでに感じたことのない情熱の炎が Ah! un foco insolito mi sento adosso

1幕1場 **エルネスト T** 甘く、清らかな夢よ Sogno soave e casto

1幕2場 **ノリーナ S** 騎士はその眼差しに心を射抜かれ Quel guardo il cavaliere in mezzo al cor trafisse

2幕 **エルネスト T** 見知らぬ遠いところで Cercherò lontana terra

3幕2場 **エルネスト T** 春の盛りの夜はなんて素敵なんだろう Come'è gentil la notte a mezzo April!

ランスへの旅 IL VIAGGIO A REIMS

1幕2場 **フォルヴィル伯爵夫人 S** 私だって出発したいですわ Partir, o ciel! desio

1幕3場 **トロンボノク男爵 Bs** 頭のおかしい連中を入れておく檻を地球と呼ぶ Sì, dì matti una gran gabbia il mondo

1幕3場 **ドン・アルヴァーロ Bs** この美しく優雅な貴婦人は Questa vaga e amabil dama

1幕3場 **リーベンスコフ伯爵 T** なんと不実な女だ Donna ingrata

1幕3場 **コリンナ S** 愛しいハープよ、私の信頼する友 Arpa gentil, che fida compagna

1幕4場 **シドニー卿 Bs** なぜ彼女と出会ってしまったのだろう Ah! perché la conobbi?

1幕6場 **ドン・プロフォンド Bs** 私、ドン・プロフォンドは、類を見ないメダルや Io! Don Profondo. Medaglie incomparabili

1幕9場 **コリンナ S** 黄金の百合が落とす、快い影に All'ombre amena del Giglio d'or, aura serena

ギヨーム(グリエルモ)・テル GUILLAUME(GUGLIELMO) TELL

2幕 **マティルド S** 暗い森 Sombre forêt / Selva opaca

3幕1場 **マティルド S** 私たちの愛にはもう望みはない Pour notre amour plus d'esprérance / Ah! se provo di speme è l'amore

3幕2場 **ギヨーム・テル Br** じっと動かないで Sois immobile, et vers la terre / Resta immobile, e ver la terra

4幕1場 **アルノール T** 先祖代々の棲家よ Asile héléditaire / O muto asil del pianto

アンナ・ボレーナ ANNA BOLENA

1幕1場 **スメトン C** 無理な微笑みを浮かべないで Deh! non voler costringere a finta gioja il viso

1幕1場 **アンナ S** この純真な若者は、私の心を揺さぶった Come, innocente giovane, come m'hai scosso il core!

1幕3場 **ペルシ T** 彼女を失った日から Da quel dì che, lei perduta

2幕1場 **アンナ S** 神様、私をご覧ください Dio, che mi vedi in core

2幕2場 **ジョヴァンナ Ms** この御し難い炎に Per questa fiamma indomita

2幕3場 **ペルシ T** 君は生きてくれ、頼む Vivi tu, te ne scongiuro

2幕4場 **アンナ S** 私の生まれたあの城に Al dolce guidami castel natio

愛の妙薬 L'ELISIR D'AMORE

1幕 **ネモリーノ T** なんて美しいんだろう、なんて可愛いんだろう Quanto è bella, quanto è cara

1幕 **ベルコーレ Br** 気取ったパリスが、一番の美人にリンゴを差し出したように Come Paride vezzoso porse il pomo alla più bella

1幕 **ドゥルカマーラ Bs** さあさあ、お立ち会い、村の皆さん Udite, udite, o rustici

1幕 **ネモリーノ T** 愛しい妙薬、お前は僕のもの Caro elisir! sei mio!

2幕2場 **ネモリーノ T** ひとしずくの涙(人知れぬ涙) Una furtiva lagrima

ルクレツィア・ボルジア LUCREZIA BORGIA

プロローグ **オルシーニ C** あの忘れがたいリミニの戦いで Nella fatal di Rimini e memorabil guerra

プロローグ **ルクレツィア S** なんと美しいのでしょう Come è bello

プロローグ **ジェンナーロ T** 名もない漁師の Di pescatore ignobile

1幕1場 **アルフォンソ Bs** 来れ、復讐の時よ Vieni, la vendetta

2幕2場 **オルシーニ C** 幸せになる秘訣は Il segreto per esser felici

2幕2場 **ルクレツィア S** 彼は私の息子でした Era desso il figlio mio

ランメルモールのルチーア LUCIA DI LAMMERMOOR

1部1場 **エンリーコ Br** 残酷で、不吉な苛立ちが Cruda, funesta smania

1部2場 **ルチーア S** あたりは沈黙に閉ざされ Regnava nel silenzio

2部1幕1場 **ライモンド Bs** ああ、諦めなさい〜一族のために犠牲に Ah! cedi, cedi 〜 Al ben de'tuoi vittima

2部2幕2場 **ルチーア S** あの方の優しい声が Il dolce suono mi colpì di sua voce!

イタリア・オペラ・ガイド58作品／おもなアリア

アルジェのイタリア女 L'ITALIANA IN ALGERI

1幕2場　リンドーロ T 思い焦がれる女性がいるのに　Languir per una bella
1幕3場　イザベッラ C ひどい運命よ Cruda sorte！
1幕4場　ムスタファ Bs すでに尋常ではない情熱が　Già d'insolito ardore
2幕2場　リンドーロ T ああ、心は幸せで　Oh, come il cor di giubilo
2幕3場　タッデーオ Br 頭の上が大変重いのですが　Ho un gran peso sulla testa
2幕4場　イザベッラ C 愛する方のために　Per lui che adoro
2幕6場　イザベッラ C 故国のことを思うのです　Pensa alla patria

セビリャの理髪師 IL BARBIERE DI SIVIGLIA

1幕1場　アルマヴィーヴァ伯爵 T 空が白み始めた　Ecco, ridente il cielo
1幕1場　フィガロ Br 町の何でも屋のお通りだ　Largo al factotum della città
1幕2場　ロジーナ Ms 今の歌声は Una voce poco fa
1幕2場　バジーリオ Bs 陰口はそよ風のように La calunnia è un venticello
1幕2場　バルトロ Bs わしのような偉い医者に A un dottor della mia sorte
2幕　ベルタ S 年寄りが花嫁をもらおうと Il vecchietto cerca moglie
2幕　アルマヴィーヴァ伯爵 T もう諦めろ ～この上なく嬉しく、幸せな Cessa di più registere ～ Ah il più lieto, il più felice

ラ・チェネレントラ LA CENERENTOLA

1幕1場　チェネレントラ Ms/C 昔あるところにひとりの王様がいました Una volta c'era un re
1幕1場　ダンディーニ Bs 春に飛び交うミツバチのように Come un'ape ne' giorni d'aprile
1幕1場　アリドーロ Bs 深い神秘に包まれた天が Là del ciel nell'arcano profondo（クリティカル版）／この世界は大きな劇場 Vasto teatro è il mondo（旧版）
1幕2場　ドン・マニーフィコ Bs 私、ドン・マニーフィコは Noi Don Magnifico
2幕1場　ドン・マニーフィコ Bs 娘のどちらかを Sia qualunque delle figlie
2幕2場　ドン・ラミーロ Tああ、彼女を探し出してみせるとも Si, ritrovarla io guiro
2幕5場　チェネレントラ Ms/C 苦しみと涙の中で生まれ Nacqui all'affanno e al pianto

湖上の美人 LA DONNA DEL LAGO

1幕1場　エーレナ S おお、朝焼けよ Oh mattutini albori
1幕3場　マルコム C 幸せな壁よ Mura felici
1幕4場　ロドリーゴ T 彼女はどこに Ma dov'è colei
2幕1場　ウベルト T おお、甘美な炎よ Oh fiamma soave
2幕2場　マルコム C ああ、今や死だけが Ah si pera omai la morte
2幕4場　エーレナ S 愛に満ち溢れたこの時に Tanti affetti in tal momento

セミラーミデ SEMIRAMIDE

1幕1場　イドレーノ T ガンジス川から、偉大な神よ、まずあなたにご挨拶申し上げる Là dal Gange a te primiero reco omaggi
1幕2場　アルサーチェ C/Ms あの日をいつも思い出すのだ Ah! quel giorno ognor rammento
1幕3場　イドレーノ T ああ、試練など何処にあると Ah, dov'è il cimento?
1幕4場　セミラーミデ S 喜ばしい美しい光が（麗しい光が）Bel raggio lusinghier
1幕6場　オーロエ Bs そして神々よ、穏やかなる天から E dal ciel placate, o Numi
1幕6場　セミラーミデ S 亡き夫の亡霊よ Ombra del mio consorte
2幕2場　アルサーチェ C/Ms この過酷な苦しみの中で In sì barbara sciagura
2幕3場　イドレーノ T この上なく甘い希望が La speranza più soave
2幕5場　アッスール Bs 止まれ、お願いだ、赦してくれ Deh, ti ferma, ti placa, perdona
2幕5場　アッスール Bs 神々の怒りにも、恐ろしい亡霊にも Que'Numi furenti, quell'ombre fermenti

ミランダ=フェッラーロ／ピエール MIRANDA-FERRARO Pier ／テノール／ 1924-2008 ／イタリア
ミルンズ／シェリル MILNES Sheirrill ／バリトン／ 1935- ／アメリカ
ミロノフ／マキシム MIRONOV Maxim ／テノール／ 1981- ／ロシア
む ムーティ／リッカルド MUTI Riccardo ／指揮者／ 1941- ／イタリア
め メナーシ／グイード MENASCI Guido ／台本作家／ 1867-1925 ／イタリア
メランドリ／アントニオ MELANDRI Antonio ／テノール／ 1891-1970 ／フランス
メリ／ジョセフ MÉRY Joseph ／小説家／ 1797-1866 ／フランス
メリク=ラランド／エンリエッタ／ MÉRIC-LALANDE Henrietta ／ソプラノ／ 1798-1867 ／フランス
メリット／クリス MERRITT Chris ／テノール／ 1952- ／アメリカ
も モスカ／ルイージ MOSCA Luigi ／台本作家／ 1775-1824 ／イタリア
モンティ／ニコラ MONTI Nicola ／テノール／ 1920-93 ／イタリア
や 山路　芳久 YAMAJI Yoshihisa ／テノール／ 1950-1988 ／日本
ヤンネッティ／フランチェスコ JANNETTI Francesco ／翻訳家／ 1812-55 ／イタリア
ゆ ユゴー／ヴィクトール Hugo Victore ／作家／劇作家／ 1802-85 ／フランス
ら ラーモア／ジェニファー LARMORE Jennifer ／メゾ・ソプラノ／ 1958- ／アメリカ
ライヒェルト／ハインツ REICHERT Heinz ／台本作家／ 1877-1940 ／オーストリア
ライモンディ／ジャンニ RAIMONDI GIanni ／テノール／ 1923-2008 ／イタリア
ライモンディ／ルッジェーロ RAIMONDI Ruggero ／バス = バリトン／ 1941- ／イタリア
ラインスドルフ／エーリヒ LEINSDOLF Erich ／指揮者／ 1912-93 ／オーストリア
ラボー／フラヴィアーノ LABÒ Flaviano ／テノール／ 1927-91 ／イタリア
ランザーニ／ステーファノ RANZANI Stefano ／指揮者／イタリア
り リコルディ／ジューリオ RICORDI Giulio ／音楽出版社経営／台本作家／ 1840-1912 ／イタリア
リコルディ／ティート RICORDI Tito ／台本作家／音楽出版社経営者／ 1865-1933 ／イタリア
リッチャレッリ／カーティア RICCIARELLI Katia ／ソプラノ／ 1946- ／イタリア
る ルートヴィヒ／クリスタ LUDWIG Christa ／メゾ・ソプラノ／ 1928- ／ドイツ
ルグヴェ／エルネスト LEGOUVÉ Ernest ／劇作家／ 1807-1903 ／フランス
ルクヴルール／アドリエンヌ LECOUVREUR Adrienne ／女優／ 1692-1730 ／フランス
ルッフィーニ／ジョヴァンニ RUFFINI Giovanni ／作家／政治家／ 1807-81 ／イタリア
ルビーニ／ジョヴァンニ・バッティスタ RUBINI Giovanni Battista ／テノール／ 1794-1854 ／イタリア
れ レージネヴァ／ユリア LEZHNEVA Julia ／ソプラノ／ 1989- ／ロシア
レオンカヴァッロ／ルッジェーロ LEONCAVALLO Ruggero ／作曲家／ 1857-1919 ／イタリア
ろ ロクール／カミーユ・デュ LOCLE Camille du ／台本作家／興行主／ 1832-1903 ／フランス
ロジエール／アルシ・ドゥ LAUZIÈRES Acille de ／翻訳家／台本作家／ 1818-1894 ／フランス
ロッシ／ガエターノ ROSSI Gaetano ／台本作家／ 1774-1855 ／イタリア
ロッシ／マリオ ROSSI Mario ／指揮者／ 1902-92 ／イタリア
ロッシーニ／ジョアキーノ ROSSINI Gioachino ／作曲家／ 1792-68 ／イタリア
ロパード／フランク LOPARDO Frank ／テノール／ 1957- ／アメリカ
ロマーニ／フェリーチェ ROMANI Felice ／台本作家／詩人／ 1788-1865 ／イタリア
ロワイエ／アルフォンス ROYER Alphonse ／作家　1803-75 ／フランス
ロング／ジョン・ルーサー LONG John Luther ／小説家／弁護士／ 1861-1927 ／アメリカ
わ ワーグナー／ヴィルヘルム・リヒャルト WAGNER Wilhelm Richard ／作曲家／作家／指揮者 ／ 1813-83 ／ドイツ

プラーガ／マルコ PRAGA Marco ／喜劇作家／演劇批評家／ 1862-1929 ／イタリア
プラティコ／ブルーノ PRATICÒ Bruno ／バリトン／ 1958- ／イタリア
フリットリ／バルバラ FRITTOLI Barbara ／ソプラノ／ 1967- ／イタリア
ブルサール／ファウスト BROUSSARD Fausto ／翻訳家／学者／フランス
ブルゾン／レナート BRUSON Renato ／バリトン／ 1936- ／イタリア
プレヴォ／アントワーヌ・フランソワ PRÉVOST Antoine François ／作家／ 1697-1763 ／フランス
ブレーク／ロックウェル BLAKE Rockwell ／テノール／ 1951- ／アメリカ
フレーニ／ミレッラ FRENI Mirella ／ソプラノ／ 1935- ／イタリア
フレミング／ルネ FLEMING Renée ／ソプラノ／ 1959- ／アメリカ
フローラン・ビス／イポリート・ルイ FLORENT Bis Hippolyte Louis ／劇作家／台本作家／ 1789-55 ／フランス
フローレス／フアン・ディエゴ／ FLÓREZ Juan Diego ／テノール／ 1973- ／ペルー
ブロス／ホセ BROS José ／テノール／ 1965- ／スペイン
プロッティ／アルド PROTTI Aldo ／バリトン／ 1920-95 ／イタリア
フロンターリ／ロベルト FRONTALI Roberto ／バリトン／ 1958- ／イタリア
へ ペーポリ／アレッサンドロ PEPOLI Alesandro ／台本作家／ 1757-96 ／イタリア
ベッリーニ／ヴィンチェンツォ BELLINI Vincenzo ／作曲家／ 1801-35 ／イタリア
ベッルージ／ピエロ BELLUGI Piero ／指揮者／ 1924-2012 ／イタリア
ベニーニ／マウリーツィオ BENINI Maurizio ／指揮者／ 1952- ／イタリア
ベラスコ／デイヴィッド BELASCO David ／劇作家／演出家／ 1853-1931 ／アメリカ
ペリー／ローラン PELLY Laurent ／演出家／ 1962- ／フランス
ベルガンサ／テレサ BERGANZA Teresa ／メゾ・ソプラノ／ 1935- ／スペイン
ベルゴンツィ／カルロ BERGONZI Carlo ／テノール／ 1924-2014 ／イタリア
ベルナール／サラ BERNHARDT Sarah ／女優／ 1844-1923 ／フランス
ペロー／シャルル PERRAULT Charles ／小説家／ 1628-1703 ／フランス
ヘンドリックス／バーバラ HENDRICKS Barbara ／ソプラノ／ 1948- ／アメリカ
ほ ボーイト／アッリーゴ BOITO Arrigo ／台本作家／作曲家／ 1842-1918 ／イタリア
ボーマルシェ（ピエール＝オーギュスタン・カロン）Beaumarchais（Pierre-Augustin Caron）／劇作家／作家／ 1732-1799 ／フランス
ホーン／マリリン HORNE Marilyn ／メゾ・ソプラノ／ 1934- ／アメリカ
ポッジ／ジャンニ　POGGI Gianni ／テノール／ 1921-89 ／イタリア
ポッリーニ／マウリーツィオ POLLINI Maurizio ／ピアニスト／ 1942- ／イタリア
ボニゾッリ／フランコ BONIZOLLI Franco ／テノール／ 1938-2003 ／イタリア
ポネル／ジャン＝ピエール PONNELLE Jean-Piere ／演出家／ 1932-88 ／フランス
ポンキエッリ／アミリカーレ PONCHIELLI Amilicare ／作曲家／ 1834-86 ／イタリア
ま マエストリ／アンブロージョ MAESTRI Ambrogio ／バリトン／ 1970- ／イタリア
マクヴィカー／デーヴィッド McVICAR David ／演出家／ 1966- ／スコットランド
マスカーニ／ピエトロ MASCAGNI Pietro ／作曲家／ 1863-1945 ／イタリア
マチューリン／チャールズ・ロバート MATURIN Charles Robert ／牧師／作家／劇作家／ 1782-1824 ／アイルランド
マッフェイ／アンドレーア MAFFEI Andrea ／台本作家／翻訳家／ 1798-1885 ／イタリア
マリエット／オーギュスト MARIETTE Auguste ／エジプト学者／ 1821-81 ／フランス
マリオッティ／ミケーレ MARIOTTI Michele ／指揮者／ 1979- ／イタリア
マルトン／エヴァ MARTON Eva ／ソプラノ／ 1943- ／ハンガリー
み ミュルジェール／アンリ MURGER Henri ／小説家／詩人／ 1822-61 ／フランス

デッシー／ダニエラ DESSÌ Daniela ／ソプラノ／ 1957-2016 ／イタリア
テバルディ／レナータ TEBALDI Renata ／ソプラノ／ 1922-2004 ／イタリア
デュヴェイリエ／シャルル DUVEYRIER Charles ／劇作家／ 1803-66 ／フランス
デュマ・フィス／アレクサンドル DUMAS fis Alexandre ／作家／劇作家／ 1824-95 ／フランス
デル・モナコ／マリオ DEL MONACO Mario ／テノール／ 1915-82 ／イタリア
と ドゥダメル／グスターボ DUDAMEL Gustavo ／指揮者／ 1981- ／ヴェネズエラ
トスカニーニ／アルトゥーロ TOSCANINI Arturo ／指揮者／ 1867-1957 ／イタリア
トットラ／アンドレーア・レオーネ TOTTOLA Andrea Leone ／台本作家／（生年不詳）-1831 ／イタリア
ドニゼッティ／ガエターノ DONIZETTI Gaetano ／作曲家／ 1797-48 ／イタリア
ドミンゴ／プラシド DOMINGO Placido ／テノール／ 1941- ／スペイン
ドミンゴ／マルタ　DOMINGO Marta ／演出家／元ソプラノ／メキシコ
ぬ ヌッチ／レオ　NUCCI Leo ／バリトン／ 1942- ／イタリア
ね ネイル／スチュアート NEILL Stuart ／テノール／アメリカ
ネトレプコ／アンナ NETREBKO Anna ／ソプラノ／ 1971- ／ロシア
は 林康子 HAYASHI Yasuko ／ソプラノ／ 1943- ／日本
バードン／パトリシア BARDON Patricia ／メゾ・ソプラノ／コントラルト／アイルランド
バイロン／ジョージ・ゴードン BYRON George Gordon ／詩人／政治家／ 1788-1824 ／イギリス
パヴァロッティ／ルチアーノ PAVAROTTI Luciano ／テノール／ 1935-2007 ／イタリア
バキエ／ガブリエル BACQUIER Gabriel ／バス＝バリトン／ 1924- ／フランス
バスティアニーニ／エットレ BASTIANINI Ettore ／バリトン／ 1922-67 ／イタリア
バッシ／カリスト BASSI Calisto ／台本作家／ 1800?-1860 ／イタリア
パッパーノ／アントニオ　PAPPANO Antonio ／指揮者／ 1959- ／イギリス
バヤール／ジャン・フランソワ・アルフレ BAYARD Jean François Alfred ／劇作家／ 1796-1853 ／フランス
バルダーリ／ジュゼッペ BARDARI Giuseppe ／作家／法律家／ 1817-61 ／イタリア
バルダーレ／レオーネ・エマヌエーレ BARDARE Leone Emanuele ／詩人／ 1820-74 ／イタリア
バルチェッローナ／ダニエラ BARCELLONA Daniela ／メゾ・ソプラノ／ 1969- ／イタリア
バルツァ／アグネス　BALTSA Agnes ／メゾ・ソプラノ／ 1944- ／ギリシャ
バルトリ／チェチーリア BARTOLI Cecilia ／メゾ・ソプラノ／ 1966- ／イタリア
バルトレッティ／ブルーノ BARTOLETTI Bruno ／指揮者／ 1926-2013 ／イタリア
バルビエ／ジュール BARBIER Jules ／台本作家／ 1825-1901 ／フランス
バルビエーリ／フェドーラ BARBIERI Fedora ／メゾ・ソプラノ／ 1920-2003 ／イタリア
バロッキ／ルイージ BALOCCHI Luigi ／台本作家／イタリア
バンブリー／グレース　BUMBRY Grace ／ソプラノ／メゾ・ソプラノ／ 1937- ／アメリカ
ひ ピアーヴェ／フランチェスコ・マリア PIAVE Francesco Maria ／台本作家／作家／ 1810-76 ／イタリア
ピッツォラート／マリアンネ PIZZOLATO Marianne ／メゾ・ソプラノ／イタリア
ピンデモンテ／イッポーリト PINDEMONTE Ippolito ／詩人／ 1753-1828 ／イタリア
ふ ファルノッキア／セレーナ　FARNOCCHIA Serena ／ソプラノ／イタリア
フィッシャー＝ディースカウ／ディートリヒ FISCHER-DIESKAU Dietrich ／バリトン／ 1925-2012 ／ドイツ
フェッレッティ／ヤーコポ FERRETTI Jacopo ／台本作家／ 1784-1852 ／イタリア
フォルツァーノ／ジョヴァッキーノ FORZANO Giovacchino ／劇作家／台本作家／ 1883-1970 ／イタリア
フォン・シュターデ／フレデリカ VON STADE Frederica ／メゾ・ソプラノ／ 1945- ／アメリカ
プッチーニ／ジャコモ PUCCINI Giacomo ／作曲家／ 1858-1924 ／イタリア

シェイクスピア／ウィリアム SHAKESPEAR William ／詩人／戯曲作家／ 1564-1616 ／イギリス
シエピ／チェーザレ SIEPI Cesare ／バス／ 1923-2010 ／イタリア
シミオナート／ジュリエッタ SIMIONATO Giulietta ／メゾ・ソプラノ／ 1910-2010 ／イタリア
シモーニ／レナート SIMONI Renato ／劇作家／ 1875-1952 ／イタリア
シャイー／リッカルド CHAILLY Riccardo ／指揮者／ 1953- ／イタリア
ジャコーザ／ジュゼッペ GIACOSA Giuseppe ／劇作家／台本作家／ 1847-1906 ／イタリア
ジャコミーニ／ジュゼッペ GIACOMINI Giuseppe ／テノール／ 1940- ／イタリア
ジャンナッタージオ／カルメン GIANNATTASIO Carmen ／ソプラノ／ 1975- ／イタリア
シュトルツ／ロジーヌ STOLTZ Rosine ／メゾ・ソプラノ／ 1815-1903 ／フランス
ジョルダーノ／ウンベルト GIORDANO Umberto ／作曲家／ 1867-1948 ／イタリア
シラー／フリードリヒ・フォン SCHILLER Friedrich von ／劇作家／ 1759-1805 ／ドイツ
シラグーザ／アントニーノ／ SIRAGUSA Antonino ／テノール／ 1964- ／イタリア
す スキーパ／ティート SCHIPA Tito ／テノール／ 1889-1965 ／イタリア
スクリーブ／ウジェーヌ SCRIBE Eugène ／劇作家／台本作家／ 1791-1886 ／フランス
スコット／ウォルター SCOTTO Walter ／小説家／ 1771-1832 ／スコットランド
スコット／レナータ SCOTTO Renata ／ソプラノ／ 1934- ／イタリア
スティニャーニ／エベ STIGNANI Ebe ／メゾ・ソプラノ／ 1903-74 ／イタリア
ステルビーニ／チェーザレ STERBINI Cesare ／台本作家／ 1784-31 ／イタリア
スメ／アレクサンドル SOUMET Alexandre ／詩人／ 1788-1845 ／フランス
スリオティス／エレナ SOULIOTIS Elena ／ ソプラノ／ 1943-2004 ／ギリシャ
せ ゼッダ／アルベルト ZEDDA Alberto ／指揮者／ 1928- ／イタリア
セラフィン／トゥッリオ SERAFIN Tullio ／指揮者／ 1878-1968 ／イタリア
そ ソレーラ／テミストークレ SOLERA Temistocle ／台本作家／ 1815-78 ／イタリア
ソンマ／アントーニオ SOMMA Antonio ／台本作家／劇作家／ 1809-64 ／イタリア
た ターフェル／ブリン TERFEL Bryn ／バス = バリトン／ 1965- ／イギリス（ウェールズ）
ダーラ／エンツォ DARA Enzo ／バス／ 1938- ／イタリア
タッカー／リチャード TUCKER Richard ／テノール／ 1913-75 ／アメリカ
タッデイ／ジュゼッペ TADDEI Giuseppe ／バリトン 1916-2010 ／イタリア
タリアヴィーニ／フェッルッチョ TAGLIAVINI Ferruccio ／テノール／ 1913-95 ／イタリア
タルジョーニ = トッツェッティ／ジョヴァンニ TARGIONI-TOZZETTI Giovanni ／台本作家／ 1863-1934 ／イタリア
ダンテ／アリギエーリ DANTE Alighieri ／詩人／ 1265-1321 ／イタリア
ダンヌンツィオ／ガブリエーレ D'ANNUNZIO Gabriele ／詩人／作家／ 1863-1938 ／イタリア
ち チェイピン／スカイラー CHAPIN Schuyler ／元メトロポリタン歌劇場 GM ／ 1923-2009 ／アメリカ
チェザロッティ／メルキオール CESAROTTI Melchiore ／文学者／翻訳家／ 1730-1808 ／イタリア
チェルケッティ／アニタ CERCHETTI Anita ／ソプラノ／ 1931-2014 ／イタリア
チョーフィ／パトリツィア CIOFI Patrizia ／ソプラノ／ 1967- ／イタリア
チレーア／フランチェスコ CILEA Francesco ／作曲家／ 1866-1950 ／イタリア
て ディ・ステーファノ／ジュゼッペ DI STEFANO Giuseppe ／テノール／ 1921-2008 ／イタリア
ディドナート／ジョイス DiDONATO Joyce ／メゾ・ソプラノ／ 1969- ／アメリカ
デヴィーア／マリエッラ DEVIA Mariella ／ソプラノ／ 1948- ／イタリア
デセイ／ナタリー DESSAY Natalie ／ソプラノ／ 1965- ／フランス
デッカー／ヴィリー DECKER Willy ／舞台演出家／ 1950- ／ドイツ

カラス／マリア CALLAS Maria ／ソプラノ／ 1923-77 ／ギリシャ
カラヤン／ヘルベルト・フォン von KARAJAN Herbert ／指揮／ 1908-89 ／オーストリア
ガランチャ／エリーナ GALANČA Elīna ／メゾ・ソプラノ／ 1976- ／ラトビア
カリニャーニ／パオロ CARIGNANI Paolo ／指揮者／ 1961- ／イタリア
カルーソー (カルーゾ) ／エンリーコ／ CARUSO Enrico ／テノール／ 1873-1921 ／イタリア
ガルシア／マヌエル GARCIA Manuel ／バリトン／ 1805-1906 ／スペイン
カルテーリ／ロザンナ CARTERI Rosanna ／ソプラノ／ 1930- ／イタリア
ガルデッリ／ランベルト／ GARDELLI Lamberto ／指揮者／ 1915-98 ／イタリア
カレーラス／ホセ CARRERAS José ／テノール／ 1946- ／スペイン
カンマラーノ／サルヴァドーレ CAMMARANO Salvadore ／台本作家／ 1801-52 ／イタリア
き キアーラ／マリア CHIARA Maria ソプラノ／ 1933- ／イタリア
ギスランツォーニ／アントーニオ GISLANZONI Antonio ／台本作家／作家／ 1824-93 ／イタリア
ギャウロフ／ニコライ GHIAUROV Nicolai ／バス／ 1929-2004 ／ブルガリア
く グティエレス／アントニオ・ガルシア GUTIÉRREZ Antonio García ／劇作家／ 1813-84 ／スペイン
クピード／アルベルト CUPIDO Alberrto ／テノール／イタリア
クラウス／アルフレード KRAUS Alfredo ／テノール／ 1927-99 ／スペイン
クリストフ／ボリス CHRISTOFF Boris ／バス／ 1914-93 ／ブルガリア
グルーバー／アンドレア GRUBER Andrea ／ソプラノ／ 1966- ／アメリカ
クンデ／グレゴリー KUNDE Gregory ／テノール／ 1954- ／アメリカ
け ゲーテ／ヨハン・ヴォルフガング・フォン GOETHE Johann Wolfgang von ／詩人／劇作家 1749-1832 ／ドイツ
ゲッダ／ニコライ GEDDA Nicolai ／テノール／ 1925-2017 ／スウェーデン
こ ゴセット／フィリップ GOSSETT Philip ／音楽学者／ 1941- ／アメリカ
コッソット／フィオレンツァ COSSOTTO Fiorenza ／メゾ・ソプラノ／ 1935- ／イタリア
ゴッツィ／カルロ GOZZI Carlo 劇作家／作家／ 1720-1806 ／イタリア
ゴッビ／ティート GOBBI Tito ／バリトン／ 1913-84 ／イタリア
コラウッティ／アルトゥーロ COLAUTTI Arturo ／ジャーナリスト／台本作家／ 1851-1914 ／イタリア
ゴルド／ディディエー GOLD Didier ／作家／ 1874-1931 ／フランス
コルニュ／フランシス CORNU Francis ／ 劇作家／ 1794-1848 ／ フランス
コルネッティ／マリアンネ CORNETTI Marianne ／メゾ・ソプラノ／ソプラノ／ 1962- ／アメリカ
コルブラン／イザベッラ COLBRAN Isabella ／ソプラノ／メゾ・ソプラノ／ 1785-1845 ／スペイン
コルベッリ／アレッサンドロ CORBELLI Alessandro ／バリトン／ 1952- ／ イタリア
コレッリ／フランコ CORELLI Franco ／テノール／ 1921-2003 ／イタリア
ゴンザレス／ダルマチオ GONZALEZ Dalmacio ／テノール1940- ／スペイン
コンパネーズ／イレーネ COMPANEEZ Irene ／コントラルト／フランス
さ サーヴェドラ／アンヘル・デ SAAVEDRA Ángel de ／作家／劇作家／ 1791-1865 ／スペイン
サザーランド／ジョーン SUTHERLAND Joan ／ソプラノ／ 1926- ／オーストラリア
ザナルディーニ／アンジェロ ZANARDINI Angelo ／翻訳家／台本作家／ 1820-93 ／イタリア
サルドゥ／ヴィクトリアン SARDOU Victrien ／劇作家／ 1831-1908 ／フランス
サン＝ジョルジュ／ジュール～アンリ・ヴェルノア・ドゥ Jules-Henri Vernoy de Saint-Georges ／劇作家／台本作家／ 1799-1885 ／フランス
サンティーヌ（ボニファス／グサヴィエ） SAINTINE(BONIFACE Xavier) ／作家／詩人 ／ 1795-186 ／フランス
ザンドナーイ／リッカルド ZANDONAI Riccardo ／作曲家／ 1883-1944 ／イタリア
し ジーリ／ベニアミーノ GIGLI Beniamino ／テノール／ 1890-1957 ／イタリア

イタリア・オペラ・ガイド / 人名一覧

あ 浅利慶太 ASARI Keita ／演出家／ 1933- ／日本
アダミ／ジュゼッペ ADAMI Giuseppe ／作家／台本作家／ 1878-1946 ／イタリア
アッバード／クラウディオ ABBADO Claudio ／指揮者／ 1933-2014 ／イタリア
アニセ＝ブルジョワ／オーギュスト ANICET-BOURGEOIS Auguste ／劇作家／ 1806-71 ／フランス
アネッリ／アンジェロ ANELLI Angelo ／台本作家／ 1761-1820 ／イタリア
アラーニャ／ロベルト ALAGNA Roberto ／テノール／ 1963- ／フランス
アラガル／ジャコモ(ハイメ) ARRAGAL Giacomo(Jaume) テノール／ 1939- ／スペイン
アリベルティ／ルチア ALIBERTI Lucia ／ソプラノ／ 1961- ／イタリア
アリャビエフ／アレクサンドル ALJAB'EV Aleksandr Aleksandrovič ／作曲家／ 1787-1851 ／ロシア
アルファーノ／フランコ ALFANO Franco ／作曲家／ 1875-1954 ／イタリア
アンスロ／ジャック＝フランソワ ANCELOT Jacques François ／劇作家／ 1794-1854 ／フランス
アンダーソン／ジューン ANDERSON June ／ソプラノ／ 1952- ／アメリカ

い イッリカ／ルイージ ILLICA Luigi 喜劇作家／台本作家／ 1857-1919 ／イタリア

う ヴァイクル／ベルント WEIKL Bernd ／バリトン／ 1942- ／オーストリア
ヴァエーズ／ギュスターヴ VAËSE Gustave ／劇作家／翻訳家／ 1812-62 ／ベルギー
ヴァッレッティ／チェーザレ VALLETTI Cesare ／テノール／ 1922-2000 ／イタリア
ヴァレット／シャーリー VERRETT Shirley ／ソプラノ／メゾ・ソプラノ／ 1931- ／アメリカ
ヴァレンティーニ＝テラーニ／ルチーア VALENTINI-TERRANI Lucia ／メゾ・ソプラノ／ 1946-1998 ／イタリア
ヴィッカーズ／ジョン VICKERS Jon ／テノール／ 1926-2015 ／カナダ
ヴィルナー／アルフレート・マリーア WILLNER Alfred Maria ／作家／ 859-1929 ／オーストリア
ヴィンコ／イヴォ VINCO Ivo ／バス／ 1927-2014 ／イタリア
ウェールズ／オーソン WELLES Orson ／俳優／映画監督／ 1915-85 ／アメリカ
ヴェルガ／ジョヴァンニ VERGA Giovanni ／作家／劇作家／ 1840-1922 ／イタリア
ヴェルディ／ジュゼッペ VERDI Giuseppe ／作曲家／ 1813-1901 ／イタリア
ヴェルナー／ツァハリーアス WERNER Zacharias ／詩人／劇作家／ 1768-1823 ／ドイツ
ウォーレン／レナード WARREN Leonard ／バリトン／ 1911-60 ／アメリカ
ヴォルテール (フランソワ・マリー・アルウェ) VOLTAIRE(François-Marie AROUET) ／哲学者／小説家／ 1694-1778 ／フランス
ウルマーナ／ヴィオレータ URMANA Violeta ／ソプラノ／メゾ・ソプラノ／ 1961- ／リトアニア

え エティエンヌ・ド・ジュイ (ジョゼフ・エティエンヌ) Étienne de Jouy (Joseph ÉTIENNE) ／劇作家／台本作家／ 1764-1846 ／フランス

お オーメ／ジャン・ピエール AUMER Jean Piere 振付家／舞踏教師／ 1776-1833 ／フランス
オブラスツォワ／エレナ OBRAZTSOVA Elena ／メゾ・ソプラノ／ 1939-2015 ／ロシア
オリーヴァ／ドメニコ OLIVA Domenico/ ジャーナリスト /1860-1917/ イタリア
オリヴェーロ／マグダ OLIVERO Magda ／ソプラノ／ 1910-2014 ／イタリア

か カーセン／ロバート CARSEN Robert ／演出家／ 1954- ／カナダ
カイミ／エウジェーニオ CAIMI Eugenio ／翻訳家／イタリア
ガザーレ／アルベルト GAZALE Alberto ／バリトン／ 1968- ／イタリア
カサロヴァ／ヴェッセリーナ KASAROVA Vesselina ／メゾ・ソプラノ／ 1965- ／ブルガリア
カップッチッリ／ピエロ CAPPUCCILLI Piero ／バリトン／ 1929-2005 ／イタリア
ガナッシ／ソニア GANASSI Sonia ／メゾ・ソプラノ／ 1966- ／イタリア
カバリエ／モンセラート CABALLÉ Montserrat ソプラノ／ 1933- ／スペイン

【メゾ（メッツォ）・ソプラノ mezzosoprano・コントラルト contralto】

メゾ・ソプラノ・コロラトゥーラ（ロッシニアーナ）mezzosoprano coloratura(rossiniana)

メゾ・ソプラノ・リリコ mezzosoprano lirico

メゾ・ソプラノ・ドランマーティコ mezzosoprano drammatico

コントラルト contralto

【テノール tenor・テノーレ tenore】

テノーレ・ディ・グラーツィア tenore di grazia

テノーレ・レッジェーロ tenore leggero

テノーレ・リリコ・レッジェーロ tenore lirico leggero

テノーレ・リリコ tenore lirico

テノーレ・リリコ・スピント tenore lirico spinto・テノーレ・ロブスト tenore robusto

テノーレ・ドランマーティコ tenore drammatico

【バリトン baritone・バリートノ baritono】

バリートノ・リリコ baritono lirico

バリートノ・リリコ・スピント baritono lirico spinto

バリートノ・ドランマーティコ baritono drammatico

＊バリートノ・ヴェルディアーノ baritono verdiano と呼ばれる声は、その役柄によってリリコからドランマーティコまでを含む。声がヴェルディ作品に向いた色合いを持っているかに重点が置かれる。

バリートノ・ブッフォ baritono buffo は喜劇や狂言回し役を得意とするバリトンのこと。

【バス bass・バッソ basso】

バス＝バリトン* bass-baritone・バッソ＝バリートノ basso-baritono

バッソ・ブッフォ basso buffo

バッソ・カンタンテ basso cantante（伊）・バス・シャンタート basse-chantante(仏)

バッソ・プロフォンド basso profondo

＊バス＝バリトンという定義は、基本的にはイタリアオペラにはない。モーツァルトの諸役（フィガロ、伯爵、ドン・ジョヴァンニ、レポレッロなど）ワーグナー（ヴォータン、ザックスなど）で主に使われる声種の区分。強いて言えば、イタリアオペラの中でヴェルディ《ファルスタッフ》のタイトルロール、《シモン・ボッカネグラ》のパオロなど、バリトンとバスのどちらもが務めることのある役柄がそれに相当する。

バッソ・カンタンテは、叙情的な表現に長けているバスで、比較的高めの音域までを網羅する。バッソ・ブッフォ狂言回しの出来るバスのことで、カンタンテ同様高めの音域も得意とする。それに対しプロフォンド（＝深い）は、文字どおり低音の魅力を聴かせる、威厳のある役に向いた声のこと。

オペラ歌手のイタリアでの声種（高→低）

【女声】

ソプラノ soprano［**S**］

↓

メゾ（メッツォ）・ソプラノ mezzo soprano［**Ms**］

↓

コントラルト contralto［**C**］

【男声】

カウンターテナー countertenor（英）

↓

テノール tenor（英）・テノーレ tenore（伊）［**T**］

↓

バリトン baritone（英）・バリートノ baritono（伊）［**Br**］

↓

バス＝バリトン bass-baritone（英）・バッソ＝バリートノ basso-baritono（伊）

↓

バス bass（英）・バッソ basso（伊）［**Bs**］

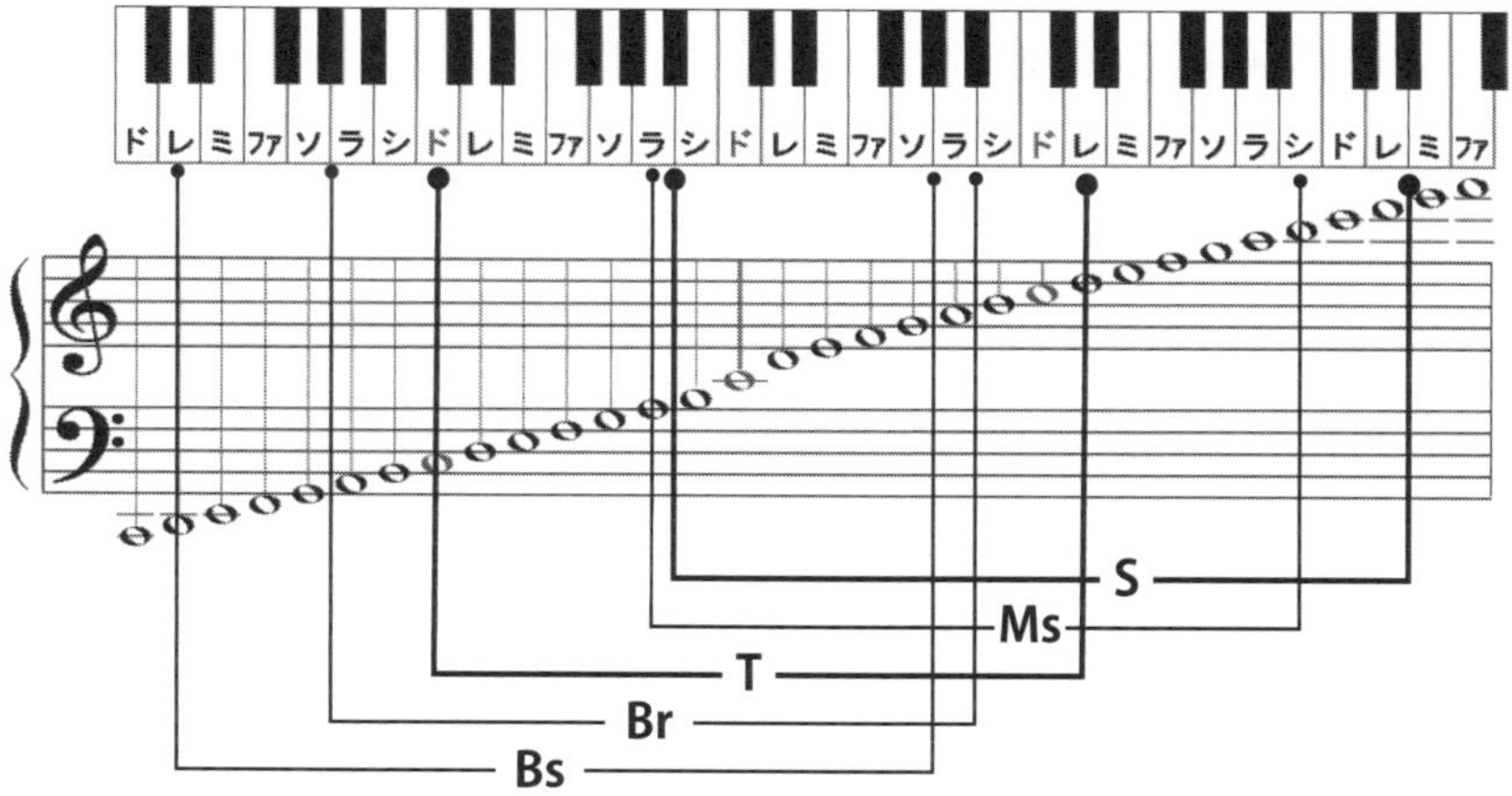

※参考　Dizionario della musica e dei musicisti (GARZANTI)

それぞれの声種のイタリアにおける詳しい区分け(おおまかに軽い声→重い声)

【ソプラノ soprano】

ソプラノ・レッジェーロ soprano leggero・ソプラノ・コロラトゥーラ soprano coloratura

ソプラノ・リリコ・レッジェーロ soprano lirico leggero

ソプラノ・リリコ soprano lirico

ソプラノ・リリコ・スピント soprano lirico spinto

ソプラノ・ドランマーティコ soprano drammatico

（その中でも俊敏な動きも得意とする声をドランマーティコ・ダジリタ drammatico d'agilità と呼ぶ。）

ファルセットーネ falsettone（伊）か細くならず、下からの音色に近く実音と裏声を混ぜて（特にテノールの高音で）使うテクニック。ベルカント・オペラで多用された。

フィオリトゥーラ fioritura（伊）装飾音

プリマドンナ prima donna（伊）主役の女性　男性主役はプリモウオーモ primo uomo

プリエール prier（仏）プレギエーラ preghiera（伊）祈り　神に助けを求める場面で歌われる歌のこと。

フレージング phrasing（英）フラセッジョ fraseggio(伊) フレーズ（楽句）の歌い方、処理の仕方のこと。

プーロ・リリコ puro lirico（伊）　純粋なリリコ　リリコと分類される温かみのある柔らかな声の中でも特に厚みがある声。（イタリアでの声種については別項参照）

へ **ベルカント** bel canto（英）belcanto（伊）１）イタリアの伝統的なオペラの発声法　２）〜・オペラ 主にロッシーニ、ベッリーニ、ドニゼッティの作品を指す。

ほ **ポジション** position(英)ポジツィオーネ posizione(伊)　発声上では、喉の使い方(ex. ポジションが浅い＝喉が絞まり声帯に負担のかかる歌い方)、あるいは声の響きが集まる高さをいう（ex. ポジションが低い声＝喉声、身体から離れない声）。

ポルタメント portamento（伊）　ふたつの異なる音の間を繋げるようにして演奏すること。

み **ミゼレーレ** miserere（伊）旧約聖書詩篇第 51 編を用いた音楽。

め **メロドランマ** melodramma（伊）　作曲されることを前提に書かれたテキストのこと。（= ドランマ・ペル・ムージカ dramma per musica）「メロドラマ」とは意味が異なる。

ゆ **ユニゾン** unison(英)　異なる声種が同一の旋律を歌うこと。

り **リコルディ** Casa Ricordi（伊）　イタリアの楽譜出版社　イタリアオペラの大多数のスコア(総譜)、ヴォーカル・スコアは、このリコルディ社かソンツォーニョ社 Casa Musicale Sonzogno から出版されている。

リズム rhythm（英）律動　周期的な動き＝拍子

リネアーレ lineare（伊）発声においては、一本の息のライン上に乗せるように歌うテクニックのこと。

リブレット libretto（伊）　オペラ台本

れ **レチタティーヴォ** recitativo（伊）　語りの部分　和音だけの伴奏のものレチタティーヴォ・セッコ recitativo secco と、メロディックな伴奏のついたレチタティーヴォ・アッコンパニャート recitativo accompagnato がある。

ろ **ロマンツァ** romanza（伊）有節詩に付けられた抒情的、感傷的なアリアの一種。

ロンド rondò (伊)　緩と急のスタイルによる（繰り返される場合もある）アリア。

❾ **クリティカル・エディション** critical edition（英）批判校訂版　専門家の研究により、後年に第三者によって加えられた内容や慣習的な演奏を採譜した楽譜を、基本的に作曲者が最初に作曲した状態に戻して出版された楽譜のこと。

クレッシェンド crescendo（伊）だんだん音を大きくすること。⇄デクレッシェンド decrescendo

Ⓚ **ゲネプロ** Generalprobe（独）prova generale(伊) 衣裳をつけて舞台上で本番の通りにやる最終稽古のこと。

Ⓚ **コロラトゥーラ** coloratura（伊）　華やかな装飾の施された音型を指す。

コレペティトール Korrepetitor(独)　maestro collaboratore（伊）ピアノ伴奏で歌手に稽古をつけるピアニスト、副指揮者。イタリア語ではマエストロ・コッラボラトーレ。

コンサートピース concert piece (英)　コンサート用楽曲　この本においては、取り出されて独立して演奏されるアリア、序曲、間奏曲などを指す。

コンチェルタート concertato（伊）　複数のソリスト（合唱も加わることもある）が競い合うようにそれぞれのメロディを歌い、それが重層的に絡み合う部分。

コンチェルタンテ concertante（伊）協奏曲風に作られたメロディをソリストが受け持つ形式。

コンプリマ(ー)リオ comprimario（伊）脇役、準主役、それらを歌う座付きの歌手を指す場合もある。

Ⓢ **シェーナ** scena（伊）　場面あるいは、ひとつの場面を構成するほどの大規模なレチタティーヴォ。

Ⓢ **スコア** score(英)　総譜　指揮者が使用する楽器と歌唱の全パートが収められている楽譜のこと。

ストレート・プレイ straight play（英）歌唱を含まないセリフで構成される演劇のこと。

Ⓢ **ソープラ·アクート** sopra acuto(伊) 高音であるアクート acuto よりもっと高い音域のことで、テノールのハイ C 以上、ソプラノでは Cis（ド#）以上を指す。

Ⓣ **タイトルロール** title role（英）オペラの題名になっている役柄。

ダブル・ビル double bill（英）二本立て（1 公演で 2 つの演目を上演すること。）

Ⓣ **超絶技巧** esecuzione trasccendentale（伊）　華やかなコロラトゥーラや難しいパッセージや広い音域を網羅して演奏する技術のこと。

Ⓣ **ディクション** diction（仏）舞台朗読・発音法

ディミヌエンド diminuendo（伊）音をだんだん小さくすること。＝デクレッシェンド

Ⓝ **内声**（ないせい）　例えばソプラノ、メゾ·ソプラノ、テノール、バスによる四重唱で、メゾ·ソプラノとテノールが受け持つような上下に挟まれた部分を歌うパートのこと。

Ⓗ **ハイ C**（「シー」あるいは「ツェー」）high C（英）特にテノールの高いドの音。（ルチアーノ・パヴァロッティ Luciano Pavarotti は「キング・オブ・ハイ C」と呼ばれた）。

バッラータ ballata（伊）　4 行と 8 行のリフレインからによるイタリア古謡、舞踏音楽。

パッサッジョ passaggio（伊）　発声技術上、声の変わり目のこと。（出しづらい部分でもあり、出ている音色をいかに変えないで筋肉の使い方を切り替えるかが、ベルカントの発声テクニック。）

バルカローラ barcarola（伊）　舟歌　ゴンドラの船頭が歌う唄。

Ⓕ **ファルセット** falsetto（伊）裏声

イタリア・オペラ・ガイド / 用語

あ **アカペラ** a cappella（伊） 元は「礼拝堂で」の意味。無伴奏で歌われることを指す。

アクート acuto（伊） 高音

アクセント（アッチェント）accento（英）accento（伊） 言葉では強く発音する箇所のこと。音楽では強勢部を指す。

アジリタ agilità（伊）俊敏に転がす歌唱技術。

アリア aria（伊） 登場人物がその心情などをひとりで歌う抒情的な楽曲。

アリオーゾ arioso（伊） レチタティーヴォとアリアの中間のような形式。リズムを刻みながらもアリアのような感情表現が求められる。

アンサンブル ensemble（仏）複数のソリストが歌う重唱。

う **ヴァリアンテ** variante（伊）ヴァリエーション 部分的に変更を加えた箇所。

ヴェリズモ verismo（伊）現実主義 19 世紀後半以降の日常を描いたオペラ作品のこと。

ヴェルディ・バリトン (バリートノ・ヴェルディアーノ) Verdi baritone（英）baritono Verdiano（伊） 特にヴェルディに向いているバリトン 高めのテッシトゥーラで、輝かしい声だが柔らかさを失わず、レガートで歌えてかつスタイリッシュな歌唱が出来るバリトン歌手を指す。

ヴォーカル・スコア（スパルティート） vocal score（英）spartito（伊）歌とピアノ伴奏のオペラ全曲の楽譜。

ヴァリエーション 部分的に変更を加えた箇所。

お **オクターヴ** octave(英) オッターヴォ ottavo（伊） 8 度音程（ex. ドから次の高いドまで）。

オペラ・セーリア opera seria 悲劇的な内容のシリアスな内容のオペラ。本筋はシリアスな内容だが脇役に喜劇的な要素を盛り込んだものはオペラ・セミセーリア opera semiseria と呼ぶ。

オペラ・ブッファ opera buffa（伊）喜劇的オペラ リリカ・コンメーディア lirica commedia、ドランマ・ジョコーゾ dramma giocoso とも呼ぶ。（なおフランス語のオペラ・コミック opéra comique はセリフを挟んだ歌で構成されるものを指し、コミカルなオペラという意味ではない。ex. ビゼー《カルメン》など）

か **カヴァティーナ** Cavatina（伊）基本的に繰り返し（ダ・カーポ）形式を持たない、比較的短めなアリアのこと。この後に動きのあるカバレッタ cabaretta がつくものが多い。

カウンターテナー countertener(英) 男声アルト歌手。多くの場合ファルセットで歌う。

カストラート castrato（伊）去勢によって声変わりをさせなかった男声。

カバレッタ cabaretta（伊）アリア（カヴァティーナ）の後に来る､動きのある終結部分のこと。

カンタービレ cantabile（伊）アリアの中で、息の長いフレーズによるものが多い、穏やかに歌われる歌唱部分。

カンツォーネ canzone（伊）オペラの中で「歌」として存在する曲のこと。（より小さい規模のものはカンツォネッタ canzonetta と呼ばれる。）

き **キーロール** key role (英) その物語のキー・パーソンとなる役柄。

狂乱の場 mad scene (英) scena della pazzia (伊) 主役（主に女声）が常軌を逸し、そのオペラの大きな見せ場となる場面のこと。

参考文献（引用文献を含む）

SPARTITI (VOCAL SCORES)
RICORDI
Aida, Anna Bolena, Attila, Un ballo in maschera, Il barbiere di Siviglia, La Bohème,
I Capuleti e i Montecchi*, La Cenerentola*, Don Carlo, Don Carlos*, Don Pasquale,
La donna del lago*, I due Foscari, L'elisir d'amore, Ernani, Falstaff, La fanciulla del West, La Favorita,
La Favorite*, La figlia di reggimento, La forza del destino,
Francesca da Rimini, Gianni Schicchi, La Gioconda, Giovanna d'Arco*, Gugliermo Tell, Guillaume Tell*, Iris,
L'italiana in Algeri, Lucia di Lammermoor, Lucrezia Borgia,
Luisa Miller, Macbeth*, Madama Butterfly, Manon Lescaut, Maria Stuarda*, Mefistofele, Nabucodonosor*,
Norma, Otello, Il pirata, I Puritani, Rigoletto, Roberto Devereux, Semiramide*, Simon Boccanegra,
La sonnambula, Suol Angelica, Il tabarro, Tosca,
La traviata*, Il trovatore, Turandot, Il viaggio a Reims*, I vespri siciliani
(*critical edition)
CASA MUSICALE SONZOGNO
Adriana Lecouvreur, Andrea Chénier, Cavalleria rusticana, Fedora, Pagliacci, La Rondine
C.JOUBET
La fille du régiment
DIZIONARIO DELLA MUSICA E DEI MUSICISTI(1999 年版） GARZANTI
DIVO HELENA MATHEOPOULS HARPER & ROW
DIVA HELENA MATHEOPOULS VICTOR GOLLANCZ
『新グローヴ オペラ事典』 スタンリー・セイディ 編 中矢一義 / 土田英三郎 日本語監修 白水社
〈名作オペラブックス〉 アッティラ・チャンパイ 、ティートマル・ホラント 編
　　戸口孝策／嶺先章郎 他 訳 音楽之友社
〈オペラ対訳ライブラリー〉 小瀬村幸子 / 坂本鉄男 / 戸口幸策 訳 音楽之友社
〈歴史をつくる女たち〉 3『ルネッサンスの光と影 』/ 4）『華麗なる宮廷の誘惑』
　　辻邦生 / 野島秀勝 / 松村 赳 / 二宮フサ 他 集英社
〈叢書・20 世紀の芸術と文学〉
『ブラヴォー・ディーヴァ～オペラ歌手２０人が語るその芸術と人生』 岡田好惠 訳
『プラシド・ドミンゴ～オペラ 62 役を語る』 斎藤静代 訳 ヘレナ・マテオプーロス 著 アルファベータ
『イタリア・オペラ』 ジル・ド・ヴァン 著 森 立子 訳 白水社
『オペラティック』 ミシェル・レリス 著 大原宣久・三枝大修 訳 水声社
『ガエターノ・ドニゼッティ ロマン派音楽家の生涯と作品』
　　グリエルモ・バルブラン / ブルーノ・ザノリーニ著 高橋和恵 訳 昭和音楽大学
『傑作オペラはこうしてできた』 ミルトン・ブレナー 著 立石光子 訳 白水社
『シチリアの晩祷』 スティーブン・ランシマン 著 榊原 勝・藤澤房俊 訳 大陽出版
『世界史でたどる名作オペラ』 西原 稔 著 東京堂出版
『セヴィラの理髪師』 ボーマルシェ 著 遠藤誠一 訳 岩波文庫
『評伝ヴェルディ』 第1部 あの愛を… 第2部 偉大な老人 ジュゼッペ・タロッツィ 著 小畑恒夫 訳 草思社
『ファウスト』 ゲーテ著作集 和田孝三訳 創英社／三省堂書店
『プッチーニが語る自作オペラの解釈と演奏法』 ルイジ・リッチ 著 三池三郎 訳 音楽之友社
『我が友、オペラの素晴らしき芸術家たち』 スカイラー・チェイピン 著 藤井留美 訳 フジテレビ出版

あとがきにかえて

これまで本当に多くの方々の教えを受け、助けていただいてきました。

高校3年生から声楽を始めた私が、歌っていた年月ずっとご指導いただいた岡﨑實俊先生の音楽に真摯に向かい合う姿勢をいつも見習いたいと思ってきました。東京藝術大学で師事した故・戸田敏子先生には、厳しくも愛情深く育てていただきました。

イタリアでは、多くの日本人歌手の指導もされ、林康子さんを育て上げられた元ソプラノ歌手のリア・グアリーニ先生。スカラ座のコレペティトールとして、またピアニストとしてもいくつもの録音も残されたアントニオ・ベルトラミ先生。パルマのお生まれで、週3回朝からお伺いしたレッスンでは、なんとも評し難い、ほっこりとした土の薫りのするようなヴェルディそのものの三拍子の伴奏を聴かせてくださり、温かくご指導くださったジーノ・バルサンティ先生。その他にも多くの先生方から本当にたくさんのことを教えていただきました。また、留学中に同じミラノにいらした東京藝術大学の先輩である畑和子さんが「日本の価値観でイタリア・オペラを測ってはダメ。本物の凄さに目を開きなさい」と私に辛抱強く語りかけ続けてくださることがなければ、私は今の価値観を得るチャンスをイタリアに居ながら逃していたことでしょう。

これまで仕事でお目にかかり、いろいろとお話を聞かせてくださったアーティストの方々、そのチャンスをくださった音楽之友社、諸先輩方をはじめ、これまで一緒に仕事をさせていただいた方々、そして何よりこの本を執筆するチャンスを私にくださった岩切謙蔵さん、皆様に心より感謝申し上げます。

最後に7年にもわたる留学生活という贅沢を私に許し、今でも応援してくれている父と、私が筆を執り、本を書くことなど想像もしていなかったであろう20年前に65歳でこの世を去った母に、感謝を込めてこの本を捧げたいと思います。

浅学の筆者にて、間違いや不備が多々あるかと存じます。読者の方にはお気づきになられた点をご指摘、ご教授いただければ幸甚です。

２０１７年2月 横浜の自宅にて

河野典子

河野典子（Noriko Kohno）

東京藝術大学音楽学部声楽科卒業。在学中に朝日新聞社主催〈藝大メサイア〉アルトソリスト、卒業時に読売新聞社主催〈読売新人演奏会〉に出演。1982 ～ 89 年在伊。声楽を岡崎實俊、戸田敏子、リア・グアリーニ、アントニオ・ベルトラミ、ジーノ・バルサンティ他の各氏に師事。帰国後音楽評論家としてイタリア・オペラを主とした公演批評、インタヴューなどを「音楽の友」「GRAND OPERA」などの各誌に執筆。そのほか公演プログラム(藤原歌劇団、紀尾井ホール、東京プロムジカ etc.)、ホール、オペラ団体機関誌やウェブサイト（サントリーホール、新国立劇場、大阪ザ・シンフォニーホール、東京二期会、藤原歌劇団 etc.）に執筆。CD ライナー・ノーツの翻訳（C. アバド、M. ポッリーニ etc.：ユニバーサル）、NHKBS〈クラシック倶楽部〉の歌詞字幕（カルメラ・レミージョ（S）リサイタル）、東京都主催〈Music Weeks in Tokyo2010 オープニング・シンポジウム〉（東京文化会館）の司会、WOWOW〈メトロポリタン・オペラ〉、NHKFM〈オペラファンタスティカ〉に解説者として出演。レコーディング・プロデューサー（妻屋秀和 (Bs)、吉川具仁子（S）他：ナミ・レコード）。

日本ヴェルディ協会理事。昭和音楽大学オペラ研究所「日本のオペラ年鑑」編纂委員 (2016 年～)。

共著に「オペラ・ハイライト 25」(学研)。東京都出身。

イタリア・オペラ・ガイド

ISBN978-4-434-23051-6　C-0073 ¥3,500E

2017年3月1日初版第1刷

著　者　　河野典子
発行人　　岩切謙蔵

発行所　　有限会社フリースペース
〒169-0075　東京都新宿区高田馬場4-22-46
TEL：03 (3360) 6473／FAX：03 (3360) 6469
mail：free5kk@nifty.com
url　：**http://itaop58free.jp**

発　売　　株式会社　星雲社
〒112-0005　東京都文京区水道1-3-30
TEL：03 (3868) 3275／FAX：03 (3868) 6588

印刷・製本　株式会社 ミナノ パブリッシング プレス

DTP：有限会社トーラスエイト

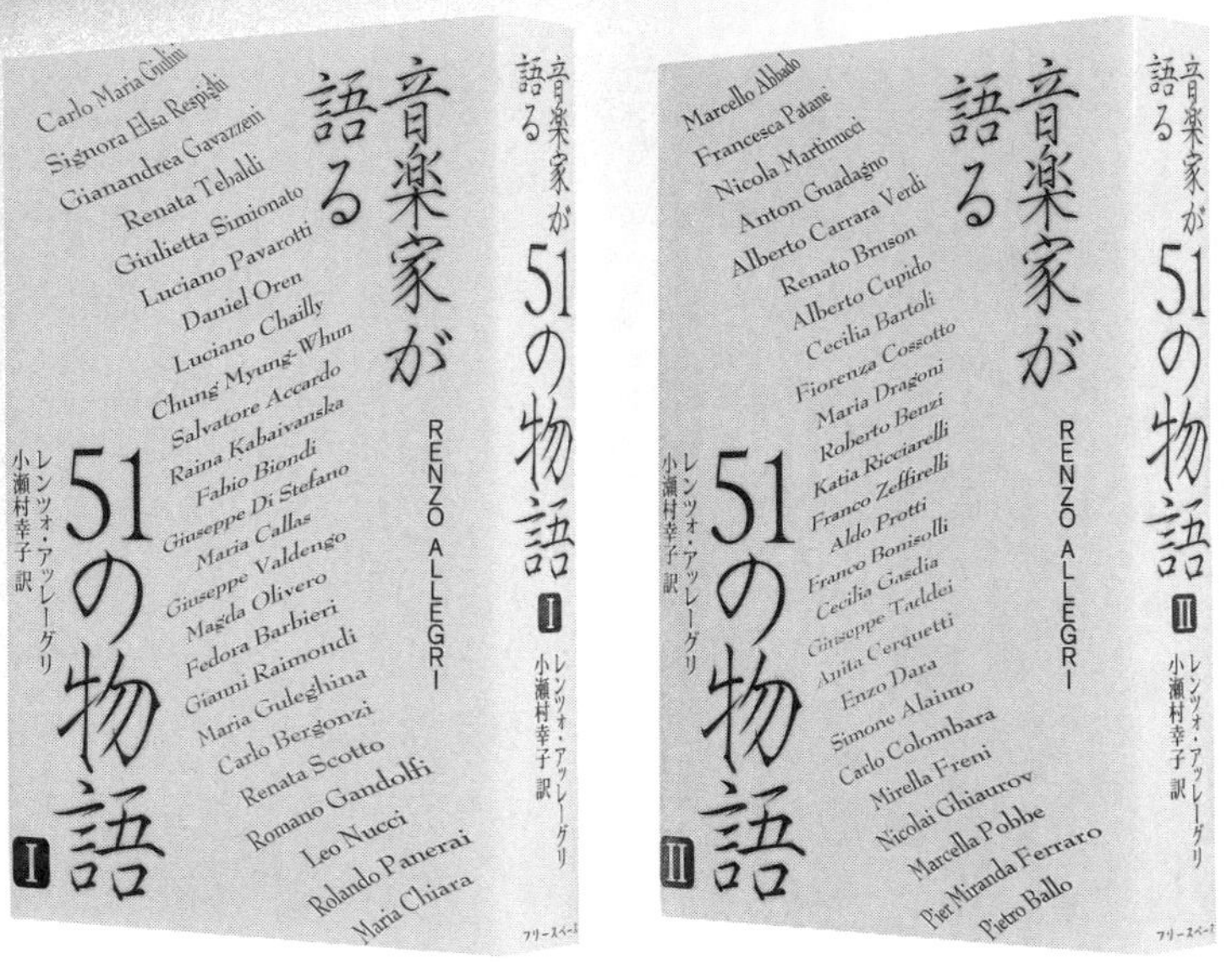
音楽家が語る51の物語
音楽家が語る51の物語 I
RENZO ALLEGRI
レンツォ・アッレーグリ 小瀬村幸子 訳
Carlo Maria Giulini
Signora Elsa Respighi
Gianandrea Gavazzeni
Renata Tebaldi
Giulietta Simionato
Luciano Pavarotti
Daniel Oren
Luciano Chailly
Chung Myung-Whun
Salvatore Accardo
Raina Kabaivanska
Fabio Biondi
Giuseppe Di Stefano
Maria Callas
Giuseppe Valdengo
Magda Olivero
Fedora Barbieri
Gianni Raimondi
Maria Guleghina
Carlo Bergonzi
Renata Scotto
Romano Gandolfi
Leo Nucci
Rolando Panerai
Maria Chiara
音楽家が語る51の物語 II
RENZO ALLEGRI
レンツォ・アッレーグリ 小瀬村幸子 訳
Marcello Abbado
Francesca Patanè
Nicola Martinucci
Anton Guadagno
Alberto Carrara Verdi
Renato Bruson
Alberto Cupido
Cecilia Bartoli
Fiorenza Cossotto
Maria Dragoni
Roberto Benzi
Katia Ricciarelli
Franco Zeffirelli
Aldo Protti
Franco Bonisolli
Cecilia Gasdia
Giuseppe Taddei
Anita Cerquetti
Enzo Dara
Simone Alaimo
Carlo Colombara
Mirella Freni
Nicolai Ghiaurov
Marcella Pobbe
Pier Miranda Ferraro
Pietro Ballo